U0742465

指义® 战争艺术 / 002

恺撒战记

历史上伟大军事统帅的战例、思想和方法

[法] 西奥多·道奇 著

无形大象 译

江苏凤凰文艺出版社
JIANGSU PHOENIX LITERATURE AND
ART PUBLISHING

图书在版编目（CIP）数据

恺撒战记：历史上伟大军事统帅的战例、思想和方法／（法）西奥多·道奇著；无形大象译. -- 南京：江苏凤凰文艺出版社，2020.10
ISBN 978-7-5594-5034-0

Ⅰ.①恺… Ⅱ.①西… ②无… Ⅲ.①恺撒(Caesar, Gaius Julius 前 100- 前 44) —传记 Ⅳ.① K835.467=2

中国版本图书馆 CIP 数据核字 (2020) 第 128498 号

Caesar: A History of the Art of War Among the Romans Down to the End of the Roman Empire, With a Detailed Account of the Campaigns of Caius Julius Caesar [根据美国霍顿·米夫林出版公司（Houghton Mifflin Company）1892 年版译出]

恺撒战记：历史上伟大军事统帅的战例、思想和方法

[法] 西奥多·道奇 著　　无形大象 译

责任编辑　孙金荣
策划制作　指文图书
特约编辑　戎　帅　丁秀群　王云欣
装帧设计　周　杰
出版发行　江苏凤凰文艺出版社
　　　　　南京市中央路 165 号，邮编：210009
网　　址　http://www.jswenyi.com
印　　刷　重庆共创印务有限公司
开　　本　787 毫米 × 1092 毫米 1/16
印　　张　38
字　　数　580 千字
版　　次　2020 年 10 月第 1 版
印　　次　2020 年 10 月第 1 次印刷
书　　号　ISBN 978-7-5594-5034-0
定　　价　159.80 元

目 录
CONTENTS

前言

　　笔者将完成本书的时间推迟了近一年，在此期间，笔者得以造访恺撒征战的地区和许多古战场。此举是撰写这个题材明智的先决条件。熟悉了地形后，笔者对古代历史学家的记述有了相当不同的理解。虽然在史学著作中，恺撒的几部《战记》①是最详尽、生动的作品，但如果没有合适的地图，即便进行潜心研究，也只是肤浅而不是专业地理解其奥义。从吉夏尔（Guischard）②和蒂尔潘·德·克里塞（Turpin de Crissé）③精巧细致却又牵强附会的时代起，关于地形的描述和地形图就被一个又一个的作者辗转传抄，而大部分作者都没有身临其境去勘测地形，许多错误因此广为流传。笔者希望本书能避免犯下这类谬误。

　　我们对拿破仑三世（Napoleon III）深怀感激，因为他资助了我们，支付了系统性挖掘遗址及从事地形和军事研究的费用，这些研究最终在他自己和斯托费尔（Stoffel）④上校关于恺撒的著作基础上臻于完美。至于斯托费尔上校，我们很感谢他提供了当今最优秀的军事历史资料。笔者免费使用了他们的资料，

---

　　①译注：恺撒的《战记》共有五部，包括确定为恺撒撰写的《高卢战记》《内战记》，归于恺撒名下的《亚历山大战记》《阿非利加战记》和《西班牙战记》。

　　②译注：卡尔·戈特利布·吉夏尔（1724—1775年），军事作家，著有《关于希腊人和罗马人的军事记忆》等。

　　③译注：蒂尔潘·德·克里塞（1782—1859年），法国作家，著有《恺撒述评》等。

　　④译注：欧仁·斯托费尔（1821—1907年），法国军人、考古学家、作家，他曾与拿破仑三世合著《尤里乌斯·恺撒的历史》。

1

虽然笔者实地考察了恺撒的所有战役旧址，但若想寻求比斯托费尔上校长期而准确的研究成果或拿破仑的考古工作更棒的结果，那将是冒失之举。尽管如此，笔者并不能与这些杰出的人士的观点达成一致，本书中也没有过多地打算以这些历史资料为依据。尽管缺少拿破仑三世和斯托费尔的大地图所拥有的细节准确性，本书的插图依然能满足所有要求，它们配在文字中能帮助一般读者理解相关内容，能起到单行本的大地图册无法达到的效果。

这本关于恺撒的书依照各部《战记》的叙述编撰，在需要的时候引用了《战记》原文，并在篇幅允许的情况下，保留它们的古雅文笔。凡是没有指出史料来源的引用文字，一律摘录自各部《战记》。因为不时需要使用古代名词的写法，所以笔者并不拘泥于现代的写法，而是酌情相互换用。

本书自我定位为一本恺撒的军事史。如果读者想获取关于他在国家管理和个人生涯方面清晰而精彩的论述，或者关于他所处时代的历史，需要阅读其他著作。不过，罗马历史领域的某些最上佳的作品却满纸军事上的谬误，即便是蒙森（Mommsen）[1]这样的大家也不能免俗。在所有自我设定为涵盖恺撒所处的那个世纪的复杂政局和引人入胜的社会状况的史书中，关于军事事件的记述失于简短和肤浅。笔者希望能填补这一空白。

本书中的很多段落的技术色彩很浓，恐怕难以使普通读者感兴趣，不过对追溯这个时代的战争艺术而言这是必不可少的。

在恺撒的军事生涯方面，我们掌握的资料浩如烟海，使我难以把应该说的话压缩在本书的篇幅之内。不过，笔者相信本书没有遗漏任何值得一提的内容。笔者将关于罗马帝国时代的战争艺术史内容削减到非常有限的程度，尽管这个时期战争频繁，却缺少章法，可以这样说，即使整体砍掉从恺撒到火药发明的这 1400 年时间，也不会实质上改变伟大统帅们的传记的总体范围[2]。

某些评论似乎过于吹毛求疵。笔者的观点可能并不符合所有人的看法，

---

① 译注：特奥多尔·蒙森（1817—1903 年），德国历史学家，1902 年诺贝尔文学奖获得者，著有《罗马编年史》《罗马铸币史》《民法集》《罗马公法》《罗马刑法》《罗马史》等。

② 译注：大意是从恺撒身后到火药发明的 1400 年间，没有涌现过伟大统帅。

但也希望读者至少能承认笔者有资格这样说，笔者对古代作者及最好的现代评论家的作品进行了仔细研读，更不要说笔者还实地考察过。笔者认为，除了斯托费尔上校，自己是在这个领域中唯一周游地中海盆地，全面考察过恺撒足迹的人。

我们了解恺撒这位统帅的主要文献是：恺撒的几部《战记》、西塞罗（Cicero）①的演讲，还有狄奥·卡西乌斯（Dion Cassius）②、普鲁塔克（Plutarch）③、苏维托尼乌斯（Suetonius）④、维莱伊乌斯·帕特尔库鲁斯（Velleius Paterculus）⑤的作品。最出色的评论家是吉夏尔、蒂尔潘·德·克里塞、拿破仑一世、洛绍（Lossau）⑥、戈勒（Göler）⑦、吕斯托（Rustow）⑧和拿破仑三世，尤其是斯托费尔上校，对于他的毕生研究工作，无论怎样好评都不过分。

---

① 译注：马库斯·图留斯·西塞罗（公元前106—前43年），古罗马著名政治家、演说家、雄辩家、法学家和哲学家，著有《论国家》《论法律》《论演说家》《论至善和至恶》《论神性》等。

② 译注：狄奥·卡西乌斯（150—235年），古罗马政治家与历史学家，著有从公元前8世纪中期罗马王政时代到公元3世纪早期罗马帝国的历史著作。

③ 译注：普鲁塔克（46—120年），罗马帝国时代的希腊作家，哲学家，历史学家，著有《希腊罗马名人传》。

④ 译注：盖乌斯·苏维托尼乌斯·特兰克维鲁斯（约69—约122年），罗马帝国早期的著名传记体历史作家，著有《罗马十二帝王传》。

⑤ 译注：维莱伊乌斯·帕特尔库鲁斯，约活动于公元前1世纪前后，历史学家，著有两卷本的《罗马史》。

⑥ 译注：康斯坦丁·冯·洛绍（1767—1848年），普鲁士将军，军事家，著有《拿破仑战争的特征》等。

⑦ 译注：戈勒·冯·拉芬斯堡，著有《高卢战争时期的恺撒》。

⑧ 译注：威廉·吕斯托（1821—1878年），普鲁士出生的瑞士军事作家，著有《尤里乌斯·恺撒的军队与战争》等。

马略和军队改革
（公元前 110 年至前 86 年）

　　罗马人战胜希腊（Greek）方阵的军团，在与汉尼拔（Hannibal）的作战中英勇地承受了可怕的损失，他们怀着百折不挠的勇气一次又一次面对被消灭的命运，直至迦太基人（Carthaginians）耗尽元气，最终放弃了意大利。这支军队与恺撒麾下士气高涨的军团截然不同，而后者在恺撒的指挥下威震罗马人了解的全部世界。令人称奇的是，恺撒的军团编制更接近希腊人的"单一方阵"，而不像由公民兵组成的精良部队，后者在第二次布匿战争（Second Punic War）中面对战场灾难表现出的顽强的战斗精神，使得这场战争在罗马的勇气和智慧史上永垂不朽。恺撒的排兵布阵与汉尼拔在战争后期的历次战役中的差别小于与马塞卢斯（Marcellus）①或尼禄（Nero）②的军团的差别。我们可以这么认为，在阿斯库卢姆（Asculum）③、赫尔多尼亚（Herdonia）④和扎马(Zama)⑤，汉尼拔将部队的方阵步兵排成两条或三条战线。至于恺撒的军队，恺撒在所有战役中也把步兵支队部署为梅花形和棋盘形，这与第二次布匿战

---

　　①译注：马库斯·克劳狄乌斯·马塞卢斯（约公元前270—前208年），古罗马将军。在第二次布匿战争中三度担任执政官。因勇武有功，被誉为"罗马之剑"。

　　②译注：这个尼禄不是闻名世界的那个暴君尼禄，而是公元前3世纪的罗马名将盖乌斯·克劳狄乌斯·尼禄，曾在第二次布匿战争中当选为执政官。

　　③译注：指公元前209第二次布匿战争中的阿斯库卢姆战役，发生在今意大利普利亚区卡诺萨。

　　④译注：指公元前212年和前210年的两次赫尔多尼亚战役，发生在今意大利普利亚大区福贾省奥尔多纳。

　　⑤译注：第二次布匿战争中的最后一役，扎马位于今突尼斯锡勒亚奈。

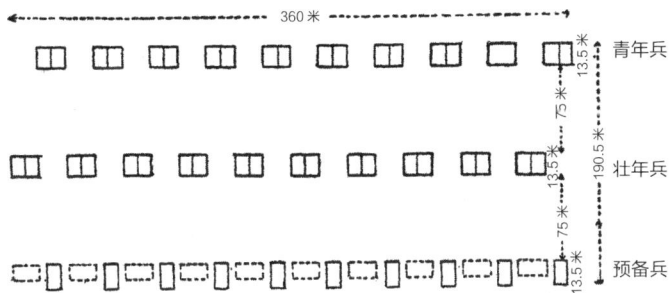

◎ 第二次布匿战争期间的罗马军团

争期间的典型部署类似，有时候几乎一模一样。让我们来看看变化是如何发生的。

第二次布匿战争时期的罗马军团，是由塞尔维乌斯·图利乌斯（Servius Tullius）① 划分的等级而服役的公民兵组成的一个团体。这种兵役更倾向于被认为是特权而非义务，受到保护。只有拥有一定财产的自由人（burgess）才被允许服役，那些财产不足 12500 阿司（ass）② 的公民没有服兵役的权利。他们是无土地财产者（proletarii），即只有少量财富的人以及无产者（capite censi）——他们无足轻重，几乎只能滥竽充数。

因此，军团的兵员是由最高阶层的人组成的，起初武器和军团中的地位也是根据等级而定，后来根据服役时长而定，所以最年轻的士兵，也就是从 17—25 岁的人担任轻步兵（velite）；25—30 岁的人担任第一线的重步兵，也就是青年兵（hastati）；30—40 岁的人担任第二线的重步兵，也就是壮年兵（principes）；而 40—45 岁的人担任第三线的预备兵（triarii）。

轻步兵充当散兵。每名士兵占据的空间大约是 1.5 米见方 ③。组成青年兵

---

① 译注：塞尔维乌斯·图利乌斯（？—前534年），罗马王政时代的第六任君主。他统治时期曾对古罗马进行改革，运用依靠新的地域格局取代了传统血缘部落，通过财产的多少将公民划分为五个不同等级，创立百人队大会等新的措施使古罗马逐渐开始向国家过渡。

② 译注：古罗马货币单位。

③ 译注：原文为"5英尺见方"，即2.25平方米。本书尽量采用公制单位。

5

和壮年兵战线的步兵支队有 120 人，正面每行 12 人，纵深 10 行，2 个步兵支队之间的距离等于支队正面的宽度。战线间相隔约 75 米，壮年兵支队站在青年兵支队间隙的后方。预备兵步兵支队只有 60 人，站在壮年兵支队间隙的后面。

三条战线都由 10 个步兵支队组成，因此每条战线分别有 1200 名青年兵、1200 名壮年兵和 600 名预备兵。另外，还会增补 1200 名以上的轻步兵，使每个军团拥有 4200 名步兵，其中 3000 人是重步兵。

每个军团有 300 名骑兵部署在侧翼。轻步兵通常部署在预备兵的间隔之中。本书中关于汉尼拔的那一章将详尽说明阵型的细节。

实战证明，这样的机制拥有异乎寻常的机动性和能力来应对意外情况，组成军团的完美兵员所具有的严明纪律和高度的团队精神，理所当然地让军团成为一支无与伦比的军队。公元前 3 世纪的数次战争证明了军团的高度组织性，它的战斗力达到了巅峰。

恺撒时代的军团主力是个截然不同的团体。国家和军队的状况发生了变化，影响到了兵役事务，进而对军团也产生了影响，内战时期还发生了许多显著的变化。恺撒继承的军团的样式完全不同，它与马塞卢斯、尼禄和西庇阿（Scipio）的时代大相径庭。

相比于作为统帅的成就，盖乌斯·马略（Gaius Marius）因性格粗鲁、古怪以及在政治领域的成功和失败而令人惊叹，在历史上留下了更引人注目的印记。虽然马略是一位无可置疑的干练领袖，为罗马在色克蒂留斯泉（Aquae Sextise）①取得的战胜辛布里人（Cimbri）和条顿人（Teutones）的战绩意义重大，不过令他在军事历史上的地位更加崇高的原因是他对罗马军队的改革，而不是在战争艺术方面的其他贡献。

当罗马共和国国内的不安定因素开始支配罗马公民的思想和行动时，军队也会受到它的不良影响。内战可悲地重创了罗马人的军事节操，盖乌斯·马

---

① 译注：Aquae 意为"泉水"，Sextise 意为"六"，所以色克蒂留斯泉可以意译为六水或六盘水。位于今法国南部普罗旺斯地区艾克斯。

略是第一个对军队的品质给了当头一棒的人。在他之前的很长一段时间内，塞尔维乌斯国王留下的许多措施发生了变化，或是得到了显著改进。对公民享受服兵役特权的最低财产要求降到了4000阿司。军团的装备不再根据财产，而是如上文所述那样按照服役年限而确定。财富和奢侈已经取代了质朴的古老习俗。有产者们逐渐倾向于逃避兵役，而无产者们则发现，当兵是提升他们境遇的一种手段。在军中打过仗不再是提升政治地位的必要条件。有产者组成的骑兵不再参战，成了一种仪仗队。

富人逃避履行军事义务，导致罗马无法通过号召各个阶级参军这种简单的方式迅速组建大规模的军队；阿劳西奥（Arausio）战役①之后，在需要立即征召大量士兵的时候发生了意外情况。罗马新征服的蛮族土地也开始提供骑兵，比如色雷斯（Thrace）的重骑兵和努米底亚②（Numidia）轻装非正规部队；另外还有轻步兵，比如利古里亚人（Ligurians）和巴利阿里（Balearic）投石手；重步兵依然由意大利人来充当。

马略给了每个生而自由的平民无论贵贱，平等服役的权利。重步兵，包括青年兵、壮年兵、预备兵都拉低到一个水平线上，由军官们按照每个人的能力来决定到哪里服役,担任什么兵种。所有重步兵的武器装备都得到了统一，聘请角斗士担任武器教官来教导新兵如何使用武器，而马略在非洲战争中的最喜欢的战友和同袍普布利乌斯·茹提利乌斯（Publius Rutilius）③为新军团编制了一套战术体系。

公元前107年，作为一个平民的儿子，马略获得了执政官的头衔，他发现了自己在组建军队上的优势——兵员不是来源于自高自大的阶层，而是来自

①译注：阿劳西奥战役是公元前105年10月6日在今法国南部沃克吕兹省奥朗日和罗讷河之间发生的一场战役。两支罗马军队对抗辛布里人与条顿人的军队，由于指挥官之间的相互猜忌使罗马军队无法合作，导致惨败。罗马的损失多达8万名士兵及4万名辅助部队。以伤亡人数而言，这场战役是古罗马历史上最严重的战败。战役的失利让盖乌斯·马略有机会脱颖而出，彻底改革罗马军团的组织和招募。

②译注：今阿尔及利亚东北部与突尼斯西部。

③译注：普布利乌斯·茹提利乌斯·茹福斯（公元前158—约前78年），古罗马政治家。曾任执政官，执政期间进行军事改革。

他能掌控的平民阶层，这有助于他获取至高无上的控制权。后来的领导人，苏拉（Sulla）、克拉苏（Crassus）、庞培（Pompey）都对马略的政策萧规曹随。在这样的领导下，军队很快变成另一种团体，它不再是罗马人勇气、诚实和爱国主义的代表。

在军队中服役不再是一种特权——公民走向荣耀的唯一道路。富有的公民不再认同从军，也忽视了体能训练。填补军队缺额的不再是各个阶层的贫富代表，而是无产者。不久后，各个阶层的人都参加了军队，其中包括罗马的附庸国的百姓、获释奴隶、异乡人和奴隶。罗马甚至渴求招募罪犯，有一次马略还组建了奴隶卫队。有些老兵用服兵役换取土地产权，或是作为留用老兵（evocati）[1] 享有特定的特权。

现在，军团并不是被简单划分为罗马军队和同盟部队。在同盟者战争（Social War）中，罗马公民权被广泛授予意大利人，军团由罗马人、辅助部队、行省部队和雇佣兵组成。马略的新兵审查就是简单的身材测量和力量评估，社会地位不起什么作用。招募骑兵的方式与步兵类似，大部分的骑兵都来自国外。如果骑士（knights）阶层仍然愿意服役，也只是安置在特殊荣誉的岗位上。古代招募士兵的规则被完全摒弃，所有愿意花钱的人都可以免服兵役，所有体质合格的人也都可以拿起武器投身军旅。

士兵的誓词不再是为共和国效劳，而是向将军个人宣誓效忠。随着罗马不断向外扩张，保持军队长期服役的必要性日益凸显，将军们采取一切方法保证他们的军队不被解散。罗马公民从为了祖国光荣服役，逐渐堕落为底层士兵为了财富而当兵。雇佣兵和常备军替代了志愿兵，取代了仅在必要时才征召的军队。每个被征服的行省都任命了行省总督（proconsul）[2]，每位总督都拥有一支常备军和辖区内的无限权力，由此产生的必然结果是他们获得辖区内的包税

---

① 译注：留用老兵，服役期满本来可以退役的老兵，应长官的邀请或自己申请仍留在军中服役的志愿人员，他们大都免除了日常的打扫、值班等工作，专门担任教练、工程技术指导或长官的警卫队等职务，薪金和待遇都高于普通士兵，成为军团中仅次于百人队长的一个特殊的等级。

② 译注：在罗马共和国中晚期，卸任的执政官往往到外地出任行省总督，他在辖区内的权力与罗马执政官在国内的职权相同，所以行省总督叫作代理执政官或代行执政官。

权。罗马正在步希腊的后尘。

古代按阶层服役的方式的改变，不可避免地带来了军团指挥方式相应的变革。青年兵、壮年兵和预备兵的古老区分方式消失了，所有部队被分为重装或轻装部队。传承下来的武器和装备没有发生实质性变化。军团古老的编制中，通常兵力是4000—6000名重步兵和300名重骑兵。这一编制被保留；不过在轻装部队方面，无论步兵还是骑兵都大大增加了，此时轻装部队从被征服的行省招募，他们不再是军团不可或缺的部分。骑兵的重要性和有效性都提高了，因为罗马骑兵在从伊比利亚（Iberia）到遥远的东方战场征战厮杀时，通过许多战争学习并仿效了他们认为更好的轻骑兵模式。在重骑兵方面，幅度较小的改进也是有迹可循的。骑兵对步兵的比例从1：10增长到1：7或者更高。

一位执政官所率领的军团数量不再是4个，而是达到了任何指定的数量，有时甚至多达10个，辅助部队、骑兵和步兵则更不在话下。战象和投射武器开始被普遍使用。战场上的军团会部署30架小型投石机和弩炮，每架由10人来操作。与亚历山大时代一样，这些机械不用于野战，而是用于狭窄地段、营地的攻防，以及渡河和其他工事的战斗。

梅花状的军团阵型保留到了马略时代，支队之间的间距依然与其正面宽度相等。不过，当军团不再是由早期那种从年轻时代就为了战争而受训的人员组成，而是逐渐由没有军事素养的新兵组成之时，军团士兵的个人品行和能力就再也无法指望了。不仅如此，随着士兵的素质下降，罗马人在与日耳曼（Germanic）野蛮人和东方民族作战时发现，敌人强行冲进队伍之间的间隔的危险日益严峻。从前，这一困难可以通过把壮年兵提上来填补青年兵之间的间隙或者紧贴着间隙的后方来解决。不过马略引入了另外一种布阵形式，也就是把军团的步兵大队（cohort）排成三条战线。军团分为30个步兵支队，每个支队由2个百人队（century）组成的编制被废止了。大队（cohort）这个词被沿用下来，不过，大队不再是由青年兵、壮年兵和预备兵各1个支队加上轻步兵和1个骑兵中队（turma）组成的战斗群了；而是由4—6个支队组成，共有400、500或600名军团士兵。起初，部队之间的间隔还有所保留，每个士兵之间间隔1.5米，纵深10行、行间距没有变化；步兵大队有40、50或者60

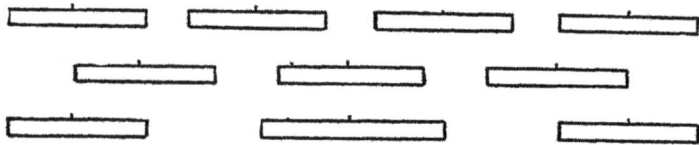

◎ 马略改革后的军团

条纵列（file）。① 不久后，随着军团士兵之间信赖度的下降，步兵大队之间的间距开始减小，各条横队之间的距离增加到 90 米。

此时，这些横向战线被称为第一线、第二线和第三线。第一线有 4 个步兵大队，第二线和第三线各有 3 个步兵大队。第二线的 3 个步兵大队都部署在第一线的各个大队之间已减小的间隙的后方，第三列的步兵大队部署在两翼和面向战场中央。军团的鹰帜（eagle）② 依然由第三线的第一步兵大队的首席百夫长（primipilus）执掌，每个步兵大队都有自己的特殊标帜（signum）。有些人认为，军团的第一线和第二线士兵被称为旗前兵（antesignani）；第三线的步兵大队中的士兵是最勇敢、最强壮的，不过他们不再是预备兵。

对于阵型的改变，尽管有时还不容易判定，然而确实还有其他变化。10 个步兵大队站成两条战线，每条战线有 5 个步兵大队；或者采用 15 个步兵大队而不是 10 个，每个大队下辖 2 个步兵支队，每条战线部署 5 个大队。大队下面的纵列时不时地会被拆分和翻倍，组成一个 5 行纵深、正面宽度翻番的大队，填满战线中大队之间的间隙。终于，在队列间隙逐渐减小的过程中，大队之间连接起来，罗马军团又变回希腊步兵方阵的样式。这种没有间隙的阵型不是一成不变的。一般来说，恺撒往往把步兵大队部署为或多或少都留有间隙的

---

①译注：每个大队纵深 10 行，每行 40—60 人，共 400—600 人，这样纵向看来，每个大队就是 40—60 个纵列。

②译注：鹰帜，拉丁文"aquila"。它是军团的标志，作用就像我们现在的军旗。它是一只铜或银铸的鹰，张开双翅站在一根长竿顶上，有专门的鹰帜手（aquilfer）或旗手负责扛着、保管它。行军时它走在军团的最前列，驻营时放在帅帐中的神坛上。罗马军中对它尊崇备至，认为它是军团保护神的化身，如果在战争中丢失了它，一定千方百计夺回来才罢休，有时甚至因为丢失了鹰帜，整个军团都被解散。

10

阵型。不过，第一战线几乎就是精锐部队的军团也屡见不鲜。古老的梅花阵消失了。这是军团战士间的古罗马爱国主义、纪律和忠诚精神沦丧的必然结果，他们被素质低下得多的人所代替，他们必须被牢牢掌控以便好好工作。最后一点，鹰帜的位置被移动到了第一线，旗前兵这个词还在使用，不过有了特殊含义，笔者将在下文详细解释。

龟甲阵（testudo-formation）已发展成为巨大的矩形阵型，与对抗骑兵冲击的现代阵型很相似，在罗马的东方战争中频繁使用。在开阔地上，罗马人有时以方阵行进，与布拉西达斯（Brasidas）①的方阵——密集方阵（agmen quadratum）颇为相似。马略特别擅长行军的部署，在与朱古达（Jugurtha）②的战争中，据说他将各个军团部署为一路纵队。苏拉率领骑兵，曼利乌斯（Manlius）率领投石手、弓箭手和利古里亚士兵在左右两翼掩护主力部队。主力的前、后方是由军事指挥官（military tribunes）指挥的一些以轻装行军队列前进的步兵大队，侧翼部署着大批侦察兵。

在战斗序列中，罗马军团位于中央，辅助部队位于两翼，轻步兵位于主力部队的间隙之中，也部署在侧翼，或者根据需要部署在前方和后方。骑兵开始作为打击力量使用，并以大批数量向敌人发动冲击或者执行保护步兵的任务。它不再像过去一样部署在侧翼。作战方式没有太大改变，不过大战略在迅速发展，直到它们在恺撒的手中达到罗马历史上的巅峰。

这一时期的其他变化恐怕更为重要。独裁官的最高统治权成了各路野心家追求的目标，是他们谋求国家所有权的手段。副将（legates）职务变得愈益重要，他们取得了军团和军队越来越大的指挥权，他们是将官级别的军官。军事指挥官变成了大队指挥官，百人队由百人队长（centurion）指挥。军团还在进行操练和体能训练，不过公民就不用进行这样的练习了。为了不让士兵无所事事和发生骚乱，军队会被派去从事公共建设，尤其是修筑大型军事道路。

---

①译注：伯罗奔尼撒战争中的斯巴达将军，死于公元前422年。

②译注：朱古达（约公元前160—前104年），努米底亚国王。公元前111年，罗马元老院向朱古达国王宣战，史称"朱古达战争"。公元前106年，马略和部将苏拉开始负责对朱古达的战争。公元前105年，马略击败朱古达，朱古达逃到毛里塔尼亚后被国王波库斯所俘，交付罗马。

内战开始时，恺撒将士兵的军饷翻倍。步兵一天的军饷是 10 阿司，百人队长是 20 阿司，骑兵是 30 阿司，并按照他们的年龄、伙食、武器、装备和马匹进行一定的扣减。

在恺撒时代，军队的纪律和士气正从第二次布匿战争的巅峰，逐步沦落到后来微不足道的水平。勇气和良好的表现依然存在，不过这是以严厉的军纪来维持的。军队时不时会受到冷酷和不公正的处罚，而其他部队受到的惩罚却愚蠢得不值一提。这些部队不再依照法律，而是根据将军的情绪和性格作为赏罚准则。罗马人的辉煌胜利证明许多古老精神依然存在，不过是被截然不同的动机所驱使的。古代对荣誉和国家的热爱消失了，取而代之的是对战利品的贪婪追求和对流血与征服的渴望。这些人不再是罗马士兵，而是将领的私有财产，将领动用一切特别适合下层阶级新兵的手段，将他们与自己的事业捆绑在一起，以实现自己的个人目的。"有奶就是娘"（Ubi bene ibi patria）[1] 成了军队公认的准则，每个将军都能轻易地使他的部队相信他是个好首领。罗马国内的暴乱表明，公元前 1 世纪的罗马士兵与汉尼拔战争时期的相比，是多么的渺小。

当恺撒的军团发生兵变并要求退役时，恺撒称他们为"老百姓"（quirites）[2]。早期的每个罗马士兵都会自豪地看待这个头衔，因为他是一个公民才能成为士兵。不过恺撒的军团只是士兵，他们不是公民，但在乎成为公民。"老百姓"这个词让他们感到羞愧或害怕，从而让他们选择了服从[3]。

随着军队中的处罚不再依据军法，部队向军人们下发了无功之禄。军人获得的恩宠越来越多。朴素的草木叶子制成的桂冠被昂贵的饰品取代，军官们，

---

①译注：直译为"哪里有面包吃，哪里就是家园"。

②译注："奎里特斯"（Quirites）是"罗马人民"的古称，可能源于对原始战神奎里努斯（Quirinus）的崇拜。后来如果称"罗马人民"（populus Romanus）为"奎里特斯"则有庄重的色彩，称士兵则有鄙视色彩，因为这时奎里特斯意为"老百姓"。

③译注：此事见于《罗马十二帝王传》第一篇的《神圣的尤里乌斯传》第 70 节。当时，在罗马的第 10 军团士兵闹事，他们利用罗马城处境危险的机会自称要退役，实际上是讹诈恺撒，要求更多的奖赏和退役后的待遇。尽管非洲战事紧张，恺撒依然不顾朋友的劝告，毅然出现在士兵面前，答应让他们退役，但是他不称他们为"士兵"，而称他们为"老百姓"，第 10 军团弄巧成拙，所以"羞愧或害怕"，收回退役请求，向恺撒屈服。

后来也包括士兵，不再于夜间从事修筑工事和其他繁重劳动的勤务。盛大的凯旋式变得无足轻重，奢侈品和虚荣取代了传统的朴素，不仅富有的公民如此，军营也有样学样。

虽然士兵堕落，指挥官们的能力却并没有随之消失。更确切地说，由于士兵们的素质下降，将领们的本事在于将他们驱赶上战场。

内战时期，要塞修筑和投射武器都取得了巨大进步。营地的形态没有变化，不过壁垒和工事更加复杂了：壁垒更高、更厚；壕沟更宽，通常都有水；塔楼更多、更大，还有带棚顶的甬道将它们连接起来；防线前方的障碍物更多了；营地，特别是永备营地（castra stativa）变成了要塞。

甚至连战场都要塞化了。苏拉在他的战线之间竖起栅栏，在侧翼挖掘壕沟，在喀罗尼亚（Chaeronaea）①战役中开始使用防备敌人的战车。在伊泽尔河（Isère）河口面对条顿人时，马略掘壕固守。罗马人固守着自己的战术，在修建临时工事方面，他们的聪明劲甚至超过了希腊人。

罗马军队的围城战也更加娴熟。在攻城战中，希腊人惯于用吊杆将部队吊到敌人壁垒上。包围城镇的部队包括两条步兵战线和一条骑兵战线，他们在盾车和龟甲阵的掩护下逐渐收紧包围圈，直至迫近到城墙边。这种由盾牌构成的可移动龟甲盾阵推进得到广泛采用，效果不错。

反包围和包围战线比往昔要专业得多。土山曾在希腊使用过，现在使用的比例大幅增加了。苏拉在马萨达（Massada）修筑的土山高达87.3米，上面还有其他建筑和47.3米高的塔楼。

罗马军团还会灵活地使用地道战术。苏拉在雅典（Athens）表现出了他的特殊才干。盾车、龟甲阵、攻城塔、冲城羊头锤（ram）都投入了战斗。投石车和弩炮一直使用中。大型投石机在水平方向上的射程是600—1200米②。小型投石机（scorpio）能将重矛发射450—750米。前者用在围攻战中，后者

---

① 译注：指公元前86年的喀罗尼亚之战，喀罗尼亚位于今希腊维奥蒂亚州。

② 译注：罗马步（passus），分为单步、双步两种，对应中国古籍中的跬、步。单步与成年人的步长相当，折合0.75米，双步是迈两步，完成一个迈步周期，折合1.5米。本书中的步（pace）都是罗马的双步，译者统一折算为公制的米，例如此处的"400—800步"折算为"600—1200米"，下文不再提示。

用于野战，还可以发射点燃的投掷物（falerica）。大型弩炮可以把石头投掷出600—900米，弹道与迫击炮相似，用于围攻战。小型弩炮（onager）则用于野战。最小的小型弩炮和小型投石机仅一人就可以操纵。

总体而言，这个时代的攻城战和希腊人类似。比起汉尼拔时代，他们的技术显著提高了，不过只有少数围城者能达到亚历山大的巧妙水平，没有人能打出可以和他比肩的英勇的攻城战。

外敌入侵迫使罗马人加强了其舰队的威力和效率。他们以惯常的魄力和出色的判断力达成了目标。

政府掌握着可用于造船的公共森林，且管理得不错。战船由双列桨战舰（biremes）、三列桨战舰（triremes）、五列桨战舰（quinquiremes）乃至八列桨战舰（octoremes）组成。三列桨战舰和五列桨战舰是最常用的战船。一些巡逻艇被用于执行简单的巡岸任务和侦察敌情（naves speculatorice），还有稍小一些的船，比如弩炮艇、运输船和平底船（pontones）在内河执行任务。战船大部分都有铁质冲角（rostra ferramenta），它们的侧面由木梁和盾牌保护，还有各种各样的保护措施防止敌人撞击。较大的船只甲板上装有投射武器发射装置和塔楼，甚至在小型船只中也频繁安装。每艘船都有铁钩、吊桥、攻城器械和投掷火罐的器械。当时已能熟练使用纵火船。

舰队由划桨手和水手操纵，也可由士兵和舰载步兵来操纵。划桨手和水手是由奴隶或者来自下层的人组成的，舰载步兵队是用类似军团步兵的方式组建而成的，他们宣誓效忠的对象是海军将领而不是国家。五列桨战舰有400个划桨手，其他类型战船的划桨手数量与此成比例对应。舰载步兵队的装备类似

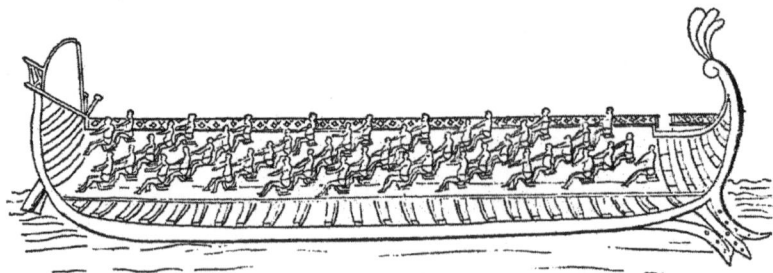

◎ 短五列桨战舰草图

14

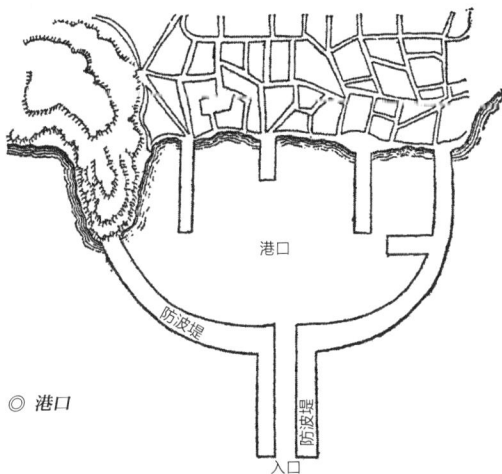

◎ 港口

罗马军团，不过用的是钩镰枪、战斧和宽刃剑。划桨手也配备武器。

每艘船都有一名桨手长，他用锤子敲锣来掌控划桨节奏，还有管理船帆和船锚之类的水手长，另有一名兼任领航员的舵手（gubemator）、一名船长（navarchus）和一名舰载步兵指挥官（prcefectus navis）。指挥舰队的可能是执政官或者行政官（praetor）[1]，也可能是一名特派员（dux paefectusque classis）。

港口是天然形成或者人工挖掘的。人工港的最佳样式是海岸上的一个半圆，两条由海岸向海面伸出的防波堤，入口处用铁链封闭。内港分为好几个部分，并配有军械库和码头。这些港口面向海面和陆地的方向都筑有工事。

当舰队准备起锚出发时，划桨手首先登船，接着是舰载步兵队。进行了一些检查后，舰队起航，轻型舰艇在舰队前方，三列桨战舰和其他战舰跟进，后方是运输船。战船一旦靠岸就会被拖到岸上，向着海面的一侧用栅栏保护，朝着陆地的一面用野外工事保护。虽然这条规则在意大利巉岩嶙峋的海岸经常被打破，但如果可能的话，船队总是会在岸上过夜。

海战通常发生在靠近陆地的水域，船只通过降低船帆和桅杆以及清理甲板来减轻重量。罗马人会仔细观察和利用涨潮与落潮。

海战中常见的战斗队形是船只排成两条平行的战线（acies duplex），轻型舰船排在后面一线；一种阵型是凹面阵（acies lunata）[2]，吨位最大的船只放在

---

① 译注：比执政官低一级的高级官职。

② 译注：直译为新月形。

15

侧翼包抄敌人；还有凸面阵，吨位最大的船只在中间。此外还有钳形阵（forceps）、楔形阵（acies cuneata）或者反向楔形阵。

舰队司令的桅杆顶端升起红旗和每艘船上鸣响的号声是开战的信号。开战信号发出后，船上所有人都会发出战吼，唱起战歌。投射武器开始开火，然后船只组成战线向敌人冲撞。每艘船都会努力撞沉或者撞坏对手，砍翻其划桨手，跳帮登船并缴获它或者点燃它。

罗马人会唱歌和奏乐，并用月桂叶装饰船首来庆祝海军的胜利。舰队司令被允许举办海上凯旋仪式。

总而言之，罗马古老而完美的民兵体制消亡了，士兵变成了职业军人，步兵部队成了纯粹的雇佣军。军团成员之间的差别完全是纯军事方面的，与其社会等级和阶级毫无关系。眼下一切都取决于将军，所以他身边茁壮成长的将军卫队（praetoriani）是正规常备军的雏形。

这个时期的精彩战役和战斗是将军们的杰作。军队的状况，无论好坏都反映了将军的精神和性格。为罗马赢得胜利的不再是罗马公民，而是旨在掌控这个国家的大人物们的天赋英才。

马略在朱古达战争中取得的胜利很大程度上要归功于苏拉的才干——他当时的财务官（quaestor），后来的政敌。马略的前任统帅梅特卢斯（Metellus）[①]因征服努米底亚，一直打到沙漠边缘而值得称颂。苏拉的功劳则是擒获朱古达。马略从两场胜利中受益匪浅，伟大的军队改革与马略联系在一起，不过他的军事成就除了具有政治意义之外，完全不值一提。

对马略而言，他是因为在色克蒂留斯泉和维尔塞莱（Vercellae）[②]取得的大胜而备受赞扬的。罗马面临的危险从来没有像面对条顿人和辛布里人的入侵时那么大，罗马的生存归功于马略的拯救。公元前 105 年，罗马在阿劳西奥[③]战败，执政官马里乌斯·马克西姆斯（Mallius Maximus）和塞尔维乌斯·凯皮奥

①译注：昆图斯·凯西利乌斯·梅特卢斯（？—前 91 年），古罗马将军、贵族党首领，曾指挥朱古达战争。

②译注：也译作维西立、费尔凯莱，今意大利维切里。

③译注：今法国奥朗日（Orange）。

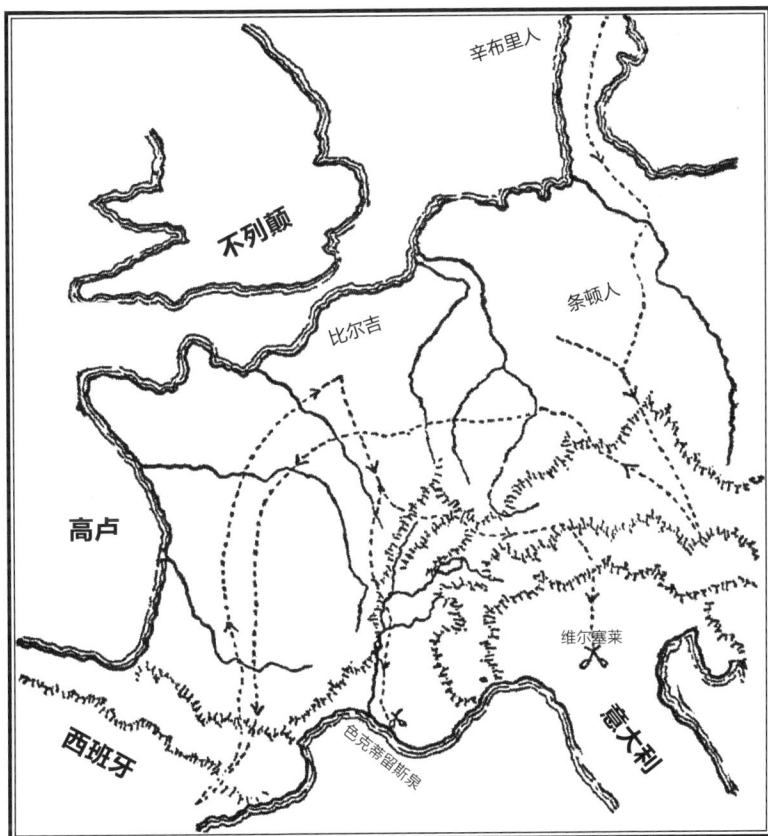

◎ 辛布里人和条顿人的行军路线

（Servilius Caepio），以及 8 万名罗马士兵和一半的非战斗人员因为内部管理混乱而命丧黄泉——这次惨败甚至比坎尼（Cannae）① 战役更具威胁性。马略被派到高卢（Gaul）去挽救这场惨败带来的危局。他有充裕的时间重整旗鼓，获胜的蛮族没有进军意大利，而是挥师前往西班牙（Spain）。在这里，他们被勇

---

①译注：坎尼会战，发生于公元前 216 年，乃是第二次布匿战争中的主要战役。坎尼位于今意大利普利亚大区。

17

敢的伊比利亚人和比利牛斯山的险峻所阻遏，他们又向北进军，直到被顽强的比尔吉人（Belgae）①拦住去路才再度转头南下，他们如同奔腾的大洪水一般，涌向罗马的普罗旺斯（Province）②。

马略在罗讷河（Rhone）和伊泽尔河的交汇处安营扎寨，他荡平了那些心怀不满的部族，巩固了普罗旺斯其他部落的忠诚。此时，他扼守着通往当时仅有的两个可通行山口的道路，它们分别通往小圣伯纳德（Little St. Bernard）和滨海阿尔卑斯（Maritime Alps）。蛮族兵分两路，一路试图翻越东阿尔卑斯山，伺机进入意大利。另外一路是条顿人，他们打算渡过罗讷河，沿着海岸前往滨海阿尔卑斯。他们很快就出现在马略的营寨前，而这位执政官此前已经一丝不苟地加固了营地。虽然马略是个出色的纪律主义者，而且他的士兵们士气高涨，但在军队对条顿人的高大身材、狂野习性和刺耳战吼习以为常之前，他不想让军队与条顿人的庞大队伍交锋。

罗马人畏惧这些浅色头发、身材魁梧的蛮族，就像希腊人在马拉松（Marathon）战役害怕波斯人（Persians）一样。马略在他那坚固的工事中按兵不动，完全不为敌人的冷嘲热讽所动。最终，在连续攻击罗马营寨三天，蒙受巨大的伤亡之后，条顿人被击退。随后，他们向意大利进军，据权威史料的说法，他们的武装人员加上家属和辎重车队，一边嘲笑罗马军团说他们要为罗马官兵向其留在意大利的妻儿带口信，一边从罗马军营旁边走过，一共走了六天六夜。

现在，马略的机会来了。他用在朱古达战争中学来的方式小心翼翼地尾随敌人，每天都在难以攻取的高地上扎营，并在营地周围构筑坚强的防御工事，终于，他认为他的士兵们已经斗志旺盛、怒火中烧，足以向敌人发动进攻了。

---

①译注：在中文版《高卢战记》中，译作比尔吉人。他们是今天比利时人（Belgian）的祖先，原著中也多次称他们为比利时人，称他们的地盘为比利时，本书将他们统一译作比尔吉人，其领地译作比尔吉。

②译注：今天法国南部的普罗旺斯（Provence），得名于罗马人在这里建立的行省（Province），所以此处的"Province"应译作普罗旺斯而非行省。

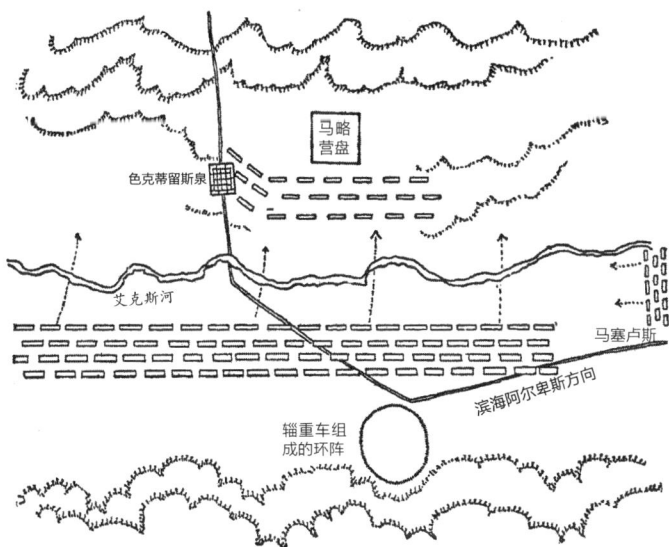

◎ 色克蒂留斯泉战役

在色克蒂留斯泉附近 ①，甚至在罗马军团的营地竣工之前，两军就在他们之间的小阿尔克河（little river Arc）中汲水时发生了交锋。罗马军队赶走了阿姆布昂人（Ambrones），罗马人乘胜渡河并向敌人的车队营地挺进。这里发生了激烈的战斗，阿姆布昂人的妻子和他们的丈夫并肩战斗，蛮族损失惨重。不过他们也打得不错，这一天结束后，罗马人退回到了自己那一侧的河岸。

当天夜里，马略命令马塞卢斯（Marcellus）带领 3000 人——一些权威史料说其中有一些非战斗人员埋伏在蛮族营地附近河流上游的一片长满树木的河谷里，他们得到的命令是在马略策划的战斗打响时包抄敌人后路。黎明时分，这位执政官把罗马军队部署在河流沿岸的一些高地上，他在这里已经建好了营垒，并派出骑兵引诱条顿人出营进攻。这一切都巧妙地完成了。蛮族已经建立起了罗马人不会打仗的印象，他们渡过河流，乱哄哄地冲上山坡。他们遭到罗马军团的顽强阻击而陷入混乱，被赶回了平原。蛮族不习惯地中海中午的炎热，

---

① 译注：今天法国罗讷河谷省的艾克斯（Aix）。

在几个小时的战斗后疲惫不堪，正在此时，伏兵现身并冲下来，在骑兵的帮助下猛扑蛮族的后方。之前斗志旺盛的条顿人的士气一落千丈，他们在混乱中撤退，一路上遭到罗马军队的追杀，根据李维（Livy）①的说法，条顿人蒙受的损失为9万人阵亡、2万人被俘。这场大战发生在公元前102年。

与此同时，辛布里人翻越了里申阿尔卑斯（Rhaetian Alps），不过他们没有立即向罗马进军。马略及时与他的同僚卡图卢斯（Catulus）会师。根据他们奇特而古老的风俗，蛮族要求

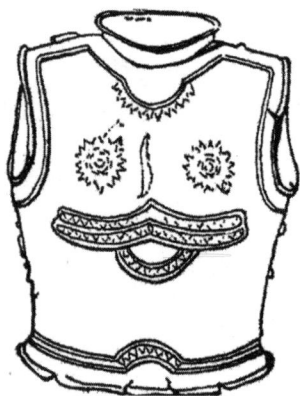

◎ 高卢胸甲，可能属于奈波高卢人

马略指定会战的时间和地点，这对他们来说是一场规模宏大的决斗，决斗双方采用相同的方式来进行。马略照做了，公元前101年，他将战场选定在发生会战的地点，今天的维切里（Vercellse）附近。辛布里人最终被罗马人击败并消灭殆尽，根据拉丁历史学家的说法，至少14万人阵亡、6000人被俘。这个民族从此在历史上消失，罗马再度避免了被焚毁的命运②。马略不仅仅是个英雄了，他是罗马人民的半神。

---

① 译注：提图斯·李维（公元前59—公元17年），古罗马历史学家，著有《自建城以来》。

② 译注：公元前390年，高卢人占领、洗劫罗马并纵火焚烧，全城化为灰烬，7个月后，高卢人得到罗马人赔偿的黄金才撤走。

苏拉与庞培
（公元前 90 年至前 60 年）

第二章

作为一个将军，苏拉的地位比恺撒之前的任何人都要高。朱古达战争期间，他在马略麾下得到了锻炼，他的第一件大功是通过出色的谈判促成了擒获朱古达，并且终结了这场艰苦的冲突。在对付辛布里人和条顿人的战役中，他再次在马略麾下效劳。后来，这对师徒以争夺这个国家的最高统治权的方式，在罗马历史上划出了一个时代。

苏拉在东方的米特拉达梯战争（Mithridatic war）中的指挥水平非常高超。他对雅典的围困，加上"非洲征服者"小西庇阿（Scipio Africanus Minor）对努曼提亚（Numantia）的围攻，为恺撒提供了采用和改进的模板，尽管恺撒无疑研究了推罗（Tyre）①和罗得岛（Rhodes）②的攻城经验，并从中获得了灵感。苏拉指挥的所有战役都引人入胜。这在很大程度上是因为公元前的最后一个世纪初期发生的这些战争中，指挥者都表现出了杰出的才能，年轻的恺撒在学习阶段特别注意这些战史并加以学习。很难从苏拉的诸多伟大战役中挑选出一场来单独代表他的军事成就。公元前 86 年的喀罗尼亚战役，这个之前因腓力

---

① 译注：推罗保卫战，马其顿国王亚历山大东侵期间的一次围城战。公元前 332 年 1 月亚历山大率大军围困该城，用 200 多艘战舰封锁港湾，并动用攻城器械破坏城墙。围困长达 7 个月，最终攻陷推罗。

② 译注：围攻罗得岛，是继业者战争中的一次战役。公元前 305 年，安提柯之子德米特里率 200 艘战舰、170 艘运输船、4 万名士兵和 3 万名工匠进犯罗得岛。罗得岛守军顽强抵抗，坚持独立，德米特里军队围城一年后，虽以先进方法围城，获得"围城者"称号，但最终无功而退。

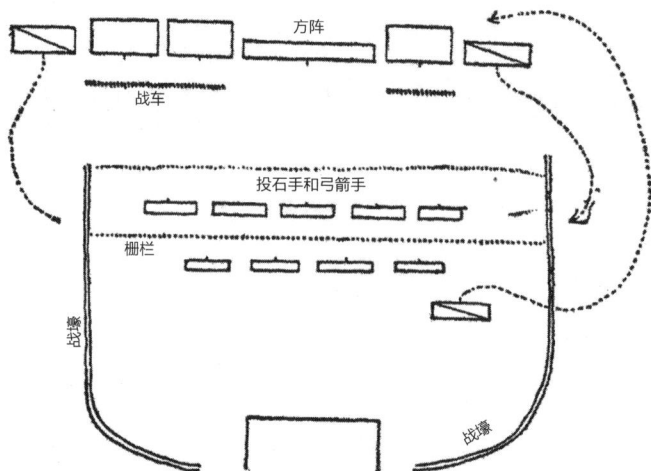

◎ 喀罗尼亚战役

（Philip）的胜利和亚历山大（Alexander）的年轻、勇猛而闻名的古战场^①，此役是一个在战争中如何处置意外情况的范例。

本都国王米特拉达梯的副将塔格西莱斯（Taxiles）和亚基老（Archelaus）率领的军队有 10 万名步兵、1 万名骑兵和 90 辆镰刀战车。苏拉的军队，算上他的希腊辅助部队也不到这个数字的三分之一，他的骑兵兵力特别少——这在平原上是个很大的弱点。苏拉的罗马军队只有 1.65 万人，不过他瞧不起敌人，有信心获胜。他用战壕掩护其薄弱的侧翼，以免受敌军骑兵的冲击，他还在第一战线和第二战线之间竖起了一排厚重的栅栏，足以挡住镰刀战车的冲锋。这是一个使用野战工事的优秀战例。

战斗以战车冲锋这一东方风格的作战方式开始了。苏拉的第一战线明智地撤到栅栏后面，战车的冲锋不但被栅栏挡住，拉车的马匹还因遭到苏拉的投石手和弓箭手的猛烈射击而受惊，转头冲向己方战线，并在为米特拉达梯军队效力的马其顿方阵步兵和意大利辅助部队中引起了相当大的混乱。为了挽救这

---

①译注：公元前 338 年，马其顿国王腓力二世与其子，时年 18 岁的亚历山大率领马其顿军队，与希腊各城邦联军在喀罗尼亚会战，马其顿取得胜利。

一灾难，亚基老命令他左右两翼的骑兵对罗马军团发起冲锋。这些东方骑兵以浩大的气势向罗马人猛冲过来，尽管遇到了战壕的阻碍，但还是成功突破了罗马人的阵型。这清楚地表明，如果苏拉没有事先挖掘战壕，他的防线可能就此崩溃。不过罗马军团没有丧失信心，他们迅速组成方阵，以坚定的决心抵抗骑兵。与此同时，苏拉察觉到敌人的方阵步兵没有从战车引发的混乱中恢复过来，此时如果从右翼向恰当的位置发起冲锋，则会对敌人造成沉重一击，他从右翼把己方的一小股骑兵召集起来，亲自率领他们朝着敌人暴露的右翼发动了凌厉的冲锋。

一如苏拉的既往英勇事迹那样，他的大胆行动总会伴随好运。亚洲步兵只实施了微弱的抵抗，他们的溃逃动摇了方阵步兵。进攻罗马军团的骑兵部队发现任务过于艰难，转而去帮助步兵恢复秩序。罗马军团获得了喘息时机，迅速组成了新队形，朝着亚基老动摇不已的步兵迅猛推进。这一举动决定了这一天战斗的胜负。米特拉达梯全军从战场上被一扫而空。

亚基老设法撤回了自己的营地，紧闭营门以保住残余部队。如果没有壁垒的阻挡，他的军队会惨遭屠戮。营门被蜂拥而来的罗马军队攻破，罗马人冲进营地，进行了长时间的屠杀。亚基老只带出了自己军队的十二分之一，罗马人的损失则微不足道。

次年的奥科美那斯（Orchomenus）战役中，苏拉通过在挖掘战壕方面的精巧计算和一些更巧妙的战术，成功把亚基老指挥的一支新军驱赶到沼泽和泥潭中，将其全部消灭。这次作战行动看起来像一场包围战，通过逐渐缩小的野战工事体系收紧包围圈，只是遭到围攻的军队位于野外，而不是躲在城墙保卫的要塞之中，这样的战例都取决于天才的构想和果断的执行。关于此次行动的记载缺少细节描述。

苏拉的政治才干与其军事才干不相上下。他行事不像马略那样冲动，而是深思熟虑，但又果敢迅速。他不知疲倦，积极主动，勇敢而富于进取精神，思想和行动上都出奇的冷静。卡波（Carbo）[①]声称苏拉兼具狮子和狐狸的特质。

---

① 译注：格涅乌斯·帕皮里乌斯·卡波（约公元前130—前82年），罗马执政官，马略派的坚定支持者。

他赢得了士兵的敬爱，还是个严厉的纪律主义者。他在围攻战中表现出引人侧目的战术技巧。

我们将在格涅乌斯·庞培与恺撒对决的章节中，详尽叙述庞培的军事生涯中最有趣但可信度最低的部分。在庞培的早年生活中，也就是与恺撒斗争之前，庞培展现出了伟人和军人的许多品质。庞培没有被贬低，但他可能是在这个历史舞台上所有扮演巨人角色的人中分量最轻的一个，没有哪个人能以如此渺小的功绩而赢得"伟大的"的头衔，没有人能用如此渺小的支持获得如此强大的力量。与那些二流人物相比，他还是不错的，不过鉴于他与恺撒站在同一权力层面上，我们必须用同样的标准来衡量他，所以我们需要大致说说庞培的早年成就。

庞培拥有许多军人的美德。他像运动员一样健美。在不特别依赖计谋和精神力量的战争中，他是很大胆的。当他无法谋划出优秀的战役计划或承担突如其来的战略和战术风险时，他会以令人钦佩的勇气策马带头冲锋。他质朴、宽和，在战斗中总是英勇无畏。他拥有一些受人民爱戴的品格。他年轻时就被苏拉录用，与"非洲征服者"大西庇阿（Scipio Africanus Major）一样借助信任和通常只给那些多年担任公职的人才能得到的军队指挥权，他逐渐获得了民众的普遍好感。他的能力不及大西庇阿。他私德清白，"诚实的面孔"家喻户晓，他在处置自己的家庭关系时颇为正直，不过在苏拉的同意之下，他依然与妻子离了婚。与此形成对比的是，在妇女中招蜂引蝶的恺撒遇到类似情况时却拒绝离婚。庞培已经退出了社会生活，虽然他有相当高的文化修养，但缺乏当时人们所重视的优雅风度。在会议中，他的思维迟缓，并因为不能迅速理解讨论内容而养成了沉默寡言的习惯，常常优柔寡断。

庞培不过是一个能力不错的普通人，从来没有闪耀出天才的火花。"伟大"是强加在他身上的，如果"伟大"曾经属于某个人的话，他恰好就是恺撒的反面。时势造庞培，恺撒造时势。庞培冷静、缺少激情而且决断迟钝。在这个时代，每个掌权的人都有一定程度的偏激，而庞培的平凡使他与同侪们大相径庭，因为他主张并真诚地相信自己的地位高于他们。如果他的行为已经上升到一个更高的层次，其他品质也有可能归到他身上，但是必须就事论事地来评判他。他的性格是简朴谦逊与热衷奢华的怪诞组合。他的早年很幸运，坐享其成，得到的回报超过应该拥有的，他从未承受过大的压力，人生旅途始终得到好运的眷顾。

庞培极其顽强——这是一种常常可以挽救事态的品质，不过这并不是一种明智的顽强。他总是认为当比他聪明得多的人战胜他时，他能有自己的解决方法。当从毫无准备的状态到担起沉重的责任，信任被强加给他的时候，他逐渐养成了一种谨慎的习惯，这充分体现出他性格的整体面貌。这不是汉尼拔的那种谨慎，当情况需要时，汉尼拔会远比任何人大胆；庞培的谨慎更像缺乏精神洞察力的表现。虽然不缺乏优良的品行和特质，但正如蒙森所说，他是"最古板的矫揉造作的伟人"。庞培可能是凝聚他的党派的最佳人选，原因是他绝不会破坏它。

公元前 83 年，庞培首次引起瞩目。当时他承担了为苏拉在皮克努姆（Picenum）①组建一支军队的任务。在这里，他的个人举止和无可置疑的勤奋使他受益匪浅。他组建和武装了一支出众的军队，当 3 支马略党的军队前去对付他时，他拥有在这些军队会师之前把他们各个击破的魄力，而且好运降临在他的头上。他率军向敌人的营地发起了进攻——这在当时是不同寻常的事情，在古罗马历史上青史留名。与他的将军会师之后，苏拉向这位 23 岁的年轻人致敬，称其为"胜利将军"（Imperator）②，这是极少数人才能获得的头衔，而且是经过多年艰辛而卓越的军旅生涯才能获得的头衔。公元前 82 年，庞培以行省总督的身份被派往西西里（Sicily）。他率领 6 个军团和 120 艘军舰抵达该岛，这支军队立即击退了敌人，轻易获得了胜利。他从西西里乘船前往非洲，在那里以庞大的军队与马略一党的多米提乌斯·阿赫诺巴布斯（Domitius Ahenobarbus）作战，打了个漂亮的胜仗。他对敌人营地的攻击，加上这 40 天以来迅速有力的战役，重振了罗马狼藉的名声。他回国时，苏拉"半讽刺半褒奖"地称他为"伟大的"（Magnus），尽管违反先例，他还是获许举行了此前只有那些拥有元老（senatorial）头衔的大人物才能举行的大规模凯旋式。

---

① 译注：今意大利马尔凯与阿布鲁佐北部。
② 译注：后世的皇帝（emperor）头衔就是从"胜利将军"演化而来的。

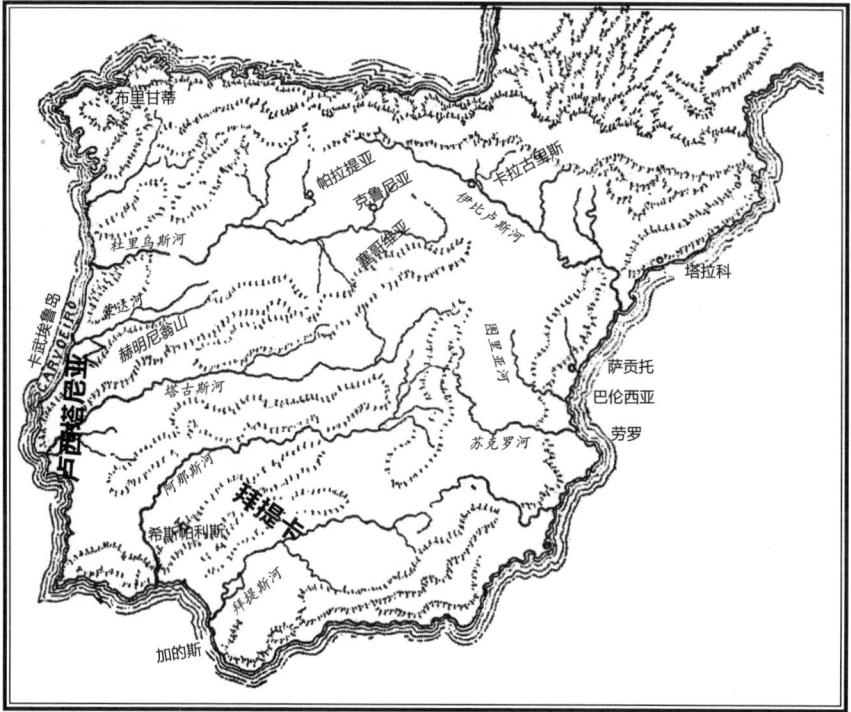

◎ 伊比利亚

　　马略党人奎因都斯·塞多留斯（Quintus Sertorius）① 多年在西班牙充当反对苏拉势力的急先锋，有些很有能力的军人也追随了他。庞培一如既往地认为他能得到这里的指挥权，他也确实获得了这一权力。不幸的是，他这次要对付的是位出类拔萃的将军，此人曾在被遗忘的战场上获胜，也许还是恺撒之前最强劲的将军。塞多留斯的政治家和军人身份都令人瞩目，他实际上在

---

　　①译注：奎因都斯·塞多留斯（公元前122—前72年），古罗马将军。青年时在马略军中服役，参加对日耳曼人的战争。后在西班牙任军团长和财务官。苏拉与马略的内战开始后为马略的支持者。公元前83年任远西班牙总督。苏拉建立独裁统治后逃往非洲。前81年左右在卢西塔尼亚人邀请下，返西班牙招募军队，组编训练，仿照罗马体制组成元老院及其他机构，接纳一切罗马逃亡者，又广收当地子弟，开办学校，使西班牙成为反苏拉的重要基地。前78年苏拉死后，继续与罗马当权者抗衡。庞培奉命征讨，无大进展；前72年他被其部将刺死，其余部方为庞培剿平。

伊比利亚(Iberia)建立了一个独立王国。很少有人能管控这样一个难缠的民族，或是能在这么大的范围内进行一场不知疲倦的游击战。他从不与苏拉的上司梅特卢斯进行会战，而是通过小型战斗干掉其筹粮队和汲水队，在对手行军途中发动攻击，还有各种出色的小规模作战使对手疲于奔命。梅特卢斯根本拿他没办法。

公元前 77 年夏天，庞培以地方行政官的身份前往西班牙。他开辟了跨越科蒂安阿尔卑斯山（Cottian Alps）[①]的新路线，这条路线后来被恺撒所用，庞培还解决了高卢的一些麻烦。当年的晚秋时节他才越过比利牛斯山，在西班牙东北部过冬。

塞多留斯身处埃布罗河（Ebro）上游，他的副将赫图勒斯（Hirtuleius）在远西班牙（Farther Spain）对阵梅特卢斯；佩尔彭那（Perpenna）在赫伦尼乌斯（Herennius）的支援下防守埃布罗河，抵御庞培所部。早春时节，庞培挺进至埃布罗河并强渡过河，在萨贡托（Saguntum）南面的巴伦西亚（Valencia）击败了赫伦尼乌斯，并占领了此地。塞多留斯前往劳罗（Lauro）并将其包围，这是一座和庞培有联盟关系的城镇，位于巴伦西亚南面的苏克罗（Sucro）[②]。庞培率军去对付塞多留斯，并伺机去包围他。庞培信心十足，自我吹嘘一旦制服了塞多留斯，他肯定会很快投降——他并不了解对手。在这场庞培强加的战斗中，塞多留斯的谋略远胜于他，避开了他的锋芒，在他的眼皮子底下烧掉了劳罗，把市民运到了卢西塔尼亚（Lusitania）[③]。庞培对发生的一切目瞪口呆。

与此同时，梅特卢斯在希斯帕利斯（Hispalis）[④]附近击败了赫图勒斯。次年，在塞哥维亚（Segovia）再次打败了他，当时塞多留斯的人马试图阻止梅

---

① 译注：即日内瓦山（Mt. Genevre）。

② 译注：今西班牙胡卡（Xucar）。

③ 译注：一译琉息坦尼亚，伊比利亚半岛西部古地区名。大体相当于今葡萄牙及东面毗邻西班牙西部（约相当于今萨拉曼卡和卡塞雷斯省）一带。

④ 译注：今西班牙塞维利亚（Seville）。

特卢斯和庞培会合。庞培唯恐同僚到达后，自己的月桂叶会被分走①，提出与塞多留斯在苏克罗举行会战，后者非常乐于在梅特卢斯到达前进行会战。在罗马军队的左翼，阿弗拉尼乌斯（Afranius）击退了敌人，夺取了塞多留斯的军营；不过在右翼，庞培负了重伤，他的军队被塞多留斯击败，塞多留斯再转去对付阿弗拉尼乌斯，并成功击退其部。庞培所部被赶来的梅特卢斯所挽救，而塞多留斯不可靠的军队开始溃散。对这个能力非凡的人来说，最大的难处是要把这些素质参差不齐的征召部队凝聚在一起并做好战斗准备。塞多留斯经常能召集由很多人组成的军队，甚至可以达15万人，因此他有大量兵员可供调遣，但接着就可能遇到什么意想不到的挫折，便一哄而散，减少到可怜的数目。所以到了此时，鉴于梅特卢斯和庞培两军合流，塞多留斯又得知赫图勒斯被击败，他的部队便立即开始撤退，逃到群山中。经过一段时间的休整，塞多留斯又把军队收拢起来，在萨贡托以南对阵庞培。与此同时，他的军舰骚扰沿着海岸运输补给的罗马舰队。

经过若干机动之后，双方在图里亚河（Turia）爆发了战斗，这是漫长而惨重的厮杀。最后，塞多留斯击败了庞培和他的骑兵，而梅特卢斯击破了佩尔彭那的军阵。这样的结果对苏拉有利，因为塞多留斯的军队再次一哄而散。塞多留斯自己则致力于防守位于杜里乌斯河（Durius）②上游的克鲁尼亚（Clunia），他在那里遭到围困。不过，西班牙军队又再次集结起来，而塞多留斯则巧妙地逃出克鲁尼亚并与这支军队合流。公元前75年年末，他再度率军对阵苏拉派，双方势均力敌。

总体而言，梅特卢斯和庞培做得很出色。他们收复了西班牙南部和中部，塞多留斯却一无所获。在西班牙的战斗，梅特卢斯的功劳要胜过庞培。众将在冬令营中息冬时，梅特卢斯驻扎在高卢，庞培驻军于杜里乌斯河和伊比卢斯河（Iberus）之间，今天的巴利亚多利德（Valladolid）附近。

公元前74年春季，塞多留斯向庞培发动了一场小型战争。庞培围攻帕

---

① 译注：月桂叶在古罗马是功劳的象征。

② 译注：今杜罗河（Douro）。

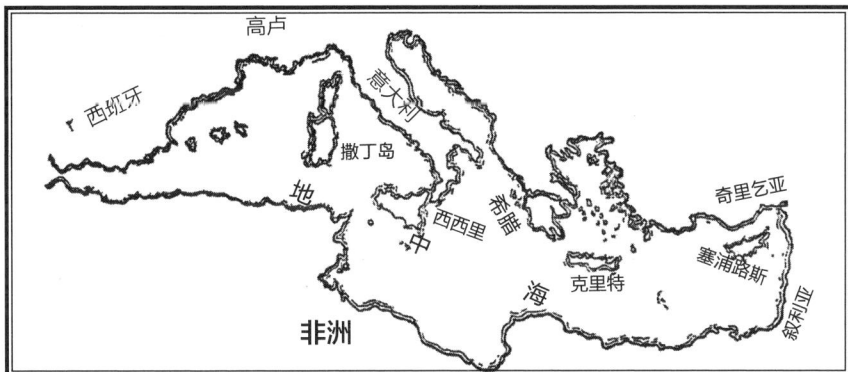

◎ 地中海

拉提亚（Pallantia）①，而塞多留斯成功将其击退。在卡拉古里斯（Calagurris），虽然庞培与梅特卢斯会师，但是再次被击败，被赶出了埃布罗河上游地区。每次庞培遇到塞多留斯都会被击败。接下来的一年，庞培取得了一些进展，从西班牙的城市获得了一些盟军。战争已经持续了八年，这是对意大利的严重消耗，而西班牙本身因为战争的压力慢慢地蛮族化了。庞培和梅特卢斯遇到了他们的对手。各个军团对他们的劳而无功感到厌倦。虽然实质上没有什么危险，但罗马的很多人开始害怕塞多留斯会成为第二个汉尼拔。这是塞多留斯的独特之处，他非常适应西班牙的民族和崇山峻岭，使得他成就了如此辉煌的事业。尽管他很有能力，但汉尼拔的宏伟战略构想却盖过了他，也盖过了其他人。

庞培又撞上了好运。公元前72年，塞多留斯遇刺身亡，他的副手佩尔彭那不是这么强悍的敌手。次年，庞培和梅特卢斯迅速剿灭了他，然后将西班牙划分成两个行省，随后一起返回罗马举行凯旋式。这次战役不能算作给"伟大的庞培"增光添彩。

在与海盗的战争中，庞培表现出了相当强悍的能力。对一个伟大军人而言，

---

① 译注：今西班牙帕伦西亚（Pallencia）。

这并非展现其能力的好机会。对于罗马军团和舰队来说，地中海的海盗很像一群亡命之徒对阵组织完善的警察，不过长期以来海盗都是罗马商业的祸害，必须镇压他们。公元前67年，庞培被授予了任务地区的绝对权力。他开始以管理商业的方法管理军队，他将整个战场划分为13个区块，每个区块都配有一名副将和一支足够的军队，他们得到的指示是组建、装备军队和战船，搜索海岸并猎杀海盗。庞培本人负责地中海西部，肃清撒丁岛（Sardinia）、西西里和非洲海岸，以便重建向罗马运输谷物的通道。他的部分人马在高卢和西班牙海岸执行同样的任务。在四十天内，庞培肃清了地中海的西半部分。

接着，庞培前往叙利亚（Syria）和奇里乞亚（Cilicia）①。他只遭到了轻微的抵抗，对手毫无组织性可言。不过庞培老谋深算，他选择宽恕和安抚绝大部分海盗，而不是根据之前的做法将每一个抓到的海盗钉上十字架。这种行为本身有助于结束一项已经失败的事业。只有奇里乞亚人独自进行了顽强抵抗，而罗马的精良军队和装备完善的军舰具有压倒性的优势。接着，海盗们的陆上巢穴也被攻破，许多人纷纷投降。这场战争只进行了3个月就结束了。罗马军队缴获了大约400艘船只，其中包括90艘战船，还摧毁了1300艘船只，歼灭了1万名海盗，2万名海盗被俘，此外还解救出许多罗马俘虏。

以往这些海盗会以饥饿威胁罗马人，庞培的胜利带来了足够的粮食。以前人人都害怕出海，从此地中海向所有人开放。难怪庞培被誉为罗马的救星。然而他只是出色地完成了一项工作，很难说是伟大。

执政官卢库卢斯（Lucullus）②曾在东方与米特拉达梯大王打得精彩纷呈，

---

①译注：位于今日土耳其东南部的小亚细亚半岛，塞浦路斯以北，西至旁非里亚、北至托鲁斯山脉，地处于前往地中海的通道上。

②译注：卢奇乌斯·李锡尼·卢库卢斯（约公元前117—前56年），古罗马将军，早年随苏拉参加同盟者战争，公元前88年随苏拉东征，进行米特拉达梯战争。苏拉返回意大利后，他仍留在小亚细亚，屡有战功，为苏拉亲信；前79年被苏拉任命为贵族营造官，苏拉死前，托卢库卢斯照管其子教育；前77年任大法官，卸任后出掌阿非利加行省；前74年任执政官，卸任后任基利家总督，继续对本都国王米特拉达梯六世的战争（第三次米特拉达梯战争），挫败米特拉达梯六世及其女婿亚美尼亚国王提格拉涅斯，攻占后者的都城提格拉诺塞塔，将罗马疆界扩展至黑海一带；前67年其军队哗变，次年东征兵权被对手庞培取代。因其对本都的战争，获"本都的卢库卢斯"称号。回罗马后，他仅以艺文自娱，为罗马最富裕者，并以东方战争的战利品奖掖文人，生活豪华，其盛宴被称为"卢库卢斯盛宴"。

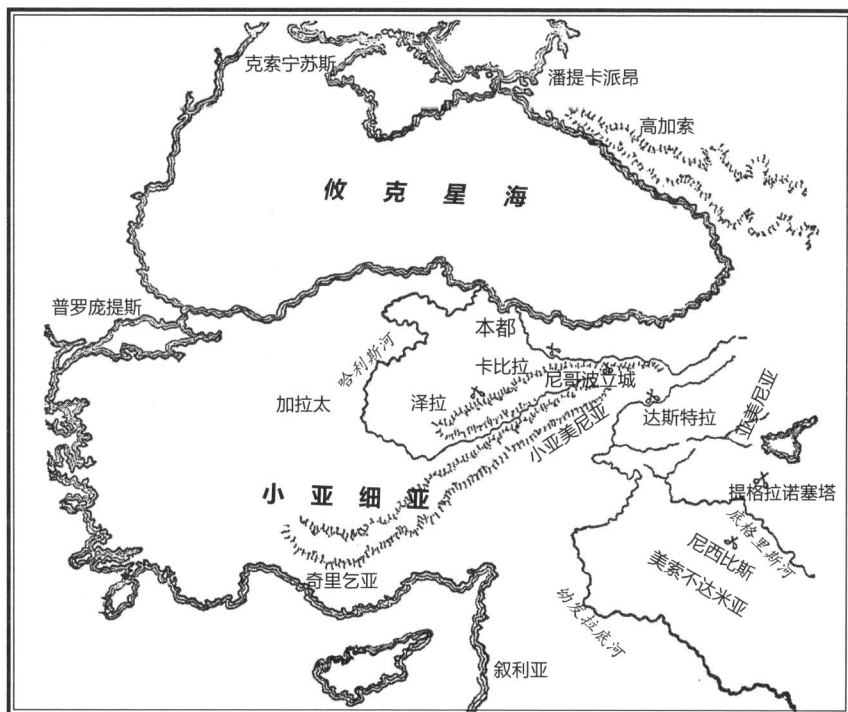

◎ 小亚细亚

后者征服了小亚细亚全境（公元前74年）。他的同僚科塔（Cotta）在普罗庞提斯（Propontis）① 被击败，卢库卢斯赶去救援他，迫使国王蒙受巨大损失而撤退。整顿好海上事务后，他就以凌厉的攻势向前推进，渡过了哈利斯河（Halys），越过本都（Pontus）②，在卡比拉（Cabira）的激战中获胜，把这位大王赶出了自己的王国。卢库卢斯以围攻方式夺取了很多城市，然后进入小亚美尼亚（Armenia Minor），米特拉达梯则逃到亚美尼亚（Armenia）国王提格拉涅斯（Tigranes）处避难。为了确保自己眼下的优势，卢库卢斯没有经过元老院同意，就越过幼

---

① 译注：今马尔马拉海（Sea of Marmora）。

② 译注：古代小亚细亚北部的一个地区，在黑海南岸。

发拉底河（Euphrates）进入亚美尼亚，在底格里斯河（Tigris）附近打了一场大仗，提格拉诺塞塔（Tigranocerta）之战。两位国王兵合一处，但卢库卢斯在这次战役中再次打败了他俩，并向提格拉涅斯的首都阿塔克萨塔（Artaxata）①挺进。此时，卢库卢斯的军团发生了哗变，令他无法实现自己的目标而被迫撤军，他渡过底格里斯河进入了美索不达米亚（Mesopotamia）。卢库卢斯以迅猛的攻势占领了尼西比斯（Nisibis）②时，米特拉达梯返回了本都，并在泽拉（Zela）③击败了在那里留守的罗马军队。尽管卢库卢斯被新发生的哗变所困扰，元老院也命令他回国，但他还是完成了一次精彩的撤退，退入了小亚细亚（Asia Minor）。

　　虽然卢库卢斯以失败告终，但他在历时八年的苦战之中，极大削弱了米特拉达梯和提格拉涅斯的实力。公元前 66 年，庞培前往加拉太（Galatia）④取代卢库卢斯，意图进军本都，他的奇里乞亚部队将随同前往，总兵力近 5 万人。米特拉达梯拥有 3 万名步兵可以对付他，其中大部分是弓箭手，另外还有 3000 名骑兵。他再也没有提格拉涅斯这个长期盟友兼女婿可以依靠了，他也许情愿议和，不过不愿意像庞培要求的那样无条件投降。米特拉达梯引诱庞培进入了他的领土，用优势骑兵猛烈骚扰庞培。庞培适时停止了追击，挺进幼发拉底河上游，进入了米特拉达梯的东部各省。国王沿着幼发拉底河跟踪庞培，终于在达斯特拉（Dasteira）城堡阻止了庞培的步伐，用骑兵和轻步兵肃清了低地。庞培被迫退入小亚美尼亚，直到奇里乞亚军团到达。然后，他将米特拉达梯团团包围在山巅城堡中，并蹂躏了附近的土地。经过六周的封锁，米特拉达梯杀掉了他手下的伤病员，以免他们落入庞培手中，然后拔腿逃跑。他兜着圈子逃往亚美尼亚，也就是提格拉涅斯的地盘。庞培跟踪追击，不过他再次看出米特拉达梯的意图是引诱他离开本都，于是他制定了一个高明的策略。

---

①译注：位于今亚美尼亚阿尔塔沙特。

②译注：位于今土耳其努赛宾。

③译注：位于今土耳其济莱。

④译注：加拉太是古代土耳其中部高地的一个地区，位于小亚细亚的中部。

他的追击路线中，在米特拉达梯前方，吕库斯河（Lycus）以南，后来建成尼哥波立城（Nicopolis）①的地方附近有一条狭窄的山谷。庞培没有尾随米特拉达梯，而是秘密发动强行军，抢在对手之前占领了山谷附近的高地。米特拉达梯没有察觉到这一动向，次日像往常一样行军，入夜宿营的位置恰好就是庞培张网以待的陷阱。午夜时分，庞培发动袭击，米特拉达梯的军队在睡梦中根本无法进行抵抗，在此全军覆没。

米特拉达梯逃之夭夭了，他无法前往投靠提格拉涅斯，便沿着攸克星海（Euxine，今黑海）的东岸和北岸逃到了克索宁苏斯（Chersonesus）②。提格拉涅斯任由庞培摆布，交出了自己新征服的土地，还支付了 6000 他连得（talents）③作为战争赔款。庞培下令停战。

就此，庞培在这场轻松的战争中解决了两位东方大王——本都和亚美尼亚的国王。罗马领土获得极大扩张，他的名声也传遍四方。

不久后，庞培前往追杀米特拉达梯，引发了与高加索（Caucasus）部落的战争。他无法追上本都国王，仅能迫使高加索人求和。米特拉达梯从他避难的克里米亚的潘提卡派昂（Panticapaeum）萌生出一个疯狂的想法，他打算招募斯基泰人（Scythians）④和多瑙河（Danubian）的凯尔特人（Celts）为他效力，从北面进攻罗马，就像汉尼拔招募高卢人进攻罗马一样。不过在公元前 63 年，这个疯狂的计划伴随着他的去世而戛然而止，米特拉达梯一生共与罗马打了26 年的战争。

庞培把新征服的区域划分成几个新行省：本都、叙利亚、奇里乞亚。通过镇压叙利亚的骚乱和处理与帕提亚人（Parthians）的事务，将东方打理得妥妥帖帖，就此完成了东方的工作。随后他返回罗马，去享受他应得的回报。

卢库卢斯在征服东方方面取得了一些进展，他的能力和进取心都与之相称。而拥有大批兵力的庞培缺乏主动性、谨小慎微，却完成了由卢库卢斯开

---

① 译注：今土耳其科尤尔希萨尔附近。

② 译注：今克里米亚（Crimea）。

③ 译注：古代货币单位。

④ 译注：也译作西徐亚人，中文版《圣经》译作西古提人。

创的事业。如果他像前辈那样大胆进取的话，可能无法取得这么大的成就。他有大把机会采取出彩的行动。他绝不做任何不稳妥的事情，自始至终都保持着兵力的优势。他所做的是尽其所能地"收获"卢库卢斯"播种"的果实，如果没有卢库卢斯做的准备，他绝不会征服东方。相比之下，卢库卢斯的战役比庞培的更加出彩，庞培在罗马编年史上被誉为所有最杰出人物的代表，而卢库卢斯几乎被人遗忘。我

◎ 古代头盔

们最好在庞培对阵恺撒这样势均力敌的对手时，对他的真才实干进行评估。

恺撒的青少年时代、求学与早期公职履历（公元前 100 年全前 58 年）

第三章

公元前 100 年（有些史学权威认为是公元前 102 年），盖乌斯·尤里乌斯·恺撒在一个古老的贵族家庭出生，他的家族可以上溯到图利乌斯·霍斯提略（Tullus Hostilius）① 时代的阿尔巴（Alba），在公众中享有盛誉。他的父亲曾担任地方官，大约在恺撒 16 岁的时候去世。他的母亲奥莱莉娅（Aurelia）出生在良好的平民家庭，是位品德优良的妇女。恺撒为他的祖先感到骄傲。他的姑妈尤利娅（Julia）嫁给了马略，在她的葬礼演说中，苏维托尼乌斯告诉了我们他的血统：

> 我姑母尤利娅的家族从母系方面说是帝王的苗裔，从父系方面说乃是不朽的神的后代。因为玛尔西乌斯·勒克斯家族（Marcius Rex，姑母的母系家族的名称）可以上溯到安库斯·玛尔西乌斯（Ancus Marcius），而尤里乌斯这个家族（我们家是其中的一支）可以上溯到维纳斯（Venus）。因此我们的祖基既有国王的神圣权力（其权力在凡间是无上的），又有权要求受到像对神那样的崇敬，而神是连国王都得受其支配的。②

奥莱莉娅把毕生精力都投入到了对儿子的教育上，恺撒借助生来的智慧和天性使自己能够像极少数青少年一样获益颇多。他成年之时，身心都

---

① 译注：传说中罗马王政时代的第三任罗马国王。

② 译注：整段译文引自商务印书馆出版，由张竹明翻译的《罗马十二帝王传》。

具备了很多最佳品质。他的教师是一名高卢人——M. 安东尼·格尼佛（M. Antonius Gnipho），此人在亚历山大城（Alexandria）受到了很好的教育。恺撒的身体越来越强壮，虽然他的身体原本柔弱且有患癫痫的趋向——他的身姿挺拔，举止开朗而友善，相貌不算英俊，却也非常迷人和富有表现力。他有一双敏锐的黑眼、苍白的脸庞、笔直的鹰钩鼻、漂亮的小嘴和精致而弯曲的嘴唇，这一切都构造出一副友善的面容，他粗大的眉毛展现出伟大的智慧和力量。他在青年时代的面容是圆润无缺的。他的饮食节制，不喝酒，健康状况一贯不错，虽然他在科尔杜巴（Corduba）①，以及后来在塔普苏斯（Thapsus）② 得了重病，但是他不会从事过度的劳碌或者娱乐。他不惧风雨，是名卓越的运动健将，以作为一名优秀骑手而闻名。普鲁塔克说："他从少年时代就习惯了马背，他甚至能双手不抓缰绳，而是将手放在背后骑马。"经过审慎的锻炼，他逐渐能够忍耐艰巨的辛劳。他衣着谨慎又整洁，雅致至极。像所有时代的风流少年一样，他喜爱外在的装饰。苏维托尼乌斯曾谈起他的加缘饰的拖裾③（toga）和宽松腰带。苏拉曾经评论道："要提防那个不好好束腰带的男娃"，每个时代的花花公子显然都是最好的士兵和男人。这种个人习惯性的考究，不能说是浮华，因为他的一生都是如此。西塞罗说："当我看到他的头发梳得如此整齐，他还要用一根手指去拨弄的时候，真想不到这样一个人会有颠覆罗马共和国的念头。"（普鲁塔克语）④

恺撒爱好艺术和书籍。他能同样熟练和流畅地说希腊语和拉丁语，这在那些受过教育的阶级中并不稀奇。他撰写了几部作品，以明晰而有说服力的风格赢得名声，不过他并未和诗人一样快乐。塔西佗（Tacitus）⑤ 说："因为恺撒

---

①译注：今西班牙科尔多瓦。

②译注：今突尼斯马赫迪耶附近。

③译注：古罗马公民的一种正规长袍，奴隶和外来的侨居者不许穿着，因而这种装束成为具有罗马公民身份的人的一个表征。

④译注：译文出自普鲁塔克的《希腊罗马名人传》，吉林出版集团有限责任公司出版的席代岳译本。

⑤译注：普布利乌斯·科尔奈利乌斯·塔西佗（约55—约117年），罗马帝国执政官、雄辩家、元老院元老，也是著名的历史学家与文体家，他的最主要的著作有《历史》和《编年史》等。

和布鲁图也创作诗歌，而且把作品放在公共图书馆里，他们是像西塞罗一样差劲的诗人，不过令人高兴的是，很少有人知道这一点。"也许根据我们的观念看来，他的成长轨迹是出身名门、家教良好的城市青年，但囿于他所生活的那个时代的限制，后来他才成为一个彻底的世界公民。他很喜欢女性交际圈，一生都尽力去培养它。

正如狄奥·卡西乌斯说的那样，他还对绘画、珠宝、雕塑都有着非同寻常的品位，他习惯戴着一枚非常漂亮的印章戒指，印章上刻着戎装的维纳斯。他的身体耐力出众，能忍受极端的意志考验和精神压力。维莱伊乌斯·帕特尔库鲁斯① 说："他挥霍无度，拥有的勇气已经超越人类的天性，甚至超过了人类的想象。"普鲁塔克称恺撒为罗马的第二号演说家。普林尼（Pliny）② 提及他出类拔萃的记忆力。塞内加（Seneca）称赞恺撒在愤怒中的出奇镇静，而普鲁塔克说他和蔼可亲、彬彬有礼而优雅合度，到了足够以此获得人民爱戴的程度。西塞罗证实道："他用自己的声音、体态、宏阔、高贵的个性魅力展现了演讲方面的才华，没有一丝矫揉造作。"这些外在的优势使恺撒从其他公民中脱颖而出，他拥有躁动而强大的灵魂，维莱伊乌斯如是说道。他在军事专业素养方面几乎完美无缺，这就是盖乌斯·尤里乌斯·恺撒在其同代人中的地位。

恺撒 14 岁时，马略任命他为朱庇特（Jupiter）③ 的祭司。16 岁时，恺撒与康苏夏（Cossutia）一位富裕骑士的女儿订了婚，不过一年后解除了婚约。18 岁时，他与秦那（Cinna）④ 的女儿哥尼流娅（Cornelia）结婚。据说他已经以个

---

① 译注：维莱伊乌斯·帕特尔库鲁斯，约活动于公元前一世纪前后。他是一位历史学家，著有二卷本的《罗马史》。

② 译注：盖乌斯·普林尼·塞孔杜斯（23—79 年），常被称为老普林尼或大普林尼，古罗马作家、博物学者、军人、政治家，以《自然史》（一译《博物志》）一书留名后世。其外甥小普林尼，是一位罗马帝国律师、作家和议员，被认为是一位诚实而低调的人物，他的很多信件被流传下来，成为研究当时历史的珍贵资料。

③ 译注：罗马神话中的最高神明，对应希腊神话中的天父宙斯（Zeus）。

④ 译注：卢奇乌斯·科涅利乌斯·秦那（？—前84年），古罗马执政官，曾参加同盟者战争。他当选执政官后宣誓保卫苏拉的改革，但后者离开意大利后即背弃誓言，为苏拉派所逐。他在南意大利募军，夺回罗马；与马略联合，大杀苏拉派分子，没收其财产；马略死后成为罗马最有权势的人物。前84年，苏拉东征归来，他组织武装准备抵抗，但在翁布里亚的安科纳因哗变被杀。

人品质和聪明才智而闻名，不过毫无疑问，这主要是因为他是出身名门、前途光明的人，而不是因为他取得了什么实际成就。

当苏拉在马略党的权力废墟上崛起时，他打算提携这位聪明的年轻人投身自己的事业，不过他发现恺撒不为所动。他命令恺撒抛弃哥尼流娅，原因是其父属于马略一派，恺撒会因为这桩婚姻丢掉自己的祭司资格及其妻子的财产，还会被宣布不适于继承自己家族的财产，甚至有性命之虞，恺撒干脆地拒绝了。当时，像皮索（Piso）和庞培这样的人物都为了适应政治形势的需要而与他们的妻子离婚了，拒绝苏拉的离婚要求大大提升了恺撒的声望。最终，恺撒在萨宾人（Sabine）的地盘上躲藏了一段时间，通过朋友们的影响得到了苏拉的宽恕。不过，正如苏维托尼乌斯所记载的，苏拉的预言是正确的，"在这个恺撒身上有好多个马略"[1]。

恺撒认为，在这种形势下远离罗马是明智之举。除非他积极卷入政治动荡，否则他不能留在罗马，他认为眼下的形势不过是幕间休息而已。他在自己的整个政治生涯中都保持了这样的慎重。他在庇推尼（Bithynia）[2]待过一段时间，在那里他是国王尼科米德（Nicomedes）的座上嘉宾。在地方行政官 M. 塞姆斯（M. Thermus）的帐下，担任其"军事副官"（contubernalis）对付米特拉达梯，他在战争和外交活动中都很活跃（公元前 81 年）。在围困米推利尼（Mitylene）的时候，他因为拯救了一名罗马士兵的生命被授予市民花环[3]。他在道德行为方面的名声被他在尼科米德宫廷中的粗暴行为所损害，不过这些事情与他的军人身份无关。每个年龄段和每个地区的道德都自成体系，恺撒与他的同辈们相比没有什么不同。后来在公元前 78 年，恺撒在塞尔维指挥的针对奇里乞亚海盗的海上战役中效力。苏拉去世时他返回了罗马。

在罗马，他以极大的勇气、独立的精神、练达和开明的策略，加上他精心潜修的演讲能力在民事诉讼中大展身手，使他在平民中间声望很高。当时增

---

① 译注：译文出自商务印书馆出版，由张竹明翻译的《罗马十二帝王传》。

② 译注：今土耳其北部。

③ 译注：橡树叶编织的花环，罗马人用以奖励救护战友（市民）的荣誉标志。

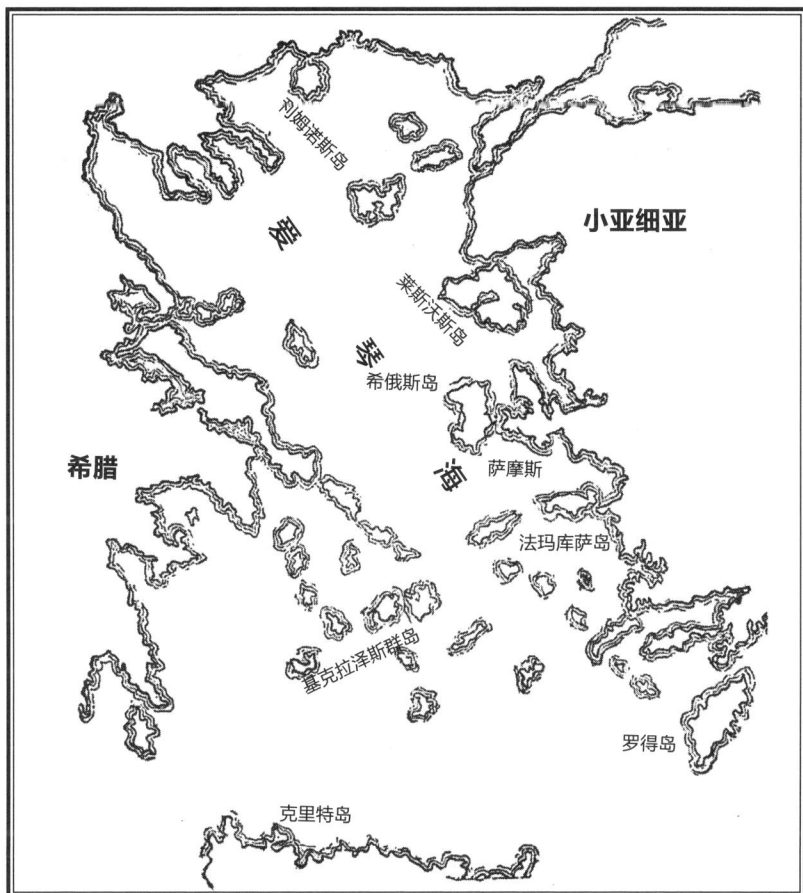

◎ 爱琴海

加自己公众知名度的常见方法是在一些重大诉讼案件中担任辩护律师而让自己扬名立万。对恺撒而言就是多拉贝拉（Dolabella）案。他那时 21 岁，关于他的演讲，塔西佗评论道："我们用赞美的语气阅读它。" 那次演说令他声名远播。后来，他抨击安东尼·希布里达（Antonius Hybrida），还投入到其他著名的案件中去。他的指控实际上是针对那些依然在台上的苏拉党人，而不是某些个人。

　　卷入罗马的政治斗争不能使他获益，所以他宁可选择放弃，乘船前往罗得岛，当时这个岛以学术中心而闻名，他打算投入一些时间来学习。他在路上被法玛库萨岛（Pharmacusa）①的海盗抓住，这是斯波拉泽斯群岛（Sporades）中的一个小岛。海盗们开价20他连得的赎金，不过恺撒傲慢地自愿给他们50他连得，这保证他得到了良好的待遇。恺撒在等待赎金收讫的40天里，在这些人身边获得了一些影响力，所以他得到的待遇更像是国王而不是肉票。他打消了海盗们的疑虑，以自己的口才和智慧给他们带来了欢乐。据说恺撒告诉海盗，如果他能重获自由，他将把这些海盗全部抓住，然后钉上十字架。当然，这番话被他们当作笑话听。

恺撒言出必行。他刚被释放就集合了船只和士兵，奇袭了这些海盗，夺回了他的赎金，还缴获了很多战利品，然后用他威胁海盗们的说法惩罚了他们。苏维托尼乌斯声称，他出于怜悯，将这些人先绞死，然后将尸体钉在十字架上。

在罗得岛上短暂停留后，恺撒在阿波罗尼乌斯·莫洛（Apollonius Molo）的指导下学习，此人是当时最著名的演说家之一。他凭借自己的权威和金钱在库济库斯岛（Cyzicus）向米特拉达梯发动了一场战役，而且打得相当成功。此时，他从罗马得知自己被提名为大祭司（pontifex），以接替他的舅舅 L. 奥勒留·科塔（L. Aurelius Cotta）。返回罗马不久后，他又当选为军事指挥官。在苏拉的将军们与塞多留斯在西班牙交战期间，他谢绝了在这些将军麾下指挥军队的机会。他很愿意到前线去学习军事技能，但不愿意参加对付原马略党成员的战争。他还是一如既往精明地回避毫无裨益的纷争。他依然野心勃勃地追求权力，所以着手在国内组建自己的党派，通过运用资金、朋友、干劲和能力成功做到了这一点。他当上了财务官，跟随代执政官（proconsul）②安提斯提乌斯·韦图斯（AntistiusVetus）前往西班牙。公元前68年，他返回罗马，担任阿庇安大道（Appian Way）和公共建筑的管理者，并通过举办盛大的公众运动会提升自己的民意支持度。

恺撒的下一个官职是公元前64年上任的刑事法庭法官（judexquaestionis）。

---

① 译注：今希腊费尔马科岛（Fermaco）。

② 译注：在罗马共和国，卸任的执政官往往到外地出任行省总督，所以前执政官（proconsul）逐渐等同于行省总督。

第二年，他担任最高大祭司（pontifex maximus）。又过了一年，他当上了行政官。在这段时间里，恺撒一直受到贵族的仇视和人民的爱戴。公元前61年，他被派去管理远西班牙（Hispania Ulterior）行省，但直到有人愿意为他的债务担任担保人，他才得以离开罗马。据说他的债务超过了4000他连得，按照普鲁塔克的说法，债务高达830他连得，相当于100万到500万美元。恺撒不在乎财务的性格特征伴随了他的一生。

克拉苏被说服担当恺撒的债务保证人，他指望恺撒未来获得成功来偿还债务。他没有失望。罗马的政治斗争和站队使挣钱的机会极大地增加，争夺行省的控制权开辟了获利的康庄大道。虽然没有人比他更审慎地遵守法律的形式，恺撒却比拿破仑更加不择手段，这也是那个时代的一贯作风。

恺撒担任地方行政官的行省——远西班牙或者叫拜提卡（Baetica）①，可能也包括一些毗邻的领土。他刚安排好财务事务，没有等待元老院的指示就离开了罗马，后者的行动也被一些政治审判耽搁了。长期以来，他管辖的行省中的低地居民饱受卢西塔尼亚山民的袭扰，如果说卢西塔尼亚不是个完全屈服于罗马的地区的话，也是个半独立半屈服于罗马的地区。恺撒组建了2个军团，或者说是20个步兵大队到他的旗帜下，随即又增设了1个军团，或者说是另10个步兵大队，这使他获得了大约1万名士兵。卢西塔尼亚（葡萄牙）的赫明尼翁山（Mons Herminium）②部族一直在这个行省作乱。罗马官员无法管控他们，他们的权威遭到这些高地居民的嘲笑和蔑视，恺撒迅速对他们发动了一次战役，运用强有力的措施使其屈服。这次战役的大部分细节都不为人知。山中的其他部落害怕遭到同样的命运，于是搬到了杜罗河以外。这使恺撒得以在蒙达河（Munda）③河谷牢牢站稳脚跟，他以此为基地，出兵追杀这些逃亡者，很快

---

① 译注：公元前197年罗马在沿地中海地区设置两个行省，称近西班牙行省和远西班牙行省。前27年奥古斯都在位时，征服西班牙西北部最后一块地方，在整个伊比利亚半岛设置三个行省：原近西班牙行省改称塔拉科行省（东北大部，以塔拉科为首府）、远西班牙行省分为拜提卡（中南沿海，以科尔多瓦为首府）及卢西塔尼亚（西南沿海）两行省。

② 译注：今埃斯特雷亚山（Sierra di Estrella）。

③ 译注：今蒙德古河（Mondego）。

就追上了他们。这些蛮族转头迎战，利用罗马军团渴望战利品这一点来干扰他的步兵大队，他们把自己的家畜驱赶到罗马军队面前。不过恺撒的部下总能受到这位强者的影响，虽然对他来说这些大队是新手，但是他们已经学会了服从。军队是其统帅的缩影，反映出他的力量、性格和智慧。此时没有士兵离开自己的队列，卢西塔尼亚人很快被击溃了。在这次战役中，恺撒肃清了杜里乌斯河的两岸。

与此同时，赫明尼翁山的山民又发动了暴乱，他们希望恺撒能被那些迁徙外地的部落击败，这样就能封锁恺撒的退路，将其制服。恺撒从一条小山脉的东麓向杜里乌斯河进军。他发现蛮族封锁了这条路后，考虑到还有更好的方法应对，所以没有实施游击战争，他找到了从山区通往海洋的出口，但蛮族也占领了通往海岸的那座山脉的山脚地区，因此也封锁了这条路。恺撒只能杀出一条路来，不过他的军团发现，在海岸附近的较平坦的地形上作战并没有什么困难。在进攻敌人时，恺撒从左翼出击，设法切断了敌人通往内陆的退路，这样就把敌人驱赶向大海方向，他在那里可以更加从容不迫地对付敌人。敌人逃上了一个岛屿，有些评论家认为这个地方是卡武埃鲁岛（Carvoeiro）的一部分，当时这个岛与大陆相连，位于里斯本以北约68千米处。岛屿与陆地之间的海峡在低潮时可以徒涉，只是有些困难而已。将敌人封锁在岛上之后，恺撒计划将其彻底消灭。但冒着蛮族的火力渡过海峡是不切实际的，恺撒命人制造了一些木筏，让部分部队乘坐木筏渡海。其余的部队士气高涨，试图涉水渡过海峡，不过遭到蛮族猛烈打击，被赶回高涨的潮水中并被海水吞没。因此，由于木筏搭载的那一小部分部队不足以发动登陆作战，所以首次进攻失败了。

只要有可能完成任务，恺撒就绝不放弃。他在岛屿的对岸安营扎寨，在那里可以掌控卢西塔尼亚。他派出信使到加的斯（Gades）请求派来更多船只，等这些船只抵达，他就派出一支兵力足够的军队渡海杀向岛屿，只要登上岛，就能轻易地使这些敌人屈服。此役结束，恺撒乘船前往布里甘蒂（Brigantium）[①]，

----

① 译注：今西班牙科伦纳（Corunna）。

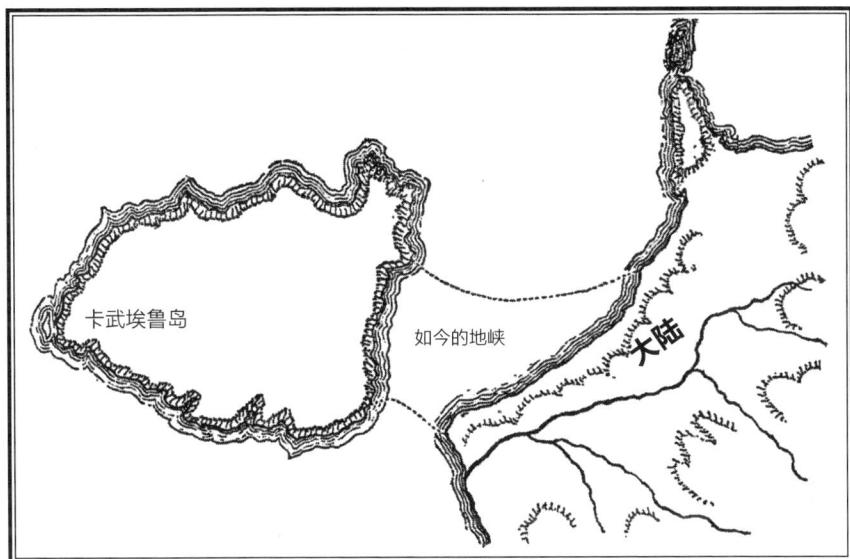

◎ 卡武埃鲁海角

那里的居民看到如此巨大的船只不禁惊恐万状，自动放弃了抵抗。

这次战役的结果是卢西塔尼亚全境屈服，并为罗马控制的西班牙增加了大片领地。恺撒被他的士兵们尊称为"胜利将军"，元老院允许他举行凯旋仪式，这也成为庆祝他获得胜利的节日。历史学家除了为我们简要概述这次战役之外，别的几乎只字未提，我们只能说这是恺撒在战争中学到的第一课。当他去解决高卢问题时，事实表明他熟悉战争，但对于更棘手的管理问题他就不太熟练了。高卢是恺撒指挥大规模战役的学校。令人遗憾的是，我们不知道他在发动首次高卢战役前是如何掌握了战争艺术的。显然，他控制了如此辽阔的领土，但我们对他采用的手法居然一无所知。

我们并不关心恺撒在战后对他的行省是怎样进行行政管理的。苏维托尼乌斯声称，恺撒通过申请财政补助而积累了巨大的财富，正如拿破仑三世所说的"通过搜刮战利品、良好的行政管理，甚至借助他治下人民的慷慨捐助"。事实正是如此，不过与罗马每个行省的总督一样，恺撒认为他有权这样做。

毫无疑问，恺撒在乎钱财，但不是出于吝啬的动机。汉尼拔被指控贪得

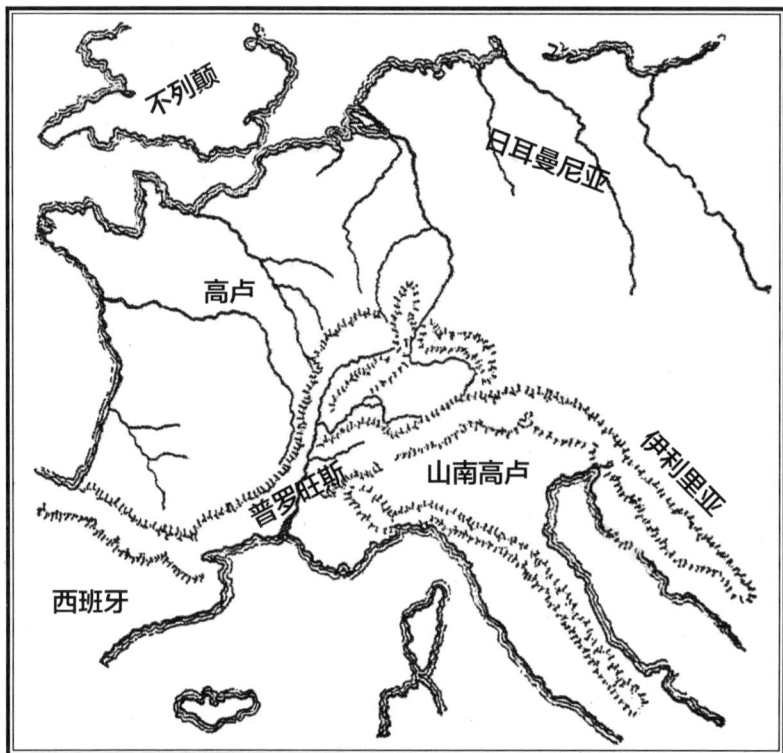

◎ 古罗马的行省

无厌，但他搜刮到的每一分钱都用来发动战争之火了。恺撒用他的金钱组建了一支军队，并为自己赢得了军团的爱戴。他从西班牙获得的一大笔战利品，不仅仅用于慷慨奖励他的士兵，还清偿了自己的债务。他用各种手段满足自己的野心。

恺撒野心勃勃，这么说绝无贬损之意。没有一个缺乏野心的人会从平庸之中脱颖而出，在世界秩序中取得什么成就。据说在翻越阿尔卑斯山路上的一个小镇里，恺撒声称："我宁愿在这里当老大，也不愿在罗马当老二！"每位伟人都有野心。他的野心和满足野心的手段是检验其野心是美德还是恶行的标准。恺撒的野心比汉尼拔更个人主义，与亚历山大、拿破仑的类似。在加的斯的赫拉克勒斯（Hercules）神庙中，恺撒站在亚历山大的塑像前，"到了这个年龄还不曾有任何像样的作为，而亚历山大在这个年龄上已经征服了世界。"这可不只是汉尼拔或者古斯塔夫（Gustavus）的野心所在。

由于在西班牙取得的胜利，使恺撒有资格举行凯旋式，不过他因为想竞选执政官而拒绝了这项荣誉。

罗马元老院在控制如此动摇国本的对手方面表现出了无能。最终，元老院与当时罗马权势最大的人——庞培，发生了纷争，这是由于元老院拒绝向庞培的东方老兵授予土地而引发的。因此，庞培、恺撒和克拉苏达成了一个秘密协议，旨在瓜分罗马的权力和职位。他们和他们的朋友，只需利用那个时代最简单的方法，就可以轻而易举地控制元老院和人民[1]。

恺撒毫无争议地当选执政官，和他一起当选的是卡尔普尼乌斯·比布卢斯（Calpurnius Bibulus）。实际上后者被恺撒轻而易举地架空了。恺撒的第一年任期是在立法中度过的。他是个能人，在庞培的帮助下，他通过制定法律，使自己获得了伊利里亚（Illyria）[2]和山南高卢（Cisalpine Gaul）[3]的五年控制权以及四个罗马军团的指挥权，这是他飞黄腾达的第一大步。总督权力为他赢得了声誉，并创建了一支效忠他的军队，这是几乎所有伟人的晋升之阶。他的其他措施还包括促使苏威皮（Suevi）[4]国王阿里奥维司都斯（Ariovistus）被宣布为罗马的朋友和盟邦，后者后来成了他最强大的敌手之一。

在前往高卢之前，恺撒将女儿尤利娅嫁给了庞培，作为他不在罗马时与庞培维持关系的纽带，而妻子哥尼流娅数年前已经去世，他迎娶了前任执政官

---

① 译注：罗马共和国的全称是"元老院和罗马人民"，所以这句话意为控制整个罗马共和国。

② 译注：亦作伊利里库姆。巴尔干半岛古地区名。位于巴尔干半岛西北部，亚得里亚海东岸，北起德拉瓦河，南至伊庇鲁斯，大致相当于从今克罗地亚至阿尔巴尼亚沿海一带。范围最大时包括其内陆的今阿尔巴尼亚、斯洛文尼亚、克罗地亚、波斯尼亚和黑塞哥维那、黑山和塞尔维亚。

③ 译注：一译山内高卢，又称近高卢，即阿尔卑斯山以南的波河流域地区。

④ 译注：亦译斯维比人、苏维汇人、苏维比人。日耳曼人的一支。据认为，系日耳曼人一较大部落集团，包括马科曼尼人、夸狄人、塞姆诺奈人、赫尔门杜里人、郎哥巴底人（伦巴第人）等。因不时流动迁徙，不同时期其分布地域亦不同。他们多半是从今德国西北部渐次向南再向东方迁徙的。

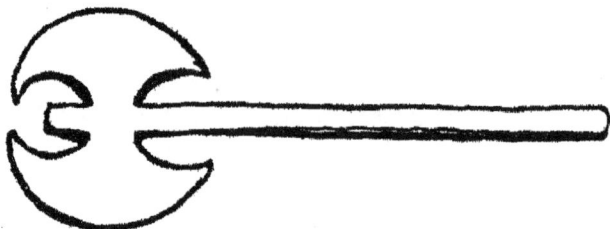

◎ 高卢战斧

皮索的女儿卡尔普尼娅（Calpurnia）。西塞罗和加图（Cato）^①这两位恺撒富有、强劲的对手，被一致认为应该遭到流放。他的权力基础就这样坚如磐石了。

通过多年的持续努力和形形色色的手段，恺撒实现了他的政治野心，尽管这并不都是他自己的功劳。现在，他开始了新的生活，他已经42岁了，政治让位于军事。以后我们会以一种全新的、更有价值的角色来看待他——一个能在战争艺术史上写下伟大篇章的角色。

①译注：马库斯·波尔奇乌斯·加图（公元前95—前46年），即小加图，古罗马政治家。公元前65年他任财务官，前63年当选为下一年度的保民官。喀提林阴谋事件期间，他在元老院发表演说，反对恺撒提出的监禁喀提林分子的建议，支持共和派首领西塞罗，主张处死喀提林分子。后来，他成为元老院中贵族派的首领，曾反对庞培在东方的措施，此为促使前三头同盟成立的重要因素之一。他竭力反对前三头，前59年反对恺撒的土地法，未果，次年被以任塞浦路斯总督为名赶出罗马。前56年回来后，他仍坚持反对立场，但无收获。前52年，他竞选执政官失败，退出政坛。内战爆发后，他加入庞培一方反对恺撒。受命防守西西里失败后，他去了希腊，与庞培合兵。前48年法萨卢战役中恺撒得胜后，他去了北非，据守乌提卡。前46年4月恺撒在塔普苏斯之战获胜后，他绝望自杀，死后备受西塞罗等推崇。

恺撒的新行省与海尔维第人 （公元前 60 年至前 58 年）

第四章

在恺撒前往高卢的数月之前，高卢联军在阿拉河（Arar）^①被日耳曼人击败，海尔维第人（Helvetii）^②武装起来的报告已经送到了罗马。这些消息造成了巨大的恐慌，所有人都害怕蛮族发动大规模入侵，也就是马略勉强才拦阻住的那种规模的入侵。罗马政府下令在全国广征军队。归属恺撒的省份只有山南高卢和伊利里亚，在这样危险的压力下，罗马元老院把山北高卢（Transalpine Gaul）行省^③也划入了他的管辖范围。

高卢人在罗马历史上留下了难忘的记忆，不过罗马人对于他们的好战特性的大部分记忆却日益模糊。我们知道在公元前 7 世纪晚期，一支凯尔特高卢人的远征军穿过今德国南部去了伊利里亚，另外一路穿过阿尔卑斯占领了波河河谷。正是后一批高卢人的后代焚毁了罗马城。公元前 4 世纪，其他高卢部落沿着多瑙河抵达色雷斯，蹂躏了希腊北部。他们中的一些人一路杀向拜占庭（Byzantium）进入亚洲，他们在那里肆虐并占据了一大片土地——被称为高卢—希腊（Gallo-Grecia）或加拉太。在公元前 3 世纪和前 4 世纪，罗马一直在与高卢人打仗，不过罗马对他们的了解仅限于阿尔卑斯南面的高卢或地中

---

① 译注：今索恩河。

② 译注：中文版《高卢战记》将"Helvetii"译作"厄尔维几人"。法国大革命期间的 1798 年，法国占领下的瑞士成立了"Helvetic Republic"，大多数中文史料译作海尔维第共和国，考虑到海尔维第共和国的名气更大，本文将"Helvetii"译作海尔维第人。

③ 译注：一译山外高卢，又称远高卢，即阿尔卑斯山以北高卢。

海沿岸的高卢。罗马曾付出很多鲜血和财富作为代价来安抚波河高卢（Padane Gauls），可汉尼拔一翻过阿尔卑斯山，这些部族就选择造反，不再驯服。第二次布匿战争后仅过了一代人的时间，他们就被罗马人斩尽杀绝了。

公元前 2 世纪中叶前后，罗马将希腊殖民地马赛（Massilia）① 置于保护之下，为了它的利益又征服了邻近部落，罗马在高卢的立足点就是用这种一贯的手段取得的。下一个立足点是作为马赛的前哨基地的色克蒂留斯泉。在罗讷河与群山之间，远及伊泽尔河的地方，是获孔几人（Vocontii）② 的地盘；从这条河到罗讷河居住的是阿罗布洛及斯人（Allobroges），维埃纳（Vienna）③ 是他们的首都；从罗讷河到索恩河和侏罗山（Jura mountains）是塞广尼部落，以维松几阿（Vesontio）④ 为首都；在索恩河和卢瓦尔河（Loire）之间是爱杜依人（Aedui），以毕布拉克德（Bibracte）⑤ 为首都；阿列河（Allier）两岸是阿浮尔尼人（Arverni）。爱杜依人和阿浮尔尼人长期争夺高卢的霸权，阿罗布洛及斯人偏向于后者。罗马人到来后力挺爱杜依人。公元前 121 年，多米提乌斯·阿赫诺巴布斯（Domitius Ahenobarbus）和费边·马克西姆斯（Fabius Maximus）用两场大战平定了阿罗布洛及斯人，就此在高卢建立了罗马的行省。后来又增加了奈波（Narbo）行省。⑥ 在恺撒诞生的前后，条顿人和辛布里人入侵罗马，有摧毁这座精心构筑的行省构架的危险。蛮族连续击败了五支罗马军队。不过马略在色克蒂留斯泉的胜利扼杀了这种危险，重建了罗马的影响力。

高卢行省的边境从托洛萨（Tolosa）⑦ 和奈波开始，从启本那山（Cebenna mountains）南面和东面一直延伸到维埃纳，从那里沿着罗讷河延伸到阿尔卑

---

① 译注：马赛在古代叫马西利亚（Massilia），为了便于阅读，本文译作马赛。

② 译注：在本书关于高卢战争的部分中，译者尽量采用商务印书馆的《高卢战记》的译名。

③ 译注：这是法国维埃纳不是奥地利首都维也纳。

④ 译注：今法国贝桑松。

⑤ 译注：今法国欧坦附近。

⑥ 译注：奈波高卢行省的简称，以其首府在奈波城（Narbo）得名，在今法国纳博讷。

⑦ 译注：今法国图卢兹。

斯山，继而一直向南延伸到地中海。恺撒上任时就是这样。

高卢行省内部和毗邻地区的高卢部落之间摩擦不断，他们中的许多代表人物曾造访过罗马。其中有日耳曼人酋长阿里奥维司都斯、高卢人酋长狄维契阿古斯（Divitiacus）。恺撒从这些既有能力又见多识广的人那里得到了许多关于他的辖区的情况，以及地理和地形方面的信息。除了一些偏远地区，恺撒接管的地盘绝非人所不知的蛮荒之地。高卢作为三巨头执政的战利品被分配给恺撒后，他为自己在高卢行省的行动找到了一个不错的基地。

高卢处于动荡不安的状态，境内战争从未停止过。暴乱没完没了，如果一支罗马军队想穿过高卢南部前往西班牙，那么肯定要杀出一条血路才行。虽然高卢行省一直骚动不安，却是一个令人趋之若鹜的去处。由早期希腊移民开辟的与内陆地区进行贸易带来的取之不尽的财富令人神往，另外，它的气候温暖怡人。这片土地上依然有古希腊文化的痕迹，也汲取了务实的罗马文化。商业贸易产生了大量利润。尽管如此，生活在这个行省中总会有不如意之处，而且总是处于危险之中。

"直到恺撒时代，"西塞罗说道，"我们的将军们都只满足于抵御高卢人，他们更多考虑的是将高卢人的侵略限定在一定时间范围内，而不是与之进行战争。马略本人没有深入他们的城镇和家园，他的意图是把自己的角色限定在充当屏障上，以抵挡这些汹涌的人流席卷意大利……唯独只有恺撒决定将高卢纳入我们的统治。"罗马人谋求征服其他民族，但仅仅是为了保护他们自己免于遭到高卢人的侵害。为了抵抗高卢入侵，总会征收一大笔税款，而且卡皮托山（Capitol）[①]上总是保有一笔专用于这种时刻的特殊资金。

高卢人带来的永无止境的恐怖，只有汉尼拔带来的持续了十八年的恐怖能与之相提并论，这也解释了在恺撒征服这些敌人后，罗马人民为什么会对恺撒如此感恩戴德。与他相比，其他征服者获得的回报要小很多。其他的胜利只意味着扩张，而对高卢的胜利意味着国防安全，正是理解了赢得这场战争能给

---

①译注：罗马七山之一，由于设防坚固，卡皮托山也是罗马的一些要害部门和国库的所在地，美国的国会所在地国会山，叫作卡皮托山（Capitol Hill）就是用了这种引申含义。敌军入侵时，卡皮托山也往往是罗马军民最后坚守的壁垒。

他带来的声望和权力，才激发恺撒着手完成他的任务。

从汉尼拔的数次战役中，我们已经了解了山南高卢。山北高卢以莱茵河、阿尔卑斯山、地中海、比利牛斯山和大西洋为界。它包括法国、低地国家、莱茵（Rhenish）地区和瑞士。这个辽阔的国度的中心有一条不规则的山脉，从北向南纵贯而过——作为分水岭，它使东面的水流注入罗讷河和莱茵河，西面的则流入加龙河（Garonne）、卢瓦尔河和塞纳河（Seine）及其支流。所有的河流都流入界限分明的各自流域，并为整个国度提供了绝佳的交通手段。看一眼这些河道就会知道对于军队的前进、撤退来说，它们是多么优秀的交通线。在许多地方，这座中央山脉很容易翻越。

在气候方面，那时高卢的气候与今天一样优良。普罗旺斯行省温和宜人，北面依然覆盖着浓密的森林，比当代要冷。埃度恩那（Arduenna）①森林从莱茵河到斯海尔德河（Scheldt）和雷米人（Remi）的边境，绵延 320 千米。这个国度的特征是森林茂盛，今天深耕细作的农业区当时林深树密。很难估计当地的人口，但是通过确定武装男性的合理比例，在不同场合集结的部队会多达700 万之众。高卢人分为许多部落，塔西佗说共有 64 个部落，但在其他地方说有 300—400 个。如果认为后面的数字涵盖了附庸部落，还有众多依附强邻寻求庇护并在宗主打仗时派出军队参战的小部落，那么该数字可能是准确的。

整个国度都是以这种形式组成的封建城邦。许多强大的领袖有着由附庸组成的强大军队，强大的部族则拥有很多附庸部族。阿浮尔尼人和爱杜依人在高卢中部争夺霸权，这种内部霸权的争夺造成整个国家呈一种松散的维系状态，使得高卢更容易被征服。

马特隆纳河（Matrona）②和塞广纳河（Sequana）③以北，莱茵河以西生活着比尔吉人（Belgians），恺撒认为他们是最骁勇的蛮族。他们自豪地回忆自己曾捍卫疆土，抵挡住辛布里人和条顿人的进犯。他们处在距普罗旺斯最远、商

---

① 译注：今法国阿登（Ardennes）。

② 译注：今马恩河（Marne）。

③ 译注：今塞纳河。

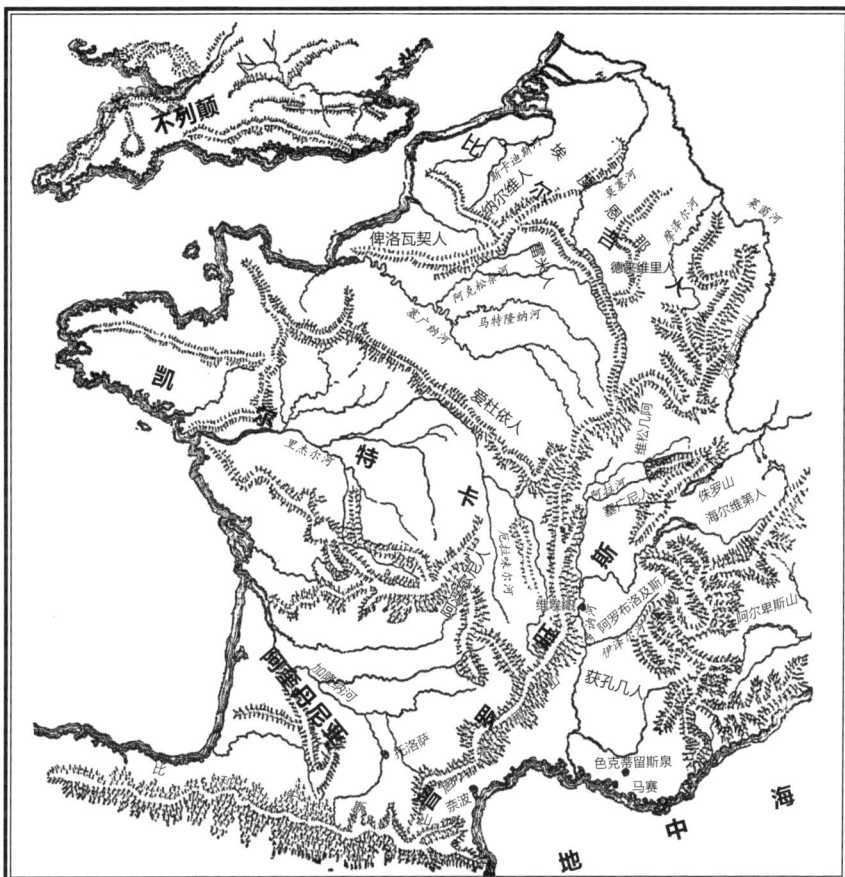

◎ 高卢

旅往来最少的地域，因此没有什么东西能把他们感染得柔弱无力[1]；尽管他们不断与莱茵河两岸的日耳曼人发生战争，但他们宣称与对方有亲缘关系，绵延的战争使他们勇敢而坚毅。在高卢西南部，加隆纳河（Garumna）[2]的对面生活

---

①译注：见《高卢战记》第一卷第一节。恺撒认为文明世界出产的各种商品会令人萎靡不振，削弱尚武精神，比尔吉人地处边远，与商人接触最少，所以最为尚武好斗。

②译注：今加龙河。

着阿奎丹尼人（Aquitani）。这些人与比尔吉人之间的土地，由形形色色的凯尔特人和高卢人部落占据。从任何意义上讲，普罗旺斯行省都是高卢的一部分。它的各个民族拥有共同的起源；与此时受到的罗马的影响一样，曾经位于马赛的希腊殖民地对他们的影响也少得可怜。比尔吉人由几个著名的部落组成：滨海而居的俾洛瓦契人（Bellovaci）能召集10万人上阵；纳尔维人（Nervii）曾将恺撒置于其平生最绝望的境地；德来维里人（Treviri）和雷米人勇猛而坚强。在高卢中部，或者叫凯尔特卡（Celtica），主要部族是阿浮尔尼人、爱杜依人、塞广尼人和海尔维第人。后者孤傲地生活在高峻的山地家园之中，而前三个则为争夺高卢的霸权争战不休。在恺撒时代，对于罗马人来说阿奎丹尼亚（Aquitania）没那么重要。

这些较大的部族被分为部落，并进一步又划分为宗族。他们有许多原始城镇（oppida）——恺撒曾提到过21个——大多位置优良，壁垒森严。许多民众居住在没有工事的村子里，能通行轮子车辆的道路比比皆是，许多河流上架设着桥梁，河流和海上的航船也司空见惯。

高卢人身材高大，肤色浅白。他们染发，平民蓄须，而贵族只在嘴唇上方留髭须。他们下穿长裤，上穿有袖衬衫，富人披斗篷，穷人披兽皮。他们有充足的黄金，养成了佩戴项圈、耳环、手镯和戒指的习俗。他们相当擅长农业，尽管也有些部族更青睐畜牧业，他们能生产亚麻布衣服和毛毡。他们五谷丰登，牛马繁盛。他们的房子是用木材和柳条建造的。他们还能开采铜矿并加工。有些部族能制造铁器，并在表面镀锡和银。他们食用牛肉、猪肉和其他家畜肉，饮用牛奶、酿造的浓啤酒和蜂蜜酒，他们经常酗酒。意大利酒广受好评，有时一坛子意大利酒会被认为价值一个奴隶。他们快乐而和善，不过性格自负、脾气暴躁、反复无常、好动难安。他们在战斗中很勇敢，而被击败后就会气馁。他们言辞夸张，会用希腊字母写字。高卢妇女健壮而美丽，往往与男人一样英勇。丈夫拥有对妻儿生杀予夺的权利。在高卢社会里，折磨自由民身份的人的行为是违法的，即使受害者是女性。

与汉尼拔时代一样，在恺撒的时代高卢人装备长长的双刃剑。有些部族使用带波浪形矛头的蛇矛，所有士兵都能投掷飞镖，携带弓箭和投石索。他们的金属头盔用动物的角或鸟兽装饰，盔顶还会插着一簇高耸的羽毛。他们携带大号盾牌，穿着他们自己制造的胸甲或者锁甲上衣。高卢骑兵因其成员中有贵族，所以比步兵出色得多。他们喜爱当骑兵，以自己的马匹为荣，搜求更好的马种。骑马比武是一种频繁举行的运动，宴会上决斗至死也时有发生。

高卢人出色地模仿了从别人那里看到的有价值的东西。他们的军队后面跟着长长的车队，晚上他们用车队围成一圈以保护自己的营地。他们会在战前要求与敌人的任何勇士进行单挑，杀掉他们的俘虏，留下他们的头颅作为战利品。大规模征兵很常见，最后到达营地的人会被处死，这让每个人都处于戒备状态。他们会用信号和人接力传送，以及通过特定的叫喊声在各地之间传递消息。高卢人很迷信，他们的宗教仪式中就包括活人献祭。源自不列颠岛（Britain）的德鲁伊巫师（Druids）① 牢牢控制着人民，他们的众神和那些古代神祇近似，拥有与天父朱庇特、战神马尔斯（Mars）、太阳神阿波罗（Apollo）和海神尼普顿（Neptune）② 性质相同的众神。

高卢人有两个特权阶层，分别是骑士和德鲁伊巫师。平民介于两者之间，就像介于磨盘的上、下两块磨石之间一样。每个骑士或者贵族都有若干依附民，后者会侍奉他，赴汤蹈火在所不辞。每个民族的政府都掌握在国王和一个议会手中。

在高卢的各个部族之中，总有些部族占据上风，一度控制了整片土地。在恺撒将高卢吞并为一个行省的时期，塞广尼人正占据上风，并严厉地压迫着罗马的古老盟友爱杜依人。

正如历史上一直展现给我们的那样，居住在今天的瑞士境内的海尔维第人是意志坚强、武力强盛、自力更生的民族。他们与日耳曼人进行着永不停歇的战争，双方不断互相入侵对方的边境。奥尔及托列克斯（Orgetorix）是一位勇敢无畏、野心勃勃、富裕多金的海尔维第领袖。在恺撒出任高卢总督的三年之前，奥尔及托列克斯已经说服他的人民，他们可以凭借英勇轻易地征服更加

---

① 译注：古代西欧原始宗教的神职人员。

② 译注：罗马神话中的马尔斯、尼普顿，分别对应希腊神话中的战神阿瑞斯（Ares）和海神波塞冬（Poseidon）。

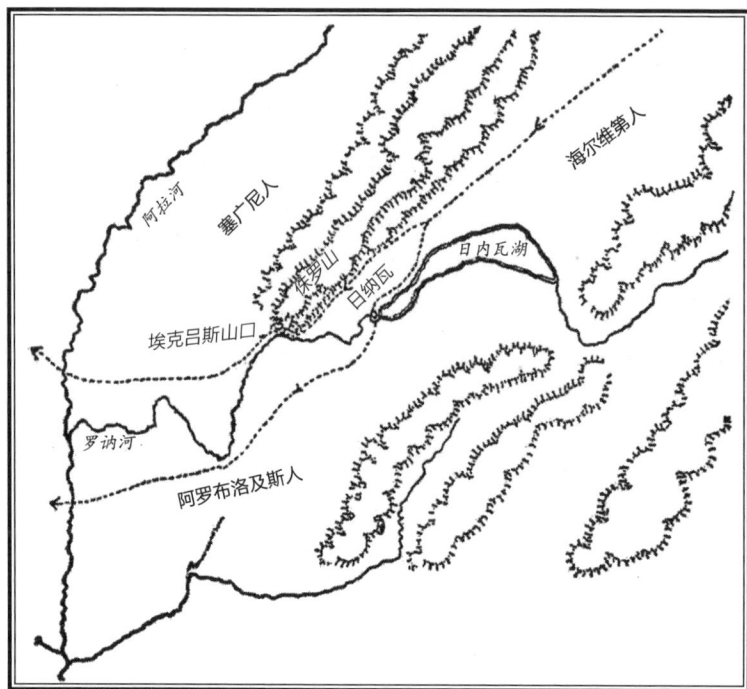

◎ 海尔维第人的迁徙路线

肥沃的高卢平原地区，从而使他们的帝国扩展到贫瘠、狭小的山区之外，这些山区限制了他们的人口、自豪感和他们在战争中赢得的美名。他们被奥尔及托列克斯承诺的名利煽动起来，着手收集尽可能多的驮畜和车辆，准备带上他们的所有财产和大量粮食搬家，这些粮食既可以用于播种，也可果腹。

奥尔及托列克斯受命去与邻近地区的统治者协商，安排通过他们的领地的行程。不过，对信赖他的人们而言，奥尔及托列克斯并非诚实可靠，他辜负了他的人民兼同胞，反而筹划着为自己和子孙谋求对海尔维第人的君主统治权。由于要被送去接受民众的审判，他的党徒发动了武装暴乱，不过奥尔及托列克斯死掉了（应该是自杀），就此结束了这个事件。

不过，海尔维第人的思想却被大海方向的肥沃土地所诱惑，依然执着于移民计划。第三年，也就是公元前 60 年至前 59 年，他们做好所有准备后，每个人都带上了够用 3 个月的粮秣，焚毁了他们的 12 座城镇、400 个村子和不

54

计其数的农田，烧掉了他们无法带走的所有粮食，摧毁了他们的家园和住房的每一处痕迹。邻近的几个部落——劳拉契人（Rauraci）、都林忌人（Tulingi）、拉多比契人（Latobriges）和部分波依人（Boii）与海尔维第人联手，同呼吸、共命运。

海尔维第人必须在两条路线中做出选择。他们找到了一条穿过塞广尼人的土地，走出他们所在山谷的出路：穿过罗讷河和侏罗山脉之间的山口，也就是日内瓦正下方的埃克吕斯山口（Pas de l'Ecluse）。这是一条崎岖不平的道路，难以通行，"单列的车辆通过都很勉强"，这样的道路很容易防守，寥寥数个敌人就可以进行有效的拦截。此外，他们也可以在罗讷河南岸行进，穿过阿罗布洛及斯人的地盘，充当他们和阿罗布洛及斯人的地盘之间的边界的罗讷河，据说那时许多河段可以徒涉而过，尽管今天不行了。这条河的宽度和流向在某种程度上起了变化。日纳瓦（Genava）① 那时在罗讷河的左岸，是阿罗布洛及斯人的城镇中距离海尔维第人最近的一个，那里还有一座桥。后一条路线要容易些。海尔维第人有信心说服或是强迫阿罗布洛及斯人让他们通过，因为这个民族刚刚被罗马人征服，境况不佳。公元前 58 年春，他们全体在罗讷河边集合，共有 36.8 万人。

在笔者写下这一切的很久之前，所有这些事情就已经传到恺撒的耳朵里了，原因是海尔维第人公开准备这次远征已有两年，而恺撒的强项之一就是收集情报。恺撒还没有做好离开罗马的准备，首都的政治纷争和对新法律的拥护使他无法脱身。他在仔细观察事态，战争正是他所期待的。在三巨头的分赃过程中，恺撒特意选择高卢作为他卸任执政官之后的辖区，他的目的不仅是让罗马免遭未来的侵略，还打算征服这个国度；不过，对他个人同样重要的是为自己建立一支军队，在这个动荡的时代里，对大人物来说组建军队是必不可少的，拥有军队也是他获得持久成功的关键。恺撒的动机不应受到指责，也不应被夸大。他既不是古斯塔夫，也不是华盛顿（Washington）。他为罗马奋斗，罗马

---

① 译注：今瑞士日内瓦。

佚罗山

日内瓦

日内瓦通道路

艾尔

卡尔蒂尼

阿武利

湖

桥

x x

a a

g g

b b

h h

尚西

c c

d d

m m

f f

科洛尼

n n

壕沟

p p

科洛尼

面向下游的剖面视图

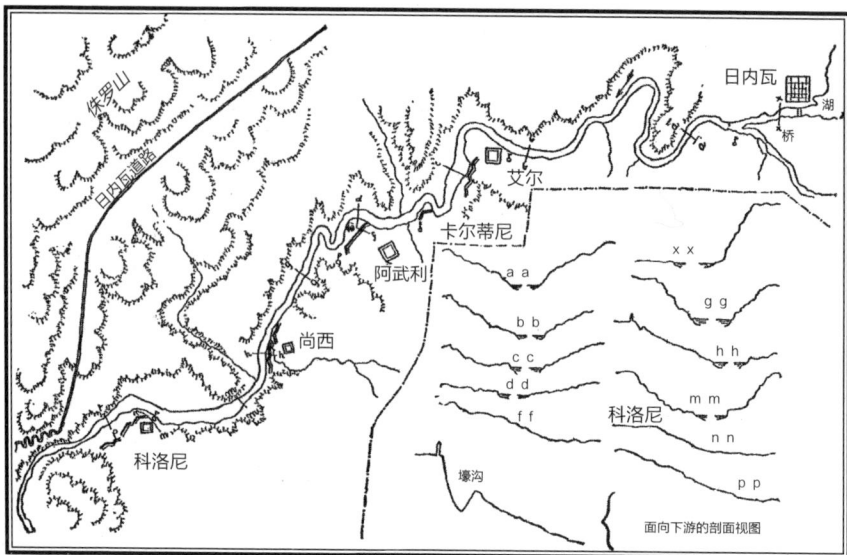

◎ 恺撒的壁垒和罗讷河的部分河床

就是恺撒。"朕即国家"（L'empire, c'estmoi！）①，即使不是他的行事动机，也是他的座右铭。

公元前58年3月，发生了很多事情。时间不等人，恺撒迅速从罗马赶往日内瓦，据普鲁塔克所言，这趟旅程仅用了8天。山北高卢仅驻扎着1个军团，即第10军团。他立即来到日内瓦，命令普罗旺斯以最快速度召集、装备尽可能多的人马，他立即采取了唯一的可行之策，通过破坏日内瓦城的桥梁来阻挡蛮族前进的步伐。

海尔维第人一听说恺撒来了，便派出了由他们中最显赫的人物组成的使团，要求获得和平穿越普罗旺斯行省的特权——他们没有别的路线可走——并保证在旅途中规规矩矩。不过恺撒回忆起了路求·卡修斯（Lucius Cassius）的往事，公元前107年，与马略共同担任执政官期间，卡修斯兵败身死，他的残

---

①译注：17—18世纪著名的法国国王路易十四的名言。

兵败将被迫钻了海尔维第人的轭门①（yoke），因此恺撒绝不相信他们的和平诚意，决定拒绝这一请求。此外，他意识到这将近40万人的队伍，仿佛一场漫天的蝗灾，如果穿过普罗旺斯，绝不可能秋毫无犯。一旦进入高卢，海尔维第人一定会带来另一个征服者部落，因为他们留下的领土几乎肯定会迅速被这时他们已经征服的日耳曼人填补。尽管如此，恺撒依然希望争取时间来招兵买马和完成准备，故而礼貌地倾听了使节们的意见，并宣布他愿意考虑此事，并邀请他们两周之后的4月13日再来，那时他会做好准备答复他们。很明显，海尔维第人相信恺撒是真诚的。恺撒还表现出会批准他们请求的印象。接下来就是恺撒政治谋略的典型事例。他在治国方略方面是个非常塔列朗（Talleyrand）②式的人物。

同时，恺撒以出奇的速度和技巧，沿着罗讷河左岸从日内瓦湖到埃克吕斯山口处的侏罗山脉的间隔构筑了工事。有人猜想这是个连绵不断的防御工事，许多评论家认为，它应该是由一条简单的工事封锁线连接起来的若干筑垒阵地组成的。连绵不断的工事并非必需。恺撒没有足够的人力来构筑这样一条防线。罗讷河本身就是拥有内、外护墙的巨大壕沟，足以代替堑壕。恺撒的第10军团，据说有5000人兵力，也许还有相同数量的应征新兵，他们能在上文提到的期限内构筑这条防线，按照《高卢战记》的说法，它有4.5米高、27千米长③。据斯托费尔上校估计，3000人用三天就能修好这样的工事。狄奥·卡西乌斯说恺撒加固了最重要的地点，而罗讷河大部分河段的地形已经是天然的防御工事，无须再由人工加强。恺撒有大把事情够他忙的，故而没必要做多余

---

①译注：意大利习俗，军队战胜后，往往强迫战败者列队低头钻过轭门（jugum）作为投降条件之一，这是用两支长矛分开插在地上，顶上再横扎一支，像足球门那样的一个架子，钻轭门常被失败者认为奇耻大辱。卡修斯是公元前107年的执政官，当这一年海尔维第人中的一支南下企图进入普罗旺斯行省时，卡修斯率领军队赶去阻截，中埋伏而死，他的部下也大部分被歼灭，只少许残余在副将盖乌斯·朴庇留斯·莱纳斯（Gaius Popillius Laenas）的率领下，钻了轭门后得以离开。

②译注：夏尔·莫里斯·德·塔列朗－佩里戈尔（1754—1838年），法国大革命前后的外交家、政治家，以"足智多谋、两面三刀"著称。

③译注：本书中的"feet"、"mile"都是罗尺、罗里，本书折算成公制单位，下文都照此处理，不再提示。

的事情。因此，认为恺撒防线是一条绵延不断的封锁线的看法是站不住脚的。

只有正对着艾尔（Aire）、卡尔蒂尼（Cartigny）、阿武利（Avully）、尚西（Chancy）、科洛尼（Cologny）等现代村庄的地点需要修筑工事，原因是这些地方的罗讷河左岸坡度平缓。在这些地段，恺撒将战壕挖到4.5米深，加上河岸上的天然陡坡，整条防线是完整而绵亘的。这些描述并不意味着要在整个区域都有一条修好的防线，地形清楚地揭示了这一点。整条防线以适当的间隔用工事完善的筑垒阵地加强，这样便能扼守住所有敌人可能使用的渡口或者徒涉地点，这些阵地都用强大的守军驻守。毫无疑问，恺撒将他的军队分别派驻到五个指定地点，他们从那里可以在数小时内轻易集结到任何具有威胁的地点，我们可以推测，他在数个能适合观察海尔维第人动向的地方都部署了观察哨。

奇怪的是，海尔维第人一定看到了恺撒在河谷中修筑防御他们的工事，从而可以清楚地判断出他的目的，却仍在等候他答复的两周内按兵不动、毫无作为，既没有袭击恺撒尚未竣工的工事，也没有从其他路线前进。也许恺撒在与他们的交涉中表现出的伶牙俐齿，使他们充分相信了他的虚情假意。

4月13日，当使节们再度前来接受答复时，恺撒已经准备就绪，直截了当地告知他们说，罗马习俗不会允许他同意他们的要求。同时，他暗示，如果他们试图通过，他就会被迫动用武力，正如他们所看到的那样，鉴于他掌控了局势，他会这样做的。海尔维第人对恺撒的行为气愤不已，他们出动小股部队去试探恺撒的工事，还尝试在夜间从渡口偷渡，不过这些尝试都遭到明显的挫败，他们发现，在白白损失了两周时间和彻底被罗马人耍了之后，他们必须转而启用另外一条路线。

为了实现这个目的，他们试图去获得塞广尼人的过境许可，长期以来，塞广尼人基本上控制了侏罗山脉及其山脚下的土地，所以获得通过他们土地的许可是必不可少的，鉴于他们仅靠自己是无法使这个请求如愿的，因而他们请求爱杜依人杜诺列克斯（Dumnorix）帮忙为他们斡旋，此人娶了奥尔及托列克斯的女儿，且在塞广尼人中颇有威望。杜诺列克斯照做了，他很快就获得了海尔维第人需要的权利。双方都交出了人质，塞广尼人允许海尔维第人等部族过境，海尔维第人则被禁止沿途劫掠。

恺撒听到了关于这次行动的流言，此外他还听说，海尔维第人正在前往

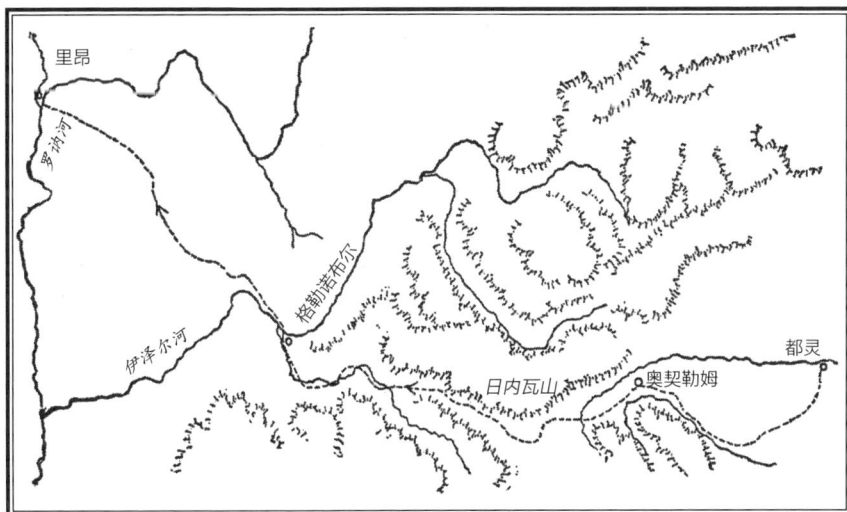

◎ 恺撒翻越阿尔卑斯山的路线

桑东尼人（Santones）的地盘，后者位于海边，大约位于现代的图卢兹（Toulouse）的托洛萨得斯人（Tolosates）的西北方。恺撒决定还要阻止这次迁徙，原因是一个游荡不息、好勇斗狠的蛮族必定会成为罗马霸权的威胁，而且托洛萨得斯人已经是罗马的附庸了。更何况，海尔维第人可能会占据普罗旺斯最好的粮食产地，而自己可能需要这个粮产区，他不会把自己的行动限定在明确的疆界之内。

恺撒正确地估算到，海尔维第人需要数周时间来完成进军的准备工作。他留下了他最信任的副将提多·拉频弩斯（Titus Labienus）代理他的工作，他本人火速赶往山南高卢，组建了2个新军团（第11、12军团），还调来了在阿奎来耶（Aquileia）过冬的3个老军团（第7、8、9军团），率领这5个军团以强行军方式翻越阿尔卑斯山进入高卢。他的路线是穿过奥契勒姆（Ocelum），翻过日内瓦山，穿过格勒诺布尔（Grenoble）前往里昂（Lyon），这是庞培管理西班牙时开辟的道路。他在路上遇到了一些因山地部族的阻挠而造成的困难，虽然这些山南高卢的部族遭到了削弱，不过他们依然自行其是，尽管他们守住了山口的几处要害，但恺撒还是用数场巧妙的遭遇战击败了这些蛮族，率领他

59

的 5 个军团安然抵达阿罗布洛及斯人的地盘,在今天的里昂附近渡过了罗讷河,到达塞古西阿维人(Segusiani)的领地。所有这一切都是在短得难以置信的时间内完成的。他仅用了 7 天,就从奥契勒姆到达了获孔儿人的地盘——大致位于现代的格勒诺布尔,就是说,在崎岖的仅供骡子通行的山路上每天大约行进 24 千米。此时距离拒绝海尔维第人的要求、组建部队和率部进抵罗讷河已经

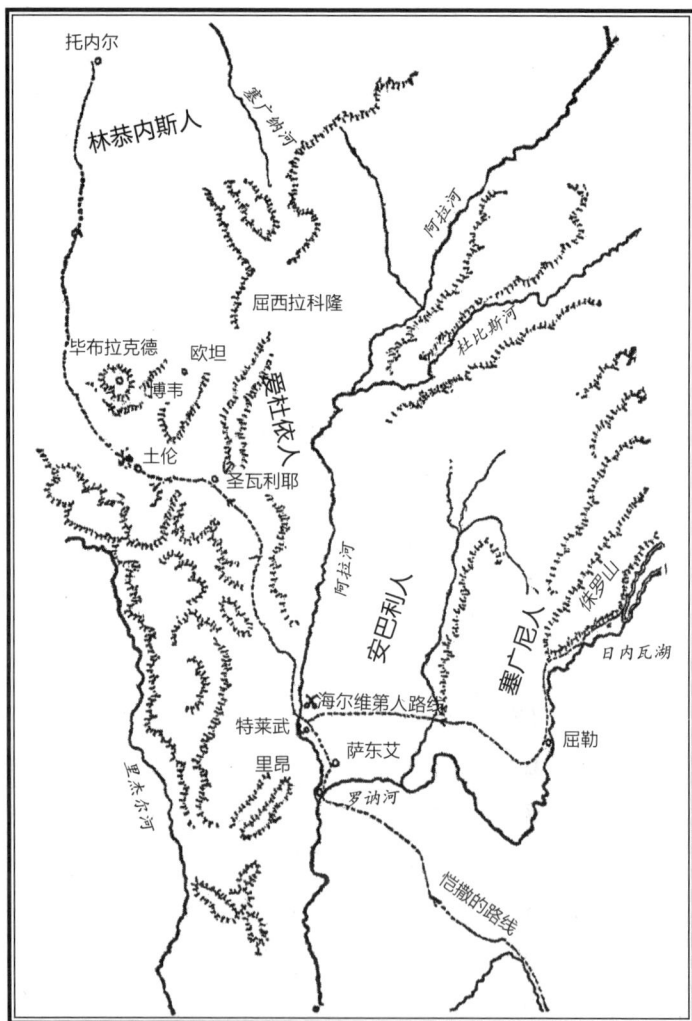

◎ 海尔维第战役相关地域图

过去了 2 个月。

的确，海尔维第人耗费太多的时间进行谈判以确保他们通过埃克吕斯山口，而他们在带上全部家当的实际行进中消耗的时间更多。但是，一旦他们越过了这个天然屏障，他们的行进速度就加快了，他们穿过塞广尼人的土地，到达了爱杜依人的地盘，以最酷烈的方式进行劫掠以报复恺撒对他们的显而易见的背信弃义。爱杜依人和他们的亲族安巴利人（Ambarri）都居住在罗讷河以北，他们向恺撒求援，宣示他们与罗马的古老友谊，以及此时发生的灾难。阿罗布洛及斯人也来求援，向恺撒证明他们损失惨重。这些部族都是罗马的附庸。按照地形走向的判断，海尔维第人应该会沿着罗讷河前往现在的屈勒（Culoz），继而杀过乡村前往阿拉河，到达今天的特莱武（Trevoux）附近。当我们考虑到他们有约 36.8 万男女老少，还有 1 万辆车组成的辎重车队（因为至少运载够用 3 个月的储粮）必须穿过只能单车通行的狭窄隘口，行进缓慢是理所当然的。依靠他们行动缓慢这一重要因素，恺撒得以在意大利组建了军队。他决定刻不容缓地进攻和惩戒海尔维第人，并且告诉求援者们，他们可以依靠他的庇护。不过他要求他们提供若干军队，尤其是他所没有的骑兵。

颇为奇怪的是，恺撒在他指挥高卢战役的整个过程中，都完全依赖本地的骑兵，更加奇怪的是，他将骑兵部队交给了当地酋长指挥。后一件事主要出于政治上的考虑，不过，这样做并不总会带来良好的结果，也总会有危险相伴。实战证明，高卢骑兵比他们的罗马同行要优秀得多，他们是一群杰出的战士。

阿拉河和毕布拉克德之战（公元前58年6月）

第五章

渡过罗讷河之后，恺撒扎下了一个营盘，它很可能位于萨东艾（Sathonay）高地上，在它的北面是海尔维第人，他们控制着阿拉河的一段河道。可能就是在这里，从日内瓦防御工事出发的拉频弩斯与他会师了，现在那些工事已经没必要防守了，会师让恺撒有了6个军团，合计3万人，而爱杜依人和他的普罗旺斯行省给他提供了大约4000名骑兵。现在，他已经做好展现自己勇气的准备了。

恺撒已经学会派出比正常情况下更多的侦察兵探测敌情，这些侦察兵们很快就为他带回了情报：海尔维第人正在乘坐船只和筏子悠闲地渡过阿拉河。那时候，索恩河的某些河段的流速与今天一样缓慢，以至于让人无法辨别其流向。在其中一个地方——今天的特莱武以北，海尔维第人正在乘船摆渡，因为他们还没聪明到能在河流上修筑桥梁的程度。恺撒立即出发前往该地区。他派出间谍去确定敌人的动向，然后很快就得知他们四分之三的兵力——三个部族——已经渡河，还有一个部族的队伍仍留在左岸。这正是恺撒的机会。午夜时分，他率领第7、8、9军团一直行军至拂晓6时，走了大约18千米，抵达了左岸敌人正在渡河的地方，然后迅猛杀向猝不及防的海尔维第人，出其不意的奇袭消灭了大部分敌人，其余敌人四散奔逃，惊恐万状地遁入附近的森林，此时是6月初。一个奇妙的巧合恰好与这个惨遭屠戮的部落——几古林尼人（Tigorini）有关，他们的家乡在今天的苏黎世（Zurich）附近，正是他们打败并杀死了卡修斯，皮索也在这场灾难中命丧黄泉，而后来与恺撒联姻的正是皮索的家族。这场败仗令海尔维第人元气大伤，不过还剩下一些事情，例如还有28万人需

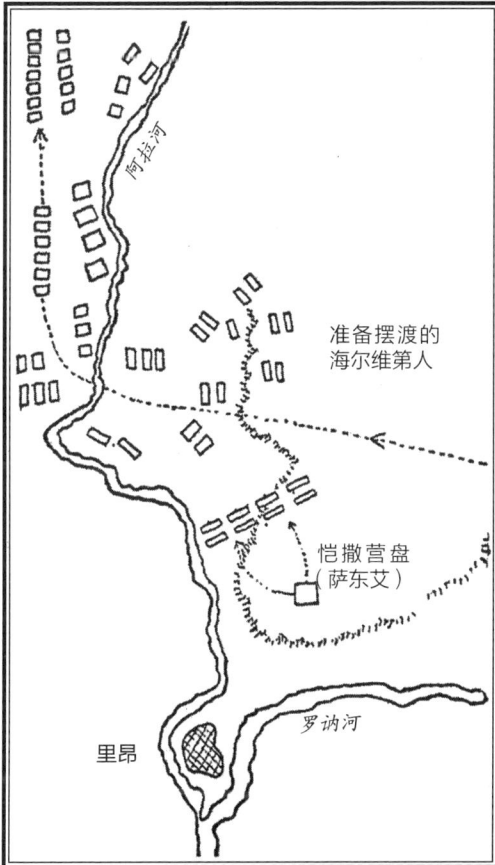

◎ 萨东艾营盘

要处理，其中 7 万人是武士；他们还有大量粮秣。后人对战役地点的发掘，清楚地显示这里有大量男女老少的遗骸，有些被烧成了灰，但是全部被匆匆埋葬，还有破损的武器和装饰品。

恺撒立即在战场附近的阿拉河上架桥渡河。整个行动就发生在海尔维第人的眼皮子底下，令人吃惊的是，海尔维第人本来应该毫不费力地进行阻挠的事在《高卢战记》中居然只字未提。他们所能做的只是严密监控他。无疑，恺撒在河上拥有船只，在他的大军背后运输粮草，这一切都加速了整个战斗进程。其他 3 个军团很快离开萨东艾营盘与他会师。海尔维第人惊愕地看着恺撒在一天之内就完成了他们耗费 20 天才完成的工作，他们再次向他派出了使节，表达了他们对和平的渴望，并将到恺撒允许的任何地方去定居，如果恺撒拒绝，正如罗马人通过切身体验而充分了解到的，他一定会记住海尔维第人是勇猛无畏、人数众多的民族。恺撒答复道，海尔维第人如果愿意派出人质担保，那么他愿意与他们讲和；但是使节傲慢地答道，他们习惯于接受而非交出人质，然后怒气冲冲地离开了。

海尔维第人并不急于开战，他们宁愿执行原先的计划，尽管他们一定切身体会到了恺撒消灭他们四分之一同胞的那次打击。次日，他们拔营启程，打算继续前往桑东尼人的领地。为了做到这一点，他们不能径直向西前进，因为在他们与目的地之间是一片山区，其中有两条泾渭分明的山脉。他们向西北进发，以便前进到索恩河和卢瓦尔河之间的分水岭的最低点，在此处翻山再向西挺进。

恺撒并不准备与敌人开战，因为他们与恺撒自己的队列都或多或少地被局限在阿拉河和群山之间的局促空间内。缓慢而坚定的追击是他眼下的唯一方案，他把麾下由爱杜依人杜诺列克斯指挥的高卢骑兵派去侦察对手的行踪。一两天后，一队500人的海尔维第骑兵袭击了这队人马，虽然杜诺列克斯对他们拥有8：1的绝对人数优势，但还是战败了而且蒙受了相当大的伤亡。在这场轻易得手的胜利的鼓舞下，海尔维第人开始进行不断的后卫战斗。

恺撒持重谨慎。对他来说，这么大规模的战争还是新鲜事物。那时的战争艺术教育并不同于我们现在称为"大规模作战"的东西。他从前辈的历史中，从亚历山大和汉尼拔的光辉业绩中，汲取了所知的一切，这是一般人不具备的智慧。恺撒依然对自己的能力缺乏信心，他知道自己手中的兵力还不足以解决面临的问题，因此他明智地不受一般性的交战规则的限制。但是，他尽其所能阻止海尔维第人劫掠和筹粮；与对手保持大约8千米的距离，亦步亦趋地尾随了15天。

恺撒正被带离阿拉河沿岸，补给问题日益严重。对他来说，溯河而上运输粮食是难以为继的，周边的庄稼还没有成熟，这个季节的粮草供应颇为有限，而且被数量巨大的敌人消耗掉了。爱杜依人虽然同意向恺撒供应大量粮食，但在恺撒多次索要之后还是没有送到。看起来，受到前文提到的正在恺撒军中效力的杜诺列克斯派遣的代表的煽惑，爱杜依人不愿供应粮食，唯恐恺撒在他们的帮助下解决了海尔维第人之后，再转头剥夺他们的自由。杜诺列克斯急切地想看到恺撒受挫，因为罗马人妨碍了他的扩张计划。事实上，在后来与海尔维第人骑兵的交锋中，他扮演了叛徒的角色，他在进攻中率先退却，造成了罗马人在战场上的损失。恺撒怀疑一切都不对劲，他把一些爱杜依人的首领召集起来，发现了问题所在。恺撒很想拿杜诺列克斯说事，但可能是出于政治动机，以免后者的属民会感到委屈而与他断绝同盟关系，在杜诺列克斯的兄弟狄维契阿古斯为之求情时，恺撒假装宽恕了杜诺列克斯，狄维契阿古斯是恺撒的好朋友，也是罗马人的忠实盟友。不过，恺撒决定监视杜诺

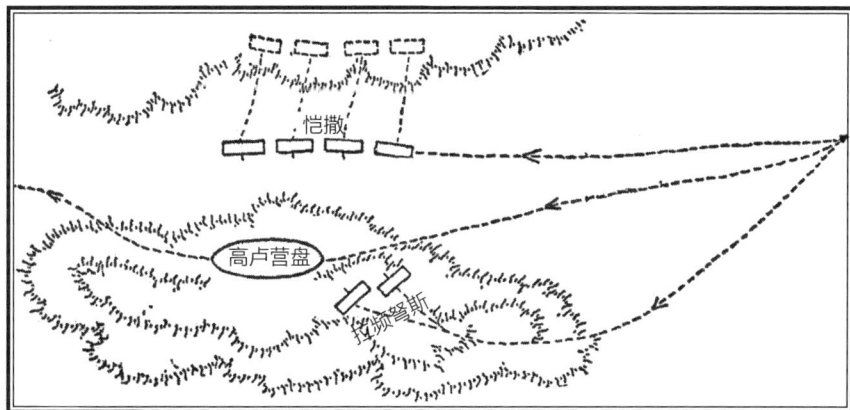

◎ 土伦附近的行动

列克斯，以免他把事情闹得太大。

　　在今天的圣瓦利耶（St. Vallier），海尔维第人向西前往里杰尔河（Liger）[①]河谷，他们打算沿着这条河进军，然后在德西兹（Decize）渡河。恺撒的侦察兵汇报说，海尔维第人在行军途中，在大约 11 千米外的一座山丘的山脚下安营扎寨（距土伦[②] 不远），恺撒终于等到了有利于发动进攻的机会。他仔细侦察了通往那座山的路线，在午夜后派遣拉频弩斯带着两个军团和向导，绕路登上了那座山丘的山顶，迂回到了海尔维第人的后方，而他本人率领另外四个军团，以骑兵为先导，在天亮前很早就出营迫近敌人的战线。这个计划策划精准、执行周密，获得了彻底的成功。

　　实际上，拉频弩斯在海尔维第人毫无察觉的情况下达成了战术目的。恺撒的胜利似乎十拿九稳了，他挺进到距离敌军不到 2.2 千米的地方。不过，孔西第乌斯（Considius）这位优秀且经验丰富的军官、苏拉的老参谋之一，当时被恺撒派去指挥先锋侦察兵，不知为何失去了理智，给了统帅错得离谱的信息，他说是海尔维第人而不是罗马人占据了山顶，他自我想象认出了敌人的武器和

---

①译注：今卢瓦尔河。

②译注：这个土伦（Toulon）不是地中海岸的那个著名的同名港口，而是位于法国中部的一个小城。

旗帜。这个报告使得恺撒相信拉频弩斯没有抵达他的作战位置，他不愿在没有达成伏击的态势下发动进攻。因此，副将和统帅没有协同好，丧失了立即获胜的机会。恺撒撤退到了毗邻的高地，在那里组建了战线，静候敌人的进攻。受命抵达山顶的拉频弩斯没有继续前进，仍在山顶等待恺撒下达进攻命令。直到天色将晚，恺撒才了解到真实情况，而在此期间，敌人已经撤离。

恺撒没有亲自进行侦察的习惯，即便在重要的战役中也不会这样做，我们可以从很多与此役相似的战例中看到这一点。在搜集情报方面，他始终如一、小心谨慎和精明干练，在所有的伟大统帅之中，他似乎最依赖别人的侦察，在这个和下文将要叙述的战例中，他亲自侦察可能会更有成效。就这样从埋伏圈中逃脱之后，海尔维第人对恺撒没有进攻感到十分高兴，但是他们丝毫没有进攻恺撒的坚固营寨的打算。

渡过阿拉河之后，海尔维第人已经行进了两周，每天能走 11 千米。此时是 6 月底。恺撒发现军队粮食短缺，而爱杜依人的后勤工作依然进展缓慢，恺撒决定于次日撇开海尔维第人，直奔毕布拉克德 ①。

人们倾向于认为毕布拉克德位于欧坦，不过在伯夫赖山的可能性更大一些。高卢人习惯于把他们的城镇建立在高地上，就像及尔哥维亚（Gergovia）或者阿来西亚（Alesia）那样；如果在平原上建城，它会由河流或者湿地环绕起来，例如阿凡历古姆（Avaricum）。他们不太可能将首都和最大的城市毕布拉克德建造在山脚下，即今天欧坦所在的位置。有数条古代道路以伯夫赖山为中心，而山顶也布满了城镇的废墟，种种迹象表明，这就是爱杜依人的毕布拉克德城。

恺撒距那大约有 27 千米，他认为能找到大量食物。分发粮饷的时间通常是每 15 天 1 次，每个人可以领到 11 公斤小麦，此时距离下次领粮饷只有 2 天了，士兵们的补给即将告罄。

罗马阵营中的一个高卢骑兵的逃兵将恺撒的动向告诉了海尔维第人，海尔维第人将恺撒的机动理解为撤退。海尔维第人认为恺撒害怕进攻他们的想法，

---

① 译注：伯夫赖山（Mt. Beuvray），今法国欧坦（Autun）附近。

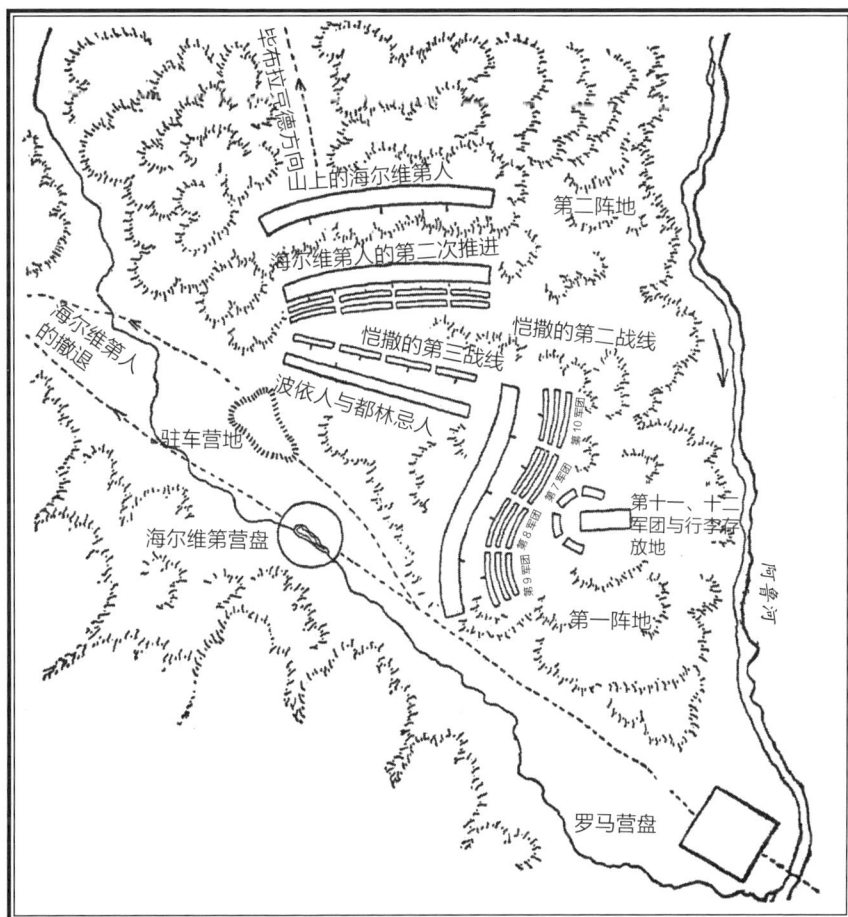

地图中文字（自上而下、自左而右）：
- 毕布拉克德方向
- 山上的海尔维第人
- 第二阵地
- 海尔维第人的第二次推进
- 海尔维第人的撤退
- 恺撒的第三战线
- 恺撒的第二战线
- 波依人与都林忌人
- 驻车营地
- 第10军团
- 第7军团
- 第8军团
- 第9军团
- 海尔维第营盘
- 第十一、十二军团与行李存放地
- 第一阵地
- 罗马营盘
- 阿拉河

◎ 毕布拉克德战役

由于恺撒放弃追击而变得更加坚定，他们没有继续向卢瓦尔河谷挺进，而是转头企图进攻恺撒，切断他撤退的路线。他们开始采用更加大胆但零星的攻势去骚扰罗马人的后方。

他们的行动与恺撒的想法一致。恺撒决定给予他们会战的机会，在到达毕布拉克德之后他就占领了一处高地——斯托费尔上校似乎已经确定战场位于土伦附近。恺撒在这里集结了他的部队，把骑兵派到前方去阻挡敌人过于快速的进攻，敌军大约有 7 万名武士，而恺撒的军团士兵在 3—3.6 万人之间，也许还有 2 万名辅助部队（阿庇安①说他们是高卢山民），还有 4000 名骑兵。

恺撒将他手下的 4 个老军团（第 7、8、9、10 军团）部署在半山腰上，排成三行横队，第 11 和第 12 军团这 2 个最近在山南高卢组建的军团，以及所有的辅助部队则部署在后面的山顶平地上，全军的行李都安顿整齐，交给他们看管。在这里，与其他战例一样，恺撒拒绝将新军团放在战斗位置上，而是将他们部署在后方。这里说的行李（sarcinae）是士兵们随身携带的行囊物品。如此之后，各个军团就可以轻装上阵。至于辎重车队（impedimenta）的位置，史料只字未提。

这三条战线绝不能与布匿战争时期古老的三线阵型混为一谈，即青年兵、壮年兵和预备兵的列阵方式。正如上文已经解释过的，此时的步兵大队组成了一条战线。恺撒使用的二或三条战线是分开、独立部署的，每个军团都以步兵大队为单位部署成三条战线。海尔维第人把他们的车辆围成一个不规则的圆形，部署在恺撒阵地对面的低地上，在打退了罗马的同盟骑兵之后，排成了方阵——这是所有蛮族要打硬仗时的惯用阵型——以密集队形迫近罗马军队。他们将盾牌连起来排成龟甲阵，前排、侧翼和头顶都排起盾牌，这样就能抵挡住第一轮标枪齐射，在决心大战一场的声势中发起进攻。

恺撒用惯常的战前演讲（allocutio）动员他的部下。为了再次鼓励部下，让部下感到自己打算与他们生死与共，恺撒跳下了马背，并且强迫其他骑马的军官也这样做。恺撒可能不大信任某些新军官的坚定之心，他还不太了解他们。与军团共存亡的举动意味着："我会留在这里与你们一起战斗，我已经放弃了自己的逃跑工具。"此举与军官们在战斗中下马相反，正如在现代的火枪时代有时会发生的那样②。罗马的第一条战线正在等候海尔维第人发动进攻，并从他们所在的高地投掷标枪。标枪在海尔维第人的方阵中成功撕开空隙之后，他们立即手持利剑向蛮族发动冲锋。接着，发生了最激烈的战斗，许多海尔维第人的盾牌被罗马标枪击中，铁质的枪尖随之弯转，人们很难将标枪从盾牌上拔

---

① 译注：阿庇安（约 95—约 165 年），古罗马历史学家，代表作《罗马史》。

② 译注：作者的意思是，在火枪时代骑马的目标太大，准备逃跑的军官会下马，步行逃离。

下来，盾牌随之也变得笨重起来，以至于蛮族们被迫扔掉了盾牌。

这个时代的标枪的长度略少于 2 米，其中一段是长而柔韧的带有倒钩的长刃。它们能被投掷出 90—120 米；当它被投掷到龟甲阵上时，通常能把两个盾牌钉在一起，令它们失去防护作用。尽管海尔维第人的初次攻势遭到遏制，却也展现了他们的勇猛——强悍的海尔维第山民一贯如此。他们扔掉了盾牌，令罗马人杀戮更方便，经过长时间的苦战，海尔维第人不得不缓慢但坚定地退出了战场。海尔维第人没有斗志崩溃或士气低落，井然有序地撤退到 1200 米外的一个高地上。他们在那里停下脚步，重整旗鼓。

两个新军团和辅助部队依然留在后方看守辎重车队。那些老军团追赶撤退的敌人时，推进到了海尔维第人的后卫所在的地方。海尔维第人中包括了大约 1.5 万名波依人和都林忌人盟军，他们部署在可以保护高卢辎重车队驻车营地的地方。此时，这支部队正位于罗马人的后方，他们看到海尔维第人的主力主战线又向前推进，便爆发出了欢呼，火冒三丈地向罗马军团猛扑过去，以更加饱满的热情继续战斗。恺撒说，他们冲向了自己"暴露的侧翼"（exposed flank）。"暴露的侧翼"也许等同于 1861 年的术语"伪装炮位"（masked batteries）。需要记住的是，古代军队的右翼总是较弱的侧翼，因为士兵一般用左臂执盾，而部队右侧的士兵的身体没有盾牌保护，因此右翼经常被称为"暴露的侧翼"，而罗马军团总是对这一侧翼感到不安。解释战败或暗示战术风险的一个简便方法就是提及"暴露的侧翼"遭到打击。因此，早已成为历史名词的"预备兵"，再次出现在这篇文字之中。

恺撒被迫组建两条战线来对付这场两线进攻。为了迎战后方的波依人和都林忌人，他面向第三战线的战旗指挥作战，用前两条战线抵挡海尔维第人发动的新一轮进攻。形势岌岌可危，但他还拥有两个军团的预备队，恺撒将交战的战线退回原地。有相当长的时间，胜利的天平摇摆不定。海尔维第人绝不放弃战斗，尽管力有不逮，但经过漫长的苦战，罗马军团终于将敌人赶回他们第一次退往的那座山丘，并且迫使他们的后卫盟友部队退往辎重车队那里。海尔维第人像英雄一样战斗。在整场战斗中，从中午到黄昏没有一个人向对方露出过后背。此时，为了占据辎重车驻车营地，双方又开始了激烈的战斗，一直打到深夜。敌人从车里投射武器，藏在车轮之间用长矛刺击罗马人，妇女和小孩也参加了战斗。经过全力以赴的战斗之后，罗马军队才最终夺取了驻车营地。这是一场大胜，在蒙受了惨重伤亡，只剩下 13 万人之后，海尔维第人四散奔逃，恺撒没有发动追击。拿破仑说，恺撒的骑兵在这个多山的国度起不了多大作用。但不愿追击是因为恺撒缺乏经验而小心谨慎，而非他认为追击没用。

恺撒的临机应变和战斗精神都配得上最高的赞美，不过他可能会因将战线推进得离他的预备队太远而遭受批评，此举容易导致其侧后遭受攻击。不到两个军团和辅助部队就能守卫这个筑有工事的行李存放地，如果两个军团中的一个能像在法萨卢（Pharsalus）① 战场上那样，投入到一条追加的战线上，胜利的取得将会更加迅速，而且代价小得多。海尔维第人的损失非常沉重，但整个民族中的很大一部分逃脱了血光之灾。经过四天四夜的行进，这些海尔维第人抵达了林恭内斯人（Lingones）② 的地盘上，他们希望在这里获得粮食和安全。根据恺撒通过信使传递过来的布告，如果哪个部落窝藏这些罗马人民的公敌，或与之进行交易，那就会与海尔维第人一样被罗马人民视为敌人，因此林恭内斯人拒绝与这些脚疼腿软、饥肠辘辘的蛮族进行任何接触。身处最惨痛灾难中的海尔维第人立即派出信使哀求和平。

恺撒在毕布拉克德或者战场附近停留了三天以掩埋尸体、医治重伤员。关于他的损失没有留下记载，估计损失肯定非常大。第四天，他追逐海尔维第人，进入了他们在附近建造的营地，接待了海尔维第使者，我们可以想象使者的言辞肯定没有上一次那么傲慢了。针对海尔维第人提出的请求，他提出条件是：遣送人质，交出他们的武器以及若干逃出罗马军营投奔他们的奴隶。答应了恺撒的要求之后，他们得到了宽大处理，恺撒向他们送去了食物，不过，他们被迫返回自己的家园，重建自己的城镇和村庄，直至他们完成这些工作为止，而阿罗布洛及斯人得到的指示是向他们供应粮食。佛罗鲁斯（Florus）③ 说，恺撒"像牧羊人把畜群赶回羊圈一样，将这些人赶回他们的老家"。海尔维第人的一支，

---

① 译注：指公元前 48 年的法萨卢之战。

② 译注：今法国托内尔（Tonnerre）附近。

③ 译注：佛罗鲁斯（74—150 年），罗马帝国时期史学家、演说家、诗人，著有《罗马史纲要》。

6000 名维尔毕琴纳斯人（Verbigeni）试图逃往日耳曼尼亚①，他们在试图穿过某些部族的领地的时候，被那些遵从恺撒命令的部落拦住去路，抓了回来，"都被当作敌人处理了"。毫无疑问，他们被当作奴隶出售或者屠杀掉了——这是玷污了恺撒光辉的战役篇章的无谓的残酷行径之一。

有些人将这场战役的地点大致定位于屈西拉科隆（Cussy la Colonne），这个地点并不符合《高卢战记》上关于地形的记载。拿破仑三世认为战场在更靠近毕布拉克德的地方，而斯托费尔的研究是最新且最可靠的。

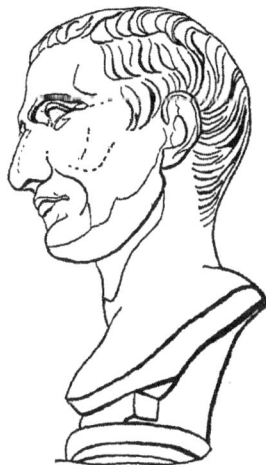

◎ 公民恺撒（梵蒂冈博物馆）

在海尔维第人的营地里发现了用希腊字母书写的清单，显示海尔维第人总共有 36.8 万人，他们都是离开故土的海尔维第人及其盟友，其中有 26.3 万名海尔维第人、3.6 万名都林忌人、1.4 万名拉多比契人（Latobrigi）、2.3 万名劳拉契人、3.2 万名波依人。这些人中有 9.2 万名战斗人员。根据恺撒的人口统计，返回故土的海尔维第人只有 11 万人，其余的人在迁徙、战斗或屠杀中丧生或者逃散了。在逃散者中间，很多人可能最终还是回到了海尔维第亚（Helvetia）。身材高大的波依人被允许定居在愿意接纳他们的爱杜依人中间。

恺撒率领一支大军打的第一场战役，展现了他的伟大冲劲和帅才，以及因缺乏自信而造成的某种谨慎持重。海尔维第人缺乏团结和行动迟缓，对恺撒的胜利贡献良多。如果他们更清楚自己的优势，也许会大大阻碍恺撒的行动。对于一场首战来说，恺撒的表现和战果肯定是优秀的。

恺撒在托内尔附近安营扎寨，在这里一直逗留到仲夏。

---

① 译注：日耳曼尼（Germany）、日耳曼尼亚（Germania），与英语中的德国（Germany）是一个词，但在罗马时代，日耳曼尼亚远比今天的德国大得多，包括中欧、东欧、北欧的大片土地。

与阿里奥维司都斯的战争（公元前58年8月至9月）

　　辉煌的海尔维第战役之后，高卢人在恺撒的允许下召开了全体部族大会——整个国度都派出使节寻求胜利者的善意。现在，高卢人发现了这个罗马执政官的与众不同。在向恺撒求助的人中，有以爱杜依人狄维契阿古斯为首的几位爱杜依、塞广尼和阿浮尔尼人的使节，他们强烈要求恺撒帮助他们对付（居住在莱茵河对岸）日耳曼人的国王阿里奥维司都斯（Ariovistus），称其为"一个粗野、任性、残暴的人"。这位日耳曼酋长似乎曾被请来帮助塞广尼人和阿浮尔尼人对付他们国内的敌人——爱杜依。阿里奥维司都斯强行夺取了他们全部土地的三分之一作为酬劳，现在，阿里奥维司都斯又把他们从另三分之一土地上赶走，以安置自己新迁过来的臣民，其中已经有12万人渡过莱茵河，定居在更加肥沃的高卢土地上。这并非是他们唯一的抱怨，阿里奥维司都斯还抓走了所有贵族的孩子作为人质，并极其残酷地对待这些部族。爱杜依人受到的压迫尤其暴虐，他们甚至被迫发誓，不能抱怨他们承受的痛苦，也不能向罗马求援，乃至要求归还他们的人质。

　　苏威皮人是日耳曼各族中面积最大、实力最强的。他们被划分为100部，每部每年提供1000人参战、1000人务农，交替耕战，在家耕种的人供养外出作战的战士。他们身材魁梧、斗志顽强、强壮野蛮，蔑视其他所有族群。据说，他们的土地被无人区环绕——他们破坏邻居的所有土地。两座辽阔的森林从莱茵河一直向东延伸，分别是厄尔辛尼亚（Hercynian）和巴钦尼斯（Bacenis）森林。厄尔辛尼亚森林覆盖了从多瑙河到美因河（Main）之间的土地，巴钦尼斯森林大体上是今天的图林根森林（Thüringerwald）。苏威皮人住在巴钦尼斯森林的南面。

恺撒对允许日耳曼部落在莱茵河上随意进行大规模人口迁徙而会带来的危险当然颇为敏感。因为在移民成功的鼓励下，日耳曼人可能很快就会扩散到高卢，抵达普罗旺斯，继而从那里前往意大利——就像辛布里人和条顿人曾经干过的那样。普罗旺斯与塞广尼人之间仅隔着一条罗讷河，他们在塞广尼人的土地上挖掘了壕沟。另外，爱杜依人长久以来是罗马人的"亲戚"，理所应当得到保护。恺撒已经下定决心征服高卢，对面临的问题他不太可能认识不足。作为初步措施，将日耳曼人驱逐出高卢势在必行。他的思维方式中不存在半途而废，他来到高卢也不仅仅是为了以老旧的方式保护罗马的领土和利益，他为征服而来。作为一位军人，他认为解决高卢问题的唯一方法就是快刀斩乱麻；而作为政治家，他意识到这也许是通向未来伟大事业的垫脚石。恺撒拥有权力、军队和发动战争的意志，只差一个发动战争和征服高卢的理由。研究这些问题不大符合本书的初衷，我们将尽量着重于军事事件的走向。

恺撒派信使到阿里奥维司都斯那里，提议双方进行一次会晤，阿里奥维司都斯可能身处今斯特拉斯堡（Strasburg）附近的莱茵河畔，正在得里布契人（Triboces）中召集军队。阿里奥维司都斯回话说，当他想见恺撒时自然会去找恺撒，如果恺撒想见阿里奥维司都斯，就应该自己赶来；他看不出恺撒与他所征服的那部分高卢土地有什么关系，正如他不应该冒险进入恺撒管控的那些土地一样。这些言辞颇为大胆，但其中确实包含着真切的勇敢色彩。恺撒以一个罗马人的傲慢答复了对方，他答复道：令他感到惊讶的是，阿里奥维司都斯这个被罗马元老院

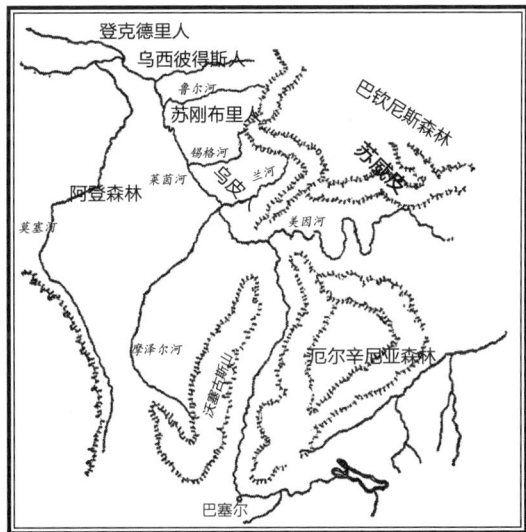

◎ 莱茵河和日耳曼人

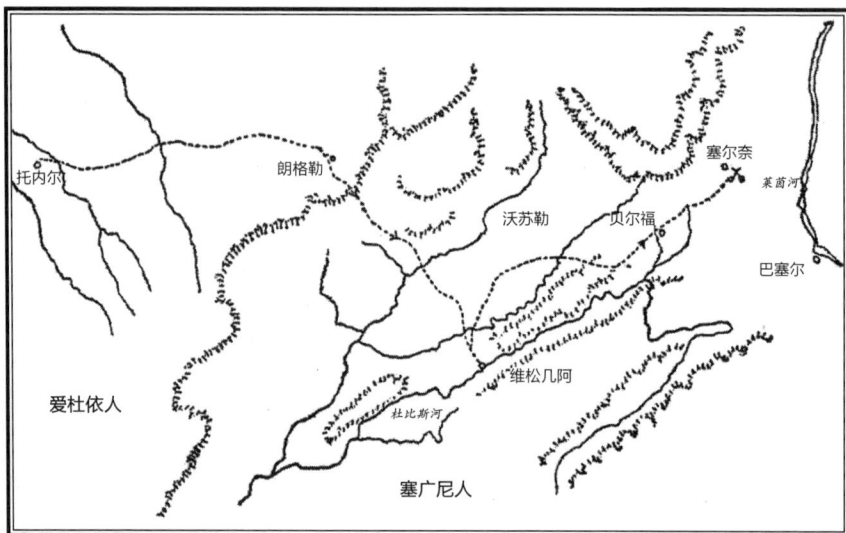

◎ 向阿里奥维司都斯进军

称为"国王和朋友"的人会拒绝举行会晤的提议，他要求这位首领不要再带人渡过莱茵河进入高卢了，也不得夺取土地，应立即交还爱杜依人的人质，并停止与高卢的战争；如果阿里奥维司都斯照办，那么恺撒、罗马元老院和人民仍会视其为朋友；如若不然，恺撒将遵循保护爱杜依人以及罗马共和国的其他盟友的指示，毫不迟疑地着手处理此事。对于这个最后通牒，阿里奥维司都斯答复道：他在战争中征服了爱杜依人，并完全按照罗马人对待他们征服的部族的方式要求爱杜依人称臣纳贡；他也不会交还爱杜依人的人质，如果爱杜依人不纳贡，他会强迫他们这么做，至于他们的罗马"亲戚"头衔，则一文不值。在答复的结尾，他发起了挑衅，他宣布所有反对他的人都将被他消灭。毫无疑问，恺撒遇到了与他一样具有攻击性的对手。

我们并不清楚法律授予恺撒的权限有多大，罗马的行省总督在没有元老院明确许可的情况下，通常是被禁止离开他们的辖区的，不过高卢总督被授予或者承担了更广泛的权力，并被期望保护罗马人民的盟友。实际上，除了三巨头中另两位同僚发挥的影响之外，恺撒不会受到任何限制，而那种影响只会在事关罗马国内政局的时候才会产生。

恺撒获悉，就在日耳曼人蹂躏爱杜侬人的土地之时，还在莱茵河右岸正对着德来维里人地区的大批苏威皮人马正在做渡河准备。恺撒决定在阿里奥维司都斯获得任意援军之前就发动进攻。因此，在向他的人马分发粮饷和囤

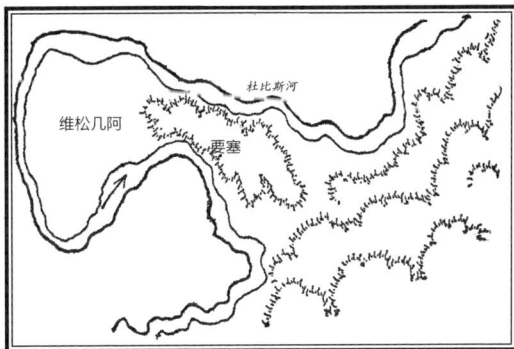

◎ 维松几阿

积了足够的粮秣之后，恺撒在 8 月初从托内尔附近出发，向阿拉河上游地区强行军，那里正是阿里奥维司都斯藏身之处。后来，这里有一条从托内尔通往朗格勒（Langres）的罗马道路，我们可以合理地假定，此前这里有一条高卢小径或大路，而恺撒使用的就是它。在今天的朗格勒附近，他获悉阿里奥维司都斯正在前去夺取杜比斯河（Dubas）①畔的维松几阿，也就是塞广尼人的首都。此地储存着大量物资，位置优良，对所有掌握它的人来说都相当重要。恺撒担心阿里奥维司都斯比他距离维松几阿更近，所以选取了途经沃苏勒（Vesoul）和贝尔福（Belfort）直插莱茵河的路线。恺撒日夜兼程，抢在阿里奥维司都斯之前赶到了维松几阿，并在城中部署了守军。《恺撒战记》对维松几阿的叙述非常清楚，它的位置绝不会弄错。"地势险要，有很好的天然屏障，特别利于战守，杜比斯河差不多像圆规画的那样绕整个市镇一周，只留下一个缺口没有包合，长度不到 1600 罗尺（480 米），恰巧有一座极高峻的山封闭着这个缺口，这座山的两面山脚，都一直伸到河边。"在清晰明了方面，没有哪部军事叙述文比《恺撒战记》做得更好，它的精准描述和简洁风格罕有其匹。

显然，恺撒在搜求信息方面很积极，罗马人在这方面往往很松懈。就像亚历山大和汉尼拔等所有伟大统帅那样，恺撒的军队前方总是散布着伸向前方的侦察搜索触角。恺撒总是能获得关于他要入侵和对付的国度、人民的丰富知

---

① 译注：今杜河（Doubs）。

识。他使用间谍、逃亡者和侦察部队获取情报，后者主要依靠当地骑兵。在此方面，罗马骑兵比不上高卢骑兵，而恺撒总有办法保证高卢骑兵几乎始终如一的忠诚。

得知恺撒正在逼近自己，阿里奥维司都斯停下了前往维松几阿的步伐，他认为留在靠近他能从莱茵河对岸抽调援军的地方比较明智。此外，在莱茵河附近，也就是靠近今天的上阿尔萨斯（Alsace）的地方，那里的地形更便于他的骑兵行动。

恺撒在维松几阿逗留了数日。在这里，有一个可怕的危险笼罩着他——这充分显示出罗马军团的士气下降得有多厉害。军中有许多军团指挥官和主管官员（praefects），我们可以称他们为志愿军官，他们因为友谊、寻求刺激或者利益而追随恺撒，出于政治或者个人动机而获得了职权，不过他们是没有经验的军人，缺乏军队中少数人拥有的那种坚毅，除非他们把拿起武器打仗当作一种生意。许多"度假士兵"听说过日耳曼人的魁梧和勇猛，还听说过他们前方路途的凶险，他们对此感到畏惧，何况这些传说得到了连异常悍勇的海尔维第人都害怕条顿人的这一事实的证明，他们恳求恺撒允许他们返回意大利，每个人声称自己有一些特殊的个人原因。即使那些愿意留下来作战的人，也与我们往往称作"罗马人"的人一样少：

> 但他们既掩饰不住愁容，也抑制不住眼泪，只是躲在营帐中，抱怨自己的命运，或者和他们的熟人在一起，为共同的危险而悲叹。全营的人都在签署遗嘱。不久，就连军事上颇有经验的人，如兵士们、百人队长们，以及带领骑兵的人[①]，也都因这些人的传说和恐惧而感到惶惶然了。其中那些想把自己打扮成并不胆怯的人则伪称他们不怕敌人，他们担心的是路途险狭，横亘在他们和阿里奥维司都斯之间的森林又很辽阔，怕军粮供应不上。甚至还有些人告诉恺撒说，如果他下令移营拔帜前进，士兵们不会听从命令，因为他们害怕，不敢前进。

[①] 译注：十夫长（decurions）。

不满情绪正蔓延到军官阶层，甚至有造成最严重后果的危险。恺撒明白事态的严峻，展现了自己的坚强意志。他召开了一个军事会议，所有百人队长都应邀参加，他使用惯常的能力和理性，而不是使用他作为指挥官的权力去强迫他们就范，他向他们介绍了道路、粮食的状况，敌我双方的技能和勇气，从而得出结论：他应立即向敌人进发，如果其他军团不跟随他行动，那么他就带着他最宠信的第 10 军团独自出击。不过他说自己不相信其他部队不敢出征，他举了马略的例子，马略及其祖先曾经击败了同样的日耳曼人。我们从丰富的史料中可以看出恺撒的说服力很强，他立即改变了情绪的导向。欢呼雀跃代替了灰心丧气，正面情绪占据了上风，各个军团都表达了他们的忠诚和服从，第 10 军团的表现尤其突出，他们立即大声宣布他们愿意追随恺撒到天涯海角，声称他们从未考虑过反对统帅决定军队行动的权利。

这件事和其他类似事件，不仅表明罗马人的天性与世界各地、各时代的人性并无二致，也说明军队最关键的素质是服从。这些部队还没有坚强到足以参战，有时会表现得与民兵或没有经验的志愿者一样。还有一种可能是，恺撒本人对履行司令官职责还缺乏经验，他没有让部队充分忙于演习和营地勤务，以防止他们把空闲时间浪费在愚蠢的闲言碎语上。无法确定《高卢战记》对不满情绪的描述做了多少夸大，以突出恺撒的口才和道德力量，但是枯燥的事实一定是与书中所言一致的。恺撒举措得当，没有采取严厉措施就平息了事态。

如果恺撒从维松几阿直插莱茵河过去，就必须翻越侏罗山北麓。这条路线中沿着杜比斯河河谷的那一段路极为崎岖，有一部分是连续的羊肠小道，比今天更加林深树密，也更难走。不过，狄维契阿古斯向他指出另外一条向北迂回的道路，这条路上的杜比斯河可以涉水而过，他可以在相对开阔的原野上行军，到达莱茵河谷起伏的平原，而不用担心遭到伏击。经常表现出聪明、有用的狄维契阿古斯，已经在军队前方勘察过这个地区，他发现这次因迂回而多走的路程不会超过 75 千米。到 8 月的第三周快结束的时候，恺撒沿着这一路线向敌人的方向行军，在七天内抵达阿里奥维司都斯藏身处附近，据他的情报来源，后者大约在 36 千米外。除非恺撒的行军速度远低于常规，而且在这种情况下停停走走，否则他肯定能在七天内行进至少 127—135 千米。这样他会越过通常被认定为与阿里奥维司都斯交战战场的贝尔福，到达塞尔奈（Cernay）

附近，这是戈勒的看法。吕斯托错误地认为萨尔河（Saar）上游为即将到来的会战的战场。

由于没有预料到恺撒能迅速赶来，阿里奥维司都斯本人要求举行一次会晤，他要用这种方法使恺撒相信日耳曼人已经变得更加理智了，双方协商一致的结果是两位将军在两军营地之间的平原上的一个光秃秃的山丘上会晤，双方只由骑兵护送。贝尔福附近没有大平原，这是我们将会晤地点定位在更东处的另一个原因。在这种特殊情况下，恺撒几乎不信任他的高卢骑兵，"把所有高卢骑兵的马都抽出来"，交给他最宠信的第 10 军团，这样他们就能陪同他前往了。他们可能已经准备好成为精锐骑兵了。抵达会晤地点时，他们在距离山丘300 米的地方列阵，阿里奥维司都斯的骑兵部署在山丘另一侧的类似位置上，每位指挥官都在 10 名骑兵的陪同下参会。

根据恺撒希望我们从《高卢战记》中得出的结论，这场会晤远远没有取得任何好的结果，阿里奥维司都斯的举止极其傲慢，令人恼火。但在《高卢战记》中也展现了阿里奥维司都斯的发言的合理性。他声称自己也拥有与罗马人一样征服一个高卢行省的相同权利，并且有权用同样手段征收贡赋；他否认了进一步征服高卢的企图，并且同意如果恺撒接受"不干涉"方针的话，他也会照方抓药。《高卢战记》也指出，阿里奥维司都斯的骑兵背信弃义，袭击了恺撒的卫队，"向我军投射矢石"。恺撒禁止他的手下还击，以免受到谴责，于是退出了会晤。阿里奥维司都斯的背信弃义大大激发了各军团的斗志。两天后，阿里奥维司都斯再次要求举行一次会晤或是派出使节，恺撒的回应是派遣两位军官去见阿里奥维司都斯，阿里奥维司都斯逮捕了这些军官，并将他们囚禁起来，尽管其中一人是高卢人，而另一位曾受过他的盛情款待。

与此同时，阿里奥维司都斯迫近到距罗马人不到 9 千米的地方，在沃塞古斯山（Vosegus mountains）① 的山脚下安营扎寨。次日，阿里奥维司都斯大胆而漂亮地绕过恺撒的侧翼行军，就在恺撒的眼皮子底下扎营于 3 千米外，今天的赖尼根（Reinigen）以西的地方，事实上切断了罗马人与其后方基地的联系，

---

① 译注：今孚日山（Vosges）。

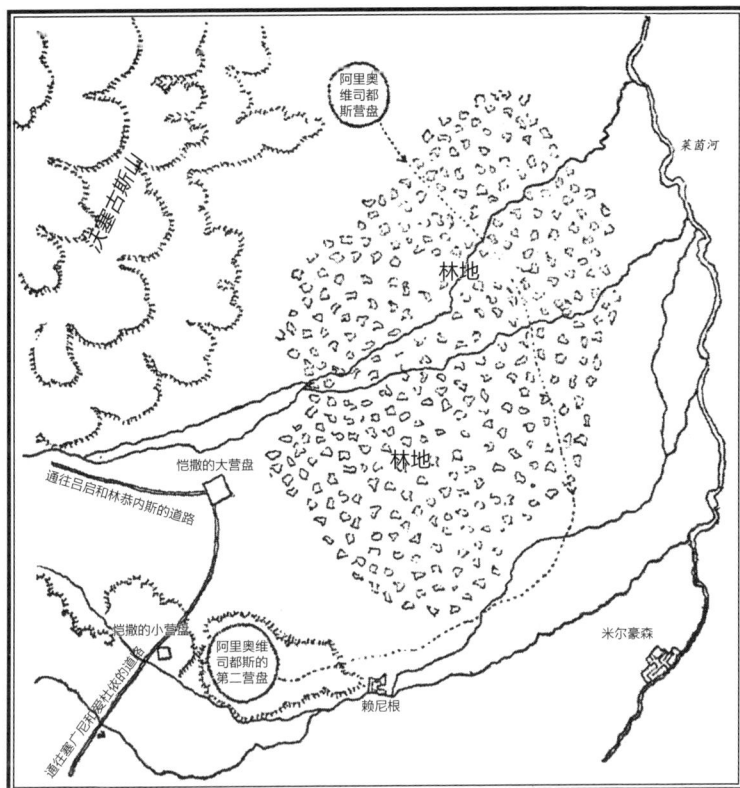

◎ 阿里奥维司都斯的机动路线

还能阻截塞广尼人和爱杜依人的运粮车队。万幸的是，恺撒与更北方的吕启人（Leuci）和林恭内斯人的联系依然畅通无阻，依靠他们的支持，恺撒足以维持这样一支大军的补给，尽管这两个部族的地盘相当贫瘠。

从《恺撒战记》对阿里奥维司都斯的这次机动的轻描淡写来看，我们的第一印象是恺撒失去了在敌人靠近罗马军营和迂回行军时从侧翼发动进攻的绝佳机会，这种批评不绝于耳。在这样的机动过程中，任何队伍，尤其是拖带辎重的队伍，往往会出现混乱，此时是绝佳的进攻良机。在这个事例中，阿里奥维司都斯的行军得到了森林的掩护，直到今天那片森林还保留着一部分；而恺撒还没有学会后来令人侧目的当机立断的本事，他也没有尝试干扰敌人的这次机动。事实上，当时恺撒可能不知道这次机动。古人也不常利用敌人行军的机会打击其侧翼。

然而，恺撒做了次好的事情。连续五天，恺撒走出营盘摆开战斗队形，邀请对方进行会战，但是阿里奥维司都斯对自己的位置感到满意，他也完全理解自己的位置造成的效果，于是他坚守营盘不出，只是派出 6000 多名骑兵与罗马的同盟骑兵进行小规模战斗。这个时期的日耳曼骑兵都有 1 名步兵伴随行动，后者被训练得能够抓住马鬃跟着骑兵一同奔跑，并与骑兵协同作战。虽然这种战术并不新鲜，许多古老民族也采用过，但日耳曼人还是令高卢骑兵部队陷入困境。

恺撒未能挑逗阿里奥维司都斯出战的真正原因在于日耳曼女预言家通过占卜断定，如果他们的军队在新月出现前出战就无法获胜。此时恺撒当然还不知道此事。由于担心阿里奥维司都斯会尝试进一步深远迂回，彻底截断自己与后方基地的联系，恺撒自己也实施了一次类似的机动。他从这个老练的蛮族对手那里学到了不少东西。他把部队排成三条战线，以随时应战的战斗队形行军，向右前方压了过去，他将阵线部署在日耳曼营盘的西面，就此重新控制了与后方联系的交通线。

在距离阿里奥维司都斯营地不到 1 千米、己方营盘 3.8 千米的地方，恺撒停下脚步，亲自掌控前两条战线，准备抵御敌军的进攻，他命令第三条战线的将士修建一座新营盘，与往常一样，新营地周围建起了防御工事。阿里奥维司都斯派出大约 1.6 万名轻装部队和全部骑兵去阻挠罗马人的行动，但是这支人马被赶了回去。新营盘修建完之后，恺撒在营中留下了 2 个军团和一些辅助部队。恺撒与另 4 个军团撤回、占据老营。尽管兵分两处，此时恺撒的境况更佳。他通过建立起自己的交通线而站稳了脚跟，却把阿里奥维司都斯置于无法在有利形势下发起进攻的境地。无论他进攻哪个罗马营盘，另一个营盘的罗马军队都会打击他的侧后方。

次日，恺撒率领两个营盘中的人马出战，部署在大营前方不远的地方，但由于阿里奥维司都斯拒绝会战，罗马人在中午时分退回了营地。随后，阿里奥维司都斯派出部分人马去进攻那座小营，发生了激烈战斗，战至夜间，颇有伤亡，阿里奥维司都斯收兵回营。从此战捕获的一些战俘口中，恺撒终

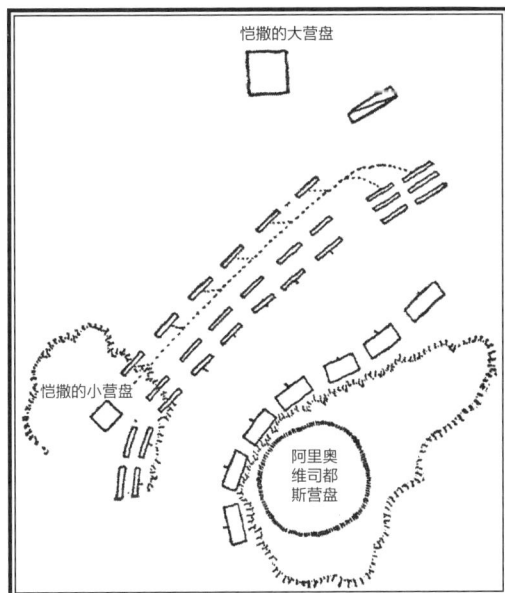

◎ 与阿里奥维司都斯的会战

于知道了为什么阿里奥维司都斯不愿开战："如果在新月出来以前作战，神意不会让日耳曼人得胜。"恺撒断定，立即强行发动一场全面会战是更加明智之举，如此一来，才能使违抗命运的精神效果在日耳曼部队中发挥降低士气的作用。

次日，大约是9月10日，恺撒秘密地把小营中的两个军团调过来，与大营中的四个军团会师。他把全部辅助部队都召集到小营前，以他们的数量给敌人造成错觉，制造两个军团仍然在那里的假象。此举一定巧妙地完成了，敌人对罗马人的调动毫无察觉。恺撒将他的所有军团排成三条战线，向阿里奥维司都斯的营盘挺进。每个营盘中都留有足够兵力防守。最后，阿里奥维司都斯才从恺撒的果断行动中看出会战势在必行。他没有在坚固的营盘设防，如果恺撒断然发动强攻，他可能顶不住。因此，他以部落为单位摆开阵型，包括阿鲁得斯人（Harudes）、马可蒙尼人（Marcomani）、得里布契人、汪琼内斯人（Vangiones）、内美德斯人（Nemetes）、优杜西人（Sedusii）和苏威皮人，每两个部落之间保持一段距离，并用辎重车辆将整条战线的两侧和后方包围起来，这样"使大家没有脱逃和幸免的希望"。妇女们留在马车车队里面，作为战斗的见证人，用疯狂的哭声和手势鼓舞她们的丈夫、父亲和儿子去战斗，以免她们像艾克斯战场上的条顿和辛布里妇女一样，面临沦为刀下之鬼或奴隶的命运。

也许阿里奥维司都斯的人马远远多于恺撒的，但不可能搞清楚多了多少。在毕布拉克德蒙受损失之后，恺撒的总兵力不会超过5万人太多，不足以让每个军团都得到充分补充。

81

罗马人面向东，阿里奥维司都斯面向西布阵。恺撒派他的财务官 ① 指挥一个军团，派副将们各指挥一个军团，给他们下达的指示是迫使敌人进入会战。他本人一如既往地坐镇罗马军队右翼，主动发起进攻，"因为他观察到这一边的敌人（正对着他的敌军左翼）最为脆弱"。日耳曼人则以一种方阵队形摆开了阵势。

罗马士兵以他们一贯的猛烈攻势进攻敌人，日耳曼人也向他们猛冲过来，冲锋的速度之快，居然使得罗马军团没有时间交替战列以投出所有的标枪，他们几乎立即被迫拔剑迎战。罗马军团暂时处于守势，但很快就恢复了古老的进攻习惯。为了抵御他们的进攻，日耳曼人以 300 人或是 400 人为单位组成了队伍，排成龟甲阵，以彼此相连的盾牌遮盖自己。罗马士兵以无比的勇气坚持进攻，英勇地突入敌人的间隙与横队之中，拼尽全力扯开他们的盾牌。有些人跳到连接在一起的盾牌顶上，将它们分开，并从上方劈砍日耳曼人。蛮族的左翼就这样被击溃了，但是他们的右翼仍以大量兵力紧紧地压迫着罗马人，恺撒所在的右翼远比左翼强劲。罗马人的战线寸步难行，终于发生了动摇。看到这种危险，负责指挥骑兵的年轻的部百流·克拉苏（Publius Crassus）② 此时还没有参战，而是被部署在能清晰地看到正在发生什么的位置上，受命指挥第三线的预备队，他当即投入战斗，迅速率部增援罗军左翼。这些生力军的突击粉碎了敌人的抵抗。无疑，日耳曼占卜者的预言产生了应有的效果，他们在罗马人的胜利之中看到了命运之手。他们扭头背向罗马人的战线，停止了抵抗，不久后就陷入了彻底的崩溃，全军逃之夭夭了，直到逃过 80 千米外的莱茵河才停下了脚步。他们大概是沿着伊尔河河谷逃跑的，此前他们也是沿着这条河谷过来

① 译注：财务官是罗马的一种常设职官，由公民大会选举产生，苏拉时代有 20 名，除留在首都工作的以外，每个行省长官赴任或每个统帅出征都有一位财务官随行，苏拉本人就担任过财务官。恺撒在高卢时，先后担任过他的财务官的有马可·安东尼和马可·克拉苏，除了处理军队中的一般财务工作外，他们有时还率领一个或几个军团独立作战，有时统帅外出又代理主持整个军务，成为事实上的副帅。

② 译注：与庞培、恺撒同为三巨头之一的马可·克拉苏的两个儿子，小马可·克拉苏及其弟弟部百流·克拉苏此时都在恺撒的麾下效力，分别担任恺撒的财务官和副将。公元前 53 年，部百流·克拉苏死于其父老克拉苏东征帕提亚帝国的战役中。小马可·克拉苏卒于公元前 49 年左右。

的。据说，有些人游过莱茵河，其他一些人，包括阿里奥维司都斯，设法找到了渡船逃过了河，企图顽抗的残敌被恺撒的高卢骑兵砍翻，那两位身陷囹圄的罗马使节也成功获救。

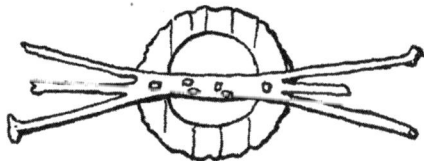

◎ 发现于诺曼底的高卢盾牌

沿着莱茵河右岸行军打算过河参战的苏威皮人，听到阿里奥维司都斯惨败的消息后立即拔营而去。但是，他们的敌人乌皮人（Ubii）从莱茵河更下游赶来，袭击了他们的后方，给他们造成了惨重损失。这场胜利暂时结束了罗马人对日耳曼人的畏惧。

就这样，恺撒在一个季度内打了两场成功的战役，他很早就将他的军队安置在塞广尼人地盘上的冬令营里，此地很可能就在维松几阿附近，由拉频弩斯管辖。恺撒本人回到山南高卢主持巡回审判（assizes）①，此举也是为了更加靠近政局波诡云谲的罗马，同时监控属于他自己的利益。

在指挥军队的第一年中，恺撒表现出了果断决策、行动迅速、勇气魄力和对形势的精准把控等品质，这些品质总会结出累累硕果。不过有时候，他比军事生涯晚期更加持重，仿佛他还没有学会相信自己的好运，也没有获得丰富的作战经验。人们会注意到在他这些战役中所犯的错误和某种程度的优柔寡断，后来恺撒并没有过多地屈从于这些不足之处，尽管在他的军旅生涯中，同样的问题不断涌现。由于阿里奥维司都斯危险的侧翼迂回他的营盘时，他没有发动进攻而一直受到后人批评，但笔者已经探讨了这件事情。我们还观察到，阿里奥维司都斯派来阻挠他建筑新营地的1.6万名军队已经被打垮，而不仅仅是被数量远远超过他们的军团战线赶回去。恺撒实现了他的目的，建成了第二座营盘，这是他所需要做的全部。最主要的批评在于，恺撒显然应该指挥他的左翼以对阵日耳曼战线中更强大的一侧，而非坐镇右翼，那里面对的敌人较弱。指

---

①译注：罗马行省下面划分成许多称为"区"（conventus）的行政单位，行省长官每年一次轮流到各区的首府去主持审判、接受请愿、处理税收和征兵等事务上的纠纷。有时附近各被征服部落和盟邦的领袖也都来相会，所以本书中有的地方又译为巡回审判大会。

挥官亲自指挥右翼发动进攻是惯常做法，但在这个战例中，这样做显然不够明智，因为大部分战斗工作是由左翼完成的。

如果年轻的部百流·克拉苏不采取异乎寻常的机智和迅猛的行动，恺撒可能会失去胜利，因为他在右翼的胜利没有令敌人的另一侧士气低落。他坐镇右翼是个战术错误。

尽管事实并没有减损恺撒的功绩，但不能说这一年与他的军队对决的未经训练的蛮族人数过于众多，以至于对罗马军团而言，他战胜他们是一件了不起的事情。他的军队以当时已知的最好的方式接受过作战训练。他能够指挥它，并用完美无缺的手段实施机动。他的敌人虽然人数更多一些，却没有足够的人数优势令罗马人的胜利成为出类拔萃的成就。人们宁愿钦佩相对缺乏纪律、指挥艺术和武器装备的海尔维第人和日耳曼人，钦佩他们为了捍卫他们无疑认为属于自己的权利而表现出的崇高勇气。在这场战役中，蛮族对抗恺撒的胜机，绝对没有在亚历山大在其东方战役中面对的那帮蛮族敌人的胜机那么大，而相比与汉尼拔对阵的蛮族，他们的胜算更高出好几倍。但是，无论是古代还是现代，没有哪位将军曾经像那个伟大的迦太基人那样，遇到过具有如此压倒性的逆境并能够如此成功地击退他的敌人；也从来没有哪位将军像亚历山大那样猛烈地进攻敌人。

比尔吉人
（公元前 57 年春季）

第七章

在接下来的公元前 58 年到前 57 年的冬天，正在山南高卢的恺撒从拉频弩斯那里获悉，比尔吉人威胁要挑起事端，而且已经煽动他们的邻居们发动反抗。比尔吉人担心只要高卢南部就范，罗马人的胜利也会迫使他们屈服。他们结成联盟，交换人质以确保行动一致。到目前为止，恺撒的工作成果就是将罗马从潜在的危险中拯救出来，但这也唤醒了比尔吉人，也许他们是比海尔维第人和日耳曼人更加令人生畏的敌人。这场起义不能完全归咎于恺撒。他在其中看到了将他的征服事业推进到现有疆界之外的借口和机会。被征服的高卢的东、北边界必须是莱茵河，否则高卢将永无宁日。恺撒手中有 6 个军团：第 7、8、9、10、11 和 12 军团。在意大利组建了 2 个新军团——第 13、14 军团——之后，恺撒将他们派遣到他的外甥兼副将奎因都斯·彼迪乌斯（Quintus Pedius）的手下，大致行军路线是途经大圣伯纳德山口，进入山外高卢，最终抵达塞广尼人的地盘上。这让恺撒有了 8 个军团，每个都可能未满员。如果我们假定每个军团有 5000 人，那么他共有 4 万名重步兵。此外，我们还可以加上高卢辅助部队、克里特弓箭手、投石手和努米底亚部队，这些人马都可以从《高卢战记》中找到明确记载，我们可以将他们的数量设定在 1.3 万人，即总共 5.3 万步兵。再加上狄维契阿古斯指挥的 5000 名骑兵和若干爱杜依人，我们可以估计这支军队超过 6 万人。非战斗人员（军奴和随军人员）人数众多。他的部将有财务官马可·克拉苏（Macus Crassus），副将提多·拉频弩斯、盖乌斯·费边、奎因都斯·西塞罗、路求·罗斯基乌斯（Lucius Roscius）、路求·孟奈苏斯·普兰库斯（Lucius Munatius Plancus）、盖乌斯·德来朋纽斯（Caius Trebonius）、奎因

85

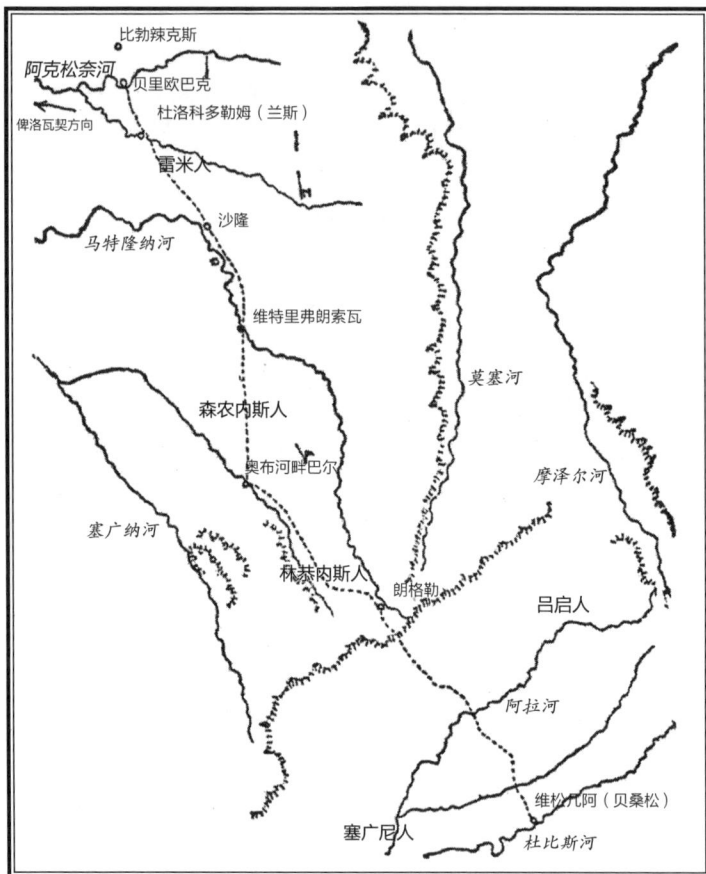

◎ 从维松儿阿到阿克松奈河

都斯·提多留斯·萨宾努斯（Quintus Titurius Sabinus）和路求·奥龙古来犹斯·科塔（Lucius Arunculeius Cotta），他们都是出色和富有经验的军官。下文中我们还会发现其他一些承担指挥责任的人。恺撒已经从元老院获得了授权，任命十位"代理司令官"（propraetorian）[1]级别的将领。但是作为本书的一条行文规范，

---

①译注：代理司令官，表示比恺撒的代理执政官头衔只低一级。在恺撒的十位将领中，拉频弩斯是最重要的一个，恺撒在自己离开时，往往把指挥全军和处理行省事务的大权交给他代理，所以他不像其他将领那样单称为副将（Legatus），而是"代理司令官级副将"（legatus pro praetore）。

笔者不会再像这样提及他的副将们。

随着季节更替，在粮草充足的时候，恺撒与他的部队会合，具体地点很可能在维松几阿。相比其他高卢部落，恺撒对森农内斯人（Senones）更加放心，通过侦察兵与森农内斯人和其他毗邻比尔吉人的部落的间谍，恺撒获悉比尔吉人已经集结了一支军队，驻扎在阿克松奈河（Axona）①以北的某个地方，但是他们显然还没做好采取行动的准备。向部队发放了足够的粮饷之后，恺撒拔营出发，向比尔吉人的边界挺进。这段路程大约需要走 15 天，此时是 5 月末。从维松几阿出发，沿着攻打阿里奥维司都斯时的行军路线往回走到了朗格勒，然后途经奥布河畔巴尔（Bar-sur-Aube）抵达维特里弗朗索瓦（Vitry le Francois），15 天内走了 217 千米。这条路线的假设是基于两点之间存在着一条古代高卢道路而确定的。

这次以打击敌人的军队为目标的行军，符合恺撒饱满的精神状态，又严格遵循了最恰当的作战规则。最令他躁动不安，也最可能令他吃败仗的手段是，在敌人的计划还没有付诸行动之前，就对敌人发动一场毁灭性的打击。这一直也是拿破仑的计划，每当他精力充沛的时候，总会取得超乎意料的胜利。下定决心这样做之后，恺撒达成目标的速度是他的个人特征，也是通向胜利的第一步。

结果证明了恺撒料事如神。距离最近的比尔吉部落的雷米人立即屈服了，恺撒的突如其来令其心生畏惧。雷米人还没有加入反恺撒联盟，但由于他们熟知联盟情况，所以他们的屈服令恺撒掌握了全部虚实。他们并非不愿意在高卢北部扮演爱杜依人在高卢中部扮演的角色。这是最稳妥的办法，他们也用事实证明他们将始终如一地忠于罗马。

比尔吉人是日耳曼人的一支，他们的远祖来自莱茵河对岸，同样傲慢、尚武。他们自行其是，独来独往，曾经击退过几乎毁灭罗马的辛布里人和条顿人的进攻浪潮。《高卢战记》开篇就说，比尔吉人是蛮族中"最勇悍"的，并且人数众多。俾洛瓦契人似乎已经承诺向反罗马共同事业提供 10 万名战士，其

---

① 译注：今恩河（Aisne）。

中的 6 万名精锐会投身沙场；苏威西翁内斯人（Suessiones）和纳尔维人各出兵 5 万人；其他 12 个部落同出兵 13.6 万多人。出兵参战的实际兵力见下表：

部族	今天的地理位置	兵力
俾洛瓦契人	博韦（Beauvais）附近	6 万人
苏威西翁内斯人	苏瓦松（Soissons）附近	5 万人
纳尔维人	埃诺（Hainault）附近	5 万人
阿德来巴得斯人（Atrebates）	圣康坦（St. Quentin）附近	1.5 万人
阿姆比安尼人（Ambiani）	亚眠（Amiens）附近	1 万人
莫里尼人（Morini）	阿图瓦（Artois）附近	2.5 万人
门奈比人（Menapii）	佛兰德（Flanders）、布拉班特（Brabant）附近	0.7 万人
卡来几人（Caletes）	勒阿弗尔（Havre）附近	1 万人
维略卡萨斯人（Viliocasses）	塞广纳河下游	1 万人
维洛孟都依人（Veromandui）	阿拉斯（Arras）附近	
阿杜亚都契人	那慕尔（Namur）附近	1.9 万人
四个日耳曼部族		4 万人
合计		29.6 万人

随着莱茵河左岸的日耳曼人加入联盟，他们有可能得到更多来自莱茵河右岸的日耳曼人的援助。曾被狄维契阿古斯统治过的苏威西翁内斯人的国王盖尔巴（Galba）担任联军总司令。

这个联盟范围涵盖了今天的法国北部和比利时。恺撒清楚地认识到，他绝不能允许这支大军集结起来，必须迅速将其各个击破，否则他会被那支集结起来的部队打垮。因此，为了分散对手的注意力，恺撒派狄维契阿古斯率领爱杜依人、雷米人和森农内斯人进入俾洛瓦契人的地盘，发动了一场以破坏、蹂躏为目的的讨伐。即使狄维契阿古斯不能取得多大成就，此举也是一次精彩的突击行动，因为他出现在敌人境内一事就足以在比尔吉各部之间造成裂痕。尽管狄维契阿古斯与俾洛瓦契人有着友好的同盟关系，他的远征却打得很漂亮。恺撒本人得知敌人已经近在咫尺，便经杜洛科多勒姆（Durocortorum）①渡过马特隆纳河（马恩河），从今天的贝里欧巴克（Berry-au-Bac）抵达阿克松奈河河畔。此地有一座桥，恺撒占据了它之后过河安营扎寨。

他的军队士气高昂，英勇善战。他的军团远远强于蛮族，他的高卢盟友可能也同样优秀，当然，恺撒也比敌人更擅长指挥他的人马。在他的阵营中只有一位统帅，一个目标。

恺撒的新盟友雷米人的大部分地盘受到阿克松奈河的保护，这条河构成了一条坚固的防线。恺撒的营盘设在阿克松奈河北岸，河流与一个今天叫作米耶特（Miette）的地势低洼、沼泽密布的小溪之间的一座山丘上，现存的营盘遗址中还有许多遗迹。这座小山丘高出阿克松奈河 24 米，山坡上方便部署军队。至于那座桥，如果恺撒继续保有它就能确保他的粮秣能够从后方的臣服部落中安全运到他手里。他立刻在桥北侧修筑了一座坚固的桥头堡，它有一道 3.6 米高的壁垒和栅栏、一条 5.4 米宽的的壕沟；他还派奎因都斯·提多留斯·萨宾努斯率领 6 个大队，大约 3000 人前往南岸驻防。

恺撒确保了对阿克松奈河两岸的控制，但主力部队驻扎在处于进攻地位的河岸，他与普罗旺斯行省保持着畅通的联系，他的营盘构成了一个用于对付比尔吉人的极佳的中间基地。

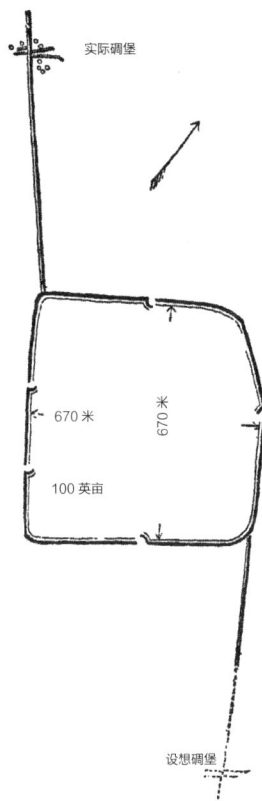

◎ 阿克松奈河畔的营盘

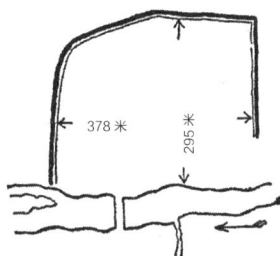

◎ 阿克松奈河畔的桥头堡

---

① 译注：今法国兰斯（Reims）。

89

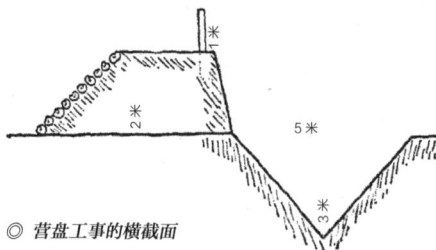

◎ 营盘工事的横截面

敌人近在眼前了，他们侵入了阿克松奈河以北的雷米人的地盘，围攻了比勃辣克斯（Bibrax）[①]，此地位于恺撒营盘以北大约12千米处。敌人的攻城方法是用雨点般的矢石将城墙上的守军赶下去，然后组成龟甲阵（所有士兵将盾牌举过头顶组成密集队形，形如乌龟）迫近城墙，掩护下面的工人挖掘地道。第一天结束时，被围的守军设法悄悄派出一些信使，越过夜间防守松懈的敌军给恺撒送信，说他们必须得到援助，否则很快就要开门投降。恺撒立即派出一支部队，由他最好的努米底亚和克里特弓箭手以及巴利阿里投石手组成。这支援军可能从城南突入城内，那里攻不可破的悬崖峭壁使攻城者放松了警惕。他们只在其他三面城墙下活动。

容易气馁的比尔吉人解除了围困，放弃了夺取此地的希望，转而蹂躏周边地区。随后他们向前推进，在距离罗马人不到3千米的地方占据了阵地。从营中燃起的火光来看，他们的营地宽度当在12千米以上。

恺撒在与庞大的故军交锋前小心持重，直到他了解敌军和他的爱杜依骑兵的勇气和纪律性，以及每天派遣骑兵侦察队以便罗马人能够评估敌人的战斗能力之后。很快他就断定，同盟骑兵与比尔吉骑兵不相上下，而罗马步兵远胜于对手。罗马军团的斗志随之高涨。恺撒的谨慎多半源于他还缺少经验，也有必要告诉他的部队在处于人数劣势时依然是安全的。现在他不能画饼充饥了，因为交战的后果可能影响深远，可能会破坏他在高卢的整个行动计划的成功。让自己的士兵相信他们强于对手之后，他决定发动会战。我们钦佩恺撒的手段和技巧，但我们无法从他身上找到那种亚历山大在其首次战役中也具备的独特锐气——视敌人如无物的气魄。恺撒的持重是明智的，但它并不像那位马其顿人的光彩照人的英勇那样吸引我们。

---

①译注：今天的里昂老城（Vieux Laon）。

桥头堡前方北坡上的地面不仅适合展开罗马战线，它的左翼还得到了米耶特溪和恩河的保护，右翼则倚靠在营盘上。在营盘与阿克松奈河、米耶特溪之间有一道空隙，存在着蛮族利用其巨大的人数优势突破的可能，所以需要部署若干军团充当预备队。恺撒用600米长、与营盘成直角的壁垒和壕沟填补了这些空隙，又在每个端点上修筑了一个碉堡，碉堡上安置了一些远程武器用来加强他的右翼，以防敌人迂回自己。他把两个新军团留在营中作为预备队，其他六个军团部署在山丘北坡上展开战线。敌人在自己的营盘前方做了同样的部署。

两军之间有一块小溪形成的沼泽地，双方都不愿意穿越这个地带，以免在穿越这个地带时引起的混乱被另一方利用。

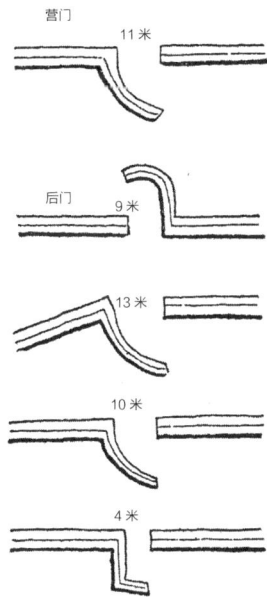

◎ 营门外的壕沟

两军之间的骑兵交锋拉开了会战的序幕，罗马盟军在激战中再次证明了他们的优势。恺撒并不介意亲身参与进攻，他打算引诱敌人率先发动进攻，他在阵前待了几个小时之后，率军返回了营地。蛮族确实急于投入会战，原因是他们的粮食储备并不富余，但是他们不愿意进攻恺撒的防御工事，因此正打算尝试另一种方案。他们迂回到罗马战线的左翼，奔向阿克松奈河，在那里他们发现了一处位于罗马营盘下游，可以徒涉而过，但恺撒对此一无所知的渡口。他们在这里开始成群结队地渡河，企图截断那座桥或攻取提多留斯坐镇的那座营盘。如果做不到，就蹂躏雷米人的地盘，罗马人的粮草很大程度上依赖这个地区。这片原野草木茂盛，所以颇有成功的希望。恺撒完全没有察觉蛮族的迂回机动动作，直到提多留斯通知他。恺撒抛下还在营盘里的军团，率领骑兵和轻装部队迅速赶往后方，过了那座桥，赶往现场应对这个严重威胁。他的部队由高卢骑兵、努米底亚和克里特弓箭手、巴利阿里投石手组成，他们是同类中最精锐的部队，具有巨大价值和效能。他到达渡口时几乎为时已晚，蛮族已经蜂拥过河了不少人。罗马轻装部队猛烈攻击他们。由于没有准备或支援，蛮族

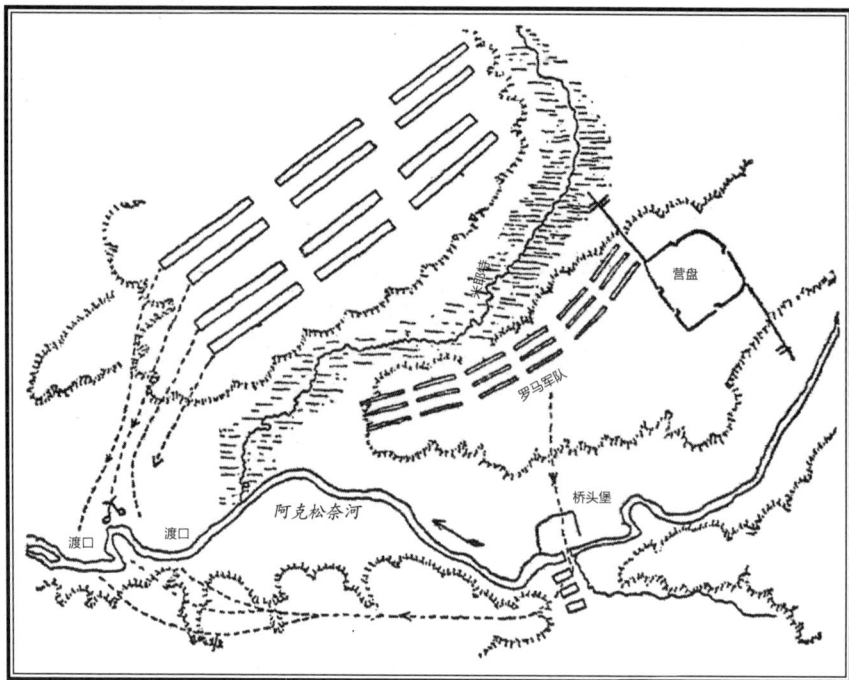

◎ 阿克松奈河战役

在渡河时遇到了困难并陷入混乱，恺撒肆意进攻，给他们造成惨重损失。骑兵将抵达河流南岸的敌人斩尽杀绝，其余企图踩着已经布满渡口的战友尸体强行过河的蛮族勇士被罗马人击退。罗马人以极小的代价赢得了胜利。罗马军团没有参战这一事实，是公平评判阿克松奈河战役的标准。

蛮族对未能攻陷比勃辣克斯感到失望，他们也未能将恺撒吸引到自己的战场上，也没能用渡河迂回的方式截断恺撒的退路，他们丧失了斗志并决定撤退。当他们听说爱杜依人侵入俾洛瓦契人的土地时，尤其惴惴不安，俾洛瓦契人立即拔营启程去保护自己的领土。然而，在决定分道扬镳之前，所有部落都同意无论罗马军队何时入侵这个国度，无论哪个部落首先遭到攻击，他们都应该再次集结起来抵抗侵略。

当天夜里 10 时左右，蛮族拔营出发，向后移动。由于每个部落的队伍都希望率先撤退，全军在撤退过程中陷入了巨大的混乱，而暗夜加剧了混乱。恺

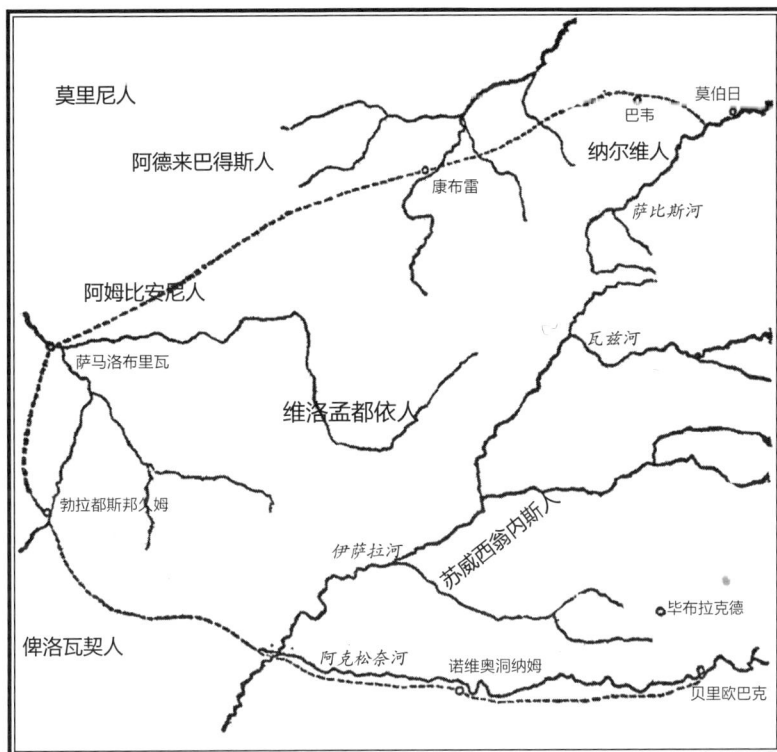

◎ 从阿克松奈河到萨比斯河（Sabis）

撒察觉到了蛮族发生的混乱，但担心遭到伏击，便以费边式的（Fabian）的谨慎守在营中直到破晓。确信没有遭到埋伏的危险之后，恺撒派彼迪乌斯和科塔率领骑兵，拉频弩斯率领三个军团骚扰撤退的敌军的后方。这个任务毫发无损且高效地完成了。罗马军队砍翻了数千名蛮族，后者完全丧失了抵抗意志，任由罗马人像屠宰野兽那样杀戮他们。追杀行动持续到夜间才被制止，追击部队返回营地。从《高卢战记》的叙述来看，这种追杀并不太猛烈。亚历山大在追杀其土崩瓦解、抱头鼠窜的敌人时表现出来的冷酷无情的魄力，在这里完全看不到。

次日，恺撒沿着阿克松奈河强行军了44千米，来到一个苏威西翁内斯人与比尔吉人接壤的城市——诺维奥洞纳姆（Noviodunum）[1]。那场大规模的蹂躏讨伐没有打到这个部落，因为这里守备空虚，恺撒希望以迅猛的攻势一举攻克它。尽管如此，此城墙高壕阔，难以迅速攻取。《高卢战记》只是简略地说恺撒企图发动进攻。看来，他可能没有采取适当的准备就发动了进攻，由于蒙受损失而被打退了，没有发动第二次进攻。看起来，汉尼拔不是唯一受阻于深沟高垒的将军；而且他进攻的城镇得到了罗马技术的加固、由罗马士兵驻守。《高卢战记》是我们了解这场战争细节的唯一信息来源，而且它的创作有着明确目的，既有极高的可信度，事件的叙述也极其出色，作品本身严谨，很难为了猜测出准确的真相而从中品读出言外之意。但是在这个战例中，恺撒显然被诺维奥洞纳姆的守军击退了。看到攻城失败之后，恺撒在附近扎营，派人去后方取来盾车（vineae）[2] 和其他攻城器械。盾车是一种轻便、结构坚固的小屋子，两端敞开，可以组合在一起组成一条长廊，让攻城者迫近城墙挖掘地道，它们在现代战争中发挥着同样作用。

与此同时，苏威西翁内斯人的军队又回来了。次日夜间，一支增援部队加入了守军。《高卢战记》让我们推断，所有苏威西翁内斯人马都进城了。这一行动似乎应该遭到恺撒的阻挡。在城外与这个部落交战比攻城要更容易获胜，如果他有足够的兵力在敌人援军面前攻城，那么他肯定有足够兵力阻止援兵进城。或许在这件事情上，蛮族骗过了恺撒。不过恺撒也着手修建攻城用的土山了；当攻城机械抵达时，蛮族们对罗马工程师们兴建的巨大工程及其工作速度目瞪口呆，他们得出的结论是求和为妙。在他们的一贯盟友雷米人的斡旋下，他们的求和请求得到批准，这个部族交出武器，按惯例献出人质。在这个城镇，罗马人发现大量武器。

接着，恺撒渡过阿克松奈河去解决反恺撒联盟中最危险的一员——俾洛

---

①译注：今法国苏瓦松（Soissons）。

②译注：攻城用的木制器械，像一间小屋子，但只两面或三面有木柜墙，屋顶也用厚木板制成，上面还覆有铁皮或兽革，用以防火，下面有轮子，可以推动。人躲在里面可以从墙上的洞里向外射箭，还可以利用它挖掘地道。

瓦契人。他们已经退入自己的都城勃拉都斯邦久姆（Bratuspantium）①。但是，当罗马军队迫近这个地方时，一个由老人组成的求和代表团就迎了过来，恺撒一进入城墙的视线范围内，妇女和孩子们就从城墙上向他恳求和平。狄维契阿古斯已经遣散了他的爱杜依军队，回到恺撒身边，此时他也为这个部族求情，说他们受到了酋长的蛊惑。出于对狄维契阿古斯和爱杜依人的尊重，恺撒置俾洛瓦契人于自己的保护之下，但是要求他们交出 600 名人质并上交他们的武器。按照惯例，如果国王有子女，就交出子女做人质，没有就让贵族当人质，还包括重要公民或其他显赫人物，以及有影响的人物的孩子。俾洛瓦契人宣称，比尔吉战争的煽动者已经逃到了与之交往频繁的不列颠。

罗马军队逼近时，他们的邻居阿姆比安尼人也臣服了，现在，恺撒决定转向东北方向，向纳尔维人的疆土挺进。

---

① 译注：今天的布雷特伊（Breteuil）或博韦。

萨比斯河战役
(公元前 57 年 7 月至 9 月)

　　纳尔维人是比尔吉人中最尚武好战的部族，他们不仅坚决拒绝求和，而且指责其他比尔吉人屈从外敌。这个部族高傲得完全不与其他民族交流、贸易，这样就保留了他们淳朴的力量和坚毅。纳尔维人已经说服阿德来巴得斯人和维洛孟都依人与他们联手抗敌，而阿杜亚都契人（Aduatuci）也在与他们会师结盟的途中。妇女和儿童被安排到一个受到沼泽保护的地方，可能是蒙斯（Mons），它那座现在被低洼草地包围的小山丘曾是一片沼泽。经过三天的行军，恺撒抵达距离萨比斯河 ① 不远，今天的巴韦（Bavay）附近的一个地方，在距离萨比斯河 15 千米处，他从一些俘虏口中获悉，纳尔维人和毗邻的同盟部落正在今天的莫伯日（Maubeuge）附近，等待罗马军队的到来。恺撒继续前进，在萨比斯河的左岸或北岸停下脚步，纳尔维人正在河右岸或南岸。恺撒派出轻装部队进行侦察，派常规数量的百夫长去选择扎营地点。罗马军队的正常行军队形（每个军团后面都跟着本军团的辎重车队）被邻近部落仔细观察到了，他们将这些举动汇报给纳尔维人。一些投奔他们的当地逃兵也将来自罗马军营的类似信息带了过来，并且建议纳尔维人的首领们迅速进攻打头的罗马军团。当这个军团接近新设的营地时，由于它受到后面辎重车队的阻碍，蛮族有机会在其他罗马军团赶来支援前将其消灭。按照高卢建议者们的看法，此举会降低罗马军中其他部队的士气，进而导致恺撒彻底失败。纳尔维人的首领们据此下达了命

---

　　① 译注：今桑布尔河（Sambre）。

◎ 萨比斯河战役

令，一看到罗马辎重车队就立即发动进攻。这个地方地形崎岖、森林茂密，适合纳尔维人作战，虽然他们没有骑兵，但拥有最棒的步兵，因此这次突袭的胜机很大。

此时将近 7 月底，恺撒的军官们选择在新梅尼勒（Neuf-Mesnil）的一片光秃秃的平缓向下延伸到萨比斯河左岸的山坡上扎营。河对岸有一座类似的山丘 [①]，距离河岸大约 300 米，在它向上延伸的山坡上林木茂盛，在这片树林中，

---

① 译注：奥蒙山（Haumont）。

纳尔维人建立了隐蔽的营寨。由于没有骑兵，他们采取了一个巧妙的办法阻挡敌人前进。他们把半切开的嫩枝弯着插入地下，不久它就向四面八方滋生出许多繁茂的小枝，带刺的茅草和荆棘也密密地夹杂着丛生在里面，很快就长成一道城墙似的藩篱，为他们构成一条很好的防御工事。直到今天，这个地区的人依然用同样的方式在田野里扎篱笆。通过这种方式，纳尔维人阻拦了罗马的同盟骑兵的侦察，有效阻止了后者发现他们的阵地位置。每个战士都隐藏在视线之外，只在沿河岸的地方可以看到一些骑兵哨岗，此处的河深只有0.9米左右。这些岗哨布置在那里是为了吸引罗马人的注意，防止对手在河流以外的地方进行侦察。他们的部署比恺撒的高明。

恺撒知道自己距离敌人越来越近，他没有将部队列成常见的战线，而是采用了一种符合实际的行军阵型。最前方是骑兵，6个老军团紧随其后，之后是全部合并在一起的辎重车队，由两个新建军团组成的后卫和掩护辎重的部队殿后。但是，恺撒丝毫没有料到敌人的全部兵力就在眼前，他的侦察完全失效。

快要到达扎营地点的时候，骑兵部队派出一支伴随着投石手和弓箭手的分队渡过萨比斯河，驱赶纳尔维人的哨兵。6个先遣军团着手修筑、加强营地。纳尔维骑兵在小规模冲突中打得不错，守住了树林边缘。就这样，罗马人未能发现对方的阵线。

与此同时，第9、10军团在拟建的营盘的左前方开工，第8、11军团居中正对着萨比斯河，第7、12军团在右前方。军团官兵们完全没有意识到危险的存在，他们分散去收集栅栏和其他材料，只派出少数骑兵作为警戒。按照事先的计划，准备工作全部完成之后，一旦辎重车队出现在蛮族的视野之中，就作为出击的信号，纳尔维人及其盟友阿德来巴得斯人和维洛孟都依人立即从他们的设伏地点冲杀出来，肃清像蜘蛛网一样薄弱的罗马骑兵战线，在罗马人完全没意识到，更没有做好迎战准备的时候涉水过河，如雪崩一般压向他们。显然，恺撒还没有成长为在敌前实施战场侦察的专家，他的宿营方法也不够精心。他的冒失违反了罗马惯例——在筑营部队前方布设一条战线，令敌军完全达成了奇袭效果。几乎可以肯定，恺撒的军队会被一扫而空。在这场突袭中，阿德来巴得斯人被部署在敌人的右翼，他们进攻第9、10军团；维洛孟都依人在中央，对付第8、11军团；纳尔维人在他们的左侧，攻打第7、12军团。纳尔维人正对着位于布西耶尔（Boussières）的萨比斯河的崎岖的左岸。

　　要不是军团无可挑剔的严明纪律，罗马军队早就垮了。许多士兵依然在远处为构筑壁垒寻找建材；其余的人则忙于使用他们已经带来的材料修建工事。幸运的是，这些人已经在去年的战役中变得坚毅起来，更棒的是，他们对领袖拥有信心，士气低落的迹象根本不存在。后来令恺撒与他们一起打垮所有敌人的坚定品质，此时已经生根发芽。一看到敌人从林木中现身，每个军团将士都收到了警报。军号迅速吹响了，战旗（standards）①也亮了出来，军官们各就各位，这是恺撒的明确命令之一——所有人不得以任何借口离开他的军团，直到营地修好全部工事。罗马士兵们已经学会了如何迅速进入行列。

　　蛮族的进攻迅猛恰当，以至于许多军官甚至没有时间戴上通常用于区分军衔的表饰（insigne）②，也有人来不及摘掉行军时盖在盾牌上用于保护它们的美观漂亮、装饰精美的盾牌的皮革罩子。他们费尽力气也无法找到各自的大队，于是他们奔向最近的军旗，在旗下站定，而恺撒及其部将们往来奔波，鼓励勉强拼凑起来的战线的斗志，努力从混乱中恢复秩序。

　　当敌人赶到时，这条战线刚刚以这种不规则的形状组建完成。恺撒军团穿过约1200米宽的开阔地，并涉水渡过萨比斯河，这可能用去了20分钟时间。这个地带被前文提到的那种树篱割开，我们可以视之为某种路障。这种环境妨碍了一切机动。因此，战线以不规则的凸面队形展开，战位非常混乱，以至于军团将士们对身边发生的一切都一无所知。每个小单位都在自己的位置上，为自身安全各自为战。战线的各部分之间根本不可能互相支援，眼下没人指挥，更没有作战目的。没有比这样更危险的突袭了。军团将士们依然没有表现出恐惧的样子，大家紧咬牙关，打算拼尽浑身解数殊死一搏。

　　如前文所述，第9、10军团在左翼，表现得十分勇敢，这也是恺撒特别钟爱第10军团的原因。他们投出标枪，继而用罗马短剑（gladius）肉搏，经

---

①译注：拉丁文为"vexillum"，升在统帅营帐上表示即将战斗或开拔的小红旗，它纵向悬挂在旗杆上。

②译注：表饰指区别一个人身份的一切标记和装饰，如百人队长盔上的羽毛饰物，士兵盾上的盾心花饰等。

过一番激烈的厮杀后，这帮蛮族因为刚刚迅速渡河而累得上气不接下气，罗马人得以将面前的阿德来巴得斯人赶了回去，蛮族就这样急匆匆地退了下去。蛮族被打退到渡口，伤亡惨重，随后又遭到罗马人的追杀，数千人被砍倒。阿德来巴得斯人暂时集结起来，但再次被打散逃回营地，直到第9、10军团最终抵达他们的营前。

位于中央的第11、8军团的表现同样值得称道。在一场双方都伤亡惨重的反复拉锯战之后，他们左侧的第9、10军团的胜利令他们士气大振，他们以胜利的呐喊携手向敌人发动进攻，将面前的维洛孟都依人猛推下河，他们在河岸上继续奋战。

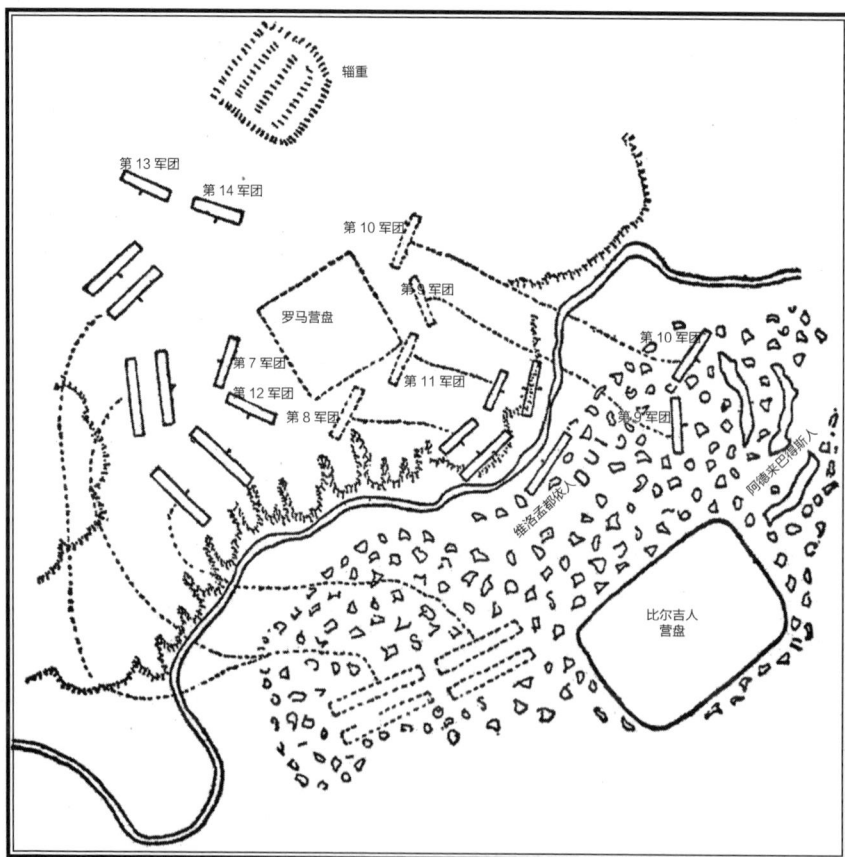

◎ 萨比斯河战役（第二阶段）

但是，眼下的这种胜利正是造成最严重风险的原因。左翼和中央的四个军团的推进，完全暴露了刚刚开工的营盘的前方和左翼，也完全暴露了右翼的第7、12军团的侧翼和后方。当战事在进行时，一支由6万名纳尔维人组成的强大兵力在最高指挥官波陀奥耶多斯（Boduognatus）的率领下渡过了萨比斯河，正在攀登布西耶尔的山丘。看到罗马战线的豁口，这支纳尔维人军队倾其全力冲向总人数约1万人的这两个军团，他们以罗马人前所未见的猛烈攻势打击"暴露着的侧翼"。已经被赶进军营的罗马骑兵和轻装部队刚刚集结起来并充当预备队，他们再次被这场势不可挡的攻势打垮；同时，大批非战斗人员，包括车夫、奴仆和商贩，他们本来躲在营盘里面，看到一队蛮族闯了进来顿时混乱得一塌糊涂，慌忙从尚未完工的后门逃了出去，遁入森林。这场灾难和溃散显然是致命的，以至于一些被认为是高卢最棒的辅助骑兵紧跟着跑路，沿着恺撒进军路线逆行，向沿途各部落传达罗马人遭到突袭并全军覆没的噩耗。

敌军初次进攻时，恺撒就跑到左翼，那里是战线上最先受到威胁的地方，他提振第9、10军团的斗志，士兵们在他慷慨激昂的言辞和行动的鼓舞下，满怀完成奇迹的愿望冲锋陷阵。他又从左翼飞奔到战线中央，他在那里同样产生了振奋人心的效果。当他抵达右翼的时候，他发现事态危如累卵。这条战线正遭到最勇敢的勇士——纳尔维人的进攻。第12军团的所有连队标帜[1]都密密麻麻地树立在一起，以至于部队挤作一团，不能在战斗中发挥任何优势。队列压缩得过于紧密，以至于士兵们没有挥舞短剑的空间。军官们损失惨重，敌人的投射武器落在密集队列中造成了可怕的伤亡。在一些大队中，所有百人队长非死即伤。如果不是恺撒还未被高卢人逼得喘不过气来，他可能已经退出战斗了。部队的斗志明显在减弱，敌人人多势众，并向前推进迂回到两翼，人数也越来越多。这时已经没有预备队了，其他军队还没有解决各自面前的敌人。战

---

① 译注：连队标帜（signum）的作用就像我们现在的军旗，不过不是用纺织品制成的。军团的标帜是鹰牌，大队和支队的标帜则是一支矛，矛头部分带有一些特别记号，如刻字的铜牌和铜制动物之类，作为各自的标帜。当时，大队没有单独的标帜，大队根据第一支队的标帜指向而行动。所以在恺撒的书中把进军称为"把标帜带向前去"（signa proferre），把撤退称为"把标帜转过来"（signa convertere），把停止前进称为"把标帜停下来"（signa constituexe）。标帜都由旗手（signifer）肩扛。

事已经达到高潮。恺撒眼睁睁看着失败就在眼前——结果将是惨遭屠戮。恺撒从身后一个士兵手中夺过一面盾牌，情急之下灵感自生，就像后来他在蒙达（Munda）为自己的性命而战一样——恺撒徒步冲上前线，重建了秩序。

看到他们的统帅扮演普通士兵的角色，周围的人立即恢复了斗志，正面情绪传播开来。他们散开阵型以便挥舞短剑，战吼也恢复了往常的气势，对敌人的抵抗变得更加坚决。恺撒从那里冲到第7军团，以同样的方式重振那支部队，并将来自第12军团的强力援手带了过去。正如某些解读《高卢战记》的批评家所说的那样，他让这两个军团背靠背作战，以免遭到敌人包围。恺撒的英勇之举带来的好处立竿见影。就像拿破仑在洛迪（Lodi）桥头率领掷弹兵冲锋一样，此举是夺取胜利的关键。这就是伟人的神圣怒火对其他人的感染力。正是内心炽热的天才才能在一瞬间将灾难转化为胜利，重燃迅速熄灭的勇气之火。在温切斯特（Winchester）挽狂澜于既倒的悸动之心也是如此，这种无畏的存在挽救了奇克莫加（Chickamauga）的败局 ①。看起来，第7和12军团逐步站稳脚跟了。

与此同时，2个担任后卫的军团注意到了这场战斗赶了过来，敌人看到罗马援军正在迫近，沮丧的情绪开始在他们中间蔓延开来。拉频弩斯率领第10军团夺取了渡口对面的敌军营地，也从河对岸的山丘上看到了第12和第7军团的危局，拉频弩斯迅速派遣第10军团去帮助战友。这支令人钦佩的人马以冲锋速度赶来，从纳尔维人的后方给了雷霆一击，并立即在右翼重新展开战斗。眼看战局发生了改变，随营的非战斗人员和骑兵士气大振，转头杀向敌人，将侧翼的蛮族赶出了营地。

战局逆转，恺撒打赢了，但是纳尔维人依然顽强死战，残余的纳尔维人在被杀的同胞尸体上奋战，甚至将尸体堆成胸墙。只有无情的蛮力才能迫使这些顽强、英勇的蛮族停止顽抗。恺撒歼灭了大部分敌人，逃脱者寥寥无几，他们以恺撒前所未见的顽强决死一战。很少筋疲力尽的罗马军队也累了，他们的损失也很惨重。营地的防御立即加强了，士兵们着手埋葬死者，开始休整。

---

① 译注：温切斯特和奇克莫加都是美国南北战争中的血腥战役。

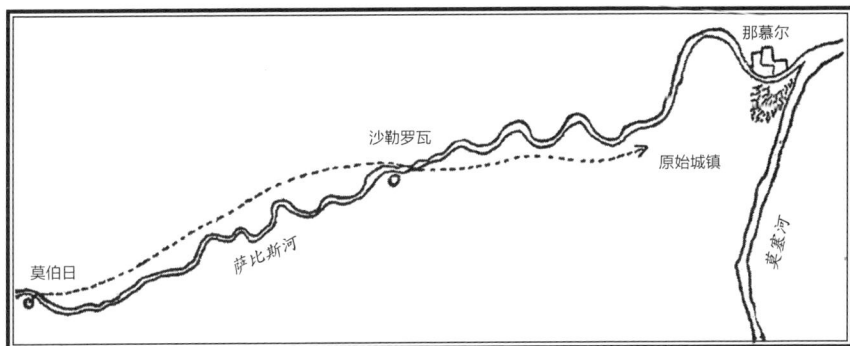

◎ 从萨比斯河到那慕尔

不久后，纳尔维人中的老人们前来求和了。他们说，600 位元老中只有 3 人逃生，6 万名手持武器的参战者只剩下 600 人。这就是战败者的英勇事迹。恺撒接受了他们的请求，阻止了进一步的屠杀，并命令邻近部落不要趁着他们眼下虚弱之际攻击他们。

正在赶去支援纳尔维人的阿杜亚都契人得到萨比斯河战役的消息后，吓得目瞪口呆，他们转头返回，抛弃了他们的其他城镇，把全部人口和物资都运送到一个特别适合防御的地方。这个史料没有给出名字的城镇，坐落在一座险峻陡峭的山丘上，它的三面都无法攻取，只有一面是长度不到 60 米的山坡，向下平缓延伸到平原上。他们在这个缓坡上修筑了一堵非常高大的双层城墙。他们是 6000 名辛布里人和条顿人的后代，当年他们奉命留在后方照看辎重，而辛布里人和条顿人的主力向南挺进，并在两代人之前被马略歼灭。无疑，这个地点位于萨比斯河与莫塞河（Mosa）[①]形成的夹角中，那慕尔的对面。有人猜测这座山就是法里兹山（Mt. Falhize），但它与《高卢战记》的行文和行军距离不太一致。

恺撒立即率领 7 个军团顺着萨比斯河行军，向这个阿杜亚都契人的城镇挺进，另 1 个军团由克拉苏率领。兵临城下之后，恺撒发现它坚不可摧，鉴

---

① 译注：今默兹河（Meuse）。

103

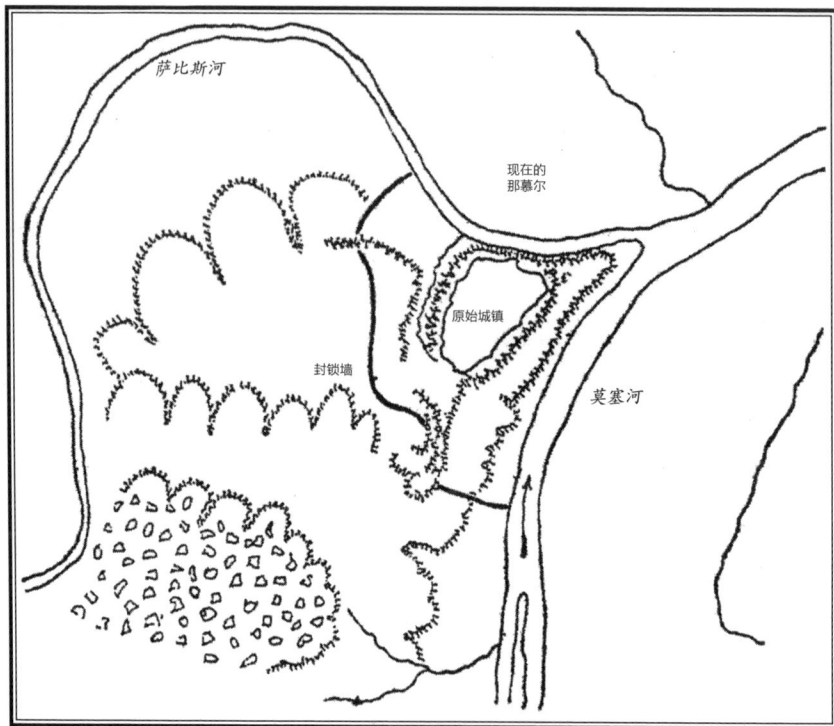

◎ 阿杜亚都契人的城市

于他没有其他手段能占领它，他选择开始围城，修建了一道长垒抑或围城封锁墙。这座长垒高 3.6 米、长 4.5 千米，每隔一段距离建有一座碉堡。长垒的长度经常被说成 23 千米，但正如地形明确显示的，这个长度是个明显错误。原文中的"15 罗里"（quindecimmillia）①之后的单词"罗尺"（pedum），一定要理解清楚。

蛮族试图通过反复发动小规模攻势来阻挠这项工程，但没能得逞。当他们远远看到罗马人兴建塔楼和盾车的时候，他们嘲笑罗马人身材矮小，确实这

---

①译注：罗里（millia）本身是"1000"的意思，古代 1 罗里对应 1000 步，即左脚 1000 次落地的行走距离，折合 5000 罗尺或 1.5 千米。"quindecimmillia"可以理解为 15 罗里，也可以是 15000（15 千），加上后文的罗尺，就只能是 15000 罗尺了，折合 4.5 千米。

与当时日耳曼人和日耳曼血统的高卢人的魁伟身材形成鲜明对比，他们还询问谁能把这些塔楼推到城墙下。但是，当塔楼建好并向他们迫近，而且确实抵近了城墙时，他们立即派出使节求和，宣称他们相信罗马人得到了神明庇佑。他们乞求恺撒允许他们保留武器来防备当地敌人。恺撒要求他们必须无条件投降和解除武装，但也告诉他们，他会命令他们的邻居不得侵犯他们。阿杜亚都契人欣然同意。他们的投降方式就是从城墙上将武器扔到城外的壕沟里，扔出的武器实在太多，以至于填平了壕沟，堆得几乎与城墙一样高。尽管他们选择了投降，酋长们还是背信弃义，藏匿了三分之一的武器。表面上解除武装之后，城门洞开，罗马军队进城占领了它。

夜幕降临之际，罗马人奉命出城回营。恺撒担心将士们的暴力、贪婪及由此产生的不良后果。尽管相比于从刚刚占领的城镇撤军，这些的危险性要更小一些。阿杜亚都契人当然相信，既然罗马人已经接受了城市的投降，警惕性就会下降，于是就在当天夜里，他们策划发动一场进攻，袭击恺撒长垒中看起来最薄弱的部分。他们拿出没有交出的武器，用树皮和柳条制造了新盾牌。午夜刚过，他们以极大的勇气发动了进攻。早已怀疑对手可能背叛的恺撒已经为此做好了相应准备。按照惯例，遭到进攻的地方点燃了烽火作为信号，军团将士们立即从各个地方赶到受到敌人威胁的防御地段。阿杜亚都契人像勇士一样奋战，但是付出 4000 人阵亡的代价之后，他们被赶回城镇，并被团团围住。为了报复这种背信弃义的行为，恺撒卖掉了从城里掠夺到的所有战利品。5.3 万人被卖为奴隶[1]。这是 9 月初发生的事情。

在此期间，率领第 7 军团的克拉苏脱离了主

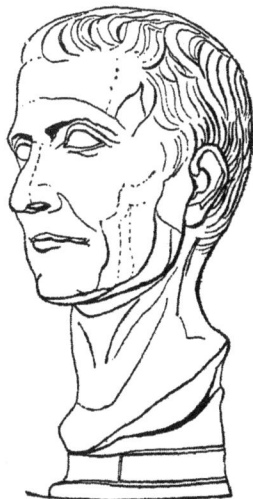

◎ 早期高卢战争中的恺撒（比萨的桑托坎波公墓）

---

[1] 译注：作者漏掉了一个情节。恺撒围住该城的次日，城中军民放弃了抵抗，打开城门放罗马人进城，罗马人任意掠夺战利品和奴隶，之后才是拍卖战利品和奴隶。

力部队，与生活在比利时西北海岸的滨海部落作战，他干得很棒。据他汇报，这些部落都已经臣服于罗马。他采取的措施尚不得而知。

恺撒的征服事业声威赫赫，以至于莱茵河彼岸的众多民族，尤其是乌皮人，都纷纷派遣使节向罗马人投降。但是恺撒渴望返回意大利，随着凛冬将至，他把部队安置在里杰尔河（卢瓦尔河）沿岸，卡尔弩德斯人（Carnutes）、安得斯人（Andes）、都龙耐斯人（Turones）中间的冬令营里面，按顺序部署在奥尔良（Orleans）与昂热（Angers）之间，并邀请这些使节于下一年初夏返回，他本人则启程南下。抵达罗马之后，举办了历时 15 天的庆祝活动。

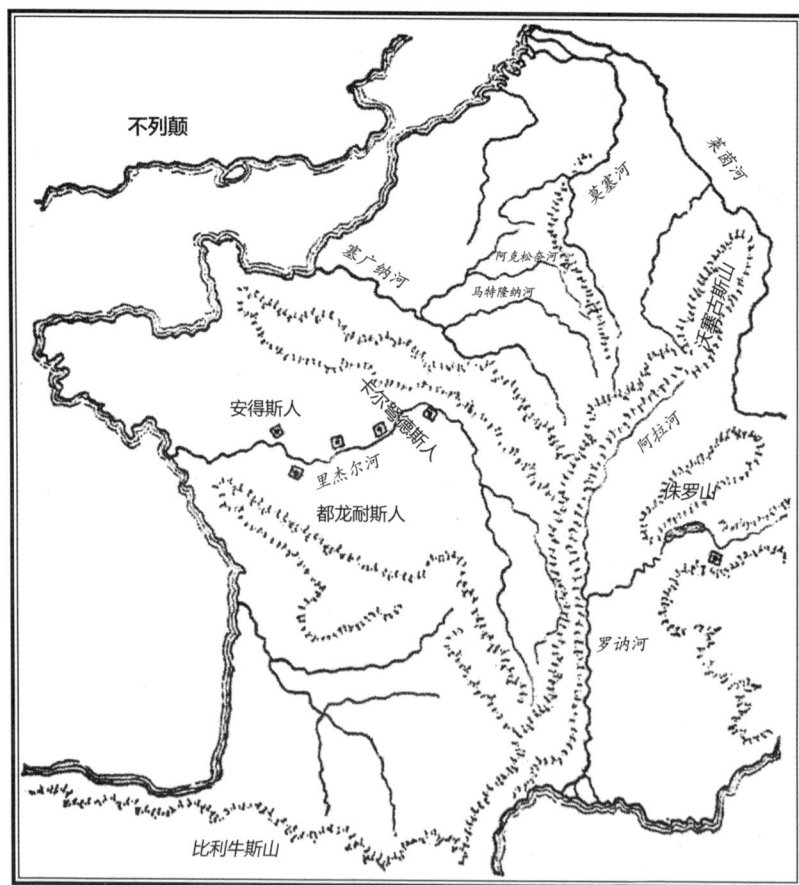

◎ 公元前57到前56年的冬令营分布

106

对这场辉煌的战役的最佳赞誉是它本身的成功。恺撒以其活力、迅捷、敏锐的洞察力和技巧，分裂、打击和征服了比尔古各部落，这是一个值得研究的范例。此后他没有要打的仗了，更要归功于他的成功策略。在他的第二次战役中，他依然犯了些错误。其中许多错误在《高卢战记》中或多或少得到了坦率地承认。在对诺维奥洞纳姆发动的毫无准备，因而不成功的攻击中失算，是一个很自然的错误。所有，甚至最伟大的指挥官都容易犯下这种错误。在萨比斯河河畔，他遭到纳尔维人的突袭，缘于他一时的粗心大意，若非罗马人性格中的坚忍顽强，他的错误将酿成致命的灾难。他本应在阿杜亚都契人的城镇中部署一支驻军，防备他怀疑会发生的夜袭，要不是运气好，他蒙受的灾难会更加严重。

他不应该为了自己的政治愿望而前往罗马，从而未能收到日耳曼各部落使节呈送的善意。萨比斯河突袭是这些错误中最严重的一个。与所有罗马前辈相反，除了一小股骑兵部队，恺撒没有派出军队保护筑营的部队，那支骑兵既不能阻止抵近河边的敌人的进攻，也不能穿过树林实施侦察。这一事实本应立即引起恺撒的注意，并引起他的警惕。这次他没有完全被打垮，要归功于他出类拔萃的部队，而非在于他自己的技巧或谨慎。在这个问题上，《高卢战记》为了减轻他的错误而进行过艰难努力，但是从字里行间很容易解读出真相。

恺撒部将们的战绩
（公元前 57 年至前 56 年）

第九章

公元前 57 到前 56 年冬季，恺撒启程前往意大利的时候，派遣塞维尔·盖尔巴率领第 12 军团和若干骑兵去讨伐日内瓦湖以南的部落——南都阿得斯人（Nantuates）、维拉格里人（Veragri）和塞邓尼人（Seduni）——以便在山南和山北高卢之间开辟一条翻越阿尔卑斯山的最便捷道路。这条路从米兰（Milan）经辛普朗（Simplon）或大圣伯纳德山口，抵达罗讷河河谷。途经这条山谷的商人和移民往往体会过许多土著部落制造的麻烦，如果他们没有遭到洗劫，就要缴纳高额的买路钱。这条路的畅通无阻对于军事安全至关重要。如果盖尔巴认为有必要的话，他就会获准在阿尔卑斯山过冬。盖尔巴这样做了，在几次战斗中击败蛮族之后，他接受了他们的投降和人质，继而在罗讷河河谷扎营，那里有一座名叫奥克多杜勒斯（Octodorus）[①] 的城镇，他派遣 2 个大队继续顺流而下，占领南都阿得斯人的土地。

罗讷河将河谷一分为二。罗马人扎营于一侧，高卢人在彼岸。高卢人制定了切断这个孤立军团的退路的计划，由于罗马军队人数不多，他们认为可以轻易得手。他们对于罗马人扣押他们的许多孩子当人质的行为感到恼火，他们害怕遭到所有高卢部落都要面临的命运——被罗马吞并。

按照计划，这些地方部落占领了周围的所有制高点和山口，以便截断盖尔巴的粮草和援兵。此举完全出乎盖尔巴的预料，使他陷入了最艰难的境地。

---

① 译注：今瑞士马蒂尼（Martigny）。

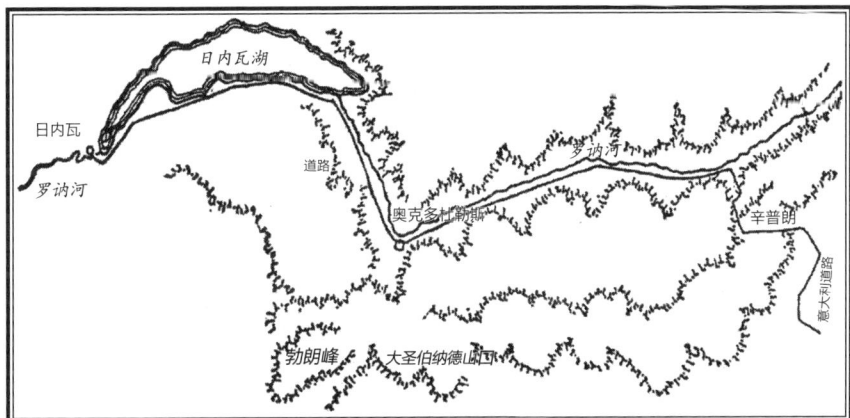

◎ 奥克多杜勒斯河谷

在召开了一个军事会议之后，盖尔巴决定坚守营地并等候蛮族势在必行的进攻。这是眼下唯一办法，但由于一些无法解释的原因，冬令营的防御工事尚未完工——即使是罗马的规章和条例，也并非总得到遵守。

高卢人的袭击恰逢其时，突然而猛烈。罗马军团顽强抵抗，将士们从一处跑到另一处，抵御敌人对壁垒的持续不断的进攻。守军数量不多，而敌人数目可观，能够不断派遣生力军接替疲惫的战友。战斗相当激烈，即使负伤的罗马人也无法撤离战壕。在 6 个小时内，蛮族向壁垒持续发动了多次攻势，直到罗马人射光了所有箭矢标枪，盖尔巴意识到，他们的唯一希望在于用剑杀出一条血路。这次出击是由首席百人队长部百流·塞克斯提乌斯·巴古勒斯（Publius Sextius Baculus）和军团指挥官盖乌斯·沃卢森纳斯（Caius Volusenus）提议的，前者在萨比斯河战役中表现出色。为了实现这个想法，盖尔巴下令尽可能地收集落入营中的敌人的武器，然后立即同时从所有营门突围。这次绝望的冒险行动取得了出人意料的成功。罗马人的突然出现以及他们的勇猛攻击令蛮族大吃一惊，因为他们一度以为罗马人会投降，蛮族猝不及防，抱头鼠窜。那天高卢人的表现，是他们缺乏韧性的一个范例。尽管高卢人骁勇剽悍，但当惊惶或战败时就会气馁沮丧，无法自拔。罗马军团进行的大部分战斗，远没有到让高卢人筋疲力尽的程度。

军团实施了追杀，屠戮了超过三分之一的敌人，敌人不会少于 3 万人。

这场胜利之后，为了惩戒敌人的背叛，盖尔巴蹂躏了河谷，由于不愿意信赖糟糕的路况和更难以信赖的为他提供粮秣的当地人，盖尔巴穿过南都阿得斯，与此前派出的两个大队会师，然后返回普罗旺斯过冬，在阿罗布洛及斯人的地区扎下冬令营。他的行动勇敢而且明智。

恺撒还在高卢的时候，认为自己可以安全前往以利哩古（Illyricum）①，因为比尔吉人已经被制服了，日耳曼人也被击退，阿尔卑斯山最重要的道路上的沿途部落也被打败了，高卢人也偃旗息鼓了。和平并不持久。克拉苏率领恺撒的一个军团已经在安得斯人中修筑了冬令营，安得斯人是生活在大西洋附近、比斯开湾（Bay of Biscay）以北的一个部落。在周边部落之中，文内儿人（Veneti）最为强大。他们拥有海岸上的所有重要港口，推动了与西班牙和不列颠进行的商贸活动的繁荣，还拥有大量船只和可观的财富。这一年冬季，克拉苏缺少粮食，派出若干主管官员和军团指挥官前往各部落协商解决粮食供应问题。提多·德拉西第乌斯（Titus Terrasidius）到文内里人（Unelli）处，马可·德来彪斯（Marcus Trebius）去找古里阿沙立太人（Curiosolitae），奎因都斯·维朗纽斯（Quintus Velanius）和提多·悉留斯（Titus Silius）前往文内儿人那里。在文内儿人的牵头下，这些部落决定保卫自己的领土，并且签署了休戚与共的同盟条约，他们逮捕了这些罗马军官，希望能迫使罗马人遣返他们的人质。事实上，他们企图以释放这些使节为代价要求克拉苏投降。

虽然得到克拉苏送来的消息，但恺撒无法在冬季采取行动，于是他发回命令让克拉苏在里杰尔河组建一支舰队，从普罗旺斯行省的地中海沿岸招募桨手、水手和领航员，并下令筹备海上远征需要的一切。

公元前56年一开春恺撒就赶往高卢。反叛的各部落知道，他们逮捕使节的罪行是最不可饶恕的，因此早就为最坏的局面做了相应准备。他们加强了城镇防御，搜集所有能到手的粮秣，并将舰队调集到他们的主要海港文内儿亚（Venetia），它可能位于注入基伯龙湾（Bay of Quiberon）的欧赖河（Auray

---

① 译注：也叫伊利里亚（Illyria），古代伊利里亚人的居住区，位于巴尔干半岛西北部，今天克罗地亚、斯洛文尼亚等国境内。

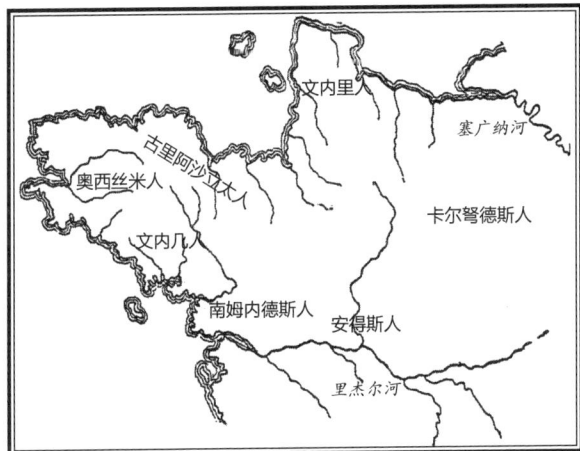

◎ 文内几人的国度

River）河口上。他们知道，罗马人对潮汐、水湾和港口一无所知，会陷入非常不利的境地。据恺撒的说法，敌人的某些盟友甚至来自不列颠岛。从卢瓦尔河到斯海尔德河之间的海岸上各个部族都向敌人提供了物质或精神援助。

恺撒坚定地认为必须平定这场"叛乱"。这里使用"叛乱"一词，是因为这些部落曾臣服于克拉苏，现在又起来捍卫他们的自由。但是，对于这些勇敢的民族而言，"叛乱"似乎是个难听的字眼，因为他们是在抵御侵略者的进犯，这个侵略者除了支持他发动侵略的力量，并不具备其他权利。绝不能低估恺撒遇到的困难，但是与惩戒文内几人相比，其他困难统统微不足道。鉴于献出人质就标志着臣服，这是各国普遍承认的规则，即使最边远的野蛮人也会遵守，如果有部落违反规则却未迅速遭受惩戒，那么他对高卢的征服必将成为空中楼阁。这就是恺撒让我们相信他采取行动的动机，就其本身而言，这是合法的行动。

但是，恺撒决心征服文内几人还有另一个原因，这个民族实际上掌控着与不列颠的所有商贸联系。他们不愿意让恺撒抢走它，正如他们所担心的，恺撒确实想这样做。斯特拉波（Strabo）[1] 告诉我们恺撒已经筹划入侵不列颠了，荡平文内几人是至关重要的第一步，因为文内几人控制了海洋。尽管恺撒可以

----

①译注：斯特拉波，约公元前64或前63年生于小亚细亚的阿马西亚，约公元23年去世。古罗马地理学家、历史学家。

在文内几人的舰队之间穿过，但当他离开的时候，文内几人可能会严重威胁他的后方。

站在恺撒的立场上必须承认，如果罗马要在这个方向扩张统治权，意大利真的要谋求安全，那么征服整个高卢就势在必行；如果说亚历山大报复波斯（Persia）对希腊（Greece）的进攻是正当行为，那么恺撒报复高卢人对罗马的入侵也是正当的。很难批评古人普遍主张的单纯的征服权利，一旦我们认可了这种权利，那么除了征服过程中不必要的暴行之外，就没什么可以指责的东西了。从恺撒的立场看来，他是理所应当的。

关于这场战役采取的方略，恺撒决定通过分路出击，从军事意义上占领这个国度，以便震慑其他可能被煽动起来，企图效仿文内几人的部落。恺撒派遣拉频弩斯率领部分骑兵前往莱茵河附近的德来维里人的地盘，目的是支持雷米人，并维护比尔吉人中的安定局面，同时阻止日耳曼人可能发动的渡河入侵，因为他们曾应比尔吉人的邀请，发动过入侵。克拉苏率领 12 个大队和一支强力骑兵部队前往阿奎丹尼亚，保证那里的安宁，并且阻止阿奎丹人支持文内几人的叛乱。出于同样目的，提多留斯·萨宾努斯驻扎在文内里人和其他生活在今天诺曼底海岸的部落中。德基穆斯·布鲁图斯（Decimus Brutus）受命指挥舰队，从地中海带来一些舰船，还从庇克东内斯人（Pictones）、桑东尼人等部落手中借来若干船只。

这一年的战役开打之前，恺撒的 8 个军团是这样分布的：里杰尔河以北，3 个军团；阿基坦尼亚，1 个军团加 2 个大队；1 个军团在舰船上待命；2 个军团和 8 个大队由恺撒亲自统率。无疑，盖尔巴离开他设在阿罗布洛及斯人中建立的冬令营与他会师了。恺撒大概在距离卢瓦尔河河口不远的南特（Nantes）附近与之会师，继而渡过了维莱讷河（Vilaine）。

文内几人的城镇特别难以靠近，它们往往建在陆地的顶端，只能在涨潮时乘船抵达；退潮虽然给了地面部队靠近的机会，却也往往令船只搁浅，无法自保。再者，每当经过艰辛的努力，一个城镇被切断与海路的联系或陷入绝境时，蛮族只要将他们的物资装上数量众多的船只，就能轻易逃离罗马人不熟悉的溪流和海湾。公元前 56 年的整个夏天，他们将船从一个地方转移到另一个地方。他们的船只是平底的，以便在内河中更快捷地航行，但是船头和船尾很高，用

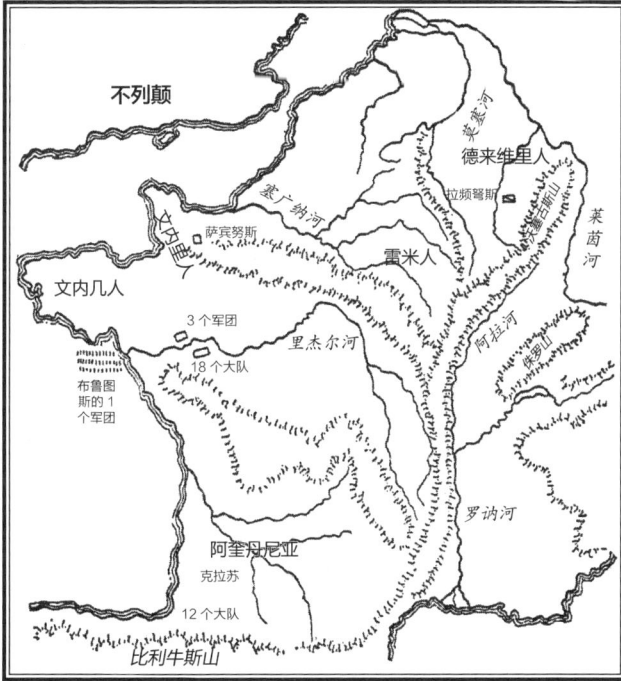

◎ 公元前56年军团分布图

◎ 文内几人的一个城镇

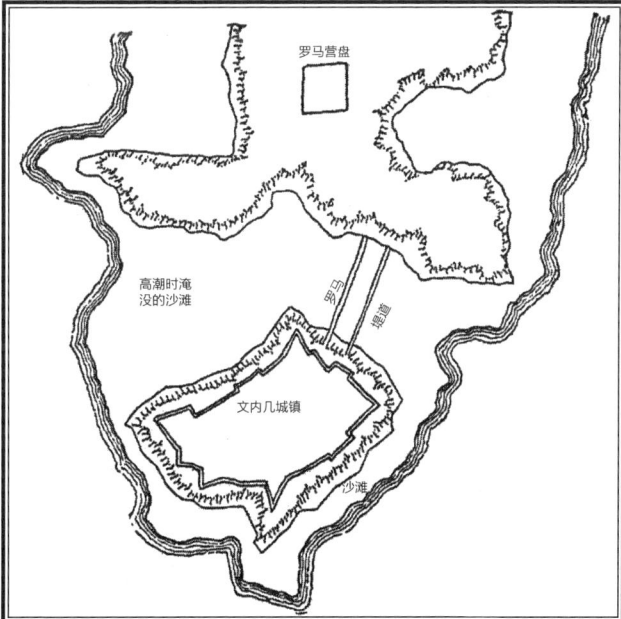

于抵御海浪和礁石的撞击；木料是多年生的橡木，坐板用2.5厘米 ① 粗的铁钉钉住；船锚上挂着铁索；船舷比罗马战舰更高，更坚固，更难遭受攻击和钩锁；船帆是柔软而轻薄的兽皮。这些船只在所有方面都适合航行，而且相比罗马人按照惯常模式建造的舰船，它们更能适应浅滩水战。罗马战舰仅仅在划桨速度方面超过文内几人——文内几人的船只只靠风帆推进 ②。

罗马人攻占文内几城镇的方法是在大陆上建筑两条平行的堤道，有时堤道甚至与城墙等高，堤道完工后潮水就被阻挡在堤道外侧，为士兵和攻城器械的推进提供了极佳的通道，事实上它也是武装工事。这是一项艰苦的劳动，由于蛮族会像上文说的那样乘船逃跑，这些行动在多数情况下都徒劳无功。

这个季节的大部分时间就这样过去了，却没能取得什么战绩。恺撒意识到，没有舰队他将一事无成，尽管几个月前他就已经下达了组建舰队的命令，舰队却迟迟未能在里杰尔河口集结起来。对罗马人来说潮汐是未知因素，他们也缺乏港口，罗马水手在这片水域缺乏经验，还有诸多其他因素推迟了准备工作。但是在《高卢战记》中还有一些别的东西没有得到解释——罗马的战舰建造得很快，例如非洲征服者西庇阿在45天内建造了20艘五列桨战舰和10艘四列桨战舰，并率领它们起航出发；恺撒已经干了9个月，舰队却没有齐装满员。这样的延误并不合理，我们所知道的不完全是真相。

夺取了几个文内几人的城镇之后，恺撒深刻意识到，他没有取得任何实质性进展。因此，他决定拿海战的结果碰碰运气。他在基伯龙湾东面的圣日尔达（St. Gildas）高地上安营扎寨，等待他的舰队。这是舰队组建后不久发生的事情。一旦准备就绪，罗马舰队就向文内几人推进，进入了海湾。当罗马舰队出现在视野中时，大约220艘文内几战舰就拔锚起航，信心满满地准备开战。在今天的圣雅克角（Point St. Jaques）附近，罗马舰队展开战线，它的右翼距离海岸不远。

---

①译注：原文是"1拇指"，罗马文化圈的寸，例如英寸（inch），词源就是拇指。

②译注：罗马人起源于地中海沿岸的意大利，而地中海是个封闭的内海，风浪不大，所以驱动船只主要靠人力划桨。大西洋是开阔的大洋，风急浪高，所以行船主要靠风帆。因此，罗马人的船只来到大西洋在正常情况下不如高卢人的船快。

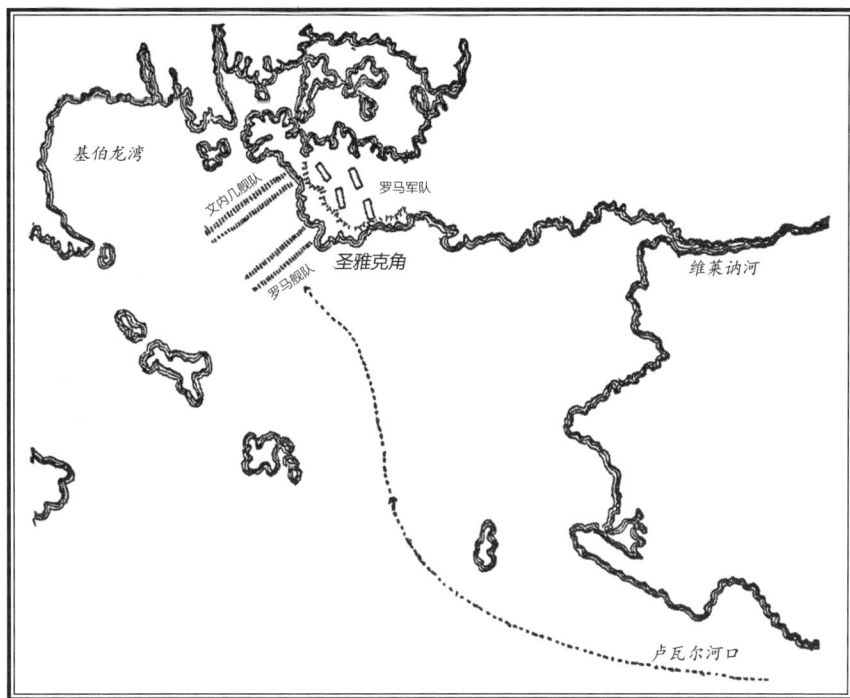

◎ 基伯龙湾

    罗马舰船较为低矮，甚至塔楼也没有蛮族战舰的船舷高，所以舰上的舰载步兵不能有效射箭投石，反而完全暴露在敌人的远程打击之下。这是一个采取有利战术的问题。罗马人只在勇气、纪律和船只的速度上比对手强，但这被他们对大洋的不习惯和惶恐抵消，他们归咎于大西洋与他们故乡的地中海不同的品性。幸运的是，甲板上有大量挠钩（falces），它们颇像攻城战中使用的将砖石从城墙上拖下来的钩子，或者像有些人所理解的那样，是将镰刀绑在长杆的末端。凭借天才头脑的灵光一闪，布鲁图斯想到了如何使用它们。罗马人将镰刀绑在桅杆上，然后划桨抵近敌人船边，用镰刀钩挂文内几战舰上连接帆桁与船帆的主缆绳；钩挂上之后，罗马桨手奋力划桨将自己的战舰划走，镰刀就会割断敌舰上的主缆绳，于是帆桁和船帆都会掉下来。由于没有桨，敌舰就此失去动力而随波逐流，只能静候战力更佳的罗马士兵登船，所有被罗马人登上的敌舰都投降了。

恺撒和整个罗马军队在山上目睹了这场海战,此战也是我们所知的大西洋上第一场有文字记录的海战,必定是个壮观的场面。尽管蛮族、罗马的舰只数量比例高达 2∶1 乃至更高,但许多敌舰失灵或被靠帮登船之后,罗马人的英勇就占了上风;很快,那些尚未被俘的敌舰企图逃跑。但是,突然之间海面上风平浪静,敌舰统统动弹不得,恺撒的好运气总会在恰到好处的时候出手帮忙。这天这个海湾里的风,在这个季节会向东或东北吹到中午,之后几乎完全风平浪静。这次逃跑的尝试就很倒霉,海风先吹散了文内儿战舰,风平浪静的时候,罗马战舰又能一艘接一艘地攻击它们,而敌人却无法互相援救。从大约10 时到日落,海战打得十分激烈,罗马人的战术和纪律极为高效,因此靠岸登陆的文内儿战舰寥寥无几,这还是在夜幕掩护下做到的。

所有英勇、年轻和健壮的文内儿人都集中在这支舰队中。在舰队被彻底歼灭之后,他们没有任何防御手段,人船皆无。他们非常乐意乞求恺撒的怜悯。正如恺撒在《高卢战记》中所言,他认为自己不能原谅文内儿人冒犯使节身上的神圣权利的行为,他决心用这个部落杀鸡儆猴,处决了所有文内儿元老,将

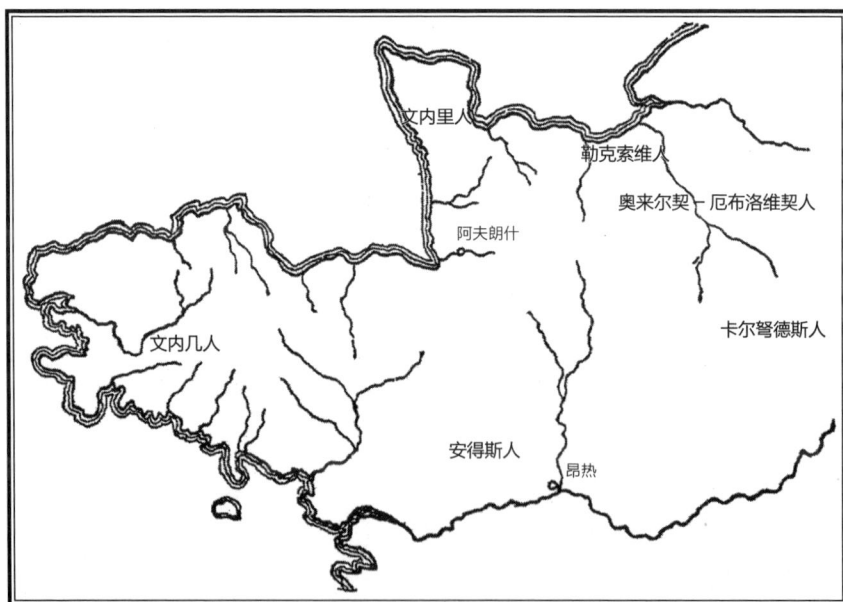

◎ 萨宾努斯的征战舞台

其他人卖为奴隶。很难判断这个不可原谅的暴行是出于其错误的政策导向，还是冷酷残暴，恺撒从不考虑后者，在政策方面他也很少犯错，但他采取的一些屠杀举措似乎是严重的错误。尽管在亚历山大身上，人们不会为其类似的政策做辩解，但是由于此后几个世纪的文明和国际法的发展，恺撒的暴行似乎更加可怖。不仅那些经常限制亚历山大采取行动的军事上的必要性很少出现在恺撒的事例中，而且，恺撒对人命的诛戮远远超过了亚历山大所犯过的任何罪行。包括拿破仑在内的几乎所有批评家，都特别严厉地批评恺撒对文内几人施加的不必要的暴行。相比他的前辈们，恺撒的借口更少。奇怪的是，亚历山大和汉尼拔不断因为所谓的残暴受到谴责，而这种品质却很少会归于恺撒。

在与文内几人的战役早期，提多留斯·萨宾努斯已经卷入文内里人的事务，这是一个生活在今天诺曼底瑟堡（Cherbourg）以南的部族，他们的国王是维里度维克斯（Viridovix）。这位酋长从所有邻近部落，主要是勒克索维人（Lexovii）和奥来尔契 - 厄布洛维契人（Aulerci-Eburovices）中招募了一支大军，此外还有来自高卢各地的强盗和雇佣兵。萨宾努斯从卢瓦尔河畔的昂热附近出发，向北进军，在文内里人中间扎营。今天阿夫朗什（Avranches）以东约 6 千米有一处被称为沙特利耶军营（Camp du Chastellier）的营盘遗址，揭示了他可能扎营的地点；尽管这处遗址可能属于更晚近的营盘，但在前人的营盘旧址上建造新营盘并不是稀罕事。这座营盘显示了一个与常规形状不同，由地形决定的有趣变化。

萨宾努斯是一位拥有自己的战略意图的谨慎军官。他守在建造的营盘里面，以保证粮食补给线不被切断。维里度维克斯在距离他约 3 千米，今天称作塞河（Sée）的小河彼岸，每天都摆开战斗阵型，嘲笑罗马人怯懦胆小不敢出战。甚至萨宾努斯的部下也感到不满和羞耻，但是萨宾努斯有自己的目的，他想通过诱导敌人低估自己，从而让敌人养成麻痹大意的习惯。为了实现计谋，萨宾努斯挑选了一个狡猾的高卢人，通过许诺给他一大笔财物说服他逃到敌人那里诈降，在敌人面前，他的精湛演出让维里度维克斯相信罗马人确实被形势吓破了胆。这个间谍依计对蛮族酋长说，罗马人将在次日夜间被迫拔营出发，向恺撒靠拢，传言恺撒对文内几人的战役陷入了困境，间谍又设法说服酋长，罗马军队在撤退之前很容易遭到攻击和歼灭。这个间谍的确是个聪明伶俐的家伙，

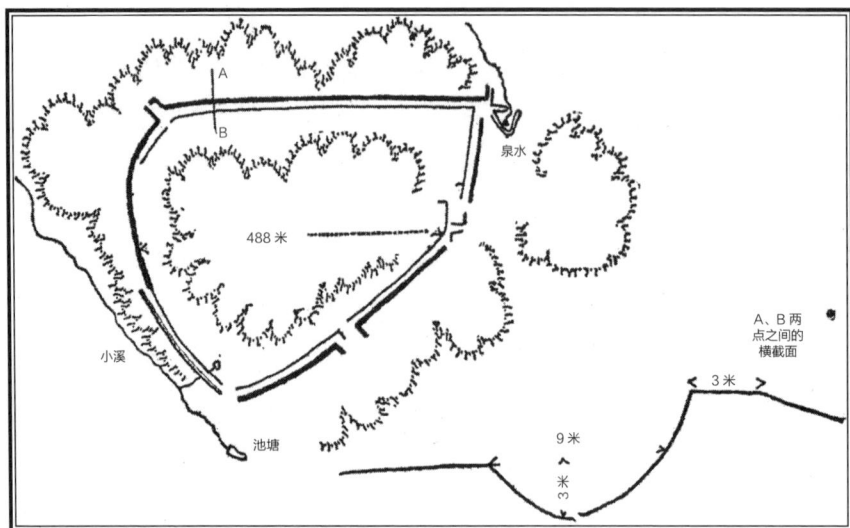

◎ 沙特利耶军营

维里度维克斯相信了他的鬼话，决心刻不容缓地进攻罗马营盘。

这个营盘坐落在一座山岗上，它的西侧岩石嶙峋、陡峭险峻，其他方向要好一些。营盘的北坡平缓下降了1500米之后就是塞河河畔。为了实现他们的计划，高卢人不仅全副武装，还携带了大量木材和灌木，用于填平罗马人的堑壕，他们急于在罗马人逃走之前抵达营盘。这些携带了大量物资的武士们爬上缓坡、抵达罗马军营前的时候已经气喘吁吁、筋疲力尽了。萨宾努斯一直在寻找这样的机会。战斗信号发出之后，精力充沛、以逸待劳的罗马人立即从两个角门冲了出去，扑向文内里人。文内里人大吃一惊，随即被打垮，没有进行值得一提的抵抗，转头逃命。罗马军团和骑兵紧随敌军追杀，屠戮了大部分蛮族。恺撒与萨宾努斯几乎同时获悉对方的胜利，因此这场胜仗加上不久后传来的恺撒战胜文内几人的捷报，彻底瓦解了这些民族结成的联盟。现在，各部落争先恐后地向恺撒称臣，并保证接受罗马统治。

这场战役是一个不错的范例，体现了高卢人草率、浮躁，却又意志薄弱的性格。他们豪爽、英勇、爱国，在战争初期是危险的对手，但他们会变得很容易气馁，从来没有耐性，他们缔结的互助条约一贯昙花一现，无法承受灾难。

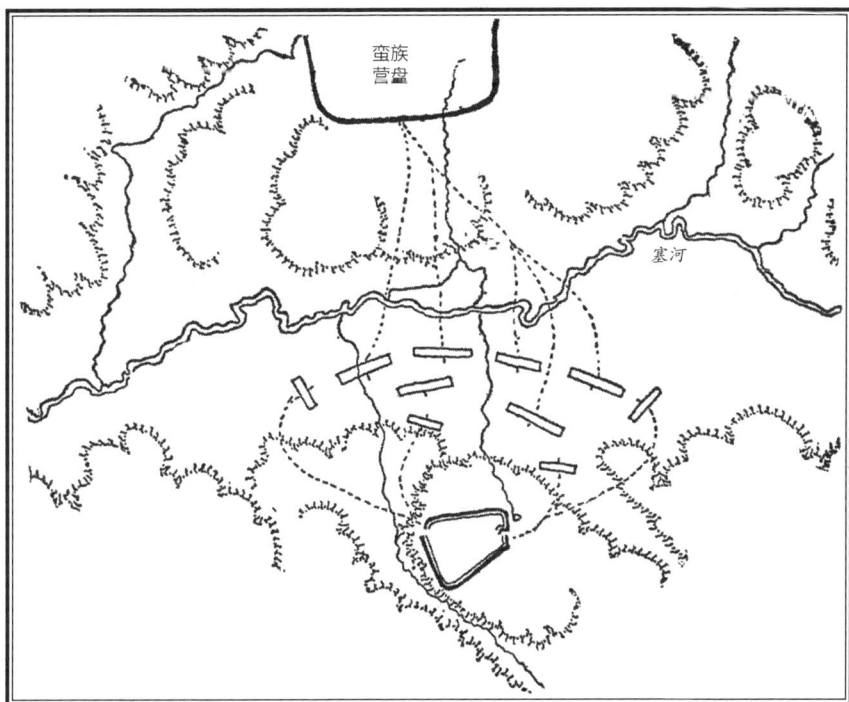

◎ 萨宾努斯的作战示意图

波力比阿（Polybius）① 和恺撒对高卢人的评价一致。

    与此同时，部百流·克拉苏在阿奎丹尼亚承担着艰巨任务，阿奎丹尼亚位于卢瓦尔河与比利牛斯山之间，几年前由瓦勒里乌斯（Valerius）和孟尼留斯（Manlius）率领的罗马人在此地两次惨遭失败②。克拉苏向南进军，搜集了大量粮食，从位于普罗旺斯行省西南部的托洛萨人、卡加索人（Carcaso）和奈波人中召集了最精锐的勇士，又从罗马统治下的各部族最好的兵员中招募了步兵、

---

    ①译注：波里比阿，古罗马历史学家，约生于公元前203年，卒于公元前121年。本是希腊人，晚年成为罗马公民。

    ②译注：苏拉死后，民主派残余的首领奎因都斯·塞多留斯占据西班牙，与罗马元老院派去的军队作战。公元前79年，高卢行省的前执政官路求·孟尼留斯率领三个军团赶到比利牛斯山以南去支援罗马政府军，被塞多留斯的部将击溃，当他带着残军退回行省时又遭到阿奎丹尼人的袭击，几乎全军覆没。

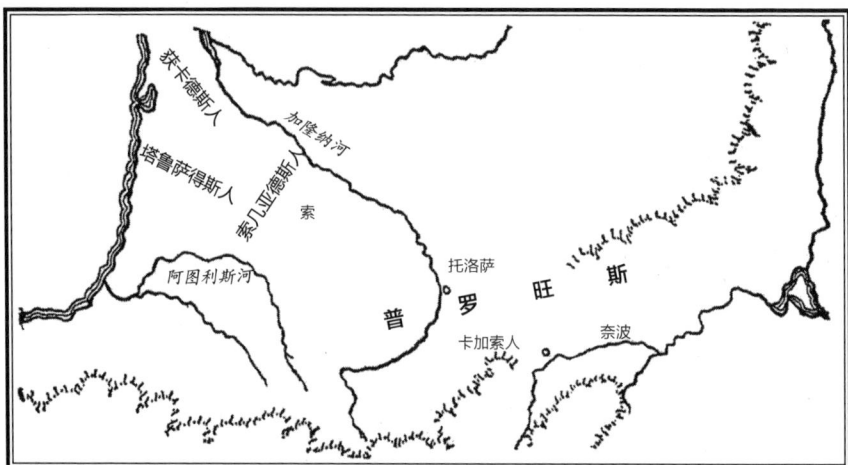

◎ 部百流·克拉苏的作战地区

骑兵辅助部队。克拉苏渡过加隆纳河（加龙河），进入位于河左岸的索儿亚德斯人（Sotiates）的境内。

这些蛮族纠集了一支大军和不少骑兵，企图袭击行军中的罗马人。他们以骑兵的佯攻拉开了战斗序幕，同时将步兵埋伏下来。蛮族骑兵迅速被击溃，而罗马步兵在战斗中有些混乱，继续行军和穿过一条狭窄路径的时候突然遭到敌军的伏击，蛮族异常勇猛地从藏身之处现身，战斗立即进入白热化。蛮族为捍卫家园而战；在没有统帅在场和年轻将领的指挥下，罗马军团向世人展现了他们能做什么，毫无疑问，每个罗马人都清楚地意识到在战斗中找到逃跑的机会是很渺茫的。又一次，罗马人的军纪占据了上风，索儿亚德斯人被击败，惨遭屠戮。

随后，罗马人围攻他们的首都和行军途中的主要索儿亚德斯城市，关于蛮族首都是位于今天的莱克图尔（Lectoure）还是索（Sos）的说法各异。蛮族的抵抗相当顽强，克拉苏被迫建造盾车和塔楼。索儿亚德斯人中有许多铜矿工人，他们在抵抗各种攻城器械，挖开罗马壁垒和自己建造盾车方面充分展现了技巧，但都未能奏效。罗马人相当勇猛顽强，迫使他们开门投降。进行投降谈判期间，蛮族酋长阿狄亚都安纳斯（Adcantuannus）与他的 600 名精选的"共

120

命"勇士 ① 试图突围出城,但还是被赶回城内。尽管如此,考虑到他的英勇无畏,他没有被剥夺平等的投降待遇。之后,克拉苏向同在加隆纳河左岸的获卡德斯人(Vocates)和生活在阿图利斯河(Aturis)② 的塔鲁萨得斯人(Tarusates)进军。

这几个民族相当精明,派遣使节前往常年与罗马人交战的近西班牙(Hither Spain)③ 招揽辅助部队,他们不仅从这里得到了士兵,还招揽到了熟悉罗马作战方式的军官,其中许多人曾在伟大的游击战英雄塞多留斯麾下效力。这些最训练有素的军官们开始加强适当位置的工事,并且占领可利用的小径骚扰克拉苏,以至于克拉苏发现,除非他尽快展开会战,否则就会断粮并被迫撤到安全地带。因此,他按照惯例组建了一个军事委员会。这些罗马委员们推翻了委员会从不参战的说法,罗马人开会并保持战斗性,现在他们决定开战。

次日,克拉苏摆开两条战线的阵型,辅助部队位于中央,准备战斗。尽管在数量上优势巨大,敌人却宁愿采用费边战术 ④,打算暂时不进攻罗马人,等到罗马人为了筹集粮草而被迫撤军,从而处于不利地位,受行李辎重拖累,步履维艰时再动手。克拉苏看出,尽管进攻设防坚固的壁垒是违反常规的,但除了自己进攻之外别无他法。他这样做,很大程度上缘于他的部队的求战心切,将士们大喊着要求一战,还认为蛮族已经怕了。

敌人以罗马人的方式占领并构筑了一个坚不可摧的营盘。这场大胆的进攻是在敌人的前方和两翼进行的。罗马人以炽盛的远程火力试图将守军赶出工事,这样如果发动进攻的话就能取得成功。辅助部队为军团和轻装部队提供石块和武器,运送用于填平战壕的草木和建材。当战斗达到白热化时,克拉苏获

---

① 译注:共命(soldurii)——古代许多落后部落都有这种制度,这里的译法出自《新唐书·吐蕃传》"其君臣自为友,五六人曰共命。君死,皆自杀以殉"。

② 译注:今阿杜尔河(Adour)。

③ 译注:从公元前197年起,罗马把伊比利亚半岛组成两个行省,一个叫近西班牙,包括已经罗马化的埃布罗河下游一带,另一个叫远西班牙(Hispania ulterior),包括瓜达尔基维尔河一带。帝国初期又重分为三个行省。

④ 译注:费边,古罗马政治家、军事家,杰出的统帅,大约生于公元前280年,卒于公元前203年,以在第二次布匿战争中采用拖延战术对抗汉尼拔,挽救罗马于危难之中而著称于史册。费边战术指一种拖延迂回的战术,不急于达到目的,用时间拖垮敌人。

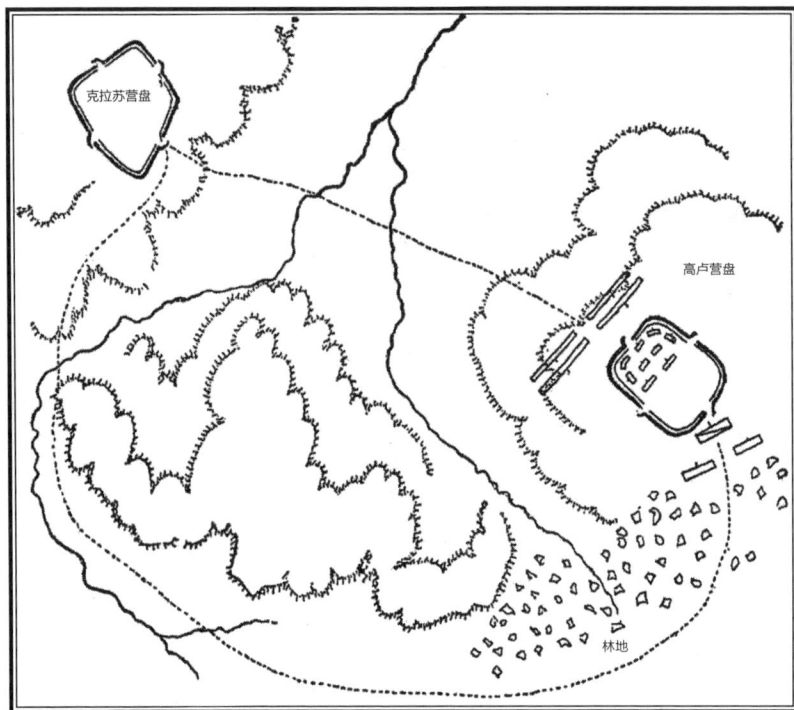

◎ 部百流·克拉苏的作战区域

悉敌营的后门（Decuman）防御空虚。一般来说，所有军营的后方都不如前方和侧翼坚固。克拉苏挑选了若干骑兵和原先留在后方守卫营盘的步兵大队主力，在给了这支部队如果获胜就能获得巨额赏赐的承诺之后，克拉苏派遣他们出征。他们通过远在敌人视野之外的漫长迂回路线，绕到敌营后方。这招出乎蛮族的意料，罗马士兵们破坏了后门的防御工事，在大多数敌人意识到兵临营下之前杀入敌营之中。这个机动取得了圆满成功。罗马人在大喊大叫和刺耳的号角声中杀向敌人的背后，在迂回部队的鼓励下，正面进攻的罗马军团勇气倍增。看来不必再发动更多的进攻了。蛮族无法承受腹背夹击，纷纷逃到军营外的平原上。总计 5 万名的敌人中，只有四分之一的人逃脱了罗马短剑和骑兵的杀戮。这场发生于公元前 56 年秋季的战役，导致几乎整个阿奎丹尼亚向罗马臣服。

现在，除了莫里尼人和门奈比人，整个高卢都已经沦陷，这两个民族分布在从莱茵河口向南延伸到今天的布洛涅（Boulogne）的土地上，后来荷兰人

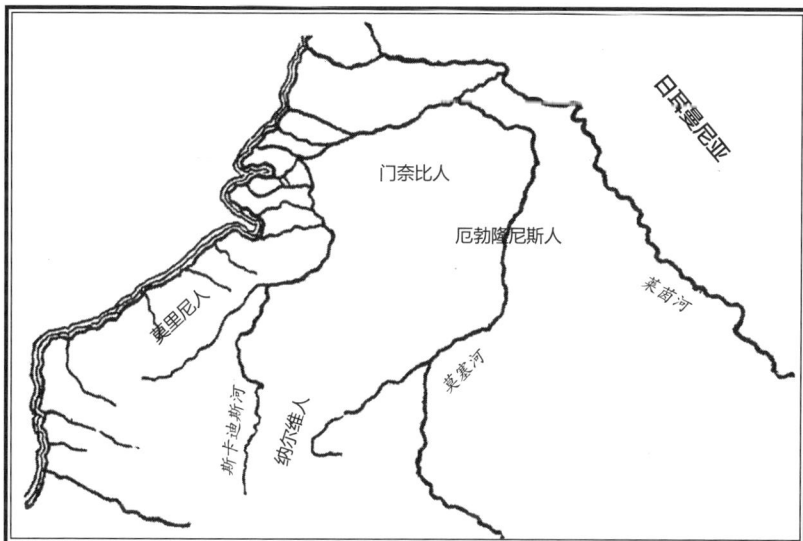

◎ 莫里尼人和门奈比人

（Dutch）费尽辛苦地将这片土地从海洋手中拯救出来。这些民族从未向恺撒派遣使节，当恺撒逼近他们的领土时，他们汲取了其他高卢人被击败的教训，退入森林和海岸滩涂之中挑战他的权威。他们没有城镇，居住在帐篷和洞穴里，这对他们而言并不困难。恺撒要亲手将他们赶出巢穴。恺撒抵达与沿海低地毗邻的森林边缘——今天的圣奥梅尔（St. Omer）附近地区——的时候，生活在此地的部落早已带走了全部财产，并发生了一些小规模的敌对行动——蛮族在罗马人准备扎营的时候发动了袭击。在森林中行军有遭到伏击的危险，恺撒开始在行军路线上伐木，开辟出了一条宽敞的道路，他出人意料的砍伐速度令敌人大吃一惊——蛮族自己的工具很粗劣，所以伐木速度很慢。恺撒将砍下的树木堆在道路两侧，充当防御壁垒。他有特别出色的工程师（praefectifabrum）队伍，尤其是路求·哥尼流·巴尔布斯（Lucius Cornelius Balbus）和骑士马穆拉（Mamurra），他们以在工程和围城领域中的机智而闻名。这项看似艰巨的任务证明了这些军官的能力。

　　按照《高卢战记》的说法，罗马军队追上了撤退中的蛮族军队的后卫，从他们的辎重车辆上搬下许多牲口，但由于严冬将至和暴风雨的来临，恺撒不

123

得不推迟针对莫里尼人和门奈比人的行动，入驻冬令营。蹂躏了这个国度，烧毁当地的房屋之后，罗马军队在奥来尔契人和勒克索维人中间，塞广纳河与里杰尔河之间的海岸上（诺曼底）安营扎寨。与其他战役一样，恺撒开创了最好的局面，但他从未完全征服高卢的西北部。莫里尼人和门奈比人只是无法扩大其危害而已，他们依然保持着独立。

恺撒的成绩归功于他精明地削减了这场战役的工作量，但是萨宾努斯和克拉苏的胜利必须归功于他们自己。他们对恺撒的计划的执行完全达到了预期，随之大大提高了他们的声望。恺撒的第四次文内几战役的成果很大程度上缘于布鲁图斯的指挥，还要加上一点好运气。任何批评都不能贬低恺撒的辉煌成就，但也不能高估它们。恺撒拥有当

◎ 轻装士兵

时世界上最卓越、纪律最严明的军队，由在战争中受过所有细节的训练的军官们指挥，他要对付的民族都是野蛮人，不善于常规战争，高层意见不一，投入战场的兵力也不比罗马人多太多，所有方面都远远逊色于罗马人。

第五场战役是针对莫里尼人的，此役完全出于他的野心，对于征服高卢的事业来说完全没有必要，但这点并未迅速体现出来。莱茵河、大西洋和比利牛斯山是恺撒征服高卢的唯一边界，如果他想征服的话，在不讨论恺撒是否有权征服这个国度的一寸土地的前提下，这些疆界之内发生的一切都必须由他一个人来承担责任。

公元前56到前55年冬季，恺撒一如既往地返回山南高卢。

莱茵河(公元前 55 年春季)

第十章

次年（公元前 55 年）年初，一些日耳曼部落在莱茵河口上游不远处渡河侵入高卢。三年前，这些饱受苏威皮人袭扰的日耳曼部落终于被赶出了家园。在之后的三年内，他们在日耳曼尼亚四处游荡，作为最后的求生手段，他们渡过莱茵河，屠杀蹂躏了门奈比人的土地。去年冬季（公元前 56 到前 55 年间），他们就在此地过冬，没人知晓他们下一步会指向何方。

前文已经提到苏威皮人，他们在两年前曾派出由阿里奥维司都斯指挥的部队，但被恺撒击败。他们是一个勇猛尚武的民族，食用肉、奶维生而非粮食；他们是优秀的猎人，以身高力壮著称；在最寒冷的天气里，他们也只穿仅能蔽体的兽皮，他们经常在露天河流中洗澡；他们的骑兵被训练出下马徒步作战的本领，而马匹会留在主人下马的原地待命，直到骑手回来再次骑上它们；他们没有给马套上马鞍的习惯，据推测，他们可能与努米底亚人一样没有马缰绳；他们鄙视奢华，禁止饮酒。据说，他们在自己领土的东面已经蹂躏了 900 千米的土地。在他们西面的民族之中，乌皮人已经沦为称臣纳贡的藩属。正是某些乌皮人的部落——乌西彼得斯人（Usipetes）和登克德里人（Tenchtheri）——现已强渡莱茵河，过河的人数高达 43 万人，并向内陆推进了一段距离。人们认为他们的推进是在某些高卢人的同意下取得的，事实上也确实如此，高卢人希望这场移民行动能够增强他们对抗罗马人的力量。过河地点可能在今天的克莱沃（Cleves）和克桑滕（Xanten）附近，那里正对着他们的地盘。从克桑滕沿着莱茵河左岸下行是一条长约 45 千米的高地链，莱茵河在它们的脚下流过。这些高地中间有两个豁口，分别位于克桑滕和克莱沃附近。日耳曼人入侵过程

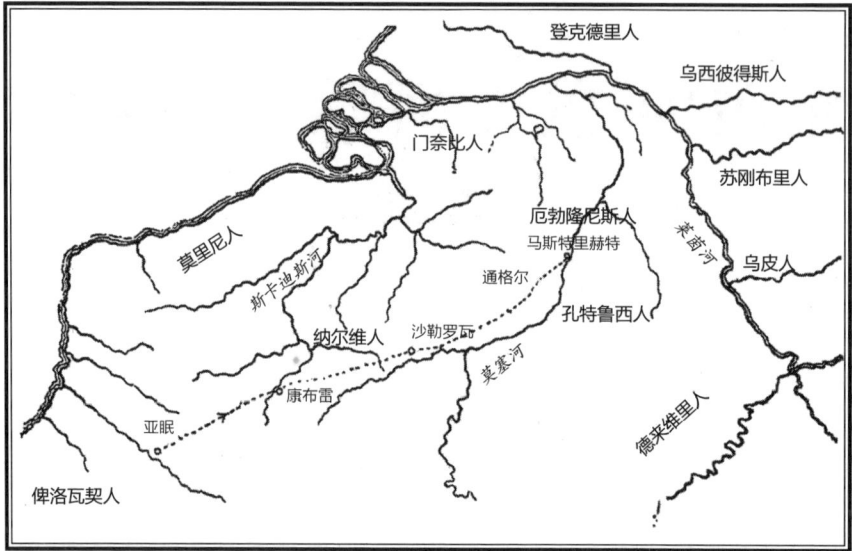

◎ 从诺曼底到莱茵河

中使用过的这些山口，在被罗马征服后得到了加固。乌西彼得斯人和登克德里人已经挺进到莫塞河（马斯河）附近。

公元前55年4月，恺撒比往年更早加入了他的诺曼底军团。他决心立即向这些日耳曼人开战，日耳曼人受到各高卢部落的邀请，已经深入到远及厄勃隆尼斯人（Eburones）和德来维里人的附庸孔特鲁西人（Condrusi）的地盘上。早春时节，他从位于塞广纳河与里杰尔河之间的冬令营中调来部队。他将萨马洛布里瓦（Samarobriva，今亚眠）附近的各部落集中到一起，明智地没有指责他们勾结日耳曼入侵者，而是运用他的说服力来促使他们提供粮秣和数量可观的辅助部队，尤其是一支5000人的精锐骑兵。大约在5月初，恺撒来到位于亚眠的军团冬令营，随后向康布雷（Cambrai）、沙勒罗瓦（Charleroi）、通格尔（Tongres）和马斯特里赫特（Maestricht）进军。5月末，他在马斯特里赫特渡过莫塞河，这是最自然的路线。危险迫在眉睫，在这些移民中有10多万名武士，他需要立即采取措施。

抵达莫塞河之前，恺撒遇到了日耳曼人派来的使节，只要恺撒同意日耳曼人保留已经征服的土地，他们就愿意和谈。恺撒断然拒绝，告诉日耳曼人，

126

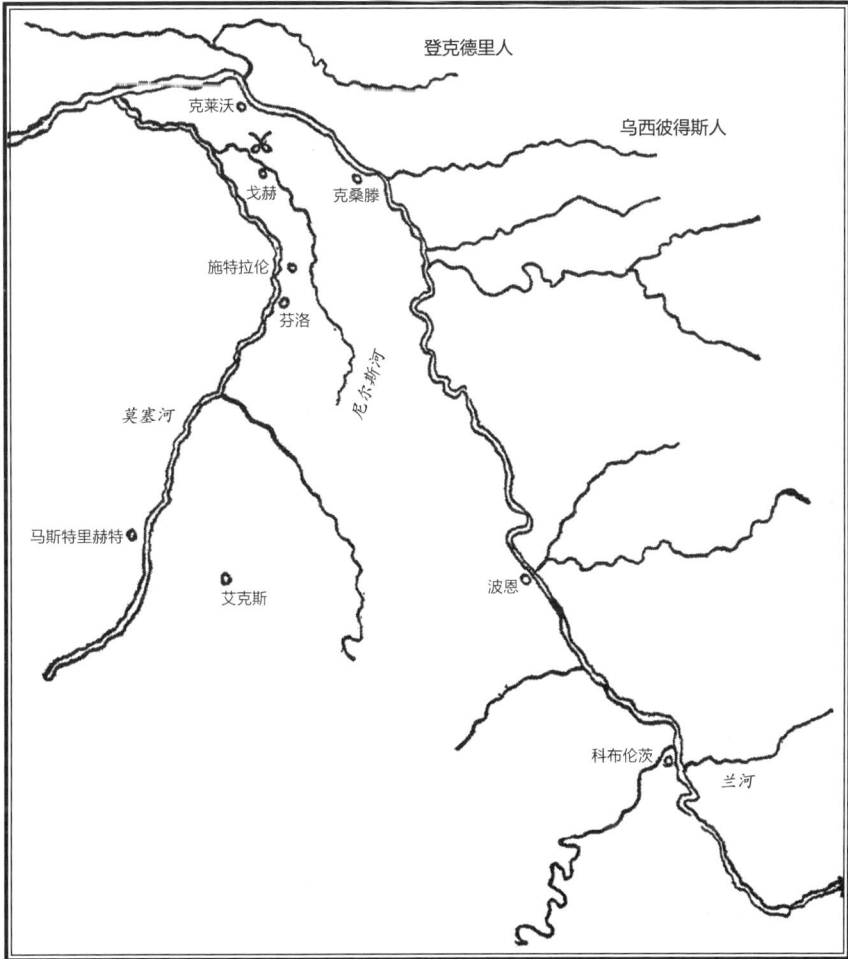

◎ 莱茵河和马斯河地区

他们必须渡过莱茵河返回老家。恺撒指出，居住在今天科隆（Cologne）附近的乌皮人会满足日耳曼人的领土要求，因为乌皮人曾经向他乞援来对抗苏威皮人，而且现已准备执行他的命令。日耳曼使节们假装同意这些条款，要求恺撒推迟进军，给他们一小段时间，直到他们回去向自己的元老院汇报后再给恺撒答复。恺撒不同意推迟进军，按照《高卢战记》的说法，恺撒认为这是日耳曼人的缓兵之计，此前日耳曼人的骑兵为了抢夺物资而渡过莫塞河，向河对岸的安比瓦里蒂人（Ambivariti）发动了一场远程奔袭，他们要为骑兵返回争取时间。恺撒渡过莫塞河继续向敌人挺进，在距离敌人不到 18 千米处，大约在今天的施特拉伦（Straelen）附近，他再次遇到了这些使节，使节们找了类似的借口，希望恺撒停下脚步，留给他们至少三天的考虑时间，如果到时候乌皮人发誓会接受他们，他们的部落就会渡过莱茵河而去。

此时是 6 月初，恺撒已经离开莫塞河附近地区，或许已经越过了今天的芬洛（Venloo）。乌西彼得斯人和登克德里人正在尼尔斯河（Niers River）河畔戈赫（Goch）附近的平原上。恺撒同意只前进 6 千米，前往能为罗马军队汲水的最近地点。如果到目前为止，我们的地形学估测是正确的，那么此地就是尼尔斯河。恺撒刚刚派骑兵挺进到那附近，日耳曼人用大约 800 名骑兵袭击了罗马骑兵，打得罗马骑兵溃不成军，74 人阵亡。他们的战术很奇特：

> 他们一看到我军为数五千人左右的骑兵时，立刻发动了进攻。我军因为他们派来求和的使者刚离开恺撒，那天又正是他们要求休战的一天，因此丝毫没有预计到这种情况，很快就陷入混乱。等到我军重新转过身来进行抵抗时，敌人依照他们的习惯，跳下马来，刺我军的马，使军团的许多士兵摔下马来，其余的也都被弄得四散奔逃，直到看见我军团的行列方才止步。

这看起来是个严重事件。这场袭击似乎是由一些误会引起的。吊诡的是，5000 名罗马同盟骑兵居然被数量这么少的敌军赶了回去。这场袭击一定是战前声势浩大，打起来却草草了事。日耳曼骑兵一向能征善战。对于这场失利，恺撒感到愤懑，决心报复。他认为这是背信弃义之举，正如他解释的那样，这场袭击发生在使节们进行谈判的同时，双方处于休战状态，日耳曼人"一面玩弄阴谋、假作求和，一面却又发动攻击"。他立即做了他曾严厉谴责的事情，对解释和道歉置若罔闻。

次日，日耳曼人又派来一个庞大使团为昨天发生的不幸事件道歉，但是恺撒却认为此举是为了给还未全部回营的日耳曼人骑兵争取时间而进行的停战。恺撒拘捕了日耳曼使节们，并将他的军队排成三条战线，这可能是以大队为单位的三路纵队，昨天被敌军击败的骑兵放在了后面，罗马军队以两倍于平时的速度挺进，迅速走完双方之间的 12 千米路程，在不可思议的短时间内抵达敌人的营地，完全出敌意料地达成了突袭效果，继而带着满腔怒火杀向故人。敌人惊慌失措，在极少数没有陷入恐慌的敌人进行了短暂抵抗之后，日耳曼人丢盔弃甲，四散奔逃。骑兵被派出去追杀敌人，将逃窜的敌人赶进由莫塞河与莱茵河构成的死胡同。在这里没有死于刀剑之下的人，只能跳入河中逃生，其中大多数人葬身鱼腹，渡河逃生的寥寥无几。所有人，包括妇女和儿童，都被无差别屠杀了，多达 43 万人命丧黄泉。除了没赶回来的骑兵，整个民族都被斩尽杀绝，罗马方面只有几人受伤。

《高卢战记》关于此役的叙述扑朔迷离。佛罗鲁斯把击败乌西彼得斯人和登克德里人的战场定位于莱茵河与摩泽尔河（Moselle）的交汇处，这更让人困惑。而狄奥·卡西乌斯则说恺撒是在德来维里人中间与他们遭遇的。后一种说法得到了多数人的支持，然而这些人的证据与《高卢战记》不符。位于摩泽尔河—莱茵河夹角中的地区支离破碎，没有古代道路的痕迹，几乎无法维持这些部落的滋养。如果恺撒按照这种理论向那里的敌人进军，他就必须穿过阿登森林，而他没有像他很可能会做的那样提及此事。看起来更可能的情况是这样的，听说恺撒迫近时，乌西彼得斯人和登克德里人撤回了他们在搜集粮秣的人马，撤往设在门奈比人中间的基地。在摩泽尔河附近渡过莱茵河会将他们引向敌人乌皮人附近，所以他们走这条路的假设是不可能的。

在高卢舞台上上演的这可怕的一幕，一直饱受文人墨客的最严厉的谴责。亚历山大的全部大规模报复行为，汉尼拔的不共戴天的敌人指控他在布匿战争中的十五年间在意大利的残暴行径加在一起，也比不上恺撒在这里肆意展露的对人类生命的毁灭。亚历山大的大屠杀是出于他和军队在远离后方基地的安全需要，恺撒的这场屠杀则不一样，似乎完全没有必要。如果蛮族违反了万民法①，那么恺撒也做了同样的事情。在罗马，他的政敌们愤怒异常，以至于加

---

①译注：至少从西塞罗以后，万民法被理解为所有与罗马有交往关系的国家一致同意的正义原则，而与以自然正义为依据的自然法（jus naturale）相区别。

图公然提议，应该把恺撒的头颅砍下来，送给幸存的乌西彼得斯人和登克德里人，作为他们的使节还在恺撒的军营中谈判时恺撒就发动进攻的补偿。也许没有比此役更加不可原谅的罪行了，即使《高卢战记》的生花妙笔也无法为之开脱。如果不是在所有古代的伟大军人之中，最不应该受到指责的汉尼拔却背负着残暴的指控出现我们面前，那么恺撒不必要的残暴行为就不会像这样被人揪住不放。指控是不公正的，这一点已经得到充分证实。也许这些统帅不会因为不人道而受到应有的惩罚，这个问题源于时代而非源于他们的品质。但是，如果将残暴特质归于他们中的某个人身上的话，那么可以肯定的是，在古代三大统帅中，恺撒是最应该遭受谴责的，而汉尼拔是最不应该的。

如拿破仑三世所说的那样，完成了这场"辉煌胜利"之后，恺撒下定决心，

◎ 莱茵河

130

作为一种向日耳曼人强行示威的手段，率领大军跨越了莱茵河。那些依然不相信恺撒实力的部落会觉得，即使在他们自己的领土上也无法逃脱恺撒的攻击。恺撒认为，向日耳曼人表明任何自然或民族障碍都不能阻挡罗马人的武力是明智之举，而且让他们明白无论相距多么遥远，只要他们再肆意入侵高卢，他们就会被罗马人找到并遭受惩罚。

眼下形势大好。乌西彼得斯人和登克德里人被歼灭的时候，那些在外劫掠的骑兵已经撤到莱茵河彼岸与苏刚布里人（Sugambri）合流，后者是今天鲁尔河（Ruhr）、锡格河（Sieg）分别与莱茵河汇流处地区最强大的部落之一。恺撒派人到苏刚布里人中要求他们投降，因为他们是背叛、进犯罗马人的部落之一，这一要求遭到了拒绝。与此同时，乌皮人再次派人乞求恺撒帮他们对抗正在严酷压迫他们的苏威皮人。乌皮人将他们的全部船只和交通工具都交给罗马人用于渡河，但恺撒认为用船渡河不够安全，他说依赖他人帮忙不符合罗马共和国的尊严。

入侵日耳曼疆土完全是出于野心，这片土地在恺撒的行省之外。如果不对罗马元老院的法规进行前所未有的结构性解读，他确实没有跨出高卢边界的权力。根据当时众所周知的万民法，他无权进犯一个对罗马没有采取公开或秘密敌对行为的部落，更不要说征服他们了。对此他也不想否认。对于恺撒的权利和动机说这么多，只是为了驳斥老生常谈——除了保卫罗马的爱国主义动机之外，恺撒别无所图。

恺撒拒绝使用船只渡河和建造一座桥梁的计划很可能就是为了安全返回高卢，以防发生任何不测，这是个明智之举，但是入侵行动本身是否明智还是需要商榷。在高卢，如果恺撒要征服整个国度，他必须要维持攻势。但几乎确切无疑的是，对于高卢边界之外的地方，最佳的军事策略应该是最严格的防御，尤其在像莱茵河这样明确的天然屏障上。对于渡过莱茵河入侵高卢的蛮族，他已经树立了一个杀一儆百的典型，这就足够了。

关于桥梁的位置一直颇有争议，都不能被完全证实。许多人赞成它位于今天科布伦茨（Coblentz）的下游，莱茵河与摩泽尔河交汇处。那些将屠戮乌西彼得斯人和登克德里人的地点设定在这里的人，自然青睐此地作为渡河地点。有些人将建桥地点放在莱茵河下游远处的科隆。

◎ 莱茵河桥梁（横截面）

选择波恩（Bonn）作为渡河地点是有理由的。《高卢战记》出具的恺撒从德来维里人的地盘来到了乌皮人的疆域的说法，与许多可能的地点相符。但是，他距离苏刚布里人绝不会太远，摩泽尔河与莱茵河的交汇处在苏刚布里人的地盘上游远处。仅仅一年之后，恺撒从莱茵河畔出发，穿过阿登森林，自东向西，在塞尼人（Segni）和孔特鲁西人的地盘附近，走过一座"稍微上游"的桥梁，向阿杜亚都卡（Aduatuca）①进发。从科隆出发的话，他会推进到这些民族的北侧；从科布伦茨出发会到南侧。波恩附近的莱茵河河床非常适合打桩；波恩以南的河床多岩石，而且多山的河岸使这个地方不太适合建桥。50年后，正如弗洛拉斯（Floras）告诉我们的，德鲁苏斯（Drusus）②从这里渡河攻打苏刚布里人，而且德鲁苏斯可能会从恺撒的经历中获益良多。这种可能性强烈支持了在波恩建桥的说法。

在莱茵河上的这个地点快速搭建一座桥梁，而且没有事先准备或架桥工

①译注：今天的通格尔。

②译注：尼禄·克劳狄·德鲁苏斯·日耳曼尼库斯（Nero Claudius Drusus Germanicus，公元前38—前9年），又称大德鲁苏斯，古罗马将军，罗马帝国第二任皇帝提比略之弟，其母李维娅·德鲁茜拉改嫁屋大维（奥古斯都）后出生，初由生父抚养，公元前33年成为罗马帝国首任皇帝屋大维继子。公元前14年，德鲁苏斯前往日耳曼前线。公元前12年，他渡过莱茵河，对日耳曼各部落发动进攻。

程队，这在今天也是不可小觑的工程壮举。这条河的宽度超过 400 米。从采伐木材开始，恺撒在 10 天内完成了架桥任务，当时是 6 月中旬。这座桥用钉入河床的木桩支撑，用横梁和绳索牢牢固定。恺撒自己的描述很清楚：

他决定按照下列方式建造桥梁：把许多各 1.5 罗尺（0.45 米）粗的木柱每两根连在一起，中间相距 2 罗尺（0.6 米），下端的根部稍稍削尖，削尖的长度与河床的深度相当，利用机械的力量把它们送

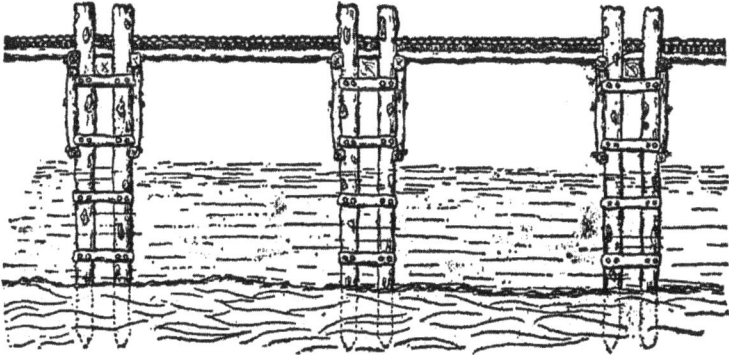

◎ 莱茵河桥梁（正视图）

◎ 莱茵河桥梁（俯视图）

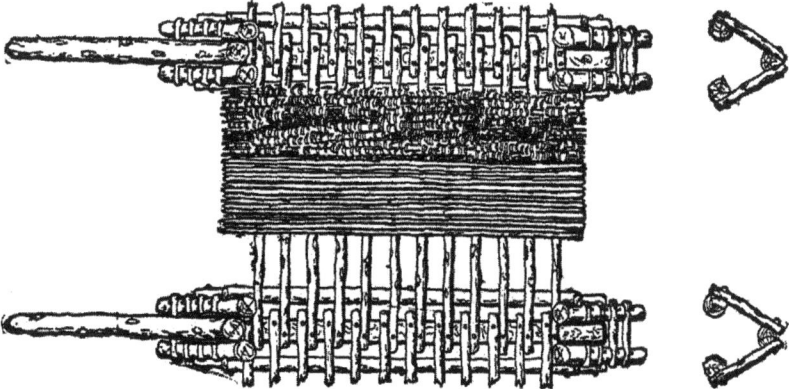

到河中立住后，再用打桩锤把它们打入河底，却不像木桩那样垂直地立着，而是倾斜着俯向河水顺流的一方。面对着这一对对柱脚，又在下游方向距离它们约40罗尺（12米）的地方，另外树立起同样的成对柱脚，也同样紧紧地连在一起，只是倾斜的方向是逆着水力与激流的。每一对这种柱脚连起时空出来的2罗尺（0.6米）空当中都插入一根长梁，在它们的外档，还有2根斜撑，一里一外地从顶端把它们撑开。由于它们撑开着，而且又相反地夹紧，因此这些工程异常牢固，水流和冲击的力量愈大，柱脚相夹得就愈紧。这些长梁上面又都直交地铺上木材，连在一起，再加上长木条和编钉好的木栅。除此之外，桥梁面向下游的水中还斜插着木桩，像一堵护墙似的紧凑地配合着整个工程，以抵抗水流的冲力。在桥梁上流不远处，也有同样的工程，如果蛮族把树干或船只投入上游水中，企图让它冲下来撞毁这些工程时，这些防栅可以减轻冲力，避免桥梁损坏。

俯视图完备地描述了桥梁结构。

工程的浩大主要由使用的材料和劳动力的数量来衡量的。由于恺撒拥有他能动用的所有人力，加上建桥材料近在咫尺，而桥梁的形式是罗马人所熟悉的，所以它的建造主要以其巨大的规模和惊人的竣工速度而著称的。我们已经说了恺撒拥有非常杰出的工程师，他也没有遇到阻挡他渡河的力量。

完成建桥工作并在桥两端的桥头堡中派驻了强大的守军之后，恺撒率领他的军队渡过莱茵河，并向锡格河和阿格河（Agger）挺进。有几个民族立即表

◎ 高卢骑兵（来自一具石棺）

134

示臣服；苏刚布里人带上全部财物离开了他们的领地，"躲藏到荒野和密林中去"。恺撒踩躏了他们的原野，继而进入乌皮人的地盘。这个事实也表明波恩附近是渡河地点。如果他在科布伦茨渡河，那么他一到莱茵河右岸就已经进了乌皮人的境内。

在乌皮人中间，恺撒获悉苏威皮人也已将他们的所有财产、妻儿送走了，他们把所有战士集中在领地中心的一个地点，在罗马军队东面几天行程的地方等候罗马人的到来。正如《高卢战记》的记载，恺撒已经完成了他所希望完成的一切工作，在莱茵河右岸待了18天后，他返回高卢并拆掉了那座桥梁。

其实他没做成任何事情。他没能得到他向苏刚布里人要求引渡的日耳曼骑兵；他仅仅承诺帮助乌皮人，也没有进攻苏威皮人。问题在于，如果恺撒根本没有渡过莱茵河的话，那么除了那座令日耳曼人惊诧不已的桥梁，他在日耳曼人心目中的威望会不会更高一些？从军事角度说，留在高卢或许才是更加明智之举。通过两次将日耳曼人赶回莱茵河彼岸，令他们遭到残酷惩罚，这片土地已经得到了充分的保护；他入侵日耳曼人的领土没有取得任何结果。事实上，可以说他在莱茵河东岸一无所获，这肯定降低了他在日耳曼人心目中的地位。但正是通过这番表演，他在罗马的名声和尊威都得到了大幅提升，他的信函和《高卢战记》都为之增光添彩。为了抵消他的敌人试图以他屠杀乌西彼得斯人和登克德里人为借口来整垮他而发动的雪崩般的责难，他在罗马的朋友们开始忙碌了。从某种意义上说，莱茵河之行是一大辉煌成就，也是一个值得我们进一步探讨的重大课题。

不列颠
（公元前55年秋季）

第十一章

此时已是夏末，尽管作战季节行将结束，恺撒还是决定向不列颠进军，正如他所言：

> 因为他发现差不多在所有的高卢战争中间，都有从那边来给我们的敌人的支援。他认为，即使这一年留下来的时间已经不够从事征战，但只要能够登上那个岛，观察一下那边的居民，了解一下他们的地区、口岸和登陆地点，对他也有莫大的用处，而这些却是高卢人几乎全不知道的。①

这种解释看起来像是事后诸葛亮。不列颠人（Britons）向高卢人提供援助的说法并不能站住脚，而且此说几乎完全建立在这一说辞和另一种说辞的基础上，即在狄维契阿古斯的统治下，苏威西翁内斯人已经将其统治范围扩大到了不列颠。

除了勃勃野心之外，恺撒可能还具有很多旅行者的本能，他渴望了解这个岛屿及其人民、港口、资源和交通。普鲁塔克和狄奥·卡西乌斯一致认为，对罗马而言，远征不列颠毫无用处。苏维托尼乌斯说恺撒在寻找珍珠，这是一个相当站不住脚的动机。当恺撒打算入侵一个国家的时候，无论入侵理由是好是坏，只要

---

①译注：《高卢战记》是恺撒作为高卢总督写给元老院的述职报告，是他以旁观者的角度写的。提到恺撒的地方，都说"他"如何如何，从不说"我"如何如何。

能合理加以利用，找到一个开战借口就足够了，入侵不列颠就是如此。7月，他返回海岸，将所能找到的商人都召集来盘问，查明他们只对正对着高卢的那一段不列颠海岸有所了解，因为他们从未深入不列颠内陆，只在一两个地方做过生意。

　　恺撒对不列颠的描述模糊不清，但是考虑到获取信息的难度，这已经算写得不错了。他认为不列颠的气候比高卢更加温和，知道同样的土壤会出产同样的作物，但成熟得更慢。不列颠人口众多，东、南海岸的居民都是比尔吉人，他们横渡英吉利海峡掠夺财物，最终定居在不列颠。就这样，肯几姆（Cantium）①有了居民。每个部落都有自己的国王。恺撒提到，生活在今天的埃塞克斯（Essex）和米德尔塞克斯（Middlesex）的德里诺旁得斯人（Trinobantes）的原始城镇（oppidum）无疑就是伦敦（London）；钦尼马依人（Cenimagni）居住在萨福克（Suffolk）；塞恭几亚契人（Segontiaci）居住在汉普郡（Hampshire）和波克郡（Berkshire）；别布洛契人（Bibroci）居住在萨塞克斯（Sussex）和萨里（Surrey）；安卡利得斯人（Ancalites）和卡西人（Cassii）生活在更遥远的北方。总体而言，不列颠人的文明程度低于高卢人。他们的住所是木屋和粗糙的茅草棚。他们将粮食埋在地窖里面。他们的城镇只是森林中的居民点，用壕沟和工事保护起来。他们的身材与高卢人一样，但是不列颠人更高大勇猛，长着金色长发而非红发。他们身着兽皮，靠肉和奶维生，几乎不吃蔬菜。他们用靛蓝将身体涂抹成蓝色。一夫一妻制很普遍。他们在远古就把锡卖给腓尼基人（Phoenicians），靠进口获得青铜。他们没有船只。他们信仰德鲁伊教（Druidical）。他们用长剑和小盾牌作战，通常进行小规模散兵战，而非像高卢人那样进行大规模战斗。他们的战车数量众多且颇为有效。

　　鉴于对不列颠所知甚少，恺撒派遣盖乌斯·沃卢森纳斯（Caius Volusenus）乘坐一艘战舰对海岸进行了一次快速侦察，以确定哪个港口能驻泊一支庞大舰队，获取关于那些民族及其战争体系和风俗习惯的情报。他命令舰队在莫里尼人的一个港口完成集结，继而前往依久乌斯港（Portus Itius），此地不大可能是后世的布洛涅（Boulogne），尽管这里还不能算作居民点。恺撒则从莱茵河出发，通过井井有条的行军来休整他的人马，同时他下令各地送来大量船只，

---

①译注：今英国肯特（Kent）。

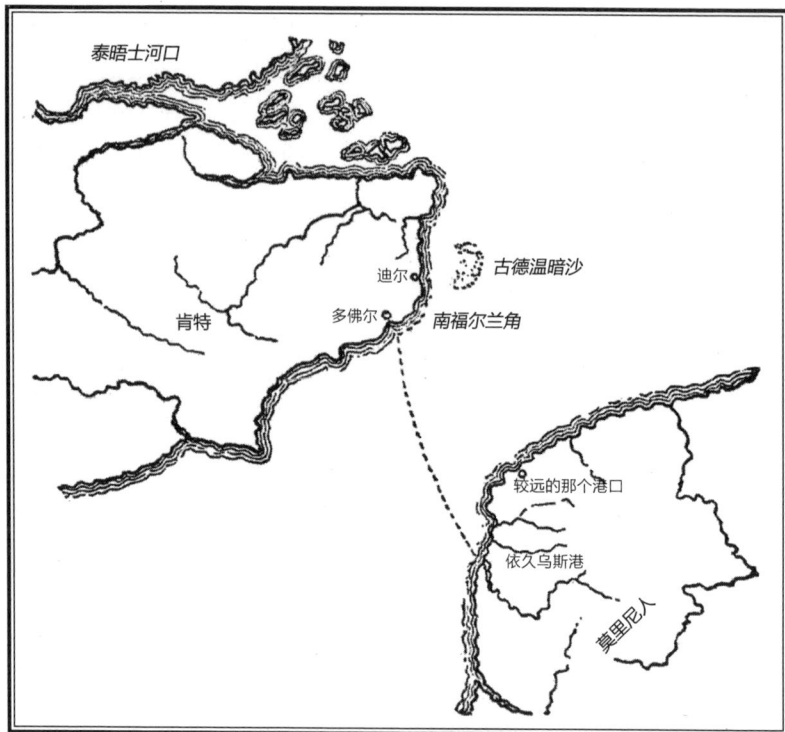

◎ 高卢到不列颠

包括那些他曾用来攻打文内几人的船只。在这些工作正在推进的时候，有几个来自不列颠的部落就遣使称臣了，他们无疑是通过商人听说了恺撒的胜利，以及准备入侵他们的土地的消息。这些使节得到了恺撒的殷勤接待，恺撒还派高卢酋长康缪斯（Commius）与他们一同返回不列颠报聘。恺撒让康缪斯当上了阿德来巴得斯人的国王，并对他寄予厚望。恺撒说，康缪斯在不列颠上层人士中颇有威信。康缪斯的任务是尽可能造访不列颠部落，让他们熟知恺撒的丰功伟绩，告诉他们罗马人是什么样的人，使他们相信这些新来者不是敌人而是朋友，还说恺撒本人很快就会前往不列颠。

五天后，沃卢森纳斯就回来汇报工作了。他甚至没有登陆，只是观察了一些情况，而能汇报的情况又不多。这次侦察历时甚短，又明显缺乏动力，他只能在海岸走马观花。

138

幸好此时莫里尼人前来称臣，献出了许多人质，他们以需要了解罗马人为由，请恺撒原谅他们从前的抵抗行为。渡海远征是在恺撒预计没有进一步的战役的情况下发动的，现在没有敌人可以袭扰他的后方。8月，他拥有80艘渡船，足够2个军团——他将亲率的第7、10军团渡海，运输船队由适量的战舰护送。这2个军团大概分别由盖尔巴和拉频弩斯指挥，总兵力肯定不会超过1万人。骑兵由450名精兵组成，在距离这片海岸的12千米处的另一个港口登上了18艘渡船，恺撒称这个港口为"较远的那个港口"（Portus Ulterior）①。在这里，除了有所延误之外，骑兵们还遇到了逆风。财务官、副将和主管官员们分散下去指挥部队，这样每支部队都有一名指挥官。恺撒将留守部队交给提多留斯·萨宾努斯和奥龙古来犹斯·科塔去对付那些还没有明确表示臣服的门奈比人和莫里尼人中的海岸部落，这样他才有信心在渡海远征期间没有后顾之忧。苏尔皮基乌斯·鲁孚（Sulpicius Rufus）受命率领部队驻守这个出发港。

　　公元前55年8月末，恺撒在第一阵顺风下扬帆起航，几个小时之后（1至10时），抵达了正对着多佛尔（Dover）的白垩悬崖②的不列颠海岸。在恺撒的时代，大海距离悬崖很近，从崖顶投掷出的标枪足以落入涨潮的海滩。约公元950年，这个古老的港口完全被淤泥堰塞。由于这看起来不是个适于登陆的好地方，恺撒在提醒他的军官们按照命令迅速行动之后，大约于下午3时，他航行到这片海岸上方约10.5千米的地方，按照狄奥·卡西乌斯的说法则是21千米，这里是个高耸入云的海岬，无疑就是南福尔兰角（South Foreland），舰队在迪尔（Deal）抛锚停泊。

　　大量不列颠人已经集结完毕，正对着恺撒的登陆海岸，不列颠人猜到了恺撒的意图，以骑兵和战车为前锋，追踪恺撒的动向。不列颠人抵抗罗马人登陆的意志非常强烈。罗马军团试图登陆时，不列颠人深入到海水之中，向罗马军团投掷标枪。鉴于这些船吃水太深无法靠岸，罗马人也背负着沉重的武器和

---

　　①译注：今天法国的昂布勒特斯（Ambleteuse）。

　　②译注：也叫多佛尔白色悬崖（The White Cliffs of Dover）。多佛尔悬崖距伦敦市129千米，其东边即是英国和法国之间多佛尔海峡，与对面的法国相距仅34千米，多佛尔的地理位置在英国的军事上有着重要的意义。

扎营设备，他们发现自己很难从船里出来。为了摆脱这个困境，恺撒派遣一些战舰前往附近的一个海岸，他们可以在那里从侧翼用投石、箭矢和攻城器械打击不列颠人。这次分兵令敌人大吃一惊，迫使他们向内陆稍稍退却。看到士兵们的登陆进展依然缓慢，第10军团的旗手手执军团鹰帜（legionary eagle）跳进波涛，号召战士们跟着他前进——如果不想看到神圣的军团标帜在他们的眼皮底下落入敌手的话。第10军团的士兵们立刻涌上海岸，这个榜样行为鼓舞了罗马全军，大家迅速跳入海中，赶走了敌人。

> 双方战斗得都很激烈。但我军士兵因为不能保持阵列，站又站不稳，也无法紧跟着自己所属的连队，随便哪只船上跳下来的人，都只能凑巧碰上哪一个连队的标帜，便跟了上去，因此十分混乱。但敌人是熟知所有暗滩的，他们在岸上一看到成群兵士从战舰上一个一个跳下来时，就驱马迎上去，乘我军还没摆脱困难时加以攻击，有的以多围少，有的又用矢矛攻击已集中了的我军暴露着的侧翼[1]。恺撒注意到这点，就命令战舰上的舢板，同样还有那些巡逻艇，都装满士兵，看到哪部分遇到困难，就派去支援他们。我军一到完全站定在干燥的地面上，所有同伙也都在身后跟上来时，就开始攻击敌人，并击溃了他们，但却不能追得很远，因为骑兵没有能掌握航向，未能及时赶到该岛。就缺了这一点，恺撒才没获得惯常得到的全胜。

像这样的小事件能够让人们比较古代和现代士兵。今天的军队在枪林弹雨之下以轻松惬意的方式登陆，每个人似乎都按自己的谨慎或勇气，而非按照军官的命令行事，是一种荒谬的体验。古代的军纪严明，但即使是恺撒的军队，军纪的严明程度似乎也达不到今天的高度，也就是说，他们的所谓军纪与我们今天的军纪大相径庭。

就这样被击败的不列颠部落遣使求和，随同不列颠使节前来的还有康缪

---

①译注：即右翼，前文已有注释。

斯，恺撒之前派康缪斯与派到高卢的不列颠使者前往不列颠。康缪斯一到不列颠就被抓了起来，身陷囹圄，这一事实似乎否定了《高卢战记》所宣称的康缪斯在不列颠拥有的影响力。现在，不列颠人把康缪斯放了回来，让他向恺撒捎话，将全部过失都推卸到情绪失控的群众身上。这些海岸部落的彻底臣服，迫使恺撒原谅了这种违反万民法的行径。他觉得自己的实力还没强大到不需要采取任何举措的程度。他带走了一些人质，还索要更多。不列颠人接受了这些要求，但没有立即交付人质。因此，在军团登陆的四天后，恺撒就与居住在他登陆的肯特地区的民族达成了和平协议。

那些从另一个港口乘坐 18 艘渡船起航的骑兵抵达了岸边，但是在海岸附近遇到严重的暴风雨。尽管拼尽全力，他们也未能登陆，只得返回高卢。与此同时，一股非常高的潮水摧毁和破坏了许多之前军团用来渡过海峡的船只。此时正值公元前 55 年 8 月底满月和涨潮的时候，罗马人没有将他们的船只拖到岸上足够远的地方①。战舰已经拖上了岸，但运输船还系泊在海面上。汹涌而至的海水灌满了战舰，令运输船互相碰撞。那些没有被撞碎的运输船失去了锚、缆绳和船帆。由于无法弥补这一损失，加上罗马人没有足够过冬的粮食，不仅士兵们惶恐不安，还让不列颠人开始重新考虑是否要臣服于恺撒。因此，他们没有送去承诺的人质，反而聚在一起开会，并一致同意进攻恺撒的营盘。他们相信如果自己能够歼灭这支军队，那么其他罗马人就不敢渡海入侵不列颠了。恺撒的营盘不大，军团没带多少行李辎重过来。恺撒只带了三个仆人，这不能让我们了解他携带的辎重的总体状况。蛮族看到他没有骑兵，又失去了许多船只，觉得这是将他赶下海的良机。

尽管不清楚对方的图谋，但是恺撒已经心生疑窦，对每一种可能的意外都做了相应准备，而且在他的亲自督促下，军营中的纪律得到了严格执行。和平还没有破裂，蛮族在罗马营地附近逛巡徘徊。由于远征军中有大批修船工人，船只都得到了及时修理，他们拆下破损船只的陈年木材和青铜去修补其他船只，

---

①译注：按照古代希腊和罗马人的习惯，船员弃舟登陆之后，如果短时间内不再起航，往往会把船只拖到岸上，而不像现在那样系泊在岸边。

因船只沉没而失去的材料则从大陆运过来。经过奋力维修，仅有12艘船不适合日后的使用。

不久之后，第7军团像往常一样出营到唯一一块麦子尚未收割的地方附近去筹粮，当士兵们分散开来往口袋里装粮食的时候遭到了敌人的伏击。这个军团被一群骑兵和战车包围，由于驰骋的战车令罗马人感到不适应，不列颠人发出的奇怪叫嚣也使士兵们士气低落，全军濒临崩溃。他们挤作一团，蛮族从四面八方向他们投射武器。即使高卢人也从未让他们这么惊惶失措过。

> 他们使用战车作战的方式大致如下：首先，他们驾着它到处驰突，发射武器，通常情况下战车马群引起的恐慌和车轮的声音，就足以使敌人的阵伍陷入混乱。当他们突入骑兵的行列之后，便跳下战车来进行步战。同时驾车的人驱车退到离战斗不远的地方，把它们安放在那边，以便车上跳下来的战士们因敌人人数众多，陷入困境时，可以随时退回到自己人这里来。这样，他们在战斗中便表现得跟骑兵一样地灵活，步兵一样地坚定。再由于日常的应用和演习，他们的技术变得十分纯熟，即使从极陡的斜坡上冲下来，也可以把全速奔驰的马突然控制住，使它在一瞬间停止或打转。他们又能在车杠上奔跑，或直立在车轭上，甚至在车子飞奔时，也能从那边一跃上车。

从营寨中就能看到扬起的巨大烟尘，恺撒预感发生了不测，赶紧率领当值的第10军团的几个大队去援助陷入埋伏的军团。他猛烈进攻不列颠人，迫使敌人退却，救出了第7军团，他认为立即退守营盘是明智之举。第7军团伤亡惨重。随后几天淫雨霏霏，恺撒没有采取进一步行动，而是加紧准备工作，他的进一步进攻行动即将就绪；不列颠人则从所有邻近部落中纠集人马，告诉他们现在是重启反抗事业的良机。除了康缪斯带来的30名骑兵之外，恺撒别无骑兵，但是他决心一旦他的部队准备就绪，无论如何也要立即与敌人交锋。他认为，即使只有30名骑兵，依然能做一些事情。几天后，不列颠人在营前耀武扬威。为了接受会战，恺撒在敌人面前展开了军团。尽管不列颠人的进攻打得不错，依然未能顶住训练有素的军团多长时间，被罗马人打得溃不成军，继而惨遭追杀，损失了许多兵丁。罗马人蹂躏了附近地区，随后收兵回营。

现在，不列颠人再次求和，恺撒认为在对方交出多一倍的人质之后，接受和平是明智之举。而且，他担心无法强迫对方现在就交割人质，便命令不列颠人在指定时间将人质送达大陆。此时秋分将至，恺撒可不希望在秋分后才渡海回大陆，他登上船只，安然抵达高卢海岸。他在不列颠逗留的时间不到三周。

然而，两艘船被海浪推送到更远的海岸。300名士兵在安全登陆之后，准备开拔与主力会师，这时他们遭到若干属于莫里尼人的武士的包围和攻击，很快这帮武士就得到了6000人的增援。军团士兵们英勇自卫，组成一个圆阵抵抗了将近四个小时，直到恺撒派出搜索他们的骑兵在最后一刻赶到战场救出了他们。莫里尼人被罗马骑兵包围，惨遭屠戮。

针对莫里尼人的这一举动，恺撒迅速给予了回击。拉频弩斯率领刚从不列颠返回的第7、10军团杀向他们的地盘。由于沼泽在这个季节几近干涸，他们能够进抵并俘获所有参与这次袭击的部落。他们无疑立即遭到了清算。

由萨宾努斯和科塔率领，派去攻打门奈比人的几个军团，无法在对手藏身的森林中间找到他们。因此，收割完所有庄稼，焚烧了他们的房屋之后，军团收兵回营。

通过所有称臣的部落中只有两个部落按要求送来人质一事，清楚地体现了恺撒入侵不列颠产生的影响有限，所谓和平与安全完全是一出滑稽戏。

现在，恺撒在比尔吉人中间建造了冬令营，他本人则返回罗马，受命举办了历时20天的庆祝仪式。这个谕令受到以加图为首的政敌们的强烈反对，他们贬低和嘲笑他的表现，就和他的朋友们颂扬和夸大他的表现一样如出一辙。

不能说这一年的战绩是辉煌的。渡过莱茵河和英吉利海峡都无果而终。在前一场战役中已经指明了这一点。入侵不列颠的战役受到同样的批评。恺撒的渡海准备工作明显不够充分。他的船只太少，没有骑兵伴随，何况与拥有众多战车和骑兵的部落作战，骑兵是不可或缺的兵种。可以说，这场远征是以愉快加幸运的方式进行的。

仅仅就通过征服高卢来保护罗马而言，入侵不列颠并非恺撒的军事规划的部分。但是，恺撒关注罗马的利益与自己的利益不相上下。对他来说，自己的胜利就是罗马的胜利。每一块被征服的土地都提振了他的声望，并可能增加他的财富，名誉和财富进一步推动了他的政治抱负。这种雄心壮志是恰如其分的，正是它激励了某些最伟大的人物和军人。这是拿破仑式的雄心，而非古斯塔夫式的。它促成了没有精心策划的过快行动，至于行动的成果，毋宁说是没有失败，基本上源于好运气而已。一位伟大统帅的最基本要素是：对他的计划有着清晰的概念，对执行他要从事的工作的严谨准备，还有执行计划时辅以小心谨慎的魄力。他不应该在没有充分考虑到每一步可能意味着什么的情况下采取行动。在这一年的日耳曼或不列颠战役中，这些要素难得一见。恺撒前往不列颠的权利基于一个未经证实，或许不太可能的判断，即不列颠人曾在他对高卢人的战争中帮助过高卢人。他没有要证实这个判断的样子。沃卢森纳斯独自沿着海岸航行，充其量只为他带回一点信息，不足以让他的两个军团冒险。他的远征准备和实施都有所欠缺，因为他没有留下一支部队，如果他被赶回去，这支部队的明确职责是接应他返回大陆；他没有携带粮食和辎重；他把骑兵抛在身后，随意行动；他没有备用船只；他对不列颠海岸上的潮汐起落一无所知，或许他根本没考虑过潮汐；

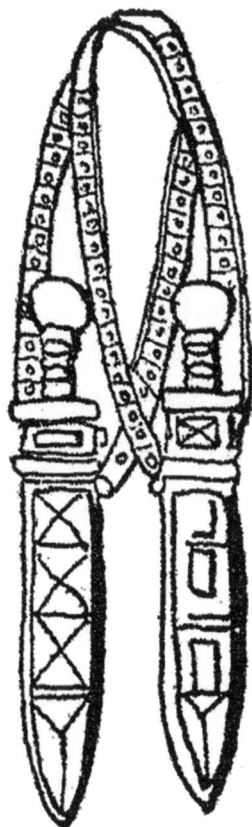

◎ 高卢短剑

他伤害了敌人，却没有为自己获取好处；他对不列颠人表现出了不必要的残暴，就像对待高卢人和日耳曼人一样。一些批评家甚至说这一年的两场战役在构想和执行方面都是拙劣和不充分的，既没有用处，也谈不上光荣。如果亚历山大以这种方式筹划他的行动，那么他永远不会越过波斯帝国的边界；如果汉尼拔在意大利漫不经心地谋划他的事业，那么他就无法在任何一次战役中表现出色。事实上，可以说此役是恺撒生平所有战役中最不尽如人意的。

如果从武力侦察的角度来看，能在一片未知的土地上搞清楚未来更强大的远征军将遭遇什么，或许这两场战役不会招致这种批评。没有理由能证明这种说法是站得住脚的，但是，这值得身死即军灭的总司令亲自涉险领导这样的侦察行动吗？

卡西维隆驽斯
（公元前 54 年春季和夏季）

　　恺撒还没有满足自己对于不列颠的好奇心。去年战役结束之后，他前往意大利参与政治事务，命令部将们在冬季尽可能多地建造新船、修理旧船，以便第二次渡过英吉利海峡。他亲自设计了新船只，让它们更宽一些，更好容纳骑兵和其他负载；两舷更加低矮，更易于装货、卸货。它们也更易于被拖上海滩。拿破仑出于类似的目的在 1804 年大体仿制了恺撒笔下描述的这些船只，这表明在接下来的多个世纪中，海峡的情况基本上是差不多的。它们适合用划桨或风帆驱动。这些设备是从西班牙运来的。毋庸置疑，恺撒意识到了他第一次入侵不列颠的失败和错误，没人比他更乐于从自己或对手的错误中汲取教训。这的确是恺撒的一个强项，尽管在《高卢战记》中他不愿意这般承认。他下定决心，要用更脚踏实地的态度将这项工作再做一次，这样不仅会扩展罗马的统治，还会提升他自己的威望，他要用这种方式让那些嘲笑他首次远征的喋喋不休和兴风作浪的政敌闭上嘴巴。

　　这一年冬季，在恺撒离开高卢军团的期间，他被派去解决以利哩古问题，那里可能会发生战争——庇鲁斯坦人（Pirustae）蹂躏了以利哩古行省的边境地区。为了应对紧急状况，恺撒立即招募军队。但是，目睹他的雷厉风行，耳闻他的高卢战绩后，庇鲁斯坦人派遣使节前来求和，卑躬屈膝地求饶，表示愿意赔偿全部损失。恺撒接受了这些条件，因为他不想远离高卢的事业，因此根据他们的表现接受了人质。

　　6 月，返回高卢与军队会合之后，恺撒发现大约有 600 艘渡船和 28 艘战舰已经建造或修缮完毕，出征准备就绪。斯特拉波（Strabo）记载，恺撒已经在塞广纳河口建立了一个海军兵工厂。准备妥当后，他命令舰队前往依久乌斯港集结，等候他的到来，他认为依久乌斯港是距离不列颠最近的港口，他亲率四个不带辎重的军团和 800 名骑兵，向可能滋事生非的德来维里人进军，据说他们再次邀请日耳曼人渡过莱茵河。我们不知道恺撒带了哪几个军团。我们还记得，德来维里人的骑兵数量众多、战力强悍，占领了大河①沿岸的边境领土。他们的两个酋长，英度鞠马勒斯（Indutiomarus）及其女婿钦杰多列克斯（Cingetorix）正在争夺德来维里政府中的主导权。英度鞠马勒斯把所有无法拿起武器的人都安置在阿登森林之中，招募了一支军队准备打仗。但是，在许多酋长抛弃他，向恺撒称臣之后，他决定也这样做。恺撒将权力交给了格外亲附自己的钦杰多列克斯，这让英度鞠马勒斯成了其不共戴天的死敌。两人都向恺撒称臣，并交付了 200 名人质，包括英度鞠马勒斯的亲属。恺撒急于前往不列颠，暂时平息了事态，虽然还没有让两位酋长和解，他还是回到了依久乌斯港。他的旅程耗费掉了整个 6 月。

在这里，他发现除了建造于马特隆纳河，没有抵达此港的 40 艘船之外，其余船只早已整装待发。他手握 600 艘渡船和 28 艘战舰，加上若干私人船只，总共有 800 艘船只。为了在出征期间减少麻烦，他计划带上几乎全部的高卢骑兵，总计 4000 人。他们属于人质性质，用于保证他们所属的部落安分守己。除了他们，恺撒还坚持带上爱杜依人酋长杜诺列克斯，这个人"喜欢闹事，渴望权势，并且精力充沛，在高卢人中有很大的影响"，由于杜诺列克斯的目标是做爱杜依人的酋长和高卢的独裁者，所以曾经为恺撒制造过麻烦。此人使尽浑身解数想说服恺撒将他留在后方，但没有达到目的，于是他公然发动叛乱，率领全部爱杜依骑兵逃跑了。尽管为了等待顺风，恺撒已经耽搁了 25 天，一股顺风刮起的时候，他还是认为不能姑息这种严重事件。他派出大队骑兵追赶杜诺列克斯。逃亡者被抓住了，叛乱很快就因杜诺列克斯被处死而结束了——追杀部队的指挥官们得到的命令是将他带回来，生死勿论。

为了这次登陆不列颠和保护他的后方，恺撒做了更加精心细致的准备。

---

① 译注：莱茵河。

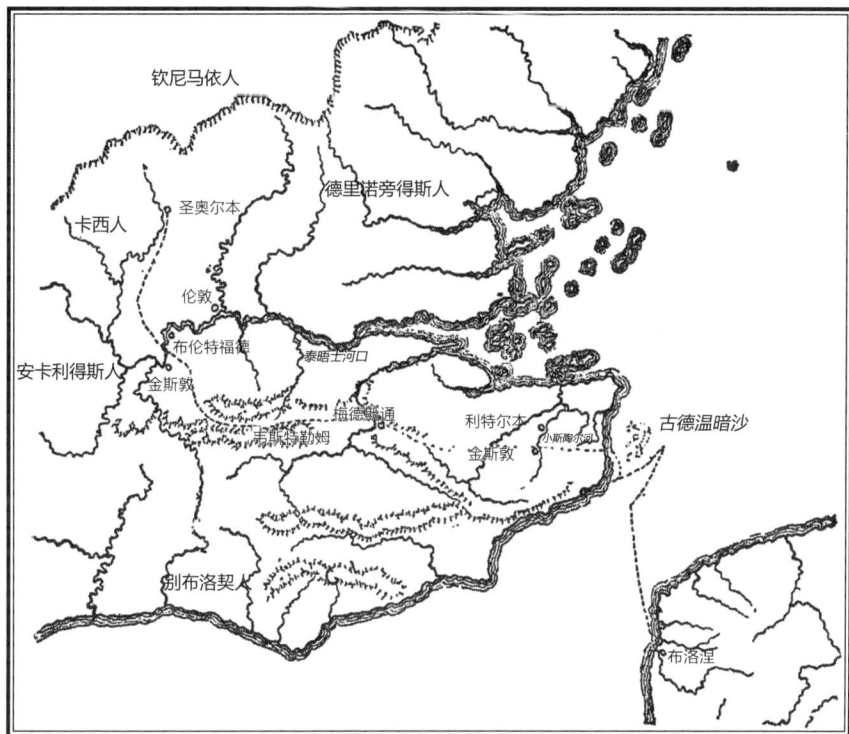

◎ 不列颠

他在布洛涅集结了 8 个军团和 4000 名骑兵。他的副将拉频弩斯受命指挥留在
高卢的部队，包括 3 个军团和 2000 名骑兵，共 1.7 万人，这是正常规模的兵
力，足以暂时保障这片土地的安定。拉频弩斯还采取措施确保恺撒获得稳定的
粮秣供应。他的命令是全局性的，无论发生什么情况，都要最大限度地为保证
恺撒的利益而采取行动。从各方面看来，拉频弩斯都是一位忠实，而且无疑是
精明强干的部将。人们不禁会纳闷，他后来为什么会背信弃义，沦为一个无能
之辈。恺撒带上了另 5 个军团和 2000 名骑兵，我们假定各个军团都齐装满员
的话，大约有 2.7 万人。无法阐明当时的军团有多么兵强马壮。后来他们元气
大伤，那时的人数很可能远远低于满额。

　　某一天的日落时分（可能是 7 月 22 日），恺撒率领 800 多艘船只出发了。
舰队乘着西南风航行到午夜时风停了，但依靠奋力划桨和海潮，舰队于清晨到

147

达不列颠海岸。次日中午，舰队被海浪带到稍微偏北的地方，可能是古德温暗沙（Goodwin Sands），舰船从这里往回划桨，在一个恺撒去年发现的合适的登陆场的几个地点上安全登陆。

不列颠人被这支庞大舰队的出现吓坏了，这是他们从来没有想象过的景象，正如恺撒从俘虏那里得知的，敌人没有正面抵抗他的登陆，而是隐蔽在远离海岸的高地上。

这一年的行动与去年截然不同。恺撒带来了粮食、辎重、一支足够用的舰队，骑兵和足够他取得若干成果的部队。在一个相当长的季节中，恺撒都能够维持现在的生活条件，而且对于未来的补给，他也安排得明明白白。根据去年汲取的经验，恺撒选择了一个更加安全的地方安营扎寨。

留下奎因都斯·阿德里乌斯（Quintus Atrius）看管船只之后，根据俘虏告诉的敌营位置，恺撒从每个军团各抽调出2个大队，加上300名骑兵，于夜间奔向18千米外的敌营。他在那里遇到了一支包括战车、骑兵的敌军先头部队，他们赶到一条小河边上，试图阻止恺撒渡河，这条河可能是位于金斯敦（Kingston）或利特尔本（Littlebourne）附近的小斯陶尔河（Little Stour）。高卢骑兵轻松击退了这支敌军，随后，恺撒发现敌军主力正坚守在一座由伐倒的树木保护着的堡垒里面，"看来大概是因为自己人中间内战，老早就准备好的"。这个地点无法定位，事实上大多数有争议的地点都没有定论。但是其中一些地点可以被认为实际上得到了确定。不列颠人并不满足于对罗马行军队列发动有效骚扰，还以不时冲出堡垒发动突袭的方式顽强坚守；但是，第7军团堆砌了一座临时土山，并结成龟甲阵，用投射武器压制了蛮族，继而占领了堡垒，将不列颠人赶进了森林。罗马人损失甚微。恺撒不许他们追杀过远，以免陷入埋伏。此外，他希望以比平常更严密的方式加强营盘的防御。

次日，恺撒打算追杀不列颠人，他向几支步兵和骑兵部队下达了出兵的命令，其中三支追兵已经走了一段路程，追上了蛮族的后卫，迫使他们且战且退。这时，阿德里乌斯派来的骑马信使告诉恺撒，一场暴风雨摧毁了许多船只。这些早已抛锚的船只在汹涌的大海中因猛烈的相互撞击而损毁。去年的经验没有得到重视，同样的危险再度出现。召回正在追杀敌人的那些大队之后，恺撒返回舰队停泊地。在这里，他发现有40艘船只严重受损，但是其他船只的损伤可以依靠时间和劳力来修复。为此,他从各个军团中抽调技术娴熟的工匠。恺撒还认为派人到正在高卢的拉频弩斯那里,让他建造更多船只是明智之举。现在,他采取了预防措施,尽管耗费了很大力气,还是将船只拖上远离海浪所及的海滩,再用坚强的工事加固停船的场地。这项工作耗费了十昼夜的不懈努力,因为 800 艘船会占用大量空间,没那么容易处理。如果每艘船都长 24 米,宽 6 米,间隔 1.8 米,排成 4 行,行间距 3 米的话,它们将占据一块长 1600 米、宽 105 米的海滩。加上船员所需要的居住空间和容纳军团所需的地面,营盘的占地面积将大大增加。然而,这对罗马人来说不是什么异乎寻常的壮举。耗费的时间主要用于修建工事,以防敌人占有这些船。时值 8 月,恺撒取得的进展不大。

让之前留守舰船的几个步兵大队继续留守这个新建的营地之后,恺撒回到他上次遭遇敌人的地方。在这里,他发现不列颠人在卡西维隆弩斯(Cassivellaunus)的指挥下集结起来,此人是一位贵族酋长,其领土被泰每昔斯河(Tamesis)① 与沿海各部割开,距离海岸和伦敦约 120 千米。这些部落之间一直征战不休,但为了对付共同的敌人,他们搁置了自己的仇恨。卡西维隆弩斯并非广受欢迎,可他是公认的最棒的指挥官。

不列颠根本无力对抗罗马军团,卡西维隆弩斯意识到了这一事实,而且可能解散了步兵。事实证明战车和骑兵还是有用的,他们在恺撒的队列周围游荡,频繁发动袭击,为罗马人制造了无尽的麻烦。起初,罗马人被这帮蛮族的凶恶外表、涂抹蓝靛的皮肤和充满勇气的行为吓坏了,终于他们发现纪律比野蛮战术更适合对付蛮族。罗马人扎营之后,前哨不断发生小规模交战。不列颠人又一次突然从树林中现身,给罗马警戒部队造成了惨重损失。恺撒派出两个大队去增援,交战一段时间之后,给不列颠人造成了更大的损失,不列颠人被赶回到森林里面。不列颠人的作战方式令罗马人耳目一新。这些战车不会大股行动,事实上骑兵也不会,他们以小分队为单位,依靠个人能力作战。他们常常有目的地退却,然后猛然转头扑向追兵,必要时他们还会派出生力军接应战斗人员。罗马军团接受的训练和大兵团作战完全不适应这种战斗模式。罗马盟

---

① 译注:今泰晤士河(Thames)。

国骑兵也面临着同样的困境，对不列颠人而言，他们意识到自己无力在同等条件下对抗罗马骑兵，只能以零散单位零敲碎打，偶尔机会到来时砍翻落单的罗马骑兵。

恺撒没有详尽阐述他采取什么手段来应对这些新奇的战术。有人倾向于恺撒的军团在其第五年的战役中，并不像亚历山大的密集方阵那样善于应对意外情况，后者能像打正规的横队、纵队战斗那样，面对任何来犯之敌进行小规模散兵战。尽管如此，恺撒的军团适应性依然很强，能够进行改变以应对几乎任何情况。在应对崭新战争方式方面，他已经拥有了相当丰富的经验，把这个时期的他排在由腓力（Philip）训练出来的马其顿人的后面，并不算丢人。后来，他也达到了马其顿人的水准。也许恺撒没有改变军团的任何常规阵型或机动方式，他也能应付用自己方式作战的不列颠人。

次日，敌人在营寨周围的高地上集结，"来势不及前一天那样猛"，他们以小股骑兵推进的方式向罗马人发起了挑战，这些骑兵在罗马骑兵周围挑衅驰骋，但绝不冒险发动猛烈进攻。这次挑战遭到了恺撒的拒绝，中午时分，恺撒派副将德来朋纽斯率领3个军团和所有骑兵外出筹粮，早已埋伏的不列颠人突然从四面八方现身，向罗马人冲杀过来。蛮族们以非同寻常的勇气和胆量战斗。他们的攻势相当犀利，军团将士们被压缩到军旗周围。但是，罗马军纪一如既往地占了上风，不列颠人被击退，继而被击溃了，在追杀过程中，许多不列颠人阵亡。发现自己得到步兵支撑的骑兵，紧追敌人不舍，以至于敌人根本没有机会施展他们的独特战术。前来帮助他们的援兵同样溃散了。不列颠人遭到严厉惩罚，此后罗马队伍再没有遭到过任何大规模袭击。

这些初步战斗之后，恺撒途经梅德斯通（Maidstone）和韦斯特勒姆（Westerham）进逼卡西维隆弩斯。恺撒看到敌人计划将战争拖延下去，确信最好迫使敌人与自己决战。为了打击卡西维隆弩斯，恺撒必须渡过泰晤士河。有几个地方可以涉水渡河，敌人在每个涉水点都建起防御工事。罗马人在金斯敦和布伦特福德（Brentford）之间选定了一个地点。在这里，恺撒发现卡西维隆弩斯将削尖的木桩钉入彼岸和附近的河床里面，木桩的尖头在水面以下，在罗马人强行渡河，因尖桩而陷入混乱的时候，卡西维隆弩斯就可以乘机战胜罗马人。恺撒从俘虏口中获悉了这个计谋，得以避开圈套。恺撒派骑兵前往泰晤士河向上、下游的其他涉渡点，这样就能渡河包抄不列颠人的侧翼，恺撒本人与军团行动，尽管水漫到了脖子的高度，罗马人还是英勇涉水，正面和侧翼渡河的罗马军队发动的协同进攻相当犀利和猛烈，卡西维隆弩斯的人马只得逃命。波利艾努斯（Polyaenus）①说，恺撒有一头大象，它的模样令不列颠人魂飞魄散。其他史料没提到此事，只得存疑。

到了8月中旬。此时，卡西维隆弩斯的许多辅助部队已经抛弃了他，他只剩下保护自己的兵力，总共4000名战车兵，大约七八百辆战车和辅助战士。在一个小型作战体系内，他展现了能力。他知晓这个国度的所有道路，足以藏匿他的属民、牲口和财物，并且袭击罗马人的筹粮队，无论筹粮队走到哪，总会遇到一个又一个埋伏。他的计谋如此巧妙，几乎完全阻止了罗马人在远离军团主力的地方筹粮；由于他如此有效地阻挠了罗马人获取粮食，以至于有人对恺撒渡过泰晤士河前往北岸的行动提出了与他首次入侵不列颠行动的同样批评。

这时，生活在今天埃塞克斯和米德尔塞克斯的德里诺旁得斯人（Trinobantes）前来纳降，他们是最强大的部落之一，而且对卡西维隆弩斯怀有敌意。恺撒无疑已经尽了一切外交努力。德里诺旁得斯人获得了免遭罗马士卒劫掠的保证，他们交纳了40名人质，并为罗马军队提供粮秣，恺撒下令让他们的酋长门杜布拉久斯（Mandubratius）官复原职，此人曾前往高卢面见恺撒，此时还在恺撒身边。他的父亲老国王已经被卡西维隆弩斯杀害了。而其他部落，钦尼马依人、塞恭儿亚契人、安卡利得斯人、别布洛契人和卡西人很快就有样学样。这些部落基本上涵盖了整个不列颠东南部。从新盟友口中，恺撒得知了卡西维隆弩斯的藏身之地，卡西维隆弩斯已经加强了首都的防御工事，此地大约在今天的圣奥尔本斯（St. Albans），尽管当时它可能只是个小营寨，卡西维隆弩斯在其中囤积了庞大的兵力和许多牲畜，恺撒马上向那进军。恺撒侦察了这个拥有工事和壕沟，"天然的地势和人工设防绝妙地防卫着"藏在密林深处的营寨，他决心从两个方向进攻。雷霆万钧的攻势很快见效。不列颠人并没有

---

① 译注：公元2世纪的马其顿作家，以留存至今的《战争计谋》（Stratagems in War）一书闻名于世。

长时间抵挡攻势，反而匆忙从没有遭到攻击的另一侧营门撤出，将粮食和牲口扔在营中，逃跑途中他们损失了许多人。这不是一场非常漂亮的胜利，更不具有决定性，但它提供了一个宣布这次进军取得胜利的借口，并给了恺撒一个从没有最终收获的战役中收手的台阶。

恺撒这样筹划的时候，卡西维隆弩斯派遣信使前往位于今天肯特的几个部落中，他们的国王有四位：钦杰多列克斯（Cingetorix）、卡尔维留斯（Carvilius）、塔克辛马古勒斯（Taximagulus）和塞哥瓦克斯（Segovax），卡西维隆弩斯说服他们对罗马舰队和营盘发动突然袭击。他们动用了一支强大的兵力，但是罗马人熟练地冲出营盘杀向他们，将他们击溃。罗马人杀死了大量敌人，并且俘虏了著名的首领鲁哥托列克斯（Lugotorix）。这的确很走运，后方的灾难或许意味着恺撒全军覆没。

这场败仗之后，由于自己的失败、国家的消耗、众多部落的背弃，卡西维隆弩斯彻底恐慌起来，决定求和。他请康缪斯为自己说项。随着夏季已过——此时已是 8 月底，恺撒觉得自己必须返回高卢了，因为一些部落已经在那造反，其他部落威胁着要如法炮制。在带走了大量人质，并规定不列颠人向罗马人民缴纳贡品，又禁止卡西维隆弩斯进犯德里诺旁得斯人和门杜布拉久斯之后，双方缔结了和平协议。并不是所有派回高卢运载物资的船只都返回了不列颠，许多船只迷航了。恺撒手头的船只比他带来时的更少，他被迫分两个批次将军队运回高卢——他手中的人数因大量人质和俘虏而增加了。在第一次渡海后返回不列颠的途中，许多空船发生了海难，但由于管理得当，没有一艘装载士兵的船只遇难，离开两个月之后，恺撒回到了高卢。在安置好船只后，恺撒在阿姆比安尼人地盘上的萨马罗布里瓦（亚眠）召开了一个高卢部落大会。

这一年在不列颠的行动几乎与去年的那次一样，事实上毫无建树，尽管在这次战役中表现出的谨慎和技巧都可圈可点，实质上恺撒一无所获。正如塔西佗所评价的，他所做的与其说是扫荡不列颠，不如说是勘探调查。他没有为罗马增加一个新行省，也没有为此奠定

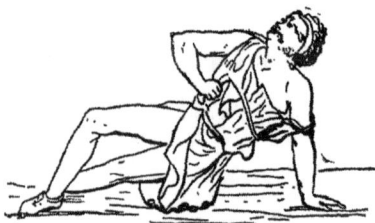

◎ 受伤的高卢人（来自一具石棺）

基础。他没有留下一支军队来管控他所征服的一切。可以肯定的是，他带回了人质，但对人质的占有并不能保证他对该岛拥有任何控制权。在没有适当成效的情况下，我们不得不以侵略的眼光看待他对不列颠的远征。这场远征对解决高卢的军事问题没有任何影响。从军事的角度来看，远征没有必要和成效，尽管这场远征因给了历史学家们关于最早的不列颠的惊鸿一瞥而具有历史意义。

安皮奥列克斯
（公元前54年至前53年冬季）

第十三章

公元前54年，异乎寻常的干旱让高卢的粮食歉收，正如恺撒所说，他被迫在下一年冬天里将军团分散在冬令营中以保证粮食供应。费边带领1个军团前往莫里尼，在今天的圣波勒（St. Pol）扎营；奎因都斯·西塞罗，也就是那位演说家的弟弟，率领1个军团前往斯卡迪斯河（Scaldis）与萨比斯河之间的纳尔维，他扎营的地点可能是在沙勒罗瓦；罗斯基乌斯率领1个军团部署在厄苏比人（Esuvii）的地盘上，扎营地点是在诺曼底南部塞埃（Séez）附近；拉频弩斯率领1个军团部署在雷米人靠近德来维里人的土地，很可能是在拉瓦舍里（Lavacherie）；克拉苏、普兰库斯和德来朋纽斯率领3个军团部署在比尔吉，斯卡迪斯河和伊萨拉河（Isara）之间——德来朋纽斯在亚眠，克拉苏在俾洛瓦契人的地盘上，今天的蒙迪迪耶（Montdidier），离亚眠37千米远，普兰库斯在瓦兹河（Oise）和恩河交汇处；刚刚在波河（Po）新组建的1个军团和5个步兵大队由萨宾努斯和科塔率领，部署在马斯河附近厄勃隆尼斯人的土地上，这个国度由在阿杜亚都卡（通格尔）的安皮奥列克斯和卡都瓦尔克斯（Cativolcus）统治。因此，大部分军团位于高卢西北部，当然，确切位置并不能确定，唯一能确定的仅有萨马罗布里瓦和阿杜亚都卡。地形特征或者后来兴建的罗马营盘（oppida）的位置，揭示了更早营寨的可能位置，而且大致上是正确的。

总兵力有8个军团和5个大队，这是恺撒已经拥有了一年的兵力，后来才组建了新编军团，尽管某些史学权威声称此时还有另1个军团，即9.5个军团。

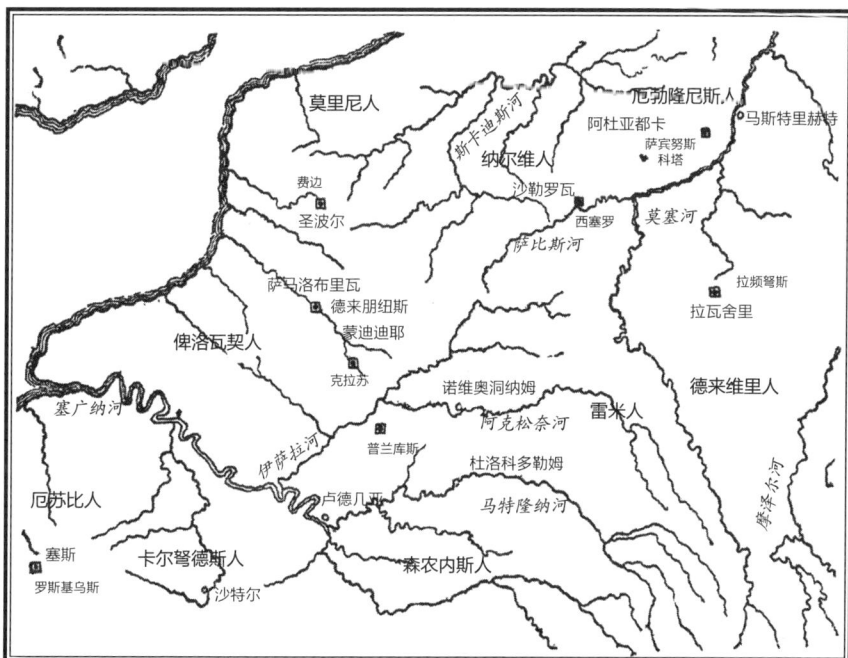

◎ 公元前54—前53年的冬令营分布图

　　恺撒决定留在军中，直到军营的防御工事都建设完毕。稍后，（普兰库斯的）一个军团迅速被派到卡尔弩德斯人（Carnutes）中间，此地在今天的沙特尔（Chartres）附近，那里的国王塔司及久斯（Tasgetius）被他的臣民杀害了。塔司及久斯曾是恺撒的坚定盟友之一，恺撒将他推上其祖先曾经拥有却被他丢掉的王位。普兰库斯得到的命令是追捕凶手，并将凶手送到恺撒面前受审。

　　事实证明，这几个营寨在一旦有事的时候无法相互支援。正如图上所显示的那样，两个相距最远的营盘之间的距离超过 450 千米；或者说，如果不考虑罗斯基乌斯的营盘，其他营盘都在一个半径不到 240 千米的圆圈之内。恺撒之所以这样分兵，只能从粮食的极度短缺来解释。即使这样粮食也不够用。尽管收成不好，他还是必须获得粮食，而且他能够以某种方式将补给品运进仓库。他的举措显然考虑不周，却是迫不得已，自然不能算作恺撒的错误。

　　快到 10 月末的时候，恺撒从他的财务官那里收到消息，所有营盘的工事

155

都修筑完毕——看起来他没有亲自勘察这些营盘，他准备动身前往山南高卢。

高卢只是表面上平静而已，实际上罗马军团是在火山口上扎营。高卢各部曾受到残酷对待，错误的政策正在结出恶果。人民陷入贫困，酋长失去了所有权力和影响力，大片土地惨遭蹂躏，饥荒导致上千人饿死。对于向被征服民族提供粮食，罗马人总是漫不经心，恺撒在高卢尤其突出。他以为饥荒会阻止叛乱，但它产生了相反的效果，愤怒和绝望压倒了算计或常识。

恺撒似乎没有为各个军团指定全体集中的地点，以应对急切到令他们必须集中的情况。事实上，这也不是恺撒的行事方式，他还没有学到某些战争艺术的最重要的课程，即使在蛮族中，这些课程也是不可或缺的。在非洲战役中，我们会看到一个更为明显的战例，那是恺撒粗心大意的习惯造成的恶果。恺撒的理论是，每一支独立的部队都应该尽其所能地驻扎在设防坚固、粮草充足的罗马营盘里面，它应该自保，并且采取最可行的手段从附近的军团处获得援助。他不在的时候——事实上他没有留下任何人来掌控全局——每位副将都自行其是，互不统属。鉴于他对任何军事形势的必要条件都了如指掌，他这么做就显得有些奇怪。所有军团都安置下来的两周之后，安皮奥列克斯和卡都瓦尔克斯统治下的厄勃隆尼斯人（一个位于马斯河与莱茵河交汇点以南的部落）发动了叛乱。这两位酋长貌似友好，至少为萨宾努斯和科塔运来了粮食。尽管这两位酋长最早发动进攻，但德来维里人的酋长英度鞠马勒斯被认为是这场起义的主要发动者。

叛乱的开端是蛮族袭击为位于阿杜亚都卡、由萨宾努斯管辖的营盘搜集粮秣和木材的罗马士兵。事发地方是通格尔，其他地方都不符合《高卢战记》记载的距离和地形条件。各路乱党集结起来，会合为一支大军来到刚刚完成防御工事的营盘之前。西班牙骑兵发动了一次成功的突击，加上军团滴水不漏的战线，粉碎了敌人的进攻。之后，蛮族以其惯常的奸诈伎俩要求举行会谈。罗马人不明智地接受了。罗马骑士盖乌斯·阿品纽斯（Caius Arpineius）和认识安皮奥列克斯的西班牙人奎因都斯·容尼乌斯（Quintus Junius）被派去谈判，高卢酋长以极其坦诚的口吻告诉他们，他是被他的人民所逼迫才进攻罗马营盘的，他本人一贯是恺撒的朋友，而这一天是整个高卢选定了袭击各个孤立的罗马军团的日子，一支庞大的日耳曼军队距此只有两天行程，出于对罗马人安全的考虑，萨宾努斯和科塔最好撤走，他发誓为他们提供一条安全的撤军通道。

听了使者的汇报后，罗马人召开军事会议，在会上，意见分歧的双方进行了激烈争论。在许多军团指挥官和百人队长的支持下，科塔主张坚守下去。他们手头有粮秣，他也相信恺撒会来解救他们。数量不明的日耳曼人会在他们铜墙铁壁般的营盘面前撞得头破血流，他们为什么要接受敌人意见，放弃手中的有利条件呢？但夜间，萨宾努斯最终成功说服了其他人，讨论结果是，尽管这些信息出自敌人之口，他们也应该好好考虑一下，不要等到日耳曼人到来。恺撒可能已经踏上了意大利之旅。他们可以选择迅速撤离，抑或长期守营。他们可以很容易进入距离最近的罗马冬令营，距离只有 90 千米；尽管安皮奥列克斯是敌人，但他的言辞颇具真实性。会议决定在黎明时分启程，退入西塞罗的营盘。

士兵们一夜无眠为出行做准备。破晓时分，这队人马踏上了行程，全军没有排成密集队形，也没采取适当的防范措施，反而被大量辎重搞得累赘难行，仿佛完全指望安皮奥列克斯提供的安全保证，而不是依赖自己的才智。这种完

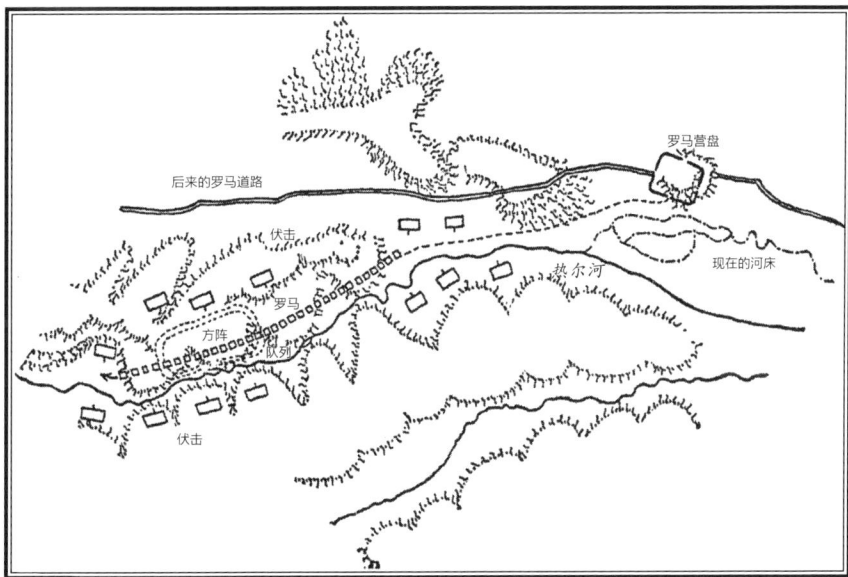

◎ 位于阿杜亚都卡的营盘

157

全非罗马的举措表明，军队的安危是取决于指挥官，而非士卒。

从营盘中的喧嚣声中，敌人很快就意识到罗马人已经决定撤离。因此，他们在距离营盘约3千米的树林中，罗马人向西退往西塞罗的营盘的必经之路上设下了埋伏。这是洛瓦伊（Lowaige）的狭窄小径，热尔河（Geer）在这里从两座山丘之间流过。高卢人占领了小径的出入口和邻近的山冈。

罗马军队踏上了命运多舛的旅程。他们一进入高卢军队设伏的山谷，蛮族就从藏身之处杀了出来，首先袭击了罗马队列的首尾两端。一直主张撤退的萨宾努斯完全失去了理智，经过长时间劝说才放弃主张的科塔反而斗志旺盛、精力充沛。士兵们纪律涣散了，纷纷各自为战，而非聚在军旗之下，他们争先恐后地保卫辎重车上的个人财物。行军队列太长了，难以传达军令。行军出发时没有为意外情况采取预防措施。罗马将士被团团围住，没有明确的抵御措施，每个人都在各自为战。没过太久，辎重车队就被迫遗弃了。危险的处境迫使军团将士们挤作一团，全军排成一个方阵（orbis）进行顽抗。

高卢人表现得很聪明，他们并不掠夺财物，而是谋求第一场胜利。他们开始系统消耗罗马军团。在罗马军团组成的方阵外侧，某个大队时不时地会杀向敌人并击败对手，继而退入战线中的原位。蛮族很快就停止抵御这些攻势。无论罗马人何时发动进攻，他们都会退却，但是，每当罗马大队转身回去，轻装上阵的蛮族就会冲上去，骚扰罗马人的侧翼，而罗马大队的侧翼也会因前进而暴露。尽管方阵中的罗马人陷入被动，失去了使他们强大的冲击力，他们还是从清晨打到天色渐暗，罗马军团守住了阵地，军官和士兵都损失惨重。萨宾努斯依然残存着对安皮奥列克斯的幻想，在战斗的间歇派遣格涅乌斯·庞培（Cnaeus Pompeius）①去见安皮奥列克斯，提议与之会谈。获得对方首肯并发誓保护他的安全之后，萨宾努斯亲自率领几名军团指挥官前去会晤，在会晤期间他们遭到包围和杀害。高卢人再度进攻罗马人的防御圈，由于罗马人士气低落，高卢人迅速杀了进去。科塔阵亡了，几个大队杀出一条血路，设法返回了营寨。当夜，幸存者全部自杀了。少数逃生者辗转逃进约105千米外的拉频弩斯的营盘。

---

①译注：此人不是那个伟大的庞培，而是当时罗马军队中的一个同名翻译官。

安皮奥列克斯对自己的胜利得意扬扬，他率领骑兵向阿德来巴得斯人和纳尔维人中的西部各部族强行军，他的步兵可能也在以最快速度跟过来，安皮奥列克斯鼓动这些部族抓住这个复仇和争取自由的机会。这些部族因他夸大其词的承诺而欢欣鼓舞，愿意投身他的麾下，他还向所有邻近和独立的部落派去了使节。全速集结了一支大军之后，他们袭击了罗马人的筹粮队，继而进攻位于沙勒罗瓦的西塞罗的营盘，后者对萨宾努斯和科塔全军覆没一无所知，完全没有料到会发生叛乱。士兵们急忙拿起武器把守营垒，高卢人夺取这个地方的希望落空了。西塞罗立即派人给恺撒送信，尽管承诺给予巨额赏赐，却没有一个信使能穿过敌人的防线，道路和关隘都被高卢人封锁了。安皮奥列克斯早已采取了周密的预防措施。

罗马人早已搜罗了大量木材用于修筑冬令营的防御工事。袭击发生后的当夜，他们在营盘工事上辛勤工作，很快就建造了120座塔楼，建造方法与他们在意大利建造的脚手架一样，即将纵、横木棍捆扎起来，罗马人编织了鹿砦，准备了烧焦了尖端的木桩和挂在营墙上的长矛用于保护雉堞，即使伤员也不能免于劳作。次日，敌军发动了进攻，多亏昨天的准备工作才击退了敌人。以占领营盘为目的攻势持续了数日，但都缺乏章法。西塞罗生病了也没有选择休息，直到他的部下强迫他休息为止。尽管困难重重，军团将士们的防御依然滴水不漏。冬令营比平时的营盘大得多，因此需要守卫的壁垒也长得多。由于无法取得有效进展，高卢酋长们表达了与西塞罗谈判的渴望。获得首肯之后，安皮奥列克斯讲述了一番貌似有理的说辞，与之前他劝说萨宾努斯的话如出一辙，然而他没有信守承诺，讲述了那个军团的覆灭。他声称，战争的起因是罗马人在他们的地盘上的定期过冬，消耗了他们自己的民众维生所需的粮食，为高

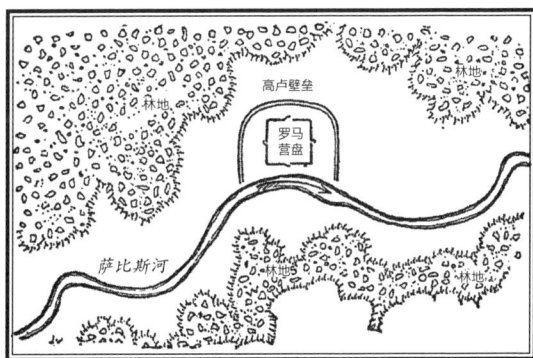

◎ 西塞罗的营盘

159

卢人带来沉重的负担。对此，西塞罗做出了军人的答复：罗马人从不与手持武器的敌人和谈，但是如果敌人放下武器，以恳求者的身份来谈判，那么恺撒无疑会为他们带来足够的正义。安皮奥列克斯的谈判受挫，准备打仗。

随后，纳尔维人开始围攻罗马营盘，环绕营盘修筑了一条高 3.3 米的壁垒和一道 3.9 米深的壕沟。通过罗马战俘和之前的战争，高卢人学会了这些方法。他们手头没有多少工具可用，但"用剑来刨草皮，用手和外套来搬运泥土"，他们人手众多，不到 3 个小时就修筑了一条 1.5 万罗尺长（4.5 千米）的壁垒。这里的原文是"罗步"（passuum），但可能是"罗尺"（pedum）。前者会让壁垒长达 10 罗里（15 千米）[①]，由于只需要包围 1 个军团的营盘，壁垒不会超过 3 罗里长。次日，他们修筑了塔楼、防盾和盾车，制造了挠钩。他们已经从围城战的细节之处学到了不少技巧。

现在，西塞罗被围得如铁桶一般。第七天狂风大作，蛮族用炽热的泥弹和燃烧的标枪，点燃了按高卢样式建造的茅草棚顶营房。在烈焰造成的混乱掩护下，他们发动了猛烈进攻。军团将士们英勇奋战，尽管他们的辎重正在燃烧，还是击退了敌人。

《高卢战记》浓墨重彩地突出了一些个人的英勇行为：

> 这军团里有两个极勇敢的人，一个叫提多·普尔洛（Titus Pullo），另一个叫路求·瓦伦纳斯（Lucius Vorenus），都是即将升到首列的百人队长。他们中间不断争论究竟谁该比另一个领先。为着争取这个位置，每年都极激烈地开展竞赛。当工事前的战斗进行得十分紧张时，这两个人中的普尔洛说："瓦伦纳斯，你还迟疑什么？难道你还要等什么更好的机会来表现你的勇气吗？今天就应该决定我们的争论了。"说完这话，他跨出壕堑，向敌人最密集的部分冲去。瓦伦纳斯怕人家说他胆怯，也不肯再停留在壁垒上，便也紧紧跟上来。

---

①译注：此处作者的计算有误，1.5 万罗步折合 15 罗里或 22.5 千米。为此，译者核对了芝加哥大学发布的洛布（Leob）英文版的《高卢战记》，该书在这里采用了"15 罗里"（fifteen miles）的说法，所以无论长度是罗步还是罗尺，都不可能是 10 罗里。

在和敌人距离不远的地方，普尔洛把他的矛掷向敌人，一下就戳穿了向着他奔来的一个敌人。当这人受伤昏过去时，敌人用盾掩盖住他，一边把他们的矛四面向普尔洛投来，使他没有退身之地。他的盾被戳穿了，还有一支矛钉在他的腰带上，同时把他的剑鞘弄得斜到了另一边，他伸手拔剑时却左拔右拔抽不出来，正当他的手在摸索时，敌人围上了他。他的对手瓦伦纳斯赶向他那边，在他危险时给了他帮助。所有的敌人都认为普尔洛已被矛刺死，马上放开他，转过身来攻击瓦伦纳斯。瓦伦纳斯用剑跟他们短兵接战，杀掉一个人之后，其余的都被驱回去一段路，不料他正追得起劲时，一个筋斗跌进地上的洼坑里。这一下他又被敌人包围起来，普尔洛也赶来帮助了他。虽然两个人杀掉好几个敌人，却都一点也没受伤，在热烈的喝彩声中退回壕堑。在这番竞争和比赛中，命运之神好像先后轮流光顾了这两个对手，使一个成为另一个的助手和救星，以至要判别两个人中究竟哪一个更勇敢一些也不可能。

这段故事给了罗马士兵生活中的竞争增添了一些生动色彩。

罗马营寨中的守军与日俱减，他们因奋战而日益疲弱。派往恺撒处的信使没有一个完成使命。有些人被捉住，并在守军面前被折磨至死。终于，一个

◎ 恺撒的行军

投靠了罗马人的纳尔维人带出了消息，并成功送达统帅的所在之处。

恺撒正在萨马罗布里瓦，没有像人们预料的那样前往意大利。他立即率领德来朋纽斯的军团奔向危机重重的战场，并且命令正在蒙迪迪耶的克拉苏率领其军团前往司令部，占据德来朋纽斯留下的营盘。费边受命率领其军团从圣波勒出发，直奔纳尔维人的边境地区，在阿德来巴得斯人的地盘上与恺撒会师。

大约在下午 4 时，恺撒收到西塞罗陷入绝境的消息。他迅速向克拉苏下达十万火急的命令，后者在次日上午 10 时就与恺撒会师了，期间走了整整 37 千米。在恺撒到达之前，位于萨马罗布里瓦的营地由德来朋纽斯的军团后卫部队守卫，这时他们出发与主力会师。克拉苏留守这个营盘，守卫辎重、财物、俘虏和公文，还有在那里搜集到的粮秣。

与此同时，恺撒向拉频弩斯送信，让他在西塞罗的营盘附近与自己会师，但拉频弩斯在答复中解释了厄勃隆尼斯人的暴乱和内里维人迫在眉睫的叛乱的危险。他知道恺撒对自己的判断信心十足，决心依靠自己的判断决定不服从命令——他是对的。

恺撒立即跟上德来朋纽斯的军团。除了这支部队之外，他的司令部还管辖着 400 名骑兵，或者说他共拥有 2 个小型军团，7000—8000 人。恺撒军事史上最奇特的事实之一是他屡次陷入困境，只有少数兵力可供调遣。我们会在亚历山大城、泽拉（Zela）或哈德鲁墨图姆（Hadrumetum）看到，他因为缺乏远见而危在旦夕。他需要比亚历山大更好的运气以及卓越的谋略才能从这些危局中脱险。恺撒的运气早已尽人皆知，而且事实上，如果那位善变的女神 ①抛弃了她一贯钟爱他的品性，那么恺撒早已在让他的名字流芳百世之前就已经结束了军事生涯。没有哪位统帅像恺撒那样，总能从自己的错误造成的困境中脱身。

恺撒现在只有少量人马，但他觉得迅速出兵比稍后派出更多兵力更加重要。第一天行程，他向今天的康布雷方向前进了 30 千米，在距离康布雷不远的路上与费边会师。在继续前进的途中，他来到纳尔维人的边界，并从俘虏口

---

①译注：指罗马诸神中的命运女神福尔图娜（Fortuna），她以性情多变著称，用来体现命运无常。

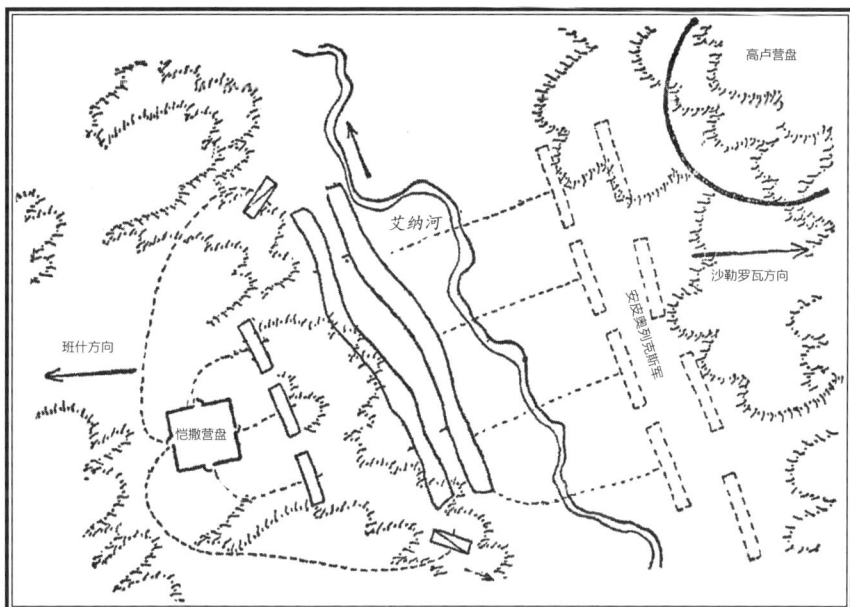

◎ 与安皮奥列克斯的会战

中了解了事态。他得设法告知西塞罗，他正在援救的路上，一个高卢骑兵将一支箭或一柄标枪射入西塞罗的营盘，柄上缠着信，鼓励西塞罗坚持到底。信是用希腊文书写的。波利艾努斯说它言简意赅："打起精神！固守待援！"

在五天之内，从萨马罗布里瓦出发的恺撒就赶到了西塞罗的冬令营附近，在冬日的道路上跑了 165 千米路，日均行进 33 千米，这是一场不错但并非精彩的表演。他在班什（Binche）附近安营扎寨。纳尔维人已发现恺撒正在接近，他们设置了路障，以 6 万多人的兵力向他扑过来。西塞罗送信告诉恺撒，他的当面之敌已经放弃围攻他，转而向恺撒扑来，他手头没有人马可以支援统帅。恺撒约有 7000 人，认为有必要谨慎行事。由于他全盘性错误布置了冬令营，眼下他只得面临着 1：9 的人数劣势。他离开班什的营盘向前推进，很快就与敌人遭遇。

他在艾纳河（Haine）河谷第一次看见敌人。他在圣阿尔德贡德山（Mount St. Aldegonde）山上一个非常狭窄的空间内安营扎寨，使得纳尔维人轻视他那支已经微不足道的部队。之后，他派骑兵与敌人进行了前哨战，通过佯退吸引

163

敌人进攻他的营盘。他和他的军团位于艾纳河以西，蛮族位于东岸；恺撒这样机动是为了引诱敌人渡过河流发起进攻。他也着手加强防御工事，命令士兵们故作混乱，以便进一步欺骗纳尔维人发动进攻。

计谋奏效了。蛮族向前推进，占据了一个不利而且防御不周的阵地，并且宣布他们会接纳和饶恕罗马军团的一切逃兵。他们相信自己已经胜券在握。他们开始战斗，似乎已经大功告成了，他们热情高涨、毫无秩序地涌向营门和壁垒。恺撒依然在佯装恐惧，进一步麻痹敌人，同时牢牢掌握着他的人马，准备打敌人一个措手不及。时机已到，他发出了战斗信号，军团将士们立即从各个营门冲杀出去，骑兵以出人意料的冲击力突围而出。对手的气势和凶悍令蛮族措手不及，他们失魂落魄地四散奔逃。蛮族遭到追杀，损失惨重，但由于这个地方林木茂密、地形崎岖，追兵没有追出太远。在追杀逃敌方面，恺撒从来不能与那位伟大的马其顿人比肩，当然除了拿破仑也无人能与之比肩。

就这样，恺撒打开了前往西塞罗营盘的通道，他在那里发现守军处境艰难，但依然斗志昂扬。"军团列队出来时，他发现没有负伤的兵士不到十分之一。"损失是惨重的，在军团的 5000 人中，350 人阵亡、4100 人负伤。恺撒高度赞扬了军团官兵的英勇，向最英勇无畏的人发奖。精神、物质奖励都足够丰盛。

胜利的消息很快就传到德来维里人中间。已经决定进攻拉频弩斯的英度鞠马勒斯将部队撤离了前线，至少暂时如此。从当天的第九个刻时[①]到午夜，胜利的消息已经传播了 90 千米。恺撒在下午 3 时到达西塞罗的营寨，午夜之前一些雷米人发出一阵欢呼，向拉频弩斯宣告胜利。恺撒的军队在那些所谓士气低落的日子里，不到 7 个小时跑了 75 千米。这场演出并不像听起来的那样精彩。一个信使或许就能做到，三四个信使互相帮助，会很容易做到。

这场战役刚刚令人欣喜地结束，费边就被打发回了他的冬令营。恺撒决定留在高卢。得益于他的痛苦经历，他决定集中兵力在萨马罗布里瓦建立自己

---

①译注：刻时（hora）是罗马人计算时间的单位，大致和我们现在的小时相当，一天也分为二十四个刻时，昼夜各十二刻时。但不同的是罗马的每个刻时随四季变化长短各不相同，白昼的十二刻时从日出算起，到日落为止，夏天昼长的时候，一刻时达现在的 75.5 分钟，冬天白昼短，每刻时只合现在的 44.5 分钟。夜间的刻时则与此相反。

的司令部，3个分别由克拉苏、西塞罗、德来朋纽斯指挥的军团安置在3个营寨中。这些营寨留下了若干遗迹：一个在亚眠城堡；一个在埃图瓦勒军营（Camp de I'Etoile）；还有一个在今天的蒂朗古附近。拉频弩斯、普兰库斯和罗斯基乌斯留在原地不动。

萨宾努斯和科塔的失败在整片土地上造就了一种狐疑不安的氛围，夜间密会到处召开，每个部落都有叛乱的危险。蛮族眼看就要向罗斯基乌斯发起进攻。生活在塞广纳河上游的森农内斯人中发生了一起政治动乱，他们拒绝满足恺撒的要求，而恺撒似乎不认为自己有能力迫使对方服从。此举对各部落产生了巨大的负面影响，只有雷米人和爱杜依人还算忠诚。通过召集主要公民和交替恩威并施，动乱虽时有发生，大多数麻烦却暂时没有发作。

德来维里人的酋长英度鞠马勒斯似乎是整个运动的领袖和先锋。他试图怂恿日耳曼人渡过莱茵河，但后者却对恺撒怕得要死。尽管如此，英度鞠马勒斯也没有停下他的勾当，他的努力终于促使森农内斯人和卡尔弩德斯人中的一些孤立部落与他合流，而且阿杜亚都契人和纳尔维人似乎也准备帮忙。他的军队主要由歹徒和罪犯组成。他召集了一个酋长们参加的武装会议，在会议的鼓舞下，他们向拉频弩斯的营盘进军，并在营前安营扎寨。拉频弩斯坚守在壁垒后面假装害怕，这是一种从未过时又不断重复上演的诡计，拉频弩斯虎视眈眈地寻找发动进攻的良机。英度鞠马勒斯日益托大，终于大胆发动了进攻。

拉频弩斯拥有一支精锐的本地骑兵，他悄悄将他们集结起来，引入营盘。英度鞠马勒斯像往常一样做出威胁姿态，白天向罗马壁垒推进，傍晚撤走，他比往常更加麻痹大意，他无疑在嘲笑军团的怯懦胆小。拉频弩斯的机会来了。他打开营盘的两座大门，骑兵冲杀了出去，步兵大队紧随其后。遭到突袭的敌人溃散了。英度鞠马勒斯本人阵亡，蛮族损失惨重。这场胜利和主谋的死大大缓解了这场动乱；但是，尽管纳尔维人和厄勃隆尼斯人返回家乡，恺撒对未来麻烦的疑惧却远未平息。

这些作战行动显示了在肉搏武器主导的时代，罗马人的设防营盘发挥的巨大作用。后来火药的出现首先抵消了营盘的重要性。现代野战炮只需要几发炮弹就能夷平一座罗马壁垒。在今天，任何类似营地这样的东西都无法抵挡无坚不摧的集中炮火轰击。为了抗拒炮火，守军必须精挑细选天然阵地。

◎ 新营盘

◎ 拉频弩斯的营盘遭到的袭击

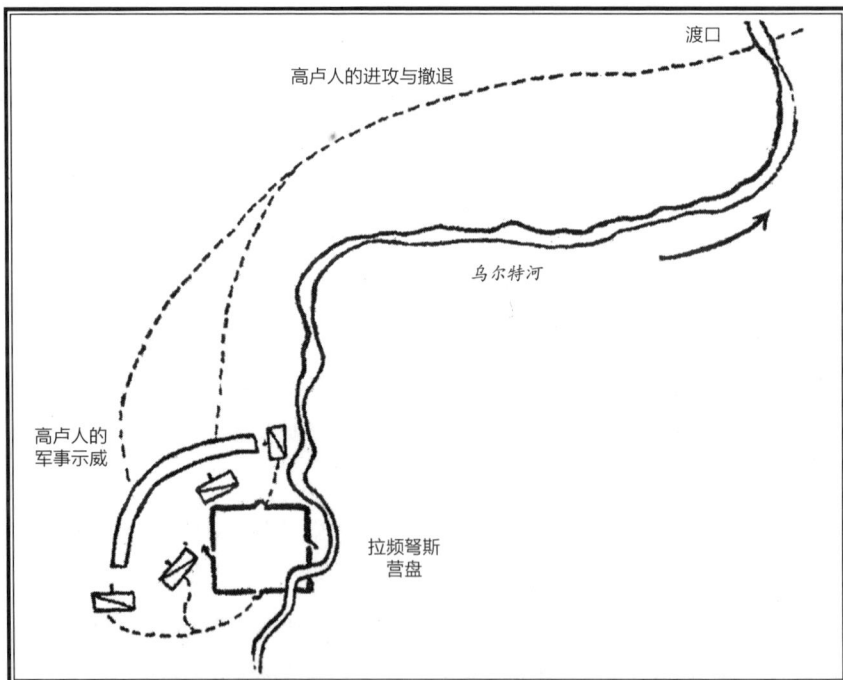

西塞罗在沙勒罗瓦的防御引发了拿破仑对古
代和现代战争的精妙对比："如果你对当代的将军
说，你和西塞罗一样，受命率领 5000 名士兵、16
门大炮，带着 5000 名工兵，5000 个沙袋抵达平
地上的一片森林，在两周内，你会遭到拥有 6000
人和 120 门大炮的敌军的进攻，你在遭到进攻后
只能在 80 个或者 96 个小时之后才能得到救援，
你该如何修筑工事，走什么路线，采用什么战术？
工程师应该采用什么技术来解决这个问题？"

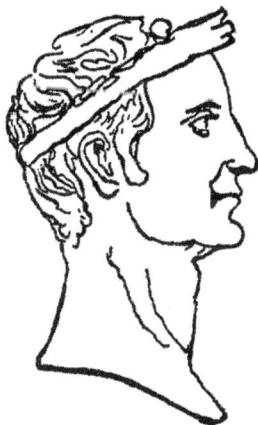

各军团的营盘这么稀疏地分散开，无疑是个严
重错误，必然在突发事件中受到严厉惩罚。但恺撒

◎ 铸币上的恺撒

采取的迅速、有效和果断的解救措施却令人赞叹。他率领一小队人马前往解救被
围困的部将所表现的超凡勇气，以及他遭遇蛮族时所展现的应付蛮族的技巧，必
然赢得至高无上的景仰。正是恺撒的这番表现作为，让人们忘记了他的许多精彩
手笔其实源于之前的粗心大意，让人几乎没办法批评他。

萨宾努斯证明了自己的能力。他是怎样设法让自己拒绝科塔和其他军官
同僚的建议，而坚持与安皮奥列克斯谈判的还是一个疑问。更令人费解的是离
开营盘企图与西塞罗会师之后，他为什么以松散队形行军却又不采取适当的预
防措施。他唯一真正的机会，就是依照恺撒的命令和所有先例，像西塞罗那样
坚守营盘、组织防御。他在组织行军队形方面的无能是找不到辩护借口的。这
场灾难是分割指挥权的另一个案例，因为萨宾努斯和科塔地位是平等的，恺撒
应该给予一位或另一位副将绝对指挥权。轮换制和分权制没有毁灭罗马军队，
完全是因为罗马人民的优秀品质。从来没有其他军队能实行这种制度并将其保
持下去。西塞罗与萨宾努斯的举措形成了鲜明对比。

恺撒对补救这场灾难采取的凌厉的补救措施抵消了它在高卢各部中产生
的负面效果，并且在军事上和政治上都产生了全面影响。已经拿起武器的纳尔
维人、门奈比人和阿杜亚都契人都返回了家园，沿海各部也是如此，德来维里
人和他们的附庸厄勃隆尼斯人从拉频弩斯面前撤军。在罗马，恺撒的威望空前
高涨。

德来维里人和厄勃隆尼斯人
（公元前 53 年春季）

第十四章

现在有必要增加更多人马，弥补上次战役造成的巨大损失。恺撒认为，有必要向高卢人展示罗马的资源充沛，一个军团的覆灭意味着两个齐装满员的军团从地里长出来。① 通过与庞培的谈判，庞培保住了他在罗马的利益，而恺撒获得了 1 个军团，它是庞培担任西班牙总督期间在高卢组建的。② 士兵们早已放假回家，但又被重新召集到鹰帜之下，军团就位待命。恺撒的部将悉朗纳斯（Silanus）、雷琴纳斯（Reginus）和塞克斯提乌斯（Sextius）在高卢又招募了 2 个军团。3 个新建军团分别是第 1、14（它使用了在阿杜亚都卡覆灭的那个军团的番号）和 15 军团，这 30 个大队取代了萨宾努斯损失的 15 个大队，现在恺撒手握 10 个军团。

英度鞠马勒斯死后，德来维里人从他的家族中选出了新酋长。他们未能引诱附近的日耳曼人加入他们的事业，但说服了若干苏威皮人加入，安皮奥列

---

① 译注：这是一个希腊神话中的典故。底比斯（Thebes）的建立者卡德摩斯（Cadmus）杀了一条龙，拔下龙牙种到土里，很快每一枚龙牙都变成一名全副武装的战士，从地里长出来。

② 译注：公元前 55 年，庞培任执政官时，元老院通过一道决议，命令他在退任后以代行执政官头衔，出任西班牙的行省长官，并授权他可以在国家的任何地方征募军队。庞培当时在山南高卢征集了一个军团。公元前 54 年，他本应赴西班牙就任，但为了进一步控制罗马，他不愿离开意大利，违反了惯例，他派自己的两位副将到西班牙去担任代理人。一面促使自己的同党在人民会议上建议授权自己一项监督罗马粮食供应的特别任务，使自己继续留在意大利的行为合法化。但依照罗马的法律，持有兵权的人是不可以进入罗马城的，因此他只能逗留在罗马城附近。此时，恺撒和他还没完全破裂，所以向他借用去年在山南高卢征集的这个军团。

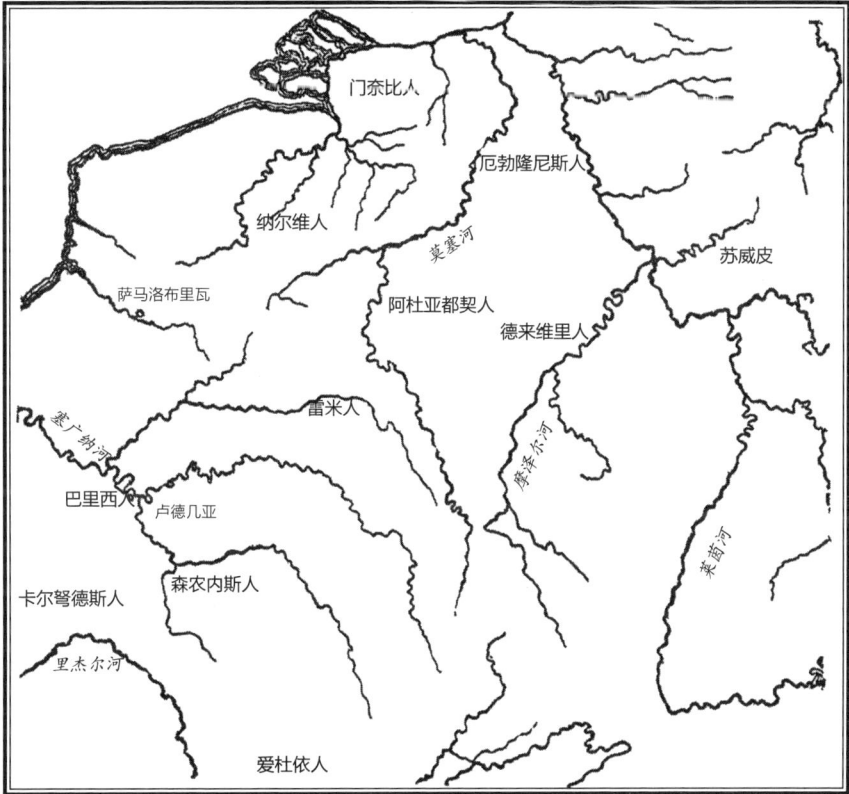

◎ 与纳尔维人和其他部落的战役

克斯也加入了他们。关于战争的谣言不胫而走。森农内斯人依然心怀敌意，而卡尔弩德斯人在怂恿他们造反。至于纳尔维人，已经遭受了可怕的惩罚，阿杜亚都契人和门奈比人尚未放下武器。

　　恺撒预料到以纳尔维人为首的各部落会给自己制造麻烦，而且知道他们一直在煽动日耳曼人再次发动入侵，于是决定对其发动出其不意的打击。大约在开战季节前的 3 月，恺撒突然集结了距萨马罗布里瓦司令部最近的 4 个军团（分别由费边、克拉苏、西塞罗和德来朋纽斯指挥）向纳尔维人进军，罗马军队像飓风一样席卷了他们的领地，擒获了大部分纳尔维人，蹂躏了他们的土地，洗劫了存粮。解除了纳尔维人的防御力量后，恺撒得以任意摆布他们。恫吓了他们后，恺撒强迫纳尔维人献上人质求饶，随后返回了冬令营。

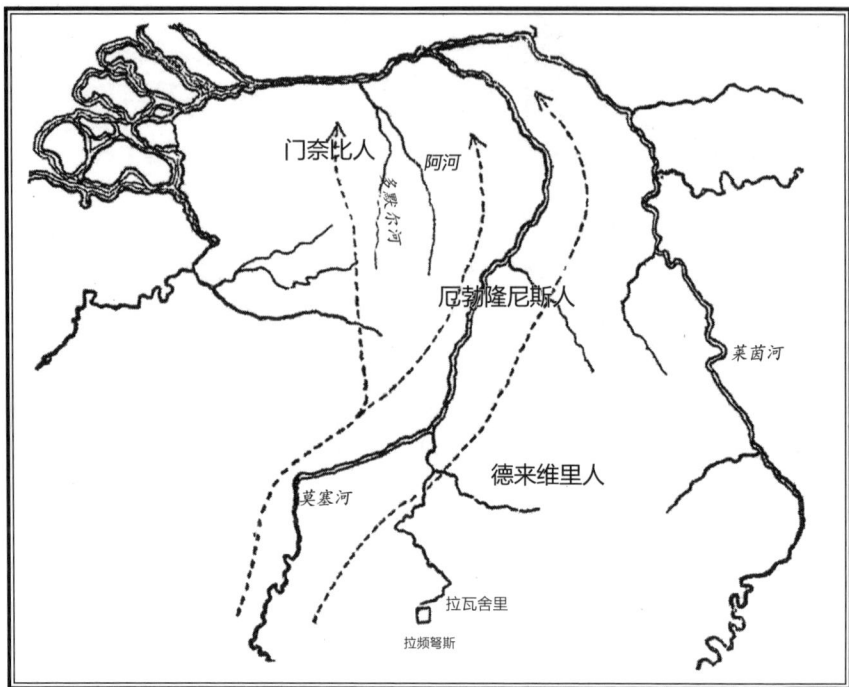

◎ 与门奈比人的战役

在这里，恺撒召集了一个高卢人大会。除了森农内斯人、卡尔弩德斯人和德来维里人，所有部落都派出代表与会。恺撒将会场转移到卢德儿亚（Lutetia）①，以便在政治和军事计划上都获得合法性。恺撒从这里出发向森农内斯人和卡尔弩德斯人发动了一场军事示威，后者的地盘与巴里西人（Parisii）②接壤。在酋长阿克果（Acco）的率领下，森农内斯人和卡尔弩德斯人退入他们的城镇，但无法抵挡恺撒的迅猛攻势。他们分别乞求爱杜依人和雷米人出面斡旋，鉴于他们交出了此前一直拒绝交纳的人质，恺撒宽恕了他们的背叛。恺撒没有时间跟他们较劲，只是满足于遏制日益增长的叛乱倾向。他们献出的人质交由爱杜

---

① 译注：今法国巴黎。

② 译注：巴里西人（Parisii）是巴黎（Paris）的词源，巴里西人的首府卢德儿亚就是后世的巴黎。

依人监押。随后，恺撒结束了这场大会。恺撒迅速果断又考虑周全的行动，使高卢中部安定下来，他可以全心全意投入与厄勃隆尼斯人酋长安皮奥列克斯的战争中去了。恺撒认为，从政治和军事角度看，洗雪阿杜亚都卡的战败耻辱是高于一切的头号要务。

作为计划的组成部分，恺撒从高卢各部中新征发了一批骑兵。他命令卡伐林纳斯（Cavarinus）统率的森农内斯骑兵与自己同行。由于这些骑兵中有许多森农内斯头面人物，如果不将他们置于自己的眼皮子底下，他绝不相信他们会安分守己。

在厄勃隆尼斯人北方并与之接壤的门奈比人是唯一从未向恺撒派遣使节的部落。他们也是安皮奥列克斯的盟友，恺撒打算首先将这个民族与其盟友分裂开来。只要他们还没被荡平，那么安皮奥列克斯就会在他们的森林和沼泽之中保留一个易守难攻的避难所。除了担心安皮奥列克斯会说服日耳曼人发动一场新攻势之外，还因为这位酋长是这个联盟存在的保证。恺撒要做的两件事情是扫荡德来维里人和将安皮奥列克斯从门奈比人中铲除。后一个任务将由恺撒亲自完成，前一个任务交给了拉频弩斯，拉频弩斯很清楚应该怎样处理此事，因为他曾在德来维里人的边境地区息冬，而且已经尝试过与他们打交道。

将全部辎重和两个军团交给拉频弩斯之后，恺撒率领五个军团兵分三路，分别由费边、克拉苏和自己率领，以轻装队形向门奈比人进军。门奈比人立即退入天险中躲避，没有集结任何兵力。在森农内斯骑兵的协助下，恺撒架桥跨过沼泽和河流，沿着三条路线进入门奈比人的地盘。这三条路线大概是沿着马斯河两岸而下和顺阿河（Aa）或多默尔河（Dommel）而下，抵达与马斯河汇流处，自南向北纵贯门奈比人的地盘。恺撒的行动始于无情地蹂躏他们的地盘，夺取他们的牲畜，俘虏他所有能抓到的头面人物。没过多久，门奈比人就来求和了。他们因与世隔绝而独立自主，不习惯统一行动，无力抵抗有组织的入侵。恺撒同意了他们的求和，条件是绝不许容留安皮奥列克斯。恺撒在他们中间留下了若干由阿德来巴得斯人康缪斯指挥的骑兵之后继续向拉频弩斯和德来维里人方向进军。他的路线可能是溯莱茵河而上，因为我们会在波恩再次发现他的行踪。

拉频弩斯在今天拉瓦舍里的旧营地息冬。德来维里人对他怀有某种敌意，甚至在战胜英度鞠马勒斯之后依然在他的营盘周围搞了各种各样的示威活动，但是在听说拉频弩斯从恺撒手中新获得了两个军团之后，他们决定静候日耳曼人过来帮忙，他们拥有足够理由期待日耳曼人会过来。他们驻扎在乌尔特河（Ourthe）右岸。拉频弩斯没有坐等蛮族进攻，他带上30个大队中的25个和骑兵出击，留下5个大队留守辎重，抢先一步向敌人进军，他驻扎在乌尔特河的对岸，距离敌人1500米之遥。

敌人在焦急渴望日耳曼援兵，拉频弩斯则渴望速战速决。考虑到谣言会把他的话带给对手，他公开表示并不打算与德来维里人和日耳曼人较量，打算在次日退兵，看上去罗马人在匆忙和混乱地准备撤走，而且确实离开了工事。敌人的侦察兵很快就侦知了这一情况，一些逃兵将拉频弩斯的话带给他们。由于担心会失去罗马营盘中的战利品，而且受到佯装撤退的鼓舞，蛮族渡过了河，罗马人一列队出营，他们就袭击罗马人的后卫，指望获得轻而易举的胜利。他们将自己置于一个危险的境地，河流在他们身后，陡峭的河岸令他们在渡河时陷入混乱。拉频弩斯早已将整个作意图吐露给了部将和百人队长们，并且将辎重安置在一个安全的高地上严加守护。拉频弩斯将所部牢牢掌握在手中，鼓励他的军团各尽所能地奋勇拼杀，佯退其实是一场训练有素的机动，他迅速下令让鹰帜面向敌人，继而下令摆成战线迎敌。他的命令像钟表一样得到了精确执行，骑兵猛扑敌人的两翼，战斗的呐喊清晰而响脆。德来维里人完全处于不利地位，几乎毫无招架之力。军团和骑兵以暴风骤雨之势猛扑了上去，将敌人分割包围、就地歼灭。残余敌人遁入森林，拉频弩斯巧妙利用了敌人的浮躁和寡谋。蛮族接受的惨痛教训，化解了日耳曼人入侵的威胁。这个民族被

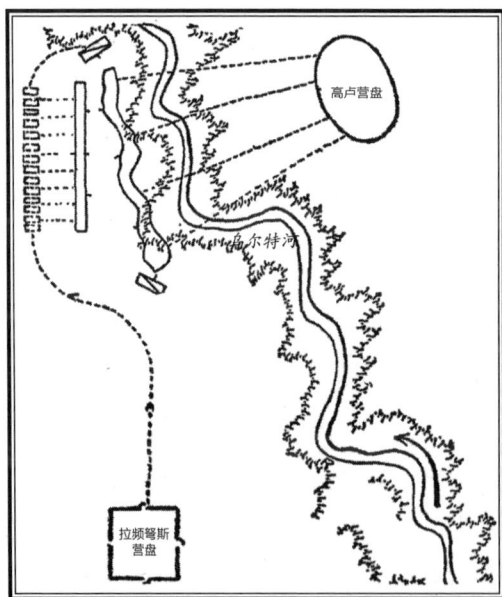

◎ 德来维里战役

转交给取代了英度鞠马勒斯的地位的钦杰多列克斯，此人一直是罗马的盟友。

我注意到，只要罗马军队以稳健的纪律作战，无论高卢人有多少人马都会不可避免地战败。从我们理解的意义上说，高卢战争中没有开阔地上的激战。在萨比斯河边，恺撒不得不亲自上阵冲杀，因为他遭到了突袭。高卢人随时准备战斗，他们顽强抵抗罗马人的征服，英勇的努力值得赞扬，但在战场上，他们永远无法面对准备就绪的军团。

现在，安皮奥列克斯陷入孤立。这边的门奈比人和那边的德来维里人都已经屈服，日耳曼人也指望不上了。

恺撒已经离开门奈比人的地盘向莱茵河进军，得到拉频弩斯获胜的消息后就留在了波恩——两年前渡过莱茵河的地方附近。他决心再次渡过莱茵河，主要原因就如他所说的那样，将武力强加在日耳曼人头上，不仅因为他们曾经帮助过德来维里人，也是为了防止他们收留安皮奥列克斯。他在建造第一座莱茵河河桥上游一点的地方又修了一座类似的桥梁。这座桥的修建速度甚至更快一些；依旧"在军士们的热情工作之下"完工。在西侧桥头堡留下一支强大但适量的守军之后，他率领军团和骑兵深入日耳曼领土。乌皮人立即跑过来向他明确表明，他们对自己的盟友是忠诚的，向安皮奥列克斯派出辅助部队的是苏威皮人。苏威皮人甚至已经从他们的藩属部落中征召了军队，集结了一支随时可以发动入侵的大军。恺撒利用乌皮人充当耳目来了解苏威皮人的动向，并且通过他们确定苏威皮人获悉恺撒迫近他们之后就退入了他们领土边界上的巴钦尼斯森林 [1]。恺撒认为不向他们进军才是明智的，因为在一块居民不关心农业的土地上，不可能为人马找到粮秣，而且苏威皮人赶走了他们的牛羊之后，那里与沙漠并无二致。蛮族的算计很精明，但是为了让他们相信恺撒还会再来，从而阻止他们立即采取行动，恺撒率军返回莱茵河西岸之后，将桥梁连接彼岸的 60 米长的桥面拆除，并且在"桥头造了一座四层高的木塔"，在莱茵河左岸"用非常坚固的工事加强了这个据点"，派沃尔卡久斯·都勒斯（VolcatiusTullus）率领的十二个大队的强大守军在此留守。一到粮食开始收割的时候，恺撒就亲

---

[1] 译注：今天的哈茨山（Hartz mountains）。

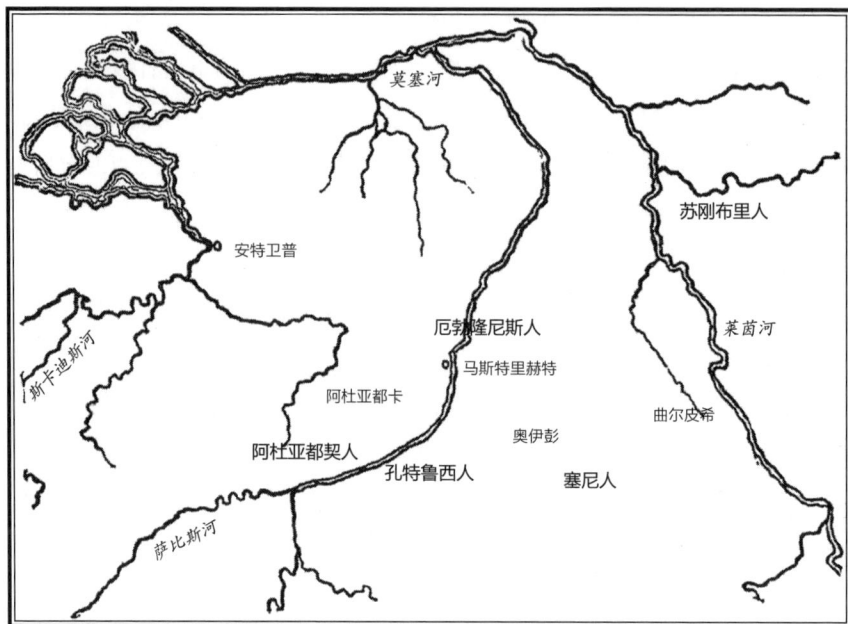

◎ 追杀安皮奥列克斯

自率领他的第 10 军团中的主力出发，穿过阿登森林杀向安皮奥列克斯，决心惩罚他对萨宾努斯的背叛。

恺撒取道曲尔皮希（Zulpich）和奥伊彭（Eupen），派出全部骑兵前出，在路求·明弩久斯·巴希勒斯（Lucius Minucius Basilus）的统率下，尝试打安皮奥列克斯一个出其不意，而他自己率领军团迅速跟进。他命令巴希勒斯开进，连营火都不许点燃。这位军官以其出众的判断力和干练履行了使命，通过从俘虏口中获取的信息指导行程，他很快就来到据说安皮奥列克斯与其一小股骑兵的藏身之处。他的进展如此迅猛，以至于在任何关于他行动的传言传到安皮奥列克斯耳中之前，他就突袭并差点捉住了对手。但是，恺撒说："在他遇险和脱险上，命运都起了很大作用。"安皮奥列克斯抓住千载难逢的好运气，成功逃出生天。他的侍卫们用事实证明了忠诚，以一场精彩的战斗掩护他骑上一匹马逃之夭夭了。

这位酋长似乎开始意识到继续与恺撒为敌是愚不可及的。因此，他告知盟友们，要他们现在必须为自己的生计着想。这是一种叛卖行径，激起了针对他的愤怒。厄勃隆尼斯人的国王卡都瓦尔克斯自杀了。许多依然拿着武器反对恺撒的部落携带财物遁入森林和沼泽，以躲避恺撒的愤怒报复。塞尼人和孔特鲁西人恳求恺撒的怜悯，证实了自己没有怂恿安皮奥列克斯造反之后得到了宽恕。但是他们受到警告要安分守己，还要把躲在他们中避难的厄勃隆尼斯人交给恺撒。

　　恺撒现在的任务轻松多了，他可以各个击破造反的蛮族，在亲自指挥之下，他所需要的人手要少得多。恺撒到达莫塞河的古渡口 ① 后兵分三路。他将辎重运到厄勃隆尼斯人中间的阿杜亚都卡，尽管萨宾努斯在那里全军覆没，他修建的许多工事还在，这样可以令士卒们免受许多兴修新工事的劳作之苦。他派西塞罗率领第 14 军团和 200 名骑兵留守辎重。拉频弩斯率领 3 个军团向大西洋岸边，厄勃隆尼斯和门奈比人之间的边境地区挺进，以确定这个地区的高卢人的立场，并见机行事；德来朋纽斯率领 3 个军团，被派往西南方向，扫荡与阿杜亚都契人毗邻的地区；而恺撒本人率领 3 个军团向斯卡迪斯河（斯凯尔特河）进军，企图追杀安皮奥列克斯，直到埃度恩那森林的边界，今天的布鲁塞尔（Brussels）与安特卫普（Antwerp）之间，安皮奥列克斯及其几个骑马的党羽已经逃到了那里。

　　有些权威人士认为斯卡迪斯河不是斯凯尔特河，而是萨比斯河，因为正如《高卢战记》所述，后者并不流入莫塞河。那句话的原文是"流入莫塞河的斯卡尔狄河"。但是，恺撒可能犯了地理上的错误，斯凯尔特河的确流入了距离马斯河河口不远的大海；而且斯凯尔特河比萨比斯河更像一路大军的进军目标。一路向萨比斯河挺进的部队会一无所获，而且这还是德来朋纽斯的进军方向。

　　如果可能的话，拉频弩斯和德来朋纽斯将在第七天返回，与恺撒会师于阿杜亚都卡。届时，恺撒将视情况决定未来采取什么行动。第七天是给留守部队发放粮饷的日子。如此大量的工作在短时间内完成，令人想起亚历山大发动的一些针对山区蛮族的战役。这三路大军实际上更像三支武装侦察队。在这么短的时间内，他们什么都干不成。

---

① 译注：今比利时维塞（Visé）。

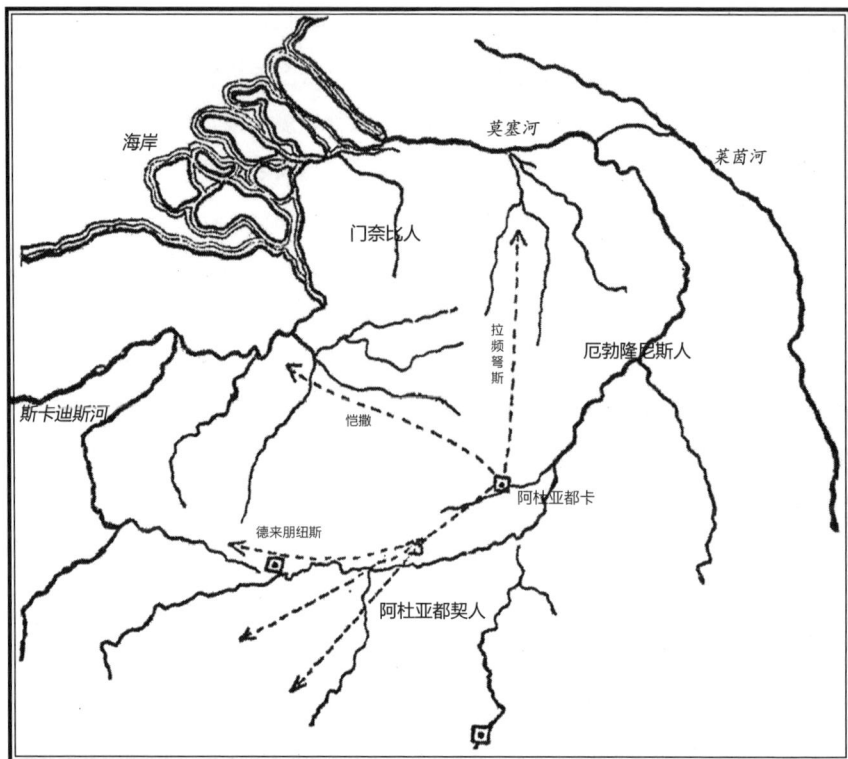

◎ 三路进军

那些曾经效忠于安皮奥列克斯，现已陷入单打独斗的部落干得不错，他们既没有城镇也没有营寨，甚至没有值得进攻的军队。他们化整为零退入森林，他们唯一能打的仗是袭击罗马筹粮队或落单的战利品搜掠者：

> 正如我们上文所说，当地已经没有一支成形的军队、没有一个城堡或一个据点可以用武力自卫，人们都散处在四面八方。不问是一个隐蔽的山谷也好、茂密的林薮或者险阻的沼泽也好，只要有人认为可以提供一线保障或逃生的希望，就去躲藏在那边。对住在就近的人来说，这些地方都是他们熟悉的，但对我们说来，事情就需要特别留神，倒不是整个部队须要兢兢业业提防，惊骇四散的人从来不会危害到集中在一起的大军，该注意的是个别的士兵，当然就某种程度来说，

176

也会牵涉到大军的安全。因为劫掠的欲望会把许多人吸引到老远去，而密林中隐蔽的难于辨识的道路也不允许集中着的大队人马进去。因此，如果恺撒希望这次战争得以结束，这个万恶的族类得以歼灭干净，就必须把人马分散，一批批派向四面八方去搜捕。如果他按照罗马军队向来的规矩和习惯，仍旧要士兵们保持着严密的队形行动，那地形本身就会成为蛮族的保障。同时他们中个别的人，也不乏勇气打些秘密埋伏，对我军分散的队伍来一个突然围攻。鉴于这些特殊困难，凡是出于谨慎、应该考虑到的一切都周密地考虑到了，虽然大家心中都燃烧着一股复仇的怒火，但恺撒还是放过了许多可以给敌人造成损害的机会，以免敌人反给我军一些伤害。

恺撒发现，他的时间不足以允许他全力解决眼前的问题，他也希望节约使用他的军团。他邀请邻近部落，通过许诺瓜分大量战利品，来消灭这些以厄勃隆尼斯人为首的敌对部落。他决心这样做，作为他们消灭萨宾努斯和科塔的军团的惩罚，在他看来这是最不能容忍的背叛。恺撒不能原谅这个部落首领的背信弃义。他用最可怕的惩罚手段去造访他们，必须要斩尽杀绝。

恺撒请求帮忙的流言也传到了莱茵河对岸的日耳曼人中，他们认为这也适用于他们，给了他们一个难得的掠夺机会。生活在莱茵河毗邻地区的苏刚布里人派出了2000名骑兵，在恺撒的莱茵河桥下游45千米处乘船渡河，搜罗和赶走畜群，它们"正是蛮族十分贪图的东西"。获悉位于阿杜亚都卡的罗马营盘中没有多少守军，加上在他们看来，敌友之间没多少区别，他们贪得无厌的欲望诱使他们去那里碰碰运气。他们收藏好手中的战利品，在马斯特里赫特渡过莫塞河，前往阿杜亚都卡。

恺撒及其部将们无法在第七天赶回阿杜亚都卡，形势绝非大好，而只剩下七天粮饷的守军，开始吵嚷着要外出搜罗粮草。西塞罗一直紧闭营门不让手下外出。很快，搜罗粮草就势在必行了，西塞罗决定派出若干人马出营筹集粮草，他想象不出会发生什么严重危险，因为所有敌对部落都被打散了，外出的9个军团肯定就在不远处。他错误地派出了过多部队（5个大队），而且可能是守军中最精锐的部分，导致营中防务空虚。不幸的是，这些筹粮队离开营盘不久，这2000名日耳曼骑兵就出现了，并发现营盘守卫力量不足。西塞罗的处境确实艰难，这险恶的局面也显示出西塞罗不够慎重。一个军人必须料敌从宽，时刻准备应对不测。

日耳曼人突如其来地杀向营盘后门，许多随营商贩大吃一惊，因为他们的同伴还在营外，防守此处的大队无力抵抗，直到在慌乱中后退，关闭了背后的营门。在营盘里面一切都乱作一团，部队几乎完全失去了行动能力。甚至有人猜测恺撒一定打了败仗，眼前的敌人是获胜的高卢军队的前锋。要不是塞克斯提乌斯·巴古勒斯（Sextius Baculus）的精神力量的存在，敌人可能会轻易攻入营门，巴古勒斯已经因伤致残，但依然从别人手中抢过武器，鼓励他的战友守卫壁垒。因此，《高卢战记》声称，似乎营中的5个大队比营外的2000名骑兵还能打。《高卢战记》没说西塞罗身在何处，然而他已经在去年通过坚守营盘而声名鹊起。阿杜亚都卡似乎是埋葬恺撒的一个陷阱。

当日耳曼骑兵们还在争论如何以最小代价夺取营盘时，外出的筹粮队回来了。这一次轮到他们进不了军营了，整个营盘都被蛮族团团围住。他们众说

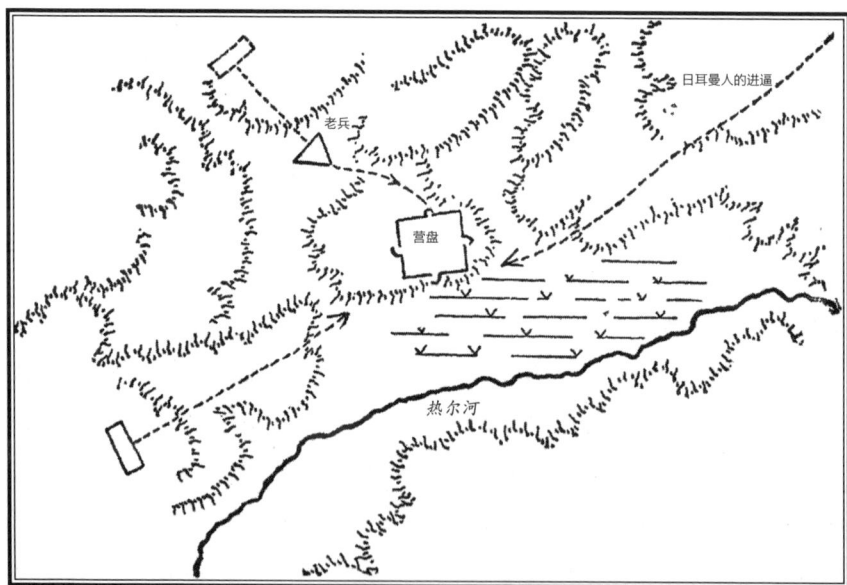

◎ 西塞罗在阿杜亚都卡

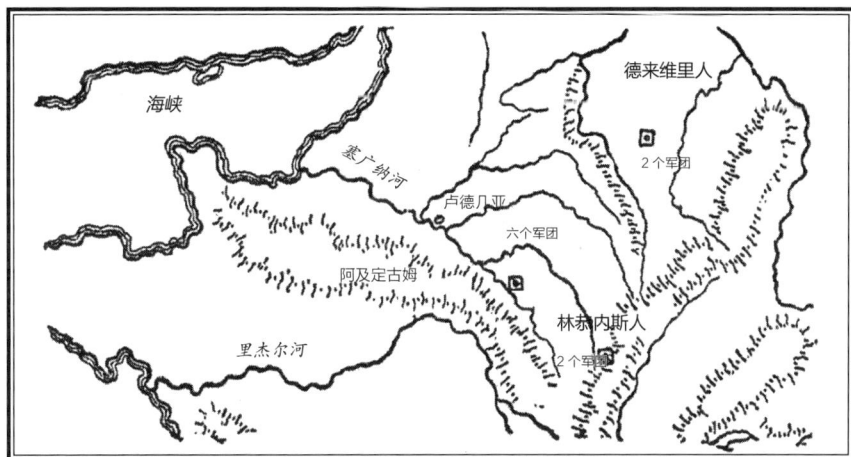

◎ 公元前53—前52年的冬令营分布图

纷纭，老兵们认为应该这样，新兵和随营军奴、商贩们说该那样。显然，这些筹粮队是由多个军官带领出去的，似乎无人具备唯一权威。在骑士盖乌斯·德来朋纽斯的指挥下，老兵们采纳了他们认为当前局面下最好的方案，决心杀出一条血路冲过去。他们以密集队形组成一个楔形或三角形（cuneus），通过大胆的突击与骑兵和随营者井然有序、安然无恙地进入营盘。另一批人组织较差，想在一个毗邻山冈上站稳脚跟，但看到老兵们的成功之后，他们试图如法炮制。在这批人中间，有一些人被砍倒和击毙了，因为不仅日耳曼人看到了他们的这一机动，而且这队人马的行动可能也不够老练，穿过了一片不利的地形。整个过程表明他们士气低落和缺乏管理。

营盘的防御再度就绪之后，日耳曼人看到胜利机会渺茫便带着战利品渡过莱茵河撤退了。营中的守军处境凄惨，在沃卢森纳斯（Volusenus）率领的骑兵先头部队赶回来之前，守军几乎不相信恺撒安然无恙。恺撒的工作只完成了一半就回来了，因为他答应西塞罗这么做，并同意与拉频努斯和德来朋纽斯会师。

恺撒在营中重新整顿了一番，再度踏上征程去追杀安皮奥列克斯。这一次，所有邻近部落都派出了辅助部队陪同前往，他们侦察了军队所过之处，一路烧杀掠夺，残酷到逃脱的叛乱分子肯定会饿死的程度。恺撒为抓捕安皮奥列克斯开具了高昂赏格，这位精明的酋长多次险些被擒，但还是躲开了每一个陷阱。

据说，他只剩下 4 个同伴，从一个堡垒或藏身之所逃到另一处，而且逃脱了最严密的追捕。

恺撒随后又返回了雷米人的主要城镇杜洛科多勒姆（兰斯），除了爱杜依人之外，雷米人是最忠于罗马人，同时也是最受罗马人尊敬的部落。在这里，恺撒召开了一个高卢部落会议，来决定如何处置森农内斯人和卡尔弩德斯人的叛乱。叛乱分子的主谋阿克果与其他若干同党被判有罪。"以我们的传统方式"（more majorum），阿克果被明正典刑，戴着枷锁被鞭挞至死。有些叛乱分子逃之夭夭了，但罗马的所有盟友都不得向他们提供"火与水"①。

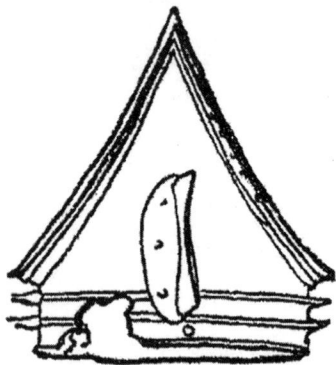

◎ 高卢头盔

现在，恺撒入驻了冬令营。2 个军团驻扎在德来维里人的边界上，2 个军团在林恭内斯人的土地上，其余的 6 个安营于森农内斯人地盘上的阿及定古姆（Agendicum）②。军团之间的距离更近，不像去年那样孤立无助。由于粮秣供应充足，存贮安全，恺撒认为在未来的几个月内自己的军队都无事可做，他便动身前往意大利。

这一年的行动特点，在于针对安皮奥列克斯在高卢东北部从事的精巧细致的叛乱，恺撒采取的巧妙和迅速的处置和机动。这场战役伴随着对整个地区的彻底破坏，但在这种情况下，破坏不仅仅是一种不同寻常的行为，可能被视为是镇压叛乱各部的唯一手段。即使在当时，这样的行径也要具体问题具体分析。在某种情况下是单纯的战争行为，而在另一种情况下则是纯粹的野蛮行径。

在这一年的行动中，值得批评的一点是西塞罗在阿杜亚都卡的粗心大意，恺撒认为这是严重到需要申斥的行为。由于好运，此役没有带来重大恶果，但它可能引发另一起萨宾努斯事件。

---

① 译注：根据罗马法，"切断火与水"意味着失去公民权，不再受到法律保护。

② 译注：今法国桑斯（Sens）。

维钦及托列克斯
（公元前53年至前52年冬季）

第十五章

当恺撒抵达山南高卢时，听说了罗马发生的动乱，克劳狄乌斯（Clodius）遇害①，所有青年都受命进行军事宣誓的报告——他们要去鹰帜下报到参军。恺撒认为有必要下令在高卢和普罗旺斯行省实行全面征兵，他的六年战争已经结出了丰硕果实。从表面上看，高卢已经被征服，高卢的日耳曼尼亚和不列颠的邻居们接受了不要干涉高卢内部事务的教训。关于罗马政坛上的严重问题的流言蜚语也传播到了高卢，尽管这个国度已经完全平静下来，但这种平静之下暗流涌动。恺撒刚转身离开，各大部落的酋长们就开始密谋让他们的国度摆脱罗马人强加的沉重负担。他们认为现在时机不错，因为恺撒必须留在意大利，以维护其在本国政府中的利益；他们还认为对恺撒而言，国内利益比高卢的忠诚重要得多。

密谋者们在秘密隐蔽的地方聚会，谈论自己的苦难，尤其抱怨阿克果和其他高卢头面人物的残酷死亡，他们预感类似的命运将会降临到自己的头上；他们谴责自己的土地惨遭蹂躏；他们哀叹强加在国土上的枷锁；他们还以庄重的誓言宣誓，他们会在必要时，以死争取高卢的解放。他们计划在恺撒回来之

---

①译注：克劳狄乌斯是共和国末期的著名煽动家，以放荡著称，公元前58年任保民官。最初恺撒把他当成自己的工具，竭力扶植他，用他作为自己留在罗马的代理人。通过采取一些取悦百姓的手段，包括取消向城市贫民发放救济粮时收取的低廉费用，废除禁止街头活动的法律等，他获得了城市游民的拥护，成为罗马城内的风云人物，拥有大批打手和武装奴隶，因此不但跟留在罗马的庞培发生公开的冲突，而且逐步脱离恺撒的控制。公元前56年，庞培、恺撒、克拉苏三人重新订盟后，他逐渐被恺撒抛弃，庞培培养另一个煽动家米罗跟他对抗。他在一次械斗中被米罗的党羽杀死，这在罗马引起了轩然大波，愤怒的城市游民到处报复，甚至纵火烧掉了元老院。这就是当时罗马发生的动乱。

前发动袭击，至少封锁罗马营寨，并且尝试在路上拦截恺撒。这似乎轻而易举，因为这些酋长知道，没有恺撒亲自下令，任何一个军团都不能移动营地。留下一个军官总揽全局不是恺撒的习惯，只要封锁了道路，没有军队保驾的恺撒就无法到达军团营地。

在我们看来，恺撒不在的时候不让任何人担任最高统帅，是一种极其不当的举措。官兵将士缺乏积极的管理，已经不止一次造成了灾难性后果，但是，这种习惯以及罗马军官之间不断轮流指挥造成的损失似乎比我们预想的要小。这种制度在罗马军队中行之有效，但也仅仅在罗马军队有效，在其他军队中完全无效。

阿克果的遇难对卡尔弩德斯人的打击最为沉重，他们首先拿起武器同意向罗马人开战，前提是其他部落能够支持他们。所有人都宣誓这样做，并按照他们的军事标准，以最庄严的方式做出保证。在那个商量好发动叛乱的日子，在两个置生死于度外的人——古德鲁亚都斯（Cotuatus）和孔肯耐托杜纳斯（Conetodunus）的率领下，卡尔弩德斯人集结于钦那布姆（Genabum）[①]，屠杀了那里的所有罗马人，其中多数是商人。遇害者中有受恺撒委托筹备粮秣的专员盖乌斯·富非乌斯·契坦（Caius Fusius Cita）。

关于叛乱行动的情报传播得快如闪电。据说已经传到了阿浮尔尼人的地盘上，即今天的奥弗涅（Auvergne）——从日出到第一刻时（上午9时），就从钦那布姆传到了及尔哥维亚，经卢瓦尔河和阿列河河谷传播了240千米。这条新闻是由驻扎在位置合适的山丘上的塔楼上的人传播的，他们以特定的叫喊声，或者可以称之为"响亮的单音节"口耳相传。这样的情报传递方式在高卢一直延续到中世纪，这些塔楼的一些遗迹存留至今。如果风向相反，就用火光代替声音。很多地方和时代都用过类似的手段。这是一种天然的方法，信号通讯方式颇为古老，而字母信号出现得相当晚近。

维钦及托列克斯是一位年轻、聪慧而强力的酋长，生于及尔哥维亚，是阿浮尔尼人契尔季洛斯（Celtillus）的儿子。契尔季洛斯怀有成为所有高卢人

---

①译注：可能是今法国奥尔良（Orleans），但更可能是奥尔良东面的日安（Gien）。

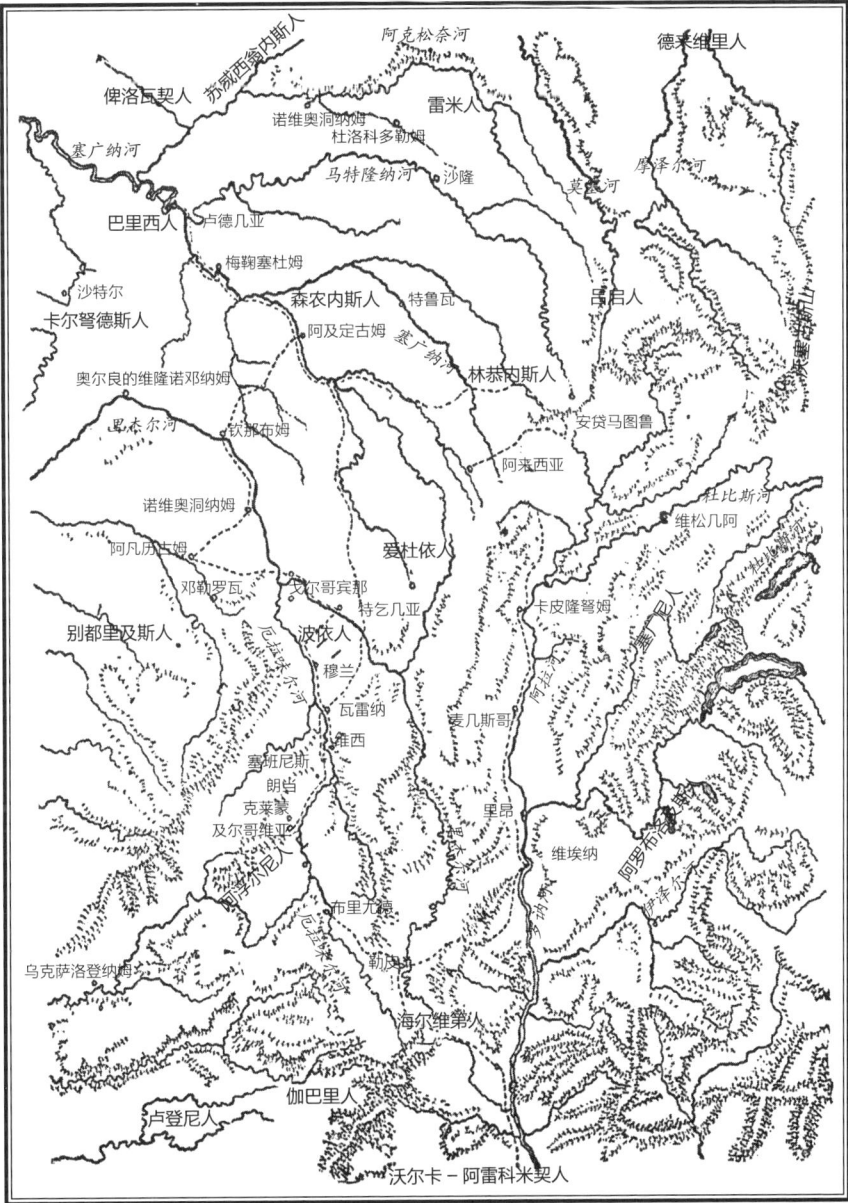

阿克松奈河

德来维里人

俾洛瓦契人

苏埃西翁内斯人

雷米人

诺维奥洞纳姆

摩泽尔河

杜洛科多勒姆

马特隆纳河

莫济河

沙隆

寒广纳河

巴里西人

卢德几亚

乌启人

沙特尔

梅鞠塞杜姆

卡尔弩德斯人

森农内斯人

特鲁瓦

阿及定古姆

寒广纳河

奥尔良的维隆诺邓纳姆

林恭内斯人

昂杰尔河

钦那布姆

安贷马图鲁

诺维奥洞纳姆

阿来西亚

杜比斯河

阿凡历古姆

爱杜依人

维松几阿

邓勒罗瓦

戈尔哥宾那

别都里及斯人

波依人

特乞几亚

卡皮隆弩内姆

穆兰

瓦雷纳

麦几斯哥

塞班尼斯

维西

朗皂

里昂

克莱蒙

及尔哥维亚

维埃纳

乌克萨洛登纳姆

布里尤德

勒戎

海尔维第人

卢登尼人

伽巴里人

沃尔卡－阿雷科米契人

◎ 高卢中部

183

的最高统治者的抱负，也因此被杀。维钦及托列克斯激发了他的臣民的反抗热情，使他们奋起反抗罗马暴君。年纪较大的酋长们认为造反不是合适的，因为阿浮尔尼人长期以来都是罗马的忠实盟友。他们将维钦及托列克斯赶出他们的主要要塞及尔哥维亚。不过，维钦及托列克斯没有轻易放弃他的抱负，他将所有穷人和陷入绝境的人，以及许多年轻和野心勃勃的人都号召到自己的战旗之下，在很短的时间内变得相当强大，足以将其他酋长赶出及尔哥维亚，而他自己则在及尔哥维亚割据一方。被拥戴为国王之后，他赢得了里杰尔河沿岸直到海边的所有邻近部落的支持，甚至里杰尔河对岸的部落，森农内斯人、巴里西人、庇克东内斯人、卡杜尔契人（Cadurci）、都龙耐斯人、奥来尔契人（Aulerci）、雷穆维契斯人（Lemnovices）也拥护他，他被选举为所有起义者的最高领袖。爱杜依人拒绝参加起义，并且阻止了里杰尔河以东的部落参加起义。

维钦及托列克斯的军纪严苛而残酷，据说他经常用死刑和肉刑胁迫新兵加入他的队伍，但他的队伍还是迅速壮大。无论如何，他不择手段组建了一支庞大的军队，其中的骑兵尤其出色。步兵不怎么样，但是通过将轻装部队与骑兵混编，骑兵数量增加了。

毫无疑问，维钦及托列克斯是个有着非凡才具的人，只是他发动起义的时间不合适，但这种错误不能归咎于他缺乏判断力。当时，他和任何人都无法预见如果起义推迟几年，到恺撒身陷内战的泥潭而无法亲自来高卢的时候，起义会对罗马人造成多大的威胁。恺撒确实很走运，像维钦及托列克斯这样强大的对手没有将起义推迟到他与庞培最终决裂之后。

维钦及托列克斯开始了他的军事行动，他首先派遣由卡杜尔契人路克戴留斯（Lucterius）率领一队人马到高卢南部卢登尼人的地盘上，同时亲自向里杰尔河以南的别都里及斯人（Bituriges）进军，因为后者没有加入他的起义。卢登尼人向罗马人永远的忠实盟友爱杜依人求援，爱杜依人派来一支人马支援他们。当这支人马抵达爱杜依人的边界里杰尔河的时候，听说，或者说军中的反罗马人士假装听说，别都里及斯人背信弃义地企图进攻他们，故而在原地盘桓一番之后就回去了。就这样，孤立无助的别都里及斯人加入了维钦及托列克斯的麾下。

身在意大利的恺撒听说了这些事。庞培与他在双方都满意的基础上摆平了罗马事务，这样恺撒就能启程出征了。但是，当他抵达山南高卢，也就是罗讷河的时候，他意识到了自己的困境——他对如何与他的军队会合游移不定。高卢酋长们的计划十分精明，他无法派人去号令军团，见不到任何从军营来的使者，也无法真正指挥军团的行动。各军团相互隔绝，如果它们试图行动，很可能在集中之前被各个击破。在这种危急局面下，军团无法指望某个特定人物的聪明才智，他也无法到军团中去，因为他不敢将安危托付给任何人，高卢人中的不满情绪已经相当普遍。

与此同时，路克戴留斯已经拉拢了卢登尼人、尼托布里基人和伽巴里人等邻近部落，准备南下进犯普罗旺斯行省靠近海岸的奈波。不过，恺撒相当多谋善断，他那不知疲倦的天性让他意识到世上一切皆有可能。与所有伟大的军人一样，他在危难时刻挺身而出，随着危险加剧他也更加坚强。他前往奈波，

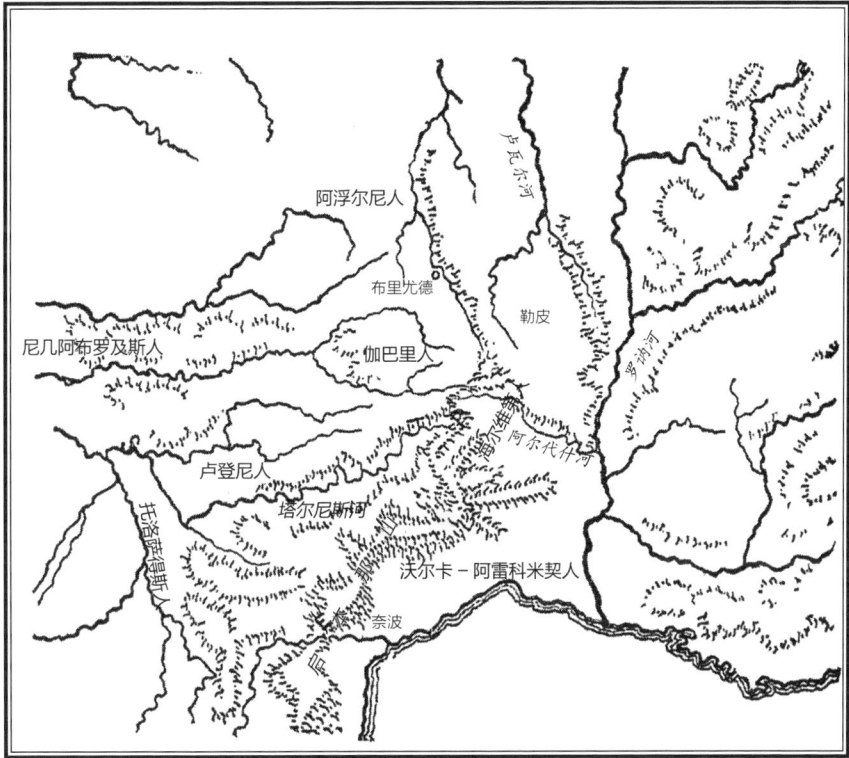

◎ 普罗旺斯行省

185

因为普罗旺斯与起义毫无关联，所以他愿意去那里掌控普罗旺斯。

恺撒的出现恢复了人们的信心。他驻扎在奈波，通过鼓动附近的居民，招募了足够多的新兵，使他得以保卫塔尔尼斯河（Tarnis river）沿岸、毗邻卢登尼人的城镇，以及沃尔卡族的阿雷科米契人和托洛萨得斯人境内的城镇。这样，路克戴留斯就无法入侵普罗旺斯行省了，因为他面对的防线过于坚固，肯定无法取得持久的战果。

巩固了普罗旺斯行省的左翼防线之后，恺撒北上向海尔维第人挺进，同时命令从意大利和普罗旺斯集结一批新兵。他担心维钦及托列克斯会进攻他的军团，因此计划将对手的注意力转移到他自己身上。

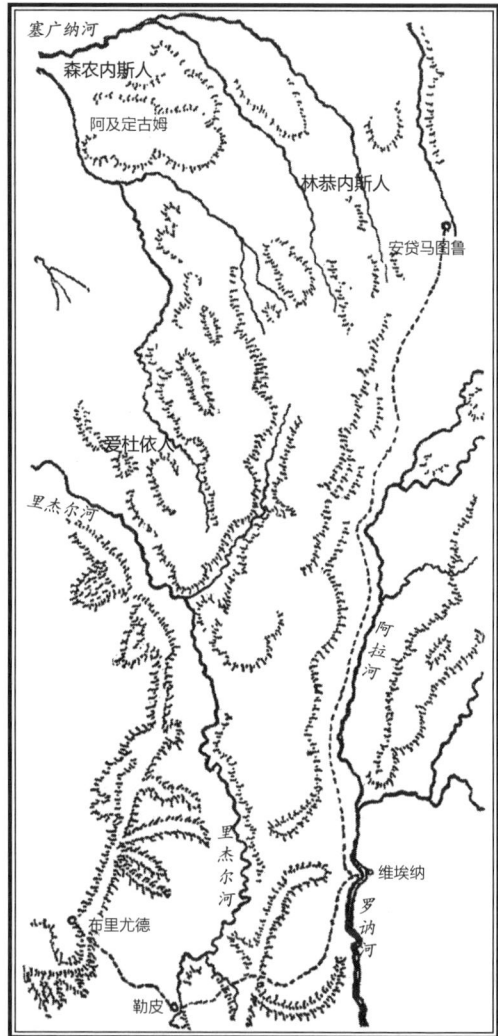

◎ 恺撒前往他的军团

必须采取措施将普罗旺斯行省附近的高卢领导人吸引过来，在那里恺撒可以压制他们。恺撒看到，如果他要获得进入军中的机会，他必须采取一些大胆的行动来吸引维钦及托列克斯的注意力，尽管积雪深达 1.8 米，他还是率领部队付出了难以置信的劳作和困苦，翻越了启本那山，大致路线是登上阿尔代什（Ardeche），继而下行到卢瓦尔河河谷，经今天的阿普斯（Aps）、欧布纳（Aubenas）和圣西尔格（St.

Cirgues）前行，走出阿浮尔尼人的地盘奔向勒皮（Le Puy），继而前往布里尤德（Brioude）。此后，他派骑兵前进，在这片土地上纵横驰奔，播撒死亡和恐惧。

看到自己的土地而非普罗旺斯行省变成战场，一支全副武装的军队从一片从来没人尝试过在冬季翻越的群山中现身后，阿浮尔尼人目瞪口呆，急切地向维钦及托列克斯求援。维钦及托列克斯搁置了别都里及斯人的问题，让他们自行解决，自己率领最精锐的部队发动强行军，向罗马军队方向挺进。恺撒的分兵之举转移了维钦及托列克斯的注意力，使之舍弃了对其事业最有利的目标。恺撒命令年轻的布鲁图斯（Brutus）指挥他的骑兵进行强有力的侦察，并不停游弋，恺撒本人奔向罗讷河畔的维埃纳，在那里，他发现了一些已经按照他的命令在这个城镇集结待命的新募骑兵，他亲自率领他们日夜兼程，穿过爱杜依人的地盘进入林恭内斯人境内，他的两个军团正在这里的安贷马图鲁（Andaematunum）①扎营息冬。

他用一场精彩异常的佯动，化解了危及他的整个征服计划的危局，他毫不犹豫地冒着个人生命风险行军，这是不可避免的明智之举，彻底让敌人为难了。现在，他安然无恙。他行动得如此快捷，以至于一直抢在被敌人察觉之前。在安贷马图鲁的营盘，恺撒命令在德来维里人中间扎营息冬的两个军团向他这里靠拢，这样他就能再次将兵力集中为一个整体了。其他六个军团在森农内斯人中间的阿及定古姆息冬，他立即命令全部军团向阿及定古姆集结。这些极其迅速、精心策划的行动，令高卢人对他的意图困惑不已，从而阻止了任何参与了袭击他们的阴谋的人采取行动，否则这些人会在罗马人集结的过程中发动进攻。大约在2月末，恺撒抵达阿及定古姆。关于他对这件事的处理，无论怎样赞誉都不过分。

听说恺撒就这样集中了兵力，维钦及托列克斯回到了别都里及斯人的土地上，又从那里去了位于里杰尔河与厄拉昧尔河（Elaver）交汇处的戈尔哥宾那·博若罗姆（Gorgobina Bojorum）②，在这里他决定发动攻势。此地是依然忠

---

①译注：今法国朗格勒（Langres）。

②译注：今法国圣帕里兹－勒沙泰勒（Saint-Parize-le-Châtel）。

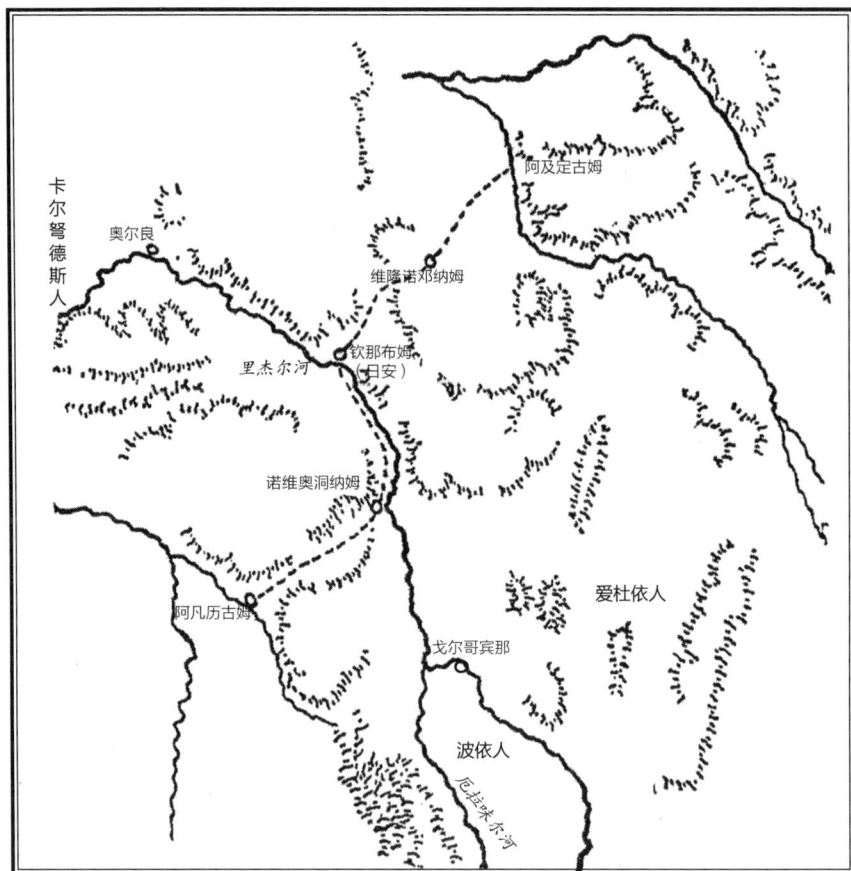

◎ 从阿及定古姆到阿凡历古姆

于罗马的波依人的首都，他们在海尔维第战役失败之后被恺撒安置在这里。对恺撒来说，冬季战役是一项艰巨的任务，因为运输物资几乎不可能，人们几乎无法想象那里的少数几条道路有多么糟糕，但恺撒必须冒一切风险，免得同盟部落对罗马丧失信心，更重要的是，避免他们对恺撒失去信心。如果恺撒坐视他们的主要城市被敌人占领，那么他们肯定会对恺撒失望。他得出的结论是，他很大程度上依赖爱杜依人的善意来保证他的粮草供应。

将军队牢牢掌控住之后，他将两个军团和辎重留在阿及定古姆，亲自率部向波依人的土地进发，他希望通过将自己的保护圈扩展到他们头上而保证他们的忠诚。他派使者前去鼓励他们坚决抵抗，并向他们保证自己会在危急时刻迅速赶到。到了第二天，他抵达维隆诺邓纳姆（Vellaunodunum）①并着手攻取它，他不仅需要它充当仓库，而且不能把它留在敌人手里从而威胁自己的后方。两天之内，恺撒就建成了封锁线，该城守军清楚认识到抵抗是徒劳的便开门投降了，他们交出了武器和 600 名人质。留下德来朋纽斯完成受降之后，恺撒毫不耽搁地向卡尔弩德斯人的钦那布姆城进军。如前文所述，此地可能是今天的日安，尽管普遍认为它是奥尔良。他要迅速前往戈尔哥宾那，如果前往奥尔良就需要绕道而行，而且还得途经一段崎岖的乡间小路，由于他没必要这么走，此时他很可能不会放弃走直路。此外，日安坐落在山上，是一个

◎ 高卢骑兵（陶俑）

更好的建城位置，奥尔良则位于山坡上。由于卡尔弩德斯人认为恺撒会长时间逗留于维隆诺邓纳姆，所以没有在钦那布姆城驻军，此时仅仅是维隆诺邓纳姆投降的两天之后，他们甚至还没有得到相关消息，恺撒的到达令市民大吃一惊。因为受到他规模不小的辎重车队的拖累，他几乎不可能在这么短的时间内走完直线距离为 75 千米的路程到达奥尔良，这是另一个支持日安的理由。午夜时分，居民们渡过里杰尔河逃走，附近的河上有一座桥，然而恺撒已经派出两个军团监视此城，由于桥梁狭窄，居民们在桥上耽搁了很久，所以逃跑未遂被赶回城里。恺撒进城纵兵大掠，作为最近杀害城中罗马人的惩罚。从这里，恺撒南下向诺维奥洞纳姆②和别都里及斯人③的阿凡历古姆挺进。

---

①译注：今法国特里盖尔（Triguéres）。

②译注：今法国桑塞尔（Sancerre）。

③译注：布尔日（Bourges）的词源。

阿凡历古姆
（公元前 52 年深冬和初春）

第十六章

听说了恺撒加于他的同盟城市的浩劫后，维钦及托列克斯放弃了对戈尔哥宾那的围攻，转头迎击罗马人。恺撒刚刚完成对诺维奥洞纳姆的围攻。市民们正在将人质、马匹和武器交给百人队长们，这时远远看到了维钦及托列克斯的骑兵先锋的到来。在这样明显的援兵的鼓舞下，某些市民再度拿起武器关闭城门，把守城墙拒绝投降。正在受降的百人队长们展现了高超的武艺，还是压制住了市民。与此同时，在骑兵的漂亮打击之下，恺撒付出了相当大的损失才击退了高卢人的先头部队。在战斗中，他的土著骑兵几近战败，但恺撒新招募的 400 名骑兵被证明名副其实，凭借他们不知疲倦和不同寻常的战术挽狂澜于既倒。

维钦及托列克斯撤退了，恺撒向阿凡历古姆推进，那是别都里及斯人最坚固的城镇。他计划发动围攻，因为他相信占领它会使整个地区听命于自己。阿凡历古姆这个名字源于阿瓦拉河（River Avara）[①]，布鲁日就是别都里及斯的遗迹。

维钦及托列克斯是恺撒在高卢遇到的空前强大的对手，他从维隆诺邓纳姆、钦那布姆和诺维奥洞纳姆的失败中汲取了教训——不能在开阔战场上与恺撒打仗。他召集了一个部落大会，告诉酋长们为了获胜他必须发动一场系统性的积小胜为大胜的零星战争，这样才能在可能的情况下切断罗马人的粮草供应，

---

①译注：今尤塞河（Euse）。

而缺乏草料会或多或少地让恺撒的骑兵失效。只有自我牺牲才能将高卢从罗马压迫下解放出来。他们必须焚毁、夷平自己的农田和村庄，凡是敌人不能从防御工事或阵地上夺取的东西，都务必让敌人得不到。这一策略迫使罗马人去远方搜集补给品，然后维钦及托列克斯打击他们的筹粮分遣队，进而各个击破。只要罗马军团麇集一处，以高卢人的勇气和纪律就无法对抗他们。

无论这一计划给自己的人民造成多么惨重的损失，对抗敌而言都是有深远影响的。由于自己的后方粮秣充足，维钦及托列克斯计划用饥饿击败罗马军队。就像费边用同样策略对付汉尼拔手下获胜的部队那样，这位蛮族酋长在对付恺撒的军团时，采用了一种恰如其分的巧妙手段。

对于蛮族而言这一策略更容易实施，他们在这个国度的活动范围远比恺撒的人马大得多，更熟悉它的资源和地形，而且人民也站在他们一边。

根据维钦及托列克斯为他们规划的方案，别都里及斯人开始毁灭所有可能落入罗马人之手的城镇和粮秣。这是一个痛苦的过程，他们宁愿付出这样的代价也不愿承受让自己陷入死亡、妻儿被卖为奴隶的命运，正如他们所相信的，如果恺撒成功征服这片土地，那么这就是注定的命运。他们在一天之内就焚毁了 20 个城镇。鉴于阿凡历古姆的优越地势适于防守，经过长时间争论之后，几乎只有它才免于被自己人毁灭，城里还驻扎了一支规模适当的守军。在距离罗马人 22 千米处，维钦及托列克斯及其军队驻扎在一个由森林和沼泽屏蔽的地方，也许就是今天的邓勒罗瓦（Dun-le-roy），塔伊斯索河（Taisseau）与欧龙河（Auron）的交汇点，阿凡历古姆东南方 27 千米处。今天沼泽已经干涸，河溪也变窄了。他不敢阻挠罗马人对阿凡历古姆的围攻，但严密监视着罗马人的一举一动，详细侦察附近地区，只要他认为没有问题就会袭击罗马人的筹粮队，并在他们的所有行动中保持有利态势。他 "随时知道阿凡历古姆发生的事情"。

阿凡历古姆位于一片幅员辽阔、地势开阔的原野中央，它的北、东、西三面被沼泽密布的河流包围，它们是注入里杰尔河的耶夫尔河（Yevre）、耶夫列特河（Yèvrette）和欧龙河，那些沼泽也是它们造成的。只是西南方向有一条狭窄的入城通道。现在这条通道比当年宽阔多了。布尔日的各条河流相继开凿了运河，这一工程拓宽了河流之间的土地宽度，同时不断挖掘出的泥土抬高

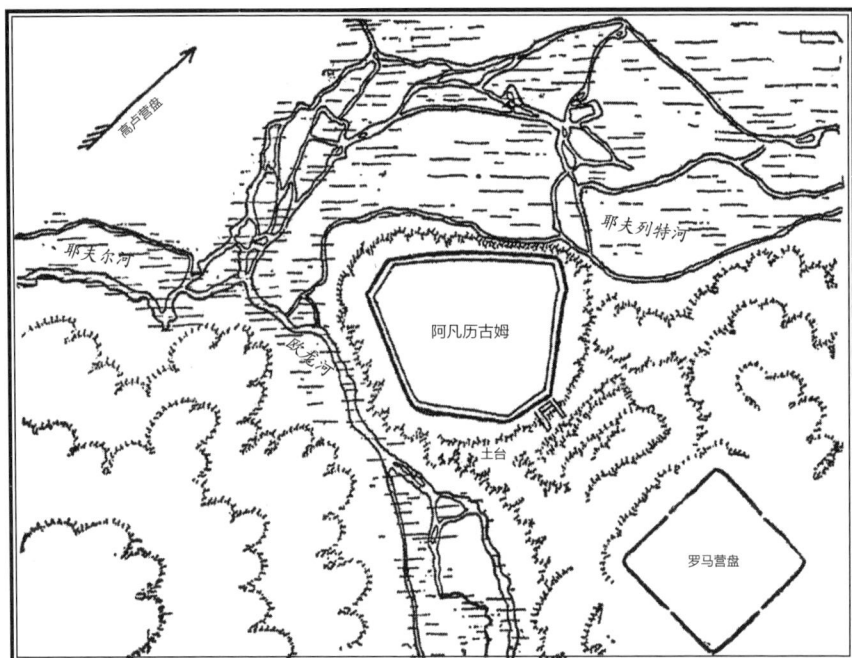

◎ 阿凡历古姆

了河岸的高度。经过几代人的开垦，整片沼泽已经被肥沃的田野和花园占据。台地以平缓的坡度下降，与低洼的田野相接。高于草地的台地的总体高度依然与恺撒说的一致，但它的边缘没那么陡峭了。

阿凡历古姆城中有 4 万人。恺撒在欧龙河与耶夫列特河之间的一处高地上安营扎寨，距离城门约 750 米远。恺撒的营盘遗址如今被一家政府铸炮厂、商店以及其他军事机关占据。在营盘和城镇之间是一片洼地，仿佛一条巨大的护城河保护着城镇。现在，洼地已经被填平以适应现代建筑的需要，如果仔细勘察的话，还能找到营盘的遗迹。恺撒开始堆砌土山、建造盾车和两座攻城塔楼。由于沼泽的存在，修建封锁线既不可行也没必要。他必须沿着不超过 120 米宽的狭窄通道进攻。阿凡历古姆的城墙顶端比谷底高出 24 米。

维钦及托列克斯很出色地实施了他的积小胜为大胜策略。罗马人的筹粮队只要走得远一点就会遭到袭击。粮秣开始短缺，爱杜依人的忠诚日益动摇，并不急于供应粮秣，波依人一贫如洗，现在由于原野惨遭蹂躏，就地筹粮成了完全不可靠的办法。尽管如此，士兵们仍能顽强地忍耐匮乏之苦。恺撒经常征求军队的意见，这既是一种策略也是先例。眼下，在他为军队的供应心急如焚的时候，他甚至提出如果将士们觉得困难太大他就撤围而去，将士们很快就给出了响亮的回答："绝不！"他们不惜任何代价为同袍而战。所有认为他们的首领是伟大统帅的士兵们，异口同声地表达了奋战到底的决心。

进行攻城期间维钦及托列克斯用尽了浑身解数，他离开营盘南下，迫近阿凡历古姆，并在西北方安营扎寨。他希望找到一个机会沉重打击罗马人。此后不久，他率领骑兵和随同的轻装部队去了一个罗马筹粮队执行日常任务时经常路过的地方，期待以一场伏击俘获大量敌人。幸运的是，恺撒获悉了他的诡计。

我们对恺撒的侦察和间谍系统所知甚少，但他对敌人营中的情况了解得非常透彻，我们只得得出结论：他组织了一个高效的"秘密特工"系统。

午夜时分，恺撒率领他的大部分兵力出发，趁着蛮族首领外出的机会袭击了敌人的营寨，他听说敌营中没人拥有最高指挥权，他的突袭足以彻底打乱敌人的行动计划。抵达战场之后，他"下令迅速把行囊集中堆在一起，准备好武器"，换句话说就是准备战斗。维钦及托列克斯已经将他的营盘建在一个由阿凡历古姆沼泽环绕的高地上，那里的沼泽有 15 米宽；他拆掉了通往营盘的桥梁，抢占了少数几个徒涉渡口。恺撒在侦察时发现这个阵地异常坚固，他明智地拒绝打一场得不偿失的不平等战斗。士兵们却没有意识到这个战场的凶险，要求打一仗，但是恺撒向他们表明那将是一场伤亡惨重的战斗，而且他已经通过化解维钦及托列克斯的伏击达成了目标，强攻敌营并不值得，于是罗马人收兵回营，继续之前的围城工作。

维钦及托列克斯回到自己的营盘之后，由于他未能诱使罗马人打一场不利的战斗，在罗马人出现在营下之前便带走了全部骑兵，加上他对整个战事的拖延，都在他那反复无常的高卢盟友中引发了反对他的声音，他们指控他沦为被恺撒玩弄于股掌之中的卖国贼。但是，依靠自己的聪明才智阐明了事情原委和前景后，维钦及托列克斯设法洗刷掉了对自己的指控，事实上，他将高卢人的沮丧情绪振奋了起来，高卢人决心派遣 1 万人前往阿凡历古姆，以免别都里及斯人独占击败恺撒的荣耀。尽管如此，恺撒军团中的热诚合作精神与维钦及托列克斯阵营中的猜忌、嫉妒的纷争大相径庭，这使机会更加倾向于罗马人。维钦及托列克斯能够将这些纷争不已的部队整合在一起，很大程度上要归功于他自己的雄才大略。

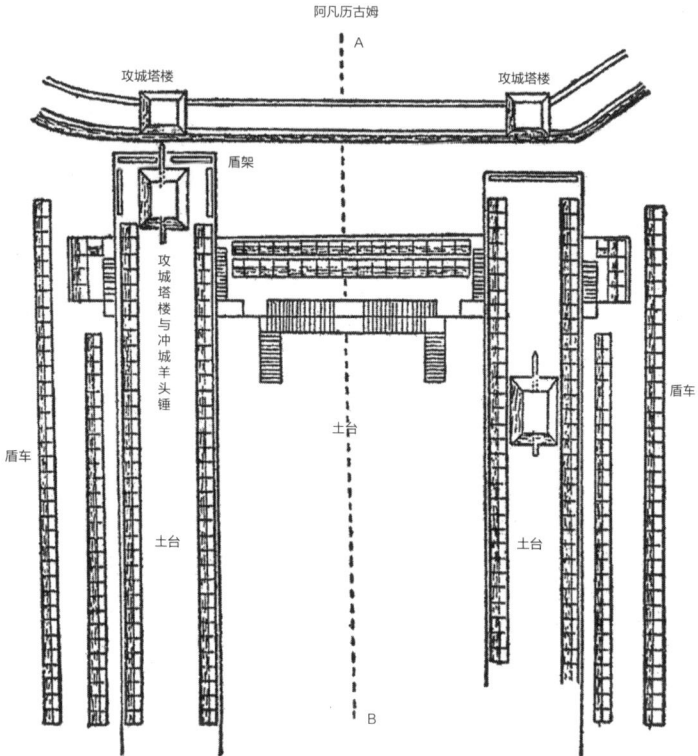

◎ 阿凡历古姆城外的土山

◎ 阿凡历古姆城外的土山（A到B点的横截面）

高卢人巧妙布置了阿凡历古姆的防务。他们也别出心裁地化解了罗马人的围城手段。他们用套索套住罗马人用于破坏城墙的挠钩和冲城羊头锤，然后将它们拖进城里；用地道破坏罗马人的土山，由于这个国度有许多铁矿和铁矿工人，所以他们都是挖掘地道的专家；在受到罗马人威胁的城墙上修建与罗马人一样高的塔楼，再用兽皮包裹这些木质器械；他们发动夜袭焚烧罗马盾车；他们每天都发动突击，向攻城者投掷锋利的木桩、石头和滚热的沥青，极大阻滞了敌人的进攻。就算是文明世界的守军也无法比他们做得更加出色。

横截面

其中一层的剖视图

正视图

◎ 高卢城墙

高卢人的城墙是用沉重的圆木和石头砌成的，很难用冲城羊头锤和纵火破坏。沿着城墙所需要的长度，把直圆木各隔开 0.6 米，用榫卯互相接牢，上面覆盖大量泥土。城墙外侧的圆木用巨石堵塞住它的前端。石头保护城墙免受火焚，圆木的两端烧焦硬化，鉴于木头和泥土弹性较大，因此比石头更能抵御冲城羊头锤的冲击。城墙必须逐段击破，而不能整体撞倒。

尽管天气湿冷，罗马军团还是坚持了下来，不到 25 天，他们就建起了一座 99 米宽、24 米高的土山。尽管这些数字出自《高卢战记》，但一些批评家对此存疑。他们的主张并不让人意外，当地地形支持了他们的观点。当土山几乎修到敌人的墙下时，它遭到了敌军地道的破坏开始下沉，而地道中燃起的火更加剧了破坏。这发生在午夜时分，当时恺撒恰巧在巡视，被围的守军冲出塔楼两侧的城门发动猛烈的突袭。阿凡历古姆人向塔楼和土山投掷火把、沥青、

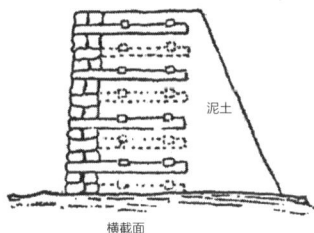

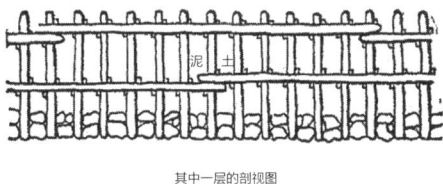

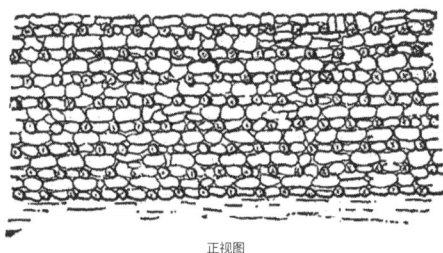

195

干柴和其他易燃物。通常有两个军团在夜间执勤，但他们还是被打了个措手不及。战斗持续了一整夜。塔楼前面的移动棚屋被摧毁了，罗马人一度不得不在塔楼中毫无掩护地走动。现在，守军看到了取胜的大好机会。

在这里，恺撒提到了一件事，它使我们能够将枪林弹雨下的古代与现代的英勇行为做个比较：

> 就在我们目睹之下，发生一件我们认为颇值得一叙、不应该略去的事情。有一个立在市镇城门前的高卢人，把别人递给他的树脂和油膏，一团团的投掷到正在焚烧的一座木塔的火焰中去，当他被一架弩机射过去的矛洞穿右肋，倒地死去时，这批人中站在他后面的另一个人，跨过他的尸体，继续这一工作，当这第二个人又被弩机以同样的方式射死时，又有第三个人接了上去，接第三个人的是第四个人，那地方防守的人始终没中断过，直到那壁垒上的火被扑灭，四面的敌人都被逐走。

似乎有 3 个或更多的高卢人在他们的岗位上被击倒，而这个岗位立刻被新来的人填补上了。这里提到的行为被认为具有一种非凡的勇气。在我们的时代，我们见过很多这样的事迹。在战斗中，整队人马被悉数杀死并不鲜见，但从来都不缺少去顶替他们的位置的人。

这次突击经过激战被击退了。现在，城中的高卢士兵制定了一个撤离城市的计划：在夜间穿过城后的沼泽撤离，前往维钦及托列克斯的营盘，但城中妇女们的哀号吵闹引发了被困在城里的守军的恻隐之心，也引起了城外的罗马人对突围的警觉，由于害怕被截断退路，守军取消了突围计划。

次日暴雨倾盆，城墙上的守军粗心大意。恺撒看到敌人的松懈，悄悄做好了准备，塔楼被迅猛地推到城下，恺撒命令手下登上城头，为先登者开出了高额赏格。罗马人以异乎寻常的胆色从隐蔽处杀了出来，以整齐的队形发起冲击。敌人惊慌失措被赶进城里，守军却以令人钦佩的坚毅在市场上组成了楔形阵（或许是紧密阵型），决心死战到底。毫无疑问，他们会在这里顽抗，但是当他们看到罗马人沿着城墙前进，准备包围所有留在城里的人时，他们的阵型瓦解了，每个人都在为自己的生存而战。大多数人逃到城镇的最北端。高卢人四分五裂，群龙无首，他们抛弃了武器，完全落入罗马人之手，而罗马人毫不留情地屠戮他们，无论老幼、不分男女。步兵无法追及的人、物落入骑兵之手。4 万名男女妇孺中，只有 800 人穿过沼泽逃入维钦及托列克斯的营盘。这位高卢君长接纳了他们，将其分配到他军中的几支部队中，以免一支满怀悲愤的队伍会发动哗变。

维钦及托列克斯又一次面临着将同胞组织起来应对这场灾难的任务，在如此不幸的境况下，没有什么人比这位杰出人物的天赋更能在这个喜怒无常、蛮不讲理的民族中间维持管控地位了。"因此，在别的指挥官身上，厄运往往会削弱他们的威信，但他的威信却相反地因为遭到失败而一天比一天更加提高。"现在，维钦及托列克斯建议高卢人模仿罗马人的做法加强营盘。他们听从了这个劝告，此后一直继续这样做。他还巧妙地向邻近部落发出呼吁，成功争取到了他们参加自己的事业，他很快就用一支更强大的兵力弥补了在阿凡历古姆蒙受的损失。生力军中以尼儿阿布罗及斯人（Nitiobriges）的王子都托马得斯（Teutomatus）率领的一支精锐骑兵最为重要。尽管他的进攻性策略更容易获得公众情绪的支持，但这位蛮族君长还是没有袭击恺撒的正面战线。他精明地继续发动零星战斗。

恺撒在阿凡历古姆发现了大量粮食、草料，并为他的军队提供了急需的休整。春季和更适合采取积极行动的季节近在眼前的时候，爱杜依人派来急使向恺撒紧急求援，因为他们的国内发生了严重分裂，两个分别以孔维克多列塔维斯（Convictolitavis）和科德斯（Cotus）为首的敌对派系争斗不息，两人都拥有高贵的血统和相当的实力。按照惯例，爱杜依人每年选举一位大法官为最高长官，他俩都宣称自己是拥有政府主导权的大法官。恺撒不愿意放弃对维钦及托列克斯的军事行动，现在他希望要么将维钦及托列克斯从藏身的森林中赶出来，要么将其围困在死亡陷阱之中。但是，恺撒不能允许后院起火，也不能对爱杜依人的不忠视而不见。他转头离去，从前线返回位于普罗旺斯的后方基地会路过爱杜依人的地盘。如果爱杜依人的忠诚发生了动摇，那么他面临的将是生死存亡问题，而非战略问题。正是爱杜依人让他的仓库粮草丰盈，事实上他们是恺撒的一个中间基地。恺撒到了这个地区，在里杰尔河河畔的特乞几亚

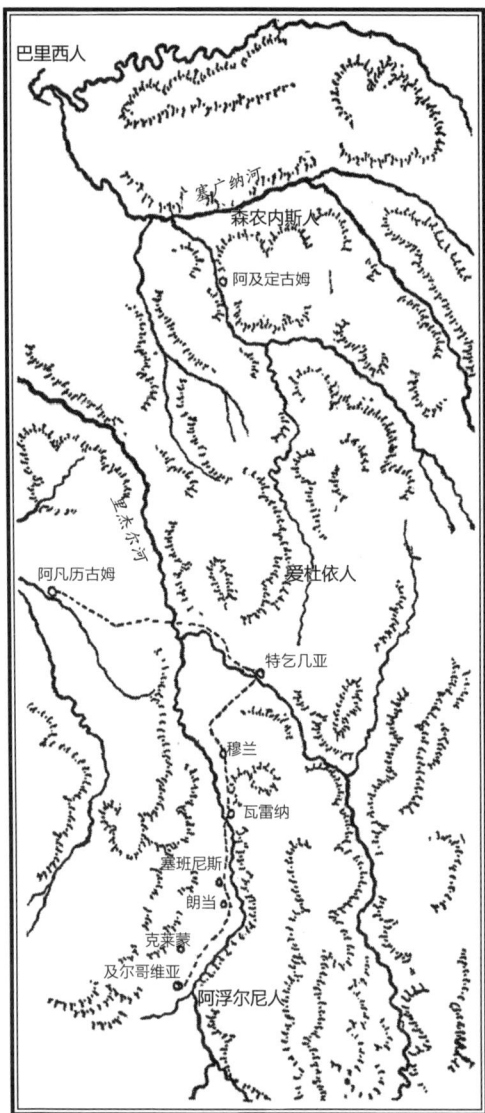

巴里西人

塞广纳河

森农内斯人

阿及定古姆

夏尔尔河

阿凡历古姆

爱杜依人

特乞几亚

穆兰

瓦雷纳

塞班尼斯

朗当

克莱蒙

及尔哥维亚

阿浮尔尼人

◎ 从阿凡历古姆到及尔哥维亚

（Decetia）① 召集爱杜依人的元老院前来见自己，他决定让只有少数人支持的科德斯辞职来平息这场争议，还要把政权交到孔维克多列塔维斯的手中。最后，恺撒诱使爱杜依人承诺向他提供 1 万名步兵和所有骑兵，在他的行动沿线上充当驻军，以保护他们向他供应粮秣的车队。

平息了这场危机之后，恺撒派遣拉频弩斯率领四个军团向被维钦及托列克斯煽动起来的森农内斯人和巴里西人（卢德儿亚人）进军，这四个军团中的两个抽调自大军，另两个此前留驻在阿及定古姆，而他自己率领其余六个军团向阿浮尔尼人的及尔哥维亚挺进，计划围攻它。虽然阿浮尔尼人曾经是罗马人长久以来的忠实盟友，现在却成了叛乱的中心。恺撒和拉频弩斯各率领一部分骑兵。关于恺撒离去时维钦及托列克斯在干什么的史料阙如，他似乎退居到别都里及斯人的群山和森林之中，一直在关注对手的动

---

① 译注：今法国德西兹（Decize）。

198

向。获悉恺撒的进军方向之后，维钦及托列克斯猜到了恺撒的目标，他去了厄拉味尔河（阿列河）彼岸（左岸），在恺撒抵达右岸之前占领了它。这一行动表明，维钦及托列克斯也具备军人的真正直觉，或许他也拥有同样优秀的侦察和间谍队伍。他的机动让他横亘在恺撒的行军路线上。他企图阻止罗马人靠近及尔哥维亚，他小心翼翼地破坏了这条河上的全部桥梁。厄拉味尔河依然是一条大河，当时它是他的领土上的坚固屏障，他必须凭借这条河挡住所有威胁。当时，这条河只在秋季的枯水季节才能徒涉，恺撒必须刻不容缓地渡河，除非他承认维钦及托列克斯能够迫使他改变计划。他溯河而

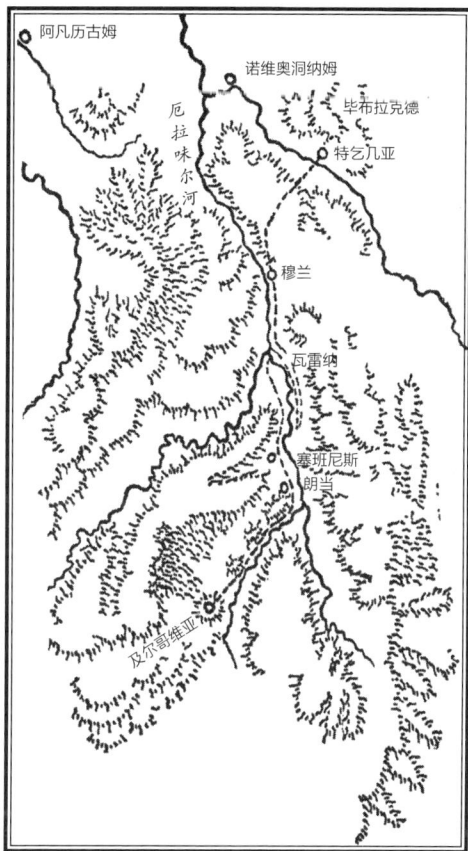

◎ 厄拉味尔河

上，在今天的穆兰（Moulins）附近停下了脚步寻找机会渡河。从特乞几亚到穆兰有一条古老的高卢道路，后来被建成了一条罗马大路。日复一日，罗马人走多远，维钦及托列克斯就如影随形地走多远，夜间在罗马军队的对岸扎营。

　　恺撒认为，他必须要些花招才能渡河。一天夜间，恺撒在一座损毁的桥梁附近扎营，此地最可能位于瓦雷纳（Varennes）附近。次日天明，恺撒派出全军三分之二的士兵和全部辎重拔营启程，他命令他们分为 6 支部队行军，这样的阵势让他们看起来像满员的 6 个军团。他与留下的 2 个军团躲在河边的树林里。维钦及托列克斯跟着河对岸的罗马军队行动。敌人一走远，恺撒就走出藏身之处，以依然伫立在河里的木桩为基础，迅速修好了那座桥，渡到左岸并

199

且修建、进驻了桥头堡，一切就绪之后，他派人召回前方的主力部队。在接下来的夜间，两支部队背着维钦及托列克斯会师了。当维钦及托列克斯看到自己上了当，而且全部罗马军队已经安然渡河的时候，便发动强行军赶往及尔哥维亚，以免陷入违反本意、被迫进行会战的被动局面。

这段路程巧妙地走完了。在这里，恺撒以其机智的谋划为自己增光添彩，而维钦及托列克斯却因对河岸的侦察粗疏大意而棋输一着。但是我们并不能过于苛责这位蛮族君长缺乏天分，他没有接受过军事教育，也没有学过战例来对抗这位人类历史上最伟大的军人之一。我们无法将恺撒在厄拉昧尔河的行动与亚历山大在海达斯佩斯（Hydaspes）和汉尼拔在罗讷河的行军相比较。这远远不是一次出类拔萃的行动。但是，这无论如何都是一件技巧高超、构思精妙的军事杰作，而且执行得无懈可击，以至于欺瞒过了一个目光犀利的对手。

及尔哥维亚之围
（公元前 52 年春季）

第十七章

在五天的行军中，沿着河流上溯又返回的第一纵队疲惫不堪，而第二纵队因为恺撒发动强行军一大早就赶到阿浮尔尼人的首都及尔哥维亚，所以也很疲乏。敌人只向他发动了一场小规模骑兵战斗，随即退到及尔哥维亚所在的那座很高的山冈的山坡上，高卢人就在城墙外面安营扎寨。

及尔哥维亚高地位于今天的克莱蒙 - 费朗（Clermont-Ferrand）以南 6 千米处，比平原高出 360 米，它已经恢复了古代的名字。高地顶部是一块矩形平地，长 1500 米、宽 500 米。他的东、北两侧山坡可能林深树密；一支大军要接近这块平地可能并不容易。南坡宽阔但并不陡峭，是高度逐渐上升的连续台地，显然南坡没有多少林木。高地西侧是里索高地（Risolles），它的山顶只比及尔哥维亚高地低 30 米，且与一块狭长的地面相连。在里索高地的侧翼还有两座山丘，分别是罗尼翁山（Monts Rognon）和吉鲁山（Puy Giroux）。在南面，有一座仿佛巨大拱架的狭长山丘——罗歇山岩（Roche Blanche），它的东、南两侧都是石壁，其他方向是容易攀登的山坡，大约比及尔哥维亚高地低 150 米。欧宗河（Auzon）在及尔哥维亚南侧流过，注入阿列河。西北方有一条小溪。东面有个巨大的浅湖，现已干涸。及尔哥维亚的南面和东南面被认为是最易遭到攻击的方向。

恺撒在浅湖以南的安全高地上修建了主营盘，它大概高于平原 30 米。欧宗河从营盘背后流过。在维钦及托列克斯的军队被歼灭之前，企图以一场猛攻攻陷及尔哥维亚无疑是一项危险的任务，恺撒必须在封锁或围攻及尔哥维亚之前囤积足够的粮秣才行。

大营

罗尼翁山

及尔哥维亚

里索高地

吉鲁山

◎ 及尔哥维亚和附近地区

202

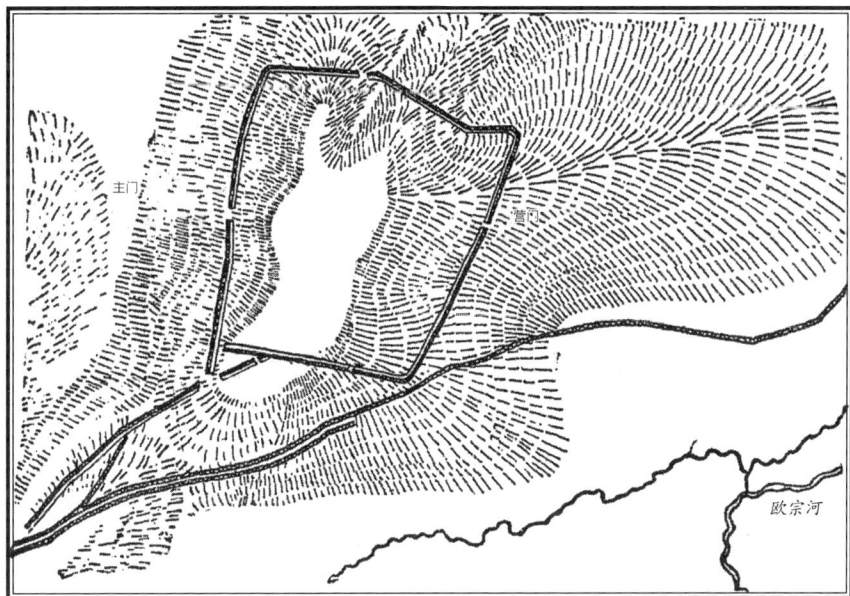

◎ 大营

关于及尔哥维亚的叙述和描绘令人颇感困惑。人们很容易想到一个巉岩嶙峋的高地，顶端被天险屏蔽而事实上坚不可摧。通常认为它的北坡根本不可能被攻破，事实并非如此。北坡虽然很长，但不陡峭。数代人的耕种可能已经软化了这片山坡，今天它覆盖着肥沃的农田和葡萄园，耕种也无法对其造成实质性的改变。在恺撒时代，北坡可能被林木覆盖，因此恺撒没有彻底勘察过它。从这里发起进攻远比从南坡进攻更能达成奇袭的效果。北坡远非一般人所说的那样不可攻破，占领守望山（Lookout Mountain）或向公墓山脊（Cemetery Ridge）发动皮克特冲锋（Pickett's Charge）的人 [1] 会嘲笑这个构想，但是，古代战争截然不同。

毫无疑问，南坡的阶梯台地更加开阔，正是在这片台地上，维钦及托列克斯摆开了他的队伍，沿着军前的阵线用巨石砌成了 1.8 米高的护墙。在这里，

---

① 译注：守望山战役和包括皮克特冲锋的葛底斯堡战役都是美国内战中的著名战役。

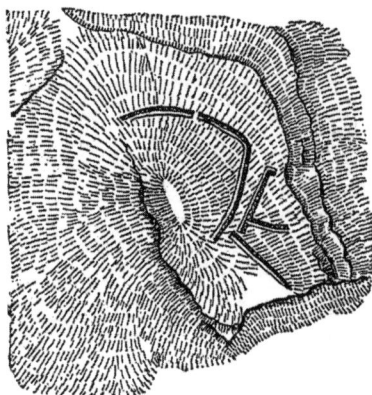

◎ 双重壕沟的横截面

◎ 及尔哥维亚城下的小营

维钦及托列克斯以他最熟练的方式，按部落次序部署他的盟军，每天他都在与罗马人的小冲突之中锻炼他的军队，尤其是混编了轻装步兵的骑兵，以此确保和提振他们的勇气和纪律。这些战斗发生在恺撒营盘与及尔哥维亚之间的平原上，蛮族从城市的东、南两面的出口冲杀出来。

很快恺撒就发现城南的一座山冈（罗歇山岩）与建有及尔哥维亚的高地遥遥相对。这对敌人来说至关重要。通过占领它，高卢人就能掩护自己取得水、粮食和草料的行动，而维钦及托列克斯在这里只设置了一个小小的前方哨所。他应该用更强大的兵力保住它。相比于今天，恺撒时代的这座山丘在某些方向无疑更加陡峭。从那时起，山坡的坡度可能有所变化，不过通往平原的方向可能没那么陡峭。恺撒决心占领这座山冈。通过精心策划的夜袭，他赶走了兵微将寡的守军，让两个军团取而代之，在山顶迅速扎起一个小营，用 3.6 米宽的双重壕沟和雉堞将其与大营连接起来，这样两个营盘之间的交通就安全了。今天这两个营盘都得到了挖掘，它们的轮廓依然清晰可见。恺撒的这一行动切断了及尔哥维亚人的主要水源——欧宗河，因为高地上的他们得经过一条山谷小径才能抵达河边，现在在罗马人的压迫下，这条路没那么容易走了，他们不得不依靠高地上今日犹存的泉水解渴，至于食物则需要从西面更高的山区和城西北的河溪取得。对于那个方向，恺撒只字未提。

与此同时，爱杜依人的青年贵族们受到维钦及托列克斯派来的使者的煽动，使者通过歪曲事实和金钱，改变了他们对于恺撒尊敬他们的民族的看法。

204

甚至刚刚被恺撒拥立为这个部落酋长的孔维克多列塔维斯也感同身受，按照之前的约定，爱杜依人应该保卫恺撒的补给线，孔维克多列塔维斯刚刚派出 1 万人与一支庞大的辎重车队出发，名义上他们是为了加入恺撒一方，其实是为了与维钦及托列克斯合流。这队人马的首领是李坦维克古斯（Litavicus）。在途中，大概在今天的塞班尼斯（Serbannes）附近，他和手下通过屠杀随同车队的罗马人来宣示他们的背叛。在恺撒身边担任侍从的爱杜依贵族厄朴理陶列克斯（Eporedorix）向恺撒透露了这一阴谋。

事态危如累卵，恺撒腹背受敌，危险在于他赖以生存的粮饷。恺撒一分钟都没有浪费，将费边留在及尔哥维亚城下负责指挥围攻之后，他率领 4 个军团轻装出发，在全部骑兵的陪同下迅速迎击爱杜依军队，后者正在前往与维钦及托列克斯会师途中的朗当（Randan）。恺撒包围了敌军，他们很快达成了协议。恺撒说服士兵们相信他们的头领是背信弃义之徒，真正的意图东窗事发后，头领们都逃到了及尔哥维亚。在恺撒麾下效力的厄朴理陶列克斯和维理度马勒斯（Viridomarus）为恺撒帮腔，他们的解释和阴谋者的逃亡使爱杜依军队恢复了平静。

尽管如此，恺撒还是无法前往仍留在家乡的爱杜依不满分子处。这些人被煽动起来屠杀了留在他们身边的罗马人，还煽动其他爱杜依人拿起武器作乱。整个民族都处于动荡之中。事实上，他们中的许多人听说恺撒没有因为背叛而伤害爱杜依军队时，希望重拾对恺撒的忠诚，而其他人则大胆发动暴乱。在毕布拉克德，孔维克多列塔维斯大肆屠杀罗马侨民，掠夺所有罗马人的财产。这一切都迫使恺撒必须回去平息这场威胁到他的后方老巢的暴乱。维钦及托列克斯利用计谋击中了恺撒最脆弱的痛处。

许多爱杜依人口是心非、叛服无常；当他们陷入困境时就表示忏悔，谦卑地渴求宽恕。有些人确实误入歧途。鉴于难以甄别忠诚和背信者，恺撒必须采取费边的方针。恺撒的军事和政治资源已经被消耗到了极致。尽管他已经重新控制了爱杜依军队，爱杜依政府依然有能力制造严重破坏。

恺撒离开前线，回去镇压爱杜依军队头领们的叛乱期间，维钦及托列克斯袭击了罗马营盘，由于敌军声势浩大，2 个留下的军团只得艰苦地躲在营垒内固守。维钦及托列克斯发动强攻，不断用生力军替换疲惫的部队。罗马军队守备坚固，在工程器械的支持下，付出巨大人员损失后才勉强抵挡住敌人，守住了营盘。费边向恺撒派出使者告急，后者迅速返回前线，对爱杜依领土上的叛乱置之不理，尽管叛乱十分凶险，却也只能留待将来处理了。

恺撒的人马以旺盛的斗志发动长途强行军。从及尔哥维亚城下的营盘到恺撒遭遇爱杜依军队的朗当相距 37 千米。"大约在半夜"，他获悉了叛乱阴谋。他离开营盘的时间大概是凌晨 4 时，中午就到了朗当，期间花了六七个小时进行谈判和后续行动，然后"在夜里给军队休息了 3 个刻时"，即下午 7—10 时（夜间刻时始于下午 6 时），之后从朗当回到前线营盘又花了 6 个小时，总共用去 24 个小时，在此期间，他的纵队共走了 75 千米。他迅速回营，让营盘免遭浩劫。那 2 个留守军团已经筋疲力尽了。

几天后，出现了一个进攻敌人的好机会。恺撒让我们明白，他已经决定放弃对及尔哥维亚的企图，部分因为该城易守难攻，更重要的原因是爱杜依乱局。他想做出某些姿态，好体面撤退，从而不给维钦及托列克斯指控军团怯懦胆小的借口。他没有真正围攻及尔哥维亚，只是在观察该城。除了骚扰敌人之外，恺撒根本没有封锁过对手。维钦及托列克斯随时可以撤走。

《高卢战记》的这一部分叙述相当隐晦。或许，恺撒真以为他很快就可以重返爱杜依人的地盘，他进攻及尔哥维亚据点，满心期待能迅速占领它，却被击退，损失惨重。除了《高卢战记》我们没有别的史料，在其他作家的著述中，偶尔会看到关于地形的记载，我们以此作为论述的基础。但是，《高卢战记》的字里行间加上其他知识的对照（比如要想了解汉尼拔，就必须阅读李维的著作），还有对地形的清楚认识，恺撒信心十足地发动突击，遭受巨大损失而撤退的事实是清晰无误的。

恺撒目光犀利，在没有望远镜的时代，如果天生就视力良好的话，视力就会像印第安人一样被训练到令人惊叹的精准程度。从小营所在的罗歇山岩远望，他发现该城的主要高地已经没人守卫，前些日子这还到处拥满人，几乎把它遮得无法观察清楚。"每天都有大批逃亡前来"的逃兵们告诉他，一个毗邻山冈——里索山——山顶是平坦的，它与城市之间有一道隐蔽在树林中的狭窄通道（202 页图上位置 2）；维钦及托列克斯察觉到了那个地方的危险。我们还记得，及尔哥维亚高地以北的地方，无论如何都不是恺撒的目标；但是，他已

◎ 小营到及尔哥维亚的地形剖面

◎ 从罗歇山岩方向看来的及尔哥维亚

经占领了罗歇山岩，而且可能夺取了里索山，从而掌控了一条更近、对高卢人而言更危险的通往及尔哥维亚高地的通道。城市的城门（202 页图上位置 3）、城西高地通向城门的道路（202 页图上位置 1）已经被挖掘出来，表明了恺撒时代的地势布局，除了一些天然形成的砾石，当时与今日差别不大。如果恺撒掌控了里索高地，他就可以更进一步切断敌人的水源和草料，这是高卢人不愿面对的事实。接下来恺撒要应对的是他不知道的高卢人的数量问题。维钦及托列克斯已经预见到危险，派出所有部队来保卫这座侧翼高地。有些作者认为罗尼翁山和吉鲁山是维钦及托列克斯关注的对象，但是恺撒要采取的这两个行动，都不会伤害及尔哥维亚人——既超出了战场范围，也不与及尔哥维亚高地相连。此外，相关事实表明，及尔哥维亚人就在附近活动，他们可以在几分钟内赶回城内。

根据这一信息，恺撒认为这是一个发动全面进攻的良好开端。他在夜间派出几个骑兵中队（turmae），兜着圈子向高地进发作为疑兵之计，他们故意在高地的西、南（202 页图上位置 6）两侧制造噪音，虚张声势。此外，为了增加他们的人数，他让许多赶骡人戴上头盔，派他们在白天执行同样的任务，指示他们在树林边缘四处游荡以吸引高卢人的注意力，让他们相信罗马人即将从那里发动进攻。他还派了 1 个军团作为后援，命令他们在吉鲁山下布阵，假装躲藏在山谷和树林中，做出要发动奇袭的假象。从城里看来，这场佯动造成

207

了恺撒所预期的后果，敌人将城南前线的几乎全部兵力都撤了回来，向那个位置（202 页图上位置 1）进军，他们认为那里颇具威胁。他们很清楚，维钦及托列克斯从这个方向制造麻烦是正确的。他们开始加强西面的防御，大概就是那块狭长的地段，因为这里的工事不足以坚守。恺撒的精彩佯动成功得手了。及尔哥维亚是最早的地形被彻底勘察的地方之一，因而令我们对这次机动有了深入了解。除了没有使用火炮，整个行动在筹备和执行方面都与现代攻势十分相似。

就这样，在这次佯动的掩护下，恺撒完成了许多工作，他秘密把大部分兵力从大营调进小营。正如波利艾努斯说的那样，这些人在壁垒后面蹲着行进，以免让外人看见，而那些原本会暴露他们行踪的旗帜、羽毛和盾牌被遮盖起来，以免对方发现他们的机动。随后，恺撒向副将们下达指示：这个地方不能强攻，只能突袭。恺撒将部队牢牢掌控在手里，没有命令不得轻举妄动，无论他们出于战斗热情还是劫掠目的，都得避免他们在混乱中被引到侧翼；从恺撒的叙述看，其中存在着若干危险。爱杜依人从大营出发，从右翼沿着另一条路线进攻另一个地方——可能是城市的东南角（202 页图上位置 4）。

从城墙到山脚的直线距离有 360 米。地表的崎岖使通道曲折蜿蜒，至少增加了一半行程。上山的道路肯定是经由今天梅多涅（Merdogne）所在的峡谷。在攀爬的中途，有一道上文已经提到的 1.8 米高的石墙，墙下没有防御工事和营寨，但石墙上面是蛮族的营盘，密密麻麻攒集在一起。

进攻信号发出了。军团将士们从小营营门冲杀出来，沿着山丘（202 页图上位置 9、10）向上攀登了一小段路，冲向敌军的壁垒，立即占据了敌人的营寨。突袭达成了。尼几阿布罗及斯人（Nitiobriges）的国王都托马得斯（Teutomatus）几乎被俘，当时他正在午睡，得知罗马人发动突袭后半裸着逃出帐篷。

尽管取得了这样的收获，恺撒却由于某种奇怪的原因停下了进攻的步伐，制止了与他一同行动的第 10 军团继续扩大战果。这是他的军事生涯中最令人费解的情况之一。他在《高卢战记》中说，这就是他打算获取的全部，"达到自己的目的之后，恺撒下令吹起退军的号子"。但这明显是事后编造的借口，很有可能是从他的位置上看去，当部队蜂拥在石墙上时，他在下方会意识到任务的不确定性，从而决定撤退。他打算守住眼下的阵地，建起盾车和土山。这并非不可能，从后来发生的事情来看，如果当时他在原地坚持下去，那么以一次决定性进攻夺取城市的行动很可能会成功。随后，他写道"成功取决于突然性"，他已经成功达成了对敌人的突袭。

撤军号声响起之后，他努力收住其他军团的进攻势头；尽管百人队长和军团指挥官们尽了最大努力，军团将士们还是满怀胜利的喜悦和掠夺的希望，对于撤军号声，他们要么听不见要么听而不闻。在战场上，恺撒与军团之间就听取撤军号的问题出现了麻烦，军团在塔普苏斯（Thapsus）摆脱了恺撒的掌控，也许他们在这里就已经这样了。他们继续挺进到城墙脚下，在那里由于缺乏攀登城墙的手段而停下了脚步，官兵们手中没有攻城器械，这是一个诡异的失误，如果恺撒打算发动突袭和进攻，就该准备这些器械。城墙几乎无人值守，罗马人看到妇女们将身体探出城墙，恳求罗马人的怜悯，希望不要像在阿凡历古姆发生的那样沦为奴隶或惨遭屠杀。有些罗马人爬到了城墙上。第 8 军团的百人队长路求·费边（L. Fabius）被他的士兵们抬上墙头，其他人跟进登城。如果军团官兵们装备了云梯，似乎只要一次强有力的攻击就能取得成功。尽管如此，一些罗马人成功登上城头，这表明在守军不在场的情况下，攻破城墙是可行的。

这时，高卢人听说了罗马人的进攻，他们以骑兵为先导，冲回来包围这座城市。没过多久，城墙下的地面上就布满守军和妇女了，这些刚才还恳求罗马人怜悯的女人，按照她们的传统披散开头发，高举她们的婴儿，恳求丈夫保卫她们。及尔哥维亚人的迅速返回，证明他们不可能去往罗尼翁山和吉鲁山那么远的地方。现在，双方众寡悬殊地战斗，以至于恺撒被迫派人回营，命令提多·塞克斯提乌斯（T. Sextius）指挥的留守营盘的几个大队出发，占领山脚下的阵地，以此威胁维钦及托列克斯的右翼（202 页图上位置 8），并且保护自己的退路，如果高卢人前来包抄自己的退路，他们就可以打击高卢人的侧翼。恺撒本人则率领第 10 军团稍稍挺进，去支援其他已经超过第 10 军团的那些军团，恺撒等待战斗的结局，牢牢掌控着部下。其他军团将士还在奋勇冲杀，但是形势不利且寡不敌众，而高卢人则从他们的侧翼出击。提多·塞克斯提乌斯和其他登上城头的人被砍死，尸体被扔了下来；第 8 军团的百人队长马可·彼得隆纽斯（M. Petronius）在试图冲击城门、救他的手下时阵亡。

就在此时，爱杜依人在罗马人的右翼出现，正如恺撒的高卢盟友们用以区别其他蛮族的习惯那样，他们袒露右肩，军官将士们以为这帮人是敌人的生力军，袒露右肩是一种伪装的诡计。他们略为混乱地开始撤退。战斗中阵亡了700人和46名百人队长，但在战斗的每个阶段，罗马人都展现了自己的英勇。军官的巨大损失表明，这些人绝不缺乏献身精神。

第10军团数次改变阵位来适应局面的变化，通过威胁维钦及托列克斯的侧翼，很好地掩护了撤军；来自营盘的几个大队也居功甚伟，在高地上采取了行动，通过威胁维钦及托列克斯的行军而向其施压。一抵达平地，所有军团就立刻转身迎敌。维钦及托列克斯本来打算打垮罗马人并发动追杀，现在对罗马人大胆摆开堂堂之阵大吃一惊，他决定不冒险进攻，率领军队退回了城里。

回到营盘之后，恺撒借此机会"责怪兵士们的鲁莽和轻率任性"，因为他们没有服从长官的命令，同时也赞扬他们的英勇，并说明他们几乎要遭到的致命失败。恺撒说，与在阿凡历古姆一样，他不想让部下冒着生命危险发动得不偿失的进攻；恺撒还让他们记住：他——他们的将军，才是判断该做什么的最佳人选；他要求士兵们忍耐、自制，不亚于勇往直前和热情奔放。与此同时，他鼓励他们不要因为一次倒霉而灰心丧气，"不要把这次因为地势不利而造成的损失归之于敌人的勇敢。"

正如恺撒所说的，他在战胜敌人方面所取得的胜利还不足以让他有理由光荣撤退，他觉得自己必须做得更多。次日，恺撒率领军队进入平原，向维钦及托列克斯提议会战，高卢君长拒绝会战，双方的战斗仅限于骑兵的零星战斗，罗马人在这些战斗中证明了谁是胜利者。第二天，恺撒又做了相同的事情，为放弃围城做好了一切准备。但是，由于维钦及托列克斯拒不接受他的提议，也不下到平原上，恺撒开始在光天化日之下当着敌人的面撤军，而维钦及托列克斯没有追击。

有人会情不自禁地将这次对及尔哥维亚的进攻与亚历山大的一些战例做对比，例如亚历山大对科瑞尼斯山岩（Rock of Chorienes）、阿尔诺斯（Aornus）或者马利(Malli)的攻击。至于不知疲倦的汉尼拔，他的弱点就是不擅长围城战，不止一个战例，例如在萨贡托（Saguntum）之战中，明确表明了汉尼拔缺乏恺撒在这里展现的勇气。我们只能从敌人一方的记载来判断评判汉尼拔，而对于恺撒，我们则是根据他自己的陈述。

这也不是唯一类似的战例。我们要看看恺撒是怎样在塔普苏斯停下来的，直到部下靠自己解决了问题。在蒙达（Munda），恺撒在与格涅乌斯·庞培之间的小河岸边停下脚步。鉴于恺撒拥有强悍的战略魄力和无可争议的个人气概，他在战术主动性方面往往缺乏巨大的活力，这是在其他诸位伟大统帅之中，我们由衷钦佩的特点。

有些作家暗示，关于及尔哥维亚事件恺撒给出的描述并不准确，而应当以对现代将军的报告做出公正解读的方式，认定这是一场真正的惨败。塞维鲁斯·莫鲁斯·霍诺拉图斯（Servirus Maurus Honoratus）认为，恺撒在混乱中险些被俘，只因幸运才侥幸脱险。实际上普鲁塔克说，阿浮尔尼人手中拥有一把从恺撒本人手中夺过来的剑，它要么是在此役，要么是在阿来西亚围城战中被夺取的。然而，这些说法可能是杜撰的，恺撒显然是被迫放弃攻城，因为他发动的进攻未获成功。爱杜依问题变得相当迫切，无疑他是明智的，出于这个原因，他从及尔哥维亚退兵。这是他在高卢战争中唯一没有占领的地方，对于此次失败他给予了充分的宽容。

恺撒向东移动，他在这场攻势后的第三天，抵达厄拉味尔河河畔，大约在维希（Vichy）修复了河上的桥梁，他在去往从前的“亲族”的地盘的路上，退到了河右岸。

现在，恺撒特意提起了爱杜依人的问题，尽管他采用了尊敬和保护他们的方式，但许多爱杜依头领们的叛逆行径十分显而易见。在维理度马勒斯和厄朴理陶列克斯的指挥下，爱杜依军队可能对后来的失败深恶痛绝，离开战场返回了家园，"李坦维克古斯已经带着全部骑兵去煽动爱杜依人"。恺撒没有采取行动来挽留他们，只是向他们说明自己是如何发现爱杜依人任由邻居摆布，后来又将他们放置在高卢最崇高的地位上去，然后让他们自己做出抉择。

在里杰尔河畔的爱杜依城镇诺维奥洞纳姆①，恺撒已经收集了大量辎重、粮食、马匹，并将所有人质都安置在此地。当爱杜依军队来到此地时，他们发现自己的头领们已经前往维钦及托列克斯那里媾和，抛弃了与罗马人的联盟。

---

① 译注：今法国讷韦尔（Nevers）。

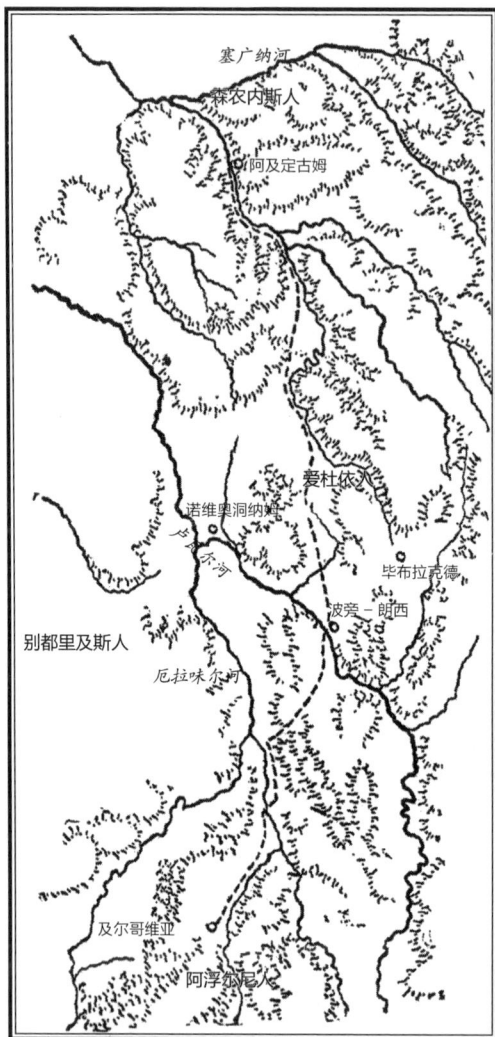

◎ 及尔哥维亚到阿及定古姆

此举更进一步证实了恺撒在及尔哥维亚惨败的想法。由于不愿意放弃重获独立的有利时机，厄朴理陶列克斯和维理度马勒斯占领了诺维奥洞纳姆，屠杀了城中的罗马驻军和所有商人，瓜分了战利品，将人质送到毕布拉克德，赶走了恺撒从意大利和西班牙运来的备用马匹，将此城和他们带不走的粮食全部付之一炬。随后，他们在里杰尔河的各个渡口部署守军，以防罗马人渡河。他们希望用断粮的手段迫使恺撒退往奈波高卢。此后，他们还会这样迫使正在卢德儿亚的拉频弩斯就范。

在从厄拉昧尔河前往里杰尔河的途中，恺撒知悉了这些事情，他发现自己面临着极其严峻的形势：敌人因其新败而幸灾乐祸；而他自己被起义的高卢军队团团围住，获胜的阿浮尔尼人在他身后，爱杜依人在前面把守着里杰尔河，别都里及斯人在他的左侧虎视眈眈。但是，他也知道让自己被敌人驱逐回普罗旺斯行省是一件既可耻又危险的事情，那样会使拉频弩斯陷入孤立。他无论如何都要彻底解决这个问题，与拉频弩斯会师，在叛乱者的地盘上惩罚他们。

这是恺撒最鹤立鸡群的一面，没有人能在这种困局中比这位统帅更加出

212

色，形势越是严峻，这位伟人就越大胆。有时候恺撒似乎缺乏某种进取精神，这一点不如亚历山大和拿破仑，不过一旦危险迫在眉睫，没有哪位将军能证明自己比恺撒更活力四射，更才华横溢。

恺撒迅速抵达里杰尔河畔。在今天的波旁－朗西（Bourbon-Lancy）一直有个渡口，尽管它不在恺撒的径直行军路线上，也不是他想要的，却是他唯一能保证控制的渡口。他赶走敌人渡过了河，渡口的河水深及士兵们的腋窝，恺撒将骑兵布置在渡口上游的河里，以此缓解水流的冲击力。在河对岸，他找到了即将收割的粮食和畜群，粮食和牛肉令他的部队恢复了活力。随后他向森农内斯人的地盘进军，与拉频弩斯会师，此时还是年初。

拉频弩斯的战役
（公元前 52 年春季）

第十八章

在恺撒进行及尔哥维亚战役期间，拉频弩斯带着四个罗马军团前往巴里西人的卢德儿亚，将来自意大利的新兵与他的辎重和粮秣留在阿及定古姆。他沿着伊卡那河（Icauna）①和塞广纳河的左岸下行。拉频弩斯一到，邻近各族的大批军队就组团抗拒他。卢德儿亚城位于塞广纳河上今天的西堤岛上。高卢军队的最高指挥权被授予了一位名叫康慕洛勤纳斯（Camulogenus）的年迈、杰出的战士。这位军官察觉到拉频弩斯正沿着左岸行进，就在附近的一片沼泽旁边安营扎寨、部署人马。无疑，这就是埃松河（Esonne）注入塞广纳河的地方。它不可能像许多人宣称的那样，是构成巴黎一部分的玛莱区（Le Marais）②。他的位置使罗马人无法前进。拉频弩斯试图用木柴和树枝在沼泽里铺一条路，就是所谓泥地上的木路，但他没能得手。

随后，拉频弩斯打算智取，试图采用侧翼机动来偷偷绕过康慕洛勤纳斯。到了夜间，拉频弩斯沿着原路退回，沿着已经远离的左岸前往梅鞠塞杜姆（Melodunum）③，此地也在塞广纳河的一个岛屿上。在这里，拉频弩斯利用抢到的船只穿过这条河左侧支流来到岛上占领了该城，修好了通往右岸的桥之后，他从河流的另一侧沿河而下奔向卢德儿亚，并抢在康慕洛勤纳斯之前抵达。康

---

① 译注：今天叫约讷河（Yonne）。

② 译注：本意就是沼泽。

③ 译注：今法国默伦（Melun）。

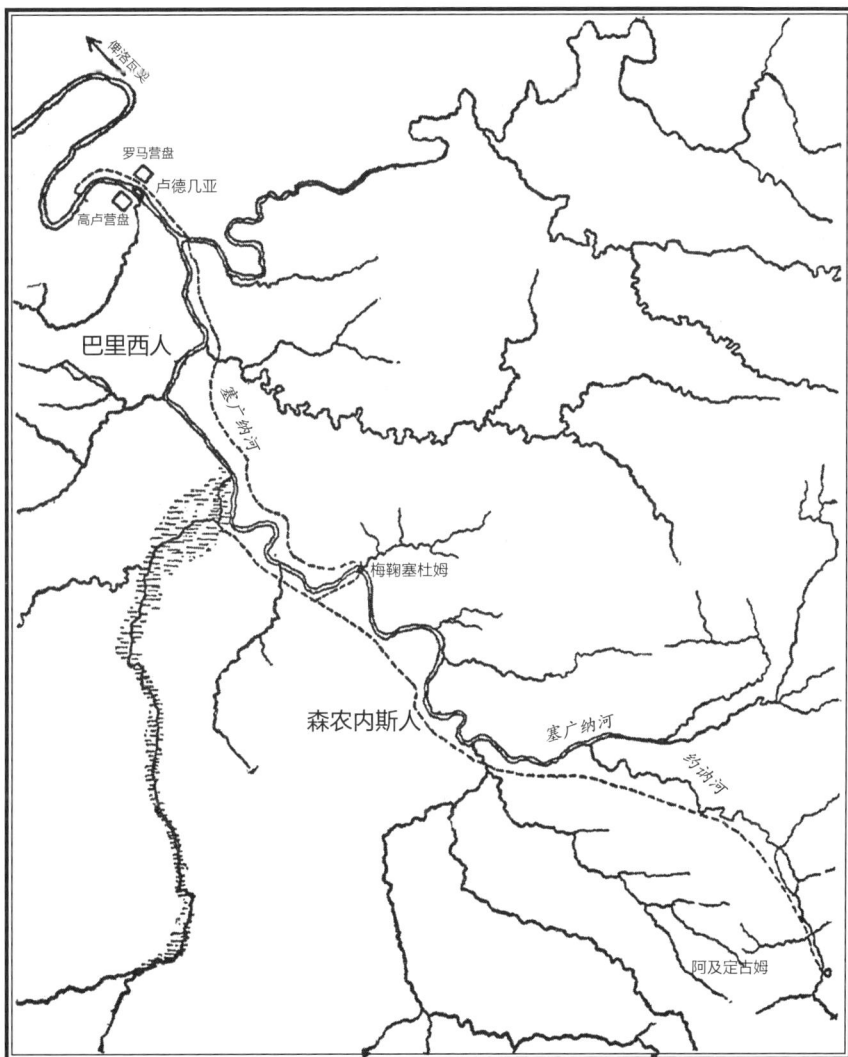

◎ 拉频弩斯的作战地区

慕洛勤纳斯还没有立即看破拉频弩斯的机动，但也没有耽搁太久，他很快就开始尾随罗马军队。他一到，就下令火烧卢德几亚，毁掉它的桥梁。两支军队驻扎在城市正对着的塞广纳河两岸。

现在，拉频弩斯听说了恺撒在及尔哥维亚的败绩，高卢人还对此添油加醋，说他的统帅已经因为饥饿而退回了普罗旺斯。附近的俾洛瓦契人听说爱杜依人的叛乱之后也集结兵力发动战争。拉频弩斯与这个敌对部落在同侧河岸上，双方之间只有一条伊萨拉河相隔，塞广纳河和巴里西人在另一侧。他与补给站阿及定古姆之间的联系已经被截断，阿及定古姆位于塞广纳河彼岸，他行军过来的那条路一直通往河的左岸。他认为在这些不利条件下试图肃清巴里西人没什么用处，他最好向基地退兵，设法为恺撒完整保全他的军队。他势单力孤，不可能镇压这场叛乱。

为了摆脱棘手的局面，拉频弩斯必须渡河重回塞广纳河左岸。要想在河对岸虎视眈眈、力图阻截他行军的敌人面前完成渡河任务，他必须要些花招。原路返回就等于邀请康慕洛勤纳斯在梅鞠塞杜姆阻止他渡河，而他的船只难以溯河而上走太远，缓慢的行军恐怕不会让他到达目的地。

拉频弩斯是一位优秀的军人和猛士。他认为大胆的进攻比用撤退长敌人的威风对自己更加有利，因为撤退会向敌人传递本方虚弱无能的信号。他将部下召集到一起，分派了任务。他把从梅鞠塞杜姆带来的船交到值得信赖的罗马

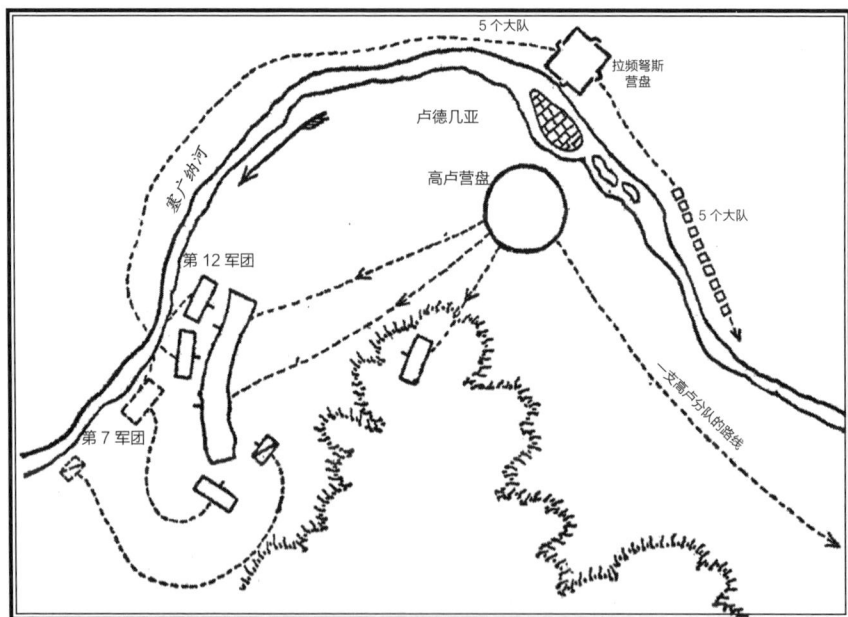

◎ 卢德几亚战役

骑士的手中，命令他们在夜间早些时候悄悄顺流而下约 6 千米，在那里等他。他留下 5 个战斗力最差的大队守卫营盘，同一军团的其他 5 个大队溯河而上，并派出若干船只跟随他们，指示他们大张旗鼓地前进，以误导敌人认定他正在向那个方向行进。他率领另外 3 个军团顺流而下与船只会合，在风暴的掩护下，神不知鬼不觉地渡过了河。渡河地点可能是今天的波因特 - 杜 - 茹瓦尔（Point du Joir）。高卢哨兵因天气恶劣躲了起来，被罗马人轻易打跑了。

敌人不知道拉频弩斯在干什么，但知道他兵分三路，就推断拉频弩斯在化整为零地溜之大吉，还要玩丢卒保车的把戏，牺牲局部来挽救其余，于是敌人决定全歼罗马人的三路人马。高卢人兵分三路，一部顺流而下，一部溯水而上，一部监视罗马营盘。康慕洛勤纳斯率领顺流而下的那支人马。破晓时分，罗马人渡过河摆开了战线，向高卢人发动了漂亮的攻势，高卢人同样英勇地攻击罗马人。右翼的第 7 军团立即击溃了当面之敌，但是左翼的第 12 军团，尽管在蛮族首领的眼皮子底下给予敌人重大杀伤，依然陷入僵持局面，直到第 7 军团向右席卷，包抄高卢人的侧翼和后方，同时骑兵向高卢人奋勇冲杀，才击破了敌军战线。高卢人在原地死战不退，直到被全部歼灭。留下监视罗马营盘的那部分高卢军队，听到战斗的喧嚣之声，就赶过来支援他们的首领，占据了一座山岗[1]。但是他们抵挡不住罗马人的攻势。骑兵将所有未退入树林的高卢人砍翻在地，康慕洛勤纳斯阵亡，敌人的残兵败将溃不成军。收拢了自己的各路人马之后，拉频弩斯向存放辎重的阿及定古姆进军，由此地出发向恺撒靠拢。

这场战役证明拉频弩斯是一位能干的军官，他的机动在各方面都很出色。令人痛心的是，他军事生涯的后半部分充斥着对他的前统帅的忘恩负义。在恺撒之指挥下的拉频弩斯远比后来与恺撒为敌的他出色得多。

爱杜依人叛乱的爆发是及尔哥维亚败绩的直接后果，也造就了爆发战争的危险前景——这个长期处于罗马控制下的民族拥有更大影响力。为了恫吓周边部落加入反恺撒的战争，他们处决了恺撒交给他们看管的人质，为了威胁其他没有参加叛乱的部落加入他们的事业，爱杜依人要求他们也这么做。现在，

---

[1] 译注：可能是沃吉霍尔（Vaugiraud）。

他们更加坚定了摆脱罗马枷锁的决心。全体高卢人在毕布拉克德召开了一个大会，除了雷米人、林恭内斯人和德来维里人以外，其他部落都到会了。在这里，爱杜依人要求获得最高领导权，但代表们一致选举维钦及托列克斯，大失所望的爱杜依酋长们对他三心二意起来。

维钦及托列克斯从盟友中抽取了人质，下令全面征募骑兵用于充当卫兵，其总数达到 1.5 万人。他的步兵已经数量充足。除了雷米人及其附庸、苏威西翁内斯人、吕启人和林恭内斯人，所有高卢人都揭竿而起了。这是唯一一次整个国度都拿起了武器。维钦及托列克斯计划延续其骚扰罗马人、令对手无法获得粮秣的高明策略，并且建议盟友们就像之前所做的那样，再次纵火焚毁庄稼和房屋，从而阻挠恺撒的行动。他派遣厄朴理陶列克斯率领 1 万名步兵和 800 名骑兵去讨伐阿罗布洛及斯，派遣几个阿浮尔尼部落和伽巴里人（Gabali）前往位于普罗旺斯境内的海尔维第人的地盘实施踩踏破坏；卢登尼人和卡杜尔契人被派去讨伐沃尔卡 - 阿雷科米契人，希望能影响普罗旺斯的某些部落。他试图通过奉承和承诺来拉拢阿罗布洛及斯人。

行省唯一对抗这支大军的部队是由副将路求·恺撒指挥的 22 个大队。海尔维第人在被敌军击败、许多头领阵亡后被迫躲进了高墙之内；不过，阿罗布洛及斯人凭借众多的哨所守住了他们的边界罗讷河一线。

获悉敌人的骑兵兵力已经增强到如此程度之后，恺撒被迫派人前往日耳曼尼亚，到臣服于自己的部落中招募骑兵中队，因为蛮族发动的特殊形态的战争，令这支部队成为一支随时可以依靠，有时不可或缺的部队。恺撒付出的努力取得了硕果，他从迄今为止被他征服的莱茵河彼岸的那些民族中招募了一支规模不大但极为精锐的骑兵部队，大约 1000 人，恺撒将他们与轻装步兵混编起来。由于他们的马匹羸弱，为了提高他们的效能，他让军团指挥官、骑士和留用老兵下马，将马匹交给这些日耳曼人。这是一项激进的措施，不过恺撒从不半途而废，这一次坚决贯彻了下去。

离开及尔哥维亚，在渡过里杰尔河之后的途中，恺撒显然是在向北行军，企图与拉频弩斯会师，后者击败康慕洛勤纳斯之后向他的统帅靠拢。在阿及定古姆南面不远的地方，统帅和部将会师了——敌人分割罗马军队的计划破产了。

现在，恺撒手握 11 个军团：第 1、6、7、8、9、10、11、12、13、14 和

15军团。第1军团是庞培借给他的。公元前58年,恺撒拥有6个军团:第7、8、9、10、11、12军团。公元前57年,新组建了第13和14军团2个军团。公元前55到前54年冬季,恺撒又得到了5个新编大队。在阿杜亚都卡战役中,他失去了15个大队,即1.5个军团,但是在公元前53年,他组建了第1、14、15军团3个新军团。后来,第1、15军团借给了庞培,第15军团改组为第3军团。通常每个军团有4000—5000人。每当兵员下降时,它们会尽快补充新兵达到满额。当恺撒招募新兵时,新兵们通常不会被编为新军团,而会被分配到已有军团中去。因此,在高卢战争期间,这些军团共有5万多人。恺撒还有大约2万名高卢、克里特或努米底亚青壮部队,5000名骑兵,其中包括1000名日耳曼骑兵;所以共有7.5万人的兵力。这是一个估值,远远谈不上精确。后来在内战中,各军团消耗更大,平均兵力不超过3000人。

与拉频弩斯会师之后,恺撒认为最重要的是尽快赶回基地。他不能直接南下前往普罗旺斯行省,因为造反的爱杜依人横亘在他与行省之间。他穿过林恭内斯人的土地东进,计划取道塞广尼人的领土前往普罗旺斯。他在维松几阿有个不错的仓库和中间基地,他要取得它。他选取的是当年他去迎战阿里奥维司都斯和从维埃纳前往阿及定古姆时走过的同一条路。他打算沿着万雅讷河(Vingeanne)河谷进军,继而渡过阿拉河前往维松几阿。这就是《高卢战记》所说的,他"向塞广尼进军时,为了支援行省比较方便些,特地从林恭内斯人领土的边缘穿过"。

恺撒收复普罗旺斯的目的不仅仅是为了保护这片几乎已经完全属于罗马的领土,他预计高卢起义会是全局性的,他宁愿置身于一个确信是安全的退路上,而且普罗旺斯是他肯定能够获得给养的唯一地方,换句话说,他是为了重新启动对高卢的征服。

与此同时,维钦及托列克斯将恺撒赶出及尔哥维亚之后,将他共计约8万人的兵力集中在毕布拉克德附近,在他预计罗马人会途经的道路上安营扎寨。他这样部署军队是为了阻止恺撒取道塞广尼人的地盘。他在一个三岔路口扎下3处营盘,每个营盘都控制着恺撒一条可能选取的前往阿拉河和维松几阿的路线。恺撒在距敌人15千米之外处行军却浑然不觉。

维钦及托列克斯位于今天萨克奈(Sacquenay)高地上的阵地十分坚固。

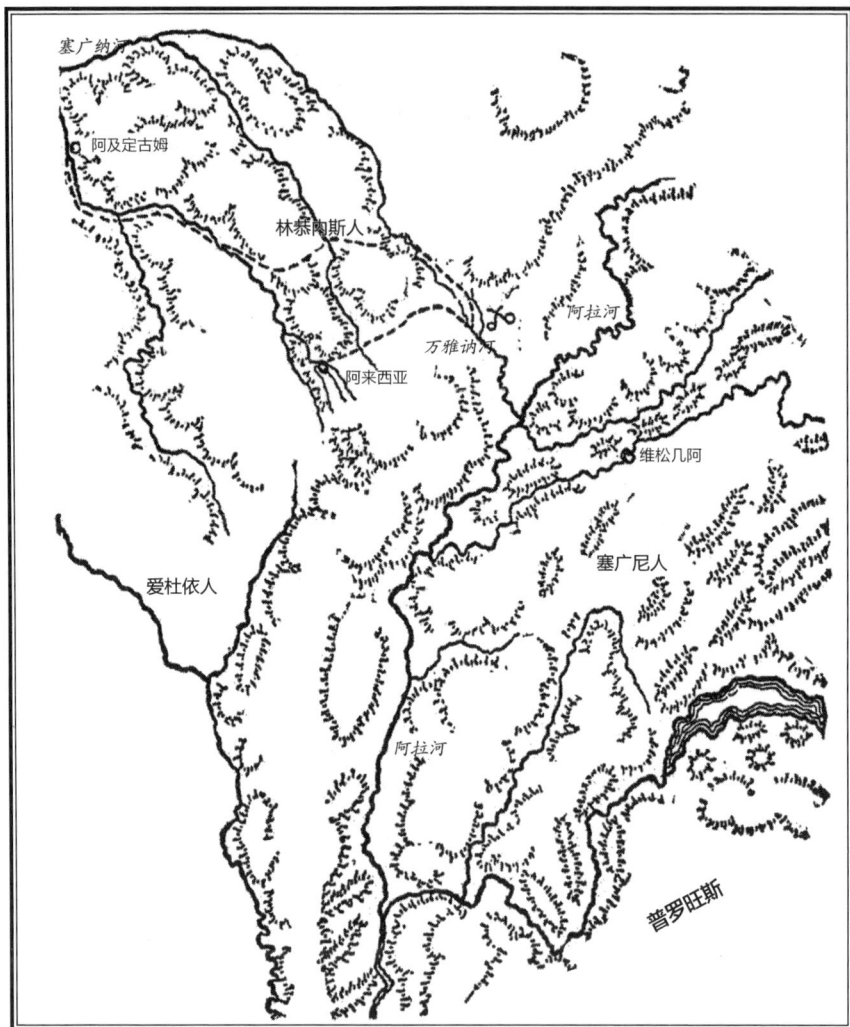

◎ 从阿及定古姆到阿来西亚

高地伸出了三处犄角，可以这样说，每处犄角都驻扎着三分之一的维钦及托列克斯的军队。他军队的右翼抵在万雅讷河畔，正面是巴丹涧（Badin brook）。

这个地区的墓穴可以证明这里就是战场，墓穴中骸骨的装饰品，以及偶尔被农民挖掘出来的马蹄铁，足以证明它们属于高卢人。这也与《高卢战记》中给出的与阿来西亚的距离相符。

维钦及托列克斯召开了一场军事会议，他向酋长们宣布：现在正是永远肃清罗马暴政的时刻，敌人此时正在逃往普罗旺斯。如果恺撒到了普罗旺斯，一定会率领更强大的兵力卷土重来；如果利用罗马军队行军的机会毫不迟疑地发动进攻，罗马人将有去无回。他特地激励他的骑兵，这些骑兵以庄严的誓言约束自己，任何一个人如果未能两次策马穿过罗马军队的战线，就剥夺其全部民事权利。

当维钦及托列克斯在萨克奈高地安营扎寨的时候，恺撒继续沿着万雅讷河行军，在隆若（Longeau）附近扎营。次日，维钦及托列克斯将其步兵推进到巴丹涧，派他的骑兵进攻应该进入巴丹涧北岸平原的恺撒所部。高卢骑兵一分为三，其中两支进攻罗马人的两翼，一支迎头截击恺撒的纵队。当恺撒抵达平原时，他看到了维钦及托列克斯的中路骑兵正对着自己的纵队正面。不久后，其他两路骑兵出现在左、右两侧——他遭到了突袭。

这场突袭完全出乎恺撒的意料，但他还是小心翼翼、全副武装地前进。恺撒命令自己的骑兵也兵分三路，迎战敌人。他停下了前进的步伐，集中辎重将全军展开为战斗队形，大概是分为三条军团战线，这是一种方形战阵，因为"辎重也被拉回到军团中间"，每当骑兵受到沉重压力而步履维艰时，恺撒就派步兵挺进给予支援，通过在那个方向虚张声势维持了战线的斗志。整场战役只是骑兵的交锋；恺撒的骑兵得到了近在咫尺的步兵的支援，维钦及托列克斯的步兵却完全没有投入战斗。经过一番激烈的小规模战斗之后，恺撒右翼的日耳曼骑兵抢占了蒙索贡山（Montsaugeon）将高卢骑兵赶下了山，继而追杀他们直到巴丹涧的步兵阵前，中路高卢骑兵的失败严重挫伤了其他两路骑兵的士气，两翼的高卢骑兵迅速转身掉头逃出战场。敌方骑兵的溃逃令恺撒的骑兵无所顾忌，俘杀了更多敌人，其中包括厄朴理陶列克斯和另外两位著名的爱杜依首领，还有指挥骑兵的科德斯和指挥步兵的卡伐里勒斯（Cavarillus）。

这场败仗沉重打击了维钦及托列克斯的威望，他决定率领步兵携带营中的辎重退往阿来西亚^①。恺撒尾随其后，将辎重安置在附近的一座山丘上再去

---

① 译注：欧索瓦山（Mont Auxois）。

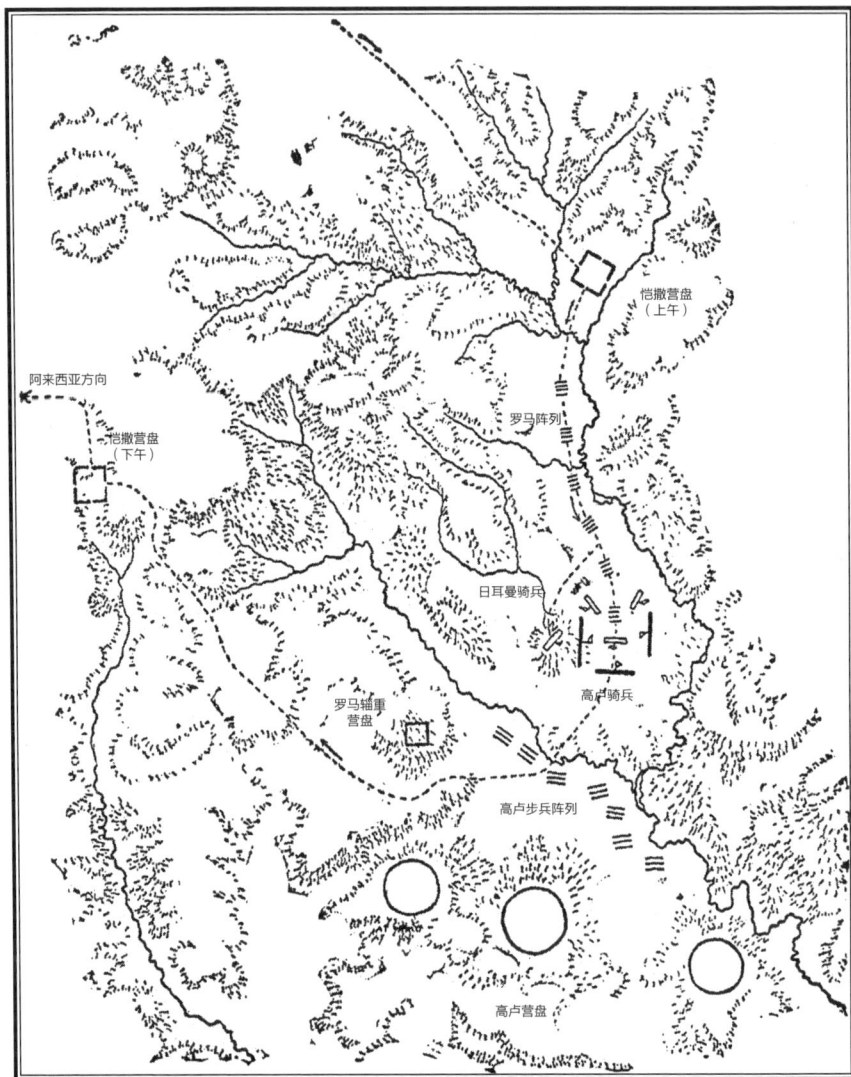

◎ 万雅讷河战役

追赶撤退的高卢人，令敌人的后卫部队损失了 3000 人。维钦及托列克斯十分明智，没有返回位于萨克奈山顶的营盘。如果他这样做的话，恺撒可能会将他和阿来西亚分隔开来。维钦及托列克斯冒着失去辎重的风险去确保阿来西亚，他立即派遣左路人马前往该城。维钦及托列克斯的辎重沿着一条通往南方的平行道路迅速去往那里，而恺撒正如他所做的那样，没有试图夺取它。

维钦及托列克斯放弃他的积小胜为大胜策略是不明智的。我们不知道，在那些并不欣赏他的费边式策略的人士的坚决反对下，他是怎样被迫改弦易辙的。只要他与恺撒正面对决，他就完全不是恺撒军队的对手。如果一台战争机器不能打仗，那么它将一事无成，而同时它还必须运行下去。不过，维钦及托列克斯应该知道，他不能在开阔战场上，尤其是与在恺撒亲自指挥下的训练有素的军团打一场堂堂之战，恺撒的日耳曼骑兵在其直接指挥下远比他自己的骑兵强得多。

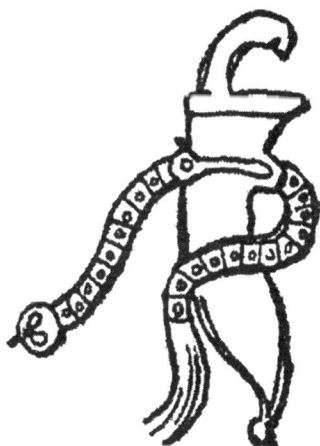

◎ 高卢剑

在这次行军打仗的过程中，恺撒明显表现出了他的伟大品质。与拉频弩斯的人马会师之后，他的唯一目标是返回已经被切断了联系的普罗旺斯行省，将威胁普罗旺斯行省的不怀好意的敌军驱离边界，然后重新征服高卢。他没想到会有敌军拦住他的去路。维钦及托列克斯不应该在一个不利的时刻发动进攻。当恺撒遭遇维钦及托列克斯的时候，他也没有任何打一场防御战的想法。他立即发动了猛攻，漂亮地指挥他的骑兵，通过精彩的机动取得了一场心理效果远比其规模重要得多的胜利。这场战役本身只是一场骑兵战斗，几乎没有达到庄重得可以称为会战的程度。

当维钦及托列克斯撤往阿来西亚的时候，通向普罗旺斯行省的道路完全向恺撒开放了。他不再需要从敌人的防线之中杀出一条血路前往他的老巢了。现在，他可以确定这样一个事实：维钦及托列克斯会召回威胁行省的远方部队，或者那些足以自保的小部队。恺撒决定不再向他的老巢进军，而是直接指向敌军。他不再担心他的交通线，他要立即转入猛烈的进攻。

阿来西亚之围
（公元前 52 年春季和夏季）

　　万雅讷河战役的次日，恺撒就抵达阿来西亚城下，决心长围久困。这场围攻是古代战争史上最有名的一场，恺撒的军事天才在其中展现无遗。这座要塞坐落在一个孤立的山冈（欧索瓦山）之上，或者更确切地说，它在一个高耸的椭圆形高台上，高台东西长 1870 米、南北宽 750 米，比周围的山谷高 150 米，脚下是塞广纳河与其两条小支流的交汇处，两条支流分别是卢托萨河（Lutosa）[1]和奥塞拉河（Osera）[2]，各自从台地的北、南两侧流过。在阿来西亚的西侧有一片南、北长度超过 4500 米的平原，今天叫莱洛姆平原（Plaine des Laumes），被奥赛兰河和一条小溪一分为二。城镇的其他三个方向，北、东、南方从山冈边缘向外推约 1500 米左右，有一排与欧索瓦山高度相等的山冈，由平缓倾斜的山谷割开。台地上有泉眼和许多水井。阿来西亚山脚下的溪流可以通过小径抵达。上山并不困难，但是山顶有一堵间断的石墙，但总体上山冈还是陡峭的，几乎坚不可破。

　　大多数作家习惯于高估攻取阿来西亚的困难程度。它是一个袖珍版的及尔哥维亚。今天的山坡毫无疑问比恺撒时代平缓许多，这是 60 代农民的连续劳作取得的成果，但地面本身的变化相对较小，针对恺撒防线的挖掘工作充分证明了这一点。尽管从古代战争的角度看来，阿来西亚的地势坚固异常，但也

---

　　①译注：今奥塞河（Ose）。

　　②译注：今奥赛兰河（Oserain）。

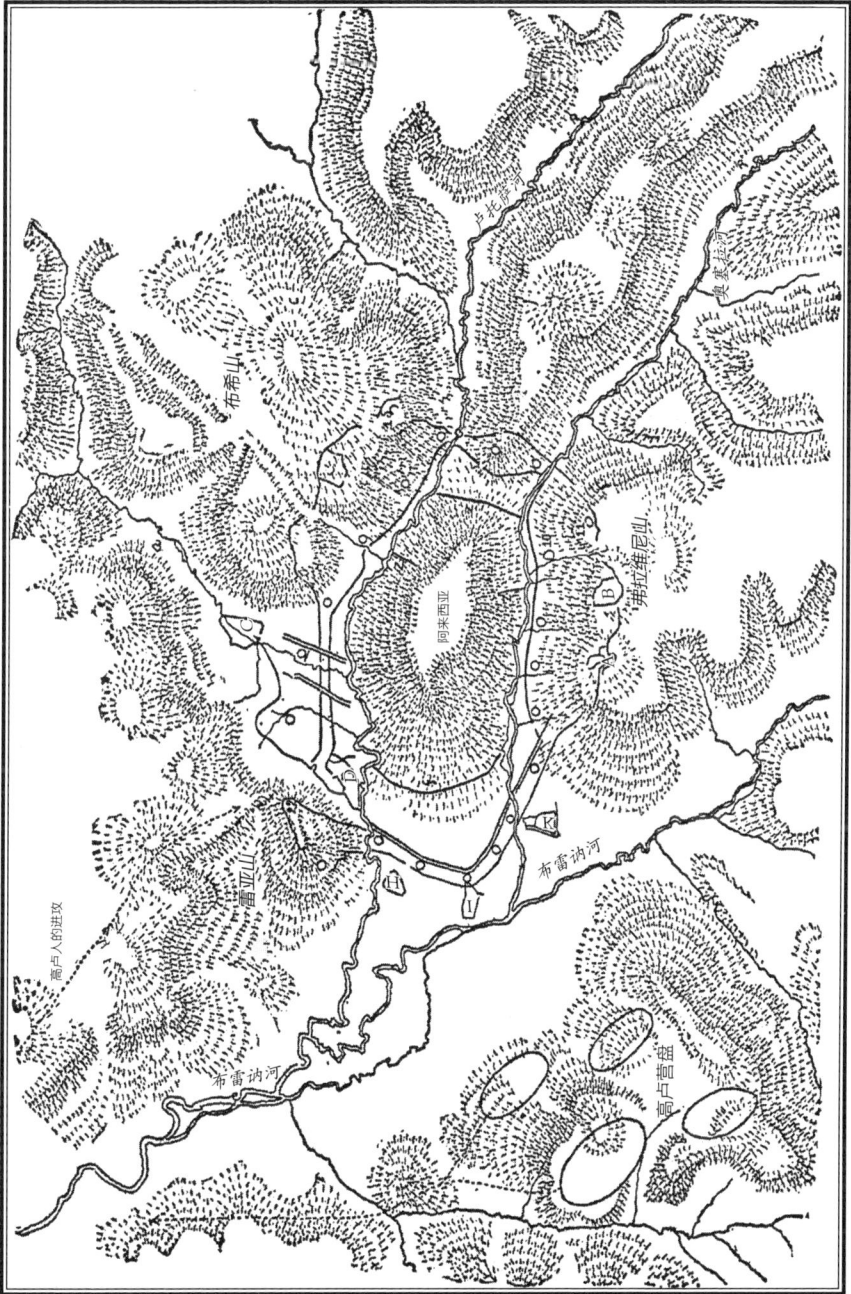

◎ 阿来西亚

绝非坚不可摧。这个地方可以很容易沿着东南侧高地开始的狭长地面攻取，它是一个天然的围城土山。恺撒的真正困难在于他知道在他能用常规手段攻取阿来西亚之前，所有高卢人都会齐心协力派来解围援兵，发动反包围。

罗马军队从布希山（Mt. Bussy）以南的东面逼近。高卢人在城东的城墙下结营，用一条1.8米高的石墙和一道壕沟作为防御工事。此处是他们的防御弱点，因此在这里预计要打一仗。他们将壁垒向山下延伸到溪流两端，这堵墙很容易被敌人从背后夺取，所以在壁垒顶端修筑了双头分叉。对此地实施了侦察之后，恺撒认为，因为守军人数众多，尤其是鉴于他最近在及尔哥维亚的战败，所以用一场猛烈攻势夺取它并不明智；他相信彻底的封锁会饿死守军。毫无疑问，他很欣赏从东南部沿着那条狭长地面推进的有利条件，但是，决心采取围困而非强攻之后，他放弃了自己的决定，转而选择从西侧进抵平原。显然，他打算将维钦及托列克斯团团围住，把工作重点放在敌人最薄弱的地方。

恺撒手握11个军团，将近5万人，5000名高卢、日耳曼骑兵，也许还有1万名高卢和其他民族的辅助步兵。据说维钦及托列克斯拥有8万人马。许多批评家怀疑这个数字，因为台地面积狭小，没有足够空间容纳这么庞大的部队。根据各种记载，恺撒是用6万到7万人围困8万人。在任何时代，围攻者的人

◎ 阿来西亚，西北方视角

◎ 阿来西亚，南方视角

226

数少于守军的两倍都会被认为太少，无法指望其取得成功。但是人数问题并没有增加或减少恺撒在这场著名围城战中体现的能力、勇气及其产生的深远成果。也许，恺撒已经下定决心在这里抓住最后的机会。再一场失败将意味着鼓励高卢人看低他的整个战役。他绝不能容忍再来一场及尔哥维亚败绩。

恺撒的第一步是占领阿来西亚北、东、南侧的山冈，继而驻扎适量的部队，并确定封锁线的走向。骑兵驻扎在水源附近，步兵驻屯在山顶。随后，沿着山坡步步为营地开始兴修 1650 米长的工事。营盘由位于坡底附近的 23 座方形、高耸的碉堡加强，白天在里面安置了哨兵，以防突然的突围，晚上则驻扎监视哨岗和坚强的警卫。与往常一样，首先修建堡垒，然后用一线土木工事将它们连接起来。

可能有 4 个步兵营：2 个（225 页图上位置 A、B）位于阿来西亚南面的山顶上，一个在东北面（225 页图上位置 C），一个在西北面（225 图上位置 D）。地形指明了营寨的形状，工事监控着它们前方的土地，天然脆弱的一面经由建筑强化。营地 A 的南面有三条工事线，它可能是恺撒的司令部。营地 B 更加庞大。营寨的堡垒统统面向阿来西亚方向。已经得到挖掘的 D 壕沟被发现装满了遗物、骨骼和头盔、护颈和戒指。4 个已经发现的骑兵营地中，3 个坐落在大平原上，1 个在阿来西亚北侧。它们的壕沟比步兵营地浅一些。在 23 座堡垒中，有 5

◎ 阿来西亚，东南方视角

◎ 阿来西亚，东北方视角

座被挖掘出来。毫无疑问，它们是最坚固的。其他的大概只是砖石房屋，现已消失无踪了。另外 18 座堡垒的位置，可以根据地形判别出来。

当维钦及托列克斯向罗马封锁线发起一场骑兵行动时，建筑工作才刚刚动工。维钦及托列克斯一直向西面的开阔平原挺进。战斗十分激烈胶着。起初，罗马骑兵未能获胜，但是罗马步兵被命令在营前列阵，以阻遏城中当面守军发动的正面突围。在军团坚守的鼓舞下，日耳曼骑兵在随后的战斗中学会了依靠军团做坚实后盾，他们精神抖擞，以加倍的勇气发起冲锋，迫使敌人的骑兵抱头鼠窜，并追击到他们的工事门前才罢休。

恺撒在恰当的时机命令步兵前进，这一行动加剧了敌军的溃散。高卢人奋力退回城里，但维钦及托列克斯下令紧闭城门，城外的营寨就这样无人值守了。许多高卢人尝试爬过壕沟、攀上城墙但都失败了。罗马骑兵在对敌人造成重大伤亡后撤退了。我们注意到，高卢战争中有许多场交锋仅仅是骑兵战斗，这支武装力量在恺撒麾下居功至伟，然而他们的使用方式从来不像亚历山大手下的"伙友骑兵"（Companions）或汉尼拔手下的努米底亚骑兵的那样。

现在，维钦及托列克斯发现一场围城战势在必行。不过，他还没有足够勇气在为时过晚之前杀出重围。他也害怕在开阔战场上遭遇罗马军团，但他非常希望这场围攻也像尔哥维亚一样失败，并决心听天由命。如果说有什么不同的话，就是阿来西亚的城防更加坚固。在罗马封锁线竣工前的一天夜里的第二更时，他派遣 1.5 万名骑兵出击，此举不仅仅是因为他已经无法为战马提供草料，更在于他希望骑兵们能突出重围，走访高卢各部并寻求援兵。这些骑兵中队沿着两条河谷突围而出。维钦及托列克斯让骑兵们向外带话说，他的 6.5 万名步兵只有可供 30 天食用的牛肉和粮食，如果管控得当会使肉粮多维持些日子，如果援军迟迟不到，那么阿来西亚和整个反罗马事业都将毁于一旦。随后，他把全部兵力都撤到台地上，亲自动手分配补给品。他将牛肉分配下去，但将粮食掌握在手中定期发放。6.5 万名守军能否真的挤进这个小地方依然存疑，某些地方的古城墙已经被发现了。

挤作一团筑营是可以做到的，蛮族也习惯于在一个非常狭小的空间内共同放牧。现在，维钦及托列克斯被团团围困在一个城镇里面，该城的坚固城墙建筑在一个岩石悬崖的边缘，悬崖从山谷中隆起，可能高出地上斜坡 12—18 米。

这大体上是周围台地的普遍特征。山坡和台地边缘的一部分林木葱郁、灌木丛生。除了东面的狭窄地峡，没有任何地段能够让罗马人破城，只有饥饿才能迫使高卢人就范。台地上拥有水源，但他的人马过多，只能指望援军来解救他。

尽管困难重重，恺撒仍以最具男子汉气概的方式开展围城工作。有些地方的泥土中巉岩嶙峋，相比今天这片土地要崎岖得多，并不适合构筑工事。由于维钦及托列克斯只能从平原或城北的一条峡谷逃脱，所以恺撒将大部分注意力集中在这些地方的防御上。这片地面的其他方向本身就是一个防御系统，不需要更多防御工事。当人们在动工时，因为守军人数众多且凶悍好斗，他们必须不断得到外围的轻步兵的掩护，以防守军的突围行动。

恺撒的准备工作气势恢宏。他在城镇西侧挖掘了一条壕沟来掩护其他工程的修建，沟深 6 米、宽 6 米，沟的两侧与底面垂直。这条壕沟位于主封锁线前方 120 米处，城镇西端的山坡脚下，从一条小溪延伸到另一条。它既能够预防敌人的突然袭击，又能在标枪射程之外留下一条常备防线。从壕沟中挖掘出的泥土被堆在壕沟的后面。

工事主线前方还挖掘了两道壕沟，第一道壕沟地势较低，宽、深各 4.5 米，恺撒在这里挖掘它是为了便于将引自奥塞拉河的河水灌注其中，现在它只有 2.4 或 2.7 米深。在它的后面又挖掘了一条与地面相平、尺寸一样的干壕。这些壕沟在奥塞拉河以南 750 米处，一直延伸到山冈的南坡上。从那里开始，只有一重壕沟。壕沟后方是一座 3.6 米高的防堤（agger）和壁垒（vallum）。壁垒顶端有一道胸墙（lorica）和雉堞（pinna），向外、下方斜列着"像鹿角似的"削尖的木桩，以防敌军攀爬，每隔 24 米用一座塔楼予以加强。这样得到掩护的前线超过 2200 米长，当我们考虑到封锁线的长度时，这的确是一座宏伟、完备的工程。恺撒的军团将士们就像舞剑弄枪一样纯熟地抡锹挥铲。

同时进行的这些土木建设和筹粮行动令官兵们任务艰巨；把守这么漫长的封锁线需要的兵力超过了恺撒手头拥有的实际兵力。平均每米防线只有 3 人，如果这些人在三条封锁线上执勤，则平均每米只有 1 人，而且没有可供调遣的预备队。在施工过程中，敌人多次发动进攻和示威，大大增加了罗马人所承受的压力。因此，恺撒认为防御还不够坚固。他想让防线坚固到只需要少量部队就能守住的程度，这样他就可以在必要的时候将主力调往亟须的地方。这个构

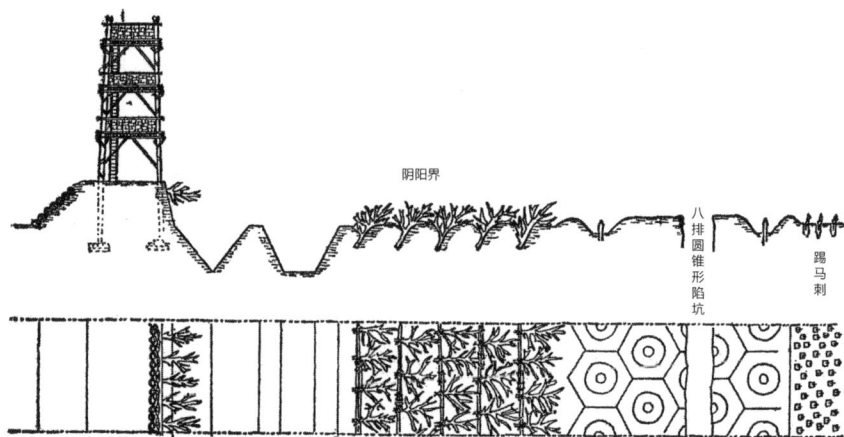

阴阳界

八排圆锥形陷坑

踢马刺

◎ 工事横截面

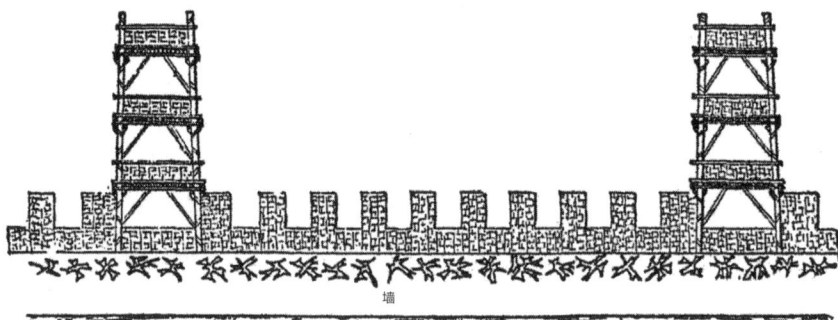

墙

◎ 工事正面

想的落实需要筑城技术给予一切可能的帮助,他一刻也没有停止对防线的完善。他设计了多种障碍物来防御敌军的突围,为此又修建了一条三重鹿砦。他下令挖掘了五排倾斜的壕沟,深达 1.5 米,底部插上尖锐的木桩,形如鹿角,人们称之为"阴阳界"(cippi)①。这五排阴阳界紧密连接在一起,互相衔接,又互相穿插。八排 0.9 米深的圆锥形陷坑(scrobes)以 0.9 米的间距呈棋盘形排列。

①译注:拉丁原文为"Cippus",既可释为界碑,又可释为墓碑,士兵们借此双关语来开玩笑。

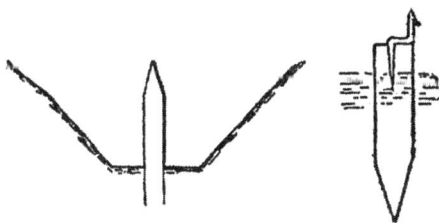

◎ 百合花和踢马刺

每个坑底都有一根尖端被火烧硬，人腿般粗细的尖桩，陷坑表面铺上了柳条和树枝。

这些内有尖桩的陷坑被称为"百合花"（Lilia），如今已经发现了许多这种坑。在这些陷坑前面是密密层层的木桩，顶端安装着铁钩被称为踢马刺（stimuli），模样有点像大号鱼钩。罗马人给这些设施起了新名字，大致说明从来没有人使用过它们。

在这条宏大的封锁线外侧和大约 180 米的后方，恺撒又划出了另一条类似的对峙线用来抵御即将到来的高卢援军，后一项工程长达 21 千米。如图所示，防御工事止于山冈悬崖的两侧，然后又从高台延伸出去。这条封锁线根据地形而建。一些权威人士试图对这些封锁线的长度准确性提出质疑，但是《高卢战记》中出具的数字 16.5 千米和 21 千米已经完全被现代考古发掘证实了。研究工作硕果累累。恺撒的防御工事遍及整个长度范围，许多地段的防御工事也清晰展现出来。如果一位古代历史学家的著作原封不动地流传下来，那么在他的认知范围内，他的记载就没有理由不像今天的一位作家的记载那样值得信赖。恺撒在阿来西亚城下兴修的工事在《恺撒战记》中有清晰无误的描述。它们的完善程度不亚于维克斯堡（Vicksburg）[1]或彼得堡（Petersburg）[2]。无数人的劳作总能创造奇迹。为了应对城内外两侧的敌人，恺撒让人员三班倒，平均每 5 米防线只有 2 名驻军。

恺撒浩大的防御工程在约 40 天内就竣工了。尽管困难重重，军团将士们还是抱着最美好的期待奋力工作。后来恺撒说道，他可以与这些手下翻天覆地。他在罗马的朋友们经常说，这是肉体凡胎之辈无法想象的杰作，只有一位神明

---

① 译注：维克斯堡是密西西比河上的一座坚固要塞。1862 年 11 月，格兰特将军率领的北军耗时半年，付出伤亡约 1 万人的代价夺取了南军盘踞的维克斯堡，此役是南北战争的转折点。

② 译注：美国弗吉尼亚州的彼得堡。美国内战期间，从 1864 年 6 月到 1865 年 3 月，北将对据守彼得堡的南军发动围攻，北军以伤亡 4 万多人的代价，迫使南军撤离，南军伤亡约 2.8 万人。

才能完成它，他的政敌们这一次缄口默认了。

营盘 D 中可能有 2 个军团，营盘 A 中只有 1 个军团，营盘 B 有 2 个，营盘 C 有 3 个，总共 8 个军团，其他 3 个军团部署在堡垒中。这条 16.5 千米长的环形防线也密布着营寨和堡垒。

完成这项非比寻常的工程之后，每个人都被分配了 30 天的给养，以减少因外出筹粮而引发的危险，避免自己遭到高卢援军的封锁。

根据维钦及托列克斯派出的骑兵带出的信息，高卢人立即召开了一个大会，会址可能在毕布拉克德，会议决定从各邦征兵，但它是特别征兵而非总动员，以免因军队人数过多而难以供应粮秣，全军共有 24 万名步兵和 8000 名骑兵。纸面兵力为 28.3 万人。即使恺撒最善待的那些高卢人现在也受到全国性起义的感召，他们造反并为独立事业尽心竭力。只有俾洛瓦契人拒绝出兵，仅仅派出 2000 人敷衍一下。他们说自己不愿意接受任何人的控制。这支大军的最高指挥权交给了恺撒曾派遣到不列颠的阿德来巴得斯人康缪斯、维钦及托列克斯的一个表兄弟阿浮尔尼人维尔卡西味朗纳斯（Vercasivelaunus）、爱杜依人维理度马勒斯和厄朴理陶列克斯。后者在上一场战役中被俘，《高卢战记》没有解释他是怎样重获自由的。每个部落都派出代表与这几位首领组成了一个战争委员会。当然，蛮族们也信心十足，因为他们的力量在于人多势众，这支空前庞大的军队聚集在爱杜依人的地盘上向阿来西亚进军，憧憬着此时罗马人无力抵挡这么多人，尤其是与被围困的高卢人里应外合的情况下。

由于不知道援军正在迅速赶来，被围的守军已经不知所措了。从维钦及托列克斯放出求援的信息至今已过了 6 周，眼下他们只有够吃 30 天的粮食，饥饿迫在眉睫。阿浮尔尼人克里多耶得斯（Cirtognatus）提议，吃掉那些丧失作战能力的士兵和市民，但这促成了一个遣送他们出城的计划。按照这个计划，全体市民（孟杜皮人）出了城，然而罗马人甚至不愿意把他们作为奴隶，拒绝接纳他们，将他们赶回了城里。

康缪斯及其大军终于抵达了罗马防线，在距离恺撒防线 1500 米内的城西南的高地上安营扎寨。次日，康缪斯率领骑兵杀向大平原，高卢骑兵在他们后方的山冈上助威。高卢人漫山遍野。从阿来西亚城中可以清楚看到一切动向。维钦及托列克斯的反应是率领自己的军队出城，准备好接应援军发动的攻势。他准备了大量木柴来填平壕沟和覆盖鹿砦。

维钦及托列克斯的部队前进了，实际上他们已经着手填平第一道壕沟，这一举动发展成了全面的步兵交锋。恺撒将他的部队部署在面向城镇和敌人援兵的壁垒上，以派出日耳曼和高卢盟友骑兵出击的方式拉开了战幕。敌人将轻步兵与骑兵混编，以加强其韧性。没过多久，战斗就进入白热化，高卢人因自己人多势众而胆气横生，用呐喊和咆哮催促本方人马冲杀。阿来西亚市民以同样的呼声鼓舞他们的战友。战斗从中午打到日落，维钦及托列克斯未能取得突破，援军也没什么进展。这次行动似乎没有超

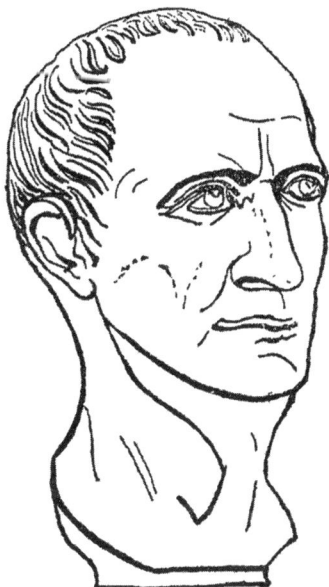

◎ 恺撒，高卢战争晚期（藏于大不列颠博物馆）

出得到投石手和弓箭手协助的骑兵的战斗范围。最后，在恺撒的骑兵全部战败之后，日耳曼骑兵重整旗鼓发动垂死一搏，尽管高卢人人多势众，日耳曼骑兵依然将他们赶了回去并将其击溃。一旦溃不成军，高卢人就没法了，恺撒的骑兵中队一直追杀他们到敌营之前，砍翻了许多前来支援他们的弓箭手，而后者没有马匹，逃脱不及，纷纷丧命。阿来西亚守军垂头丧气地退回城中，没有人向罗马工事发动有组织的攻势。骑兵在恺撒的全部战争中所扮演的重要角色表明，他实施的大部分战斗仅限于小规模的零星接触。因为激战中，只有军团可以依靠，恺撒没有真正的骑兵可用。

次日，只有一支高卢援军再次发动进攻，他们还制造了大量障碍物和云梯、挠钩。他们选择在午夜时分从西侧平原发动突袭。他们的呼啸喧嚣引起了城中的维钦及托列克斯及其所部的注意，随即出城为城外的战友们助一臂之力。

在夜暗之中，高卢人似乎打得最好，他们用木柴、栅栏填平陷坑和壕沟，用弓箭和石弹掩护他们的行动。罗马人在形势需要时全力以赴，每个人都各就各位。他们从那些不是很危急的堡垒中将人马派到打得最不可开交的地方。副

将德来朋纽斯和安东尼带来了援军。罗马人同样用早已准备好的大量弓箭、石弹和重约 0.328 公斤 ① 的手抛石块，以及堆积在墙头的尖桩予以回击。远程投射机械也投入了运作。在黑暗之中，盾牌几乎毫无用处。当敌人的战线还在远处时，他们的攻势对罗马人造成的伤亡要比他们抵近壁垒时造成的伤亡更大，因为那时许多蛮族已经掉进了陷坑和堑壕；这造成了混乱和恐慌，他们的攻击漫无目的，武器几乎没有造成任何伤害；另一方面，罗马人从工事中发射重矛，每根都造成了可怕的伤亡。

没过多久，高卢人的勇气就再衰三竭了，终于，天光渐亮的时候他们感到了一种恐惧，他们暴露的右翼会被从高处营中杀出的罗马军包抄，在伤亡和疲惫的双重打击下，他们被迫收兵回营。城中的维钦及托列克斯遇到了同样的困难。他的手下把大部分时间都消耗在填平 6 米深的壕沟上了，未能逾雷池一步，破晓时分，看到城外援军发动的攻势失利，他也吹响了撤军的号声。

---

① 译注：原文是 1 罗磅，本文折算为公制，下同。

阿来西亚之战
（公元前 52 年秋季）

第二十章

现在，高卢人发动的两次进攻都被挫败。这些的确都是局部性的失利，但未能取胜就已让他们开始垂头丧气。头领们清晰预见到了失败，除非他们能在下一场战斗中夺取胜利。在基督纪元之前，高卢人的性格被描绘为难以承受不断的灾难造成的压力。康缪斯再次发动强大的攻势来突破恺撒的防线，高卢人开始系统性地侦察罗马壁垒，以求发现最薄弱的地方。通过询问乡民，他们了解了对面的敌人及其每一个点上的工事类型。

阿来西亚西北的一座小山丘因为面积太大，没有被工程师们囊括在封锁线以内。他们被迫在其山脚下的低地上筑墙。这里是驻扎着两个军团的营盘 D，由副将安几司久斯（Anstitius）和坎宁纽斯（Caninius）指挥。它坐落在山侧的陡坡之上。针对这一点，高卢头领们决定集结从最负勇名的部落中精选出的 6 万人在某天中午发动进攻，维尔卡西味朗纳斯受命担任突击队的总指挥。这支兵力在夜间经由一条 2 万多米长的迂回路线行进到选定位置附近，随即隐藏在山丘北坡的植被之下。

随着正午将至高卢人也休息好了，他们士饱马腾、好整以暇，准备大战一场，维尔卡西味朗纳斯命令他们起立，以战斗队形迅速杀向罗马营盘。雷亚山（Mt. Rea）上似乎有若干工事，可能只是一座哨所。这支部队蜂拥而出，顺着山坡猛扑营盘 D。与此同时，按照战前的约定，高卢骑兵在平原前方的罗马防御工事前进行了一场声势浩大的示威，随后发动步兵推进。一直在城里焦急注视着他们的进攻动向的维钦及托列克斯几乎立即就洞察到了同胞们的计划，他带上全部器械装备出击，包括他为此大量囤积的盾车、云梯、挠钩和其他器械。他的攻势就在维尔卡西味朗纳斯的正对面略微向左的方向。平原上的骑兵示威引起了恺撒的不小焦虑，两支高卢步兵中的任何一支几乎都与整个罗马军队相当，而且再一次同时从腹背两侧进攻罗马战线上的或许最薄弱的那一点。罗马军队分布得太分散，很难说战线上的其他部分不会遭到进犯。事实上，恺撒也

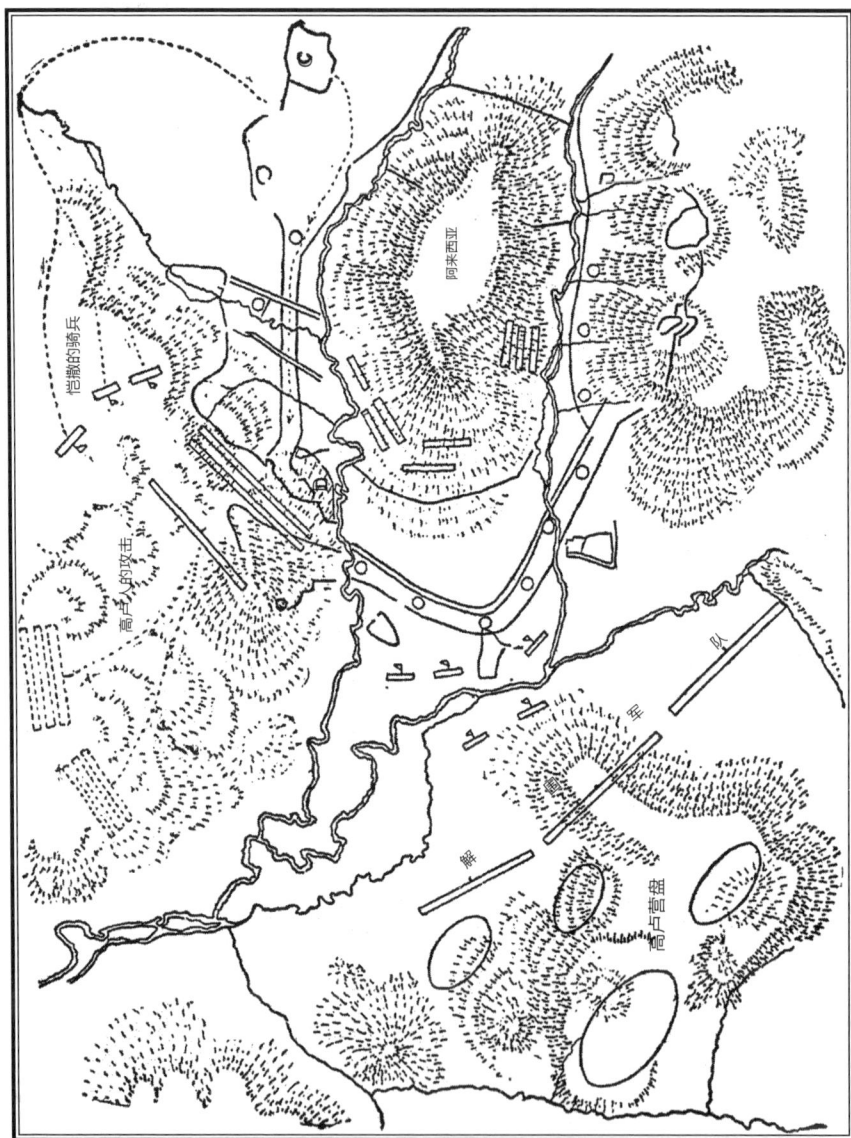

◎ 阿来西亚战役

无法预料到真正投入进攻的兵力不到城内外约 30 万名高卢士兵中的一半。

这次进攻突如其来且声势浩大。高卢人用上了所有武器装备，向壁垒上看起来最薄弱的地方施加压力。他们全力以赴，就像事先预期的那样奋勇搏杀，决心获胜。他们的英勇无懈可击。恺撒已经准备了几个观察哨，他从这里可以看到战场全境。他在其中一个哨所中容身，可能在 6 米深的壕沟南端附近，随时向看起来最危险的地方派遣部队实施增援，每股人马都抖擞精神拼死战斗。高卢人显然认为这是他们摆脱该死的罗马枷锁的最后机会，罗马人也明白，如果打赢了这场战斗他们的劳苦将就此结束。更重要的是，他们意识到，如果此战失利他们的命运堪虞。

最激烈的战斗发生在西北营盘，由于那里的地面高于罗马防御工事，蛮族可以更加有效地投掷矢石，龟甲阵也投入了使用。这里也有些最著名的武士在战斗，而在主战线上战斗的高卢人尽管人数众多，战斗力却不怎么样。进攻西北营盘的高卢人兵力雄厚，使敌人能够频繁使用生力军轮替疲惫的人马，并在罗马壁垒下堆砌土山，与军团的壁垒等高。经过几小时的激战，罗马士卒们耗尽了所有矢石。

眼见他们陷入困境，恺撒命令拉频弩斯率领东北营盘的 6 个大队前去援助，恺撒命令他如果实在坚持不下去时，可以带这几个大队突围出来，但若无必要就别这样做。恺撒跑到平原上，为将士们打气鼓劲。

由维钦及托列克斯指挥的高卢人，由于对他们战斗的罗马防线上的地点感到绝望，决定重新尝试在一个更险峻但守军比较薄弱的地点打开缺口，这个地方可能在南方营盘的脚下，他们携带了攻城器械和工具，在暴风骤雨般的矢石掩护之下，他们成功将壁垒上的守军赶了下去，继而填平壕沟，用挠钩拉扯开柳条掩盖的栅栏。为了应对这一咄咄逼人的新危险，恺撒派遣布鲁图斯率领 6 个大队前往遭到攻击的地方，鉴于这支援军可能不够，他又派费边率领 7 个大队去增援。即便如此，危局也没有发生逆转，他最终不得不亲自赶到此地，挽狂澜于既倒，他经过一段时间和巨大的努力才完成了这项工作。

鉴于拉频弩斯无力在西北营盘抵挡住敌人，恺撒派遣一部分骑兵走出壁垒，绕道北方的峡谷沿着山坡排成一行，从后方冲击敌人。至于恺撒自己在击退了维钦及托列克斯的进攻之后，率领 4 个大队和一些骑兵去驰援拉频弩斯。

与此同时，拉频弩斯把从最近的几个堡垒里抽出来、刚好在那里的 10 个大队集中起来。令恺撒开心的是，蛮族的主力没有参战，而是留在后方做预备队。恺撒身穿统帅的紫色披风（paludamentum）①，让所有军团将士都一目了然，他无论到哪都能极大提振那里的士气和斗志。他们总能在恺撒的眼皮子底下创造奇迹。在炽热的战斗气氛中，将士们停止投掷矢石，转而持剑肉搏。

就在此时，恺撒派出去迂回的日耳曼骑兵已经绕到高卢人的左后方，发动了凌厉的冲锋，随着一声呐喊军团将士们也冲杀出去。罗马人的冲锋势不可挡，所向披靡。敌人气衰力竭，转头逃跑，却被骑兵砍翻。许多高卢头领阵亡，包括雷穆维契斯人（Lemovices）的酋长塞杜留斯（Sedulius），在被俘的头领中有维尔卡西味朗纳斯，罗马人掳获 74 面军旗。维钦及托列克斯手下的人看到他们的辅助部队战败，恺撒也准备转身打击他们便取消了进攻，垂头丧气地退回阿来西亚。没有参战的高卢部队听到败报也赶忙撤军了，撤退很快就变成了溃逃。高卢人逃离了战场，而不是在他们的营盘中被打败的，所有武士都自寻生路，如果不是罗马骑兵已经筋疲力尽，他们会在溃逃途中被斩尽杀绝。事实上，许多高卢人被砍死，其余的人散布在密林深处。在经历了漫长的漂泊游荡之后，他们才历尽艰辛返回各自的家园。

高卢人走上牌桌孤注一掷，玩得也不错，就是最后输了个精光，维钦及托列克斯将自己交给同胞们，待他们认为合适的时候任意处置；他们立即向恺撒派去了求和使者——他们别无选择。恺撒解除了高卢军士们的武装，命令他们交出首领们投降。普鲁塔克写道：

> 发动战争的主使者维钦及托列克斯穿上华丽的铠甲，给马匹加上各种装饰，骑着出城在恺撒座位的前方绕行一周，下了坐骑脱去铠甲，蹲踞在恺撒的脚前动也不动，最后被带走囚禁起来，供凯旋式出场亮相之用。

---

①译注：罗马统帅专用的一种披风，因为颜色太显目，所以统帅们在真正上阵时一般都避免穿。在阿来西亚之围期间，恺撒因为一向大胆，即使在前线也穿着它，因而士兵能凭他衣服的颜色辨认出他，以此来长部下的锐气，灭敌人的威风。

这位英勇的酋长被恺撒留做凯旋式上的展品，凯旋式结束后立即被处决[1]，无论之前有什么先例，这件事都不能为罗马人增光添彩，维钦及托列克斯虽然是个敌人，但毋庸置疑也是个英雄。恺撒只保留了爱杜依和阿浮尔尼俘虏，用于重新争取他们的支持。其他俘虏都被卖给奴隶贩子，这帮人贩子为数众多，永远待在距离罗马军营不远的地方。每当一场战斗结束，他们总会出现，随时准备利用数量充足的便宜奴隶牟利。

阿来西亚围城战充分体现了恺撒最伟大的战争艺术，以及他的军队与之不相上下的勇气与坚韧。在上一场战斗中，如果按兵不动的大部分蛮族能出手解救维钦及托列克斯，高卢也不会丧失独立。尽管战后又发生了若干孤立的暴动，但整个国度再也没有团结起来。一年之内，高卢就事实上成了罗马的一个行省，她的反抗精神终于被彻底瓦解了。

在这场辉煌的胜利之后，恺撒回到了爱杜依人的地盘上，没费什么力气就收复了这个国家，阿浮尔尼人迅速屈服，送来了人质。恺撒则将大约2万名爱杜依和阿浮尔尼战俘还给了他们。在大获全胜之后，他依然能在对待高卢人方面充分体现他的豁达大度。之后，他把军队安置在冬令营中。拉频弩斯与第7、15军团和若干骑兵被安置在塞广尼人处，鲁提利乌斯（Rutilus）担任他的副手；费边的第8军团、巴希勒斯的第9军团，驻扎在雷米人处，以防范俾洛瓦契人；安儿司久斯（Antistius）的第11军团驻扎在安皮瓦来儿人（Ambivereti）处；塞克斯提乌斯率领第13军团驻扎在别都里及斯人处；坎宁纽斯的第1军团驻军于卢登尼人的地盘上；西塞罗率领第6军团驻扎在麦儿斯哥（Matisco）[2]；苏尔皮基乌斯率领第14军团驻扎在卡皮隆弩姆（Cabillonum）[3]，负责确保在爱杜依人的地盘上沿着阿拉河筹措粮秣。恺撒本人将司令部设置在毕布拉克德。史料没有给出率领第10、12军团的安东尼的位置，他们很可能就驻扎在司令部。罗马为恺撒举行了历时20天的庆祝活动。

---

① 译注：事实上，维钦及托列克斯被囚禁了六年之久，公元前46年的内战期间，在一场凯旋式之后被斩首，仅仅两年后，恺撒也遇刺身亡了。

② 译注：今法国马孔（Mâcon）。

③ 译注：今法国今沙隆（Chalons）。

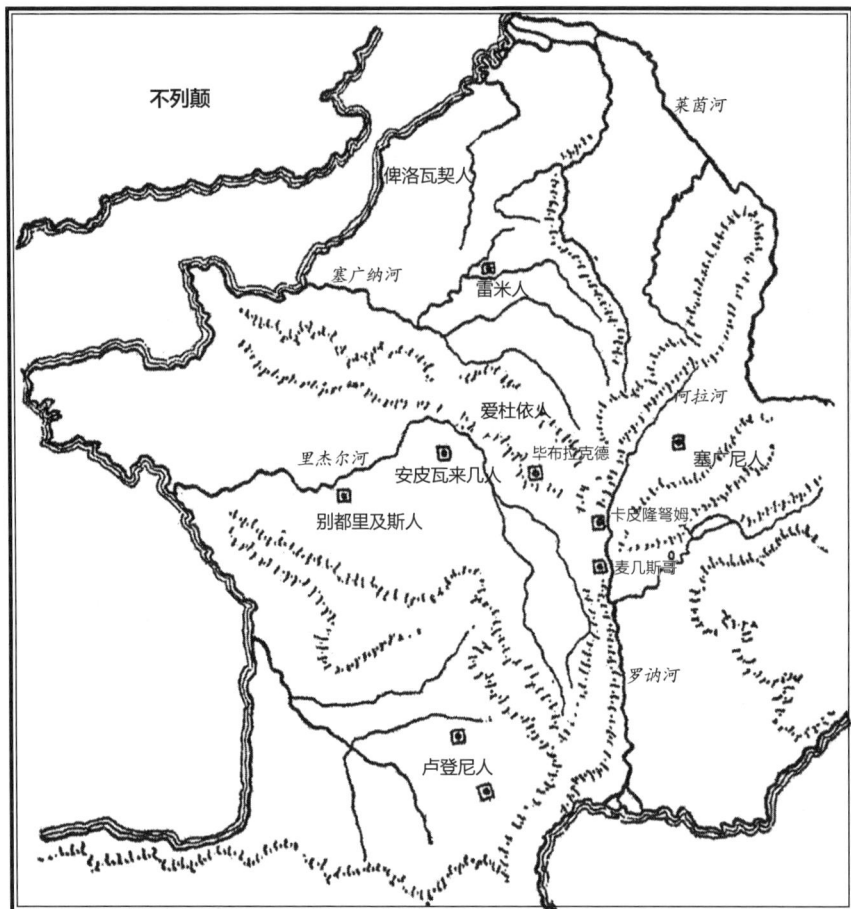

◎ 公元前52到前51年的冬令营分布图

在历次高卢战役中，没有任何一个部落像此役那样投入这么多兵力。总共85个部落中的40个部落在一个月内贡献了25万人之众，加上维钦及托列克斯指挥的8万人，共计33万人，几乎是罗马军团、轻装部队和盟邦骑兵总和的五倍。对恺撒而言，情况相当严峻，但靠着他的天才发挥和罗马军团的坚忍不拔，尤其是蛮族内部的意见不一，最终挽救了他。进犯阿来西亚西北方营盘的高卢人是6万名精选部队，位于西侧平原上的蛮族主力却是装备贫弱的乌合之众。但是，恺撒难以在击退北侧营盘、腹背受敌的同时迎击南侧的维钦及托列克斯，如果这些兵力从西侧发动进攻，无论他的防线多么坚固，他看起来肯定都会被打垮。恺撒自己对局部攻击所造成的压力的描述，充分证明了他是多么接近致命的失败。恺撒的勇气、部下的雄心壮志和过人骁勇、盟军的忠心耿耿和日耳曼骑兵的绝佳素质都为他带来了好运，命运女神始终向他绽放微笑，对他的垂青更甚于亚历山大，让他收获了胜利。这场胜利带来了深远的成果。

战争的第七年是最引人入胜，也是至关重要的一年。它展示了恺撒在工程、战术、战略和后勤方面的能力。让我们简明扼要地回顾一下这些事件，以便将这些杰出成就罗列在一起。恺撒一听说高卢人暴乱就迅速出现在普罗旺斯召集军队，翻越启本那山脉，进入了阿浮尔尼人的地盘，以防他们入侵行省，欺骗敌人落入他的圈套；他本人从这里发动强行军，穿过危机重重的罗网进入林恭内斯人的领地，在那里他把军队集结在维钦及托列克斯的后方，造就了一个精彩和成功的战略局面，尤其是维钦及托列克斯曾自吹自擂说他已经将恺撒与其军队分隔开来，令恺撒的军队任由自己摆布。当着对手的面将他的军团集中在一起，从阿及定古姆行军到维隆诺邓纳姆、钦那布姆、诺维奥洞纳姆和阿凡历古姆，并且迅速攻克了这些城镇。他从这里奔向厄拉味尔河，就在维钦及托列克斯的眼皮子底下巧妙地偷渡过河，继而围困了及尔哥维亚。如他自己所说，由于后方的爱杜依人出现了问题，恺撒取消了攻城，也可能他的进攻被打退了，这是他羞于承认的事实，恺撒退过厄拉味尔河，穿过造反的爱杜依人和森农内斯人的领地，强渡里杰尔河，长途跋涉抵达阿及定古姆，在那里与拉频弩斯会师。补充了兵员之后，他途经林恭内斯人的地盘返回普罗旺斯，大败拦住去路的维钦及托列克斯之后，他打通了与普罗旺斯的联系。随后，恺撒尾随敌人抵达阿来西亚，以一场精彩的围城战攻克这个坚城，结束了这一年的战事。这些行动在构思和执行上同样出色，恺撒造就了一条罕有其匹的军事宝石项链。

维钦及托列克斯已经证明自己是个值得尊敬的对手。对于一个蛮族而言，维钦及托列克斯是个例外，他的计划是避免与恺撒打野战，通过费边式的策略与恺撒周旋。维钦及托列克斯展示了真正的军事天赋。他的错误在于没有坚持原来的计划，所以他一动摇就失败了。这不是他的错误，而在于他与他的人民意见相左，却又被迫在政治上捆绑在一起。尽管维钦及托列克斯才智出众，高卢人的兵力超过恺撒的5倍，恺撒这位伟大统帅的天才加上罗马人的军纪和训练，最终克服了高卢联盟缺乏团结的英勇。艺术与力量的较量，一如既往地只有一个结局。

俾洛瓦契人
(公元前 51 年 1 月至 4 月)

第二十一章

罗马军团在刚刚结束的那场辉煌胜利中赢得的其他成果注定不会持续太久。高卢人确实被打败了，但并非所有人都被制服了。就像今天一样，他们后来给当地勇士增加了一种习惯，那就是当地勇士在尝试了许多方法来达到他们想要的目的之前绝不向侵略者屈服。他们这里也有些最著名的武士，而在主要战线上的高卢人尽管人多势众，却没什么太强的战斗力。

他们也知道自己对恺撒造成的最沉重的打击，是由许多地方同时发动审慎的小规模战争所造成的，于是决定故技重施。他们聪明到可以领悟这样一个道理：恺撒虽然能在任何地方打败他们，但他不可能同时出现在所有地方。如果所有高卢人都愿意采用这一方针，并有一个像维钦及托列克斯这样的领导人来执行这样的方略，恺撒征服高卢的事业可能永远都不会完成。但是，命运并不支持高卢人英勇地争取自由。对他们和我们而言，承担罗马枷锁是幸福的事情[①]，也是命中注定的。

恺撒很快就得到高卢人为此进行磋商的消息，他决心把起义扼杀在萌芽状态。当几个部落首领还在争论和准备的时候，恺撒已经上路了。元旦之前的某一天，恺撒留下马可·安东尼管理毕布拉克德的指挥部，自己率领一队骑兵前往第 13 军团所在地，后者正在距离爱杜依人最近的别都里及斯边界上息冬。

[①] 译注：许多史学家认为，罗马人虽然是残暴的征服者，但也是文明人，被罗马人征服，标志着高卢人进入了文明世界和时代，所以是幸福的事情。暂时没有被罗马人征服的不列颠，就继续处于蒙昧的黑暗时代。

为了避免一个军团不足以管控敌人的情况，他为第 13 军团增派了驻扎在附近安皮瓦来儿人（Ambivareti）处的第 11 军团。各留下 2 个大队看守辎重和冬令营之后，恺撒一路强行军，突然杀向别都里及斯人，很好完成了突袭效果。他抓了许多俘房，但禁止士兵抢劫和放火，承诺为每个士兵发放 200 塞斯退斯（sestertii）[①]，每个百夫长 2000 塞斯退斯作为补偿。他不仅不想造成当地人过于严重的不满，还想保留粮秣供自己使用。此外，点燃房屋和农场还会提醒毗邻部落罗马人来了，恺撒计划把每个部落各个击破，迫使他们屈服。

别都里及斯人的酋长们的准备工作刚刚开了个头，现在只能撒腿狂奔，但是恺撒追捕他们到天涯海角的热情极为高涨，通过穷追不舍一个接一个地捉住了他们，迅速瓦解了他们的联盟。为了保护那些还想继续效忠罗马的人，恺撒从他们中抓走了将他们引入歧途的阴谋家。这种以慷慨为特色、充满活力的政策阻止了一场全面起义。这场战役只持续了 40 天，它的迅速和成功与亚历山大针对山区部落发动的若干短期行动相似。随后，这两个军团返回了冬令营。

2 月底，恺撒返回毕布拉克德的 18 天后收到了别都里及斯人的求援——解决向他们开战的卡尔弩德斯人。为了不让这个新近向自己宣誓效忠的部落失望，恺撒集结部队，命令西塞罗的第 6 军团从卡皮隆弩姆出发，苏尔皮基乌斯的第 14 军团从麦儿斯哥出发，离开阿拉河前往钦那布姆。他以此地为中心，与其盟邦骑兵向卡尔弩德斯人发动了一场游击战。这个部落没有进行正面抵抗，而是化整为零分散到乡野之中，由于在这个季节难以获得补给，他们最终逃入了其他部落。士卒们收集了许多战利品。恺撒几乎没有用过他的步兵。为了保护部下，恺撒不愿意在这个天气恶劣的季节再采取进一步的积极行动，他将两个军团留在钦那布姆的冬令营休养生息。

---

① 译注：塞斯退斯（sestertius）是一种罗马货币，为 1 第纳尔（denarius）的四分之一，值 2.5 阿司（as）。恺撒之前，一个罗马军团士兵的年饷为 480 塞斯退斯，但其中要扣除口粮等费用，实际所得远少于此数，后来虽由恺撒改为 900 塞斯退斯，仍过于菲薄。当时罗马城里的一个普通手工业者的工资约每天 3 塞斯退斯。赏赐和劫掠所得成为士兵的主要收入来源，军饷反被认为无足轻重。恺撒这次给每个士兵的赏钱约等于他们三个月的军饷。

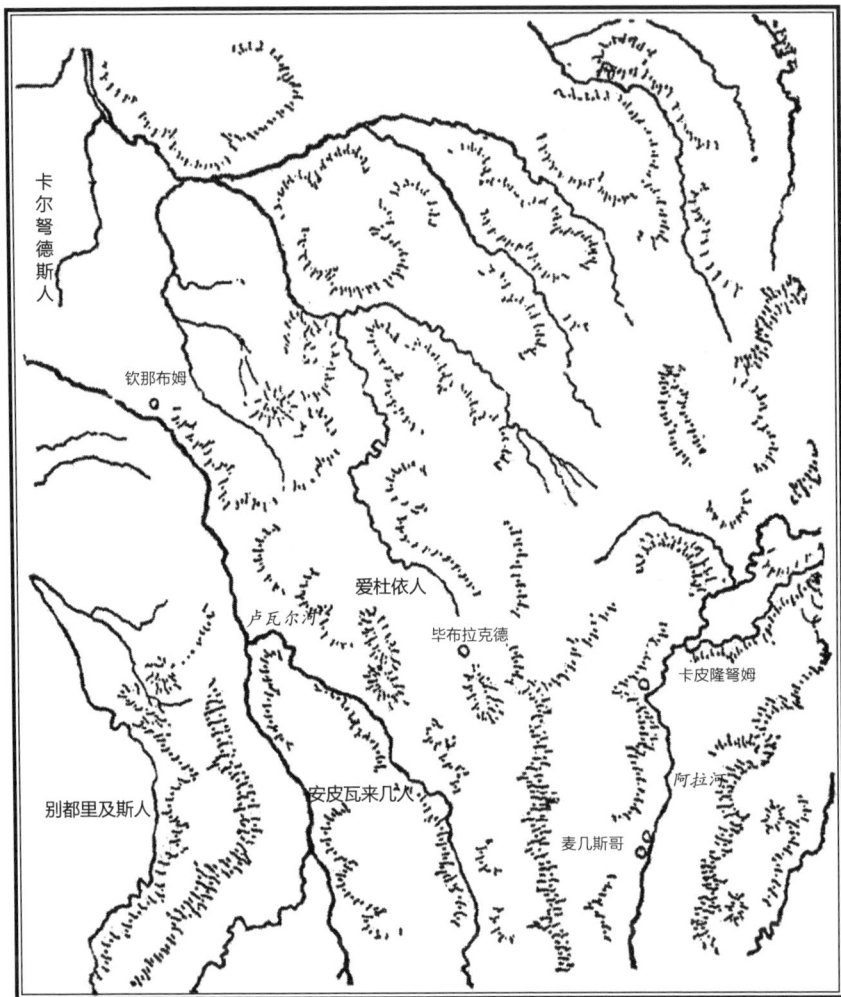

◎ 应对别都里及斯人

恺撒和汉尼拔都不喜欢在冬季打仗，他们会把部队留在冬令营里，除非必须采取行动才会出兵。亚历山大则不同，他体魄健壮、精力旺盛，对他来说所有季节都不算过于严酷。恺撒这一次派出了骑兵分遣队在整片土地上纵横驰奔，粉碎了所有眼前的抵抗，他在这个季节对自己的收获相当满意。

任务完成之后，恺撒让德来朋纽斯指挥钦那布姆的 2 个军团，自己前往雷米人的地盘去解决正在准备攻打他们的俾洛瓦契人和周边部落，俾洛瓦契人的附庸苏威西翁内斯人在俾洛瓦契人科留斯（Correus）的领导下，长期效忠于阿德来巴得斯人坎宁纽斯[1]。雷米人是罗马的盟邦和坚定的盟友，必须不惜一切代价给予援手。恺撒率领第 11 军团和一个从维松几阿的拉频弩斯手中抽调来的军团火速赶到杜洛科多勒姆。《高卢战记》说这个军团是从德来朋纽斯手中抽调来的，但后来这位副将受命将他在钦那布姆的两个军团全部带过来，那么此处的军团大概出自拉频弩斯。恺撒命令费边率领其手中两个在雷米人处息冬的军团向苏威西翁内斯人的土地进军。通过这些细致的调动，他努力让各个军团轮流出征，至于他自己也没有时间享受安逸。

恺撒进入俾洛瓦契人的领地之后安营扎寨，派遣骑兵出去侦察敌情。他确定，这个部落和毗邻各部[2]中所有能拿起武器作战的男人都已经离开住处进入战争状态，驻扎在一个由沼泽环绕的山丘上，此地是今天孔皮埃涅森林中的圣马可山（Mt. St. Marc），他们的辎重则藏在远方的森林深处。科留斯是他们的总司令，康缪斯则前往莫塞河，在当地的日耳曼人中招募辅助部队。他们提议，如果恺撒只有 3 个军团就与他开战；如果恺撒手握 3 个军团以上的兵力，他们就躲在营盘里固守不出，用小规模作战的方式骚扰恺撒，并截断恺撒的粮道，当然这个目标很难达成，"恺撒从许多俘虏彼此一致的报告中得知了此事"。

这个持重的作战方案只适用于小股部队的作战，恺撒决心引诱大股蛮族出战。他手握 4 个军团，其中的第 7、8、9 军团是老兵部队，第 11 军团则是"由精选的极有前途的青年组成的第 11 军团，它现在正在服第八年兵役，跟其余 3 个军团比起来，只是服役年限还没它们长，勇敢的声名还不及它们响"，他努力使敌人相信他手头只有 3 个军团。他命令第 7、8、9 军团走在辎重车辆前面，第 11 军团跟在车队后面，保持一定距离，"他这样一安排之后，就把军队排成一个差不多像矩形的阵列，在敌人还没预料到之前，已经带到他们面前"。他已经向军官们充分讲明了他的作战计划。《高卢战记》中频繁出现令人费解

---

[1] 译注：原文如此。这里的坎宁纽斯（Caninius）为康缪斯（Commius）之误。
[2] 译注：阿姆比安尼人、奥来尔契人、卡来几人、维略卡萨斯人（Veliocasses）和阿德来巴得斯人。

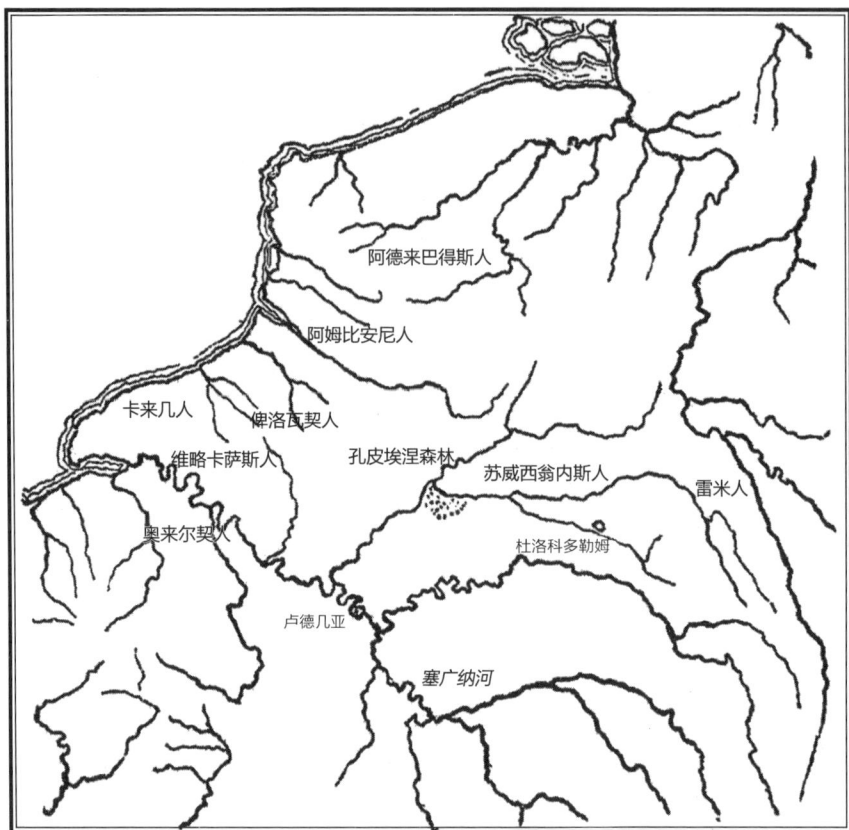

◎ 俾洛瓦契战役

的记述。罗马人眼前基本上是一片林木繁茂的原野，恺撒是怎样以大致方形的队列行军，在熟悉现代军队的局限性的我们看来还是非常奇怪的。除了驮载物资的骡子之外，没有其他辎重的步兵或骑兵能够穿越我们西部平原上的一片土地[①]，如果一支军队被火炮和车队拖累的话，横穿同一片土地就会被认为是完全不可能的。我们可以认可恺撒对于其行军阵型的宽泛叙述，而不是假定他笔

---

① 译注："我们"指作者所在的美国。大意是，即使美国的西部平坦平原，带上辎重的美国军队都难以穿越，古代的恺撒和带着辎重罗马军队在蛮荒的高卢行军，自然会更加困难。

下的"方形"与我们今天的"方形"完全相同。

　　察觉到恺撒迫近，敌人拒绝离开位于高地上的有利位置，在自己的营前摆开了战线。恺撒看到他们人数众多，没有适当准备的话就无法进攻，就去了位于今天的圣皮埃尔山(Mt. St. Pierre)另一侧的深谷安营扎寨。他的营盘由 3.6 米高的壁垒加固，上面还有带棚顶的胸墙，沿着山坡挖掘了两道4.5米宽的壕沟，正如他所说，壕沟的双边都是垂直的，因此壕沟的横截面是正方形，尽管考古发掘不能证实这一点。后来他撰写《高卢战记》时很可能忘了他挖掘了什么类型的壕沟。他修建了几座三层楼高的塔楼，彼此之间由覆有盖顶的天桥相连。

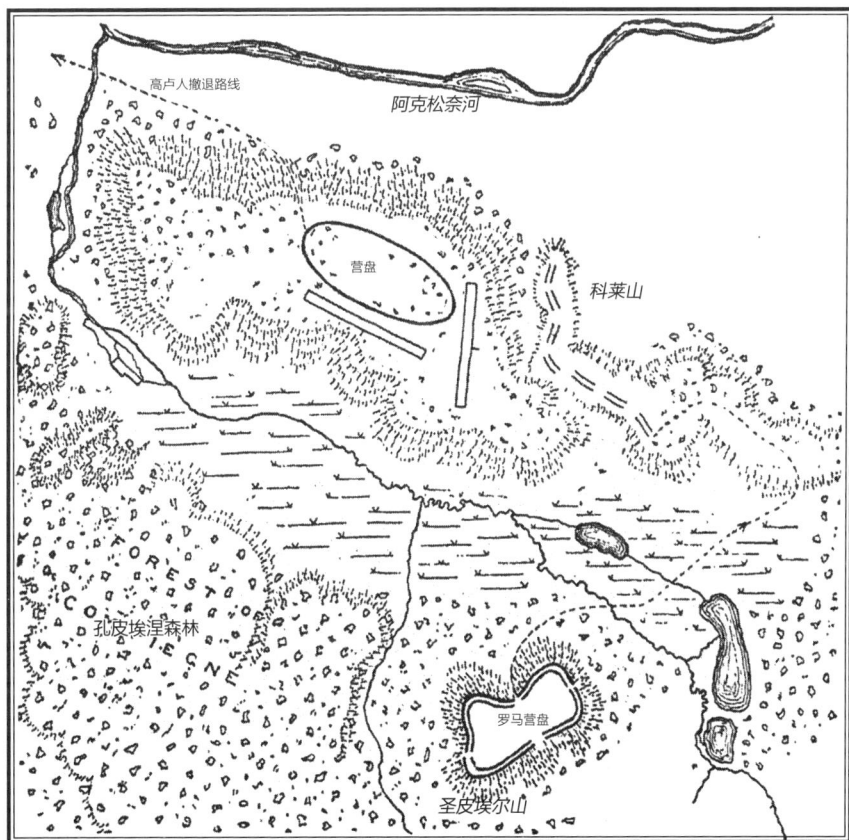

◎ 与俾洛瓦契人的战斗

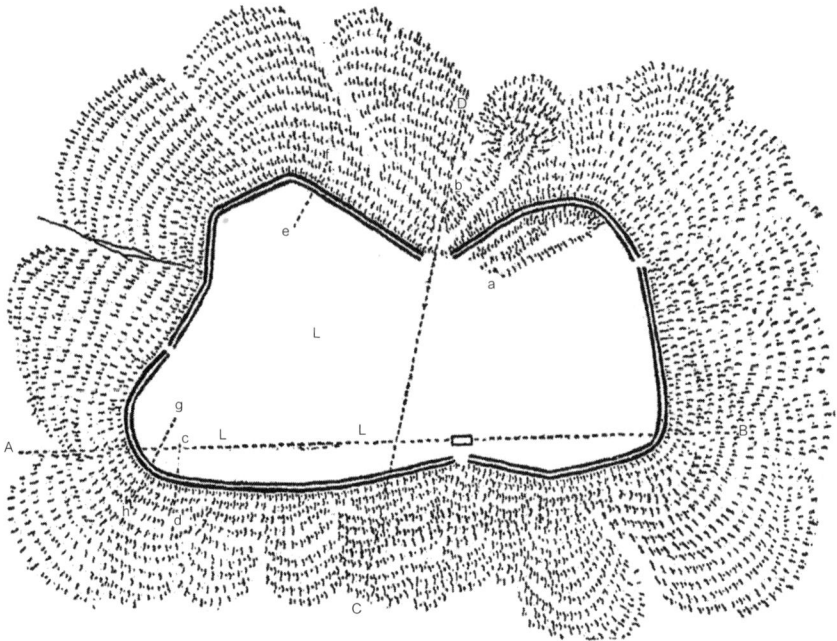

◎ 圣皮埃尔山的营盘

◎ 壁垒、壕沟的截面图

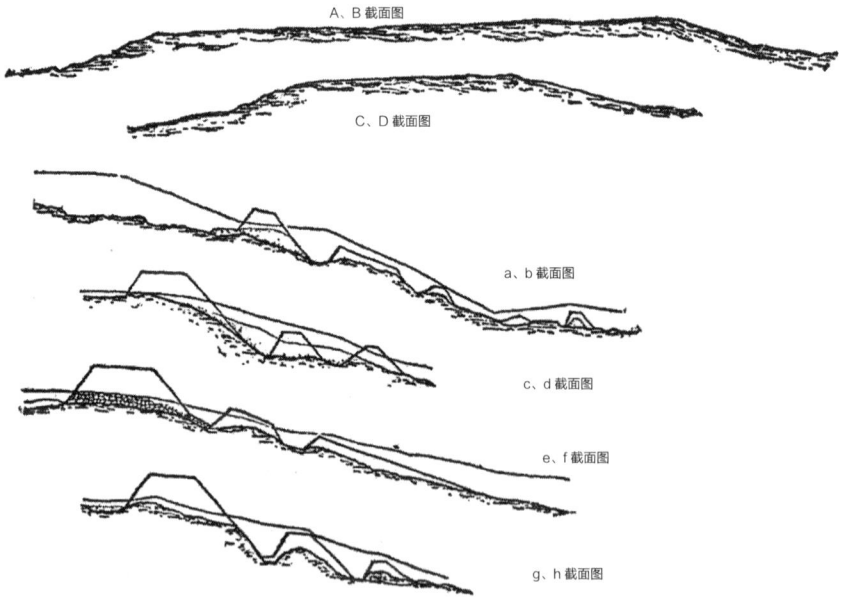

A、B 截面图

C、D 截面图

a、b 截面图

c、d 截面图

e、f 截面图

g、h 截面图

天桥上的士卒可以将标枪投掷得很远，而位置较低的壁垒上的士卒会得到头顶的天桥的掩护，免受流矢打击。营门两侧建有坚固的塔楼。当部分守军外出筹粮时，这个营盘依然坚如磐石，同时为积储仓库提供了一个坚固的掩体。恺撒希望敌人从他的一切准备工作中看出来，他对自己的安全极为不放心，从而造成敌人的错觉，以为他不过如此而藐视、看轻他，继而被引诱出来攻打他的工事。恺撒这个建在圣皮埃尔山的营盘已经得到了发掘，它的轮廓、面积和许多细节已经重见天日。有些有趣的细节表明，地面的隆起是如何被用于加强防御工事的。恺撒喜欢用新奇古怪的方式做事，想到的任何新奇念头都会付诸行动，以检验它的适用性和实用性。

在一个能够徒涉沼泽的渡口不断发生着零星战斗，现在这里是一片低矮的草地，位于敌对双方的营盘之间，任何一方要过去都要与对方交战，双方互有胜负。罗马筹粮队经常遭到蛮族的袭击。蛮族取得了一些胜利，尤其是康缪斯率领 500 名日耳曼骑兵的到来，极大提振了蛮族的斗志。

恺撒认为从后方调来更多部队是明智之举，高卢人人多势众，他们的营盘尤其坚固，他认为封锁是拿下蛮族营盘的唯一可行手段。他命令德来朋纽斯调来此时由塞克斯提乌斯指挥驻扎在别都里及斯人的土地上的第 13 军团，德来朋纽斯率领他们和自己的 2 个军团——驻扎在钦那布姆的第 6、7 军团——以强行军与自己会师。

在此期间，蛮族诱使罗马人、林恭内斯人和其他同盟骑兵落入埋伏，许多人阵亡，包括其首领，蛮族因而趾高气扬起来。恺撒起草了一个在其征服的部落中招募大批骑兵的命令，这是确保这些部落安分守己的简单有效的手段，因为征兵令抽调了他们中的高级公民——那些能在马上服役的人，恺撒将这些人置于自己的监控之下。此举也为军队带来了不确定的危险因素，但是在恺撒的直接管控之下，危险程度被降到了最低。

上述败绩的几天后，若干日耳曼辅助步兵穿过这片沼泽地，在一场肉搏战中将敌人驱赶回营盘，甚至有些人还逃到更远处。这场败仗加上德来朋纽斯的到达，令敌人胆战心惊，与之前趾高气扬截然相反。由于担心又一次发生阿来西亚之围，蛮族准备撤军，在夜间打发走了他们的辎重和老人。在行动期间，随着天光渐亮，他们不敢在光天化日之下继续撤军，于是调集部分人马，在营前列阵来掩护和隐蔽撤退行动。

恺撒看到了蛮族的所作所为后在他的战线前面架起了一座穿越沼泽的便桥（今天还有遗存），沿着这条路前往一座能够俯瞰敌人的山冈——今天的科莱山（Mt. Collet），他在这里摆开了战阵。恺撒并不想发动进攻，那支正在逃跑的纵队也不值得追杀，因为那条路的两侧分别是阿克松奈河和沼泽地，他要过去就必须暴露侧翼。敌人拒绝离开阵地，恺撒就在那里安营扎寨并加强营寨的防御，然后留在战线上等待机会，骑兵们收紧马缰绳，随时准备发动冲锋或追击，以防敌人分路撤离。恺撒驻军的山丘有一面很陡峭，中间有一条狭窄的

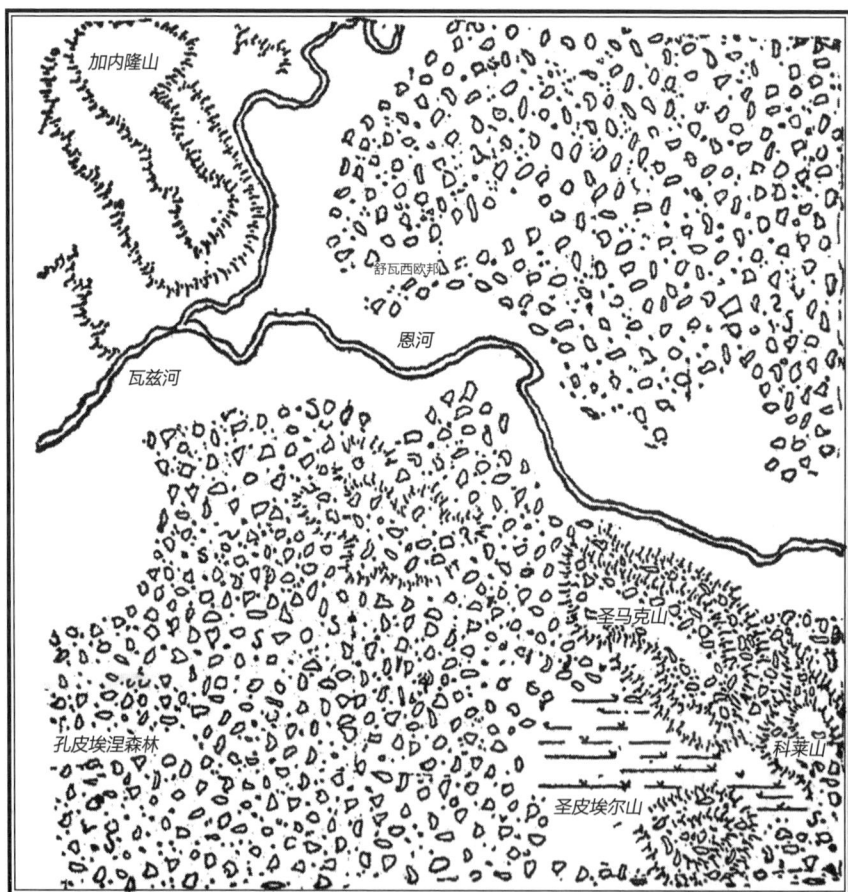

◎ 俾洛瓦契战役的战场

山谷，距离俾洛瓦契人的阵地只有180米。看来，远程投射器械可以打击对面之敌。蛮族被他们无力还击的远程火力激怒了。观察到恺撒的意图后，俾洛瓦契人采取了如下妙计：到了晚上，他们把用来供自己坐卧的茅草加上栅栏和其他易燃物堆在面前焚烧，在浓烟的掩护下，他们火速撤走了。

恺撒猜到了敌人的意图，他小心翼翼地推进显然是害怕遭遇埋伏。战马难以穿过火线前进，敌人得以安然撤到15千米外，在一座山冈天险上又占据了一个有利阵地。这座山被认为是加内隆山（Mont Ganelon），位于恩河与瓦兹河交汇点以北，与圣马可山的直线距离只有9千米，但需要渡过几条河流兜个圈子才能抵达。《高卢战记》没有提到恺撒跟踪他们，他可能留在营盘派人侦察附近地区，等待有利的行动机会。蛮族以他们的新营盘为老巢出击，再度进行小规模战争，经过几次小规模伏击，对罗马筹粮队造成不少伤亡。

不久之后，俾洛瓦契人的酋长科留斯就动用手下最精锐的6000名步兵和1000名骑兵，在一个罗马筹粮队很可能光顾的有大量给养的地区设伏。恺撒亲自随同筹粮队去了那里，因而这支人马比普通筹粮队庞大一些。他的骑兵与

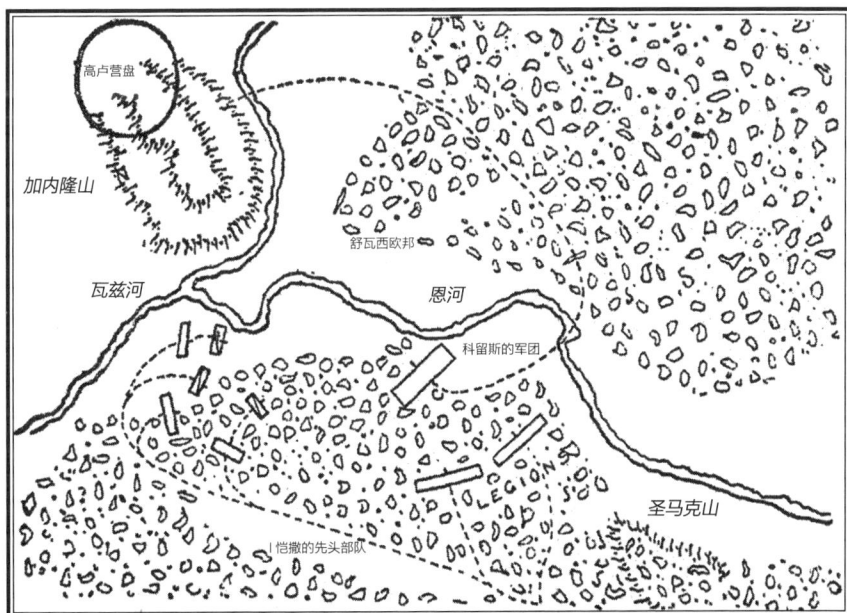

◎ 与俾洛瓦契人的战斗

251

轻装部队混编，并得到了几个军团大队的加强。伏击圈是一片1500米见方的平地，距离今天的舒瓦西欧邦（Choisy au Bac）不远，被树林和恩河环绕。敌军由科留斯率领，他见时机成熟，从树林中现身向一队筹粮队发起攻击，期待大获全胜。事实证明伏击失败了，因为罗马人早就做好了充分准备，骑兵很快就在弓箭手的支援下稳住了阵脚，在以一番骑兵和轻装步兵都值得称道的英勇打了一场激烈的前锋战斗之后，军团抵达战场席卷了蛮族。科留斯试图撤退，但落入了他自己为罗马人布置的陷阱，河流截断了他的退路。尽管蛮族进行了绝望的抵抗，罗马人还是将他们尽数歼灭，幸存者屈指可数，而科留斯就是其中之一。

恺撒随后向高卢人的主营迅猛推进，其他蛮族酋长认为抵抗已徒劳无益，他们遣使求和。叛乱的主要煽动者阿德来巴得斯人康缪斯投奔了日耳曼人。恺撒让俾洛瓦契人明白他们是一切麻烦的根源，但在处理他们时，恺撒采取了宽大政策。他已经明白屠杀、灭绝政策并不可取。

现在，恺撒看到这些民族已经相当驯服了，但许多民族还在以迁徙的方式逃脱罗马人的统治，他希望予以制止。恺撒兵分多路，以便更好地管控各部落。此前曾被派往南方的盖乌斯·坎宁纽斯率领他的2个军团——第1、10军团——前往卢登尼人的领地。他发现自己的兵力过于薄弱，无法控制沿途好乱乐祸的部落，被迫在途中庇克东内斯人的地盘上停下脚步。现在，为了支持坎宁纽斯，恺撒派遣费边率领25个大队出发。他命令第15军团前往山南高卢保护该省免受山区部落的侵扰，更小股的分队被派到需要兵力的地方。为了实现自己的计划，现已担任财务官的马可·安东尼和第12军团加上拉频弩斯和其他几个军团向安皮奥列克斯的国度进军。

这位酋长早已逃之夭夭，但恺撒用烈火、刀剑和洗劫彻底蹂躏了厄勃隆尼斯人的领土，这是他第二次造访这片土地。这是一种完全没有必要的行为，而且很不人道，不值得恺撒这么做，因而不可原谅。《高卢战记》解释了恺撒这样做的原因，恺撒想让安皮奥列克斯失去能为其提供支持的栖身之地，让少数幸存者由于他带来的浩劫而憎恶这位酋长，即使在古代，这也不是一个说得通的理由。安皮奥列克斯是一个曾造成萨宾努斯和科塔毁灭的敌人，但是对安皮奥列克斯的报复不应该这么晚才施加到他的人民身上。之前，他曾经严厉惩罚过厄勃隆尼斯人。恺撒在宽宏大度时最光彩照人，残暴无情时最黯淡无光。

在厄勃隆尼斯人的地盘上，恺撒派遣拉频弩斯率领两个军团去恫吓德来维里人，这些人与日耳曼人类似，从来不会长久维持忠心。

《高卢战记》很少提及军团的名字或番号，因此难以追查他们的行踪。后文往往能让我们分辨一个军团，但不是每个实例中都能做到。有时候《高卢战记》会出现明显错误。在任何可能的情况下军团都以数字命名，但一般来说不会明确指明。罗马军官的轮流指挥制度让军团无法形成个人特征，只有恺撒最青睐的第10军团格外突出，他习惯于将它放在亲自指挥的侧翼上，恺撒不断在行文中提到这个军团。

乌克萨洛登纳姆
（公元前 51 年春季）

　　与此同时，盖乌斯·坎宁纽斯听说亲善罗马的盟友杜拉久斯（Duracius）被安得斯人的酋长杜姆奈克斯（Dumnaqus）围困在庇克东内斯人的城镇勒蒙纳姆（Limonum）①，便从他位于卢登尼人处的冬令营出发前去援救。当发现自己无力对付这帮人多势众的蛮族后，他就在附近的一个坚固的地方安营扎寨。蛮族袭击了他的营盘，但他们被击退，损失惨重，无功而返。此后不久，有消息说恺撒派遣费边率领 25 个大队前来增援坎宁纽斯，攻城者拔营而去，放弃了围城，退到里杰尔河彼岸。来自雷米人聚居区的费边迅速南下，在行军途中赶上了敌人，不断骚扰敌人的后卫，并在今天索米尔（Saumur）的一座桥梁上给予敌人重大杀伤，夺取了很多战利品。次日，为了让逃跑的敌军停下来，负责追杀的罗马骑兵将步兵远远甩在身后，与敌人的后卫交战。敌人转身回击，在步兵的支持下，敌人的骑兵压制了追兵。当这些罗马盟国骑兵筋疲力尽行将崩溃之际，罗马军团赶到了战场，重整旗鼓，终于将敌人击溃，敌人损失了不下 1.2 万人，整个辎重车队都落入罗马人之手。

　　安得斯人受到了惩办，他们的土地因所有战士被斩尽杀绝、军事物资被摧毁而安定下来，坎宁纽斯随后受命率军追击一支约 5000 人的前往普罗旺斯的队伍，这帮人包括强盗、逃跑的奴隶和其他亡命徒，他们在特拉不斯（Drappes）和路克戴留斯（Lucterius）的率领下正在向普罗旺斯移动。费边率领他手下的

---

　　① 译注：今法国普瓦捷（Poitiers）。

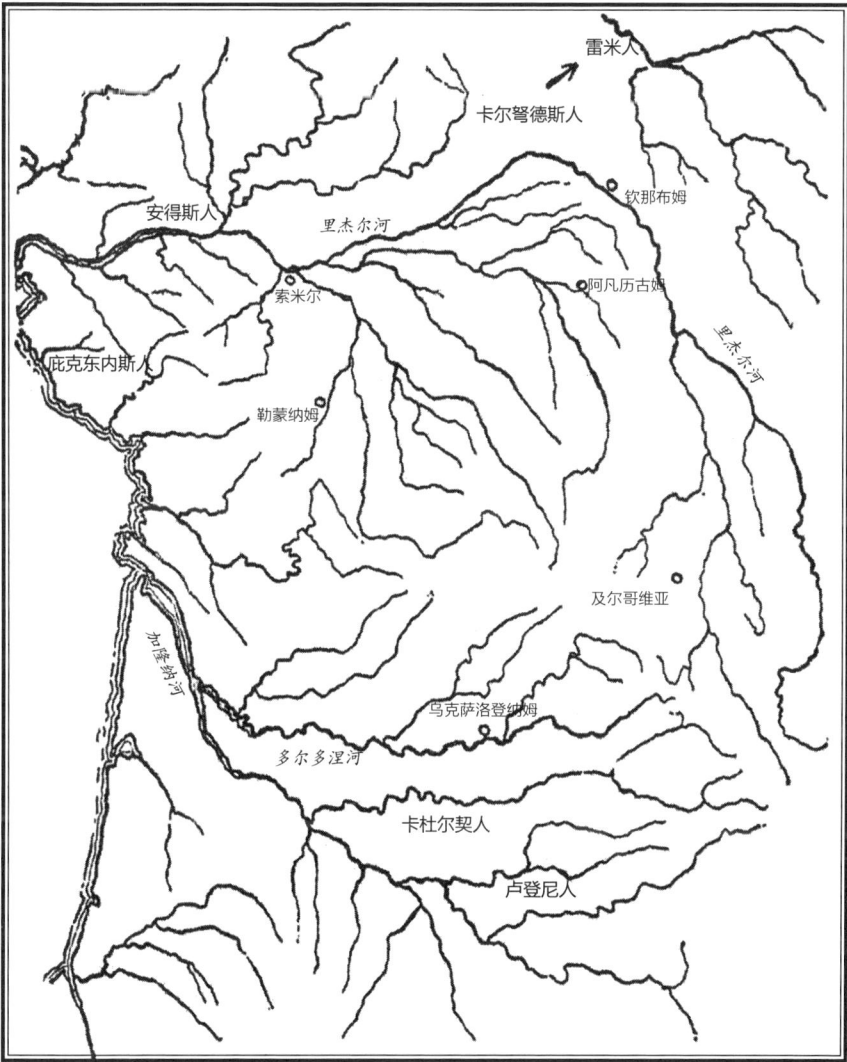

◎ 坎宁纽斯的进军

25 个大队向参加了最近的起义的卡尔弩德斯人的地盘挺进，卡尔弩德斯人现在已经和他们与大洋之间的阿莫列克（Armorican）诸邦一道向费边称臣纳贡了。杜姆奈克斯只得逃亡到高卢最边远的角落容身。

坎宁纽斯紧追特拉丕斯和路克戴留斯，后者知道他们在普罗旺斯面对

佩什代蒙特 ∴3

2

土山

乌克萨洛登纳姆

1

图尔芒特河

杜拉努斯河

◎ 乌克萨洛登纳姆

军团将一事无成，便在卡杜尔契人的地盘上驻足，占领了乌克萨洛登纳姆
（Uxellodunum）①。这是一个位于难以攻取的岩石上的堡垒，几乎不需要修筑

---

① 译注：伊索隆山（Puy d'Issolu）。

◎ 乌克萨洛登纳姆，南方视角

◎ 乌克萨洛登纳姆，北方视角

任何工事，曾经是特拉丕斯的附庸城市。乌克萨洛登纳姆的位置曾经被设定于奥尔梯斯（Oltis）[①]，但是最近的考古发掘证明它位于今天的伊索隆山。坎宁纽斯尾随敌人，在邻近的三座山丘上扎营，并开始在这个城市周围构筑封锁线。

乌克萨洛登纳姆所在的山顶台地的面积大约有 81 万平方米[②]，高出下方的平原 180 米。它位于杜拉努斯河（Duranius）[③]以北，在河流与该城之间是一片平坦的平原。它的西面是被一个狭窄山谷分割出来的一系列山丘，东北面是一个面积较小的平原[④]，两者之间有一条峡谷。在这些高地上，坎宁纽斯扎下了自己的营盘，高度与遭到围攻的城镇相同。乌克萨洛登纳姆台地的西、南侧是高约 42 米的垂直石壁，东侧是一个平缓的山坡。在 3 个罗马营盘中，1、2 号营盘没有修筑工事，因为从地形上看没有必要，而且乌克萨洛登纳姆的守军也不多，3 号营盘修筑了工事，因为它易于被乌克萨洛登纳姆的守军攻占。通过参考地形，1、2 号营盘的位置已经确定，没有发现任何墙壁遗迹。

[①]译注：今洛特（Lot）。

[②]译注：原文是 200 亩，按英亩计算是 81 万，按罗亩是 25.2 万平方米，具体是哪个数据存疑。

[③]译注：多尔多涅河（Dordogne）。

[④]译注：佩什代蒙特（PechDemont）。

蛮族害怕这里成为另一个阿来西亚，决心不会因饥饿而被迫投降，他们留下 2000 人守城，其他人马全部前往 15 千米外他们早已建好的仓库去搬运粮草。与此同时，留守部队向坎宁纽斯的营盘发动了花样百出的佯攻，打断了后者的工作。特拉丕斯和路克戴留斯计划用小车队以蚂蚁搬家的方式向城里运粮。但是，当路克戴留斯着手在夜间沿着地形陡峭、林木密布的小径，用驮畜将一些粮食偷运进城的时候，坎宁纽斯得到了哨所送来的听到车队走动的消息，这条小径可能在城北，路过 3 号营盘的西侧。坎宁纽斯发动进攻，缴获了整个车队。路克戴留斯被罗马人隔离在城外，无法与特拉丕斯合流，特拉丕斯留在补给营地对这场灾难一无所知，但他以为战友们已经回到城里。坎宁纽斯留下一个军团守卫营盘，自己率领一个军团和骑兵向敌人的补给营地进军。这个在低地上的营地使坎宁纽斯能够占领周围的山丘将守军团团围住。部署好人马之后，他下令全军居高临下扑向敌军，只付出了几人受伤的代价就全歼敌军，擒获了特拉丕斯。坎宁纽斯完成了包围城镇的封锁线，费边在完成了里杰尔河河北的工作之后很快就与他会师了，这给了他足够的人手来完成工事并把守它。费边驻守面向城镇的一边，坎宁纽斯镇守另一边。

在此期间，恺撒将马可·安东尼和 15 个大队留在俾洛瓦契人的地盘上以保证他们安分守己，而他本人则巡视高卢，轮番造访每个地区，通过必要的恩威并施赢得了每个部落的衷心信服。在卡尔弩德斯人处，他下令将古德鲁亚都斯（Gutruatus）带到面前，据说此人是刚刚结束的叛乱的煽动者，在将士们的喧嚣声中以罗马的传统方式将其鞭挞和斩首。他这样做据说是为了避免整个民族遭到血腥的报复。

从坎宁纽斯送的信中恺撒了解到了乌克萨洛登纳姆的局势，他命令奎因都斯·卡伦纳斯（Q. Calenus）指挥他自己身边的 2 个军团，命令后者以常规速度行军，恺撒自己只率领骑兵驰援坎宁纽斯。恺撒这样做的原因在于现在兵贵神速是荡平一切反对势力的关键，当地人都很清楚，他在高卢的总督任期只剩下一个夏天了，他担心他们会认为只要能再坚持一个夏季就能摆脱罗马枷锁。因此，他决心对这群匪帮杀一儆百。

恺撒习惯于尽可能少把工作交给部将们来完成，而是尽其所能地亲力亲为。尽管他忙于处理高卢和意大利的政治问题，却依然坚持永远不要因为缺乏自己的监督而拖延军事行动。他的这种个人特性，可以追溯到他在高卢战役中所取得的丰功伟绩，从一开始到最后，恺撒的天纵英才、从容不迫、世事洞明、沉着冷静、大胆和不知疲倦都得到了充分体现。

抵达乌克萨洛登纳姆之后，恺撒就发现城中百姓拥有大量粮草，如果要攻克它，他必须截断水源。做到这一点并不容易，一条小溪（图尔芒特河）从城西的峭壁下流过，经由一条狭窄的深谷流走，因此无法使河流改道。恺撒的办法是在峡谷的某些地段布置投石手、弓箭手和远程器械，令汲水变得异常艰险，最终将敌人的汲水点限制在一个地方。

这个汲水点位于城镇与溪流之间，是靠近城墙的地方涌出的一股泉水（图上位置 a）。恺撒认为他必须截断这个水源。他将盾车向城镇推进，依靠大量的劳动和不断的零星战斗，在面向泉眼的地方堆砌了一座土山，期间许多罗马人负了伤。他还着手挖掘地道来捣毁泉眼，地道向泉眼方向延伸了一段距离。这条地道、土山和攻城的遗迹现已被发现了。

城外的工事终于修到了泉边，罗马人在高达 18 米的土山上修筑了一座十层高的塔楼，罗马人能够在塔楼上投掷标枪来有效打击任何前来汲水的守军，几乎彻底阻止了敌人汲水。罗马人的塔楼比城墙低很多，所以无法攻击城墙。由于断水，城中许多居民和牲畜都渴死了。

被围困的军民怀着绝望的怒火，决心为拯救自己拼死一搏。他们聚集了大量的易燃物，包括牛油、沥青和松香，将它们装进木桶，滚向山坡下的罗马

◎ 土山和塔楼

工事，同时他们向工事发动了决死突袭。历经艰辛才建成的工程迅速失火。为了反击敌人的突袭，也为了让部下能够更好地控制火势，恺撒命令各个方向都立即发动全面佯攻，在猛烈的攻势下蛮族赶忙退回城里，因为他们不知道哪个方位最危急，故而担心罗马人会攻进城。这使军团得以扑灭了烈火，进而占据了一大片地面。

几天之后，罗马地道挖掘到了泉眼下方，改变了它的流向。因为坚信没人能接近泉眼，蛮族认定这是神明所为而非人力能及，在恐惧和干渴的驱使下，他们开门投降了。为了落实上文提到决定，恺撒下令斩断所有曾拿起武器的蛮族的手。两位前蛮族头领都被擒获和监押起来。为了免遭更悲惨的命运，特拉丕斯绝食自杀了。

与此同时，驻扎在德来维里人处的拉频弩斯将叛乱头子们送到恺撒手上，鉴于没有必要返回那里，恺撒就穿过阿奎丹尼亚行军，在那里接受了所有部落的臣服，之前克拉苏已经控制了他们中的一部分。这些工作占用了整个下半年的时间。当集结入驻冬令营时，4 个军团——分别由马可·安东尼、盖乌斯·德来朋纽斯、部百流·瓦提尼乌斯（Publius Vatinius）、奎因都斯·图里乌斯（Quintus Tullius）① 指挥——留在比尔吉人处；2 个军团驻扎在爱杜依人处；2 个军团安置在都龙耐斯人处，靠近卡尔弩德斯人的地盘以控制沿海各部；2 军团部署在阿浮尔尼人附近的雷穆维契斯人处。随后，恺撒本人前往普罗旺斯行省执行了国家公务，又回到了比尔吉人处的几个军团中间，并在纳梅托钦那（Nemetocenna）② 过了冬。叛乱不复存在，尽管还有几个流窜匪帮，但孤立无助的他们掀不起大浪。但是，恺撒不得不满足于高卢北部完全名义上的臣服。这个地区还有一鳞半爪的战争。在与沃卢森纳斯进行了数次骑兵冲锋之后，康缪斯沦为流匪。按照弗罗伦蒂努斯（Frontinus）③ 的说法，他撤到了不列颠。在

---

① 译注：这个人就是前文多次出现的恺撒的部将奎因都斯·图里乌斯·西塞罗（Quintus Tullius Cicero），著名演说家马可·图里乌斯·西塞罗的弟弟，尚不清楚作者为什么不按前文的习惯称之为西塞罗。

② 译注：今法国阿拉斯（Arras）。

③ 译注：弗罗伦蒂努斯（公元 40—103 年），罗马军人和工程师，曾任不列颠总督，著有兵书《谋略》（Strategemation）。

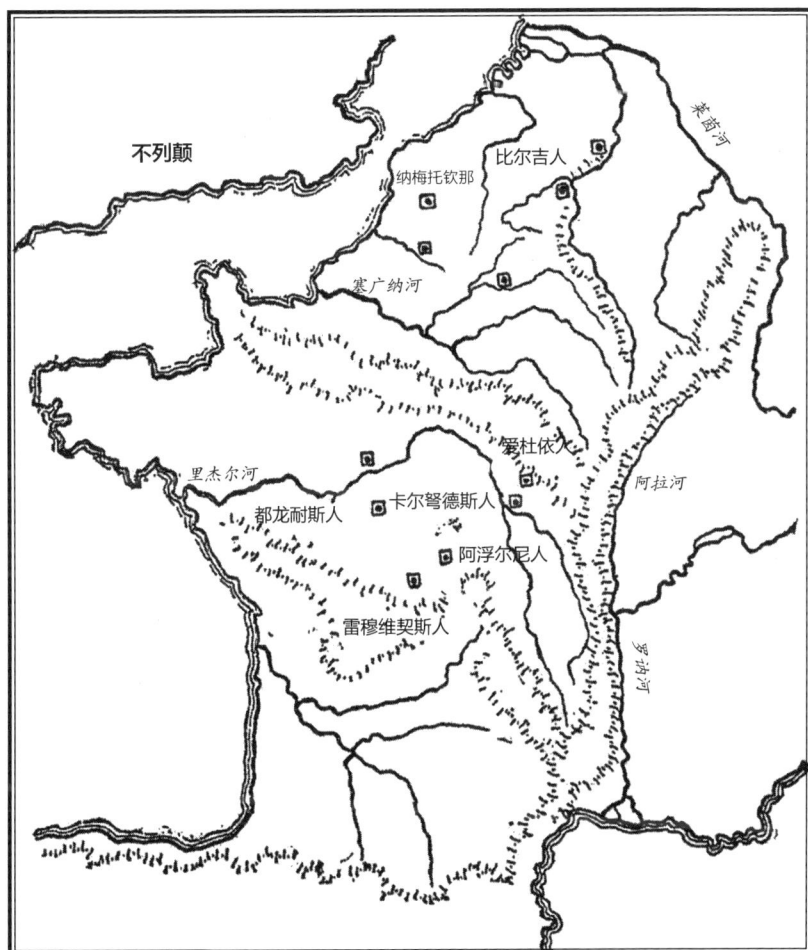

◎ 公元前51到前50年的冬令营分布图

所有曾经反对恺撒的高卢酋长中，只有他和安皮奥列克斯逃出生天。

眼下，恺撒将时间花费在向高卢各部展示罗马联盟的优势方面，正如他向高卢各部展示了叛乱的恶果一样：

  恺撒在比尔吉过冬时，他抱有一个具体的目的，即保持跟各国的友好，不让任何国家起战争的念头和有战争的借口。实际上，他最不希望的事情就是在他即将离开行省的前夕，被迫纠缠到战争中去，这样便会在他一旦要带着军队离开时，在自己背后留下一场战争，高卢人会认为反正目前再没什么危险要担心，都高高兴兴地参加进去。因此，他用种种方法——向高卢表示敬意、馈送丰厚的礼物给他们的首领、不给他们增加新的负担等——顺利地使多次失败后筋疲力尽的高卢，在更加驯服的情况下保持着和平。

恺撒在冬末春初之际向意大利进发，顺便走访了远及山内高卢的沿途市镇，确认了他们的忠诚。他赢得了最崇高的荣誉和赞美。随后，他返回了纳梅托钦那，命令他的军团进入德来维里人的领土，并在那里对部队进行了一场盛大的检阅。在稳固的基础上摆平了高卢事务之后，恺撒前往拉文纳（Ravenna），以便在他的总督任期将尽时就近观察意大利事态。他留下拉频弩斯指挥全军，尽管有人提醒他拉频弩斯受到了他政敌的煽惑，但他依然对其深信不疑。

对军校学生们而言，高卢战役格外有意思，它们展示了恺撒是如何培养自己和他的军团的。他开始只是在少量经验的基础上进行普通的军事训练，最后成长为一位伟大的将军，而他自己的经验令他能够上升到最令人惊异的高度。他的军团从未经战阵的菜鸟开始，到战争结束时成了相当于征服了世界的老兵。每个人都彼此紧密地团结在一起，以至于他们的相互信任和同袍之情令恺撒的军队所向披靡。

在这个积累经验的时期恺撒不可能不犯错误，甚至是严重的错误，但是，他的所有错误却都结出了硕果，提高了将军和军团的素质。我们可以一步步看到恺撒的成功、失败是如何产生影响的，他的天纵英才是如何浮出水面的，他是如何在所做的事情上留下个人印记的，他的智慧是如何引导他将所掌握的一切应用到未来的举措上的。

对于这支军队的品行或道德品质，再高的赞誉都不为过。自恺撒以下，每个军阶的官兵都充分展现了军事美德。在组织和纪律，完成几乎任何工作的能力，承担危险和考验，坚韧和英勇的方面，恺撒的军队都是其他罗马

军队的榜样，然而不幸的是，这个榜样没有得到
效法。不仅恺撒的军团将士，还包括辅助部队也
都怀有同样的品质。全军将士不仅仅对恺撒舍生
忘死，而且在某种程度上反映了恺撒自己的伟大
品质。

尽管如此，恺撒大军的性质与布匿战争期间
的罗马军团的崇高品质截然不同。布匿战争期间，
罗马军团的奉献精神、纪律和效率都非常出色，
因为他们的兵源素质是无与伦比的。恺撒的军团
同样出色，但这是因为恺撒一直在塑造和指挥他
们。早期军团的纪律很大程度上取决于兵员的自
律，而恺撒军团的纪律完全取决于恺撒本人。就
像拿破仑的军队一样，恺撒军团的军纪往往松懈
到糟糕的程度，但在战斗纪律的方面，他们是无
与伦比的。

◎ 高卢骑兵（赤陶兵马俑）

恺撒在高卢也有几位般配的对手，维钦及托列克斯、阿里奥维司都斯和
维尔卡西味朗纳斯都以自己的方式堪称伟大领袖。他们被恺撒击败是很自然
的事情。纪律严明、指挥有方的军队一定会战胜蛮族，结局不言而喻。尽管
高卢战争并没有表明恺撒像第二次布匿战争中的汉尼拔那样，在与现存最强
大的军事机器对抗，却表明他面对的对手与亚历山大遭遇的大多数将军和军
队旗鼓相当。绝对不能低估高卢人，他们采取的若干行动和进行的战斗是最
高的水平，他们为自己的独立而从事了崇高的斗争，失败并没有使他们灰心
丧气，被打倒之后，只要强敌转身离去，他们就会再次揭竿而起。他们绝非
孱弱的对手，尽管恺撒的军队在所有方面都比他们的军队优越，但在动力和
衷心的合作方面，他们肯定比只热衷征服事业的恺撒更加值得称道。

高卢被征服了，即使这位主子为了谋求更高的目标很快就放松了手中的
缰绳，这个臣服的行省也没有再起义。零星的战争和战争的谣言还存在，但
这些战争都是孤立事件，无关大局，地方长官就可以应付。在新领土的边远
角落，如比利牛斯山、斯凯尔特河和海岸，某些部落实际上依然是自由的。

时间安抚了他们。恺撒的工作是彻底的，也是文明的功绩。无论他的手法，或者说他的抽象权利有什么错误，就历史意义而言，高卢被征服都是必要的，这一伟大任务落在了像恺撒这样胸怀宽广、谨慎周到而且开明仁慈的人的肩膀上。

恺撒的手腕

　　早已有人指出，恺撒受命出任高卢总督时，除了保护该省裸露的边界之外没有得到其他方面的授权。所有主管官员的权限都被局限于这个角色。恺撒时代的各国法律已经得到了一定程度上的承认，但是权利并不是对抗强权的合法性根据，在基督时代之前的一个世纪，罗马几乎没给蛮族部落什么权利，尤其是对备受疑虑的高卢人，因为他们多次将罗马推到毁灭的边缘。当时罗马是无法无天的世界，每个大人物都在为自己奋斗。恺撒就是在一所迫使他一切都屈从于自己的野心的学校中成长起来的。他是一个强大党派的代表，只有他个人的成功才能让他的党派成功。对他而言战争就意味着一支军队，军队无非是赢得权力的一种手段。当他前往高卢的时候，庞培显然是三巨头的领袖。有了恺撒这样一个戴着假面具的人，这样的局面不可能持久。与他的同侪一样，恺撒很快就意识到，无论他想赢得什么地位，都必须以争取罗马的唯一控制权为目标。如果没有战争和征服，他就无法获得实现这一目标所必需的经验、名望和影响力。他的野心并非没有价值。眼前只有小目标的恺撒不会是伟人，他的手段之高超，与其目标之大不相上下。让共和国永远免于高卢人的侵扰，就是让高卢征服者成为罗马人中最重要的那一个人，就像高卢人曾经是罗马人最畏惧的敌人一样，征服高卢是获得无法企及的名声的垫脚石。

　　恺撒是个幸运儿。从他一开始统治高卢，海尔维第人入侵事件就恰到好处地发生了，并在其发展进程中促成了事态的变化，最终以整个国度的征服为终点。依靠恺撒异乎寻常的好运气，一件接一件的事情肯定会接踵而至，这至少给了他扩展征服事业的权利的借口。海尔维第人的问题解决之后，爱杜依人恳请他出手帮助他们对付阿里奥维司都斯手下的日耳曼人。在这个问题上恺撒也可以断言，他只是在保护普罗旺斯的盟友。罗马人总会保护他们的盟友，这样做可以帮助他们自己。恺撒基于类似的理论采取行动。高卢人公开感谢这位代执政官将他们从海尔维第人和日耳曼人的铁蹄下解放出来，但是高卢人没有预料到自己也会遭到征服。

恺撒的下一步是为自己的扩张找到更有说服力的借口。很难证明他在比尔吉人中发动的战争行为是正当的，他通过列举普罗旺斯将遭受各种部落联盟入侵的危险来解决这个问题——即便这些部落结盟不是出于进攻普罗旺斯的目的。同样的借口也把恺撒带到了莱茵河彼岸，继而深入不列颠，而且成了他所有其他征服活动的动机。无论这些借口有多么不合理，我们也在十九世纪看到了同样的征服过程，恺撒的目的是清楚和明确的，他的手腕高超巧妙，他的路线图始终如一，他有一种令人愉悦的能力，能在公开场合为自己辩护，让法律站在自己一边，摆出一副正义的模样。他所做的一切都令自己受益，并且取得了最伟大的成就，他对一支献身于自己的军队进行了训练，并用军纪给予强化，此举令他成为罗马的主人。

这一切绝不是恺撒的耻辱。他做了其他几代领导人在罗马所做的。古老风范的罗马爱国主义早已消亡，没有了容易踏上荣誉与权力的腾达之路，也没有能够保证身居高位者的安全的其他手段。恺撒不能因为自私自利而受到责备，他也不应该被视为模范爱国者。从他自己笔下的《战记》来看，他从未达到华盛顿、古斯塔夫、汉尼拔的高度。对他来说"有奶就是娘"就是座右铭，一切符合他的利益的事物都是好东西。罗马在她风雨飘摇的时候需要恺撒来决定其命运。这样一个人近在眼前，而且他能够尽善尽美地进行他的事业，这当然不错。虽然恺撒对古代世界做出的贡献与拿破仑对现代欧洲的贡献一样大，但这两人都不能说是出于高尚的爱国主义本能。

无论在政治方面如何批判恺撒，他身为一位伟大统帅几乎无可挑剔。除了对恺撒在警惕性和判断力方面的错误，以及他在如何自学打仗方面的特殊兴趣之外，对恺撒一系列令人难忘的战役中的军事行动的研究也是硕果累累。他在政策上犯的错误比战争上的更多。有时他对被征服民族慷慨大方，甚至宽宏大度；有时他比史上任何文明征服者更加残暴，而且是毫无必要、极不明智的残暴。自从亚历山大以来世界已经进步了，虽然今天被称为国际法的东西当时还没有成文，但它的某些原则已经确立，当它们与自己的征服计划相悖时，恺撒就会彻底弃之如敝屣。

在一位伟大统帅的工作中治国之道占有重要地位。总体而言，恺撒在高卢采取的政策是相当严酷的，严酷到几乎不能称其为政策，这是民事方面的问题。从另一个角度看，这是一个既棘手又巧妙的问题。恺撒必须安抚一些部落，同时打击一些不友好的部落。他必须在毁灭敌人粮秣的同时为自己提供补给。

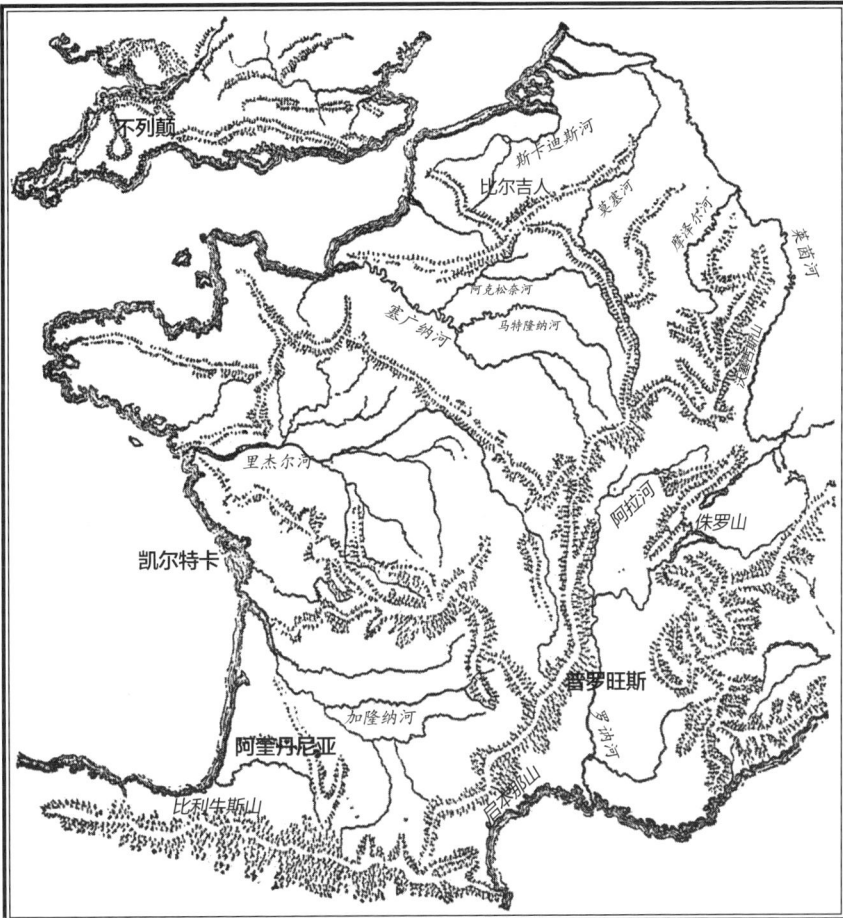

◎ 高卢的地形特征图

为了打一派，他不得不拉另一派。他不得不唆使半数高卢人对抗另一半。对抗他的 12 个军团的是 800 万名高卢人。换用其他手段，他将寸步难行。就他的军事策略而言，他的所作所为无可厚非。

　　恺撒的策略高瞻远瞩、合情合理。当恺撒成为执政三巨头之一，高卢成为他的辖区时，普罗旺斯只是楔入这个国度的一个突出部。其西、北两侧的罗讷河边界上居住着盟国百姓，东部山区的危险来自一些躁动不安的部落。恺撒不会失去这个突出部的优势，更不会失去它给予他集中力量采取行动的优势。他针对海尔维第人的首场战役是为了保护这个突出部的右翼，而且达成了目的，对于确保深入高卢北部和西北部时的后方安全，这也是必不可少的。从这一点向北，只要莱茵河左岸的高卢各部不敌对，那么莱茵河、侏罗山和沃塞古斯山都在某种程度上保护了前进的罗马军队的右翼；值得注意的是，恺撒早期从事的一项工作是通过友善的对待和有效的保护令尽可能多的部落成为他的坚定盟友。当他不能通过谈判迅速达到目的时，只能诉诸严酷的手段。在实施征服计划的过程中，恺撒沿着阿拉河和莫塞河乃至更远的萨比斯河拓展他的突出部，然后翻越这些河流西侧的分水岭，沿着塞广纳河及其支流是马特隆纳河和阿克松奈河河谷，绝对安全地顺流而下。恺撒不仅保证了毗邻部落的友谊，在他们中还保留了几个工事坚固的营盘作为额外保护措施。

　　穿过行动路线的阿克松奈河为恺撒提供了一个前进基地。从普罗旺斯境内的第一个基地到阿克松奈河畔的第二个基地之间的路线，是沿着阿拉河和莫塞河走向的。一旦掌控了比尔吉人的地盘，只要他能够适当保护好自己的后方，同时谨慎地囤积粮草或者确保友好部落交付粮草，恺撒就能够从这里安全行军，甚至远征不列颠。征服了比尔吉之后，他可以安然转向高卢西南角向阿奎丹尼亚进军。恺撒充分证明了中央进军路线的大战略的优越性。无论是亚历山大还是汉尼拔都没像恺撒那样显示出对战略问题的清晰把控。值得注意的是，恺撒事业中最艰难的是他需要依靠盟友或征服与盟友毗邻的部落来在这个中央突出部立足，他面临过的最严峻的危险是守护着他的行动路线的爱杜依人加入了同胞的造反事业的时候。但是，当恺撒掌控了这个突出部之后，就能够把战争行动降低到单个、孤立的战役基础上。这些行动确实困难，但只有它们威胁到他建立的军事构架时才是真正危险的。

从对海尔维第问题的审慎处置到阿来西亚之围的出色指挥，每场战役都适当地得到了点评。

作为一位罗马将军，恺撒通过不断进攻实现了罗马征服世界的理想。在研究恺撒的时候，我们研究的对象是将军的地位，当时罗马的军事正值巅峰；至于士兵方面，罗马民兵中一切最好的东西早已消失无踪了。恺撒的军团将士在各方面都是职业军人。恺撒发动战争始于针对海尔维第人的一次防御行动，之后他总是在发动进攻，尽管在《高卢战记》中，他经常不遗余力地说服读者，他总是挨揍受辱的一方。如果他采取守势，那也只是暂时的，不久之后他就会恢复攻势，咄咄逼人地高歌猛进。

与所有爱兵如子的将军一样，恺撒更青睐在天气宜人的季节作战，冬季则躲在营房里，但不止一次的战例证明他也能够在冬季开展行动。在冬令营中，他相当审慎地维持军纪，而且让他的手下忙于勤务。维松几阿的恐慌是绝好的教训，他从中受益良多。好学不倦是恺撒最令人钦敬的品质之一。

恺撒不知疲倦地搜集信息以便制定计划。信息往往难以得到和不可靠，但是他孜孜不倦地进行搜罗，不断出动他的部分高卢军官和骑兵，利用盟友部落的间谍在敌人阵营内部拉帮结派，他也利用逃兵得到了丰厚的回报。如果不能以其他方式获得信息，恺撒会开展武力侦察。因此，我们应该好好研究恺撒对日耳曼和不列颠的首次远征。在其他立场上看，这些行动不能视作军事行动，而且就像首次渡海入侵不列颠那样，武力侦察不应该危及军队或指挥官的个人安危。

恺撒的兵力一贯比敌人少，但是兵力劣势没有亚历山大那么大，更不能与汉尼拔在整个军事生涯中遇到的敌军优势相比。除了数量，恺撒其他方面都比敌人强大得多，尤其在自信和工程能力方面。他的军团将士什么都愿意承担，什么都能干。在聪明才智方面，他们就是扬基佬（Yankees）①。恺撒不愿意将盟

---

① 译注：美国独立战争以前，人们把服役于美国殖民地军队里的新英格兰人称为"扬基人"。独立战争时期，美国人在康科德（Concord）战役首次击败英国人，并开始自豪地称自己为"扬基人"。南北战争时期，美国南方人把去南部的北方人，不管是政客、商人，还是军人、律师，一律统称为"扬基人"。第一次世界大战后期，美国派兵赴欧参战，欧洲用"扬基人"统称所有的美国人，即"美国佬"之意。在这里，扬基佬指南北战争中的北军。

军与他的军团混编在一起，他雇佣的当地步兵主要充当弓箭手和投石手，他的骑兵完全是本地人。他惯于集中兵力作战，如果分兵行动，也都是短期行动，很快就会散而复聚，这几乎是对军事能力的统一考试。恺撒会在敌人麇集之前就着手各个击破，他往往会很好地利用这样的机会。行动的敏捷抵消了兵力弱势。他理解拿破仑的名言："神速即增兵。"

恺撒会精挑细选打击的目标——最重要的战略要点，或者通常是敌人的军队。在针对比尔吉人的战役中，他奔向还没有决定是否加入反罗马联盟的雷米人，通过阻止他们再度确保了一个次要基地。他选择最短的路程进军。公元前52年，敌人在启本那山脉和里杰尔河上游之间集中了兵力，恺撒的军队位于塞广纳河和马特隆纳河之间，他与军队会合，将其牢牢掌握在手里，随后从阿及定古姆出发，途经钦那布姆径直杀向敌人。需要分兵时，恺撒通常很谨慎，以便随时能再次将军队主力集结起来。在对文内几人的战役中，军队经常分为多路，其中拥有六个军团的两支部队由他和提多留斯率领，部署在易于集中的地方。

恺撒小心翼翼地对待自己的基地，这一惯例并不适用于他的首次不列颠远征，但是在第二次，他将半数骑兵和3个军团留在高卢海岸作为中间基地。在公元前52年的全面暴动期间，普罗旺斯是他的首要基地，由路求·恺撒指挥的22个大队驻守。次要基地在友好的雷米人的地盘上，第一、第二基地之间的交通线沿着阿拉河延伸，途经同样友好的塞广尼人和林恭内斯人的地盘，并且得到了途中的维松几阿的保卫。为了确保沿着里杰尔河的另一条交通线，恺撒派拉频弩斯率领2个军团（后来增加到4个军团）留在固若金汤的阿及定古姆。即使这些部署也只是勉强挽救了他。在不列颠海岸的设防营地的保护下，他离开了舰队，这是他从自己的不幸经历中学会关心基地的一个简单战例。

恺撒总会尝试诱使敌人分兵。在与比尔吉人的战争中，他派遣爱杜依人攻打俾洛瓦契人的领土，因此轻易就将这个强大的部落从反罗马阵营中分离了出来。他的分兵构思严谨，时机精准。当他通过渡过塞本尼斯河（Cebennse）来调动维钦及托列克斯前来迎战自己，并且得手之后，他本人驰向自己的军团与之会合，恺撒向世人证明了他是一个向敌人隐瞒他的真实意图的艺术大师，这是汉尼拔风格的智谋。

恺撒爱兵如子，但要求他们在任何时候、任何形势下都不遗余力。他的后勤良好，与后来的战役相比，他在高卢展现了粮饷和武备方面更多的远见。他从与他结盟的邻近部落手中获得口粮，让受罗马保护的部落以提供粮秣为代价，战败的部落总会受到缴纳粮食的惩罚，因此他很少陷入缺粮的窘境。他尽可能只在草料充足的时候才开战。他的行军队列后面会跟着一队驮载货物的牲口，除了士兵自己背负的物资之外，还运载一些货物。

罗马的拿破仑——恺撒，在《高卢战记》中谈到，罗马人的战争体制相比其他民族拥有三重优势：对决定性要点的控制、设防营寨的修筑和破坏敌人的联络。占领决定性要点开启战役，使军队处于赢得胜利的得天独厚的位置；罗马人的设防营寨是一个移动堡垒，它对士气的影响是胜利的有效保证；通过切断敌人的联络迫使敌人转移阵地，在不利的处境下作战或投降。

恺撒尽可能通过友好或至少中立的领土前往决定性要点。如果恺撒必须穿过敌人的领土，那么他每前进一步都必须保护自己交通线的安全。在恺撒从阿及定古姆前往别都里及斯人的地盘的行军途中，他没有置后方的维隆诺邓纳姆于不顾，而是一定要占领它以保持与拉频弩斯的联系。恺撒将决定性要点描绘为具有许多优势的要害，最重要的是打开和管控进入敌人国度的入口。在上文举例的行军过程中，这样的地点是钦那布姆，那里有一座跨越里杰尔河的桥梁。为了迫近维钦及托列克斯，恺撒必须将其掌握在手里。在针对比尔吉人的战役中，恺撒一渡过阿克松奈河就进入了敌人的领土，因此他设在阿克松奈河畔的营盘就位于一个决定性要点上。在向海尔维第人进军的途中，渡过罗讷河之后，恺撒就在这条河与阿拉河的拐角处安营扎寨，这里还是友好的爱杜依人的地盘，从这里他可以随时打击敌人，这就是决定性要点。

目前还不清楚恺撒是否在自己的部下中对他的计划大力强调保密。即使是汉尼拔对于自己的部将也选择保密，令他们觉得高深莫测。亚历山大也乾纲独断，但这不是出于军事原因，而是因为他的君主身份,赫淮斯提翁（Hephaestion）对他的每个决策都了如指掌①。恺撒在执行计划和保密方面十分出色。恺撒认

---

①译注：赫淮斯提翁（约公元前356—前324年），马其顿贵族阿明托尔之子，因他是亚历山大大帝的挚友而名垂青史，他的离奇死亡令亚历山大悲痛不已。

为，执行计划的神速与保密一样重要。

一位统帅的才干很大程度上必须由其对手来衡量。恺撒在高卢的对手绝非泛泛之辈，阿里奥维司都斯是个有着非凡才干的人，而维钦及托列克斯近乎天才。他们都与恺撒一样能意识到决定性要点的价值。尽管对他们来说战争不是一门科学，而恺撒在对付他们时所依靠的诀窍，与其说是保密，不如说是他的行军速度和军团的纪律。

确保了决定性要点就可以寻求会战或向一个城镇发动进攻了，抑或采取一些行动来迫使敌人采取能让他获胜的行动。恺撒更青睐在开阔地进行野战，因为这样的胜利往往会导致许多城镇落入他的手中，或令他夺取它们更加容易。如果敌人部队回避野战，他就会被迫放弃会战而诉诸围城或封锁。

恺撒确实会谋求进行会战，高卢战役中很少发生激战的事实表明，罗马军团远比它的任何当面之敌都强大许多，失败往往仅仅是由恺撒麾下的本地骑兵造成的。

当恺撒在敌人面前扎营备战时，他会谋求引诱敌人出营会战，这样他就能取得胜利了，他可以通过追杀来扩大战果。如果敌人不上当，高挂免战牌固守不出，那么他就只能被迫发起强攻。他会用秘密的强行军迫近敌人，在距离敌人不远的地方安营扎寨，并且在次日试图打对手一个措手不及。就这样，他迫近了阿里奥维司都斯，对乌西彼得斯人和登克德里人也是如法炮制。有时候，恺撒会在开战前夜靠近敌人，如果有障碍物的话他会躲在障碍物的背后，在敌人不知不觉之中轻松扎营，如果他需要在开战之前得到更多信息，他也会做同样的事情。他偶尔也会在距离不远的地方扎下两个营盘。

确定扎营地点之后，恺撒会严密管控自己的交通线，并试图破坏敌人的交通线。从一开始，他就更加关注自己的交通线，后来他表现得更有闯劲，更依赖于敌人的惰性。当阿里奥维司都斯迂回他的侧翼时，恺撒立即采取了守势，只派遣一小队人马压迫阿里奥维司都斯的侧翼。在不列颠，卡西维隆努斯向恺撒的交通线进军。维钦及托列克斯通过煽动恺撒后方的爱杜依人造反来切断正在及尔哥维亚的恺撒的后路。在高卢战役中，恺撒的行动有时缺乏战略主动性。我们看不到他后来所采用的大幅度迂回运动来压迫敌人的交通线，他只是单纯地确保自己的交通线并为之开战。他以围攻城镇的方式干扰敌人的交通线，而不实施机动，这是因为内战前的恺撒缺乏自信而产生的谨慎。

恺撒在野战中获胜时，除非他已经筋疲力尽了，否则他一贯会率领骑兵奋勇追杀，但很少与军团进行追杀。真正能追杀到敌军的只有骑兵。没有人像亚历山大那样进行无情的追杀，直到拿破仑横空出世，向全世界展示了如何最充分地利用胜利。恺撒敏锐地利用政治上的机会轻而易举征服敌人，迫使他们提供粮食和交通工具。他规定他们的政府应该是什么样子。获胜之后，当危险消散，他会将军队分散开，通过让军团突然在许多地方同时出现，更有效震慑被征服民众的心理和意志。

收获了夏季战役的硕果之后，恺撒进入坚固的冬令营息冬，作为这一年工作的最完美收尾。他避免因照顾军团而消耗普罗旺斯行省。他的冬令营已经习惯于设在屈服于罗马军威、受制于罗马枷锁的新征服部落的地盘上，并由他们提供日常补给。战胜阿里奥维司都斯之后，冬令营设在塞广尼人领地的东部，大约在物产丰富的维松几阿附近，不远处就是普罗旺斯；与此同时，恺撒威逼比尔吉人，并且确保塞广尼人安分守己。公元前57年，他在里杰尔河下游建造冬令营，当时克拉苏已经习惯于当比尔吉人的主子。塞广尼人需要在提供补给品之后休养生息，雷米人一直站在恺撒一方，比尔吉人元气大伤，爱杜依人及其邻居是友好的盟邦。此外，恺撒希望看到他在东部的胜利对西部产生的影响，以及是否需要动武来征服西部部落。在公元前56和前55年的冬令营是参考了不列颠远征的经验而建立的。公元前54年这场远征之后，他在海岸附近建筑了冬令营，但是由于后来的歉收而将冬令营散布在广大的区域。由于军团分布太广，他收获了惨痛的教训，在公元前53和前52年，各军团聚集，相距很近，比如在阿及定古姆就驻扎了6个军团。

当恺撒走霉运的时候，他的精力明显更加旺盛。他特别注意和防止部下士气下降。在这种情况下，他会最大程度利用他的如簧之舌，让部下相信他们没有被打败，转向另一个战场，以加倍的精力败中取胜。及尔哥维亚战役后他就是这样做的。在他的整个战役中，恺撒表现最好的一次是在一场反攻之后，我们将在内战中遇到这方面最显著的战例。

据说，古代战争与现代战争大相径庭，以至于人们无法从基督纪元之前的统帅的伟大事迹中学到什么。但是，我们对恺撒的评价用在今天就是对最优秀将军的高度赞扬。当我们不是从表面上而是从最深刻层次的意义上研读古老战役时，它们向我们传达了中世纪以来最杰出的统帅们能传递给我们的同样广泛的教训。艺术家在现代工作室中研习古代大师的技能，从那获得灵感，战争也是同理，没有什么比研究古代统帅的战绩，认真探究让他们这般行事的原因更能培养军人的性格品质了。每位伟大将军都曾坦承他们从古代军人那里受益良多。

恺撒的军队

　　《汉尼拔战史》一书描述了早期罗马军队的战术阵型。自从布匿战争以来，这种战术阵型发生了相当大的变化，其中一些是由马略或恺撒在其战争中引进的，至于武器、装备和细微战术，罗马士兵的意图和目的与汉尼拔时代的并无二致。他们依然佩戴头盔、胸甲和右腿上的胫甲，拿着长矛、盾牌和短剑，但在品格、素质和纪律方面已不再是那个时代的优秀公民战士。如果他是罗马人那就是职业军人，如果是外国人就是雇佣兵，他就是由长官造就的产品。军官们也发生了类似的变化。一个军团的6位军团指挥官不再是因为他的军事素质或长期服役而获得任命，而是因为政治或社会地位，抑或出于他与将领的情谊。

　　罗马人最初的战术小单位是百人队（century），上一级是包含2个百人队的支队（maniple），再上一级是由3个支队——青年兵、壮年兵和预备兵支队——加上若干骑兵和轻步兵编成的大队（cohort）。但是大队徒具虚名而已。在恺撒的统治下，大队不再是古代那样，而是演变过程传承有序的作战单位。它只按照细微的区别进行分割，实际上是军团的战术单位，所有机动都是以大队为单位进行的。每个大队中的三个等级已经彻底消失不见了。

　　从波力比阿到维吉提乌斯（Vegetius）和奥诺山大（Onosander）记载的罗马战术和组织都颇为古怪，都没有记载恺撒的军团、大队、支队和百人队的确切编制。某些段落中增添的几个词汇揭示了我们在解释这些作家的记述时遇到的困难。由于波力比阿遗漏了某些著名地点的名字，引发了对于汉尼拔翻越阿尔卑斯山的路线的无休止的争执，因此对于恺撒军团的组织细节，所有研究战术的拉丁作家在解释上都有一定的疏漏，产生了许多不同的看法，尤其是吕斯

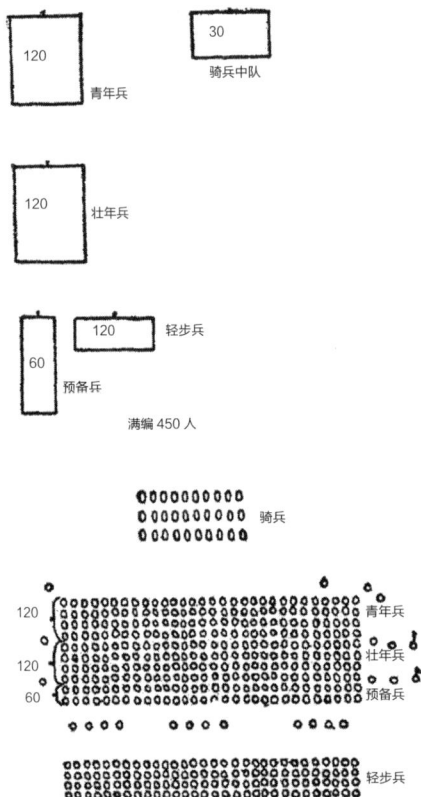

120 青年兵	30 骑兵中队

120 壮年兵

| 120 轻步兵 |
| 60 预备兵 |

满编 450 人

○○○○○○○○○○
○○○○○○○○○○ 骑兵
○○○○○○○○○○

120 青年兵
120 壮年兵
60 预备兵

○ ○ ○ ○　 ○ ○ ○ ○　 ○ ○ ○ ○

轻步兵

◎ 早期大队

托、戈勒和斯托费尔都深入讨论了这个问题，但他们在许多方面各执一词。

按照吕斯托的观点，大队中的各个支队肩并肩地列阵，而戈勒认为是前后布置的。貌似各大队站成一条横排更为可能，这样一来史料中对于机动或详或略的相关描写就更易理解了。戈勒的阵型布局倾向于更多的纵深，然而随着光阴荏苒，战线的纵深变得更浅而非更深。如果它们横向列阵，各支队会从右向左排列：方阵兵（pilani，古代的预备兵）、壮年兵、青年兵。这些区别也在逐渐消失。

与汉尼拔对阵的大队由 3 个支队或连（company）组成，每个支队包含 2 个百人队或排（platoon），各个支队前后排列，青年兵、壮年兵和预备兵之间有间隔，骑兵和轻步兵排列在适当的地方。恺撒用于征服世界的大队是一个下辖 3 个支队的作战单位，每个支队下辖 2 个百人队（ordine），各个支队横向列阵，中间没有间隔。支队下辖的 2 个百人队前后排列，前面的百人队分为 5 行，后面的百人队也有 5 行。如果大队排成 8 行，那么它下面只有 4 个百人队。

恺撒军团的正常人数不能用布匿战争中军团的精确数字来评判。有时候它有 5000 乃至 6000 人，在法萨卢战场，它们因不断消耗而减少到平均只有 2750 人。吕斯托解读了不同的权威史料，给出了军团的平均作战兵力——3600 人。戈勒出具的数字是 4800 人。后者可能更加接近正常兵力，而在战争期间经常达不到。

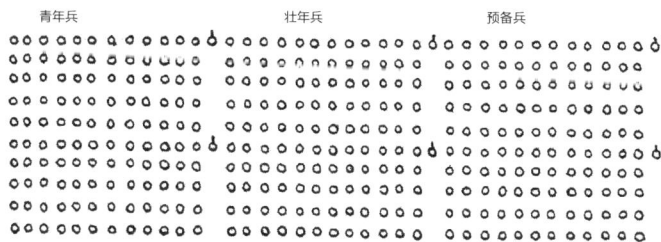

青年兵　　　　　　　　　壮年兵　　　　　　　　　预备兵

◎ 恺撒的大队

每个军团由 10 个大队组成。如果每个大队有 360 人，纵深 10 行，则每行会有 36 人。如果 8 行纵深，则每行 45 人，这种阵型似乎不是常规，尽管在法萨卢就是这样排列的。如果这 36 名士兵以密集队形行军、阅兵或发动纵队进攻，那么每个人会占用 0.9 米宽、1.8 米深的空间，每个支队之间的间距为 1.8 米，大队占据的空间会是正面宽 36 米、纵深 18 米。如果排成宽 45 人、深 8 人的方阵，密集阵型的大队的支队之间间距为 2.25 米，它的正面会宽 45 米、深 15 米。

但是，0.9 米宽的正面不足以让一个军团士兵投掷短矛、挥舞短剑前进。因此，还有在开阔战场战斗的阵型。解决方案是处于奇数战位的士兵向前走 0.9 米以获得挥舞武器的空间，更有可能的是让每行的士兵以站在中央的士兵为基准，向左或向右散开，以获得需要的空间，这样就将大队的正面宽度增加了一倍。关于后一种假设，在摆成密集队形时，各大队之间的间隔必须与其正面宽度相等，以便为开战做好准备，这样在进入开阔战场时，士兵可以散开完全填补大队之间的间隔。

采用 8 行纵深的紧密队形时，加上大队之间的等于大队正面宽度的间隔，大队在采用松散和紧密队形时，会占据正面宽 90 米、纵深 15 米的空间。采用 10 行纵深，间距等于正面宽度时，大队会占据 72 米宽、18 米纵深的空间。

吕斯托经计算认为，军团的平均现役兵力为 3600 人。在伊莱尔达（Ilerda），恺撒告诉我们，在一条今天已经确定位置的山脊上，其宽度足够容纳 3 个摆成一条横行的大队。据吕斯托所言，这条山脊宽度为 108 米，这样大队之间没有间隔的话，一个大队的正面宽度为 36 米。但是，随着山脊向下降落到平原上，

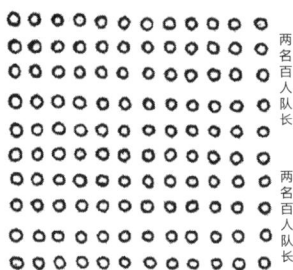
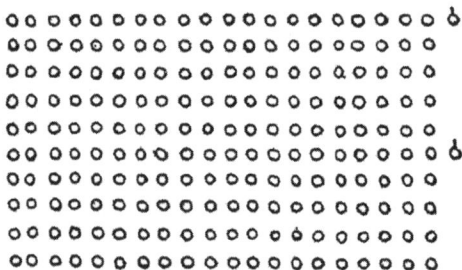

◎ 120人的支队   ◎ 200人的支队

它的实际宽度是不同的。这会使计算的结果失效，尽管他的推导结果距离准确不算太远。我们可以公正地假设，恺撒的无间隔大队的平均正面宽度为36到45米，并且在他的历次战役中，大队人数一般不超过360人。

每个支队有2名百人队长，一个资深、一个历浅，每名百夫队长以下还有1名副队长。与我们的连队军官一样，他们都徒步执勤。大队的资深百人队长就是大队指挥官[1]。然而，与现代军队的士官一样，百人队长不可能被擢升到自己的军阶以上，尽管他们的职责与士官相似，但在指挥方面，他们更接近我们的连长而非中士（sergeant）。他们在军团的相对位置是固定的。

大队、军团的军乐和旗帜与布匿战争时期非常相似。每个支队都有一个标帜，每个大队都有一个鹰帜。辎重包括行李车队（impedimenta）和士兵自己的行囊，西塞罗说除了盔甲武器还有20公斤负荷，这可能是最大负荷。随军商贩（mercatores）是唯一能使用车辆随军行动的人群。帐篷由皮革制成，3米见方，每个帐篷可容纳10人，其中2人可能会外出执勤。每位百人队长都有单独的帐篷，随营者必须有住处，高级军官有奴仆，拥有比下属更多的帐篷。吕斯托估计，一支3600人组成的野战军团拥有520匹驮运用骡子，平均每7

---

①译注：作者的这句话不太清楚。事实是，每个大队下辖3个支队，6个百人队，共有6名百人队长，但大队、支队都没有长官。6名百人队长按资历、能力排序，每个支队的资深百人队长也相当于本支队队长，第一支队的资深百人队长相当于大队队长，第一大队第一支队的资深百人队长也叫首席百夫长，几乎相当于军团长。

◎ 马略之骡　　　　　◎ 轻装步兵　　　◎ 准备战斗的军团士兵

◎ 排成一线的军团

人就有 1 头牲口，用于驮载筑营工具、帐篷立柱和钉子，以及常用行李。这就是辎重车队的一切，距离真实情况不太离谱。马略发明了一种分叉的杆子或棍子，称为马略之骡（muli Mariani），以便于携带行李。捆扎好的口粮、衣服都绑在它上面，再扛在肩上。每次发放的粮饷够用 15 天，都是未经研磨的麦粒，重约 8 公斤。其余的装备、铠甲等等，重量是粮食重量的 2 倍多。西塞罗的估计被认为偏高了。

　　旧时代的盟国军团全部消失了。一个军团不再意味着一个罗马军团加上一个盟国军团——1 万人。它仅仅意味着由 10 个大队组成的团体。取代盟国军团的是一支比从前更庞大、武器装备与军团士兵相似的部队，但装备较为轻便，还有更多弓箭手和投石手。轻装部队不穿铠甲，只穿皮革上装，携带一个小圆盾(parma)而非军团士兵的长圆筒形盾牌。弓箭手和投石手完全不穿铠甲。

　　每个军团有 6 名军团指挥官（tribunes），每 2 人分为一组。每组执掌军团2 个月，2 名指挥官轮流值日一天，这种古怪的罗马指挥风格只在罗马人中有效,而且没有破坏纪律观念。4 名不执勤的指挥官发挥着今天军需官、物资专员、军营助理之类的职能，他们都骑马执勤。为了确保每个军团不会因分割指挥权而受到负面影响，一位副将（legate）会受命行使最高监控权。后来，恺撒让副将担负了实际指挥权，在副将的领导下，两位当值的军团指挥官大概扮演着今天一个旅的参谋长或副官的角色。

恺撒军团的总参谋部的构成如下：

副将，由元老院指派给执政官，置于他的权威之下。他们是将军级军官。恺撒的每个军团都有一位副将。这是他们第一次明确获得这样的职责。

财务官，负责一个行省或一支军队事务的官员。财务官相当于一种负责军需的将军。

主帅亲兵（contubernale）和主帅随从（comitespraetorii），他们是志愿担任主帅助手的，如果他们数量多，就会成为高官的卫队。

扈从（cohorspraetoria），包括校尉、秘书、典礼官、间谍、仆从和勤杂人员。

侦察兵（侦察官），在行军途中充当前锋和侧卫，每个军团有10人，他们通常被派去实施侦察。我们可以得出结论：这些具体的做法是出于当时形势需要而采取的。

卫队，有时是一小队骑兵，但多为留用老兵，即完成了志愿服役年限，而依然留在军中志愿效力的老兵。尽管他们是步兵，但也有马匹和仆从，他们备受尊敬，在将军身边当差，被安置在需要信任的岗位上。

工程师（fabri），由工程主管（praefectusfabrorum）管辖，前文已经提到过他们。他们负责维修武器，修筑桥梁、工程土山和塔楼，通常做军队的工程工作。恺撒手下有一些非常能干的工程师。

旗前精兵，一些历史学家认为，在干需要技能和经验的精细活的时候，会从每个大队中都选拔出少数人组成专门部队。他们不背行李，常常从他们中选拔百人队长。但是，旗前精兵大概会像他们的名字所指出的那样，在每个支队中排在前二行来保护位于第二行

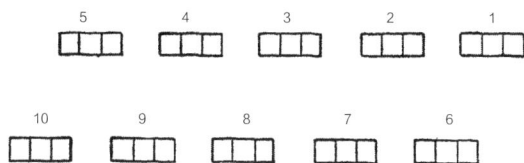
◎ 排成二线的军团

的标帜，他们占整支部队的四分之一或五分之一。就像在伊莱尔达发生的一些事件促成了这种观念。

恺撒的军团士兵的军饷是每年 225 第纳尔（denarii，折合 40 美元），大致相当于日工的薪水。他的口粮、服装还得从军饷中扣除，但是战利品和赏赐大大增加了士兵的收入。关于口粮有多种说法，比如每个月有 1—3 配克(pecks)[①]小麦或其他谷物，可能还会补充牛肉，如果筹粮队能找到的话还会供应水果和蔬菜。

军团进攻时采用二线（acies duplex）、三线（triplex）乃至四线（quadruplex）阵型。在二线阵型中，每条线有 5 个大队，以棋盘型列阵。在常用的三线阵型中，第一线有 4 个大队，其他两条线各有 3 个大队，也是棋盘型列阵。许多评论家认为，采用战斗队形的大队之间的间隔与大队的正面宽度相等，尽管在布匿战争时代确实如此，但恺撒时代是否还是这样的间隔却有存疑。大队之间存在间隔是确定无疑的，尤其是士兵们以密集队形展开，士兵之间间隔 0.9 米的时候。但是，大队的间隔与大队的正面宽度相等的梅花阵依然在战斗中存在，随着间隔的逐渐减小，梅花阵逐渐消失了。我们不知道这个时期它们的确切样子，它们可能已经在训练条令中得到了明确规定，并且被用于阅兵，但是在实际行动中，它们往往被减小到最低限度。从前的史学权威做出的相关陈述所能提供的最佳解释似乎就是本文已经出具的解释，也就是说采用密集队形（士兵间距 0.9 米）时，大队的间隔等于大队的正面宽度；在开阔地上或采用战斗队形（士兵间隔 1.8 米）时，大队间隔被完全填满。由于第三战线往往被保留下来充当预备队，而且采用密集队形，采用战斗队形的军队只部署前两条战线，所以大队之间没有间隔，而第三线大队的间隔等于其正面宽度。

---

① 译注：配克是英制容积单位，1 配克等于 2 加仑，折合 8.81 公升。

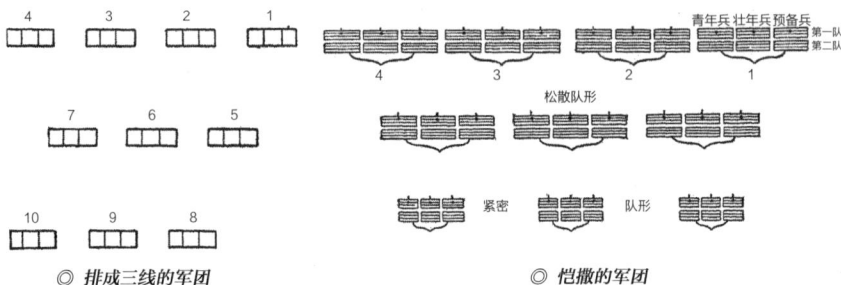

◎ 排成三线的军团　　　　　　　◎ 恺撒的军团

　　大队组成的战线的间距大约是 45 米，尽管关于这段距离也颇有争议。按照这个数字，对于大队排成八行纵深的三线军团，它的纵深大约为 135 米、正面宽度为 315 米。这样一个军团的规模是非常庞大的，而它的机动性依然得到了很好的保证。亚历山大的马其顿方阵平均每米正面有 28 人，布匿战争时期和恺撒时代的军团则是 11 人，现代军队差不多不到 7 个人。

　　一支排成三条线、拥有 7 个军团的大军，即大约 2.5 万人的野战力量，会拥有略少于 2.3 千米的正面宽度。

　　罗马军团的防御阵型是一线横阵，或者采用方阵（aciesquadrata）或圆阵（orbis）。一线横阵通常用于防御营盘或胸墙工事，没有必要加厚纵深。预备队用于守卫营门或发动突击。壁垒上部署五行没有间隔的守军，后五行布置在墙根底下。有时壁垒上只部署两行，其他三行部署在后面做预备队，同时后面五行以类似方式部署在前方战线的背后。在通常的防御线上，每人占据 1.8 米宽度，或者只有一行纵深，而假设百人队长不站在战线上，每个支队防守 64.8 米宽的正面，每个大队占据 129.6 米正面[1]，每个军团占据 1296 米正面，即 0.8 英里。有时为了在战场上抵御敌人的进攻而采取单线部署，但大队的战线依然保持在大约 36 米宽，由于大队之间的间隔已经填满了，每个军团的战线则有 360 米宽。我们不知道圆阵有多大，它是为了在战场上抵御完成合围、占据压倒性优势的敌军而排布的。为了抵御这样的进攻，各大队会在相当于我们的空心广场的地

---

①译注：这句话可能有误。如上文所述，每个大队下辖 3 个支队，如果每个支队占据 64.8 米宽的正面，大队应该占据 194.4 米宽的正面，作者的数字只有在一个大队下辖 2 个支队时才能成立。

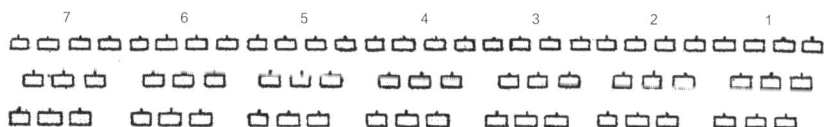

◎ 排成三条战线的七个军团

方集结。较小的部队可能会结成圆阵，使用他们的盾牌，投出他们的长矛，偶尔使用短剑肉搏。如果不是史料对空心方阵也有描述，我们也应该相信圆阵也是同样的构造。

排成三线阵型的军团很容易变成方阵，具体办法是，第1、2、3大队面向前方，第5、6大队面向右，第4、7大队面向左，第8、9、10向后。圆阵（orbis）一词可能源于一种自然习惯，就是将一个方阵的四角抹平，使之更易于防守。很难想象一个军团会采取部署成任何接近真正圆形的阵型，然后再度展开成线形。它可能是一个不规则的半方形、半圆形，根据地面的起伏和条件的需要而排成防御阵型。

军团偶尔还会排成四线阵。第四线用于保护侧翼，可能包括几个大队与主阵线形成一个夹角。恺撒在法萨卢就使用过这种阵型。

辅助部队按照同样方法受训。他们没有大队编制，就像旧时代的轻步兵那样被用于维持军团的战术队形。弓箭手和投石手都是散兵，没有明确的战术位置。

在骑兵部队中，由32个骑兵组成的中队是基本战术单位。它组成正面8人，纵深4人的队形。有人认为，每个中队还有呈方格型布置的3名十人队长，各负责一行骑兵。骑兵中队大致呈12米见方的队形，粗略估计每个骑兵占据1.5米宽、3米深的空间。12个中队组成一个团(ala，本意为"侧翼")，它可以组成两条（或者三条）战线，即每条战线长132米（或

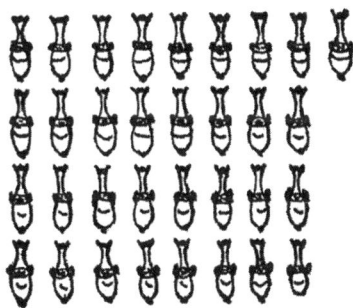

◎ 骑兵中队

283

◎ 排成两条线的骑兵团

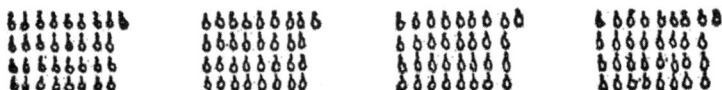

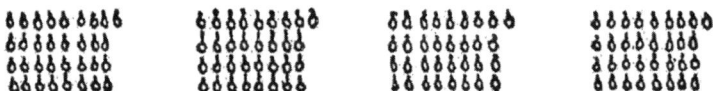

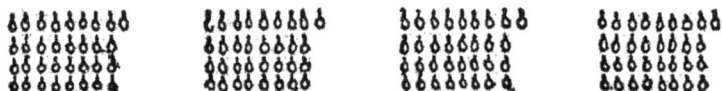

◎ 排成三条线的骑兵团

84 米），中队之间的间隔等于中队正面宽度，骑兵之间的间隔比步兵更不可或缺。骑兵由骑兵统领（praefectusequitum）指挥。在经常有骑兵行动的更大部队中间，我们必须猜测骑兵们采用的阵型。毫无疑问，在这一时期，骑兵在很大程度上符合人民为军队提供装备的习惯，这是罗马人的经验和军队的需要所改变的。确切地说，恺撒手下没有骑兵，他们都是从高卢人或者日耳曼人中招募的。

行军序列（agmen）很快就形成了，他们可以按照行军的顺序向右或向左面对军团。在行军队形中各个大队首尾相接，如果向右转，大队中支队的行军次序是方阵兵、壮年兵和青年兵支队，如果向左则次序相反。在面向左或右侧行军时，大队的侧面会成为队列的正面——正面只有 8 或 10 人——由于士兵们会以舒适的 0.9 米宽度行军，只要让侧面的士兵披挂整齐，大队正面宽度就

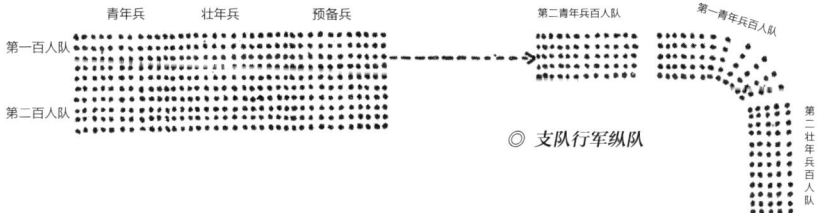

◎ 支队行军纵队

可以缩减到 7.2 或 9 米宽；通过让每个占据偶数战位的士兵站到旁边的奇数战位的战友身后，正面宽度会再次减小到 4.5 米或 3.6 米。

这是一种"四列或五列纵队"，被称为支队行军纵队（manipulatim）。以支队行军纵队行军的军团会面向任何方向重新组成横队。

军团可以以百人队为单位组成行军纵队（centuriatim 或 ordinatim），左侧或右侧的支队直着走，其他支队逐个按序跟进。按这种行军顺序，每个大队按照百人队的常规顺序行军，最前方是第一方阵兵百人队，随后是第二方阵兵百人队，再往后是第一壮年兵百人队、第二壮年兵百人队、第一青年兵百人队、第二青年兵百人队。换句话说，各个百人队按次序首尾相连。如果这个纵队只有野战兵力，它的正面会有 12 人，但是我们可以想象它可以排列成"六列纵队"。完整宽度的纵队只会部署在开阔原野上，能容纳这么宽纵队的道路寥寥无几。

与现代一样，纵队通过相反的方法会迅速再次组成横队。有时候队列是向左而非向右展开的，例如当危险局面会暴露右翼的时候，由于士兵左臂执盾，没有盾牌保护的右翼被认为是弱侧或开放的一侧（latus apertum），因此，部队走出狭窄小径，从其出口展开的过程中，纵队可能在正面向左展开，后面的大队或百人队在前方单

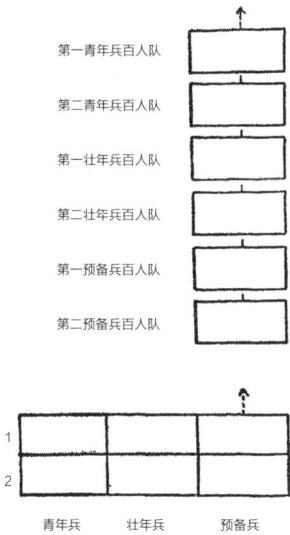

◎ 百人队行军纵队

285

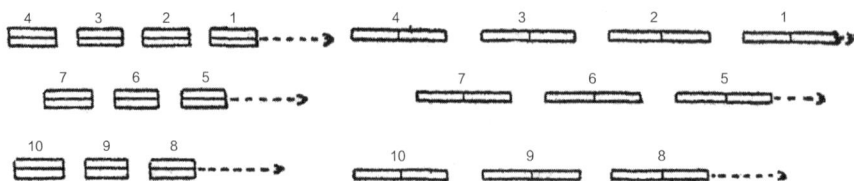

◎ 整线右移

位的右侧，开放的一侧就不会被暴露了。

　　每个行军中的士兵占据的空间前后距离是 1.2 米。当一个野战大队（360 人）以纵队行军时，如果采用百人队行军纵队、正面完全展开，会长达 36 米，正面宽度减半则长 72 米。如果采用支队行军纵队，士兵之间保持 0.9 米的短距离，它的长度会是 32.4 米。如果纵队拉长到士兵间距 1.2 米，采用全正面宽度，其长度会是 45.6 米，正面宽度减半的话，长度为 91.2 米。似乎不太可能将纵队长度拉长到超过战线所需的长度，当时的行军队形是由道路状况来决定的，保持纵队一成不变毫无疑问是很难的。

　　军团可以以线阵（aciesinstructa）、纵队阵（agmenpilatum）和方阵（agmenquadratum）行军。线阵行军只在战场上进行，它利弊并存，与今天一样，只在对方没有远程火力的情况下才采用。如果一个摆成三条战线的军团在战场上右移，还要维持战线的话，就只能这样做，全军整体向右转，以三列纵队去往想去的地方。停顿一下之后，战线又分为三条。这让一个军团可以不费多大力气就改变它的位置。

　　如果战线在复杂地形上展开就可以采用侧翼纵队（cornu）行军。右翼是第 1、5、8 大队，中央是第 2、6、9 大队，左翼是第 4、3、7、10 大队。每个大队都侧向行军，以侧面为正面，就像我们的连队的右转弯。停下来之后，每个大队的侧面都抵达适当位置，然后向右转展开成战线。

　　采用纵队行军时，大队按序号（第 1—10 大队从右到左）首尾相接。因此，当军团采用百人队行军纵队行军时，大队间隔 6 米，则总长 420 米，如果长度翻倍，则是 780 米。

　　据吕斯托估计，辎重车队有 520 匹驮畜。12 米宽的地方，可以让 8 匹

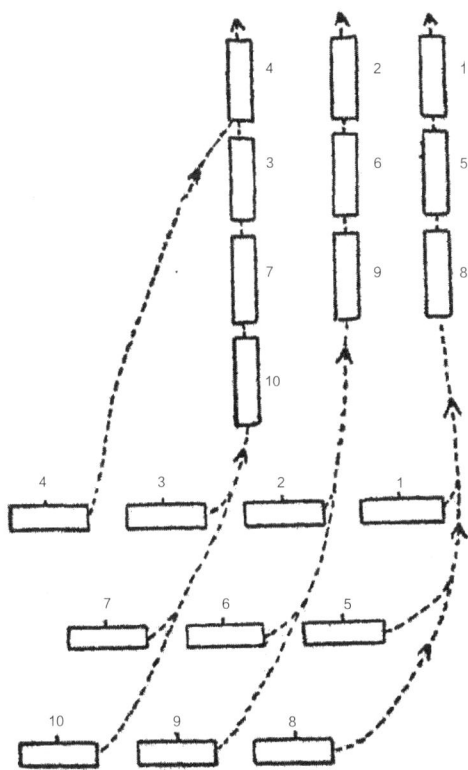

◎ 整个侧翼变成正面

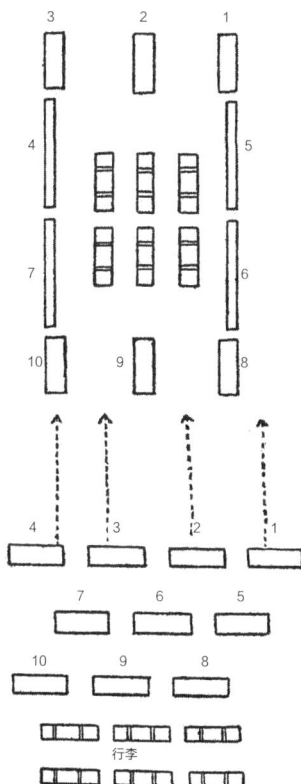

◎ 行军方阵

驮畜并排前进，这样就有65行；如果每匹牲口身长3米，则车队长达195米，如果在6米宽的道路上行军，车队长度会翻番到390米。因此，一个有着3600人的军团及其辎重车队的行军长度，会略少于600米，如果长度翻番，会长达1200米。如果一个军团以"五列纵队"采用支队行军纵队，这些大队会总长900米，加上辎重车队会更长一些。在路况糟糕的道路上会长达1609米。

如果遭遇敌人，或摆开战线，部队会像现代军队一样，接受排成纵队或恢复战线的训练，还有右翼或左翼向前或向后行进。一个军团在操场或战场上机动，原则和操作上都与我们的如出一辙，变化主要与罗马战线的更大纵深、

287

武器差异和缺少火炮有关。我们内战 ① 时期的一个旅（brigades）进行机动时，会摆成一列营（battalion）纵队，正中央的那个营兵力加倍，这与军团行军颇为相似。

罗马军团遭遇敌人时也要行军，当地形允许时军团会采用一种方阵，部队有前锋、后卫，辎重车队在中央，车队两侧还有侧翼纵队。方阵会迅速排成军团战线。第1、2、3大队保持直行；第5、6大队组成前方的左纵队，以便在进入战线时向外展开；第4、7大队形成战线的右纵队；第8、9、10大队在后方排成一队，然后大队或支队打散前往后方，跟在辎重车队后面。这些最后方的队伍，按这样的序列行军，随时准备形成后卫线并完成方阵的组建。

因此，辎重被包围在军团中央，它的长度会在一定程度上改变行军方阵的阵型。我们听说，罗马军队以这种队形在我们所知道的非常崎岖的地形上行军。当地上树林茂密或遭到砍伐时，我们不能假定罗马军团还按照这种队形行军。

恺撒用术语来描述这些机动，就像著述一部战术书一样精确。罗马的"训练条例"是由几代人建立起来的，只是随着时代发展而改变，但是依然有许多小问题没能弄清楚。

没有辎重的400人骑兵团以骑兵中队为单位行军，正面宽12米、纵队长约150米。辎重车队大概会增加一半长度。在道路狭窄的地方，骑兵中队的长度也会翻番，只是我们不知道怎样做到这一点。它们一定会被迫减小正面宽度而拉长纵队。一支拥有4000名骑兵的队伍——如恺撒在高卢拥有的那支——加上辎重，以一列纵队行军，长度会将近2300米，如果长度加倍会将近4500米。

所有的这一切自然都遇到了战场上每支军队所遇到的同样困难。越是林深树密、崎岖破碎的土地，就越不可能准确遵守这些"战术"。毫无疑问在高卢，军队会不断和强烈地背离这些规则。

白昼行军（iter）是以一个营寨到下一个营寨为单位来计算的。习惯上，每行军三四次就会休整一天。每天夜里，或者说每驻留一次，都会修筑营寨。

---

① 译注：指美国南北战争。

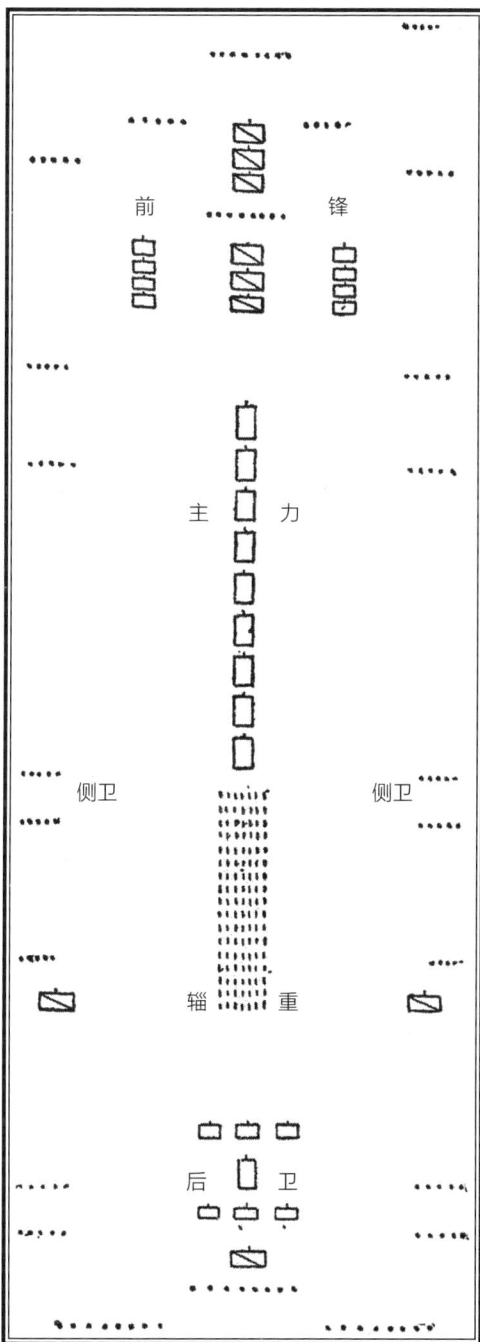

前　锋

主　力

侧卫　　　侧卫

辐　重

后　卫

◎ 行军中的军队

除此之外，这些深沟高垒还相当于我们的前哨阵地系统。军团经常背靠营寨作战。如果他们在行军途中遭遇敌人，他们会停下来，半数士卒会修筑营垒，其他人掩护他们，将辎重放进营寨之后继续作战，前提是他们能抵御敌人这么久。每天的正常行军距离是 22—27 千米，理论上会在 5 个夏季刻时内完成当天的行程，大约相当于我们的 7 个小时，通常是从黎明走到中午，因此留有足够的时间安营扎寨。

单步（gradus）折合 2.5 罗尺，即 0.75 米，行军步速是每分钟 100 单步，快步步速是 120 单步，与我们的标准大体一致。双步（passus）是 2 个单步，即从右脚后跟到右脚后跟的长度。罗尺相当于我们的英尺的十分之九。

罗马军队的平均行军速度比现代军队慢。有些行军特例令人侧目。恺撒于黎明时分离开及尔哥维亚向李坦维克古斯进军，走了 37 千米，袭击了后者并带上他们于同日返回，又走了 37 千米，在次日

289

天明之前抵达及尔哥维亚。在这 24 小时之中，军团只休息了 3 个小时，还有 6 个小时花在武装监视敌人上面。唯一能令人迅速回忆起来的比这次行军更出彩的是斯巴达人（Spartans）前往马拉松的行军，三天走了 230 千米。克拉苏率部与正在前往增援西塞罗的恺撒会师，从午夜到上午 9 时走了 37 千米。在泽塔（Zeta）奔袭战中，从黎明之前到夜幕降临，恺撒的军团走了 54 千米，撤退途中占领了一个城镇还战斗了 4 个小时。我们不知道在这一天行军中的其他时间里恺撒是否允许手下休息。我们通常会每小时休息 10 分钟。有时候行军是不带行李的。不用说，罗马人的行军也会像我们一样受到干扰、遇到困难和拖延。在高卢，泥泞的道路和暴涨的河水与墨西哥（Mexico）和弗吉尼亚（Virginia）一样司空见惯。

前锋（primumagmen）是常见单位，主力是骑兵、轻装部队、侦察兵、参谋军官和随营人员，由几个不携带辎重的大队提供支持。前锋后面是主力，卫队后面是后卫。前锋的职责是，如果遇到敌人就进攻和控制敌人，为主力展开战斗队形争取时间，侦察正面和侧翼，选择和标出营寨。当恺撒认为骑兵不可靠，或者必须派出骑兵保护一侧的侧翼以防遭到袭击的时候，他会让骑兵与主力待在一起。骑兵执行其他任务的时候，担任前锋的只有轻装部队。在向敌人进军的过程中，除了维持纵队尾部的秩序和收拢掉队者之外，后卫（agmen extremum）没有其他任务。

根据敌人的远近，当地是友好还是恶意，主力要么采用简单的纵队行军，要么使用侧向战斗队形。一支有 5 个军团的军队有 1.8 万到 2 万人，采用上述的 12 米宽的行军正面，总长达到 3—3.7 千米长，如果宽度减半，长度就会翻番。在实践中，路况不好的情况下纵队会比路况好的时候长得多。

当面没有敌人时，每个军团的辎重车队都要随行，以便执行任务；敌人当前时，车队会集结在一起；当向敌人紧逼时，军队的主力——主要部队的四分之三兵力——放在正面，车队随后，最后是军中地位等同于行李的其他人员、物资和后卫。

摆开战斗队形的军团不愿意前进太远。这种阵型只在敌人的附近采用。当恺撒向乌西彼得斯人和登克德里人进军的时候，据信每个军团都采用三路纵队，保持一定间距。因此，5 个军团共分为 15 条平行纵队，全军可以立即向前摆开战线。军团将士们都戴上头盔，揭开盾牌上的皮革罩，备好武器准备战斗，辎重留在营盘里面。

我们知道军团将士们在行军的时候会将头盔挂在胸前，盾牌放在箱子里，他的羽毛头饰和其他职衔标志都打包装了起来。如果遭到突然袭击，士兵们必须放下行囊，拿出和佩戴职衔标志，准备好武器。在萨比斯河战役中，罗马人不得不在毫无准备的情况下仓促应战。

撤退的行军队形按照相反的原则来摆布，也有相似的预防措施。辎重跟着前锋走，后面是主力，再后面是一个强大的后卫。方阵行军是在敌人的地盘上进行的，或者发生在暴动时期，乃至敌人四面出现之时。有时全军组成方阵，有时一个军团组成一个方阵。在方阵的每个方向都会派出骑兵、弓箭手和投石手充当散兵。辎重放在一个庞大方阵中央，或者每个军团的辎重放在该军团组成的方阵中央。

侧向行军也是按照战斗队形进行的，辎重放在背向敌人的一侧，如果部队排列超过一条战线，则辎重放在二线之中。这种样式的行军通常不会走得太远。在开阔的战场上，这样行进的军团容易受到侧翼的威胁；在山谷中，溪流可以用来保护纵队的侧翼。恺撒以侧向行军的队形向厄拉味尔河行军了好几天。

为了让军团将士们劳逸结合，行军顺序每天都会改变。恺撒的军团可以轻松渡河，即使水深及腰、胸、脖子都能涉水而过。他们不携带矢石，铠甲和武器不会损坏。一般来说，修桥过于耗时，恺撒会尽可能涉水过河。如果水深流急，则会在渡口的上下游各排列一队骑兵，上游骑兵排成斜线用于减缓水流，下游的骑兵用于抓住被水流冲走的士兵。就像在泰晤士河发生的那样，徒涉渡口都得采用战斗队形。

罗马军队修筑桥梁与今天一样快。尽管没有浮筒车队，渡河也没有受到明显的阻碍。它们由沿河搜集的船只建造。打桩修桥同样常见，具体看当时修哪一种桥更加便利。但是有一次，恺撒在高卢战争中的泰晤士河直接面对敌人渡河。桥梁两端通常由桥头堡掩护。

恺撒恪守着一个古老法则——在山丘的缓坡上排兵布阵，这样士兵们就可以利用下坡的优势投掷标枪、矢石，并且居高临下地冲向敌人。他们最大的依仗就是主动权，以便在最可能的情况下发动雷霆一击。军团通常会静候敌人前进到 75 米之内（如果敌人这样前进了），再以整齐的步伐向敌人进逼，走到 37.5 米时全军跑动冲锋（cursus）。即使军团将士顶盔掼甲、全副武装，这么短的距离也不足以让他们喘不过气来。前两行的士兵会高举标枪，在距离敌人 15 米到 30 米的地方投掷出去。如果标枪齐射造成了足够大的缺口，士兵们会拔出短剑冲入这些缺口，杀得敌人失魂落魄。如果敌人勇敢而坚定，军团通常会在标枪投掷距离内停留更长时间，且只使用长矛，由后面的队列穿过前面的队列轮流投掷重标枪（pila）。就这样，10 行士兵会完成 5 次重标枪齐射，扔完所有标枪之后，大队的第一线会拔出短剑，或者让第二线士兵轮替前进。有时候，敌人前进过快，以至于没有时间投出重标枪，军团士兵们就会立即拔剑肉搏，但这种情况很罕见。轻装部队会搜集落在他们中间的标枪，再将它们送交军团手中，令后者能够维持战线。还有一种情况，最前面的两行士兵投出重标枪之后会立即拔剑出击，他们疲劳的时候，会放后两行士兵前进，投出重标枪和肉搏，就这样全军持续轮替战斗，每条战线上的个人战斗经常会打上几个小时。

军团老兵惯用中间凸起的盾牌向前推搡敌人。他们装备精良、武艺高强，有时会打上一整天却毫发无损；他们身强力壮，会用巨大的压力逐渐将敌人逼退，使自己能深入敌阵，从而造成致命的后果。在战斗中受伤、阵亡的士兵寥寥无几，但一旦某条战线被敌人突破，其他战线就会被撕成碎片。

如果敌人等待罗马人先前进，这套打法会以相似的方式来上一遍。第一行战线会得到后方的支持，大队的各行还会有投掷重标枪的士兵不断前进、投出标枪，循环进退，但是由于每个人占据的空间足以让他在大队中进退，故而阵型会完好无损。第二线和第三线的大队会在后方保持适当距离（通常 60 米或更多），随时准备通过进入或穿过第一线大队来维持前方战线。当第一线大队没能在敌人那里占到明显上风时，第二线会奉命前进。所有战线都逐步投入战斗，第三线则在紧要时刻参战。

恺撒时代的军团之所以出类拔萃，原因在于他领导有方。它并非完美无缺，士兵们英勇善战又训练有素，但罗马军队并不是在所有地形上都打得好。散兵、投石手、弓箭手和辅助部队与旗下老兵并不总是与军团同步进退。这两种步兵的阵型不同，有时会发生冲突。骑兵的战斗效能通常不高，必须由骑兵中队之间的轻装步兵来给予加强。当敌人的骑兵发动冲锋时,步兵会对他们造成重创。它有助于巩固骑兵中队的行动,同时防止本方骑兵被敌人的骑兵冲垮。这种骑步混编是最古老的战术之一,它的改良样式一直延续至今。罗马骑兵可以一用,但即使在最好的时候也不是像亚历山大的伙友骑兵或塞德利茨^①的骑兵中队那样的精锐。

真正的战斗是由军团实施的。事实上,军团可以独立于任何其他部队。骑兵可以攻击骑兵,也可以粉碎步兵战线,除了侧翼,骑兵不可能冲破阵型严整的大队正面。通过正面进攻,坚定的步兵可以在任何情况下打退骑兵。在战斗中,骑兵只在对抗敌人骑兵时管用。骑兵和散兵主要用于前哨战、侦察和追杀,在真正的战斗中骑兵使用得并不太多。正如我们所看到的,自从亚历山大时代以来,骑兵日益退化。

步兵大队无所不能。当骑兵和轻装部队不在场时,军团会发现自己完成所有任务并非难事,但军团依然依靠骑兵和轻装部队,如果有的话,会利用他们掩护侧翼。如果有遭到侧翼,尤其是右翼攻击的严重危险,恺撒会建立第四条战线,它的职责是靠近并掩护受到威胁的地段。

每个军团在习惯上都如前文详述的那样有三条大队战线。按照这样的部署,一支6个军团的军队的第一线有24个大队,其他二线各有18个大队。第三线作为预备队,在接到将军的命令之前不会采取行动。有时候,第三线被用于维持军团的侧翼,或者威胁敌军的侧翼。它的效用在毕布拉克德和与阿里奥维司都斯的交战中得到了展示。恺撒的阵型的一个古怪特征可能来自马略——将最老练、最出色的大队放在前线,年轻的放在后面。这与古代军团按青年兵、壮年兵、预备兵的层级顺序部署的原则完全相反。

骑兵根据需要部署。一般来说,骑兵放在两翼。它可以放在后方,就像在毕布拉克德那样,因为恺撒认为这帮骑兵不可靠,与阿里奥维司都斯的战斗也是如此,因为蛮族的侧翼和后方都用车辆组成防御圈,骑兵对它无能为力。

---

① 译注:弗里德里希·威廉·冯·塞德利茨(1721—1773年),普鲁士军官、中将和最伟大的骑兵将领之一。他曾指挥腓特烈大帝军队的第一个骠骑兵中队,并被认为是七年战争中最出色的普鲁士骑兵将领。

轻装部队只能承担掩护和散兵任务。在战斗中，他们弊多利少。他们无法像早年那样统一用于开启战斗，而是承担辅助任务。他们会搜集标枪，不断为军团士兵们提供装备。

战线有中坚（acies media）、右翼（cornudextrum）和左翼（sinistrum）。有时侧翼骑兵会率先前进，然后是副将指挥的军团逐一推进。可以说，这是一种中路拖后的战斗阵型。最老练、经验最丰富的军团被放在左、右两侧。如果没有特别不利的因素，恺撒宁愿与他亲率的右翼前进，他与亚历山大一样愿意站在右翼。此举造就了一种斜向的战斗阵型，这更多缘于恺撒喜欢亲自率军冲锋，而非像伊巴密浓达（Epaminondas）[①]抑或腓特烈大帝那样特意采用斜行战术序列——腓特烈大帝在洛伊滕（Leuthen）将斜行战术序列施展得最完美。一旦进攻信号发出，右翼的大队立即前进，其左侧的大队依次跟进。这不是一种按梯次的战术性前进，而是一个从右到左逐次冲入战场的过程。在某种程度上，它会产生与斜线战术类似的效果。最优秀的军团当然会驻扎在攻击性的侧翼上。

当大队之间存在间隔时，大队战线仅仅会沿着前线对部分敌人发动进攻，敌人可能会渗透进这些间隔之中，并且对位于敏感位置的右翼大队发动进攻。但是，第二战线一直在密切预防这种事情，时刻准备着以强有力的行动来弥补漏洞。恺撒可能会采用消除大队之间间隔的战斗阵型来消除这一危险。在战斗接触之中，不仅每个大队几行士兵会连续发动较小的打击，而且第一、二、三线还会连续施加更猛烈的打击，疲惫的战线会被从后面顶上来的队伍替换下来而得到休息。一场苦战就是一个周转不息的运动。

各种战斗行动可以这样描述：除非遭到突然袭击，战斗开始之前将军会策马走上阵前，向每个军团做一个简短的动员演讲（cohortatio），唤起他们的斗志。随后，他走到发起进攻的那个侧翼，用号角发出开战信号，号声会沿着战线重复下去。位于进攻侧翼的军团会伴随着战吼前进，它们的右侧或左侧的

---

①译注：伊巴密浓达（公元前418—前362年），古希腊城邦底比斯的将军与政治家。公元前371年，在留克特拉战役中以全新的斜线战术击败号称希腊战力第一的斯巴达人，使底比斯成为希腊最强的城邦。

军团大体上会以某种梯队的形式逐一跟进。第一线军团经过一段时间的战斗之后，也许是几分钟，也许几小时，第二、第三线会跟上来，同时骑兵会策马前进，掩护侧翼或攻击敌人的骑兵，如果敌人骑兵被击败了就进攻敌人步兵战线的侧翼。当第一线筋疲力尽时，后方战线按照命令在某个地段或整体取代第一线，并且调集特别部队来支援遭到重创的军团，就像我们现在做的那样。当战线出现间隙时，后线就向前移动，或者让前面支离破碎的战线通过专门为他们退后而开放的缝隙退下来。如果取得了胜利，骑兵会发动追杀。如果战败，军团会退入设防营地，并在营里重整旗鼓，将军用预备队或疲惫程度最低的军团和骑兵打退敌军。远古时期的战斗截然不同，亚历山大、汉尼拔和恺撒打的战争，总体上更像我们时代的战争。

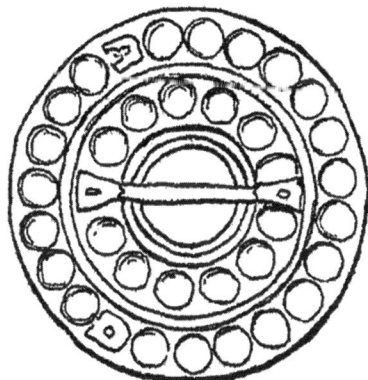

◎ 高卢盾牌

除非地形特别合适，否则恺撒不进行防御战。他会把侧翼倚靠在天险上，前方由鹿砦或其他障碍物保护。如果可能的话，军队会背靠营盘，掩护他们的侧翼，迫使敌人只能从正面或爬坡靠近。恺撒在阿克松奈河修筑的营盘就是个很好的例子，他引诱敌人攻击这个营盘。如果敌人穿过他前方的沼泽，一定会在行军途中行伍散乱，而恺撒就会对敌人发动总攻，因为他的侧翼得到了壁垒的掩护。在阿来西亚，战斗是防御性的，却也伴随着突击。但是在开阔战场上，罗马军队的优势在于进攻，或者引诱敌人进攻和中途迎击。

军营、围攻和投射武器

我们不知道恺撒的营盘是怎样布置的，波力比阿给我们留下了第二次布匿战争期间罗马军营的布局图，希吉努斯（Hyginus）为我们留下了帝国时代的营盘布局图。正如吕斯托所说，两者的共同点无疑就是恺撒营盘的组成部分。恺撒的营寨大概与这两种都差不多，区别完全在于军队的组织方式。恺撒的辅助部队数量不详，这在汉尼拔的战争期间也司空见惯，营盘面积也应该进行相应的计算。它的总体布局还是几个世纪以来的样子，建在高地上，正面朝向一个向下的山坡，易于取得木材和饮水，远离可能的伏击地点。一个理想的扎营地点是面向溪流的斜坡，尤其是敌人就在彼岸的情况下。但是，罗马人会在他们必要的地方扎营，如果找不到最佳地点，就因地制宜调整营盘的形状。

选营分队总会在前方选择和标出营寨，军团会在几个小时内开始掘壕筑墙，同时骑兵充当哨兵。当一个军团和大队抵达指定

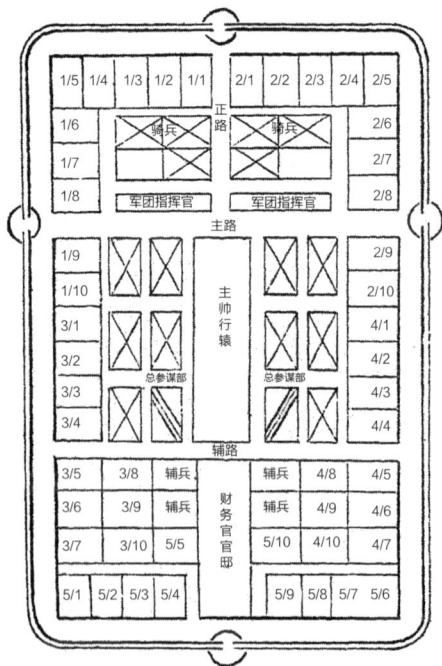

◎ 恺撒的营盘

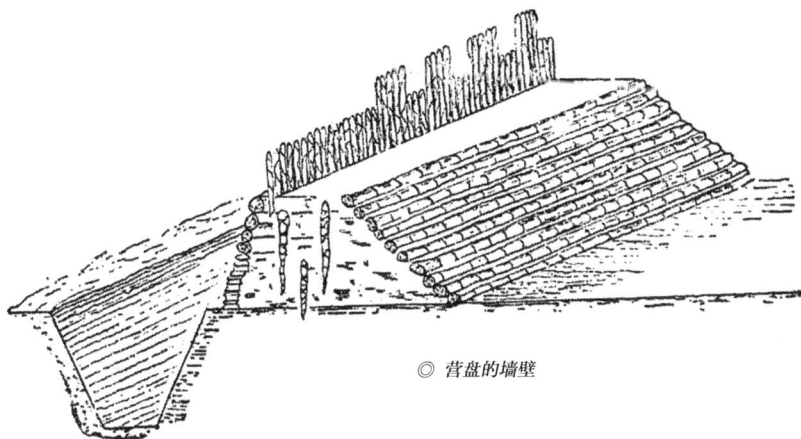

◎ 营盘的墙壁

扎营地点之后，会详细制定警戒细节，放下辎重、除了短剑之外的武器。营盘加固之后，首先要搭起帐篷，然后等军队吃完饭，军官们集合起来接受命令，进行与前文中已经叙述过的例行公事。防御工事取代了岗哨的职责，罗马人不搞我们意义上的岗哨。如果敌人就在眼前，筑营工作由第三线大队来完成，前二线派去掩护疲惫的工程队，如果只有两条战线，则由第二线筑营，第一线站在前面，准备迎接敌人的进犯。当军团列队出营投入战斗时，这个营盘由一支警卫部队留守，通常是年轻的新兵，他们能够完全守住营寨。营盘是长方形，除非受制于地形而做了调整。

同样的流程也适用于小营盘或堡垒（castella），它们是在围城行动中建造的，或者用于普通营盘的前哨防御。在这些堡垒中最小的只有 36 米见方，驻守一个大队。所有营盘的拐角都是圆形，以防敌人在进攻中在拐角处站稳脚跟。营门宽大到足够让一个支队的正面（宽 12 米）出入，它由半月形的壁垒掩护，如果手头有封闭营门的建材，可以在受到威胁的时候迅速堵上营门。除了永久性防御工事，像我们今天这种的营门在古代似乎并不存在。

壕沟顶部宽 2.7—3.6 米、深约 2.1—2.7 米。它通常会更深、更宽，但宽深比例保持不变。根据土壤的性质，壕沟的正、反面中的一侧会有一个坡面，有时会两侧都有。营墙的高度并不重要，因为古代的士兵会使用盾牌来充分保护自己。标枪的命中率与子弹一样并不高，士兵从营墙上向下面的敌人投掷自己的矢石标枪效果会更好，因为壕沟恰好位于最适合投掷标枪的地方。事实上，这正是筑墙的主要目标。壁垒的高度应该是壕沟上沿宽度的三分之二左右。它的厚度大致与高度相等，或者稍大一点。斜坡上覆盖着草皮，或者与树枝、木材或障碍物交叠起来。有一个宽度适当的射击壕，上面搭建壁垒（vallum）。壁垒一词通常用于形容整个雉堞。雉堞中的孔很常见，也往往修建塔楼。为了便于攀登，营墙的内坡垒成台阶，或者用圆木搭建台阶。

通常构筑一个营盘需要花费四五个小时。在有利条件下，可以在 3 个小时内竣工。罗马人擅长使用铁锹。如果部队在中午抵达营区，他们将在日落之前完成筑营工作。

在命名方面，营区的划分与汉尼拔战争期间很相似。大队按照它们的常规序列扎营。每个大队会占据 36 米宽、54 米深的空间，分为 6 个部分，各 9 米宽，每个百人队各占一块。百人队的帐篷并肩排布，形成街巷。骑兵中队占

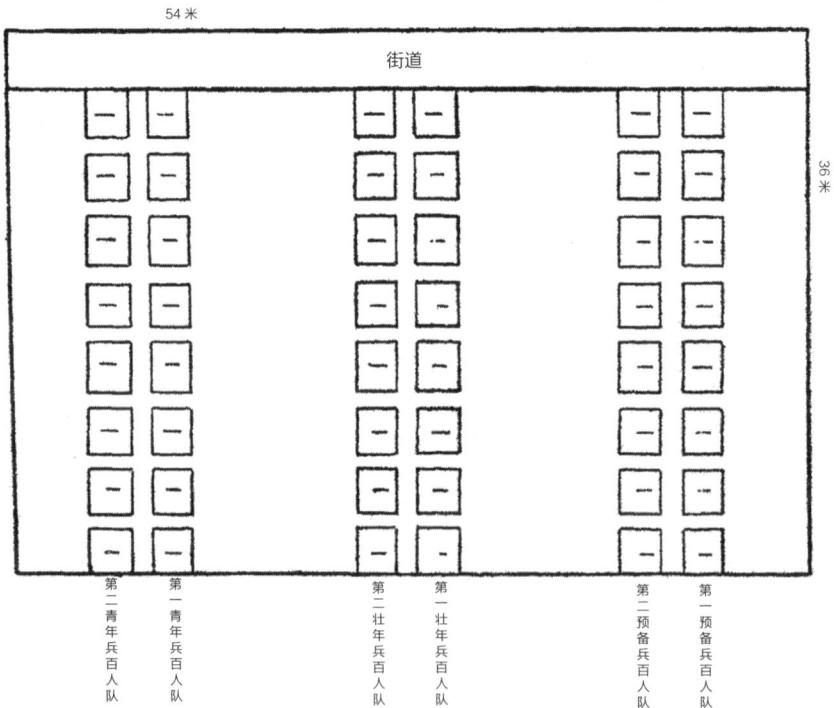

◎ 大队的营帐（根据希吉努斯的记载）

据36×9米的空间。一个由十二个骑兵大队组成的骑兵团占据两个大队的空间。本书随附的草图加上前文已给出的描述足以显示恺撒营盘的细节。

放出骑兵警戒哨是惯常做法，其中包括侦察兵和间谍。营门都有特别的守卫，壁垒上整齐地排列着哨兵，平均每9米布置1人。每3个小时以号角为信号进行换班，还有一种类似归营号和起床号的号声。与从前一样，一位军官会沿着完全相同的路线巡查营地。

冬令营与夏季营盘并无二致，但修筑得更加耐久和舒适。小屋取代了帐篷。这里需要再提一次，罗马历法中的一天分为两个部分，白昼从早6时到晚6时，黑夜从晚6时到次日早6时。刻时是：第一刻时从早6时到7时，第二刻时从7时到8时，以此类推。中午是第六刻时，下午4时是白昼的第十刻时，或者说，午夜是夜间的第六刻时。白昼、黑夜更分为四个"更"（watch），各有3个刻时。早6时到9时是白昼第一更，午夜到凌晨3时是夜间第三更。偶尔也会提及夏令刻时，即从日出到日落分为12个刻时。因此，夏令刻时会比按早6时到晚6时计数的刻时长得多。

千余年来，进攻和防御坚城的手法变化不大。早在出现最早的文字或雕刻记录的时候，攻城的过程就基本上是千篇一律的。某名著[1] 第四章第一、二、三节提到公元前600年的围城战，"人子啊，你要拿一块砖，摆在你面前，将一座耶路撒冷城画在其上"，这是即将进行的工程规划。"又围困这城，造台筑垒，安营攻击，在四围安设撞锤攻城"，这些都是攻城的常规步骤。"又要拿个铁鏊，放在你和城的中间，作为铁墙"，这是用于掩护攻城器械逼近城墙的铁质护盾，然后"你要对面攻击这城，使城被困。这样，好作以色列家的预兆"。

某些时期，如亚历山大军事生涯中的精彩片段，或者如底米丢·波里奥西特（Demetrius Poliorcetes）[2] 对罗得岛的围攻，或者阿基米德（Archimedes）对叙拉古（Syracuse）的坚守和苏拉（Sylla）对雅典（Athens）的围攻，都有了显著的改进，但这些进步又都遗失了，攻城手段和器械几乎一成不变。事实上，

---

① 译注：《旧约·以西结书》。
② 译注：意为围城者底米丢，马其顿国王。公元前305到前304年发动了对罗得岛的围攻。

从记载模糊的古代开始，一直就是如此。

城墙一般是用石头垒成的，又高又厚。正如我们所看到的，那些高卢人有时用土、木头和石头筑城。每隔一段城墙都会建造一座塔楼，城墙前面往往有一道壕沟，或干或湿。在城镇及城内卫城的防御上，人们投入了巨大的才智和耐心。要占领一个城镇，必须采用封锁、围困或强攻手段。当时没有能够击破城墙的火炮。投石机和弩炮可以将沉重的石头和硕大的箭发射到很远的距离上，但没有足够的穿透力击破城墙。要打开豁口，必须逼近城墙，然后要么用地道挖掘，要么用冲城羊头锤和挠钩撞倒、拉倒城墙。这种抵近必须在人工掩护下进行，因此产生了有效性或大或小的龟甲阵、甬道和铁幕，土山和塔楼，此外还有地道和反地道，按照围攻者的技能和干劲的不同，这些手段的效能大小不一。就原理而言，一切都一成不变，直到火药的发明将古老的城墙夷为平地，就像它将顶盔掼甲的骑士一扫而空一样。

在围城战中，要么建起高过城墙的高塔，要么在城墙脚下用冲城锤实施简单粗暴的撞击。在前一种情况下，大军一抵达城下就安营扎寨，通常在几个适合的地点分头扎营，并注意卫生、给养和攻城行动。每个营盘都用栅栏和壕沟加固，往往非常精心。营盘之间建立起联络，在城镇周围修筑封锁线。如果出现了敌军前来解围的危险，进攻者会在营盘外侧再修一条面向外侧的封锁线，瓦解敌军解围的企图。恺撒一般使用"围困线"（circumvallation）一词来取代更早、更恰当的"封锁线"一词，即针对一个城镇修建起来的工程。

然后开始堆砌土山或土台，它应该堆到城墙根底下，形成一个斜坡。如果城镇与进攻方在一个水平面上就没必要堆砌土山。它可能会堆砌到城墙中间

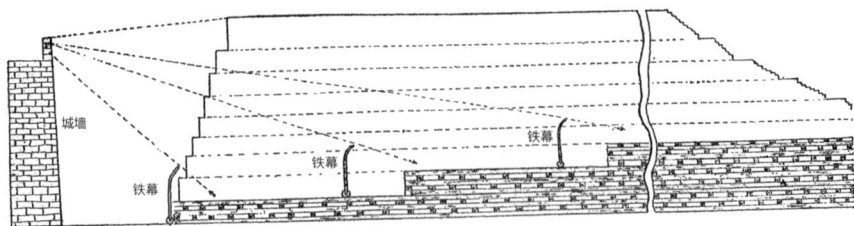

◎ 土山的横截面

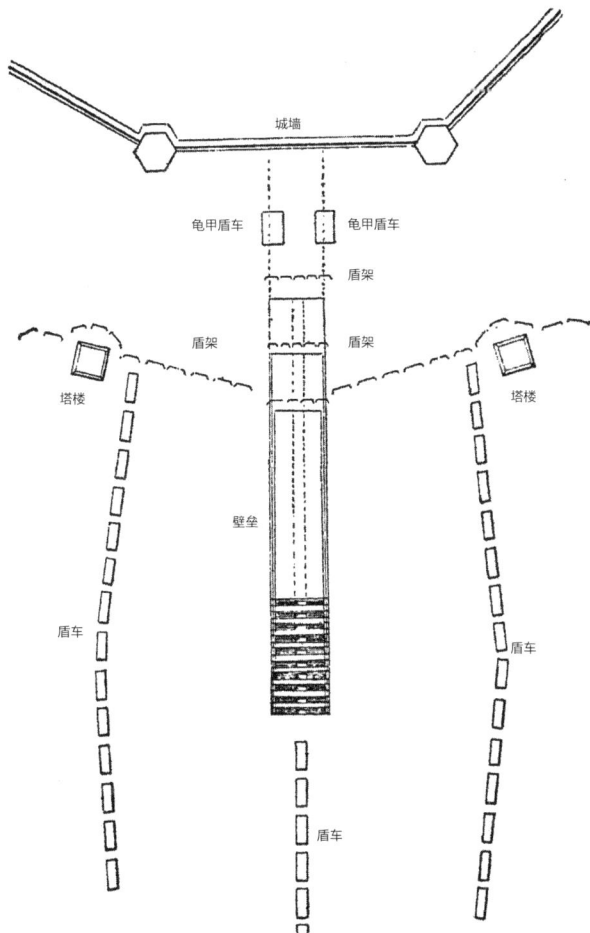

◎ 抵近城墙的规划图

的某个位置，但这并不常见。它的表面足够光滑，可以让塔楼沿着它移动。这项劳作由士兵和部分周围百姓完成，用任何能找到的材料堆砌起来。由于土山经常失火，所以可以推测主要由木料建成，如圆木、木材等等。总体而言，这是一种简单的建造房屋的工作，至少其边缘如此，中间填满了松散的材料，这可以从它被点燃和燃烧的速度的可靠事实来推断。土山可能一次堆砌一层。一排盾架（plutei）会建在距离城墙尽可能近的地方，但依然在敌人的射程之外。

盾架后面是一排小型盾车组成的甬道，它们首尾相接，掩护里面来往的人们，他们将建材通过甬道运过来，在盾架后面开始工作。配备远程武器和弓箭手的可移动塔楼不断向城墙发射，以清除干扰工作的敌方矢石投掷者，另有规模适当的小分队负责抵御敌人的出击。当一套放在适当位置的盾架所掩护的工程完工的时候，盾架就会向前推，掩护下一段土山的堆砌。在第一段或第一层的基础上堆砌第二段或第二层，随后是按照需要的第三段或第三层。靠近城头的顶端特别坚固，用来承担沉重的塔楼的重量。

尽管是临时建筑，但是某些土山的大小与作为纪念建筑的金字塔一样令人叹为观止。史家对此的解释是因为众多的人手齐心合力地堆砌了它。土山被建造得尽可能地宽阔，如果某些器械需要用到的话，就得容纳所有这些必需的器械，还得允许一队突击兵力沿着它攻城，即需要 15 米宽。完工之后，土山上会挤满比城墙还高的塔楼，它们用铁幕或墙壁相连。第一眼看去，这样一个土山需要比实际更多的工作量，修筑它们是值得的。只要守军守住了城墙上的平台，就能从上面投掷箭矢、易燃物、炽热的柏油和沉重的石头，阻止攻城方的冲城锤的抵近或填平壕沟，或者他们可以用挠钩来干扰对冲城羊头锤的效能至关重要的羊头自由摆动，或者采用挂在其撞击点上的缆绳围裙 ① 来令其完全丧失功效。一旦攻城者到了城墙的高度，以使更多的人能够从这个平台上驱赶守军，他们就可以争取到自由使用冲城羊头锤、填平壕沟的机会，而且随时可以通过从塔楼搭上城墙的吊桥冲上城头，或者通过一个打破的缺口杀进城里。

当冲城羊头锤能够充分发挥功效时，就能稳妥地占领这个地方了，守军除了接受苛刻的条件别无选择，而攻城方可能会拒绝接受守军的投降。有时候，攻城者会在打开的突破口里面发现一堵新墙或半圆形的墙，迫使攻城者重启他们的工作。

盾车甬道对应我们现在的战壕之类的东西，罗马人对于战壕并非一无所知。这些甬道像今天的战壕一样，是向城镇一侧倾斜的，但倾斜程度有所不如。

---

① 译注：围裙质软有弹性，挂在城墙外面，用来吸收羊头的动能，相当于让拳头打在棉花上，有劲使不出。

◎ 轻型盾车

◎ 重型盾车

◎ 盾车

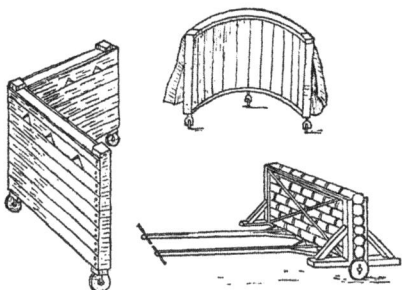

◎ 盾架（三种样式）

地面上的工事用于掩护前进，不过一旦抵近突破口，他们就会以最巧妙的形式按部就班地攻城。鉴于远程投射武器的破坏力不够，因此他们的远程武器与我们的不太相似。可移动铁幕和防御工事经常令我们大吃一惊。

盾架（plutei）用兽皮、绳编垫子、褥子制成，悬挂在高杆上，铁板和沉重的木材也不罕见。它们与安装在轮子上的大型雪犁区别不大。

棚屋式盾车的棚顶由木板和柳条制成，上面覆盖生皮、绳子和湿布以抵抗矢石和火焰，通常长 4.8 米、宽 2.1 米，由高 2.4 米的柱子支撑，两侧也有柳条保护。这种盾车由人力抬着向前走。如果重一些就架在轮子上滚动。它们被斜着向前推进，一些盾车连在一起，在它们的掩护下，土山基础会被安置在抵近壕沟的地方。水沟中的水被汲取出来并排走。小型盾车是一个低矮的三角形小屋，架在滚轴上，用来掩护工兵，当它抵近城墙时会更重些。龟甲盾车更像小盾车，但更大一些。

土山的堆砌与一切高明的想象力绝缘。守军会在夜间发动突袭以破坏白天的工作。地道在土山下面挖掘，里面堆满易燃物，点燃之后破坏土山上面的土壤，令土山的基础崩塌。反地道工作用于对付它。进攻者会出于同样目的挖掘地道，穿墙而入，地道通常用于从城墙向城内投放兵力，进攻者一旦得手就会为城外的自己人打开城门。这种地道在设计和执行方面都体现了高超的技能。

土山上的塔楼通常高达数层。它们通常是木质的，有时采用泥土、石头或砖头建造，高到足以俯视城墙。

城中的重型投射器械会建在城墙内的平台上。城墙和塔楼上只有士兵和轻型投射器械。当进攻者登上一堵城墙而且抵达那个平台的时候，重型投射器械依然会被移动最后的保卫圈，那是一项更加危险的工作。平台上的进攻者会遭到塔楼上的交叉火力的猛烈打击，必须用绳索和云梯才能下降到其内侧。随着攻破城墙的可能性的增加，进攻行动会举步维艰。

城墙往往不是由坚实的砖石砌成，城墙的正反面才使用石头，间距 6 米，墙面之间的空心用来自壕沟的泥土填充，或者采用碎石或其他能弄到的材料。巨大的土质城墙并不罕见，例如加沙（Gaza）的城墙。

土山上矗立着巨大塔楼，这也许是攻城中最令人惊讶的特点。维特鲁威斯（Vitruvius）[1] 提到了两座正常尺寸的塔楼：小一点的塔楼高 27 米 [2]，基座 5.85 米见方，它攀上城墙时高度会下降五分之一；大型塔楼会高达 54 米，12.1 米见方。每个塔楼都有十层，底米丢在罗得岛甚至建造了一座比这更大的塔楼。

这些塔楼通常安装了合适的横梁用于推动，准备向城墙前进，它们尽可能地在盾架的掩护下抵近城墙，然后就停在那里。它们通常在较低的塔层携带一个冲城锤，并且配备了吊桥，用于搭在敌人的城墙上。冲城锤在上面的武装人员的掩护下撞击城墙，武装人员用矢石肃清城上的守军。塔楼都安装了巨大的轮子，以便被向前推进。一般情况下，一旦一座这样的塔楼抵近城墙，城镇

---

① 译注：非洲战争期间，恺撒的工程师之一。

② 译注：原文为 60 肘（cubit），1 肘等于 1.5 罗尺，即 0.45 米，60 肘折合 27 米。

◎ 攻城塔

◎ 冲城羊头锤和吊杆

就陷落在即，除非它在推进途中就被守军付之一炬。

火焰和重型投射武器是对付这些塔楼靠近的有效手段。守军出击的目的就是点燃塔楼。落下的吊桥会被固定在城墙上的巨大的尖锐梁木挡开。

冲城羊头锤要么安装在轮子上，要么用绳索和链条悬挂起来。一根巨大的梁木（或者用几根梁木捆扎而成）前段安装上一个沉重的铸铁头，通常是公羊头的形状，再用铁索固定起来。梁木的中间加固，以更好地承受冲击力。梁木头部有时会配备钩子和羊头。羊头梁木悬挂或吊在一个具有良好防火性能的棚子里面，由士兵操纵。这些冲城锤的个头和重量令我们惊叹。底米丢用一个长达 36 米的冲城锤来攻打罗得岛。阿庇安提到一个迦太基攻城战使用的冲城锤，需要 6000 人操纵。也许这个数字包括了用来快速建立其阵地和掩护工程的人力。

为了抵御冲城锤，城墙会自上而下的覆盖柔软的材料，诸如毛皮、羊毛或者草甸包，或者编成辫子的绳索。沉重的吊梁会从墙头落下来令其失效。大型抓钩装置不仅能抓住冲城锤，还能抓住其他机械，甚至经常能把人抓起来。在罗得岛，卡利亚斯（Callias）因这样的鱼钩而声名鹊起，直到底米丢建造了卡利亚斯无法对付的超重冲城锤和机械。

吊杆是一种简陋的起重机，它可以抓起一个内有士兵的笼子，他们可以抵达和攻击城头，或者观察城内的动向。

古代的远程投射武器绝非粗鄙之物。恺撒将所有矢石投射武器都称为吊杆炮（tormenta），因为它们的威力都源于扭紧的绳索、筋腱或毛发（torquere）。希腊人的投石机和弩炮都确信无疑流传了下来，几乎一成不变。这些武器已经在前文中阐述过。投石机能够投掷重达 160 到 200 公斤的石头。被称为"centenaria"的小型弩炮能发射重 32 公斤的石弹。一束箭矢以适当的角度放在水平横梁上，由弩炮发射出去，能打到很远的距离。死于传染病的尸体或其他类似的东西会扔进敌人的防线内。弩炮的平均射程为 360 米。

投石机原理上就是一张巨大的弓，能有效投掷锋利的梁木、标枪、铅弹、火盆和点燃的标枪。除了尺寸和方便之外，这些机械实际上与早期火炮一样有力。它们的准确性也不错。

城镇的墙上有大量矢石投射器械。攻城者不得不等候攻城机械车队的到来，或者建造全新的机械，这是个漫长的过程。没有证据表明恺撒拥有与亚历

◎ 吊杆

◎ 投石机

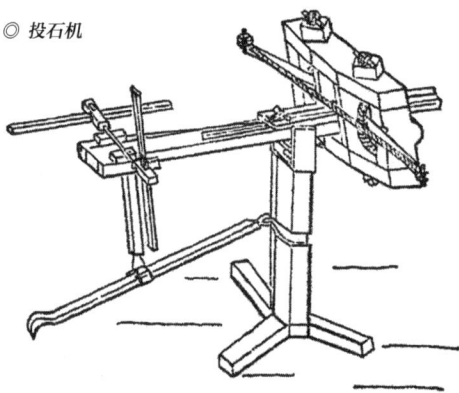

◎ 弩炮

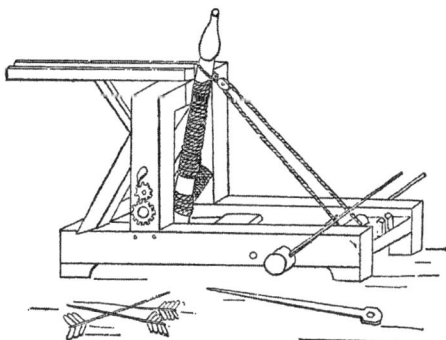

◎ 小型弩炮

山大一样高效或易于运输的远程机械。但是,恺撒的军中有远程投射机械,《战记》提到它们被安装到他的营盘壁垒上。

打开城墙缺口之后,大队人马突入城中会遇到类似的守军抵抗,绝不是每次打开缺口都能占领城镇的。半月形瓮城或守军在缺口后方新建的突出部会令进攻者步履维艰,因为守军会在敌人进攻期间从其侧后发动进攻。在罗得岛,这样的半月形瓮城前面是一道壕沟。

古代攻城战有足够理由比现代的要激烈得多。守军必须面临三个选择:胜利、沦为奴隶或死亡。

攻城的一般过程可以分为如下步骤:

1. 对战场的侦察。

2. 在合适的位置安营扎寨。

3. 收集攻城所需物资。

4. 建造大小型盾车、盾架等。

5. 修建堡垒,如果可能的话,用封锁线将它们连接起来。

6. 修建通往城镇的带棚顶的甬道、地道和地下甬道。

7. 在标枪射程内,由军团士兵堆砌一座土山,要么由当地人在射程之外堆土山。

8. 在土山上修建塔楼,或者将土山推向城墙。

9. 打开城墙缺口。

10. 向缺口发动猛攻。

本章很大程度上是对前文所述内容的概括，却是正确理解恺撒发动的多次围城战的必要条件。

内战的开启
（公元前50年12月至前49年5月）

第二十六章

当三巨头掌权的时候，庞培被奉为统治的灵魂，恺撒和克拉苏只是庞培的副手而已。国库和整个国家的权力都向庞培敞开了大门，恺撒只有法律赋予他的那一部分。庞培的任期是无限的，而恺撒的任期虽长但也有限。庞培留在首都，恺撒被打发到一个边远的省份，但是，庞培所做的重要工作却很快变成了他的弱点。到目前为止，庞培党远没有达到支配罗马的程度，它的敌对派别却令首都陷入了连庞培都无力控制的无政府状态，"形形色色的暴民再也找不到比这更无法无天的地方了"。曾在首都翻云覆雨的团伙头子任性胡为。首都从来没像这样礼崩乐坏。本书的写作目的并不是要描述政治上的纠葛，只要说庞培逐渐失去了他对局面的掌控和崇高的地位就足够了。有时他完全沦为一个傀儡。恺撒在北方声誉日隆，而庞培的军事声望却逐渐被人遗忘。失去了对暴民的控制之后，庞培又无力控制公民大会，他的势力和才能不足以应对非常局面，他在建立联合政府的计划中没有尽到自己的责任，这样必然会与恺撒分道扬镳。这种局面对恺撒不利，恺撒远离罗马，难以控制自己的朋友，权柄可能从他的手中溜走。

公元前56年春季，三巨头在卢卡（Luca）召开了一次会议，200位元老和显赫人物出席。在会上，各方同意进一步划分省份，但是庞培很明显已经将相当大的权力奉送给恺撒。

与此同时，贵族们正在联手反对三巨头政体，但每个人似乎都在自行其是。恺撒在没得到授权的情况下就组建了军团，克拉苏在帕提亚战争中如法炮制。法律的形式得到了遵守，但是在每次选举中，选票充斥着金钱和暴力。街上不

◎ 克拉苏的行军路线

断发生的武装冲突，充分显示了每个人的肆无忌惮。最后，事态以米罗（Milo）杀掉克劳狄乌斯达到白热化 ①，这个事件惊醒了庞培，使其施展手段掌握了独裁大权，并在一定程度上恢复了法律的功效。

克拉苏是恺撒与庞培之间的制衡器，但他一直坚定地站在恺撒一方。在后来的行省瓜分中，他有机会在帕提亚战争中获得军事力量和更大的财富，帕提亚战争是由于庞培不尊重幼发拉底河边界而诱发的。克拉苏是带着成为下一个亚历山大的雄心壮志来到叙利亚的，他决心横穿帕提亚抵达印度。他有两条进军帕提亚的路线可选：通过多山的盟国亚美尼亚，或者穿过美索不达米亚沙漠。由于轻信了一位当地友好的君主的花言巧语，克拉苏选择了后者。他手握7个军团，4000名骑兵和数量相等的弓箭手和投石手，全军将近5万人。早在3个世纪之前，那位伟大的马其顿人就走过这条行军路线。

粗心大意的侦察令克拉苏在距离卡莱（Carrhae）不远的地方遭到敌人的

---

① 译注：相关事件见第十五章的注释。

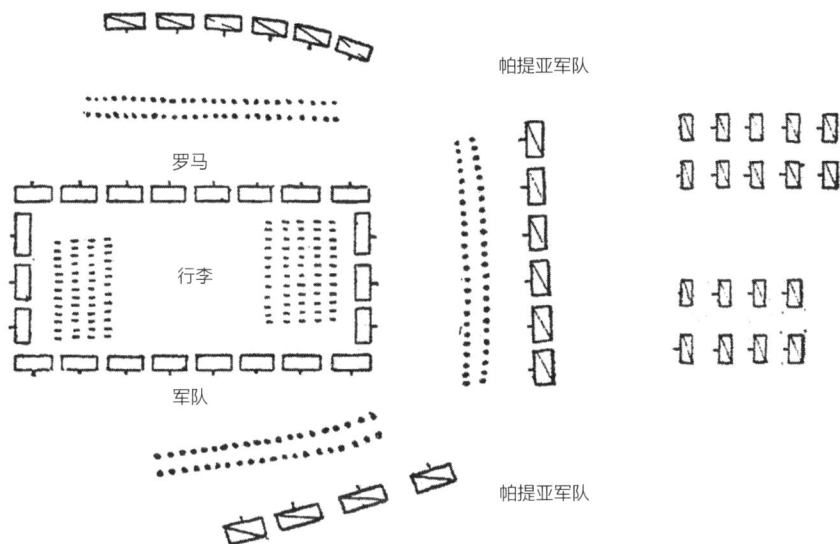

帕提亚军队

罗马

行李

军队

帕提亚军队

◎ 卡莱战役

伏击。指挥敌军的帕提亚宰相（vizier）[①]苏伦纳斯（Surenas）意识到，东方步兵完全不是罗马军团的对手，他利用步兵阻止一大队亚美尼亚骑兵与克拉苏合流，并以其对战术形势的敏锐判断，选择只采用骑兵作战。克拉苏前进到沙漠之中，他的步兵行军纵队很快就遭遇了一批披挂锁甲的骑兵，其中部分是重装枪骑兵，部分是轻装弓骑兵。当军团士兵能够接触到敌军时，对方完全不是对手，但敌人可以选择战斗，也可以选择回避战斗，以强大机动性切断罗马人的后路，他们能以两倍于罗马人的速度来去如飞。两军在一望无际、平缓起伏的平原上相遇，这是为骑兵驰骋准备的巨大竞技场，在近程武器时代，这对步兵而言则是一个步履维艰的陷阱。在沙地上，建筑营盘的机会寥寥无几，各处水源相去甚远，罗马人束手无策，而东方人却如鱼得水。罗马军团第一次遇到了

----

①译注：维齐尔（vizier）意为宰相，往往还有军权，是中东国家最崇高的官职，例如在作者撰写本书时还存在的奥斯曼帝国，维齐尔权力之大，地位之高，仅次于奥斯曼苏丹。但是维齐尔一词起源于中波斯语或阿拉伯语，克拉苏东征时这个词还没有出现，只能说作者古为今用了它。

他们无法对付的本土战术阵列，近战武器无能为力，弓骑兵是战场的主宰，而帕提亚人早已将弓箭列为民族武器。

卡莱战役的有趣之处在于最棒的步兵是被素质较差的骑兵，而非所谓的骑兵战术击败了。帕提亚人再次用了加长的战斗阵型，为他们的远程火力提供了最大的施展空间。罗马人通常采用密集方阵。在卡莱，我们看到火力优先的战线部署方式，这通常被认为是一个现代理念，帕提亚人用这种阵型对付限制了投射能力的密集队形①。结果显而易见。帕提亚弓骑兵有满载备用箭的骆驼相随，军团完全没有进攻或防御的手段，他们自己的弓箭手无济于事，在被派出作战时迅速崩盘了。

东方骑兵的单薄战线横扫而过，迂回到罗马方阵的侧翼。由于害怕遭到包围，从而阻碍前进，克拉苏派出他的儿子、恺撒的年轻宿将之一的部百流·克拉苏率领 6000 名混编的骑兵部队进攻敌人。这次分兵暂时阻遏了东方人的脚步，他们立即撤退，那位年轻的勇士率军紧追不舍，但英勇反而要了他的命。将他引诱到远处之后，帕提亚人转身迎战他的纵队，继而将其团团围住，将整队人马一举全歼，随后帕提亚人再次压向罗马方阵。

夜暗挽救了罗马残部，使之免于覆灭。东方人担心遭到夜袭，策马到远处扎营，打算次日返回追捕他们的猎物。但是，罗马人抛弃了次日将惨遭屠杀的4000 名伤兵，继续赶路并抵达卡莱。在这里短暂休息之后，剩下的大约 5000名残兵败将来到了亚美尼亚山脚下的堡垒辛纳卡（Sinnaca），帕提亚人紧追不舍，又把他们团团包围了。罗马人全军覆没，克拉苏被杀。这是公元前 53 年6 月的事。

三巨头格局就此结束。恺撒与庞培控制了国家，但他们在政治上渐行渐远，在交际领域，公元前 54 年尤利娅（Julia）的去世切断了二人之间的最后

---

①译注：在冷兵器时代，东西方的军队通常减小正面、增加队列的纵深来防止被敌军突破。进入热兵器时代，为了充分发挥火枪的威力，各国军队逐渐拉长正面，减小纵深来让火枪兵们都有开枪的机会，提高火力密度。在卡莱，帕提亚弓骑兵采用了相当现代化的阵型，从正面和两翼半包围罗马军团，拉长进攻正面，以充分发挥弓箭火力，最终全歼了克拉苏的东征军。

联系①。当庞培为自己争取到不间断担任执政官的特权时，他已经完全做好将手套扔在恺撒脚下的准备了②，克拉苏之死对恺撒来说是个沉重打击，恺撒本可以指望他的同僚的忠诚。就在同年，爆发了维钦及托列克斯暴动，如果此时庞培采取强有力的措施将恺撒从高卢召回，那么将彻底终结恺撒的军政生涯。但是，庞培从来没有做好抓住机会的准备，优柔寡断是这个人的致命缺点。

恺撒自始至终都是一个坚定的民主派，眼下他是这个党派的首脑。庞培一直在玩弄民主，随即迅速恢复了他原来的苏拉传统。他轻而易举就获得了加图派（Catonians）的谅解，成为贵族派领袖。因此，恺撒正式与庞培党对立。在卢卡，恺撒曾经得到出任公元前 48 年行政官的承诺，他也渴望和平地获得这一职位，以此作为发挥影响力的根基。庞培和加图派运用法律手段破坏了这个承诺，并且谋求通过一个解散他的军团的法令来整垮他。每当庞培要这样做的时候，恺撒都主动提出解除武装。正是在对这一问题的争论期间，恺撒平定了高卢，在斯凯尔特河畔举行了盛大的检阅，穿过山南高卢行省举行了凯旋进军。经恺撒在罗马的心腹库里奥（Curio）的安排，元老院投票决定庞培和恺撒作为西班牙和高卢的代执政官，都应该交卸权力。恺撒愿意这样做，而庞培拒绝就范。基于恺撒也不服从命令的假设，庞培要求元老院下令讨伐恺撒。这被拒绝了，但是前任执政官和新选出的执政官把元老院曾经拒绝给予庞培的权力给了庞培。在这勉强的借口下，庞培自封为手头仅有的 2 个军团的指挥官，他们是恺撒派来用于帕提亚战争的，但被庞培扣留下来，由于他们的老指挥官不可靠，庞培开始招募新部队。

在著名的庞培党人中，西塞罗留在坎帕尼亚（Campania）招募军队；弥努基乌斯·特尔穆斯（Minucius Thermus）被派往翁布里亚（Umbria）；伦图卢斯·斯平特尔（Lentulus Spinther）和阿提乌斯·瓦鲁斯（Attius Varus）前往皮克努姆；斯克里博尼乌斯·利博（Scribonius Libo）前往伊特鲁利亚（Etruria）；多米提

---

①译注：尤利娅·恺撒·菲拉（约公元前 76—前 54 年），恺撒的三次婚姻中所生的唯一子女，公元前 59 年嫁给庞培，成为庞培的第四任妻子，也是联系庞培、恺撒的政治纽带，以才貌双全著称。

②译注：按照欧洲中世纪的习惯，一人将手套扔在另一人脚下，就是向他发出决斗要求。

乌斯·阿赫诺巴布斯，就是元老院指定接替恺撒担任高卢总督的那位，去了科菲尼乌姆（Corfinium）。

这些做法本质上就是宣战。如果说恺撒是被迫的话，但他也准备好了打响第一枪。恺撒在距离罗马大约 360 千米的拉文纳度过了冬季，他在这里与库里奥聚首。库里奥带来的消息决定了恺撒的行动，恺撒命令麾下距离拉文纳最近的军团——来自塔吉斯儿尼（Tergeste）[①] 的第 13 军团——前往拉文纳，这是恺撒迅速招募起来达到或将近正常编制人数的军团，大约有 5000 名步兵和300 名骑兵。恺撒的其他 8 个军团远在他方：4 个在比尔吉人处，由德来朋纽斯指挥；4 个在爱杜依人处，由费边指挥。他们都在冬令营中息冬。恺撒已经命令费边将第 8、12 军团派给他，同时德来朋纽斯将其 1 个军团交给费边，其余的向阿拉河进发。费边率领 3 个军团前往奈波，以防庞培驻西班牙的 7 个军团入侵高卢。恺撒在高卢的军团兵力从 3000 人到 3500 人不等。

恺撒在适当的时候以一种通情达理的精神向罗马发出了最后通牒。在庞培的独断专行之下，元老院以命令恺撒无条件放下武器，否则将视其为叛国者的方式做出了答复。人民保民官马可·安东尼和奎因都斯·卡修斯否决了这项决议，但是在庞培的党徒的威压之下被迫逃命。他们北上投奔了民主派的公认核心——恺撒。

恺撒很快就下定了决心，战争是他的唯一手段。他向第 13 军团发表演说，解释他为什么在内战中首开战端。他的雄辩与事业一样伟大，得到了振奋人心的答复。公元前 50 年 12 月 16 日，他率领这些大队奔向普罗旺斯边界。12 月16 日到 17 日夜间，第 13 军团渡过卢比孔河（Rubicon），内战爆发了。

在高卢，恺撒并不因为鲁莽行动而出名。当局势需要他勇敢的时候，他像亚历山大一样勇敢，比如他率领 7000 人马从 6 万名纳尔维人中解救西塞罗，然而作为他身上的一大规律，恺撒更多表现出持重的美德，而非因不合时宜的勇敢而犯下错误。从内战爆发之日起，我们将发现他扮演着一个新角色，不断采取一些完全不能被佩服的，有时甚至是需要谴责的急躁行动。就目前的进程

---

① 译注：今意大利的里雅斯特（Trieste）。

而言，即便他是形势所迫，依然受到许多批评家和历史学家的严厉谴责。恺撒不能算作一位精明的将军，尽管他敢于率领 5000 人马去攻打庞培。在这个事例中，恺撒似乎既大胆又谨慎，这种大胆是恺撒自己的风格。他了解敌人兵力的状况。庞培没有及时完成征兵任务，两个阿普利亚（Apulian）军团距离过于遥远，即使可靠也不能立即派上用场，他进军沿途的城镇守卫薄弱，如果得到适当满足，民意会强烈同情他而对他大为有利。此外，他不能坐等形势变化，他相信在敌人的兵力增加之前最保险的手段是突袭敌人，快速的进军将确保他控制意大利北部省份。幸运的是，由于他的果敢他的方略是正确的。

恺撒轻而易举确保了他的其他几个军团对他的个人效忠，当他得知人民保民官已经逃出罗马投奔自己寻求庇护时，他就命令高卢派出一些人马来保护他们，这给了他必要的权利。恺撒显然怀有一种希望和解的情绪，但他决不给敌人任何不公平的好处，因此向阿里弥努姆（Ariminum）进军。他率领的为数不多的部队反映了其他军人的心情，他们宣称自己知道如何保护受到侮辱的统帅和人民保民官。

恺撒在卢比孔河河畔 ① 的停留反映了许多问题。因为他的决断和行动迅速的习惯，这次停留无疑是短暂的。

从拉文纳到罗马有两条路：一条始于博尼尼亚（Bononia）②，穿过亚平宁山脉（Apennines）通往阿雷提乌姆（Arretium）;另一条沿着亚得里亚海（Adriatic）海岸前往法努姆（Fanum），再由此转向西南。恺撒选择了沿海道路，他并非要前往罗马，而是打算夺取亚得里亚海沿岸，那里有许多富庶的城镇，这样不仅能抢占庞培的大部分领土，还能为自己在意大利建造一个老巢。

12 月 17 日，恺撒发动突袭占领了阿里弥努姆，他在这里遇到了保民官们，还有庞培派来的信使。信使是行政官罗斯基乌斯（Roscius）和恺撒的副将之子——年轻的路求·恺撒（Lucius Caesar）。他们开出了无限期和解的条件。毫

---

① 译注：当时意大利和山南高卢的法定边界是卢比孔河，恺撒作为高卢行省的代执政官，按照法律不得率领军队擅自进入意大利，渡过卢比孔河就意味着内战正式开始。阿里弥努姆是进入意大利的第一个市镇。今天卢比孔河已经干涸、消失，具体位置也有争议。

② 译注：今意大利博洛尼亚（Bologna）。

无疑问，庞培已经警惕起来，唯恐被恺撒打一个措手不及。恺撒回复说，如果庞培同意放下武器，同时隐退到西班牙的话，他也同意同样隐退到他的省份；他还要求在庞培的或他自己的营盘举行一次会晤。对于罗斯基乌斯和路求·恺撒传达的信息，他们的主子庞培和元老院让这两位信使带回这样的答复：只有当恺撒解散军队并前往高卢的时候，庞培才会解散军队前往西班牙。庞培不大可能愿意达成和解，但他没有采用适当的腔调和条件来确保这样的结果。恺撒很通情达理，但他要求得到明确的谅解。我们手中关于这些信息的基调的权威史料之一是几部《战记》。在事实方面《战记》或许是准确的，但它是由谈判的一个当事方撰写的。任何一方反对另一方单独行使权利都是正确的，但是，我们必须从事实和其他权威史料，而非出于恺撒单方面的声明做出判断，恺撒的许多说法将发动历时多年、毁灭共和国的战争的责任推卸得一干二净。

在需要适当集中的时候，两位统帅的物质化权力是截然不同的。此时恺撒拥有 9 个军团，其中 2 个军团已经转投庞培手中，正在列队对抗他。他没有舰队，只能依靠自己。相反，庞培及其党羽拥有罗马国家的正式权力，如果不

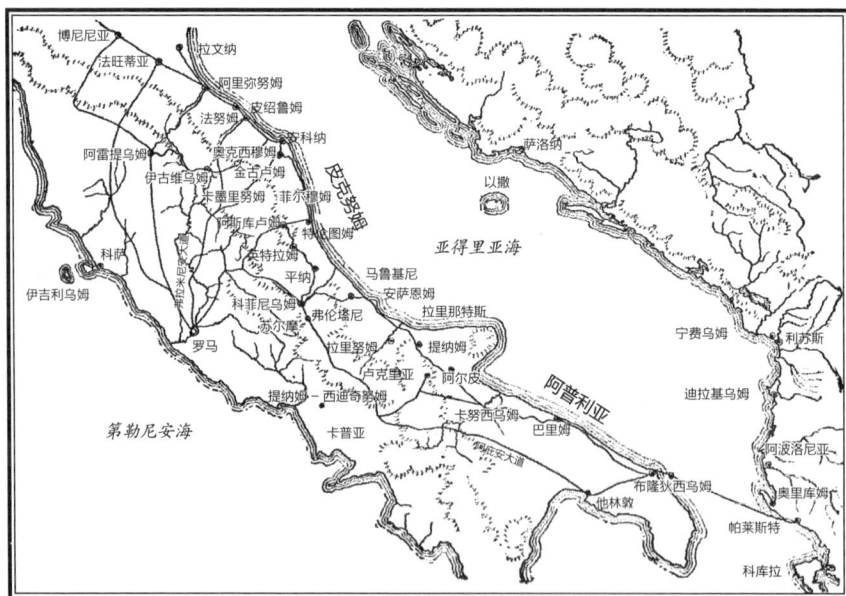

◎ 意大利

是由于某些错误信号，他还可以保有它；除了与恺撒的行省毗邻的地区，他事实上控制了整个意大利半岛；他拥有西班牙和非洲军团，意大利、希腊、埃及和东方的全部兵力。恺撒手握高卢和以利哩古，前者包括山南高卢、奈波高卢和刚刚被平定的山北高卢；庞培实际上控制着国内的其余大片领土，尤其是那些庞培的影响力依然强大的省份。共和国、元老院的高级官员、贵族、富裕平民站在庞培一方，恺撒只有少量追随者，包括人民保民官和许多领袖。

恺撒拥有庞培不具备的东西。他的权威在军营和党派内部是独一无二的。他的部将也是如此。军团是他的肉体和灵魂，而且都是些习惯了获胜的百战老兵。他像其他统帅一样对待他们。在老兵们的眼中，他们的统帅就是胜利的化身。无论恺撒去往哪里，军队都会从普罗大众中站出来，集结在一起。除此之外，恺撒的权力没有被制约，足以随心所欲地行事，而庞培只不过是他的党派的工具而已。最重要的是，庞培的党派认为他们手握一切权力，因而没有立即采取措施来保卫自己免遭恺撒的攻击。他们拥有的一切都分散在四面八方，并非触手可及，而恺撒所拥有的一切都可以立即派上用场。物质优势在庞培那边，道德优势和主动权在恺撒那边。庞培的声望早已荡然无存，而恺撒的威望在所有人的头脑中都是刚刚出现的。

除了渴望更高地位的拉频弩斯，恺撒的所有部将都忠贞不渝。恺撒让部将们身居从属地位的方针执行得不错，他打算乾纲独断，但是有时候这个方针剥夺了一些能干将领在某些情况下为他更好效力的机会。

庞培的军力人多势众，但是他们分散在全国各地。他在西班牙有7个军团，在帝国的每个地方，包括西西里岛、非洲、叙利亚、亚洲、马其顿都有无数大队。除了卢克里亚（Luceria）的2个军团之外，还有公元前55年征召的3个军团，士兵们已经在公元前52年的意大利举行了宣誓仪式。除了西班牙的7个军团，半岛上共有10个军团，有将近10万人，不过，他们还没有集结到鹰帜之下。"庞培的兵马众多，遍满地面"绝非夸张。不过时间是战争的关键。庞培的军队只是一副空架子。正如我们所看到的，他已经认识到了这一事实，于是立即派遣显赫的大人物前往各个省份，把兵员集结起来。

很难估量恺撒的军团兵力。从后来在法萨卢的情况看来，恺撒的人马由于南征北战而减少了，此时每个大队拥有300—350人。这样，每个军团的平均员额就有 3000—3500 人，恺撒手握的重装步兵至少有 3.2 万人，都是百战精兵。除了这支军队之外，还有一支辅助部队和若干骑兵。总体而言，恺撒的军队共有 4 万人。人们经常进行更加详细的计算，但所有数据都是建立在估算的基础上。恺撒的显著优势在于他的军团都是身经百战的沙场老兵，随时能奔赴战场；而庞培的弱点在于，尽管纸面上兵多将广，而且他的军团可能已经为开战做好了准备，但还没有集结起来，现在散布在全国各地。

恺撒派马可·安东尼由阿里弥努姆出发，率领 5 个大队前往阿雷提乌姆。恺撒这样做的原因是他预料到对手会出兵截断他与高卢的交通线，这条路线途经阿雷提乌姆，翻越亚平宁山脉前往法旺蒂亚（Faventia）或者博尼尼亚。当时坐镇阿雷提乌姆的利博没有采取任何防御措施。20 日，安东尼夺取了此地。恺撒本人率领 2 个大队留守阿里弥努姆，招募新兵，同时在随后的两天内向皮绍鲁姆（Pisaurum）、法努姆（Fanum）和安科纳（Ancona）各派出 1 个大队。如果能占领弗拉米尼安大道（Flaminian Way）① 上的伊古维乌姆（Iguvium），他就能获得一条从阿雷提乌姆到安科纳的基地线，从而确保高卢老巢。

听说行政官特尔穆斯率领 5 个大队正在加强伊古维乌姆的城防，而当地居民心向恺撒。23 日，恺撒派遣库里奥率领来自阿雷提乌姆和皮绍鲁姆的 3 个大队前往该城。12 月 25 日，见敌军逼近，特尔穆斯撤出该城，但是他的部队不愿意与恺撒为敌，便抛弃了他各回各家。库里奥进城占据了伊古维乌姆，彻底解决了恺撒的后顾之忧。

庞培周围没有可去的地方，恺撒将安东尼从阿雷提乌姆撤了出来，通过沿着海岸前进，他可以将任何妨碍他的交通线的危险降到最低。安东尼与在伊古维乌姆的库里奥会师，然后向安科纳进军，在那里与他的统帅会师。1 月 4 日，恺撒给了部下一天的休整时间。

短暂的休整是恺撒能给予部队的唯一奖赏。两天后，他向安科纳西南的奥克西穆姆（Auximun）挺进，庞培的副将阿提乌斯·瓦鲁斯正在那里为主子招兵买马，他的上级伦图卢斯·斯平特尔正在阿斯库卢姆，奥克西穆姆的元老

---

① 译注：古罗马大道，范围是从罗马城至翁布里亚东海岸。

院拒绝支持阿提乌斯，后者退出此地。恺撒的前锋部队紧追不舍，进攻阿提乌斯的士兵。部分人一哄而散，大部分人兴高采烈地加入恺撒的麾下，恺撒受到了当地居民的热烈欢迎。阿提乌斯·瓦鲁斯的首席百人队长路求·普皮乌斯（Lucius Pupius）被俘并送到恺撒面前，他立即被释放了。恺撒与敌军中的单人不做任何争吵，他知道优待俘虏的价值。大约同时，希鲁斯（Hirrus）率领3000人撤离了卡墨里努姆（Camerinum）。

恺撒在奥克西穆姆受到了沉重打击，当时他获悉拉频弩斯背弃了他，迄今为止，拉频弩斯显然是他最忠诚、最能干的部将。恺撒没有试图阻止他叛逃，反而将他的财产和金钱都送还给他。这场不幸的事故的真实原因至今不明，但拉频弩斯投靠庞培之后，对这位十年以来如此能干和曾经热忱服务的老上司表现出了极大的仇恨。

数千名新兵愿意抛家舍业，将身家性命交给庞培，从而证明了对其党派的强烈感情，这在明显倾向恺撒的罗马民众中引起了巨大恐慌，20和21日，翁布利亚胜利的消息传到了罗马。关于"那个怪兽"正在向罗马挺进的谣言不胫而走。两天之内，执政官伦图卢斯、马塞卢斯和大部分法官逃出了罗马城墙。令人好奇的是，高卢征服者带来的恐惧是多么震慑人心，就好像那些可怕的蛮族又一次向罗马进军一样。恺撒的敌人在卡普亚以北的任何地方都心神不宁。在卡普亚，他们停下了逃窜的脚步，重新组建罗马政府，但他们忘记了举行通常的祭祀神明的仪式，更糟糕的是，他们忘记带走国库资财了。

抛弃罗马之后，庞培于27日在提纳姆-西迪奇努姆（Teanum Sidicinum）与他的重要支持者召开了一次会议。拉频弩斯也与会了，他们仔细研究了这场战役的各种可能性，庞培决定率领两个阿普亚军团前往皮克努姆，他在那里可以迅速招募足够兵力来阻遏恺撒的进一步进攻。三十五年前，庞培正是依靠在这个省份为苏拉招募军队而声名鹊起。于是，庞培前往卢克里亚去执行作战计划。但他总是无精打采地静待时局发展，把自己的工作交给别人去做，实际上他一事无成，直到一切都为时已晚。

恺撒南下皮克努姆，得到了多数城镇的热忱善意和物质支持，而且在每个地方都取得了成功。甚至由拉频弩斯兴建，事实上也为他所有的金古卢姆（Cingulum）城，也投靠了他，并为他送来士兵。很难说他的新兵数量有多么巨大。现在第 12 军团加入了他的麾下，恺撒率领第 12、13 这 2 个军团挺进，经菲尔穆姆（Firmum）和特伦图姆（Truentum）前往皮克努姆的首府阿斯库卢姆（Asculum）。伦图卢斯·斯平特尔手握 10 个大队的 5000 人，他也在恺撒的紧逼之下逃之夭夭了，大部分士兵投奔了新主人。1 月 11 日，恺撒进了城。军事声威传播极快，所有士兵都渴望在创造了难以置信的奇迹的统帅手下效力，同打了多次辉煌战役的官兵共同奋战。

维布利乌斯·鲁孚（Vibullius Rufus）是个优秀的老兵，庞培派他前往皮克努姆去弹压日益增长的亲恺撒情绪。途中遇到撤退中的伦图卢斯·斯平特尔之后，维布利乌斯接管了对方的部队，并将其打发走，他又收拢了希鲁斯的人马，随后又尽可能搜罗了为庞培准备的新兵，这些人加上其他撤退的庞培驻军，共拼凑了 13 个大队。1 月 11 日，他与庞培留在集结点科菲尼乌姆的部将多米提乌斯·阿赫诺巴布斯合流，并且汇报了恺撒的行程。

多米提乌斯大约有 20 个步兵大队，他们是从邻国招募的，似乎比其他地方的兵员更强一些。与维布利乌斯的部队会师之后，多米提乌斯组建了 33 个大队。如果这些部将拥有真正的军人本能，他们就会向北迎击恺撒，以一种大胆的进攻态势与恺撒硬碰硬。或许他们不会获胜，但这是他们应该做的事情。

恺撒拥有 2 个军团。他通过搜罗伦图卢斯的逃兵，并将他们聚集在自己的战旗之下而增加了兵力。他只耽搁了一天，超过了召集这些人准备粮秣的时间，他立即南下，取道英特拉姆（Interamnum）和平纳（Pinna）来到科菲尼乌姆。科菲尼乌姆聚集了许多贵族和难民。

与此同时，卡普亚的元老院 ① 将所有损失都归咎于庞培，新兵还没到，志愿者寥寥无几，贵族派的事业看来江河日下。庞培未能召集无数大队来对抗恺撒，而恺撒的人马的数量和热情却与日俱增，同时庞培只有两个忠诚度可疑的军团，几个新近招募的大队还没有编入军团。

恺撒发现了多米提乌斯的前哨部队，大约 5 个大队，他们正在拆毁位于科菲尼乌姆以北 4.5 千米阿特努斯河（Aternus）上的桥梁。恺撒的前锋部队发

---

① 译注：罗马的自治城市和殖民地都有元老院。

320

动了一场出其不意、迅速勇猛的攻势，将这股敌人击退，挽救了这座桥。1月18日，恺撒过了桥，出现在科菲尼乌姆城下。他的阵地位于科菲尼乌姆以东，截断了多米提乌斯与庞培之间的联系。现在手握15个大队的多米提乌斯准备组织固守。此前多米提乌斯已经急忙向依然在阿普利亚的庞培求援，他告诉庞培，恺撒会出现在他们之间，因此恺撒很容易被他俩包围在科菲尼乌姆所在的狭窄山谷里面，但是如果得不到援兵，他会被恺撒团团围住并全军覆没。他向手下许以重赏，一旦取得胜利，他会拿出自己的地产，给予每名士兵4罗亩（acres）① 土地，老兵和百人队长获得的赏赐相应也有所增加。科菲尼乌姆位于一片周围都是高山峻岭的平原上，原是一个古代湖泊的湖床。这是一个很坚固的重要城市。一道坚固的城墙保卫着超过12.6平方千米的城区，进攻者只能从城南发动进攻。这片平原只能从北方通过阿特努斯河的两条河谷进入。多米提乌斯明智地选择它作为自己的巢穴。正在等待来自高卢的进一步增援的恺撒，在城下通往苏尔摩（Sulmo）的道路上扎下了两座营盘。

恺撒很快就得到消息，位于科菲尼乌姆东南15千米的苏尔摩准备投靠他，但是却被卢克雷提乌斯（Lucretius）和阿提乌斯率领的7个大队守军管得死死的。恺撒派遣安东尼率领第13军团的5个大队前往那里，城门向他敞开，那几个大队投到了恺撒的旗下。恺撒并不关心敌方首领。卢克雷提乌斯逃跑了，阿提乌斯被俘，却被安然释放。同日，安东尼返回恺撒的营盘，在几个小时内就打了一场漂亮仗。

恺撒决定在科菲尼乌姆筹集粮秣、加强防御，等待其他部队前来会师。除了第8军团，这里很快就来了22个新招募的大队，还有来自诺里库姆（Noricum）的300名高卢骑兵。他在自己的封锁线上为这些人马建造了一个营寨，任命库里奥担任指挥官，这样就能控制瓦勒里亚大道（Via Valeria）了。恺撒继续兴建他的封锁线，这条由塔楼加固的封锁线将整个营盘连接起来，全长约7.5千米。他的3个老军团（第8、12、13军团）和大约30个大队的新兵组成了一支将近2万人的军队。他用这些新大队组成了3个新军团。

---

① 译注：1罗亩为14400平方罗尺，约合1260平方米，4罗亩就是5040平方米，约7.5市亩。

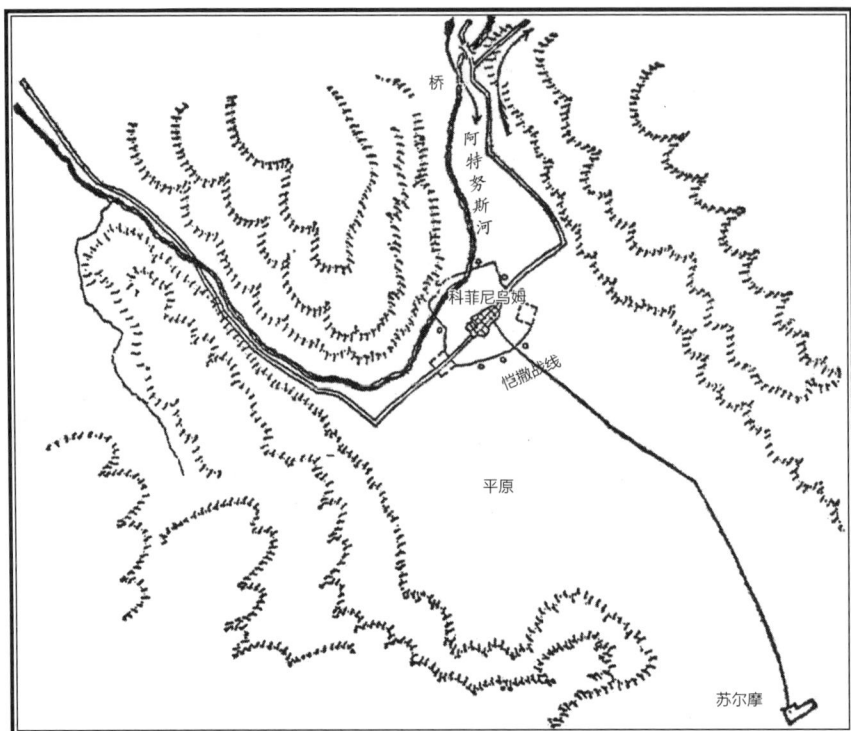

◎ 科菲尼乌姆

　　科菲尼乌姆城下的工事完工的时候，经历了一番信函往来的庞培终于告知多米提乌斯，他无法派来援军，但是多米提乌斯必须尽其所能挽救自己的军队。现在，多米提乌斯改变了主意，他欺骗士兵们说庞培的援军马上就到，而自己却筹划逃跑，他的手下发现了密谋，于1月23日发动了兵变，逮捕了他，告知恺撒他们要开门投降。尽管相信守军是真心投降，恺撒也没有给守军留下任何反悔的机会。他依旧全力以赴完成他的封锁线，告诫军官们要格外慎重，严令任何人不得在夜间睡觉。每个人都剑拔弩张准备战斗。到了夜间，伦图卢斯投降了，得到恺撒的宽恕后，他又被放回了科菲尼乌姆，他在城中汇报了恺撒的慷慨大度。次日早晨（1月24日），多米提乌斯、维布利乌斯、瓦鲁斯和鲁勃里乌斯（Rubrius）与其他众多显贵放弃了抵抗。恺撒饶恕了他们的忘恩负义，每个人都曾欠恺撒的人情债，恺撒保护了他们，使之免受士兵们的嘲笑，还把多米提乌斯带出罗马城并把发放给士兵们的 600 万塞斯退斯还给了他。对罗马而言，恺撒对于科菲尼乌姆的仁慈产生的惊喜效果，堪比他进军罗马时带来的恐惧。他不再是“怪兽”。民意潮流开始转而支持他。

恺撒命令多米提乌斯的士兵向自己的鹰帜宣誓效忠之后，恺撒只在科菲尼乌姆城下逗留了一周，随即沿着海岸穿过马鲁基尼人（Marrucini）、弗伦塔尼人（Frentani）和拉里那特斯人（Larinates）的地界，进入了阿普利亚。他猜测庞培会设法离开意大利前往希腊。他了解庞培的秉性和处境。布隆狄西乌姆（Brundisium）是达成这个目标的最合适的港口，事实上也是庞培的唯一港口，恺撒希望能先于庞培成功抢占此地，从而将他困在意大利，并且尽快迫使他与自己会战。

事实上，这正是庞培自 1 月起的盘算。他看到半岛上几乎所有人都加入对手的麾下。他因为叛逃总共损失了将近 60 个大队。他在罗马附近纠集的一群人已经南下坎帕尼亚，肯定没有其他新兵了。随着事态走向明朗，庞培几乎不能指望自己能在意大利立足。有一支潜在的军队还在他的指挥下，庞大到足以在恺撒抵达皮克努姆之前将其击败，他让所有机会都溜走了。他早已养成的拖沓习惯在他身上滋生，正是恺撒对这一事实的正确估计才使恺撒冒失而安然地挺进意大利。庞培现在只有两个卢克里亚军团，他们都是最近才从坎帕尼亚招募的新兵，加上驻扎在皮克努姆的几个依然忠诚的军团，早已不再是他那风驰电掣的敌人的对手了。他认为最好不要在意大利进行全面会战，而是将其带到希腊，他在希腊可以集结更多军队，而恺撒在那里距离与之亲善能提供支持的人民更远一些。这两个人采取的每个步骤都

◎ 内战爆发时的恺撒（柏林博物馆）

323

很有特点。恺撒的所作所为都很积极主动，深切理解自己的意图，他已经准备要一战定乾坤。庞培狐疑不定，不能确定自己的目的，他似乎羞于交锋。

庞培没有亲自处置这个问题，而是一直高卧在"阿普利亚的钥匙"卢克里亚及其附近——这个对汉尼拔来说非常重要的地方。他的司令部设在拉里努姆（Larinum）。之前曾有几个大队从卢克里亚前往卡努西乌姆（Canusium），现在所有人马都去了布隆狄西乌姆，他的新兵们受命前往那里与他会合。1月28日，他本人抵达此地。然而，他的不少新建大队抛弃了他，投奔了恺撒。在这里他命令所有能到手的战舰和运输船都从附近的各个港口前来听令。

庞培的算计从一开始基本上就是错误的。他没有采取任何及时的手段来保卫意大利，而是将意大利作为奖品抛弃给恺撒。他放弃了自己本应完全出于道德影响而不惜一切代价去坚守的东西。庞培一放弃意大利，恺撒就完全控制了罗马，完全不给他卷土重来的机会。被赶出罗马之后，庞培还能在行省维持多久的影响力？他的离开完全就是为了逃跑。当斗争来临时，他还没有做好准备，尽管这场斗争完全是由他自己挑起的，但是他现在采取了这样的行动，将最为巨大的优势扔给了恺撒阵营。他的举措显示他缺乏算计和决心，就像他显然害怕恺撒一样。公平地说，庞培的同僚们大多坚决反对他的策略。

布隆狄西乌姆和马赛
(公元前 49 年 2 月至 4 月)

　　得出了无法保住意大利的结论后，庞培将司令部设置在布隆狄西乌姆，在这里搜罗人马。他武装了一大批奴隶，并从坎帕尼亚牧民中招兵买马组建了一支 300 人的骑兵。这帮牧民号称"意大利牛仔"，是组建非正规骑兵的好兵苗子。有相当一部分税收没能到达他的手上，许多大队在路上开了小差。有些部队在向庞培靠拢的路上投靠了恺撒，但是庞培在布隆狄西乌姆聚集了一群政客和军人，这帮鱼龙混杂的人多达 2.5 万人。庞培派遣梅特卢斯·西庇阿（Metellus Scipio）去叙利亚招兵买马。公元前 49 年 1 月，他派遣执政官们[1] 率领 30 个大队组成的先头部队前往伊庇鲁斯（Epirus）的迪拉基乌姆（Dyrrachium），并且承诺将迅速率领其余人马紧随而去。但是，他的错误策略造成的负面影响依然显而易见，逃兵络绎不绝。他手下的 2 名行政官曼利乌斯和鲁提利乌斯率领 9 个大队投靠了恺撒。

　　在与庞培的所有往来通信中，恺撒一再要求举行一场私人面晤，他认为一切事情都可以进行友好协商，又通过他擒获的庞培手下的工程主管马吉乌斯（Magius）向庞培传话。他的睿智让他看清，如果庞培逃到希腊，他必须要打一场漫长乏味、前途未卜的战争，为了不让这一事实影响他的算计，他不会被政治激情的浮云遮住眼。但是，他的努力劳而无功，无论是出于个人还是策略原因，庞培都刻意回避举行会晤。

---

① 译注：公元前 49 年的两位执政官都属于庞培党，分别是路求·伦图卢斯和克劳狄乌斯·马塞卢斯。

在科菲尼乌姆耽搁了 7 天后，恺撒途经安萨恩姆（Anxanum）、提纳姆（Teanum）、阿尔皮（Arpi）、卡努西乌姆和巴里姆（Barium）杀向布隆狄西乌姆。2 月 9 日，他抵达城下，期间行军 17 天，日行 25 千米。现在他拥有 6 个军团，包括老兵组成的第 8、12 和 13 军团，其余的军团是由他刚刚招募和自愿投靠他的人马组成的，总共至少有 2.5 万名军团士兵。此外，多米提乌斯的大队已经被他派往西西里岛了。

布隆狄西乌姆是旧大陆最好的港口之一。这座城镇防御严密，它面对大陆的一侧由一道密布塔楼的城墙保护。它是一座富庶的城市，也是亚得里亚海上的重要港口。

恺撒确定了执政官们率领 30 个大队已经去了迪拉基乌姆，而庞培率领 20

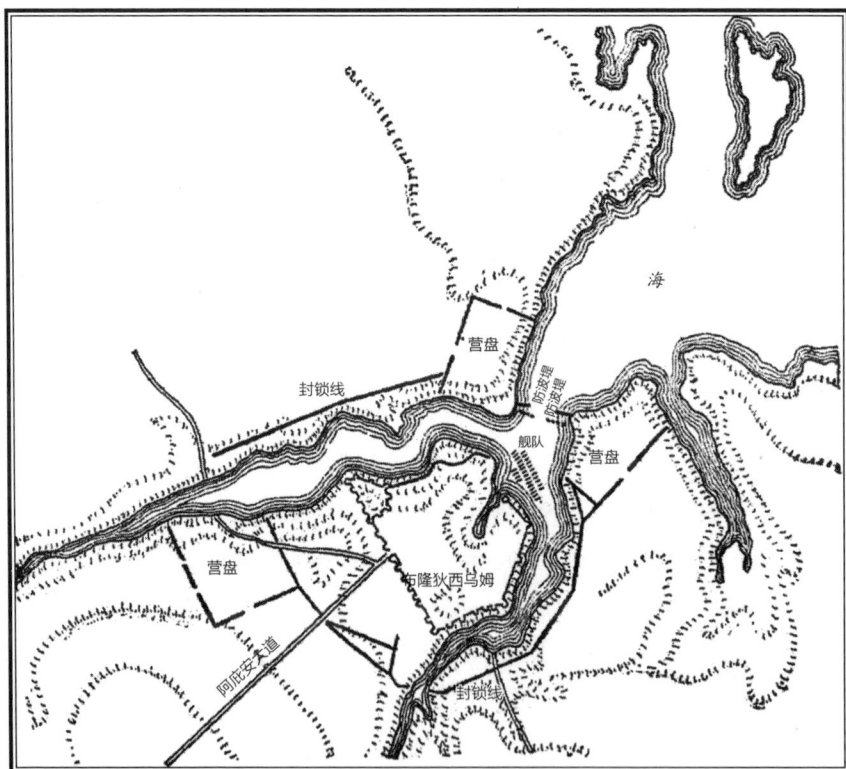

◎ 布隆狄西乌姆

个大队留守布隆狄西乌姆。这50个大队共约3万人。庞培没有足够的船只能将所有部队和非战斗人员一次性运走。恺撒立刻抓住了将庞培与投靠他的人马割裂开的机会。恺撒唯一能做的是不让庞培使用布隆狄西乌姆，庞培在这个控制着亚得里亚海的港口等着他的舰队回来接自己渡海。

恺撒动手了。他从大陆一侧开始，修建了一圈将城镇封锁起来的工事，将他的军团安置在三个由封锁线连接起来的营盘里，然后继续向外修建深入港口的工事，在靠近港口入口的两侧，恺撒修筑了两座营盘，在港口入口最狭窄、水最浅的地方，修建了两条大约6米宽的防波堤，相向延伸。这两道防波堤用圆石、木料和其他能到手的建材筑成。从海岸修出去约75米之后，海水的深度令工程难以迅速完成，为了连接这两道防波堤，恺撒设计了许多浮动木筏子，它们9米见方，四角都用铁锚钉在海里，上面覆盖着泥土，用柳条栅栏给予防护。每隔三个木筏子，他就修建一座两层高的塔楼，以获得有效的交叉火力。为了阻止封锁工程的进展，庞培将他手中的商船武装起来，船上修建三层塔楼，然后派它们出港阻挠和突破恺撒的工程。两支敌对的海军之间的零星冲突每天都会上演，弓箭手和投石手之间猛烈交火。

现在，恺撒通过斯克里博尼乌斯·利博这个信使第三次寻求与庞培的个人会晤。当时两位执政官都在迪拉基乌姆，庞培以没有执政官的提议和同意，他不能采取任何行动为借口，拒绝了这一提议。这样的托辞令恺撒下定决心倾尽全力推动战争。

封锁的第九天（2月17日），恺撒的封锁工程行将竣工，那支将两位执政官送往迪拉基乌姆的舰队返回并设法进入了港口。庞培立即决定率领他的剩余兵力离开布隆狄西乌姆。他加固了城墙，在街上设置路障，以免他登船的同时恺撒从大陆一侧进攻。市民们显然支持恺撒，将庞培的计划告知了恺撒。由于庞培建筑的防御工事包括各式各样的障碍物和坚壁高垒，以及他在夜间登船时留在城墙上的精选后卫部队，恺撒对庞培的确切动向完全一无所知，没有采取任何准备工作来阻挠庞培的撤退。尽管对庞培的士兵们的暴行深感不满的市民们试图将庞培的行动告诉恺撒，庞培依然还是得手了。庞培安排撤退的手段出奇地高超：他在恺撒携带云梯抵达城墙脚下之前就弃岸登舟了，在恺撒因得知城内密布机关陷阱而小心翼翼的同时，庞培在恺撒抵达港口之前扬帆出港了。

庞培遭到的仅有失利是他的 2 艘满载士兵的船只被港口封锁链和防波堤纠缠住，因而被俘。

庞培就这样溜之大吉了，尽管恺撒费尽心机要与之在意大利大战一场，由于庞培已经占有了海岸上的全部船只，恺撒无法从比高卢和西班牙更近的地方得到任何船只，正如他所说，在西班牙他被迫放弃了目前追随敌人的念头。如果他将庞培封锁在布隆狄西乌姆，他或许已经在那里结束了战争，而不是耗费四年多的时间在地中海盆地周围追杀庞培的党羽。可以肯定的是，恺撒开始意识到与蛮族和与罗马人作战的区别，但他依然有充分理由对自己取得的成就感到满意。他一直在与罗马人民的偶像——伟大的庞培发动战争。然而，渡过卢比孔河六十天之后，他已经占据了整个意大利。他一定敏锐地意识到，在所有孕育军事成功的要素之中，他都占据上风。他的决心、精力和神速都与庞培的软弱摇摆、优柔寡断形成了鲜明对比。

无疑，恺撒通过占据意大利赢得了先机，但是他的责任和风险也相应地增加了。现在，他的全部兵力中的相当一部分必须驻扎在半岛上，这将相应削弱他的军事力量。鉴于他没有舰队，而庞培可以切断来自西西里岛、撒丁岛和埃及的粮食供应，意大利很大程度上任由庞培摆布。来自东方的收入不再流入罗马国库，而在中途被庞培拦下来，意大利急需这些款项，因为一切有组织的行动都依靠大把金钱。起初恺撒也没有什么安全感，即使视之为伟大领袖的人也没有。他的许多权力追随者是放荡淫乱、不负责任、债台高筑和胆大妄为之徒。人民严重担心马略和苏拉的恐怖事件卷土重来。但是，没过多久恺撒就成功确保了人民的安全。意大利平静下来，尽管恺撒实际上是专制君王，但每个人都知道统治者的更迭是更加有利的。

现在，恺撒根据庞培逃往希腊的情况改变了计划，他命令沿海城镇不计来源地提供船只，并将它们送往布隆狄西乌姆。他下令组建两支新舰队，一支在亚得里亚海，一支在伊特鲁利亚，分别由多拉贝拉和霍尔滕修斯（Hortensius）指挥。恺撒派遣瓦勒里乌斯（Valerius）率领 1 个军团前往撒丁岛，另派遣一支部队前往最重要的粮食基地西西里岛，其中有由在科菲尼乌姆俘获的大队组成的 3 个军团和 1 个新建军团，他还指示瓦勒里乌斯平定了西西里岛之后就进军非洲，那里的政府因庞培党的内部纷争而动荡不安，也许可以倒向他的阵营。这几位部将到达之后，发现撒丁岛和西西里岛被各自的总督马可·科塔和马可·加图匆忙放弃了（与其他人一样，他们似乎对恺撒的迫近心惊肉跳），逃出庞培掌心的当地人热切地倒向了恺撒的事业。撒丁岛的卡拉利斯人（Cavalitans）赶走了科塔，而正在为庞培全力以赴装备船只和招兵买马的加图感到自己无力为主子掌控这个岛屿，便乘船前往伊庇鲁斯与其合流。恺撒党在这里轻易捡了个大便宜。

非洲根据抽签归图贝罗（Tubero）管辖，当这位新任总督来到他的行省时，发现阿提乌斯·瓦鲁斯（Attius Varus）正在这里发号施令。我们还记得瓦鲁斯在奥克西穆姆损兵折将，逃到了非洲 ①，这里似乎是所有贵族的无限避难所，而且他发现当地没有总督便接管权力，组建了两个军团。由于此前他曾在这里担任过行政官，所以没遇到多大阻力就得手了。随着法律和秩序似乎已经成了过往云烟，瓦鲁斯并不打算放弃到手的权力，他粉碎了图贝罗在乌提卡（Utica）的尝试，将其驱离非洲海岸。

庞培错误估算了意大利贵族派的影响力。事实证明，在以恺撒为首的民主派面前，他不是对手。这是促使他决定离开意大利，以希腊为战场的事实之一。他将国家战利品中最好的一部分抛弃给了恺撒，现在恺撒牢牢把控着到手的奶酪。

在西班牙有庞培的 7 个军团。按照《内战记》的说法这些军团是对高卢持续和严重的威胁，它们也可能真的被领到意大利。恺撒认为，这些军团造成的直接威胁更甚于庞培本人。因此，当庞培逃出恺撒的陷阱前往希腊（Hellas）时，恺撒认为自己可能被迫要去关注伊比利亚而非庞培本人了。

庞培可能已经制定了一个宏大的战略计划。没人告诉我们它是怎样的，但《内战记》和其他史料中的只言片语会帮助我们猜测一二。庞培没有预料到恺撒会突然入侵意大利，他打算悄无声息地完成准备工作，然后同时从西班牙和意大利向高卢发动针对恺撒的战争。由于时间站在他一边，他可以率领 15—

---

①译注：当时的非洲远比今天的小，只包括迦太基共和国故地，大致相当于今天的突尼斯共和国。阿非利加东面的埃及属于托勒密王朝统治下的埃及王国，西面的阿尔及利亚和摩洛哥属于努米底亚王国和毛里塔尼亚王国。

20个军团进军高卢，以支持他的马赛作为基地。当这一计划因恺撒的积极行动而受挫时，庞培本人可以更好地前往西班牙，在那里他的军团和部将们会事半功倍，并且将那个国度变为他的战争舞台，而希腊由他的副将打理。但是，庞培受制于他的政治伙伴，他在东方有更庞大的资源，所以不能冷静地将这件事看作单纯的军事问题。他的优柔寡断说服他乘船前往希腊，并将意大利丢给了以恺撒为首的民主派。

毫无疑问，如果庞培具备恺撒一半的主观能动性，就可以将自己留在意大利，而非拔营而去。战争的关键是未雨绸缪，庞培没有做任何准备。他的脾气秉性和所作所为总是得过且过，如果他及早在意大利和东方征兵，将半数西班牙军团调往意大利，恺撒在其选择的路线上的进军就是不可能完成的任务。事实上，庞培在皮克努姆的出现可能就会改变战局，他在全力以赴时能够发挥的影响力没有多少人能比得上。如果他不能守住罗马，也可以控制海岸上的某个据点，掌握他的舰队能控制的每一寸土地，如果从各省召集来军队，他的兵力将远远超过恺撒。当你的对手积极行动以谋求优势时，按兵不动只能造成灾难，这是合情合理的结果。我们会看到，恺撒在与罗马军队和三流将领对抗时，

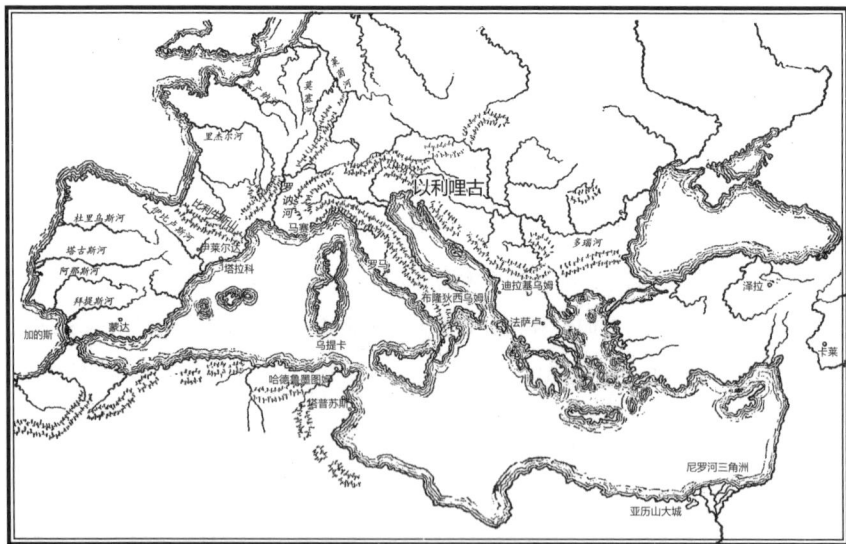

◎ 意大利、西班牙、伊庇鲁斯

往往小心翼翼，如履薄冰。如果他一到安科纳，就发现伟大的庞培亲自率领哪怕是一群新兵蛋子拦住去路，他还会那么容易地取得迅速进展吗？那时恺撒还没有像后来那样全面评估他的对手。庞培的第一个重大错误是没有做好准备就投入了战争，接着他犯下的更大错误是未经一战就抛弃了意大利。

至于恺撒，他没有追赶庞培，反而发动西班牙战役之举是否明智呢？他留给庞培的每个月时间，都会使庞培搜罗更多人马和物资，使其成为一个更危险的对手。尽管西班牙丰饶富庶，是个高价值目标，恺撒也必须阻止西班牙军队在其后方作乱，但他离开意大利却不去追杀庞培，而是直接背向庞培前往西班牙，会让人觉得他畏惧庞培，导致他在精神方面丢分。这种力量是通过他自己大胆深入意大利和庞培愚蠢地渡海逃往希腊得到的。恺撒不得不走陆路进入西班牙，为什么不途经以利哩古前往希腊，并将庞培逼入死角呢？可以说，恺撒对他所了解的庞培的性格颇有信心，他断定庞培不会尝试杀回意大利，但没有算计他的大军。恺撒怎么会相信庞培会如此懈怠无为呢？他没有低估他的对手吗？单从《内战记》中罗列的理由来看，不足以说明他为什么要前往西班牙，而非前往希腊追杀庞培。庞培征集了东方军队后，恺撒的伊庇鲁斯战役险象环生，几乎惨败，这一切表明，他没有在对手集结兵力之前发动进攻，给了对手明显的优势。

我们可以假定，恺撒认为如果他离开意大利前往希腊，会诱发意大利的党派纷争，而庞培的7个军团很容易从西班牙来到罗马，令他后院起火。而庞培会牵制他去往远离他的天然基地的地方，即以高卢为后方的意大利，他希望通过解决西班牙问题来更放心大胆地讨伐庞培。换句话说，恺撒觉得只要庞培在西班牙还有7个军团，意大利就不是他的，他不愿意在意大利不稳固的情况下进攻庞培，除非他的基地稳如泰山。这个理由就够了，但是，他能不能用比利牛斯山中的一支较弱的老兵部队消灭7个庞培军团，并且在庞培集中起全部兵力或招募更多人马之前，途经以利哩古进逼庞培，在战略上依然保持强势？打击庞培的时刻也正是他最担心遭到打击的时刻。身在希腊拥有无限资源的庞培难道不是比西班牙的7个军团更严重的威胁吗？恺撒怎能指望庞培一离开意大利就不会卷土重来呢？恺撒能不能率领他的大多数军团途经以利哩古杀向庞培，并且击败庞培，抑或在庞培的西班牙军团采取行动、造成严重危险之前，迫使庞培带着对敌人的刻骨恐惧逃之夭夭，将永远是个疑问。恺撒的驻高卢部将们比庞培的驻西班牙副将们更加优秀，他们可能会更好利用比利牛斯山抵御对手。

所有这些讨论都基于假设，关于恺撒行为的原因，《内战记》所言甚少。"我要启程去与一支没有领袖的军队作战，"他说，"就好像与一位没有军队的领袖作战一样。"格言不能解释一切，我们只知道恺撒决定前往西班牙。

恺撒将手下各军团分派到主要城镇进行休整之后，前往罗马。3 月 3 日，他让保民官们召集剩下的元老们开会，陈述他的不满。他声称，庞培应该像自己愿意做的那样遵守法律，并且要求派遣使节到庞培那里达成双方的和解。但是，没人愿意担任使节，因为庞培已经宣布，那些留在罗马的人，与恺撒军营中的人一样都是他的敌人。

恺撒一无所获，他在罗马的暗敌甚多。在离开首都之前，他从国库提取了存放在那里的用来抵御高卢人、保卫罗马的资金，他声称由于他已经征服了高卢人，所以这笔钱已经不再有用了。保民官梅特卢斯试图阻止他这样做，但恺撒拔剑向他喊道："年轻人，我做事像说话一样容易。"这笔钱很快就花光了，不久之后，恺撒就不得不向他的军官们借钱来支付军团的开销。对罗马公民而言，看到国库遭到这般掠夺一定是蔚为奇观，但他们无能为力，恺撒是唯一的主人翁。

恺撒将他的军团散布在从高卢到西西里的地域中。他的兵力分散，不得不做出调整以符合他的新计划。他的新建部队驻扎在阿普利亚和亚得里亚海沿岸，驻扎在拥有良好港口的沿海城镇，命令第 8、12 和 13 军团返回高卢，在那里他已经调来了德来朋纽斯及其 3 个军团，继而将这些兵力与费边的 3 个军团集中在奈波高卢。随后，他将罗马交给马可·雷必达（Marcus Lepidus）[①] 打理，意大利的军事指挥权交给马可·安东尼，以利哩古交给盖乌斯·安东尼（Caius Antonius），李锡尼·克拉苏（Licinius Crassus）管辖山南高卢。他释放了正在罗马当俘虏的犹太国王亚利多布（Aristobulus）[1]，希望他能够回国后反对正在叙利亚为庞培招兵买马的部将西庇阿。在完成这些准备工作之后，他于3月9日离开罗马，前往山北高卢行省，随后经山下大道（Corniche）前往马赛，大约12天内他抵达了马赛附近。

与此同时，恺撒在科菲尼乌姆释放的维布利乌斯·鲁孚已经前往西班牙为庞培效力。我们还记得被元老院任命继恺撒担任高卢总督的多米提乌斯得到了伊吉利乌姆（Igilium）和科萨（Cosa）的资助，搞到了7艘桨船航向马赛。恺撒沿着海岸行军时，他听说马赛已经从附近地区收集了所有粮食，并加固了城镇，庞培的追随者已经煽动起市民支持庞培。他们还得到了西阿尔卑斯山区，今天迪朗斯河（Durance）与韦尔东河（Verdon）之间的阿尔比西人（Albici）的支持。一抵达这个地方，恺撒就邀请若干马赛的上流人物来他这里，费尽口舌说服他们为自己的事业效力。但是这一次，他的雄辩被证明是白费唾沫。这帮官员声称，他们从庞培那里得到的恩宠与从恺撒手中得到的不相上下，他们不能效忠于双雄中的任何一个，也不会允许军队进入他们的港口。在谈判期间，多米提乌斯率领他的舰队来了，获准进入港口并被任命为总督。恺撒没有船只，没有办法阻止他。

多米提乌斯立即着手组建一支舰队。他逮捕了所有港口中和附近的商人，没收他们的货物（主要是粮食），用于准备抵抗围攻。对于一个普罗旺斯城镇会背叛自己，以及由于得到阿尔比西人的援助，马赛可能会在色克蒂留斯泉截断从意大利通往西班牙的道路而造成的危害，恺撒怒火中烧，开始为围攻马赛做准备。他不能任由这个敌对城市留在后方不顾，至少也得封锁它，马赛是地中海中最重要的城镇之一，它造就的榜样力量可能是灾难性的。在附近的阿雷拉特（Arelas），恺撒在短短的30天内建造和装备了12艘船只，交由文内几人的战胜者、心灵手巧的德基穆斯·布鲁图斯（Decimus Brutus）指挥，留下德来朋纽斯指挥3个军团围攻马赛。他本人着手修筑一道封锁线。

---

①译注：犹太王国哈斯蒙尼王朝国王兼最高祭司，公元前66—前63年在位。公元前63年，庞培攻克耶路撒冷，将其废黜，押送到罗马。

我们还记得费边的 3 个军团在奈波息冬。恺撒传令给安东尼，让他率领已经在途中的第 8、12 和 13 军团赶紧调转行军方向，由高卢转向西班牙。与此同时，在他自己到来之前，另外派遣费边和 3 个军团前往西班牙，占领比利牛斯山隘口。费边进军神速，将庞培的小股党徒（路求·阿弗拉尼乌斯手下的部分人马）赶出了比利牛斯山隘口，继而南下西班牙。占据比利牛斯山本来是阿弗拉尼乌斯和佩特雷尤斯（Petreius）的目标，但是费边抢在了他们前面。

维布利乌斯·鲁孚带着让自己代表庞培管辖整个西班牙的指示刚刚抵达。这几位将军依然拥兵自重。此前就驻扎在西班牙的部将们：路求·阿弗拉尼乌斯、马可·佩特雷尤斯（Marcus Petreius）和马可·瓦罗（Marcus Varo）手握 7 个军团，瓜分了伊比亚半岛，他们事实上都是独立诸侯。阿弗拉尼乌斯曾在庞培的领导下对付塞多留斯和米特拉达梯，在近西班牙（Hither Spain）手握 3 个军团，即加泰罗尼亚（Catalonia）和以东、以南地区；佩特雷尤斯率领 2 个军团坐镇阿那斯河（river Anas）附近；瓦罗率领 2 个军团驻扎在阿那斯河与西班牙西海岸之间。

一得到意大利和马赛的消息，佩特雷尤斯就率军向阿弗拉尼乌斯靠拢，4月初，两军在伊莱尔达（Ilerda）① 附近的西科里斯河（Sicoris）② 河畔会师，瓦罗留下镇守西部。阿弗拉尼乌斯和佩特雷尤斯的 5 个军团得到了由这些部将招募的大批辅助兵力和骑兵的加强。在整个西班牙共有 7 个上文提到的军团，其中 6 个是意大利老军团，1 个西班牙军团，80 个大队的辅助部队，包括来自近西班牙的盾兵，来自远西班牙的皮盾兵，还有 5000 名西班牙骑兵。难以估算这些兵力的准确数目。按照正常的兵力编制，全军应该有 8.7 万人。

但是，如果他们只是野战兵力的平均水平，即每个大队 400 人，他们会有 6.5 万人，骑兵约 7 万人 ③。恺撒计数了费边的兵力，他在原地拥有 3 个军团，另

---

① 译注：今西班牙莱里达（Lerida）。

② 译注：今塞格雷河（Segre）。

③ 译注：原文如此，应该是 7000 名骑兵。

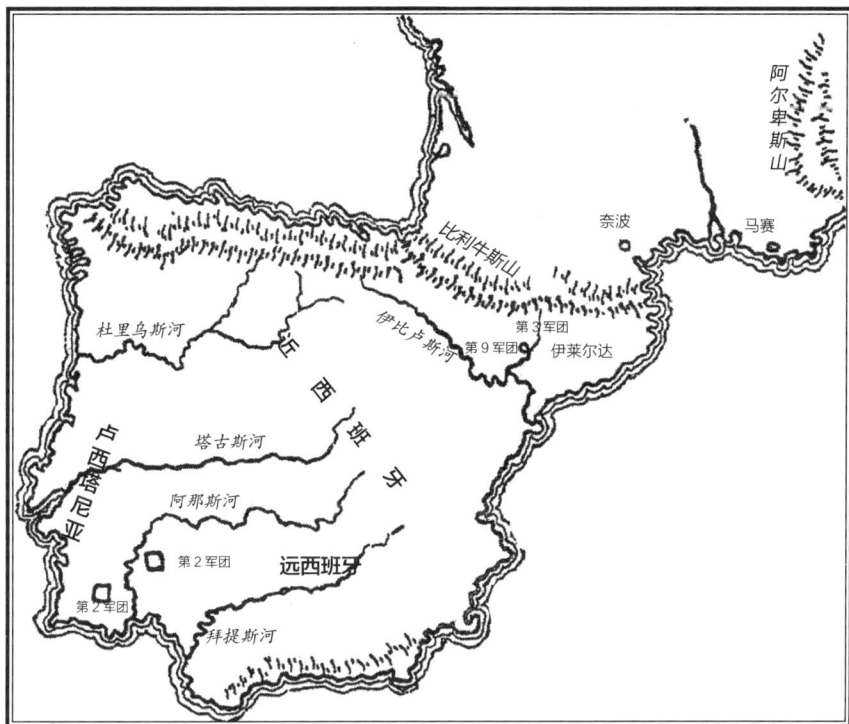

◎ 庞培的西班牙军团

有 3 个从意大利开来的军团、5000 名高卢辅助步兵、3000 名日耳曼和高卢百
战骑兵，以及同样数目的新编步兵和骑兵，他们都是从阿奎丹尼亚和毗邻山民
中间招募的声誉卓著的兵员。总兵力同样难以估算。恺撒手下的大队数量很可
能少于庞培的部将们，因为后者的兵力没有因战争的消耗而遭到削弱。如果如
前文我们所说的，恺撒的大队平均人数是 360 人，他的鹰帜之下的总兵力就是
3.76 万人。毫无疑问，总兵力不到 4 万人，但都是百战老兵，其中有许多高卢
酋长中的精英。斯托费尔估计费边有 2.5 万人，或者加上这 3 个军团还有 3.6
万人。估计这个数字已经很贴近实际了。

恺撒花光了所有金钱，包括他从罗马国库搜刮来的那一大笔钱，用于支
付他的军团费用。现在，他采用了一种新颖的方式来招募更多军队。他从军团
指挥官和百人队长手中借来了许多钱，再分发给士兵们。因此，他以慷慨大方

赢得了士兵的欢心，同时靠借贷保证了军官们的忠心。当然，这种最初的做法也许是合理的，因为在这场战争中，罗马军团首次面对罗马人结成的满怀敌意的战阵，而对他部下的忠诚的双重控制进一步强化了他们与命运的纽带。

伊莱尔达
(公元前 49 年 4 月至 6 月)

第二十八章

从伊比卢斯河到伊莱尔达的这片原野山岭密布，在恺撒时代部分地区林木葱茏。伊莱尔达城坐落在西科里斯河河岸上的一块陡峭、高峻的岩石上，严密监控着周围的原野，该城以北地形平坦。尽管伊莱尔达是一个战术防御的绝佳地点，但并非是一个可以控制或保卫西班牙中部的战略要点，埃布罗河才是真正的防御线，但是庞培的部将们不仅没能控制它，而且连埃布罗河与河外内地之间的安全交通线都没掌握住。他们由于拖延放弃了比利牛斯山天险，仅仅依靠伊莱尔达来保卫西班牙的方针简直是鼠目寸光，他们"决定在伊莱尔达附近作战，因为在这里的地势很有利"。

大约在 4 月 20 日，费边"神速进军"从比利牛斯山抵达伊莱尔达，他发现阿弗拉尼乌斯驻扎在该城以南约 240 米西科里斯河右岸的一座孤零零的山冈上，骑兵驻扎在这个营盘与河流之间的土地上，城镇的地势令其牢不可破。在营盘与城镇之间还有一块略高的地面，它的南部更靠近营盘而非城镇。在这个位置上，阿弗拉尼乌斯和佩特雷尤斯决定继续坚守，直到庞培到来，据说他们的主公正在取道毛里塔尼亚（Mauretania）① 前来与他们会合。很难说这则谣言是怎样产生的，它没有任何依据可言。庞培党在伊莱尔达贮存了大量粮秣，但依然不足以维持一场长期战役。然而，他们认为可以在这里控制深入西班牙内

---

① 译注：罗马时代的毛里塔尼亚不是今天西北非的毛里塔尼亚伊斯兰共和国，它大体上位于阿尔及利亚中西部和摩洛哥东部。

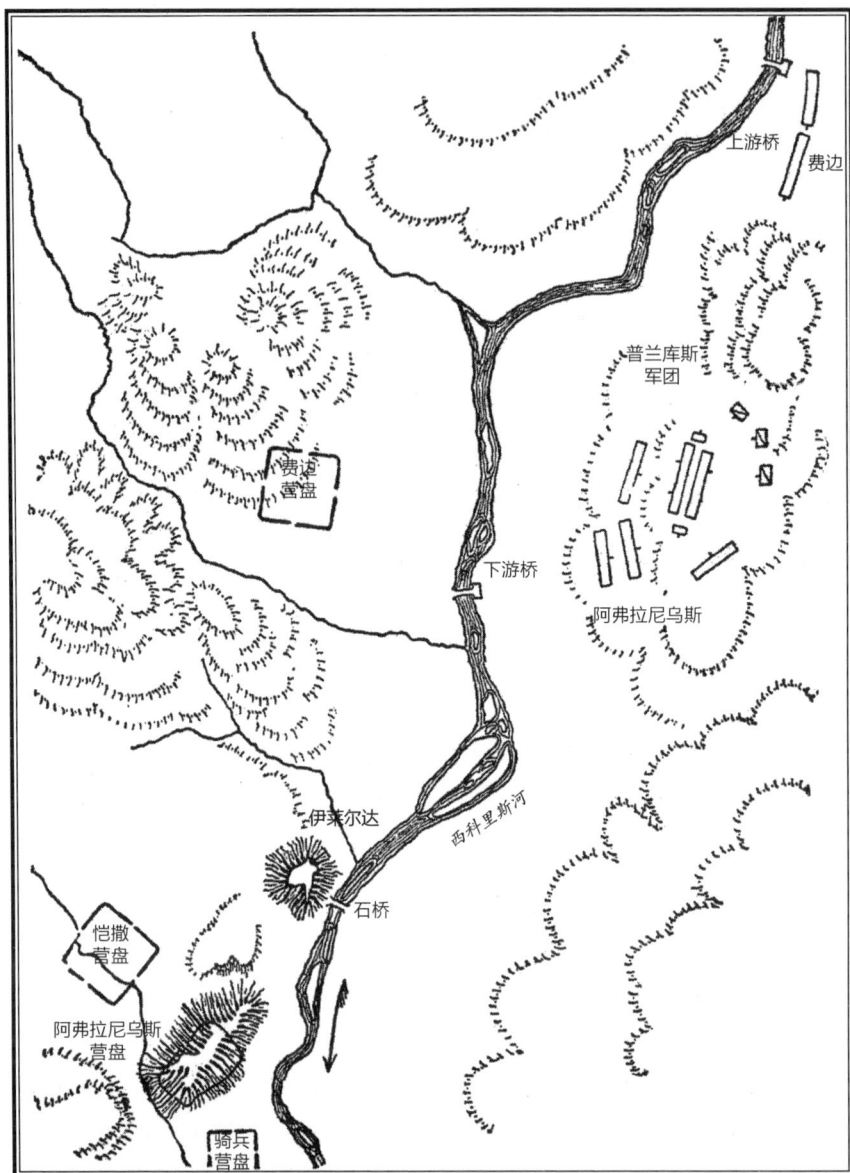

◎ 伊莱尔达和附近地区

地的道路，从而阻止恺撒军队的前进。

　　费边在西科里斯河右岸，大约阿弗拉尼乌斯上游 4.5 千米两条注入西科里斯河的小溪之间的山坡上安营扎寨、修筑壁垒。在这里，"费边通过信件和使者，试探邻近各邦的态度"。5月中旬，来自意大利的3个军团与他合流。他在西科里斯河上架起了两座桥，一座在他的营盘左侧附近，另一座在距他6千米的上游。阿弗拉尼乌斯早已控制了伊莱尔达的那座石桥。

由于右岸的粮食补给已经耗尽，两军都经常派兵越过本方的桥梁搜集粮秣，零星冲突时有发生。5月21日，费边派遣骑兵和两个军团掩护筹粮队越过下游河桥，在骑兵过桥之前，车队的重量加上河流的高水位导致桥梁断裂，步兵失去了与营盘的联系。尽管如此，渡河的步兵依然继续前进，丝毫没想到他们已陷入险境。看到桥梁的残骸顺流而下，阿弗拉尼乌斯猜到了缘由，便率领四个军团和全部骑兵离开伊莱尔达，经自己的石桥过河，进攻费边的两个没有后援的过河军团。负责指挥费边过河军团的副将路求·普兰库斯（Lucius Plancus）"占据了一处高地，把他的部下背对背分成两列，两面迎战"，大概指排成了方阵，也许两个军团背靠背布阵，抽调出一个大队面向侧翼，以此抵御敌军骑兵的冲击。后来恺撒在鲁斯皮那（Ruspina）也采用了这种阵型，或许它已经或多或少投入使用了。在这里，普兰库斯英勇抵御阿弗拉尼乌斯的猛烈进攻。普兰库斯的防御奏效了，在敌军对他造成重大杀伤之前，费边率领两个军团的援军已遥遥在望。费边率领部下以轻装强行军，迂回穿过上游桥梁前来增援。阿弗拉尼乌斯认为此时撤退是明智的，于是战斗结束了。那座下游断桥被迅速修缮完毕。

这场遭遇战的两天之后，恺撒率领900名骑兵组成的卫队赶到了。彻底勘察了这个地区的地形后，他立即积极行动起来。他觉得自己没有时间可以浪费了，身处希腊的庞培的潜在势力每一周都在增强。恺撒所有战役中最引人注目的特征之一就是这个人的不知疲倦、永不停歇的行动。他从不静观事态变化，每当遇到问题都会着手解决。他的策划速度与执行速度一样令人叹为观止。他从不等待敌人发起行动，始终为自己保留先发制人的特权。现在他从每个军团中各抽出1个大队，总共6个大队留守营盘、桥梁和辎重，接着"带着全军出发，排成三列"战斗队形，面向右排成行军纵队向伊莱尔达挺进，面对庞培军营时展开了他的军团，他向阿弗拉尼乌斯提出了在对等条件下会战的要求。尽管阿弗拉尼乌斯率军出营以示决心，最终还是拒绝了会战——阿弗拉尼乌斯的处境不错，希望静候庞培到来。恺撒以战斗队形等了一天，尽管距离敌营只有750米，而且位于敌营所在的山脚下，他还是决定留在原地不动，免得敌人因看到他的撤退而士气大振。他让前两条战线提供掩护，第三条线在敌人没有察觉的情况下，开始在距离敌人山脚600米的地方挖掘一条营盘前沿壕沟。由于阿弗拉尼乌斯可以从本方城墙的最高处看到寨墙的施工，所以起初恺撒没有修筑寨墙，免得阿弗拉尼乌斯在工程启动时发动进攻。他没有看到前两线恺撒军团后面的壕沟。没有筑墙的另一个原因可能在于军团没有栅栏，手头也找不到，如果派人去远处取栅栏会引发危险。

如果在靠近敌人的开阔平原上筑营不算妙计的话，那也是大胆之举。它令人想起霍克齐（Hochkirch）战役前，腓特烈大帝就在奥地利人面前扎营①。对于这一非罗马式、没有先例的行动，恺撒没有给予充分解释。全军都在壕沟后面保持警戒。动手之后，恺撒用了一两天继续挖掘另一道营前壕沟，时刻保持一支大军在前方壕沟的后面提供掩护，同时对阿弗拉尼乌斯和佩特雷尤斯置之不理，这两人每天都在不远处摆开架势要进行会战，但他们始终都留在山坡上不下来。第三天，当壕沟挖好时，恺撒在新营盘外修建壁垒，修完之后的当天就把河畔旧营中的辎重和大队调进来。新营的位置在任何意义上都是不利的，但它能使恺撒截断庞培军在河右岸筹粮的通道。

如前文所述，阿弗拉尼乌斯和佩特雷尤斯在山冈上扎营。在他们与伊莱尔达城之间有一片宽约450米的平原，中间略有隆起，前文已经提到它的南面陡峭，高约15米。如果由恺撒来指挥敌军，他会占据这个阿弗拉尼乌斯忽视而没有加固的高地，因为占领它就能截断庞培军营与贮存给养的伊莱尔达城的联系，也会截断通往石桥的安全通道，通过使用这座石桥庞培军才能在右岸搜集粮秣。此举本身就是令人赞叹的转移行动，但行动的安排并非完美无缺。这座山冈距离敌人比恺撒更近，庞培军也一直在监控恺撒，所以恺撒必须要要点花招才能夺取它。恺撒没有采用看起来更好的方案——派兵夜袭，而是摆开3

---

①译注：霍克齐战役是七年战争期间的一场战役。战前，普鲁士国王腓特烈二世的3万人军队在霍克齐安营扎寨，1758年10月14日夜间，奥地利道恩元帅率领8万人大军偷袭普军营地，普军措手不及，惨遭失败。普军损失9000多人，两位元帅阵亡。

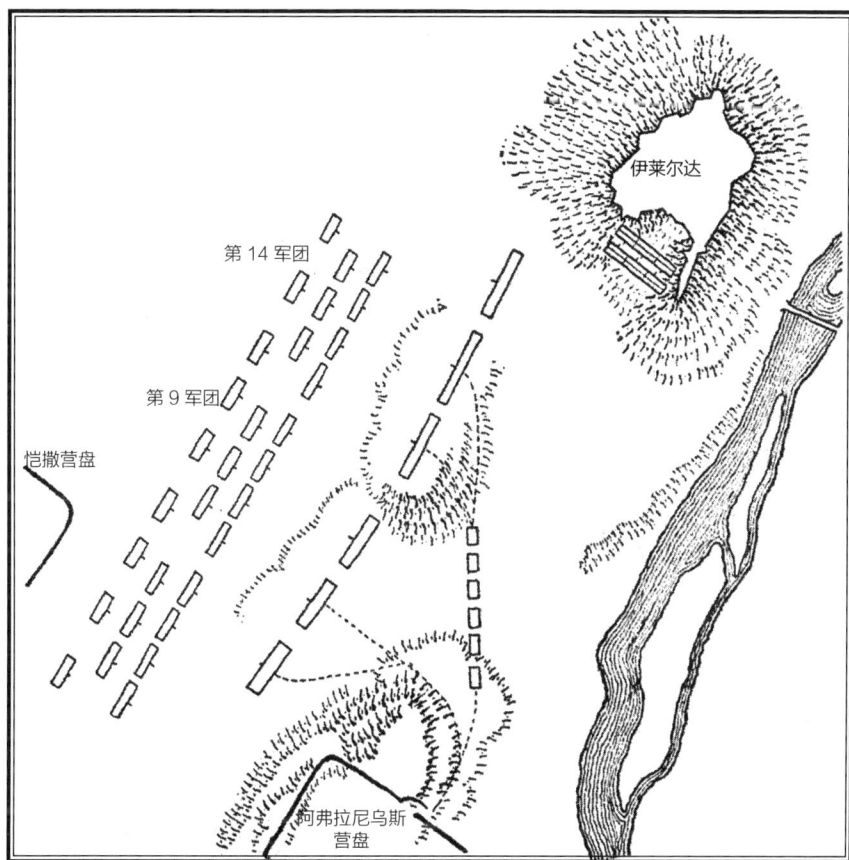

◎ *进攻伊莱尔达*

个军团做出再次会战的姿态,他将军团部署在从庞培军营延展到伊莱尔达城前的地面上。第9和第14军团分别位于阵线中央和左翼。第14军团的职责是在适当的时刻前进和占据那个山冈。可能只有第14军团的前两行的旗下精兵才用于进攻山冈。无论如何,这场进攻都没有完全策划好,也没有足够的魄力和速度。当时阿弗拉尼乌斯在值班,他并不打算接受恺撒的会战要求,但从他采取的行动中能看出他的目的,他用行动证明他比对手迅捷得多。他绝不允许自己就这样被截断退路。他派出那些恰好在营盘北侧执勤、预防对手行动的大队。正如恺撒所说,这些大队距离这座山冈更近些,尽管地形不能证实他的说法,阿弗拉尼乌斯还是率先上了山，并将恺撒的部下赶了回去。

即使派兵增援也不足以占领这座山冈，"他们被迫转身回到军团停驻的所在"。

阿弗拉尼乌斯的手下都是百战老兵，他们独特的战斗方法是在与卢西塔尼亚人和其他西班牙民族战斗过程中学来的。他们并非按照惯常的军团方式以密集队形战斗，而是分散在小股部队之中，在战场上随机应变或进或退。"如果受到的压力较重，他们就向后退去，放弃这处地方，并不认为这是可耻的事情。"这似乎是一种松散的小组队形，由一部分人掩护另一部分人进行短距离冲刺前进，就像近年来为对抗精确射击武器的杀伤力而采取的战术体制那样。由于不习惯这种战术，还担心这些小股部队的冲刺会危及他们裸露的侧翼（右翼），恺撒的军团士兵们起初相当不安，而且当"前锋部队"（旗下精兵）从高地上退下来时，第14军团也撤了下来，退到后方的下一个山冈上，此举不仅削弱了整条战线，还给所有军团官兵带来了不安全感。

看到信心丧失造成的影响，恺撒必须立即予以克服。他掌控着位于战线上第14军团右侧的第9军团。恺撒身先士卒，通过一次大胆的进攻将敌人打乱并赶了回去，掩护了他战败的手下的撤退。一部分人退到那座双方争夺的山上，一直退到伊莱尔达城墙下，他们在那里停下脚步重整旗鼓，另一部分似乎退入了营中。

伊莱尔达建于一块高出平原150米的岩石上，岩顶是一块2.16平方千米的平台。这块岩石除了南侧，几乎每一面都无法被攻破。在南侧，有一个类似峡谷的斜坡，上面有通往城镇的路，绵延约540米。靠近平原的峡谷入口约有315米宽，在城镇那一段约有105米宽。

敌人就是在峡谷的两道城墙中转过身来的，他们背靠城防工事，等候恺撒的第9军团。这个军团因获胜而胆气横生，又急于抹去战友们的失败而突进得太远，现在他们在一个难以脱身的山坡上作战，形势千钧一发。军团沿着嶙岩嶙峋的山坡挺进，遇到了敌人坚不可摧的防线。当军团试图退却时，敌人从更高处猛扑下来。他们所处的城镇入口两侧都是崎岖不平的，只有一条下山的退路，也就是他们的来路。不仅敌人站在可以使用武器造成重大杀伤的地方，而且第9军团的侧翼无法得到援助，骑兵也毫无提供一臂之力的空间。与此同

◎ 从西北方看去的伊莱尔达

时，敌人背靠城镇作战，信心倍增。沿着这条路只有展开 3 个大队的正面空间，虽然恺撒没想到会在这么糟糕的战场上作战，他还是被迫不断投入生力军顶替疲惫的部队。敌人也是如此，"敌人的兵力在增加，不断有部队从营寨里派出来，穿过市镇赶来支援"，似乎表明从河边有通道进入台地，至少对友军如此。

这个狭窄山坡上的激战持续了 5 个刻时，双方都寸步不让，恺撒也无法在士气高涨的情况下让部下脱离战斗。他显然派出了尽可能多的部队，连续在狭窄的战线上循环战斗，不断派遣生力军进行车轮战。正是这一点，让 3 个大队宽的正面前线打了 5 个刻时而没有丧失斗志。最后，恺撒的军团士兵们用尽了标枪。敌人看到了这一点，就重新振作起来，决心守住自己的战线。恺撒面临惨败的危险，但在他的鼓舞下，士兵们说服自己做了最后一次努力，他们拔出短剑向位于山上的敌军大队冲杀过去，敌军被打得溃不成军，狼狈地逃进伊莱尔达城内。在这次冲锋的掩护下，他们撤到了一个骑兵可以在侧翼列队的地方，"驻在两侧的我军骑兵，虽然停驻在倾斜而又低下的地方，这时也极勇敢地奋力登上山顶，在两军阵列之间往来驰突，使我军的撤退更为方便和安全"。此处的骑兵以极大优势发挥了他们的重要作用。骑兵的进攻加上步兵的巧妙攻击，阻止了敌人的追击。

战斗未分胜负。撤回营中之后，恺撒发现他损失了 1 位百人队长、70 人阵亡、600 人负伤。正如《内战记》所言，敌人仅阵亡一项就有 200 名士兵和 5 位百人队长，负伤数字没有给出。鉴于这场战斗激烈地打了 5 个刻时，这不是非常严重的损失。它表明罗马军团士兵穿着坚固的铠甲，手持宽阔高大和熟练使用的盾牌，只要阵型不乱，士兵会非常安全。

总体而言，在古代一支被彻底打垮的军队所蒙受的损失往往比我们今天所知道的损失可怕得多，胜利者的损失通常绝非很大；我们熟悉的常规战役、前哨战和恶性战斗的伤亡往往比激烈战斗的大得多，而相比现代战争又很小。在恺撒的一场战役中，受伤造成的损失比例一贯很低。

双方都宣称取得了伊莱尔达战斗的胜利，恺撒的手下如此认为是因为尽管他们起初被击退，但却把敌人逼到了城门前，并将敌人压制在那里，此外他们用剑将敌人赶上山，是一大非同寻常的壮举；阿弗拉尼乌斯的部下则是因为他们在激战中保住和巩固了这片高地，这样他们就能用坚固的工事巩固防御，并派驻守军。

恺撒的行动到目前为止的结果是，他那远比阿弗拉尼乌斯部优秀的骑兵可以控制周围地区，而且通过监控桥梁，可以阻止阿弗拉尼乌斯在西科里斯河彼岸自由筹集粮秣。他预见到粮饷短缺迟早会把阿弗拉尼乌斯赶出阵地。但是，恺撒一定敏锐地察觉到，他在与罗马军队的首次交手中完全没有达成他的目标。此时他走了背运，何况他正陷入一场与地位和能力都逊于自己的军官的纠缠之中。毫无疑问，在这里他用了雄辩的语言来取悦士兵们，让他们相信自己确实赢得了战斗。就像我们在高卢战争中经常要做的那样来解析《内战记》，伊莱尔达事件更像恺撒的失败而非一场平局，也不能说夺取这座山冈的企图是精心策划或执行的，阿弗拉尼乌斯的防守很值得赞许。

战斗的两天之后发生了严重的灾难——一场暴风雨不期而至。融雪从山上倾泻而下，形成浩荡洪水漫过两岸，"大家都认为在那一带地方从没发生过比这次更大的洪水。"冲走了恺撒建造的两座临时桥梁。恺撒的营盘被流经它的小溪淹没了。恺撒发现自己与高卢断绝了联系，被困在金伽河（Cinga）与西科里斯河之间，阿弗拉尼乌斯在西科里斯河上还有一座桥，而恺撒一座桥都没有，45千米内还没有渡口。此前，阿弗拉尼乌斯搜罗了附近地区的所有粮食，因此恺撒很难找到粮秣，附属于阿弗拉尼乌斯的轻装部队不断用零星冲突袭扰恺撒。他的卢西塔尼亚轻装兵和近西班牙轻盾兵能够轻松游过河去，"因为他们都有一个习惯，即不带着泅水用的皮囊不来参加军队"，恺撒却无法阻挠阿弗拉尼乌斯在左岸筹集粮秣。

最糟糕的是，运输车队无法到达恺撒这里。一支庞大的筹粮队因受阻而无法回营。与恺撒友好的邦族无法向他运粮，新庄稼还没有成熟，所有牲口都被赶到很远的地方。由于阿弗拉尼乌斯早已将船只搜罗罄尽，恺撒没有船只可供使用。恺撒的口粮与日俱减，阿弗拉尼乌斯却正相反，他的给养充足，而且他的桥梁完好无损，使他能够渡过西科里斯河，不仅能就地筹集粮草，还能从西班牙内地获得补给。形势反转了。河水的高度、崎岖的堤岸和敌人的骚扰使恺撒无法修好桥梁，"我军在同一时间里既要在湍急的河流上工作，又要躲避武器，是件很困难的事"。任何派遣小股部队到河对岸的企图，都被在河岸上的敌军粉碎了。

还有一个更加致命的问题，一支来自高卢的庞大车队，包括奴隶和释放奴隶共约 6000 人就在附近，阿弗拉尼乌斯知道了此事，派出 3 个军团和全部骑兵发动攻击。这支队伍"既没有编队，也没有一定的组织纪律，各人自己高兴怎样走就怎样走，大家丝毫不怀戒心，和前几天一样自由自在地赶路"，对于恺撒失去桥梁一无所知。阿弗拉尼乌斯一遇到这支队伍就立即猛扑过去，要不是高卢骑兵一如既往地表现出的英勇剽悍，这支队伍可能全军覆没了，"其中有一些贵家少年，是元老们或骑士等级的儿子，还有一些别的国家来的使者和恺撒的副将"。但是，由于高卢骑兵的战斗技能和大胆无畏，造成了阿弗拉尼乌斯的处置失当，他既缺乏活力也能力不足。这些人以自己独特的战斗方式，围绕自己的队伍进行小规模战斗，从而迫使阿弗拉尼乌斯的军队保持距离，于是车队得以撤退到高地上。恺撒的损失是 200 名弓箭手，一些骑兵和非战斗人员和少量辎重。

所有这些失利都令给养量少价高。粮价高达每蒲式耳（bushel）50 第纳尔[①]。"士兵们的体力也因粮食不足而衰退了。"只有花费极大的努力才能抢到牲口，恺撒不得不在很远的地方筹集粮秣。这一系列不幸的事件助长了敌人的

[①] 译注：原文为每麦斗（modius）50 第纳尔。正常的粮价，每麦斗约为 3.5 塞斯退斯，50 第纳尔折合 200 塞斯退斯，即涨价将近 60 倍，1 麦斗合 8.7552 公升。

威风，罗马也得到了相关消息，由于这些消息是由阿弗拉尼乌斯根据实情编排的，所以有模有样，人们开始相信恺撒的好运已经到了头。如果此时庞培真的来到西班牙，恺撒很可能已经完蛋了。但是庞培并不认为有必要前来，他在希腊等候恺撒。

恺撒的粮食来源不多，但是在谋略和胆魄方面恺撒却丝毫不减。他决定采取在不列颠学到的手法。他用辎重车将建桥材料在一夜之间运送到了距离营盘 33 千米，河流上游的一个已经选好的地点，即今天的圣洛朗村（village of San Llorens）附近。他派遣一队人马到这里渡河，他们占领对岸的一座山冈，神不知鬼不觉地在山上构筑防御工事，他很快就把一个军团从这里运送了过去。在这支部队的掩护下，恺撒在河两岸修桥，两天内就竣工了，并安全地让他的车队和筹粮队渡河抵达营盘（6 月 11 日）。同时，他调集了一大队骑兵，在适当的时候派去包围了分散筹粮的敌军，他们掳获了大量敌军和粮食，当若干西班牙轻装大队赶来救援时，一部分骑兵掩护掳获的人、物，另一部分骑兵杀向敌人，分割包围了一个大队，将其全歼，又赶走了其余陷入混乱的敌人，随后他们携带大量战利品过桥回营。给养问题就这样解决了，阿弗拉尼乌斯和佩特雷尤斯的优势立即化为乌有。

在此期间，多米提乌斯与布鲁图斯的军队在马赛打了一场海战，战场靠近恺撒舰队驻扎的城镇对面的一个岛屿[1]附近。在数量上敌舰拥有巨大优势，有 17 艘战舰、11 艘有甲板的船和许多较小船只，装载了装备精良的弓箭手和阿尔比西弓箭手，还是进攻方。布鲁图斯大胆率部冲去迎战敌人。尽管这些罗马人的桨手是新手，但装载的旗下精兵、百人队长都是骁勇善战的老兵，他们为了赢得荣誉而要求参战。有一阵子，马赛人凭借老练的行船技巧几乎就要造成灾难。

　　　　马赛人一方面倚恃自己的船快，再一方面倚恃舵手的技术高明，

　　绕开我们的船只，躲过他们的冲击，只要路上没遮拦，就把自己的

---

①译注：今天的克拉通瑙岛（Rattonneaux）。

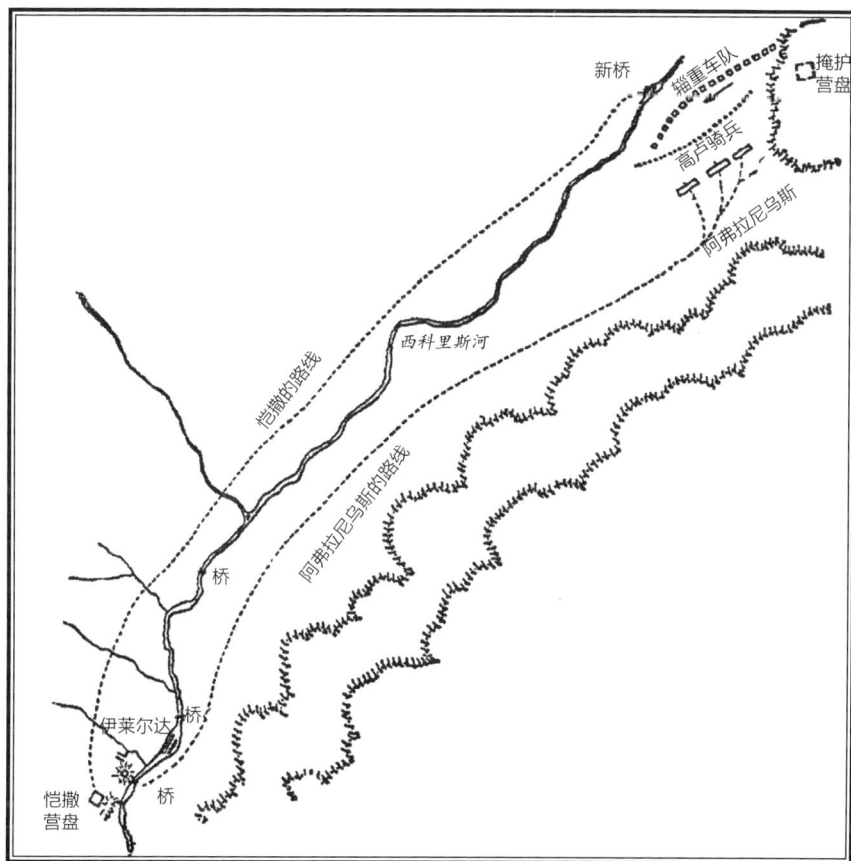

◎ 营救运输车队

舰只散开，拉成一长列包围我们，或者以几只船攻击我们的一只，如果有可能，就在我们的船侧擦过，竭力设法挤掉我们的桨。但如遇必要，非得靠近不可时，他们也会发挥山地人的勇敢来代替舵手的经验和技术。至于我军方面，一则人员都是匆促中从商船上抽调来的，桨手没有这样熟练，舵手也没这样富有经验，甚至连那些索具的名字都不知道，而且我们舰只的迟缓和笨重，也着实累人不浅，因为它们都是用还没干燥的木材匆忙造起来的，不能同样地灵活操纵。因而，只要一有手接手近战的机会，我军就沉着地用自己的 1

艘船奔向对方的 2 艘船，伸出铁钩去把两只都紧紧搭牢，就在船的两侧战斗起来。他们还登上敌船去，在杀死大量阿尔比西人和牧奴后，击沉了一部分船，又连人带船捕获到几条，把其余的都逐回港去。这一天，马赛人共损失了 9 艘船，包括被俘的。

◎ 标帜

这场胜利的消息大大鼓舞了伊莱尔达的军队士气。恺撒故意夸大了这场胜利，许多城镇和当地部落因此献出了效忠和粮食，包括奥斯卡人（Osca）、卡拉古里斯人（Calagurris）、塔拉科人（Tarraco）、伊比卢斯河河口的亚克塔尼人（Jacetani）以及他们南面的伊卢伽沃涅塞斯人（Illurgari），还有比利牛斯山最东端靠近地中海的奥塞塔尼人（Ausitani），甚至一个伊卢伽沃涅塞斯人的大队成建制投奔了恺撒。

精彩的机动
（公元前 49 年 6 月）

第二十九章

很快，时来运转了。恺撒手下高卢骑兵的活力把阿弗拉尼乌斯的筹粮队吓破了胆：

> 敌人慑于我军骑兵的英勇，就再也不敢这样自由、这样大胆地出动了，即使有时出来，也不敢离开营寨太远，只在一块很狭小的地带觅食，以便可以很迅速地退回去。有时，他们又远兜远转，避开我军的警卫和骑兵哨岗，在受到了一些损失或老远看到我军骑兵时，他们就马上停步，抛掉行囊，逃之夭夭。最后，他们决定一连几天停止觅食，或者一反常例，在晚上出来觅食。

一旦恺撒的胜利得到证实，远近的部落都前来输诚效忠，背叛了阿弗拉尼乌斯，并且为军队提供了大量粮秣和牲口。除此之外，关于庞培经毛里塔尼亚来西班牙的谣言也销声匿迹了，这进一步振奋了恺撒党徒的军心士气。

为了提供比刚刚修建的桥梁更便捷渡过西科里斯河的手段，以及比那些被洪水冲走的桥梁更可靠的渡河方法，恺撒凭借其用之不竭的想法，设计了一个人工渡口。鉴于已不太可能再发洪水，所以很难解释为什么恺撒没有重建被滔天洪水冲毁的桥梁或建造其他桥梁。除非河水涨得太高太快，或者敌人比往常更积极地阻挠建桥，否则修建几座桥梁所耗费的劳动量与他所干的工程相比微不足道。附近虽然没有木料，但可以从山里顺水漂下来。

《内战记》中用了不少笔墨来叙述这项工程壮举，许多巧妙的设计显示了恺

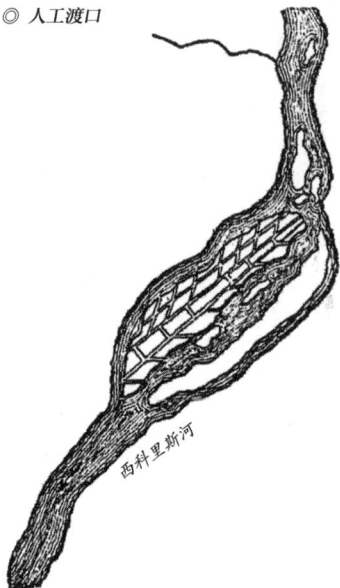

◎ 人工渡口

西科里斯河

撒是如何建成这个著名渡口的。他切实完成的这个工程，以其简约、又以其独创性令人侧目，现在我们需要对它进行解读。

在伊莱尔达上游约1500米的西科里斯河有一片宽阔的河床，与今天一样，河流当时在三条河道中流动，在河道中间留下几个宽阔的沙石岛屿。距离右岸最近的那个长约750米。这里是敌人标枪射程之外的地方，恺撒挖掘了几条9米宽的排水沟，成功将西科里斯河的一部分水抽到这些排水沟里，从而给了河水更多的流动空间，降低了河水深度，使之可以在某些地方徒涉。这个计划大功告成，骑兵再也不需要绕远路走圣洛朗桥了。

就像恺撒的骑兵已经证明比对手更加强大而令阿弗拉尼乌斯和佩特雷尤斯恼火不已一样，这一精致巧妙的工程同样使他们灰心丧气。就像在高卢战役中一样，这些英勇的追随者是他在西班牙战场的中坚力量之一。罗马或阿弗拉尼乌斯和佩特雷尤斯的本地骑兵完全无力与高卢骑兵争雄。

鉴于恺撒已经掌控了西科里斯河右岸，并且能够在河左岸的原野中筹集粮秣，庞培军有陷入困境的危险，他们必须立即采取果断的行动。经过长时间磋商，两位副将决定渡过伊比卢斯河撤退到克尔提贝里亚（Celtiberia），在那里庞培受到许多人的喜爱、畏惧，其影响力一直占据支配性地位。这在一定程度上是因为庞培是荡平塞多留斯的罗马将军。这种情绪使庞培党相信，他们可以在那里将战争延长到冬季，比利牛斯山的积雪会削弱恺撒与高卢的联系；由于恺撒在那默默无闻，难以争取支持者或为军队筹集粮秣，所以将伊比卢斯河上的所有船只都搜罗到西科里斯河与伊比卢斯河交汇处的奥克托格萨（Octogesa）[1]，

---

① 译注：今西班牙梅基嫩萨（Mequinensa）。

350

并且下令在此地用船只搭建一座浮桥。

前往奥克托格萨最近、易行的道路是沿着西科里斯河右岸行进，但易行也意味着容易被恺撒的骑兵追上，庞培军就怕这一点。他们决定在河彼岸走一条更加崎岖的道路，其优点在于有许多现成的防御工事，但这个国度有个讨厌的特点——缺水。今天，当地的唯一水源是雨水，居民们将雨水储存在蓄水池里。

有鉴于此，庞培党用桥将 2 个军团送过河去，他们依然掌握着石桥，大约在 6 月 21 日，他们在左岸修建了一个壁垒高 3.6 米的营寨和桥头堡。准备工作完成了一段时间，但阿弗拉尼乌斯和佩特雷尤斯由于携带辎重而行动迟缓，他们的撤退行动延误过久，而且他们的所作所为也背离了原计划。恺撒夜以继日地辛苦劳作，终于完成了他的渡口。现在可以徒涉了，虽然过河还有些危险，恺撒依然让骑兵都过河了，但"步兵却只有肩膀和胸部的上半露出水面"。敌人意识到他们拖延所造成的错误，明白必须迅速撤走，否则就丧失了安然撤军的机会。阿弗拉尼乌斯和佩特雷尤斯越发沮丧，他们在与恺撒军的几次对等交锋中都取得了胜利，但他们并不情愿在开阔战场上与恺撒进行正面激烈交锋。这样看来，即使恺撒在最近的交锋中没有取胜，却也令敌人刻骨铭心。无论如何，庞培军都决定放弃他们的战线，撤退到一个安全的地方。6 月 23 日夜间，他们在伊莱尔达留下两个辅助大队的驻军用于掩护撤军行动，并且将全军转移到河对岸的新营盘。"军团士兵……奉命从伊莱尔达带出来可供 22 天用的粮食。"

西科里斯河左岸的从伊莱尔达到伊比卢斯河的原野，最初是起伏不平、肥沃丰饶的，随后的地势起伏更大，在距离伊比卢斯河 7.5 千米左右的地方，原野上山岩嶙峋，难以通行。如果阿弗拉尼乌斯和佩特雷尤斯迅速井然有序地行军，也许不会遭到追击。如果他们走过平地进入山区，那么就安然无恙了。

恺撒遗憾地看到他的猎物逃之夭夭了。现在他唯一的机会是骚扰敌人的后卫，迫使他们就范。恺撒派遣骑兵渡过西科里斯河追击，迅捷的高卢人卓有成效地履行了职责。"当阿弗拉尼乌斯和佩特雷尤斯在第三更移营开拔时，他们突然在他的后军出现，大队人马兜围上去，开始阻挠和拖延对方赶路。"恺撒放弃了强迫庞培军与自己会战的念头。他认为，尽可能在不消灭反对他的罗马军团的情况下制伏阿弗拉尼乌斯和佩特雷尤斯是"不战而屈人之兵，善之善

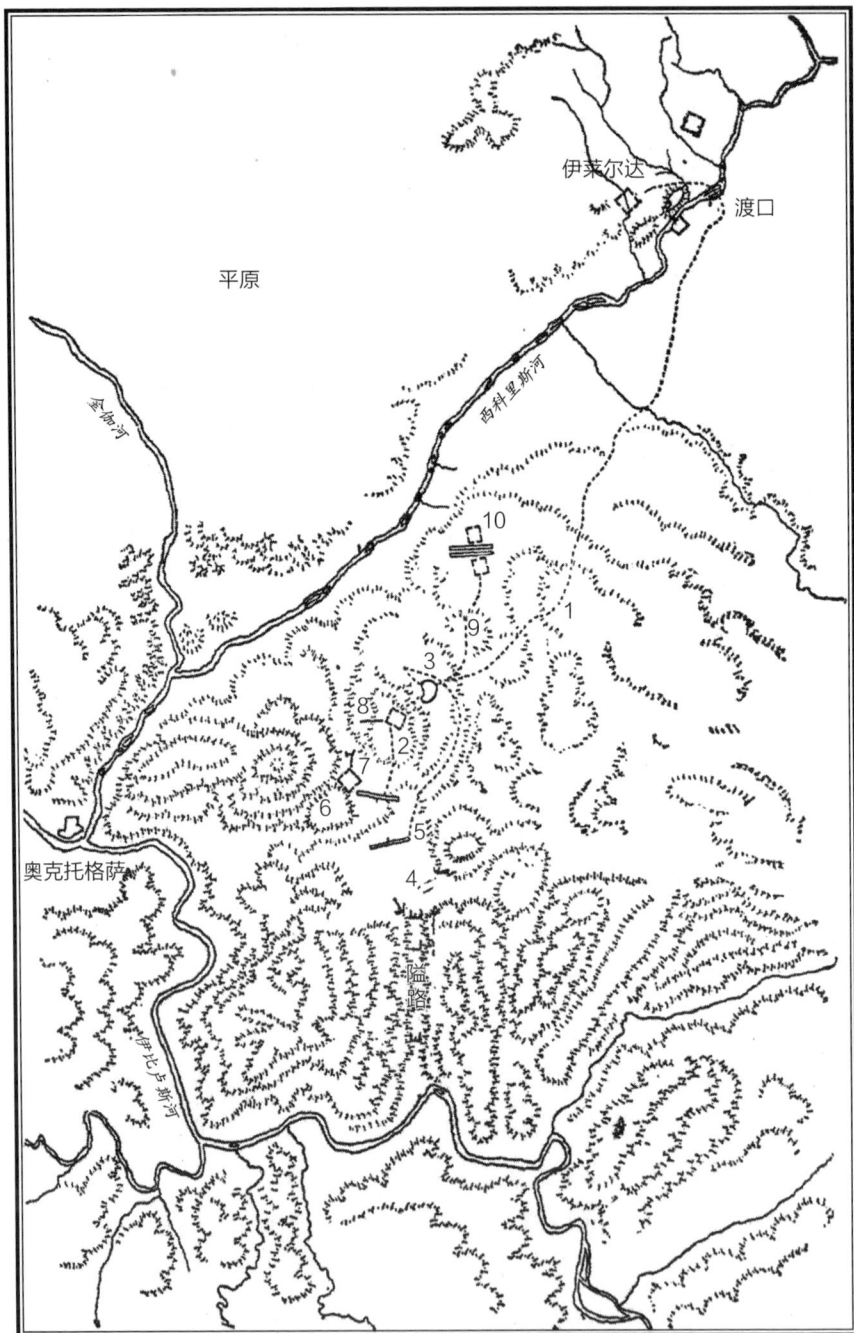

平原

金迪河

西科里斯河

伊莱尔达

渡口

10

9

1

3

8

2

7

6

5

4

隘路

奥克托格萨

伊托尔斯河

◎ 伊莱尔达附近的行动区域

者"。他希望把这些军团，或者至少是其中的多数人引导到他的事业中来。在他的许多行动中可能出现的犹豫不决，实际上可以归因于合理的军事动机。他希望靠机动，而不是靠战斗取胜。让我们看看他是怎么做到的。

在西科里斯河左岸，阿弗拉尼乌斯和佩特雷尤斯有两条路线可选择：一条靠近河流，途经相对平坦的原野；另一条穿过地形破碎的原野迂回进入内陆。他们选择了后者，原因与选择走左岸而不是右岸相同。但是很明显，他们没有仔细勘察地形，因为后一条路线的崎岖程度也不足以阻止紧咬不放的恺撒骑兵。

从西科里斯河左岸的高地上，恺撒的军队可以看到骑兵是怎样严重干扰阿弗拉尼乌斯和佩特雷尤斯的行动的。恺撒的骑兵中队在敌人的侧翼和后方扫荡，挫伤敌人军团士卒的士气，并且在发动了巧妙的进攻之后退却。恺撒军在金伽河和西科里斯河的交界处，他们的一座桥在上游33千米处。过河路线太绕，令他们无法参与追击行动，我们必须假设那座石桥还被敌人牢牢固守着，如果不绕道那个水位高及他们的脖子的渡口，他们无法与战友会师。这些百战老兵的犀利目光立即发现敌人正要逃之夭夭，他们明白这意味着得在陌生土地上进行漫长的追击和乏味的战役。老兵们"跑到百人队长和军团指挥官们面前去恳求他们向恺撒保证，要他不必顾惜老兵们的辛劳和危险，老兵们已经完全准备好了，能够而且敢于在骑兵涉渡的地方渡过河去"。恺撒充分利用了这种热情，决心尝试一下。

《内战记》没有提及阿弗拉尼乌斯和佩特雷尤斯拆毁了石桥，也没有说他们留下一支部队驻守石桥；但两件事只能有一件是事实，否则现在恺撒肯定会利用石桥过河。如果石桥被拆掉了，他就不能通过它过河，如果石桥由几个大队坚守，恺撒或许会击破留守桥头堡的驻军，从而在河上开辟一条通道。可以肯定的是，按照当时的习惯，即使只有少数部队固守也要避免攻击胸墙，除非立即发动进攻，否则就会耗费过多时间。但奇怪的是，在如此紧要的关头，而且形势对恺撒很有利，他居然没有毫不犹豫地发动进攻并占领石桥。布匿战争期间乃至其他时候，罗马军团都曾经猛烈攻击庞大正规军占据的胸墙工事，在此前后，恺撒的军团士卒都攻破过城墙，这座石桥的防御工事不可能是其他坚固工事，而是通常的壕沟和壁垒。也可能是这样，恺撒宁愿冒着徒涉的危险，也不愿意攻打石桥——如果它还存在的话。唯一能够解释的是：要么这个渡口比《内战记》设想的更易于渡过，要么庞培的将军们从西班牙部队中抽调出一支精兵来固守桥头。在伊莱尔达，两个大队可能就足以固守了。

留下疲弱士兵和 1 个军团守卫营盘后，恺撒不带辎重，将骑兵斜着部署在河里，上游骑兵用于阻拦水流，下游骑兵用于抓住可能被河水冲走的士兵。许多步兵失足落水，但都被骑兵抓住，无人丧生。

恺撒将他的军队排成三路纵队行军，即常见的有两翼掩护的三线队形。由于敌军的前进受到恺撒骑兵的阻碍，官兵们的高昂斗志使他们迅速追上了敌军后卫。"军士们的热情如此高涨，尽管绕了一个圈子，多走了 6 罗里（9 千米）路，涉渡又耽搁了许多时间，但在白天的第九刻时（下午 3 时）以前就赶上了第三更（午夜）出发的敌人。"恺撒的骑兵熟练地干扰了阿弗拉尼乌斯的行军，以至于他的纵队没有走出多远，可能不超过 9 千米。

恺撒的军团出现在阿弗拉尼乌斯后方，迫使后者暂停退却，将其部队拉到一片隆起的地面上（352 页图上位置 1）。《内战记》对时间和距离给出的一些提示有助于准确定位几天以来的行踪。恺撒也停下行军的步伐，给他的人马休息的时间以补充精力，他们也跑了超过 30 千米路。恺撒不愿意发动认真的进攻，但当阿弗拉尼乌斯继续撤退时又向他发动进攻。就这样，两军打了一场小规模战斗，又向西南转进了 9 千米。最终双方都安营扎寨了，阿弗拉尼乌斯在附近的山岗上（352 页图上位置 2）扎营，使他能够避开恺撒的骑兵，而恺撒在毗邻的高地（352 页图上位置 3）宿营。

阿弗拉尼乌斯原打算继续沿着他的路线，径直向西翻越群山抵达奥克托格萨，但是恺撒的逼近让他担心受到骑兵的进一步阻挠。在向南约 7.5 千米的地方，这里对于骑兵行动而言过于崎岖，路上还有一条隘路。如果突然开始行军，他会抵达隘路入口从而免于遭到追击，而且可能在奥克托格萨更下游的地方渡过伊比卢斯河，再沿着河岸抵达那个地方。无论如何，在距离奥克托格萨不到一半路程的隘路是一个临时避难所，成了庞培军紧紧抓住的救命稻草。这是一个彷徨犹豫、劳而无功的举措，如果恺撒直接向奥克托格萨进军，就可以阻止他去往那个地方，但阿弗拉尼乌斯病急乱投医，别无选择。

阿弗拉尼乌斯和佩特雷尤斯的处境非常微妙，在大约 16 个小时内，他们一直在行军，躲避恺撒的骑兵。他们的手下因人困马乏而四分五裂，军官们同样焦躁不安。出于对骑兵的极度恐惧，他们决定不取直路前往奥克托格萨，而是取道隘路直接奔向伊比卢斯河。恺撒一如既往地积极主动。

做出了这个决策之后，庞培军愚蠢地没有选择在恺撒发动猛烈进攻之前冒着一切危险奔向隘路，"由于全天的战斗和一路来的辛苦，他们把这件事推迟到次日去"。他们应该牺牲部分军队和全部辎重来拯救其他人，但有些将军永远不知道什么时候需要丢车保帅。

天黑之后，阿弗拉尼乌斯想到他可以偷偷瞒过恺撒逃跑。高卢骑兵通宵都在侦察；午夜时分，他们从一些俘虏口中获悉，敌人正努力在夜暗的掩护下撤退。当这一情况被汇报给恺撒时，恺撒向全营发出整装待发的信号，这是一种伴随着一声喊叫的号角声。听到这个信号，阿弗拉尼乌斯以为恺撒马上要离开营盘，决定按兵不动，以免恺撒的军团士兵和骑兵干扰他的行军。携带沉重的辎重车队如果遭到夜袭，很可能造成灾难性后果。次日（6月26日），阿弗拉尼乌斯和佩特雷尤斯再次侦察了这片原野，随后召开了一次军事会议。有人建议夜间行动，寄望于在夜间逃脱会容易些；其他人认为，恺撒的骑兵通宵巡逻，一定会发现他们的行踪，而夜色中的士兵即使在指挥官的眼皮子底下也不会进行战斗。他们说，白昼才能给予士兵们在黑暗中失去的强烈羞耻感和责任心。权衡了利弊之后，他们决定在次日早晨行动，无论什么样的损失他们都必须承受。他们虽然如此打算，但为时已晚。

恺撒预见到计划的变化，决定奋力一搏，拦在敌人与隘路之间。他很早就出发了，天色刚亮就从敌人右翼（东侧）绕了一大段路向群山奔去。他不能走大路，因为阿弗拉尼乌斯和佩特雷尤斯所部正横在那条路上。于是他耍了个巧妙的花招，命令军团从背向隘路的西门离营。庞培军虽然察觉了这一运动，却认为恺撒要撤军，一旦恺撒的部队消失在敌人的视野中，就指向东、南方。恺撒面前的道路崎岖不平：

> 恺撒的士兵被迫只能翻越巨大艰险的山谷前进，许多地方都有悬崖峭壁挡住去路，士兵们不得不把武器一个人一个人地传递过去，自己大部分路程都空着手走，或一个把另一个托起来攀登上去。但没一个人拒绝这种艰难困苦，因为他们认为只要能把敌人和伊比卢

斯河（今埃布罗河）隔绝，切断他们的粮运，所有这些辛苦就都可以结束了。

认定恺撒要撤军的想法令阿弗拉尼乌斯和佩特雷尤斯长舒一口气，不再急于赶路：

> 最初，阿弗拉尼乌斯的士兵们为要眺望我军，都得意扬扬地奔出营来，还追着用讽刺的话挖苦我们，说我军是因为生活必需品没有了，不得不逃跑，回转伊莱尔达去。由于我们走的路和预期的方向不同，看起来似乎正在向反方向退走。

庞培军逐渐发现恺撒行军纵队的前锋已经出现在右侧，辎重车队也越过了他们的营盘。此举立即证明庞培军犯下的错误，敦促庞培军立即行动。如果恺撒拦住他们前往隘路的去路，他们就输掉了这场游戏。阿弗拉尼乌斯指派一队人马守营，自己扔下辎重率领主力匆忙出发，直奔隘路。敌人的行动有些匆忙和混乱，而且恺撒的骑兵严重妨碍了他们的行军：

> 就阿弗拉尼乌斯的部队来说，事情已经落到这样一种无可奈何的境地：如果他们抢先到达他们正在奔向的那座山，他们自身就可以避免危险，但全军的辎重以及留在营寨里的那几个营，便没法再保全，因为他们已被恺撒的军队切断，绝无办法支援他们。

如前文所述，由于这条路更加崎岖，阿弗拉尼乌斯和佩特雷尤斯认为更不易遭受高卢骑兵如影随形的追击，这才决定南下取道这条位于今天里瓦罗亚（Rivaroja）的隘路。恺撒料敌在先，已经奔向同一目标。

尽管他被迫走弓背路，穿过一片非常崎岖、没有道路的原野，但部下的热情高涨和阿弗拉尼乌斯所部的松懈迟缓使恺撒率先抵达了能够控制路口的位置。他"在巨大的巉岩后面找到一片平原"，将军队面向敌人的行军道路布阵（352页图上位置5）。阿弗拉尼乌斯在战略上已经失败了。恺撒所部以逸待劳，对他们的胜利兴高采烈，他们对统帅的能力比以往任何时候都更有信心。高卢骑兵继续在阿弗拉尼乌斯的侧翼和后方来回扫荡。这是一个胜负一目了然的战例，每个人都能看清谁赢谁输了。

阿弗拉尼乌斯看到自己的计划流产后又改变了主意，决定沿着原来选择的道路向西翻山而去。他派遣4个西班牙步兵大队占据了一个高地（352页图上位置6），这里可以提供一个牵制恺撒的机会，通过将恺撒钉在这里，率领他的主力部队通过。但是恺撒的骑兵一直保持着警惕，立即奋勇攻击了这几个大队：

> 他们用他们的皮盾挡不住骑兵的冲击，就连片刻都没坚持住，所有的人都被包围，在敌我两军的面前，全数被歼灭。

眼下这种情况显然非常适合向敌人发动进攻，敌人一筹莫展，受制于恺撒的骑兵。恺撒的副将、百人队长和军团指挥官们都围在他身边，恳求发起会战，这些人求战心切，他们看到敌人垂头丧气，被压缩在军旗周围，阵型散乱，茫然不知所措。现在不开战，也要准备开战，敌人很快就会由于缺水而从山上冲下来。恺撒知道此时开战就意味着对敌人进行可怕的杀戮，他渴望保存罗马人的性命，也要尽可能保持军团的完整，以供自己差遣。他坚信可以迫使阿弗拉尼乌斯和佩特雷尤斯投降，这样就不至于损兵折将。这个决定引发了士兵们的强烈反对和不满，许多人公开宣称，如果恺撒在如此有利的局面下不开战，也许他们就不会在恺撒号召他们战斗的时候打仗了。恺撒不是一个耳软心活之辈，毫不在意这种求战情绪，他知道其实这些都是出自军人的动机，他还有更加重要的事情需要考虑。他让敌人退回营地，在通往群山的道路上都设置了坚固的岗哨，用来截断通往伊比卢斯河的每一条道路，他在靠近阿弗拉尼乌斯和佩特雷尤斯的地方（352页图上位置7）扎下坚固的营盘，以便更好观察他俩的动向。

这两位将军现在只有两个地方可去，伊莱尔达或海边的塔拉科（Tarraco）[1]。

---

[1] 译注：今西班牙塔拉戈纳（Tarragona）。

后者路途过于遥远，根本去不了。

恺撒不仅仅满足于监控他们，还要努力截断庞培军的水源，他派骑兵去袭击敌人的汲水部队，敌军必须从营盘走一大段路才能找到装满水的蓄水池。这一新出现的严重威胁迫使阿弗拉尼乌斯和佩特雷尤斯设置了一条警戒线来保护出动的汲水部队，他们后来决定在营盘和水源之间建造一堵墙，这是一项巨大的工程，需要两位将军都出营指挥施工。"佩特雷尤斯和阿弗拉尼乌斯把这项工作分了工，亲身跑到距离很远的地方去完成这项工程。""他们一离开，士兵们立刻抓住可以自由自在谈话的机会。"他们热情相拥，因为两军官兵中许多人是老朋友，恺撒军很快就发现敌人营盘中有严重的不满情绪。庞培军中的许多军团指挥官和百人队长来见恺撒，两军阵营之间的互动很快就成了家常便饭。庞培军中的士兵公开表达了他们没能在恺撒军中效力的遗憾。友爱之情迅速升温，以至于士兵们派遣一些首列百人队长去拜访恺撒，说如果恺撒能饶恕阿弗拉尼乌斯和佩特雷尤斯，他们就会逮捕、献出他们的将军，并且投奔恺撒。他们敏锐地感受到，前一天当他们沦为俎上鱼肉时，恺撒饶了他们一命：

> 到处都充满欢乐和祝贺，一方面认为自己已经避免了这样大的一场灾难，另一方面认为已经不伤一人就完成了这场大功。大家一致认为恺撒前些时候的宽大，取得了巨大的效果，他的做法受到大家的一致赞扬。

庞培的两位将军很快就得知了这个消息。阿弗拉尼乌斯没有打算抗拒军心，准备接受现实；佩特雷尤斯与恺撒关系更加疏远，当他得知情况后，也许是因为不相信恺撒，或者是相信本地兵马的战斗力，他决定采取行动，武装了他的奴仆和少数个人追随者，加上西班牙卫队和少数异族骑兵，飞奔回营逮捕、处决了依然留在他的军营中的几名恺撒的部下，迫使其他人或藏或逃。决定逃跑的那些人"把左臂包裹在自己的斗篷里，拔出剑来，就这样抵抗着皮盾兵和骑兵"。之后，佩特雷尤斯用威胁、哀求和眼泪使他的军团恢复了责任感，士兵们向刚刚返回军营的阿弗拉尼乌斯和所有军官宣誓，在任何情况下都绝不抛弃庞培的事业，鉴于许多恺撒的官兵还在他的军营里，他强迫他们交出所有能找到的这些人，并在帅帐中将其全部公开处死。尽管如此，许多恺撒的部下还是被这些人隐匿起来，让他们在夜间翻过寨墙回去。

恺撒精明过人，绝不会沉溺于这样的杀戮。在自己的营盘中搜出全部敌军士兵之后，恺撒让他们毫发无损地回去，对每个人都好言安慰。一些军官决定留在他的身边。"他对这些人极表尊重，百人队长都恢复到原来的级别（这是非同寻常的举措），罗马骑士也都复职担任军团指挥官。"一切又恢复到战争状态，但是在敌人的军队中，恺撒肯定赢得了心理战的胜利。

阿弗拉尼乌斯和佩特雷尤斯犯下了一系列错误，他们对部队的管理特别差劲，每个错误都孕育出一个新错误。相比之下，恺撒的经历和才智都远出对手之上。他一直保持警惕，使敌人难以筹粮和汲水。庞培的军团士卒们携带了一些口粮，起初的供应量比平时多些，但是西班牙和辅助部队因不习惯背行李而没粮可吃，故而每天都有许多人投奔恺撒。终于，阿弗拉尼乌斯和佩特雷尤斯决定努力退回留有许多粮秣的伊莱尔达，他们选取了最快的路径，向北前往西科里斯河再沿着河左岸行军。他们留在那里的老营盘似乎是唯一可去的避难所。为了做到这一点，他们在黎明时分出发，沿着高地山脊行军，尽量免受恺撒的骑兵的骚扰，而恺撒骑兵一直在不遗余力地为他们制造困难。"他们的后军简直没有一刻不需要和我军的骑兵交锋。"事实证明，他们自己的骑兵一无是处，因为后期的战斗使他们魂飞魄散。他们无法面对高卢骑兵，为了防备他们溃散，不得不将其置于军团的中央。

在行军途中，庞培军会在每一块可以投掷标枪的高地上转过身来投矛射箭，在有利地形上打击恺撒的骑兵，先行的步兵大队会转身掩护后方跟进的大队，但是在每次下坡时，追踪而至的恺撒骑兵都会占据制高点，他们被迫发动猛攻，将骑兵赶回一段距离，使自己得以撤退到一片平地上，然后继续前往下一处高地，他们在这里会再次将自己置于与恺撒骑兵旗鼓相当的位置。这些后卫战斗变得相当凶险，令敌人如芒在背，走了仅仅6千米之后，敌人被迫在一个高地上停下来安营扎寨。恺撒也扎营（352页图上位置9），并派出部队筹粮。庞培军扎营只是个圈套，除了面向恺撒营盘的方向，都没有构筑工事。恺撒中了招，派出人马筹集粮草。同日中午，当看到恺撒的骑兵远去时，庞培军全速逃跑，恺撒一看到敌人撤离，立即留下几个大队负责看守营盘和收拾辎重，率领主力以轻装行军队形紧追不舍。恺撒命令筹粮队在下午 4 时跟上来，骑兵必须尽快追上主力。骑兵一回来，他们就跑到前面又开始骚扰阿弗拉尼乌斯和佩特雷尤斯的行军纵队。恺撒紧随其后，不断向敌军左翼进行包抄，迫使他们进一步远离西科里斯河，同时派遣骑兵在河岸上巡逻警戒。通过巧妙的机动，恺撒最终迫使敌军在一个远离水源、非常不利的地方（352 页图上位置 10）扎营。他今天的工作完成得很漂亮。

恺撒没有攻打敌军，他命令部下全副武装、枕戈待旦，而非扎营，同时等待他认为正在到来的更好战机。他采取措施将庞培军控制在这个地方，并保护自己的军团使其免遭突袭，办法是在敌人的四面八方修筑深沟高垒。就在这一两天时间内，阿弗拉尼乌斯和佩特雷尤斯由于没有饲料不得不杀死所有驮畜。他们可能考虑过发动突袭解围。在第三天（7 月 1 日）下午 2 时，他们将全军拉出营，摆开战斗队形，试图阻拦恺撒完成工事。恺撒如法炮制，静候敌人发动进攻。两军似乎都不愿意主动进攻。恺撒不愿进攻，而庞培军害怕打仗。自从在伊莱尔达交锋以来，他们就丧失了斗志。《内战记》说，双方的营盘距离只有 2 千米，鉴于两军都有五个军团，对于人马如此众多的进退，或者胜利一方追击来说空间都太小了，没有回旋余地。

阿弗拉尼乌斯的五个军团排列成两条战线，辅助部队排在第三线，担任预备队。恺撒按下面的阵型排成三条战线：

> 5 个军团中各抽出 4 个营构成第一列，再由各该军团中的另 3 个营列在他们后面作为接应，接着又是各该军团的 3 个营。弓弩手和射石手夹在行列中间，骑兵封闭着两侧翼。

战斗没有打响，双方在日落时分收兵回营了。次日，当恺撒继续建设工程时，庞培军采取了行动，好像要杀出一条血路，通过附近的一个渡口渡过西科里斯河，如果得手他们就会返回伊莱尔达。恺撒派骑兵抢先一步，命令他们占领所有渡口，并且在河对岸巡逻警戒。

此时敌军四面楚歌，没有饲料、水、木材和粮食，既看不到逃命的机会，也缺乏拼死突围的决心，阿弗拉尼乌斯和佩特雷尤斯要求在 7 月 2 日举行私人会晤。恺撒拒绝了这个提议，但允许庞培党人在两军阵前公开会谈。恺撒的提议得到了落实。阿弗拉尼乌斯谦恭的发言，要求获得宽大的投降条件，恺撒以其一贯的说服力称赞阿弗拉尼乌斯和佩特雷尤斯及其军团回避会战而挽救了众多罗马人的性命，尽管他谴责了他们在其军营内屠杀他的士卒，依然向敌军的高超素质致敬，承诺宽恕所有人，然而他也暗示这些条件是他的最后通牒。他完全清楚什么时候该宽宏大量。会晤的结果是，双方一致认为，敌人的各个军团应该解散，士兵们各回各家，而阿弗拉尼乌斯和佩特雷尤斯应该离开西班牙和高卢。

恺撒可以强迫这些军团投身他的事业，他也很想让他们入伙。但是他过于谨小慎微，不愿意动武。他只接受了志愿入伍者。我们不知道究竟有多少人入了伙。他解散了军团，为所有人提供了粮食。西班牙部队被立即解散，罗马降兵走到意大利边界上的瓦鲁斯河（River Varus）才解散。每人失去的财物只要能在恺撒军队中找到，一律物归原主，已经将其据为己有的士兵则以公正的估价获得补偿。行进到瓦鲁斯河的庞培士兵在河边就地解散，一路上他们由卡伦纳斯指挥的四个恺撒军团监管，两个军团在前开路，两个在后面殿后。这四个负责护送的军团随后奉命加入了意大利战场以对庞培作战。就这样，阿弗拉尼乌斯和佩特雷尤斯一方犯下的一系列愚蠢错误，以及恺撒方面的一系列精彩机动都结束了，庞培不仅因此丢掉了西班牙，还失去了他手下历史最悠久和最能打的军团。

恺撒保留了另2个军团，将他们交由卡西乌斯指挥，用于完成对远西班牙的征服。

这些辉煌战役完成之迅速罕有其匹。儒略历（Julian calendar）[1]公元前50年12月17日，恺撒渡过卢比孔河。两个月后，他成功地纵贯意大利半岛，庞培拒绝会战，乘船驶离布隆狄西乌姆前往伊庇鲁斯。随后，恺撒将军队转移到马赛和西班牙。5月23日，他抵达伊莱尔达。7月2日，经过历时6周的机动，

---

① 译注：儒略历（Julian Calendar）是由恺撒采纳数学家兼天文学家亚历山大的索西琴尼（Sosigenes of Alexandria）的计算后，于公元前45年1月1日起执行的取代旧罗马历法的一种历法，以恺撒的姓尤里乌斯（Julius）命名，儒略是尤里乌斯的另一种译法。

阿弗拉尼乌斯和佩特雷尤斯投降了。在这么短的时间内，他几乎没有多余时间在这个国度行军，他平定了意大利，扫平了庞培在西班牙的势力。

恺撒一踏上意大利的土地，意大利就屈服了。没有人敢为意大利的所有权而与高卢征服者进行对抗。当恺撒转向西班牙时，庞培没有腾出手来抄他的后路。恺撒并没有白白依靠他的好运气，命运之神青睐足智多谋、活力四射的恺撒，抛弃优柔寡断、缺乏进取心的庞培是理所当然的。在西班牙战例中，恺撒充分利用了命运之神的微笑，当她愿意助一臂之力时，他就不遗余力，当她在极少数场合转过身去时，他避开了她的不悦。

另一方面，庞培不作为的根源在于他在西班牙的部将们占用了7个军团和整个伊比利亚半岛，恺撒最大程度地利用了庞培的优柔寡断和萎靡不振。庞培的软弱反映在他的部将们身上，他缺乏主观能动性，以至于人们很难指责他俩没有充分利用恺撒在伊莱尔达洪水之后遇到的真正的严重危险。有其君必有其臣。

恺撒用机动而非战斗就彻底实现战略目标，是古代同类战役中的最佳范例之一，更是不战而屈人之兵的典范。

在西科里斯河中修建渡口一直被视为一大值得注意的工程奇观，它确实是兼具大胆和天才的创举。

除了恺撒自己的战役，意大利和伊莱尔达战役几乎无与伦比。

马赛、加的斯、非洲
（公元前49年4月至9月）

第三十章

当恺撒在处置北西班牙事务时，德来朋纽斯及其3个军团一直在为围攻马赛而积极搜集材料和建造船只。

六百年前，福西亚（Phocean）①难民建造了马赛，由于其特殊的位置优势，马赛已经发展成一个巨大的繁荣港城。它在高卢南部传播了希腊文明，教授蛮族务农、学问和艺术。它拥有众多殖民地和庞大的商业。马赛港是个天然良港，城区建在一片由三座山丘环绕的土地的北端。两条都通往地中海的峡谷将城镇与大陆分开，港口的南面布满了工场、兵工厂和作坊。城市东墙位于峡谷边缘，颇为坚固，由许多塔楼予以加固。几座城门接通城墙内外，主城门位于中段，面向从高卢通往西班牙的奥莱莉娅大道。该城由天然险阻和建筑艺术加固，易守难攻。市民的风俗诚实朴素，房屋简单平凡，但是他们的公共建筑和寺庙与众不同。德来朋纽斯在正对东墙的中段，今天的圣夏尔山（St. Charles hill）上安营扎寨，这座山冈比城中的任何一座山冈都高一些，它居高临下俯瞰作为壕沟的峡谷，距离约500米。由于马赛人控制着海洋，德来朋纽斯只能从陆地方向攻城，他选择的主攻点就在两条峡谷的连接点的正南方，主城门附近。德来朋纽斯认为一个攻击点不够，于是开辟了第二点，它距离港口较远，距离第一个攻击点约360米。

---

①译注：福西亚（Phocaea）是小亚细亚西海岸上的一个古希腊城邦，福西亚人擅长航海，公元前600年兴建了海外殖民地马赛城。

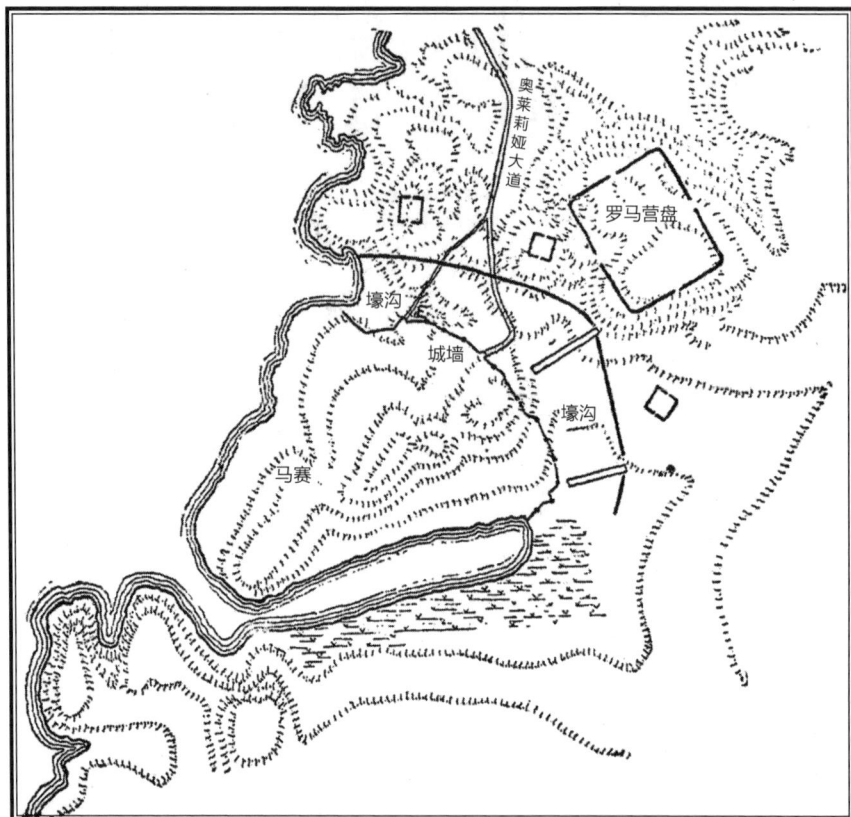

◎ 马赛攻城战

　　为了穿过峡谷抵达主攻点，德来朋纽斯被迫砌了一座土山，它高达24米，四面宽18米。城里拥有大量威力巨大的远程投射机械，普通材料制造的盾车对此毫无用处。其中的一些器械能发射3.6米长的铁头木杠，甚至能贯穿四层阻碍物，深深刺入地面。盾车的棚顶必须由0.3米厚的木板支撑，走在盾车前面的龟甲型巨盾（testudo）长达18米，棚顶极为坚固，上面覆盖着防火材料，它的用途是掩护在盾车前面平整地面的士兵们。只有在这样的掩护之下，这些人才能安全工作。从城中频繁出动的突击队都被打退了，由于突击队的阻挠和工程的浩大，两个攻击点的进展都很缓慢。

　　恺撒曾经留在马赛指挥于5月6日左右开始的攻城行动，直到他认为有

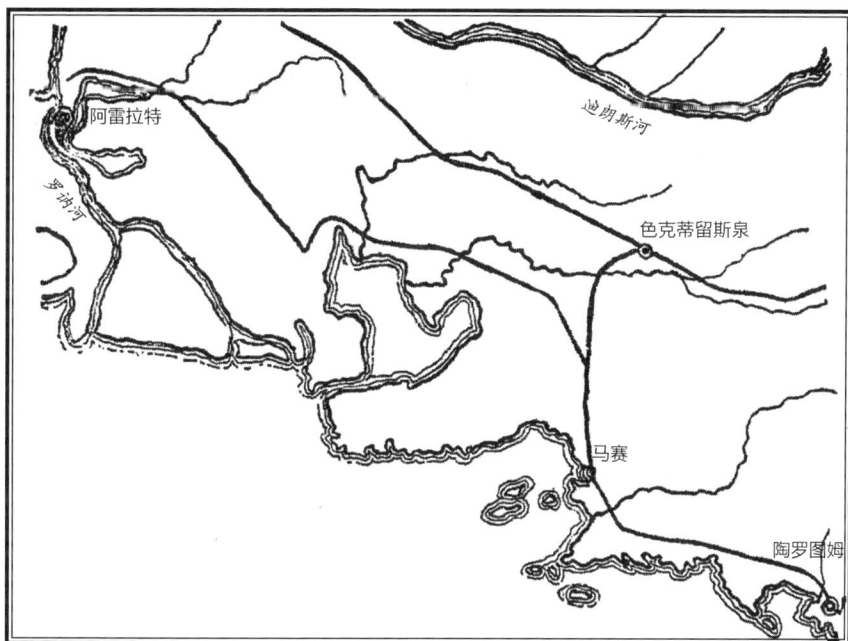

◎ 马赛附近

必要前往西班牙。

同月晚些时候，发生了上一章提到的海战，此后一个月左右，路求·那西狄乌斯（Lucius Nasidius）率领庞培调拨给他的由 16 艘装有铜质冲角的战舰组成的舰队来到了马赛附近的陶罗图姆（Tauroentum）。他瞒过了恺撒派到西西里的副将库里奥（Curio），穿过了西西里海峡进入墨西拿（Messana）并掠走 1 艘船之后航向马赛附近。那西狄乌斯向城中的多米提乌斯带话，建议其冒险与布鲁图斯再打一场海战，而他也会加入其中，与其并肩战斗。马赛人拥有很多最棒的水手和领航员。他们在一些渔船上盖上甲板，甲板上布置好弓箭手和投射器械，又修好了他们的战舰，建造了同等数量的其他船只。马赛人立即听从那西狄乌斯的建议，前往一个名为陶罗亚斯（Taurois）的港口与之会师。"把舰队这样装备齐全后，在所有老人、主妇和姑娘们哀求他们挽救自己垂危的国家的呼号痛哭声的激励下，他们怀着不亚于前次战斗时的精力和信心，登上船只。"马赛人占据战线的右翼，那西狄乌斯居左。这一天是 6 月 30 日。

一向英勇无比的布鲁图斯愿意与他们打上一仗。他手握恺撒在阿雷拉特[①]建造的舰只，还有从马赛人手中夺取的6艘船。"他鼓励了他的部下一番，叫他们蔑视这些敌人，说他们就在完整无恙的时候也被自己击败了，现在是败兵，更不在话下。然后，他们满怀信心，精力充沛地上去对付敌人。"所有马赛市民都跑到城墙上，注视着那些满载他们的青春少年和男子汉的船只。在德来朋纽斯的高地营盘上，罗马官兵们同样关注着海战。这场战斗不乏激情，马赛人杀得兴起。布鲁图斯的战线更加开阔，令马赛人的战舰更加进退自如。战舰靠近了，彼此纠缠在一起，靠帮登船，殊死搏斗。布鲁图斯的战舰在混战中几乎要被击沉，在千钧一发时才脱险，但是罗马人的英勇再次占了上风。那西狄乌斯的船只被证明没什么用处，尽管他曾自吹自擂，还是很快放弃战斗逃之夭夭了，马赛战舰中有5艘沉没、4艘被俘、1艘与那西狄乌斯逃出战场，只有1艘返回城里。那些逃跑的战舰去了近西班牙。这一令人欢欣鼓舞的胜利令马赛港遭到封锁，海陆两个方向都被团团围住。

守军不断从主城门发动突击，罗马人知道他们的木质攻城工事还不够用，于是他们在城门附近土山的右侧用砖头和石板而非木料建造了一座4.5米见方、墙厚1.5米的塔楼。很快塔楼就有六层高了。它有一个悬挂起来的屋顶，由螺栓逐渐抬高，以便在它下面修筑越建越高的楼壁。塔楼外面由沉重的遮帘保护，它松弛地挂在外壁上。德来朋纽斯发现遮帘能最有效地抵御矢石。在这个塔楼上，恺撒军修建了一个通往敌人城墙的甬道。它有一个18米长但不是很宽的棚顶，用比平常更重的木材建造，上面铺盖着搁放在灰泥中的瓦片，以免被守军投下的可燃物焚毁；瓦片上面覆盖兽皮，免得守军利用水管倾泻能够冲毁灰泥的水流；兽皮上再盖上一层席子，免得它被巨石或铁头投掷物摧毁。甬道完工之后被安放在滚木上，从砖塔脚下出发，推向选定好的突破点，在甬道的掩护下士兵们开始挖掘城墙。甬道能够抵御最沉重的石头，如果装载燃烧物的木桶滚向它，会被甬道伸出的长杆推到一边。士兵们在塔楼上不断发射带火的标枪来掩护甬道，目的是掩护土山的侧翼免受从主城门杀出的突击队的骚扰。由

---

① 译注：今法国阿尔勒（Arles）。

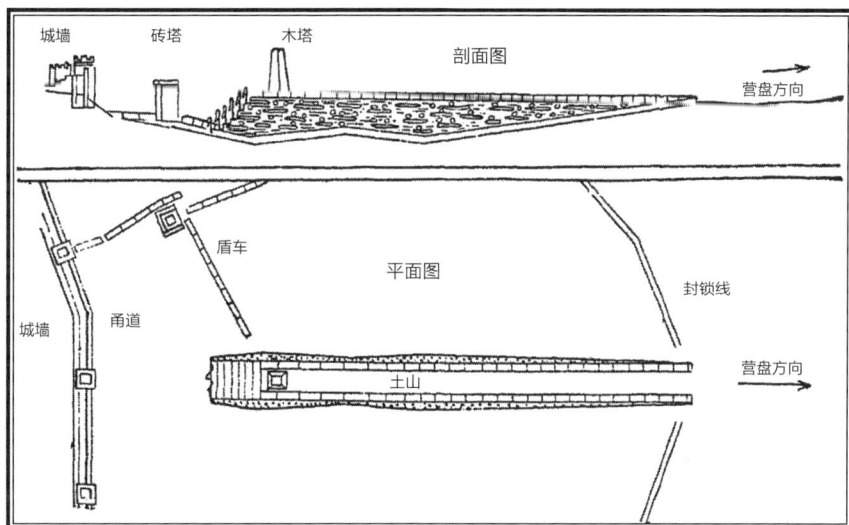

◎ 马赛的工事

于战斗一直在进行，土山从未完工。

　　不久之后，三十多处遭到挖掘的城墙开始坍塌，虽然市民们已经采用了
在可能会有地道的地方修建蓄水池来淹没罗马人的地道的手段，他们采取了一
切已知的方法来阻止即将到来的危机。由于担心城市遭到占领和洗劫，市民们
挤向城门乞求士兵们停战至恺撒到来，事实上恺撒已经命令德来朋纽斯避免武
力攻城，以免激怒士兵们——士兵们曾威胁着要杀光城中的所有男人，恺撒希
望避免这种事情发生。从《内战记》反复提及的这类记载来看，恺撒显然未能
很好控制他的军团将士们，如果恺撒都不能将他们控制到位，就更别指望他的
部将们可以做到。他们不是老式的公民士兵，公民士兵们服从命令，因为他们
是理智的爱国者，有着真正的纪律本能；恺撒的士兵是职业军人，但素质远远
算不上高，只能用铁腕进行压制，一有机会他们就会挣脱束缚。虽然难以阻止
士兵们进行劫掠和报复，但是马赛人乞求的投降条件还是得到了首肯。

　　事实证明马赛人是诡诈无信之徒。7月底的某个中午，来自西北方的干热
狂风吹了起来，军团将士们放松了警惕，市民们手持燃烧的器物冲到城外，立
即将罗马人的一切工作都付之一炬。短短的一个小时就抵消了几个月的劳作。

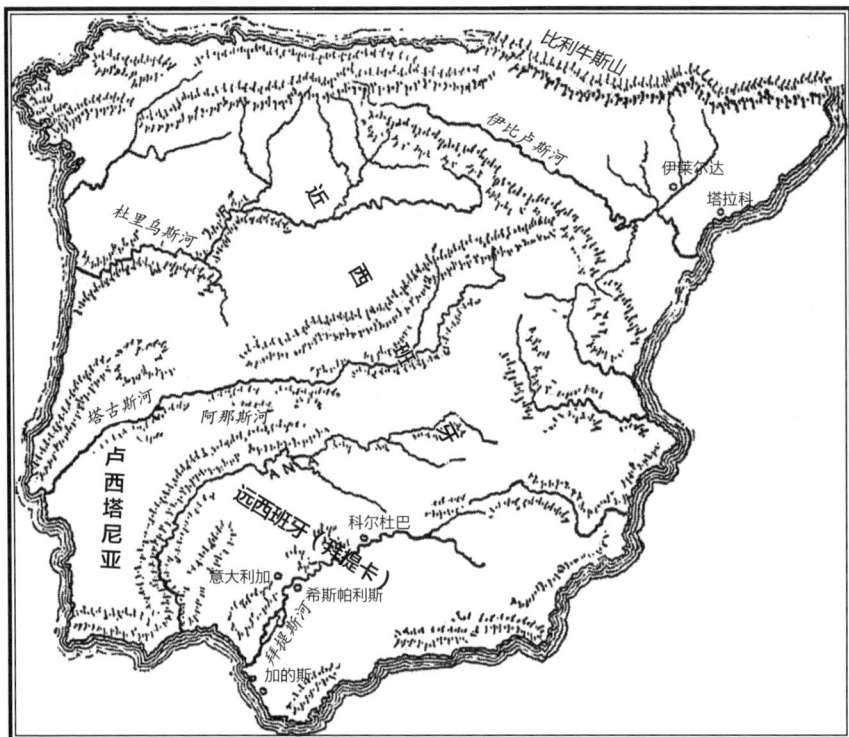

◎ 远西班牙

次日，市民再次发动突袭，罗马人却有了准备，给予他们应有的惩罚，将他们赶回城内。

随后，士兵们又鼓足干劲开始干活，以弥补突袭造成的损失。崭新的壁垒用砖石砌成，上面铺设木料，每隔一段壁垒就用木桩支撑起来，用于承受巨大的重量。新壁垒更不容易着火。几天之内，恺撒军就更换了被焚毁的东西，市民们看到他们的投射机械因罗马人的坚固工事而失效都目瞪口呆，他们的士兵被与城墙等高的塔楼上的罗马人赶下城墙，既然守不住了就只有投降一途。

驻扎在远西班牙（今安达卢西亚）的瓦罗是个趋炎附势之徒，对庞培的忠诚一直摇摆不定，直到伊莱尔达和马赛战役之前恺撒陷入困境的谣言传来，他才开始更加积极地为他的主公效力。尽管他以前认为赞美恺撒是明智之举，现在却大肆诋毁他。瓦罗积极筹措资金、粮秣和军队，将一些粮食送往伊莱尔达，一些送往马赛，为战争做准备。他为自己的两个军团增加了 30 个大队的辅助部队。由于整个省份在某种程度上亲恺撒，所以瓦罗打算以加的斯为老巢继续作战。加的斯位于一个靠近海岸的岛屿上，是一个拥有良港的繁荣城市，最适合充当基地。瓦罗在这里已经建造了 10 艘船，囤积了大量物资和给养。他在拜提斯（Baetis）的希斯帕利斯（Hispalis）又建造了许多船只。他洗劫了大力神赫丘力士（Hercules）①的庙宇，将所有财宝都搬进加的斯城，又派遣盖乌斯·伽洛尼乌斯（Caius Gallonius）率领 6 个大队去守卫该城。他向各邦征收重税，通过声称恺撒在伊莱尔达吃了败仗，从该行省的罗马公民手中征收了1800 万塞斯退斯、2 万罗磅（约 4 万公斤）白银和 12 万蒲式耳小麦以备战争之需。他迫害恺撒的朋友，没收了许多私人财产。他树敌甚多，但总体而言，他是通过虚张声势而非采取切实行动去对付恺撒。尽管恺撒只有两个军团，却正在迅速逼近他。

尽管在阿弗拉尼乌斯和佩特雷尤斯投降之后，在战争和公共事务的压力下，恺撒觉得应该去意大利，但他不能在西班牙没有完全臣服的情况下离开。大约在 7 月 9 日，他从伊莱尔达派出人民保民官奎因都斯·卡西乌斯率领两个军团去对付瓦罗，他的其他 4 个军团已经在卡伦纳斯的指挥下为了监视被俘的庞培军团而去了意大利，他本人不能在解决瓦罗之前搁置伊比利亚问题，使之成为自己的后顾之忧。根据对于庞培的性格的了解，恺撒相信庞培会作壁上观，直到西班牙问题得到彻底解决——拥有这样的对手是恺撒的幸运。他在 600 名骑兵的护送下向拜提卡进军，并且通知所有邦族于 8 月初派遣使节到科尔杜巴与自己会面。

他得到的反响清晰无误。每个城镇和邦族都派了代表前往科尔杜巴，许多城镇与瓦罗的驻军为敌，或者向他们关闭了城门。听说了这一切之后，加的斯市民将瓦罗的部将伽洛尼乌斯赶出了城，宣布效忠于恺撒。当这个消息传到瓦罗的营地时，他的西班牙军团甚至也为了讨好恺撒而哗变，继而向希斯帕利斯进发。

---

① 译注：希腊神话中的大力神赫拉克勒斯（Heraclus）的拉丁文名字。

瓦罗退往意大利加（Italica），不过该城也宣布反对他，他被迫与其他军团缴械投降，放弃了所有军事储备、搜刮的金钱和其他战利品。恺撒对这些城市及其市民的效忠表示了感激，向主要公民授予荣誉，豁免了瓦罗征收过的税款，归还了瓦罗抢走的财产。大约在8月20日，恺撒造访了加的斯，归还了瓦罗从赫丘力士神庙劫走的财物，留下卡西乌斯指挥瓦罗的两个军团，承诺再为他招募2个新军团。恺撒与他的两个旧军团从这里乘坐瓦罗建造的船只起航出海，月底到达了目的地塔拉科，受到热烈欢迎，恺撒也向支持他的事业的人授予荣誉。他从塔拉科出发走陆路到了马赛，在这里得到一则消息，按照他的意愿，雷必达根据新法律提名他担任独裁官。从今以后，他在法律上就能代表罗马政府发号施令了①。

9月6日，经过5个月的围攻之后，马赛向德来朋纽斯开门投降，虽然下达了追捕令，多米提乌斯还是设法从海上溜走了。马赛人严重得罪了愤怒的士兵，士兵们希望洗劫这个城市，马赛凭借悠久的名声才免于浩劫，但是马赛人被解除了武装，资财和舰队都遭到没收，恺撒留下2个军团驻守，其余的部队都前往意大利，他本人动身去了罗马。

就这样，庞培最初从西班牙和意大利两翼同时向身处高卢的恺撒进军的整体计划被挫败了。庞培本打算先发制人进攻恺撒，当恺撒的非凡行动令庞培失去意大利时，庞培就想从马其顿发动进攻，作为牵制恺撒从而支援其身处西班牙的部将的手段，庞培毫不怀疑恺撒在西班牙的行动会耗费一年或更长的时间。但是庞培的准备和行动从来都不够迅速，与眼前的对手相比，他简直就是个慢乌龟。在他还没有真正在马其顿开始组建新军团之前，恺撒就已经完成了西班牙战役，并且夺走了这个完整的行省和7个精锐军团。庞培已经永久性沦

---

①译注：根据罗马法律，罗马共和国在紧急情况下可以由现任执政官提名，经元老院批准而任命独裁官。公元前49年的两位执政官都是庞培党人，已经追随庞培去了希腊，也就无人主持选举下一年执政官的公民大会。恺撒只是高卢总督，不是执政官，统治罗马的合法性不足。雷必达只是行政官，本不具备提名独裁官的资格。雷必达违反法律提名恺撒担任独裁官之后，恺撒就能像执政官那样主持下一年的执政官选举了。这次恺撒只当了十一天独裁官，选出了第二年（公元前48年）的两位执政官之后就卸任了，但是这两位新执政官中就有恺撒本人，相当于自己主持选举，选出了自己，为自己担任名正言顺的执政官提供了合法性依据。

为战略防御的角色。他在迪拉基乌姆发动了战术进攻，但从未恢复战略主动地位。

目前，恺撒的左膀右臂走了霉运。他的副将库里奥在收复西西里岛之后，于7月初被派往非洲夺取庞培手中的那片土地。库里奥是一位年轻能干的军官，精力充沛、积极进取，然而他低估了庞培派驻在非洲的副将阿提乌斯·瓦鲁斯（Attius Varus），他只带了手下4个军团中的2个和500名骑兵。他选择的军团原属于庞培，但在科菲尼乌姆投靠了恺撒，并不十分值得信赖。库里奥渡海登陆，向瓦鲁斯驻扎的乌提卡进军。在非洲战役的开局阶段，他表现得多谋善断。瓦鲁斯在乌提卡附近的一场激战中惨遭失败，600人阵亡、1000人负伤。总体上当地百姓倾向于恺撒，但瓦鲁斯战败后不久，亲近庞培而且身为库里奥私敌的国王尤巴（Juba）①，率领一支占据压倒优势的大军前来援助瓦鲁斯。

库里奥退到了哥尼流军营（哥尼流·西庇阿，即非洲征服者大西庇阿在第二次布匿战争期间扎下的位置优良的老营），他本应一直守在那里，直到获得几个军团的援助再采取行动，他手里有补给、水源和木材，一切都可以从海上运过来。获悉敌方增援部队只是由萨布拉（Sabura）指挥的小股人马，而非尤巴的全军，还沉醉在最近胜利中的库里奥没有充分侦察就冒险再次出战。他本来是个聪明人，但在这里却缺乏判断力。他根据未经验证的片面信息采取行动，而恺撒指派给他的"参谋长"或顾问没有制止他。事实上，萨布拉确实是尤巴的先头部队的指挥官，但尤巴及其全军就在相距不远的后方。

库里奥一露面，萨布拉为了将罗马人引诱到不利的战场就佯装后退，国王的军队就埋伏在那里。这的确变成了现实，库里奥满怀上一场轻松获胜的信心，尾随萨布拉追到距离其营盘3万多米的地方。他队形散乱地到了那里，部队筋疲力尽，毫无戒备地进入了尤巴的埋伏圈。国王从埋伏圈中现身，发动了出其不意的进攻。库里奥全军覆没，他本人拒绝逃跑，战死在部下之中（7月

---

①译注：努米底亚国王尤巴一世（约公元前85—前46年），公元前60至前46年在位。当时的努米底亚位于今天的阿尔及利亚中东部，以盛产优秀骑兵著称。尤巴的父亲希厄姆普萨尔二世（Hiempsal II）是在庞培的帮助下才登上努米底亚王位的。尤巴本人因为恺撒曾经庇护他的一个叛臣而痛恨恺撒。库里奥在担任人民保民官时曾经建议把努米底亚改为罗马的行省，因此尤巴把他当成死敌。

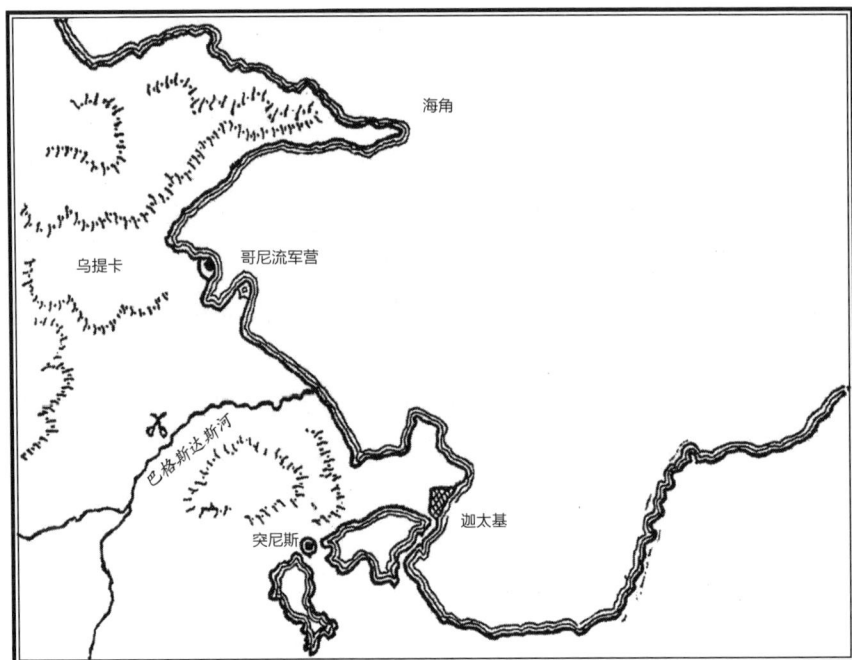

◎ 乌提卡和附近地区

24 日）。留在哥尼流军营中的军队企图从海上逃跑，但由于恐惧和船只超载，逃生者寥寥无几，国王尤巴干掉了其中的大多数人。

这场因为库里奥的判断失误和对战斗的过度渴望导致的惨败是对恺撒的沉重打击，而且令庞培党在非洲获得了足够的地盘，令整个非洲大陆上的居民胆战心惊。只是战前库里奥已经占据了西西里岛，缓解了意大利粮食短缺的压力。庞培制定的令意大利半岛陷入饥荒的计划破产了。

马可·安东尼以代行政官的身份指挥意大利驻军，用 3 个军团控制西普斯（Sipus）、布隆狄西乌姆和他林敦（Tarentum）港，以免被庞培的舰队攻陷。马可·克拉苏管辖山南高卢，两支小舰队停泊在第勒尼安海（Tyrrhenian）和亚得里亚海水域。盖乌斯·安东尼坐镇以利哩古北部，率领 2 个军团驻扎在库里克塔岛（Curicta）上。多拉贝拉率领 40 艘战舰驻扎在海峡里。

对庞培的舰队司令们而言，库里克塔岛上的局势为他们提供了一个不错

的行动机会。马可·屋大维（Marcus Octavius）和斯克里博尼乌斯·利博率领
一支强大得多的舰队进攻并击败了多拉贝拉，将安东尼围困在岛上。尽管有来
自意大利的援军和第勒尼安海上舰队的援助，庞培舰队的数量和技术优势阻止
了一切外援。安东尼的军队不得不任由命运摆布。他的部队最终都成了俘虏，
被押送到马其顿，编入了庞培的军队。屋大维继续奋力扫荡以利哩古。以撒
（Issa）投靠了他，但恺撒的党徒控制了利苏斯（Lissus），并在萨洛纳（Salonae）
大败屋大维，后者撤退到迪拉基乌姆。

次年（公元前 48 年），恺撒没费什么力气就当选了执政官。他的搭档是
部百流·塞维利乌斯（Publius Servilius）。这给了他与独裁者相同的权力，同
时也让罗马人听起来更加舒服[1]。他辞去了独裁官职务，他在独裁官任上的 11
天内通过了一些基本法律，主持了拉丁节（Ferise Latinae）[2]庆典和执政官选举，
并且开始筹备向庞培进军。由于庞培控制着海洋，恺撒只能指望用计谋渡海。
他知道庞培不会猜到他会让军队暴露在严冬道路上的危险之中，或者冒险在伊
庇鲁斯度过严冬。他的对手会认为他忙于国家事务，尤其是那些执政官该管的
事情，不会这么快就离开意大利。正是出于这些原因，恺撒决定在隆冬季节偷
渡亚得里亚海。

恺撒命令他所有的数千名骑兵和已经集结在鹰帜之下的 12 个军团前往布
隆狄西乌姆，包括 9 个老军团、3 个新建军团。其中的 4 个军团已经在卡伦纳
斯的指挥下，护送被遣散的庞培军团抵达了瓦鲁斯河，2 个军团在卡西乌斯的
率领下曾前往拜提卡，3 个军团曾在德来朋纽斯的指挥下围攻马赛。卡伦纳斯
在 8 月中旬就可供差遣了，卡西乌斯的军团在 8 月末，一个月后德来朋纽斯的
军团也都完成了任务。所有兵力都相继前往布隆狄西乌姆，但他们已经表现出

---

① 译注：部百流·塞维利乌斯·瓦提亚·伊绍里库斯（Publius Servilius Vatia Isauricus），生卒年不详。
他是恺撒的长期朋友和追随者，公元前 48 年与恺撒共同当选执政官，作为恺撒的代理人留在意大利
主持政务，因此恺撒被称作并列执政官，实为独裁者。恺撒死后，他当选公元前 41 年的执政官，故
而平生共做了两任执政官。

② 译注：拉丁节是在罗马东南 19 千米的阿尔巴隆伽山上举行的祀典，起源甚古，相传还是远古
拉丁同盟时代留传下来的，除每年一度由执政官亲临主持连续四天的祀典外，罗马官吏带兵出征以前，
也会去那里。

373

了不满的迹象，行军迟缓。

第9军团在普拉肯提亚（Placentia）发动了兵变，恺撒以迅猛的动作予以平定，此举提振了他的个人影响力。他下达了十一抽杀令，但很快就宣布减刑，只将12名头目斩首。

根本不可能说清楚恺撒的军团编号。两个新建军团比较接近正常的编制人数，即前文讲述过的4800人。10个老军团损耗严重，尽管史料没提到它们被补充到正常编制，但可能已经做了这件事。如果平均每个军团有3300人，加上轻装部队和骑兵，恺撒的总兵力肯定不超过5万人。

11月17日，恺撒抵达布隆狄西乌姆。他的交通工具十分有限，只有12艘战舰和约100艘运输船。据《内战记》记载，他的12个军团和1万名骑兵中，只有1.5万人和500名骑兵能登上他手中的船只 [①]。还不是很清楚为什么会这样。自从他下令在意大利、西西里岛和高卢港口建造船只并集中在布隆狄西乌姆，已经过去了将近一年时间，而且恺撒一贯关注未来的后勤供应。有些船只已经在以利哩古被击沉，但这只是筹建的舰队的一部分。霍尔滕修斯和多拉贝拉已经执行了命令，建造和带来了大量船只，但是库里克塔岛的灾难和保卫西西里岛和撒丁岛的必要性将舰船数量减少到了这个限度。

恺撒选出运往伊庇鲁斯的7个军团——6个由卡伦纳斯和卡西乌斯指挥的老军团和1个新建军团——一定比上文估算的兵力小得多。在这一点上，史学权威与《内战记》是矛盾的。"甚至就连这些可以登船的部队，人数也并不足额，在高卢的那些战争损失了很多人，从西班牙来的长途行军，又减少了一大批人，阿普利亚和布隆狄西乌姆附近疾疫横生的秋季，更使刚从高卢和西班牙这些极有益于健康的地区出来的全部军队，体质上受到很大的损害。"这7个军团可能只有2万人，还有600名骑兵。

在遭遇恺撒之前，庞培已经无所作为一年之久，他还是勤勉地集结了一支舰队，"从亚细亚和基克拉泽斯群岛（Cyclades），从科库拉（Corcyra）、雅典、本都、庇推尼、叙利亚、奇里乞亚、腓尼基（Phoenicia）和埃及等地，征集起

[①] 译注：中文版《内战记》说是600名骑兵，核对洛布英文版《内战记》，500名骑兵的说法是对的。

一支庞大的舰队。他还让所有的地方都建造大批舰只。他已经从亚细亚和叙利亚的所有国王、君长和地方首领，以及从亚该亚（Achaia）① 的自由城市那里勒索了大批金钱，并且强迫在他控制下的几个行省的包税团体付给他大宗款项。"他从意大利来到伊庇鲁斯时带了 5 个不完整的军团，现在他拥有由意大利公民和定居在行省的罗马公民组成的 9 个满编军团；1 个来自奇里乞亚的老兵军团 ②，1 个来自克里特岛（Crete）和马其顿的军团，兵员是退役之后定居在这 2 个行省的老兵，还有 2 个来自亚细亚的军团。"此外，他还把大批从色萨利（Thessaly）、玻奥提亚（Boeotia）、亚该亚和伊庇鲁斯来的人以补充人员的名义分配到各个军团里去。他在这些人中，插进一些曾经在安东尼手下服务过的人。"他预计叙利亚还会派来 2 个军团，共有 11 个军团。他拥有大批希腊和其他民族的辅助弓箭手和投石手，可能不少于 6000 人，许多人骁勇异常，还有 2000 名志愿者和 7000 名骑兵，都是精挑细选的精锐。后者包括来自亚历山大驻军中的凯尔特人（Celts）、色雷斯人（Thracians）、加帕多家人（Cappadocians）、加拉太人（Galatians）、亚美尼亚人（Armenians）、努米底亚人和来自孔玛盖尼（Commagene）的弓骑兵。有些权威人士算出的庞培的兵力高达 9 万人，事实上，不会超过 5 万人。他从各个藩属国征收了大量粮食，并且通过占据迪拉基乌姆、阿波洛尼亚（Apollonia）和其他港口，认定自己可以阻止恺撒渡过亚得里亚海。他的舰队"全部分布在整个沿海地区"。

　　无论双方的实际兵力有多少，庞培的陆军肯定比恺撒多，海军的优势更大。他搜集的船只多达 500 艘，其中有 100 艘罗马舰船，其他的来自藩属国。由于不信任马可·加图，他将亚得里亚海舰队交由马可·比布卢斯（Marcus Bibulus）指挥，让他率领 110 艘大型战舰部署在科库拉附近。在庞培以下，小庞培 ③ 指挥埃及分舰队，德基穆斯·莱利乌斯（Decius Laelius）和盖乌斯·特里阿里乌斯（Caius Triarius）负责亚细亚方面的舰队，盖乌斯·卡西乌斯（Caius

　　①译注：希腊伯罗奔尼撒半岛的北部地区。

　　②译注：由于它是由两个军团合并成的，所以叫孪生军团（Gemella）。

　　③译注：庞培有两个儿子，长子与他同名，也叫格涅乌斯·庞培，次子叫塞克斯图斯·庞培。小庞培通常指其中的老大，小格涅乌斯·庞培。

Cassius）负责叙利亚分舰队，盖乌斯·马塞卢斯（Caius Marcellus）和奎因都斯·科波尼乌斯（Quintus Coponius）指挥罗得岛分舰队，斯克里博尼乌斯·利博和马可·屋大维（Marcus Octavius）负责利布尼亚（Liburnian）和亚该亚方面的舰队。看样子，这支庞大的舰队，无论积极主动还是懈怠疲沓，都在公元前49年严重干扰了恺撒的战役进程，几乎令意大利陷入饥荒，而且在很多方面都取得了优势。但是，除了在以利哩古海岸的零星活动，它一事无成。如果由加图指挥，可能会干得更好。

起初，庞培对于战争万事俱备，他拥有恺撒缺乏的一切。尽管他的精力从来都不怎么旺盛，但是他的精力曾使他战胜了所有敌人，据普鲁塔克所说，曾使他征服了三大洲的旺盛精力眼下却在衰退。从青年时代起，庞培就习惯了放纵生活。在某些时候，通过很大程度上得益于前人的成就加上无可比拟的好运道，他能够成功发挥自己的才干，他的天赋并非微不足道，在某种程度上为他赢得了现有的名声。但在过去的一年中，他似乎已经无法再努力了。在他那了不起的对手的超凡精力和个性面前，他的精神力量似乎化为乌有了。正如他曾经拒绝在密室中会晤恺撒一样，现在他似乎也不愿意在战场上与恺撒正面交锋了。就他俩而言，精神力量都与物质力量成反比。

庞培绝非无所作为。他一直忙于训练部队和强化纪律，使部队团结坚韧。尽管已经58岁了，他依然每天都亲自参加组织工作，并在阿利亚克蒙河（Haliacmon）的贝尔恰（Bercea）军营中的训练和行军中，向他的部队以身作则。但这不是战争，甚至不是为战争所做的准备。当庞培检阅他的军团时，恺撒已经彻底控制了意大利，并将西班牙从他的手中夺走。恺撒与一支完美的军队并肩战斗，拥有完美的目的性本能。庞培创建了一个完美的外在军事肌体，却在向其注入灵魂方面无所作为，一支没有军魂的军队不过是一群训练有素的暴徒。恺撒拥有明确的目标，以直截了当的方式向目标进取。庞培在虚度光阴，他以为，当恺撒终于与他对垒时，他仅凭人多势众就能打垮对手。他认为，在这场内战中，简单的防御战就能令他获胜。这是对问题的完全错误的看法。他也不敢面对恺撒，推迟了决定生死的日子。这个举动日甚一日地削弱了他和他的军队、党羽的力量。

与庞培相反，恺撒正视眼前的问题。毫无疑问，他察觉到了一切，他也

376

确实向世界展现了自己，他只是用刀剑为罗马人民拨乱反正。他在前进的过程中没有停步，没有要求休息，而是以完美的技巧和不懈的精力完成了他的巧妙计划。现在他已经通过征服西班牙确保了自己没有后顾之忧，他的基地是意大利、高卢和西班牙，以它们的全部资源作为自己的后盾，他准备向庞培亲自指挥的军队发动积极主动的进攻。他认为在取得战争胜利的所有方面，除了人数他都比对手强。恺撒不相信上天会站在兵力占优的一方。他对自己的幸运之星的信心简直就是盲目的迷信，他愿意并且渴望冒着自己的小军队覆灭的危险，与人多势众但懈怠被动的对手放手一搏。

自从内战爆发以来，庞培还没有发动过进攻性行动，相反，恺撒对西班牙、撒丁岛、西西里岛和非洲发动了进攻。在西班牙，他已经大获全胜，撒丁岛已经光复，库里奥在西西里获胜，因此意大利免于饥馑之灾。除了盟友尤巴在非洲取得的成功，以及在以利哩古俘虏了安东尼的军团，庞培的所有计划都已受挫。他的备战工作过于谨小慎微，尽管有西班牙的插曲，恺撒还是能够向他发动进攻。这些事实是评判他俩高下的公平标准。

伊庇鲁斯
（公元前49年11月至前48年2月）

第三十一章

恺撒一到布隆狄西乌姆，就向士兵们发表谈话，告诉他们说：既然他们的辛苦和危险差不多已经到了尽头，现在就应当安心地把自己的奴隶和行李留在意大利，轻装上船，以便让更多的士兵登上船去，去争取可以从胜利中、从他的慷慨大度中获得的一切东西。他们齐声高喊，请他想要下什么命令就下什么命令，无论他下什么命令，他们都会全心全意地执行。

恺撒的小部队中多是老兵，曾在高卢和西班牙战役中服役，由于作战和习惯于胜利而强大坚韧。他们完全相信统帅，盲目地追随和服从他。恺撒可以像依靠自己一样依靠他们。军团中出现了一些不满的表征，第9军团在前往布隆狄西乌姆途中的普拉肯提亚发生了哗变，恺撒用高超的精神力量将其平定下来。就野外勤务而言，军团没有任何需要改进的地方。那些最近叛变的人急于恢复名誉。

公元前49年11月28日，等了数日北风之后，恺撒率领他的7个军团和600名骑兵没有携带辎重，乘坐由12艘战舰护送的大约100艘运输船起航，其中只有4艘船有甲板。在向东南方向走过一条幸运的航道之后，全军于次日在科库拉以北的伊庇鲁斯海岸登陆，此地是帕莱斯特（Palaeste）^①一片荒无人

---

① 译注：今帕尔扎萨（Paljassa）。

烟的锚地。他已经冒了相当大的风险，但是成功避免了与庞培的任何一支舰队遭遇。

毫无疑问，恺撒仔细研究了遭遇风暴和敌人的可能性，并精心采取了行动。但是，他冒着满盘皆输的风险，将半数军队运送到庞培比他多三倍兵力的土地上，相比这位伟大统帅深思熟虑后产生的气魄，更让人觉得他是个有勇无谋的莽汉。这再次表明，经伊利里亚进军，从而以他的老省份为基地，率领全军前进的方式比海运半数军队更好。由于没有基地，恺撒的第一支舰队被俘的可能性以及与第二支舰队能否会合，都是严重的问题。伊利里亚没有多少资源，恺撒的交通线不会有麻烦。

尽管如此，截至第一舰队登陆，恺撒的冒险还是成功了。庞培的舰队近在咫尺，其中 100 艘在科库拉、36 艘在奥里库姆（Oricum），可他们对恺撒的出航一无所知。他们一直守在亚得里亚海东海岸，没有探寻恺撒的动向，以为他会在布隆狄西乌姆息冬。在除了城镇和港口的所有沿海地方，甚至连一队人马都没有。这说明，比布卢斯与庞培表现出的懈怠慵懒如出一辙。这与迄今为止庞培的将军们所做或未能做到的一切都是一致的。庞培相信恺撒不会在春季之前谋求开战，当军队被召集、训练和组织起来，以适应服役需要时，他仍优哉游哉地解散了设在庇哩亚（Beroea）的训练营，并开始经由厄纳齐雅大道（Via Egnatia）向亚得里亚海转移，计划在那里将他们安置在迪拉基乌姆、阿波洛尼亚和其他沿海城市的冬令营中，此时恺撒还在布隆狄西乌姆。庞培完全仰赖自己的数量优势，即使他预料到恺撒会渡海（尽管这一点也可疑），他似乎也不关心恺撒是否会向他逼近。他认为，仅仅通过一场他确信自己肯定会取得的大胜，就会让他收回几个月来失去的一切权力和影响力。正如恺撒所说，他的到来完全出人意料，庞培没有做好接待他的准备。

恺撒一登陆就让卡伦纳斯率领舰队返回，去接其余的部队。出于安全的目的，舰队于夜间出航，而他不再福星高照——逆风延误了行程，大约 30 艘船被吹了回来，被正在监控科库拉的比布卢斯俘获，连船带人被惨无人道地付之一炬。庞培的舰队司令们希望"残酷的惩罚会吓退其他的人"。他也希望以此弥补自己放纵恺撒的舰队和半数陆军溜过防区的疏忽。既然恺撒现在已经登陆了，比布卢斯认为他最好封锁以利哩古和伊庇鲁斯的港口，并监控海岸——

379

他做到了，严密监视着萨洛纳到奥里库姆的海岸线。他并不缺乏勇气，问题在于没有人料到恺撒会在冬季渡海，"尽管时值隆冬，他还是在船上戒备着，绝不因为害怕吃苦，放松自己的职责，也不坐待援军，一心只想能和恺撒一朝相遇。"

◎ 伊庇鲁斯和马其顿

庞培将他的舰队部署在伊庇鲁斯海岸，作为组建和集结军队的屏障。他的军队散布在从阿利亚克蒙河到帖撒罗尼迦（Thessalonica）的广大地域内，两个军团仍在意大利，刚刚由梅特卢斯·西庇阿组建。前往他的司令部的不仅有新兵，还有他的朋友和吃了败仗的将军们，包括从马赛出逃的多米提乌斯、从西西里跑来的加图、无数来自罗马的避难者、有钱有势的人物。由 200 位元老组成的流亡元老院在帖撒罗尼迦创立了。这一切都没有增强庞培的军队。与亚历山大不同的是，他无法同时控制宫廷和大本营。他在马其顿古都佩拉（Pella）的出现，也没能为他注入腓力或他那光彩照人的儿子的那种炽热活力。

抵达伊庇鲁斯之后，恺撒必须立即与庞培和谈或作战，恺撒再次向他的对手提出缔结和平、解散所有军队的协议，同意将他们之间的问题交由元老院和人民仲裁。他确实表现出诚心诚意谋求和解的模样，事实上形势也对他完全不利，他可能是真心求和。转达这些提议的是庞培的副将维布利乌斯·鲁孚，他在西班牙第二次落入恺撒之手，却得到了宽大的饶恕。维布利乌斯在遥远的马其顿找到了庞培，传达了恺撒的提议，然而它们与之前的提议一样石沉大海。庞培刚刚得到恺撒登陆的消息，一听说恺撒在挺进，他也领兵上路了，匆忙前往海岸奔向阿波洛尼亚。到目前为止，他的行动十分迟缓，以至于恺撒经历了西班牙战役和马赛攻城战依然能发动进攻。庞培对于恺撒的登陆也大吃一惊，对自己的安危忧心忡忡，现在他开始担心恺撒会占据整个海岸，于是采取了一些不同寻常的行动。

登陆的同日（11 月 29 日），恺撒从奥里库姆启程，踏上崎岖山路，在奥里库姆遇到了庞培的副将路求·托夸图斯（L. Torquatus）的抵抗，市民们向他开门投降，卫城也如法炮制。驻扎在当地的舰队逃到了科库拉。留下阿基利乌斯（Acilius）和马可（Marcus）① 率领一个新编军团镇守奥里库姆之后，恺撒不顾前夜行军的疲乏，继续火速向阿波洛尼亚进发，阿波洛尼亚是厄纳齐雅大道分支上的一个富庶城市。次日，他就到了阿波洛尼亚。守将斯塔布里乌斯（Straberius）试图为庞培守住该城，他监视着卫城并努力控制住市民。但阿波

---

① 译注：此处有误，恺撒留下的守将不是两个人，而是一个人，叫马可·阿基利乌斯。

洛尼亚同样承认了恺撒的统治权，拒绝违反元老院和人民已经做出的抉择。斯塔布里乌斯只得逃跑。12 月 2 日，恺撒前往迪拉基乌姆，许多远方和附近的邦国和城镇，包括彼利斯（Bullis），阿曼提亚（Amantia）和几乎整个伊庇鲁斯都紧随其后前来效忠。

与此同时，庞培对恺撒到来引发的意想不到的形势变化深感恐惧，恺撒还在日夜兼程向阿波洛尼亚和迪拉基乌姆进发。尽管进展神速，但庞培溢于言表的紧张情绪令部下们士气低落。他们只接受过操场上的肤浅训练，不像高卢老兵那样身经百战。据说，庞培的军队对恺撒心惊胆战，以至于许多伊庇鲁斯士兵一听说恺撒到来就立即丢兵弃甲、抱头鼠窜。这种情绪是如此强烈，以至于恺撒的老部下、眼下担任庞培的得力干将的拉频弩斯于 12 月 3 日到达迪拉基乌姆（Dyrrachium）时，不得不让这些人宣誓，无论发生什么，都不会抛弃庞培。

庞培尽了最大努力加快前进的步伐才勉强及时到达迪拉基乌姆，使其免于被恺撒占领。他的先头部队刚好抢在恺撒的前头，而后者已经踏上了前往这个对他至关重要的城市的征程。庞培进入了迪拉基乌姆城南的设防营寨。获悉对手巩固了对城市的占领，恺撒无疑大失所望，但他也不指望能一帆风顺地不断获胜，而且他的兵力过于薄弱，无法进攻对手，于是他率军后撤，在阿波洛尼亚地区的阿普苏斯河（Apsus）南岸安营扎寨。至于庞培，他的军队一安定下来就考虑守住河防，从而保住迪拉基乌姆的领土，很快他就来到恺撒的对面扎营，并将部队都召集到这里。他将部队的驻扎环境搞得很舒适，如有必要，他还打算在这里息冬。因此，每支部队都从河岸略为后撤，两军隔着阿普苏斯河对峙。恺撒在等待其他军团，他用南方的新盟友来保护自己的阵地。他在迪拉基乌姆和奥里库姆这两个港口之间的主要威胁来自庞培的舰队，后者可以在当地找到合适的锚地。

庞培没有赫丘力士那样的劳绩 ①，却获得了伟大军人的荣誉，在这个时期，年龄或奢靡让他失去了他曾经自诩过的精神力量。他从未拥有拿破仑那般的精

---

① 译注：在希腊神话中，大力神赫拉克勒斯完成了 12 项劳绩。

神活力，但就像拿破仑后来在滑铁卢那样失去了肉体活力。没有什么比他在恺撒面前整整待了两个月却无所作为更能说明他目前处境的弱点了，这两个月内，恺撒的兵力非常少，他却没有采取任何行动来攻击对手。在这个时候，一次大胆的进攻对恺撒来说可能就是致命的。恺撒的兵力只有庞培的一半。其余兵力还在布隆狄西乌姆，可能会因恶劣天气和庞培的舰队被无限期地滞留在那里，由于庞培的舰队装备精良、管理有方，所以足以控制亚得里亚海。现在是庞培难得的粉碎敌人的时候了。一次好运气可能就会让卡伦纳斯在任何一天将恺撒的其他军团带过海来。战机稍纵即逝。鉴于庞培控制着海岸，只要按照心愿发动一次直截了当的进攻，加上合理的预防措施，几乎就足以迫使恺撒深入伊庇鲁斯腹地，继而获得分割包围其兵力的机会，只要庞培都做到了，就能够将恺撒玩弄于股掌之间。此外，恺撒陷入了一个窘迫的地方，在那里为他的军队提供粮秣几乎都是不可能完成的艰巨任务，因为他没有舰队。

身处布隆狄西乌姆的卡伦纳斯已经与马赛的军团会师了，当他得到恺撒的通知，鉴于比布卢斯控制着整个海岸，他必须对眼下的一切都保持清醒之时，他已经将步兵大队和骑兵都装上了从伊庇鲁斯返回的舰只起航了。在恺撒的警告下，卡伦纳斯召回了舰队，命令部队下船，而不是冒着被敌军俘获的危险起航。他也确实做到了。比布卢斯离开科库拉前往奥里库姆，严密监视着它，捕获了一艘脱离其他船只强行出海的船，处死了全体船员。

在奥里库姆的锚地，比布卢斯令恺撒无法下海，恺撒的部将们也令比布卢斯无从上岸，切断了他的淡水和木材供应，令其陷入窘境。他的所有补给品，甚至淡水都得从科库拉运过来。有一次，他的手下沦落到只能喝利用甲板上的毛皮搜集到的露水的境地。尽管比布卢斯的手下顽强地忍受饥渴之苦，但这些困难也造成了一个可以用计的时机，比布卢斯请求与恺撒停战，举行会晤。恺撒已经率领一个军团去了科库拉对面的布特罗图姆（Buthrotum）筹措粮秣和争取盟友。当他从阿基利乌斯和马可那里获悉比布卢斯要求停战时，他亲自返回了。恺撒同意举行会议，因为他一直渴望与庞培媾和，但是停战遭到了拒绝。恺撒洞悉其奸，原来庞培的舰队司令只想为他的舰船补充粮食和淡水。比布卢斯没有与会，只派了利博代表自己。这位军官提议向庞培转达恺撒的信息，同时提出停战的要求，这被恺撒拒绝了，因为他知道自己对敌人舰队造成的困难，超过了敌人舰队对自己造成的，绝不能给予敌人想要的喘息机会。

　　大约在同时，比布卢斯苦于履行无法推脱的指挥岗位，终于亡故了，在庞培的允许下，几支舰队由它们各自的司令继续指挥，没有一位总司令。对恺撒而言这是幸运的，因为庞培的海军各自为政、管理混乱，甚至比在一位不那么称职的总司令指挥下更加糟糕。

　　据说，恺撒传给庞培的最新消息引起了人们的注意，除了"恺撒的恩典使人不值得拥有生命或罗马"之外，庞培没有别的回复，恺撒依然坚持再举行一次会晤。狭窄的阿普苏斯河，位于两军营盘之间，士兵们有一个共识，任何一方靠近河岸时，对方都不应投矛射箭，他们经常自由交谈，成群结队聚集在河岸上。停战与我们美国内战期间发生在半岛 ①、彼得堡和其他地方的相似。这是一种不同寻常的停战协议，总是在两军之间取得直接联系，尤其是双方在使用同一种语言的情况下。恺撒依然诚挚地渴望举行私人会晤，毫无疑问，恺撒认为自己在公民大会和战争方面都比庞培强大，故而派遣部百流·瓦提尼乌斯（Publius Vatinius）通过公开呼吁请和："为了和平，连比利牛斯山森林中的亡命者、连海盗都可以得到允许派出代表来，难道公民与公民之间反而不可以吗？"因此，在分属双方的瓦提尼乌斯与奥卢斯·瓦罗（Aulus Varro）之间安排了一次会晤，但真正与会与瓦提尼乌斯谈判的却是拉频弩斯，谈判被庞培军的一阵标枪雨打断了，包括三位百人队长在内的许多人负伤。据说，拉频弩斯宣称："别再提起和解了，我们不带着恺撒的头回去，是不会有和平的。"显然，在某些脾气火爆的军人看来达成和解绝不可能。恺撒的和平意向再次受挫，庞培主要党羽的狂热也再次得到了体现。这些都是《内战记》的记载，没有什么特殊理由来怀疑他们，其他史学权威又向它们添油加醋。恺撒总是小心翼翼地保持自己的正确和理性，即使他并不希望达成他提议的和平，他也很可能知道庞培会拒绝他的所有倡议，即便如此，该求和还得求。

　　比布卢斯死后，利博于1月中旬从奥里库姆驶往布隆狄西乌姆，封锁了

----

　　①译注：指美国内战期间，1862年3月到7月间发生的半岛战役（Peninsula Campaign）。联邦军第二次进攻南部首都里士满，经由约克河和詹姆斯河构成的半岛进军，南军将北军赶回詹姆斯河，北军失败。

384

港口，而它是恺撒军队手中的唯一在意大利的出海口。他占领了港口出入口上的一个小岛。他突如其来，俘获、焚毁了恺撒的一些运输船，拖走了1艘满载粮食的船。登陆之后，他赶走了一支安东尼的人马，然后自吹自擂地致信庞培说，如果他本人高兴，尽可以命令把他的其余船只拖上岸来，加以修理，还说，用他的舰队可以阻止恺撒得到增援。

当时安东尼在城里。为了对抗利博，他沿着海岸巡逻，阻止对手汲取淡水。鉴于自己无力下海，还要与对手打一仗，安东尼把本属于战舰的约60艘长划艇用木排和棚屋掩护好，把精选出来的士兵放在艇上，分别藏在沿岸诸地。他又派出2艘三列桨战舰赶到海港的出入口，假装训练桨手，引诱利博派出4艘五列桨战舰去拦截它们。安东尼的战舰退入港湾，假装逃跑，引诱利博追击。它们一进港，长划艇就前出，围攻敌人的战舰。他们俘获了1艘敌舰，将其余的敌舰赶了出去。利博远离战场、一事无成，同时缺粮少水、饥渴难耐，而安东尼在海边设置了几个骑兵哨所，阻止他筹粮汲水，终于迫使他放弃了对港口的封锁。

恺撒对他未能渡海的军团感到担心。他苦等了近三个月，即将冬去春来，他认为如果要得到那些军团，必须冒点风险。事实上，由于他几乎没有什么可以充当信使的船只，因而对那些军团和意大利的情况几乎一无所知。他致信留在布隆狄西乌姆的部将们：即使有船只失事，军队也得冒险乘着第一股遇到的顺风起航。他写道："我需要士兵而非船只。"事实上，他本人就尝试乘坐一艘十二桨船渡海。据说就是在这个时刻，他向船夫喊道："你们害怕什么？你们正在运载的是恺撒和他的好运。"尽管如此，他还是不能渡海。这次航行危机四伏，被大海和同样危险的敌人团团围住。

安东尼、卡伦纳斯，尤其是全军将士们，都像恺撒焦急盼望他们渡海那样渴望与他们的统帅会师。老兵们几乎摆脱了控制，急于前往将军的身边。2月15日，第一股南风刮来，他们就连夜扬帆拔锚起航了。他们路过阿波洛尼亚和迪拉基乌姆，敌人看到了他们，随着风势减弱，他们遭到来自迪拉基乌姆的奎因都斯·科波尼乌斯（Q. Coponius）率领的庞培舰队的追击。就在这些战舰眼看要追上恺撒的运输船时，南风又起，使它们抵达了利苏斯上方的宁费乌姆（Nymphaeum）。对那一天的帆船来说，要进入这个港口只能由南风推进去，西南风不行，安东尼的船只进入锚地之后，恺撒的好运也来了，风向转向西南，不仅阻止了敌人入港，还将部分敌舰拍在礁石上，20 艘敌舰中有 16 艘沉没，

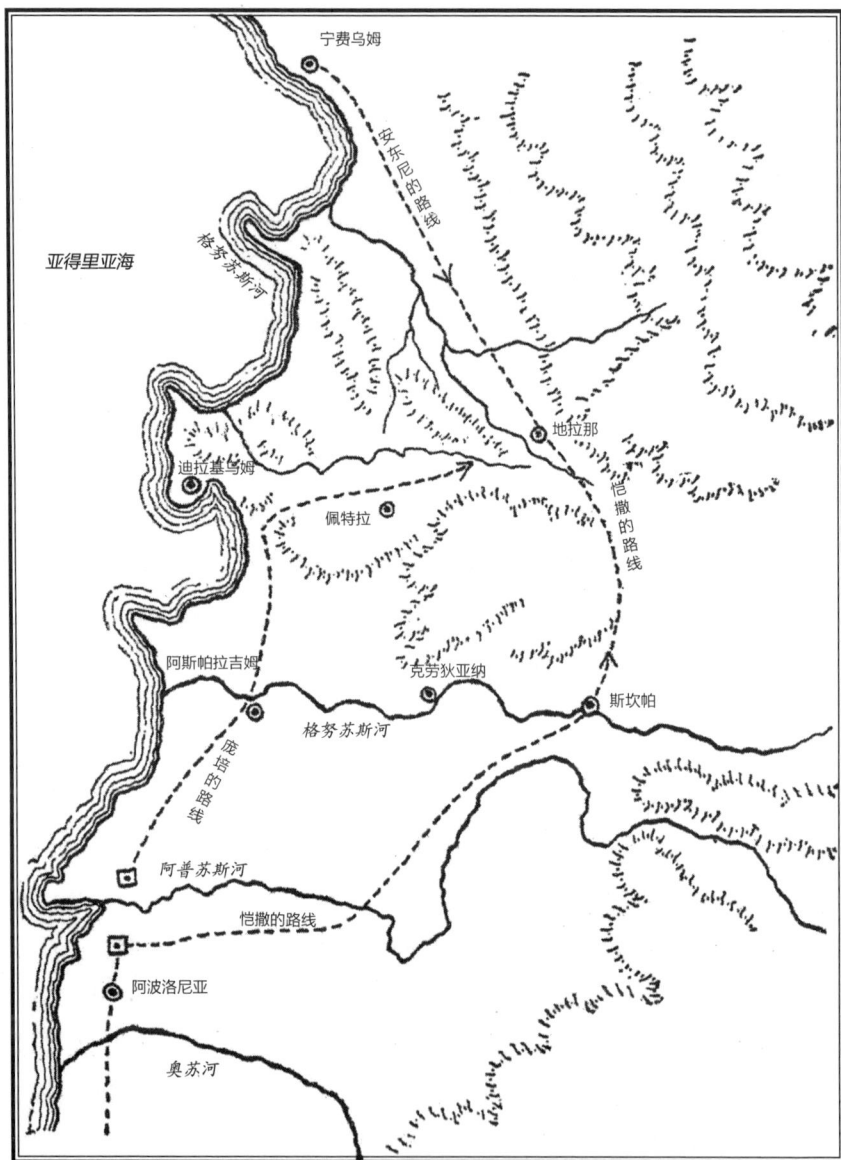

◎ 恺撒与安东尼会师

外加许多船员。恺撒释放了被俘人员。恺撒的船只只有 1 艘被敌人俘获，220
名新兵相信了敌人会饶恕他们的花言巧语投降了，他们被统统处死。另一艘靠
了岸，乘载的军团老兵拒绝了投降条件，兴高采烈地上路与大军会帅。

登陆之后，附近的利苏斯城接待了安东尼及其人马，倾尽全力给予帮助，
当年伊利里亚还是恺撒的一个省份时，恺撒曾加强了利苏斯的城防。镇守利苏
斯的庞培的部将奥塔基利乌斯（Otacilius）溜之大吉了。安东尼从这里派出当
地信使，告诉恺撒他已经安然抵达。他带来了 3 个马赛老兵军团和 1 个新建军
团（第 27 军团），还有 800 名骑兵，若干已在伊庇鲁斯康复的前伤兵，总共将
近 2 万人的兵力。这些船只大部分被送回意大利，为恺撒的其余军队效力，留
下了 30 艘，以备不时之需。

大约在 2 月 18 日，恺撒和庞培几乎同时接到安东尼登陆的消息。从阿波
洛尼亚和迪拉基乌姆都能看到这些船只，后来他们消失无踪。每位统帅的当务
之急都显而易见。2 月 19 日，恺撒公开拔营出发与安东尼会师，而安东尼至
少还有四天的路程要走。庞培在前夜经迪拉基乌姆前往地拉那（Tirana），截
断他向恺撒靠拢的道路，如有可能就设伏偷袭他。庞培的目标很容易达成，他
可以守住阿普苏斯河防线来防御恺撒，也可以直接攻打新上岸的敌人。恺撒不
得不沿着阿普苏斯河向上游走一段路，找到一个渡口，也许还得发动强渡。

庞培的行军速度并不算快，但他提前一天在 2 月 21 日赶到了安东尼的人
马附近，在安东尼向恺撒靠拢的道路附近设伏，希望出其不意地打击安东尼。
他秘密扎营，要求部下隐藏形迹，不许举火。幸运的是，这一行动的消息经
由友好的希腊人传到安东尼耳中。他据守绝对安全的营盘不出，并将行程呈
送给恺撒。与此同时，恺撒在他的营盘的阿普苏斯河上游 30 千米处渡河，抵
达了斯坎帕（Scampa），于 22 日通过侦察确定了部将的营盘位置。在这里，
安东尼的信使找到了他。23 日，他穿过群山奔向地拉那。庞培不愿意被两支
敌军夹在中间而腹背受敌，便拔营而去了，唯恐被迫打一场遭遇战。庞培容
许恺撒的两支人马会师，既是恺撒的光荣，也是他的耻辱。这也是他倦怠性
格的一部分。这两位统帅的能力，或者更确切地说——勇气，在其他小规模
行动中得到了很好的体现。庞培采取的每一步都表现出了犹豫不决，更不要
说是怯懦的行为，恺撒的每一步都伴随着好运，而且恺撒充分利用了他的好运。

即使在最有利的情况下，庞培也不愿采取主动，即使世界上所有好运气都降临也不足以帮助他达成目的的。

截至目前，庞培的行动还停留在对正确的作战计划的误解上。他认为，明智的做法是动用他手下出色的骑兵，设法将恺撒压制在一定空间内，从而饿死恺撒，这一方略的实现可能性非常可疑，当他的兵力是恺撒的3倍时，他的主要任务就是进攻对手。既然恺撒得到了增援，如果庞培还要回避会战，他这样做就有双重缘由了。很明显，庞培在兵力大占优势时表现得明显缺乏进取心，而在恺撒与安东尼会师之后，他困死恺撒的计划也许不错。

在这段时间内，庞培手下镇守叙利亚的部将西庇阿在恺撒渡海前往伊庇鲁斯时，奉庞培之命返回马其顿与主公会师。显然，他觉得自己还没有强大到以一己之力就能摆平恺撒的程度，尽管他的兵力远超对手。

恺撒将军队牢牢抓在手里。与安东尼的会师给他带来了大批驻军，共有3.5万人，即使兵力不足，形势也对他有利。他已经完全做好了与庞培一决雌雄的准备。色萨利和埃托利亚（Aetolia）派遣使节来见他，同意只要他派兵过来就支持他的事业。尽管恺撒无法从他那微薄的兵力中分派出兵力，但他依然同意了这些请求，派出了新建的第27军团，加上200名骑兵，由路求·卡西乌斯·朗基努斯（Lucius Cassius Longinus）指挥前往色萨利，盖乌斯·卡尔维西乌斯·萨宾努斯（Caius Calvisius Sabinus）率领来自奥里库姆五个大队和若干骑兵前往埃托利亚。这些部将都得到指示，除了保护和争取几个省份的友好合作之外，还得采取措施为恺撒供应粮草，恺撒又派遣多米提乌斯·卡尔维努斯（Domitius Calvinus）率领第11、12军团和500名骑兵去往马其顿，阻止正从帖撒罗尼迦赶来的西庇阿的人马进入马其顿。

派出这些分遣队之后，恺撒手上只有7个军团：第6、7、8、9、10、13、14军团，共2.2万人，但他的处境大大改善了。他决定与庞培一决雌雄，并将其困在迪拉基乌姆附近的海岸上，这样就能截断他与希腊的联系。尽管恺撒兵微将寡，却开始强行发起战斗。他看穿了庞培的意图，像一位勇敢的玩家在对方的地盘上，尽管兵力只有对方一半，依然要与对手一决高下。

卡尔维西乌斯在埃托利亚受到热情款待，"在驱逐了卡吕东（Calydon）和瑙帕克图斯（Naupactus）两地的敌人守军以后，占据了整个埃托利亚"。卡西乌斯发现在色萨利有两派势力,掌权的赫吉萨勒图斯(Hegasaretus)偏向庞培,在野的佩特雷尤斯(Petreius)力挺恺撒,这种局面令他的工作更难开展。

当多米提乌斯从西方向马其顿进发时,西庇阿正从东方向同一省份挺进。当西庇阿距离多米提乌斯的军队30千米时,他没有针对对手实施机动,而是突然转头向南,向正在色萨利的卡西乌斯·朗基努斯靠拢,指望打这位将军一个措手不及,并阻挠其对这个国度的平定。为了更好达成目的,他轻装上阵,留下马可·法沃尼乌斯(Marcus Favonius)率领8个大队在阿利亚克蒙河(Haliacmon)南岸看守辎重,在那里加强防务。他派遣科德斯的骑兵打头阵,去攻打朗基努斯的营盘。

朗基努斯的兵员因为都是新兵蛋子,战斗力薄弱,所以立即退往山脚下,打算穿过群山前往安布拉基亚(Ambracia)。西庇阿的骑兵生龙活虎,穷追不舍。然而,多米提乌斯精明强干,立即向法沃尼乌斯虚张声势。敌军迫近的谣言迫使西庇阿回到他的部将身边以保护辎重,他抵达时恰好抢先多米提乌斯一步,后者的前锋已经近在眼前了。"当多米提乌斯行军的烟尘可以辨清的时候,恰恰也正是西庇阿的前锋部队可以望得见的时候。"多米提乌斯依然在河北岸驻防,不久之后,西庇阿就从对手的上游的一处渡口渡过了河,安营扎寨。

双方的营盘之间是一片9千米宽的平原。西庇阿在他的营盘前方摆开战线。多米提乌斯向他挺进、邀战。经过若干零星冲突、前进和示威,尽管西庇阿已经渡过了阿利亚克蒙河并迫近了敌人,他还是认为最好拒绝与多米提乌斯手下渴望打仗的军团开战,他退回彼岸,返回最初的营盘。在两场接连发生的互相侦察的骑兵战斗中,西庇阿都吃了亏。每位将军都努力诱使对方采取行动,但都没有如愿。显然多米提乌斯打得更好,然而双方都按兵不动。

恺撒希望集中兵力,只在奥里库姆留下阿基利乌斯(Acilius)指挥的三个大队负责保护海湾里的船只,将其余的守军与主力合并。阿基利乌斯凿沉了1艘商船,并在附近停泊了1艘战舰来堵塞港口。但他很不走运。庞培的儿子,我们将在后文中的西班牙战场遇到的小格涅乌斯,本来奉命指挥埃及分舰队,眼下他急于扬名立万,率领舰队驶向此地,他俘获了战舰,打捞起沉船,驶入港口。他在港内焚毁了大部分恺撒的船只,留下德基穆斯·莱利乌斯(Decimus Laelius)封锁港口,阻止恺撒的运粮船入内之后,他驶往宁费乌姆,继而溯河而上前往利苏斯，在这里焚毁了安东尼留在那里的30艘运输船。这些损失对恺撒极其不利，因为失去它们令他丧失了亚得里亚海东侧的所有船只。年轻气盛的小庞培在利苏斯登陆时，却没那么幸运，因为他占领此城的努力都未能得逞。但是，小格涅乌斯似乎具有此时已经远离其父的积极进取精神。

在地拉那设伏失败之后，庞培退往迪拉基乌姆。根据他的回避武装冲突的计划，他决定守卫迪拉基乌姆正南的格努苏斯河（Genusus）一线，并前往阿斯帕拉吉姆(Asparagium)。阿斯帕拉吉姆的具体位置颇有争议，但是根据《内战记》记载的行动细节，它一定位于格努苏斯河河口以上约15千米的河南岸。与安东尼会师之后，恺撒返回斯坎帕，为了夺取巴尔提尼人（Parthenians）的首府（今天也未能确定位置），他溯格努苏斯河而上发动了突袭，随即紧随庞培前往阿斯帕拉吉姆。经过三天的行军，他来到庞培的对面并安营扎寨。次日，他拔营挺进，摆好阵势准备开战。庞培拒绝了恺撒的挑战，虽然他确实出营了，但仍然待在自己的高地上，在那里他不大可能遭受危险太大的攻击。

恺撒从来都是算无遗策的，他决心让庞培不得安生，于是构思和执行了一个充分展现他的头脑和双手的大胆想法——他决心截断庞培与迪拉基乌姆的联系。3月3日，恺撒沿着崎岖不平的道路，绕了一段漫长而隐秘的路线，沿着庞培的侧翼，直奔他的后勤基地。恺撒的路线横贯一片难以通行、林深树密的原野，勉强可以称其为一条路，溯格努苏斯河到了克劳狄亚纳（Clodiana）[①]，翻过格努苏斯河和河口位于迪拉基乌姆以北的阿尔泽恩河（Arzen）之间的崇山峻岭，沿着阿尔泽恩河而下。从一条河前往另一条河，他必须沿着一条大约67千米的道路，上溯、下行每一条河，这条路崎岖蜿蜒，时速不可能超过3千米。与此同时，速度还是必不可少的。恺撒的成功取决于他能否在一整天内令庞培对他的意图一无所知，也取决于他能否在24小时内完成行军，因为庞培前往迪拉基乌姆的道路笔直、平坦，不到37千米长。

庞培不知道恺撒正向他的交通线挺进，以为恺撒是因为缺粮才转移营地。当骑兵侦察员汇报恺撒的动向时，他才意识到即使自己立即走捷径也为时已晚。

---

① 译注：今天的培流姆（Pelium）。

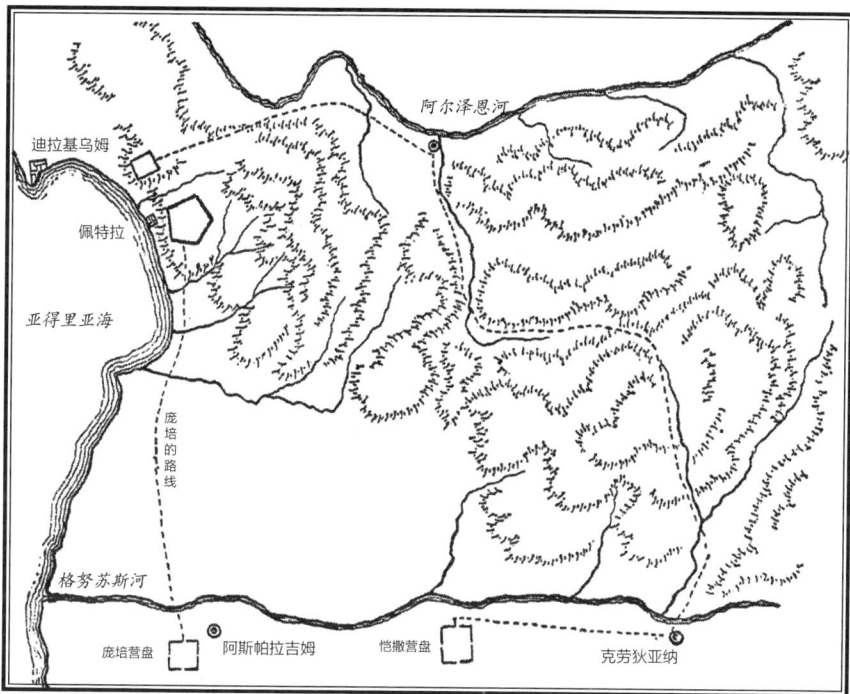

◎ 恺撒向迪拉基乌姆进军

恺撒则通过积极努力，只在夜间稍事休息抵达了阿尔泽恩河畔，随即顺流而下到了这条河流折向西北、平行于海岸的拐点，从这里迅速奔向海边，抢占了海边的高地，"当老远一看到庞培的先头部队时，马上就在那边扎下营"，截断了庞培前往迪拉基乌姆的去路，迪拉基乌姆储存着庞培的战争物资和大量补给。恺撒在阿尔泽恩北岸一块略微隆起的地面上扎营。他采取了一次异常大胆和精妙的行动。

尽管他的守军依然控制着迪拉基乌姆，但庞培与该城的联系被截断了。庞培愤懑不已，在阿尔泽恩河南岸的佩特拉（Petra）安营扎寨、构筑工事。此地是一个只能停泊小型船只的港口，他依然能用它从迪拉基乌姆取得粮秣。

迪拉基乌姆湾呈西北—东南走向的弓形。当你从海上靠近海岸时，你会看到一个完美的弧形舞台，但是你必须实地考察细节。在弓背处，有一个不规则的半圆形，是注入阿尔泽恩河或流入海洋的各条河流的分水岭。这张弓分为

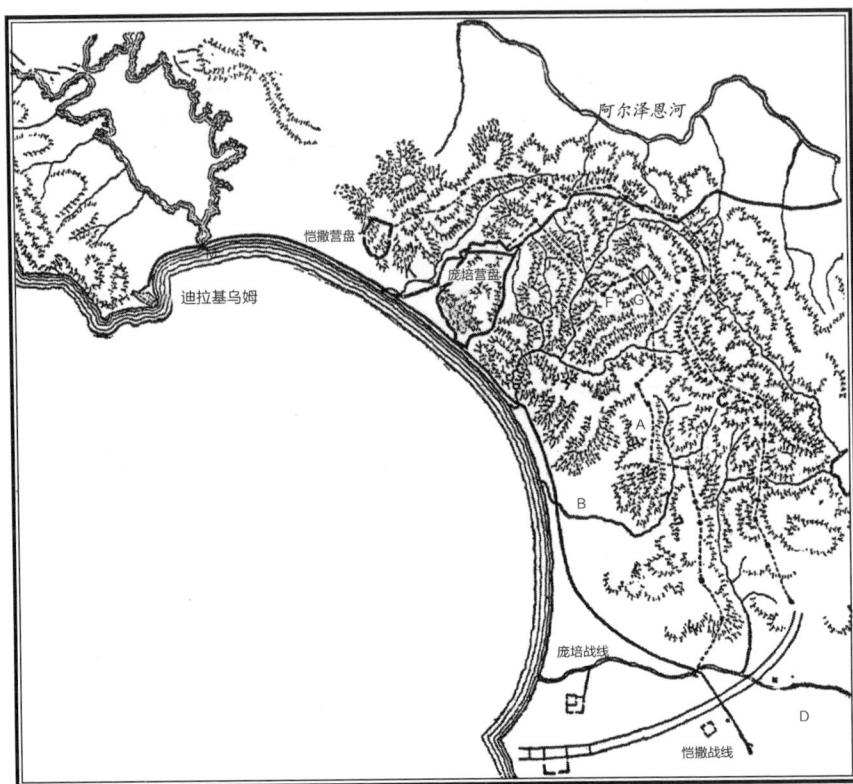

◎ 迪拉基乌姆战场周边

三部分：最外侧曲线是崇山峻岭，为即将到来的战斗行动提供了崎岖的框架；中部曲线由不规则的白垩丘陵组成，崎岖难行；最内侧曲线是起伏的丘陵，被青翠和偶尔出现的树丛覆盖。整个国度都崎岖不平。今天伊庇鲁斯的人口比恺撒时代还要少。当时的地形与今天相差无几。分水岭是更高峻的山峦，高度从90米到360米不等，向海洋延伸构成了弓的中部，在海水和悬崖之间构成了一条长度超过500米的隘路，悬崖在某些地方几乎壁立，但山顶林木繁茂。在弓的南部，山坡向下延伸到今天的卡瓦亚（Cavaia）。分水岭构成的弓形地带内的地面崎岖破碎、巉岩嶙峋，后面密布峡谷和山涧，中心部分林木葱郁也有耕作的迹象，海边地势起伏、土壤肥沃，海滩宽阔漫长。

迪拉基乌姆位于弓的西北顶点上，被一个泻湖限制在一片长三角形的土地上，其西侧是巉岩嶙峋的海岸。只能从海上围攻它，如果一支部队试图从内陆方向包围它，那就会被泻湖的两端封闭在三角形地带的顶点处的狭窄入口之内。

现在，庞培更加坚定了他的计划——在伊庇鲁斯饿死恺撒而非与之交锋。他命令从亚洲和其他藩属国向佩特拉提供新补给。庞培拥有大量船只，做到这一点比较容易。相反，恺撒在为其持久作战提供的粮秣方面遇到了困难，因为以利哩古不是产粮区，伊庇鲁斯的粮食仅够自身糊口，庞培已经通过筹粮或破坏手段耗尽了周边的所有粮食。鉴于庞培统治着地中海，恺撒还不能从意大利得到任何补给。

审视了庞培面临的问题的要素之后，可以说在目前评估战争可能性的手段方面，庞培并非完全鼠目寸光。只有把他的麻木不仁和缺乏能动性与恺撒永不疲倦的精力进行对比，我们才会想否定他"伟大的"头衔。然而，世界上的费边式的将军们并非没有获得他们应有的荣誉，我们也不能低估庞培的能力。但是，即使我们认为他眼下困死恺撒的计划还不错，也绝不能承认，在他的兵力是对手的 3 倍时不迫使对方决战，不是迟疑懈怠之举。

迪拉基乌姆
(公元前48年3月至5月)

    如果说庞培在构思和执行方面缺乏魄力，那么恺撒就可以说得上大胆了。他刚刚成功截断庞培与迪拉基乌姆的联系就采取措施将对手封锁在原来占据的位置上。在庞培营盘的周围，有已经描述过的三座山冈组成的山岭，但是他的外围分队并没有占据分水岭的任何一部分。恺撒尽可能多地占据外侧曲线上的山冈，在上面构筑堡垒，总共建了26座，再根据地形特点，用一连串复杂程度大小不一的土木工事将它们连接起来。在难以攻取的地方，工事相对简易，在天然险阻程度较低的地方，需要建筑艺术来帮忙。封锁线的两端都延伸到海岸上，北端以他在迪拉基乌姆东侧的营盘为终点，南端位于在整个行动过程中他觉得最方便且够得着的某个地方。庞培立即意识到了恺撒的意图，但他没有采取积极措施，而是采取了一种已经被围的军队才采取的策略，竭力将恺撒的人马向外挤，当庞培还在设法避免全面冲突时，恺撒已经构筑了一条相当不错的防线，然而没人阻止庞培在周围山冈上保持一条同样优良的内侧防线。

    恺撒这样做的目的是阻止骑兵占优的庞培，截断他从伊庇鲁斯开来的运粮车队，或者蹂躏这个国度，因为他自己也需要粮食，他想用断绝饲料的方式削弱庞培的骑兵。他又一次确信，如果将庞培封锁起来，他就会威名大震，而庞培则名声扫地，这就能表明庞培没有勇气与他殊死一战。

    恺撒向他的军团下达了作战或扎营的命令，于是它们现在占据了相应阵地。第10、13、14军团组成了右翼，第6、7军团为中坚，第8、9军团为左翼。

    恺撒划定的战线长度将近24千米，需要2.2万人防守。庞培急于夺回迪拉基乌姆，因为他的物资储备都在那里，但是他不能冒险去进行一场必要的战

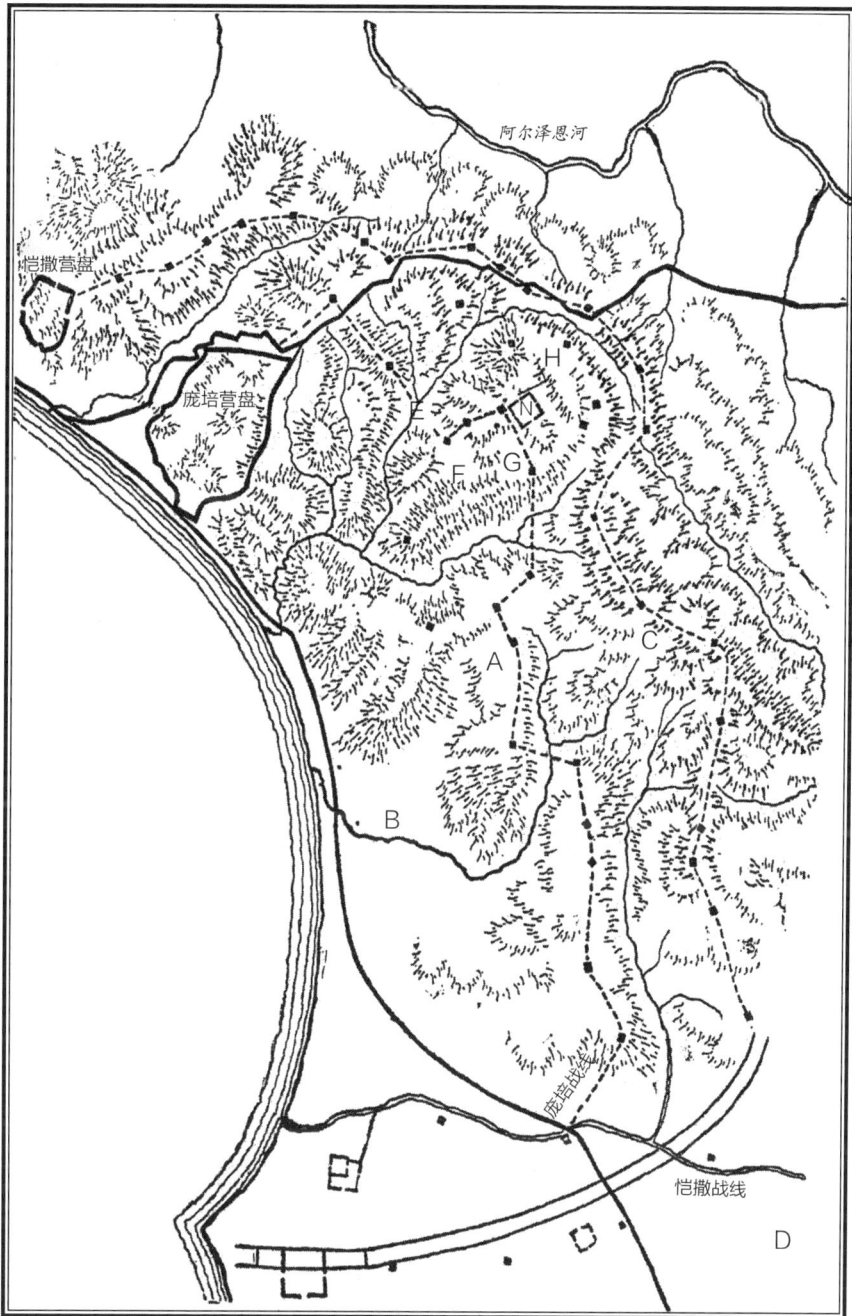

阿尔泽恩河

恺撒营盘

庞培营盘

H

E

N

F G

A

C

B

D

庞培战线

恺撒战线

◎ 迪拉基乌姆行动的周边地区

斗，以阻止恺撒完成他的工事。他又倾尽全力占领一些山冈，并用工事加固，用这种手段迫使恺撒分散兵力。就这样，他用自己手中面对恺撒的内线兵力，围成一个大约 21 千米长的防御圈，他在圈内可以为骑兵获取一定数量的饲料。这条密闭防线由 24 座碉堡和一圈壁垒构成。庞培率先完成了他的工作，他的兵力更多，防线却短不少。他没有发动有组织的突围，但动用手中颇具战斗力的弓箭手和投石手骚扰恺撒的人马，而罗马士兵们"都用毛毡、厚布层或兽皮为自己制作短内衣和护身，以御矢石"。"在占夺阵地中，双方都竭尽了全力。恺撒想把庞培限制在一个愈狭小愈好的圈子里，庞培则想占据一个愈大愈好的圈子，有愈多愈好的山头，因此经常发生战斗。"庞培的工事围住了大约 36 平方千米的地面，而恺撒包围了 45 平方千米。正是在这样封闭的地形之上，双方构筑了古代最有名的防御工事。

我们不能认为庞培缺乏技巧，与此相反，每当他着手工作时出手都相当不凡。面对寻常对手，乃至一个能干的对手，他都可以证明自己是昔日那个征服了半个世界的将军，但是，恺撒无与伦比的精力和韬略碾压了他的一切努力，庞培的士气远不如恺撒，因此无法展现自己的优势。庞培与恺撒结识已久，他掌权多年，无疑也知道恺撒的厉害，故而谨小慎微，只是按兵不动。

庞培的处境明显好于恺撒。他的人马远多于对手，已经达到了碾压的程度。他拥有更多骑兵，他的船只轻易、不断地从迪拉基乌姆和其他地方为他运来粮食和物资。他的阵地在中央，每个侧翼和每个点都可以轻易从其他周边位置得到支援。然而，庞培不敢向他的敌人发动决定命运的进攻，即使在敌人的工事只完成了一半的时候。

在恺撒构筑封锁线的过程中，零星冲突不断。第 9 军团占据着当时恺撒逐渐伸向大海的工程的左翼。有一次，当其奉命占据一座恺撒渴望包围的山冈，并开始动手时（图上位置 A），庞培的人马占据了它西侧的毗邻高地，建造了一些投射器械，用他们的投射武器和矢石严重阻挠了恺撒军的行动。庞培的轻装部队可以翻越连绵的山冈，挺进到第 9 军团附近的阵地上。恺撒之所以对这个高地志在必得，是因为占据了它，就可以令恺撒有机会截断庞培前往对他的供水至关重要的一条溪流（图上位置 B）的通道，并将庞培军限制在一个过于狭小的空间内。恺撒的意图明显是沿着这条溪流，将其左翼延伸到海边，他认为有必要将第9军团从此地撤下去，庞培却积极地紧追不放，为对手制造了不少损失。撤退是沿着崎岖的山坡向东走，道路愈发艰难。据记载，庞培在胜利的那一天向他的朋友们说："如果恺撒的军团能从这一冒冒失失地插进来的地方撤走而不遭到严重的损失，我就甘愿被别人看成是一个不中用的统帅。"从这番话看来，庞培好像依然颇有旧日雄风。

在撤退过程中，恺撒惊惶不安起来，他的老兵们表现得异乎寻常地缺乏斗志。他下令送过去一些木栅栏，在它们的掩护下挖掘一道两端用堡垒加强的壕沟。这是为暂时守住阵地或掩护撤退而在敌人火力打击下构筑野战防御工事的有记录的最早战例之一。这样构筑的阵地维持了一段时间，恺撒又派出投石手和弓箭手进一步掩护撤退。随后各个大队奉命排成纵队，但是庞培的部下"开始更加傲慢、更加大胆地向前推进，追逐"恺撒的手下，推倒栅栏，跨过堑壕。恺撒担心这样下去会严重挫伤军队的士气，使撤退沦为逃窜。于是，恺撒命令负责指挥军团，此时撤退到某个位置的安东尼转身发动反扑。安东尼英勇地执行了命令。伴随着号角之声，第9军团转过身来，收紧了纵队，显然他们还在掌握之中。他们停下脚步，投出了标枪，继而拔出短剑向敌人猛扑过去。尽管他们像在伊莱尔达那样冲上一个陡坡，依然将面前的一切都赶了回去，而庞培的士卒们"转身飞逃"，在混乱中退了下去，由于撤退途中有许多栅栏和壕沟，许多人失足绊倒，造成了不小的损失。

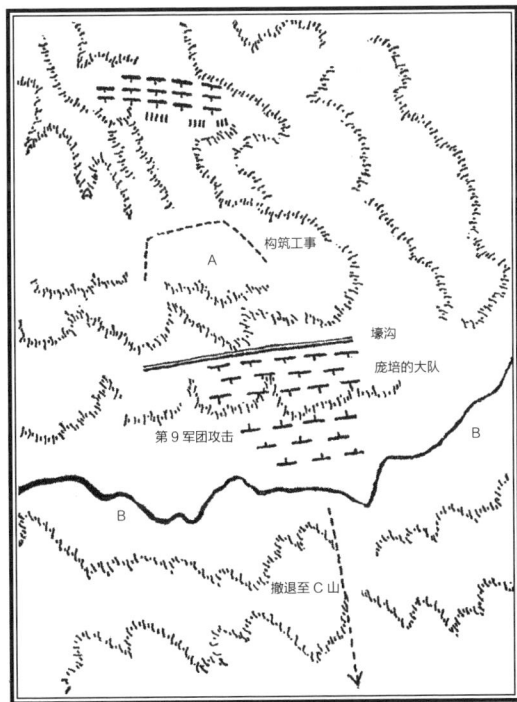

◎ 第9军团的战斗

恺撒手下有 5 名军团士卒阵亡，而据《内战记》的记载，庞培的损失多得多。另一座山冈（图上位置 C）被选中并用工事加固，庞培的手下赶走了恺撒的人马保住了它。失去这个山头是恺撒因过于自信而要将庞培团团围住而造成的灾难的第一步，使得庞培占据了比恺撒所希望的更大的地盘，并且迫使恺撒将自己的防区扩大了将近一半，不仅如此，还迫使他跨过一大片平原（图上位置 D）才能用一条漫长的壁垒封闭左翼，而后来庞培在那里发现了他的弱点所在。如果恺撒能够沿着发源于刚刚失去的那座山冈的小溪封闭他的防线，那么他成功的把握就会大很多。但是，这个行动从一开始就注定会失败。在平原的那边，恺撒挖掘了一道 4.5 米宽的壕沟，构筑了一堵 3 米高、3 米宽的壁垒，由第 9 军团负责驻守。

后期战斗中付出的微小损失并不意味着它是一场恶战，但是鉴于庞培方面的进攻颇有章法，恺撒的撤退还算不错。轻装部队的伤亡人数很少得到记载。一般只统计阵亡的军团士卒，因此一个很小的数字有时会表示重大伤亡。在这种情况下，恺撒的部队可能伤亡 50 人，轻装部队的伤亡可能也这么多，在不到 4000 人的队伍中伤亡 100 人，即 2.5%，表明这是一场相当出彩的战斗。

两军营盘之间没有发生我们称为前哨战的战斗，但是庞培的部下经常在夜间前往能看到营火的地方，突然向那里胡乱投射一排箭矢和石头。恺撒的士卒们被迫在远离敌军骑兵的地方生火，以摆脱这种危险的烦恼。零星冲突持续不断。

对于恺撒一方，整个迪拉基乌姆的战斗进程十分新颖。封锁通常是为了截断补给线，由兵力更雄厚的一方来包围或针对因战败而士气低落的敌人的，但是，恺撒的军队只有庞培的半数，自己也需要补给，庞培被恺撒的外线封锁起来，但可以从海上获得需要的一切。封锁线漫长，恺撒军必须持续执勤，以履行他们所需要的守卫指责。他们坚毅地忍受着缺粮之苦。他们依靠大麦、豆类、罕见的牛肉和某种被称为卡拉(chara)①的根茎为食，他们用卡拉制作粥和面包，他们还记得在伊莱尔达、阿来西亚和阿凡历古姆的物资短缺的日子，而他们曾

---

①译注：关于卡拉究竟是什么植物，至今没有定论。

在这些地方取得过辉煌胜利，所以并未丧失信心。两军进行零星冲突时会互相打招呼，恺撒的士兵们对庞培军说："他们宁肯吃树皮过日子，也不愿让庞培溜出自己的手掌。"粮食逐渐成熟，很快就有了丰收的希望。虽然庞培军的粮食储备更为充裕，但他们严重缺水，因为所有流入庞培的地盘的溪流、泉水，统统都被恺撒改变了河道或用堤坝拦截起来，以迫使庞培军打井或依靠低洼沼泽中的咸水度日。庞培军不习惯干活，这对他们很不利。由于扎营空间足够大，恺撒人马的健康状况极佳，而庞培的人马被围困在一个小地方，劳累过度，卫生状况可疑。

由于严重缺乏饲料，庞培被迫派他的骑兵经海上前往迪拉基乌姆。在这里，他们可以更容易得到给养，不仅如此，他们还可以从恺撒封锁线的外侧发动突袭，袭扰他的筹粮队。

此时，恺撒离开他的军队已有一段时间。《内战记》的行文对此有阙文，我们不得不通过阿庇安（Appian）和狄奥·卡西乌斯的一两处春秋笔法予以补充，并且通过一种近乎猜测的方式来解读其所讲述的内容。恺撒极有可能出于转移敌人的注意力才去攻打迪拉基乌姆。他相信，如果自己立即攻打迪拉基乌姆，就能被市民迎入城中。他率领一支人数充足的部队向该城挺进，穿过了泻湖南端的狭窄入口，再将他的部队隐蔽起来，只率领一小队人马向城墙进发。

他的希望没有实现。恺撒不仅没受到已经同意响应他的市民的盛情接待，迪拉基乌姆守军反而出于敌意突然从城门冲杀出来。一队庞培军乘船出城，迂回到那个南端狭窄入口，试图截断恺撒的退路。另一队守军迂回他的右翼，阻止他从泻湖北端逃生。第三支守军从正面发动进攻。恺撒迅速集结人马，兵分三路分别打击敌人的三路，每支部队都打得风生水起。战斗无果而终。后方的战斗迫使恺撒撤退，他没费什么力气就击破后方的敌军脱困了。

此前，恺撒留下部百流·苏拉（Publius Sylla）[1]指挥营中的守军。尽管安东尼是资历更深的军官，但他正身处遥远的左翼难以统领全局。显然庞培很快

---

①译注：古拉丁字母中没有"U""Y"，都写为"V"，因此独裁者苏拉在古拉丁文中写作"Svlla"，字母"U""Y"出现之后，苏拉一词出现了"Sulla""Sylla"两种写法，以前者更为常见，本书作者似乎更喜欢相对冷门的后者。无论哪种写法，本书都译作苏拉。

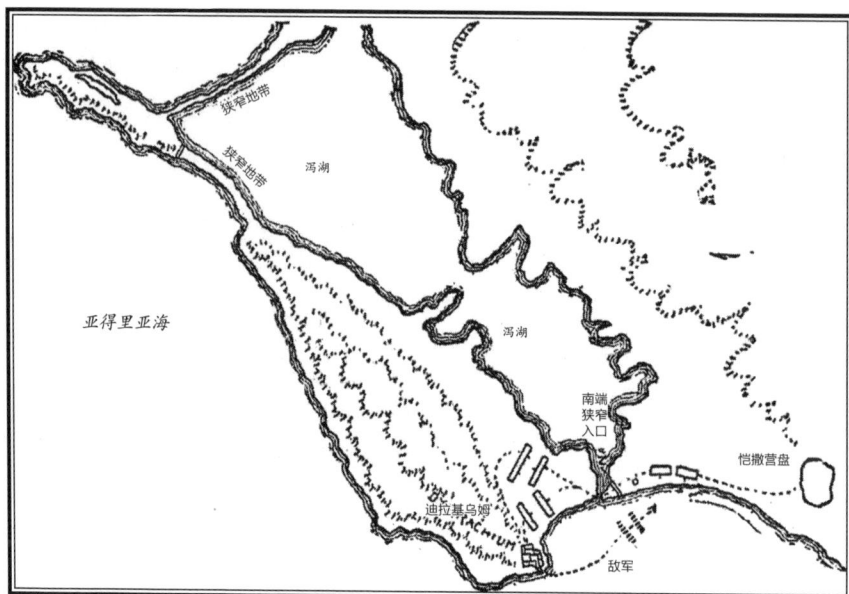

◎ 恺撒在迪拉基乌姆城下

就意识到了这一情况，他抓住难得的突破恺撒防线的战机，抵达迪拉基乌姆城下，也许在城镇附近与恺撒遭遇，用他的小股部队将恺撒围困在迪拉基乌姆半岛上。由于拥有更庞大的兵力和内线，对苏拉指挥下的留守军团的工事发动进攻相对容易。庞培的算盘打得不错。每当他遇到战术问题时，他干得都很棒。他对恺撒的封锁线组织了三次攻击。这些进攻几乎发生在对迪拉基乌姆的攻势的同时，似乎庞培有预谋地亲自策划了向恺撒打开城门的虚假承诺，从而为恺撒布下了天罗地网。

　　这些攻势都是针对堡垒的，同时针对时间、人数和位置也做了周密安排，因此很可能不会有增援部队从一段防线赶往另一段。他们就在庞培营盘的东面，共有 4 个军团，分为 2 个纵队。一个纵队沿着峡谷 E 挺进，另一个纵队沿着标记着 F 和 G 的路线前进。抵达了 H 附近的高地，这些军团兵分三路。其中的两路只有部分人马参与了进攻。在一次进攻中，恺撒的手下沃尔卡提乌斯·图卢斯（Volcatius Tullus）率领的 3 个大队轻松击退了由 1 个军团组成的一路纵队的进犯，在另一个地方，日耳曼辅助部队离开封锁线发动反冲击，击败了另

400

1个军团，造成了敌军的惨重损失，随即安然撤回。然而这些攻势都是庞培组织的武力展示。

第三场或主要攻势才是猛烈的。庞培由2个军团组成的第三纵队，猛攻1个由百人队长弥努基乌斯指挥的第6军团第2大队，共计300人据守的堡垒。军团士卒们极其顽强地抵抗这场攻势。庞培的部队拥有云梯、挠钩和冲城羊头锤。他们猛扑堡垒上的塔楼，试图点燃栅栏、填平壕沟，表现出最大决心要摧毁防御工事。但是恺撒军顽强抵抗了许久，足以让苏拉从邻近工事中抽调两个军团，继而击退庞培军。庞培军却由于奋力进攻而筋疲力尽，无法抵抗这场反扑，第一线刚遭到打击就退回平地。苏拉拥有很好的战机，在有利条件下发动全面进攻，他没有这样做而受到将士们的严厉指责。但是，苏拉认为在恺撒缺席的情况下，他无权发起会战，这是统帅才应该干的事情。

被击退的庞培军难以有条不紊地撤退。他们翻过一道山梁（图上位置I），

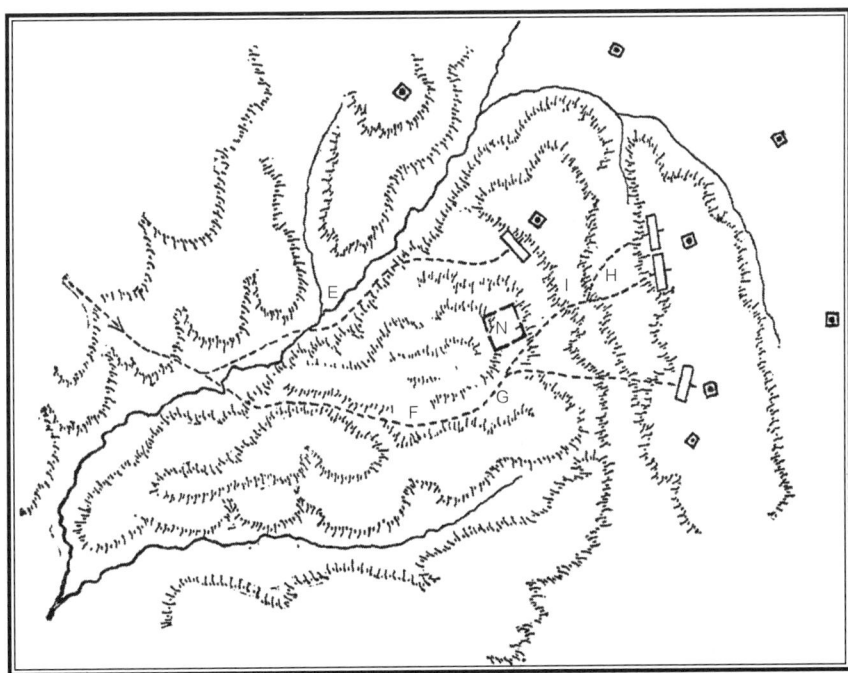

◎ 对苏拉的进攻

庞培在山顶停下脚步，不敢退到山梁的另一侧，以免被恺撒的部下打垮在山坡上。他将战斗延长到夜幕降临，随后夺取了努基乌斯堡垒上的投射器械射程之外的一个高地，并用工事加强了它的防御。恺撒的部下一直在他面前，希望在他因撤退而处于不利地位时发动进攻。在夜间和接下来的几天内，庞培建造了塔楼，将工事加高到 4.5 米，然后把他的这部分营寨用行障掩护好，以便在它的掩护下撤退。在第五天多云的夜里的第三更，他在当面的恺撒军眼皮子地下偷偷溜走，返回他的老营。

在这些日子里，防御工事发挥了巨大作用。一个想避战的将军只要躲在营盘里闭门不出，而且给养充足，他就会安然无恙。如果他的对手集结军团前进并要求会战，人们会认为除非确实有充分的理由不这样做，否则谋求一种最高尚的荣誉感的做法是接受会战，离开营盘排兵布阵。因此，如果一位将军在平原上扎营，他可能会被迫与敌人会战，唯一优势在于他靠近自己的营盘，可以随意撤退。如果他在一片高地上扎营，营门下面就是一个斜坡，他的位置会更佳，这样当他逼近敌人时，敌人如果发起进攻就必须要爬坡。顶盔掼甲的重装步兵不喜欢向上仰攻，他们爬坡时就会气喘吁吁，不得不向上抛出标枪，与此同时，敌人会向下投射武器，威力射程都会增加，况且还会以逸待劳，可以在适当时刻向他发动反冲锋，造成致命的效果。

庞培的这一举动再次证明，古人在敌人的追击下走下坡路撤退时，将部下掌控住是多么困难的事情。上坡仰攻时，锐气有助于克服困难，而下坡撤退时，信心丧失同样会导致灾难性局面。在当时，下坡过程中避免遭到攻击与今天避免遭到敌人的炮火纵射一样重要。令士兵有机会向下投掷标枪以打击敌人的阵地不容有失。大部分战斗发生在标枪射程之内。在理论上，前两行士兵投出标枪之后，就该拔剑肉搏了，但实际上，双方的前两行士兵面对面的战斗，基本上会在原地打上几个小时，随着一方或另一方暂时赢得优势，或者后方的队伍向前移动以缓解疲劳，战线会前进后退摇摆不定。尽管各条战线上进取心较强的人之间会进行单挑，但所有人都是在不得已的时候才拔剑肉搏的。在当时，手持短剑冲锋比今天的刺刀冲锋频繁得多，但这往往是战斗大戏的最后一幕。如果失败了，就很难恢复战士的信心，而且也不是轻易就能做到的。如果第二、三线战士还是生力军，他们会被召唤上前，如果这些持剑在手的士兵们被击退了，胜负就难以改变了，由于过去的士兵与我们的现代士兵一样易于士气低落，即使不是更易于低落，走下坡路撤军依然是一个必须小心翼翼采取的关键行动之一。

恺撒军已经获得了明显优势。如果我们相信《内战记》的话，庞培损失了将近 2000 人，许多人是老兵或百人队长，另有 6 面标帜，而恺撒只损失了 20 人。但是在弥努基乌斯的堡垒中，所有将士都负了伤。在一个大队中，4 名百人队长失去了眼睛，这是个奇怪的巧合。为了挽救堡垒而居功至伟的百人队长斯凯瓦（Scaeva）将盾牌交给恺撒，盾牌上有 230 个孔洞①。恺撒赠给斯凯瓦 20 万铜钱②，约合 3600 美元，并将其从第 8 大队的百夫长提拔为首席百夫长（primipilus），作为其异常骁勇的奖励。经检数，共有 3 万支箭射入这个堡垒，守卫它的士兵们得到了双倍的军饷、衣物和军事荣誉。

这次战斗的伤亡比例存在着奇特的差异。在希腊人中，有一种近乎普遍存在的伤亡比例，10∶1 或 12∶1，而在罗马人中间几乎看不到什么规律。在《内战记》中的晚近战例中，如库里奥的非洲战役，书中给出的数字为 600 人阵亡、1000 人负伤。在本次战斗中，整条战线上只有 20 名士兵阵亡，但在遭受最猛烈攻击的堡垒中，每个人都负了伤。这样的统计数字使得比较古今损失相当困难。在古代，由于矢石缺乏威力，受伤一定也轻。在手持武器、身披精甲的年代，两军战线会在投掷或射击距离上打上很长时间，而损失无几。如果斯凯瓦的盾牌真的被 230 枚矢石击中的话，他几乎不可能活着享用他得到的慷慨奖赏。

---

① 译注：查洛布英文版《内战记》，应为 120 个孔洞。

② 译注：这里说的铜钱指当时的通用铜币塞斯退斯。

恺撒的败绩
（公元前48年5月）

第三十三章

在迪拉基乌姆采取行动的几周时间内，埃托利亚、阿卡纳尼亚（Acarnania）和安菲洛基亚（Amphilochis）都已经被朗基努斯和萨宾努斯平定了。恺撒想在伯罗奔尼撒（Peloponnesus）站稳脚跟，于是派遣卡伦纳斯率领这些军官去占领亚该亚（Achaia）。为了应对这一威胁，又鉴于恺撒没有能渡过科林斯湾（Corinthian Bay）的舰队，庞培的部将卢提利乌斯·卢普斯（Rutilius Lupus）开始加固科林斯地峡，阻止卡伦纳斯进入亚该亚。卡伦纳斯以接受自愿臣服的方式收复了德尔菲（Delphi）、底比斯（Thebes）和奥科美那斯（Orchomenus）。希腊大部分地区就此落入恺撒的手中。

为了避免为内战的流血负责，恺撒再次通过他与庞培的共同朋友、又是庞培心腹的西庇阿，在其抵达马其顿时，向庞培提出了调整过的和谈建议。与其他数次尝试一样，这一次又无果而终。这些尝试如恺撒的批评者所宣称的那样，是由于恺撒知道它们不可能被庞培接受，还是出于对和平的真诚渴望，我们永远得不到答案。但事实是，恺撒确实提出了这些和平建议，而庞培都拒绝了。除了刀兵相近，恺撒别无选择。

在庞培失利之后，恺撒每一天都在双方营盘之间的平地上排兵布阵，寻求会战。他甚至将战线抵近到庞培的壁垒下，至少位于投射器械的射程边缘。尽管庞培为了挽救他的荣誉，会率部出营，却将第三线抵在寨墙之下，这样就能得到壁垒上的轻装部队的火力掩护。此举阻止了恺撒发动进攻。

如前文所述，庞培的大部分骑兵都乘船去了迪拉基乌姆。大约在5月20日，"为了把庞培的骑兵更加方便地控制在迪拉基乌姆上阻止他们采牧，恺撒用巨大的工事扼守住那两条我们已经说过的很狭窄的通道，还在那些地方建造起碉堡"。当饲料日益难以获取时，庞培无法从他的骑兵那里获得任何优势，便将大部分骑兵从海路运回营地。尽管陆路遭到封锁，他的船只依然能让他经海路来去自如，而恺撒无从阻止。在他的防线之内，就连未成熟的麦苗也被战马吃光了，难以养活它们，马匹主要以树叶和草木为食。大麦和饲料是从科库拉和阿卡纳尼亚运来的，但数量不足。当这些补给品也都耗尽时，庞培除了突围已经无计可施。他认为这只是迟早的问题而已。

大约在这个时候，尽管庞培的部下每天都在投奔恺撒，但也发生了首次从恺撒阵营投奔庞培的事情，这些叛逃都事关重大。2名担任骑兵指挥官的阿罗布洛及斯人曾在高卢为恺撒效力，居功至伟，他们出身高贵、才干出众、骁勇善战，但是侵吞了部下的军饷，尽管罪行不重，恺撒也喜欢他们，说不会把丑闻当成事实，他们还是出于恐惧、羞愧，投奔了庞培，带给庞培关于恺撒的工事的详细情报。这样的叛逃十分罕见（恺撒说是首次），庞培很看重他们，煞费苦心地将他们带往战线各个角落做巡回展示。

根据从这些人口中获得的准确完整的情报，庞培收集了大量用于攻击恺撒的工事的物资，在夜间经海路将他的轻装部队和物资运往恺撒封锁线的最左端，那里距离海岸最近，距离恺撒大营也最远。同日夜间，第三更之后，庞培从北营和防线抽调了60个大队，派它们前往同一地点，战舰沿着海岸南下，在那一点的背后抛锚。步兵们奉命用柳条制成防护罩，扣在头盔上。那里驻扎的第9军团由财务官伦图卢斯·马尔克利努斯（Lentulus Marcellinus）指挥，孚尔维乌斯·波斯图穆斯（Fulvius Postumus）担任其副手。安东尼全面负责左翼防务。封锁线工程由一道3米高、3米宽的壁垒和4.5米宽的壕沟组成，它"面对敌人的壁垒"——面向北方——后方大约180米处是一道类似但不太坚固的工事，背对面向北的那道常规封锁线。恺撒已经预料到会遭到海上进攻，刚刚建造了面向南方的工事。但是，连接这两道壁垒和掩护封锁线左翼的工事，即面向大海的工事还没有竣工，庞培已经从叛逃的阿罗布洛及斯人口中得知了这些情况。

庞培的攻势在夜间准备妥当，战斗在破晓时分恺撒防线最薄弱的部分打响，进攻得到了精心策划、坚决执行，完全达成了突袭效果。从南侧进攻的弓箭手和投石手非常活跃，向毫无防备的守军倾泻无情的矢石，两军人数比例高达6∶1乃至8∶1。与此同时，60个大队从北侧发动了决死冲锋，依靠手中的武器和投射器械取得了巨大优势，在用木柴填平壕沟之后，他们开始竖起云梯。由于腹背受敌，恺撒军的处境危在旦夕。但是令恺撒彻底失去胜机的是，一队轻装部队发现了恺撒防线最左端的工事尚未竣工，英勇地突入两条防线之间的空隙，从侧翼猛攻第9军团的士兵们。恺撒军的箭矢、标枪供应似乎不够充足，在遭到突袭时，他们的主要防御武器是石头，但是庞培军头盔上的柳条罩令他们免遭石头的杀伤。人们可能会认为，恺撒获悉那几个阿罗布洛及斯人叛逃之后会做出相应准备，但是从《内战记》中可以明显看出，恺撒军猝不及防。恺撒知道本方防御最弱的地点，也明白逃兵同样知道，他可能已经猜到敌人会从这里发动进攻。恺撒逐渐确信庞培不愿对他的薄弱点发动进攻，也许他正是因为这个漫不经心的判断而放松了警惕。无论如何，庞培精心策划的攻势大获成功。他的部下坚定果敢地猛扑过来，恺撒军防线遭到突破，无法恢复阵型，营盘就在左翼附近的马尔克利努斯派出几个大队前来增援，这些人也受到恐慌

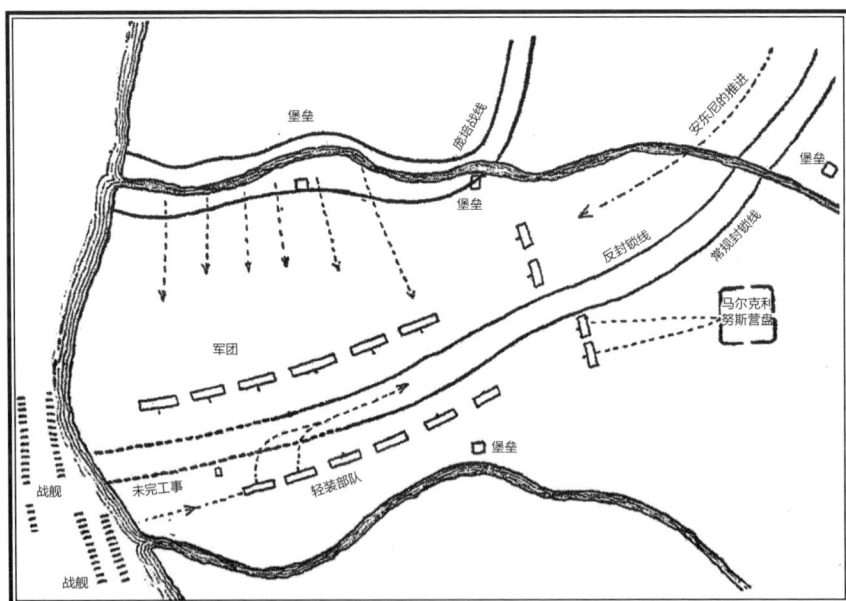

◎ 迪拉基乌姆战役，庞培的攻势

情绪的感染，乱七八糟地退了下来。庞培军继续施压，恺撒军损失惨重，除了一位壮年兵百人队长之外，所有百人队长都阵亡了。幸好他是一位首列百人队长，奋力保住了军团鹰帜。庞培军一直冲到第9军团的营盘才停下脚步。在这里，安东尼正率领12个大队从修建了一圈堡垒的山冈上冲下来，英勇无畏地在敌人的侧翼展开战线，阻止了后者的进攻，继而将敌人赶走，把溃兵收拢起来，终结了眼下的危局。

罗马军队在紧急情况下通常会燃起烟柱，恺撒就是通过烟柱得到噩耗的。他迅速率领从沿途堡垒搜罗来的几个大队从主营赶到战场，但为时已晚。庞培已经获得了一个立足点，恺撒无法将他赶出去，而庞培可以由此随意进出恺撒防线来筹集粮草。几个月来的努力化为乌有，封锁事实上被打破了。

在恺撒刚修建的防线顶端，庞培立即构筑了一个崭新的坚固营盘，将恺撒已经修建的部分工事用于修建自己的营盘。它的位置距离海岸不远，在他的防线右侧的那条河南侧约1500米处。在这个营盘的对面，恺撒丝毫没有畏缩不前，他希望在分出胜负之前以一场胜利抵消此前的挫败，他在庞培营盘附近安营扎寨。他拥有安东尼的兵力，还可以安全、迅速地从毗邻堡垒抽调来35个大队。他将人马部署在封锁线和反封锁线之间，前者在右，后者在左，构筑了一道与它们垂直的新工事，距离敌人450米。

庞培的进攻是在白天发动的，他很快就取得了初步成功。当时还是白天早些时候，还有好几个小时可以挽狂澜于既倒。庞培毫不怀疑当日的战斗已经结束，恺撒却不这么想，像谢里登（Sheridan）在温切斯特那样①决心反败为胜。现在，每支军队都一分为二。双方各有一支人马部署在北方主营中对峙，另一支在南方平原战线上与对方打接触战。

此地附近有一个有内堡的营寨，内堡是第9军团在一两周之前的行动中构筑的，当恺撒改变计划而被迫放弃它时，庞培用更强大的兵力占领了它，并加筑了外墙。后来，庞培又放弃了这座拥有内外两层工事的营盘。"这营寨正靠

---

① 译注：指美国内战期间，1864年9月19日发生的第三次温切斯特战役，菲利普·谢里登将军是此役中的北军司令。

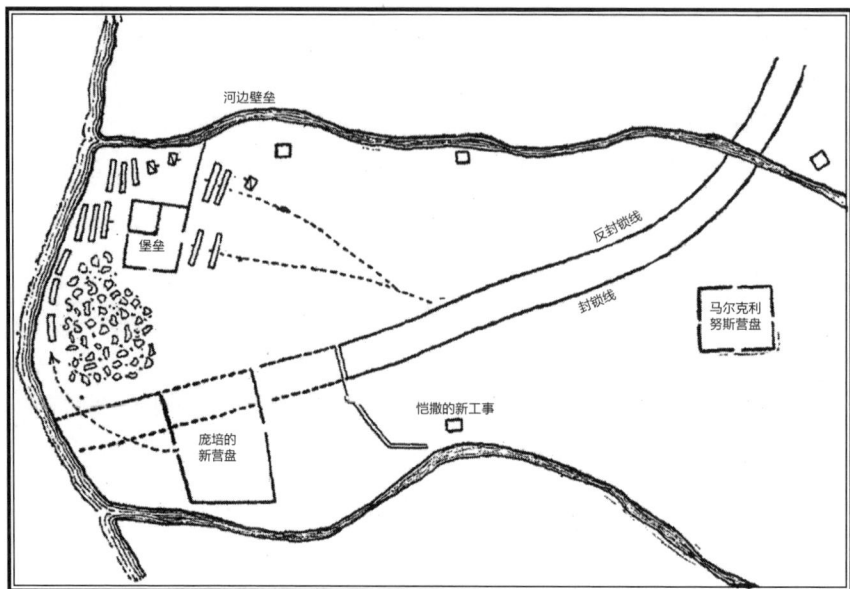

◎ 迪拉基乌姆战役中恺撒的攻势

着一片森林，离海不超过 400 步。"① 庞培占领此地期间，"同时，在营寨的左角，他筑了一道工事，一直通到河边，约 400 步长，以便他的部下可以更加方便地取水，不必担心危险"。现在恺撒和他的部下每天都在这片战场进行零星冲突，双方都谋求占领它，将其并入自己的防线。现在，它成了一个堡垒，距离庞培的营盘约 750 米。庞培派路求·托夸图斯指挥的军团前往这个营盘，作为连接他的南北营盘之间的便捷枢纽，以建立更加广阔的战线，并且让他的手下免遭构筑一个新营盘的劳苦。托夸图斯战兢兢地挺进到树林后方的那个地方。

恺撒通过侦察兵了解到了这一动向，他认为可以攻取这个阵地，获胜的机会很大，用一次精彩的反击弥补早晨蒙受的灾难。他的部下已经完成了工事，而庞培的手下却没有，他们需要花一些时间放下工具、准备战斗，随即抵达了那个营盘。进军的神速或许会令他打垮托夸图斯。他率领 33 个大队，约 1 万

---

① 译注：查洛布英文版《内战记》，应为 300 罗步。

408

人出击，其中包括在刚结束的战斗中损失不小的第9军团。他在战壕里留下两个大队，他们看起来似乎在壁垒上积极施工，以消除庞培的疑虑。恺撒迅速前进，但小心翼翼，在庞培发现他进军之前抵达了那个堡垒。

恺撒将他的士兵分为两翼，每个侧翼都分为两线横队。左翼正对着要攻击的营盘，右翼面向接入河流的壕沟。恺撒亲自指挥左翼的攻势，猛扑营盘的外围工事，尽管工事入口被一种称为"豪猪"（ericius）的东西——布满锋利长矛的大门——堵住，恺撒还是冲杀进去了，将庞培军赶出内堡的正面墙壁。到目前为止，进攻取得了成功，然而恺撒的右翼却遇到了麻烦，他们不了解地形，在搜寻营盘入口时，以为从堡垒到河流的3米高的新建墙壁是堡垒的组成部分，便沿着它一路走过去，于是与左翼分离，两翼之间形成了一个危险的缺口，导致两翼无法互相支持。他们沿着河边壁垒走了一小段距离之后，就爬上去突破了它，骑兵在后面跟进。这样一来，与他们在壁垒前相比，他们距离堡垒更远了一些，他们与左翼脱节了。

庞培很快就知道了托夸图斯遭到攻击，于是让他的5个军团放下手头构筑工事的工作，与自己赶去解救他的部将。现在，守军确信得到庞培的增援，在营门顽强阻击恺撒的左翼，并以坚定的意志向恺撒军发动反冲击，同时庞培的骑兵向恺撒的骑兵和右翼发动进攻。也许是感受到新来的致命威胁，或者看到自己与统帅之间的联系被截断，恺撒的右翼士兵们惊惶失措。他们没有时间从早晨的失利中缓过劲来，工作也没有完成。骑兵们首先陷入恐慌，从河岸壁垒上一个刚刚由此进入的豁口退了出去。右翼步兵失去了骑兵的支持，甚至在敌军进入视野之前就向后退去，在退往河岸壁垒的途中，他们陷入混乱，大量士卒被自己人踩死在壕沟里面：

> 这些人中有许多人害怕被夹在这一块极狭小的地方不得脱身，自己从那10尺高的壁垒上向壕堑里跳下去。当前面的人在受到践踏时，其余的人就试图从他们的身体上跨出去求得安全和逃生之路。

其他试图绕过河岸壁垒北端的人也没什么好果子吃。显然这是自相践踏。左翼的恺撒军知道右翼和骑兵正在瓦解，因此自己的侧翼也暴露了，而自己还要应付庞培的守军，他们从墙上看到庞培的援军正在大胆和坚定地迫近，担心被包围在内外两层壁垒之间。在恐惧的支配下，敌人还没有投掷出标枪，他们就溃退下来。即使恺撒抓起一杆鹰帜，亲自召唤部下跟随自己前进，也未能令惊慌失措的军队重整旗鼓。恺撒抓住一个人，要他重拾责任感，据说他在恐惧中举剑攻击恺撒。士兵们"一路飞驰奔逃。又有一些人由于害怕，甚至连自己的连队旗帜也丢掉了，没有一个人停下来"。在堡垒外墙的主门前，同样的混乱和灾难景象又上演了。幸运的是，庞培怀疑内有埋伏，没有迅速前进。失败突然反转成胜利，迫使他谨慎行事。他的骑兵急于追击，却无法突破河岸壁垒或经被伤亡的士卒堵住的营门杀进去。恺撒得以让他的残余部队不受追击之苦，撤出战斗。尽管敌人的骑兵最终赶了上来，他还是及时将残兵败将拉到封锁线工事的背后，从而挽救了他的部队。

在当天的两次行动中，恺撒损失了960人，包括几名罗马骑士、32名军团指挥官和百人队长、32面支队标帜。大多数人死于壕沟中的自相践踏。所有落入庞培之手的战俘都遭到了拉频弩斯的无情嘲讽，继而统统被处死。这就是恺撒所喜爱、尊荣的人表达出来的仇恨。恺撒军伤亡十分惨重，死亡率约为8%，与其他的一般性战斗相比，不能算作战斗损失。士兵们几乎未经战斗，他们要么被砍翻，要么在逃跑途中丧生。

这两次行动在《内战记》中没有得到清晰的记述，战场地形却讲述了这个故事，而且一些细节让我们得以非常清楚地描绘出战斗场景。可以肯定的是，恺撒遭遇了惨败，比从前任何一次都惨痛得多。他自己几乎丧命，他的军队士气彻底萎靡，无法集结一战，按照他自己的记载，如果庞培知道自己获胜了，他将遭遇致命的失败。《内战记》甚至没有试图文过饰非。这一日的两次战役都发生了逆转，仅仅源于庞培缺乏进取心，恺撒军才没有遭遇不可挽回的灾难。尽管兵力悬殊让恺撒拥有足够的失利理由，但军队士气委顿却没有借口可言。

所有老战士都知道，士兵成群逃跑是多么荒唐的举动，每个人都自寻生路，所有纪律观念都暂时瓦解了。恺撒的叙述为我们提供了一幅军队士气非常低落的画面。在所有古老作家中都有一种倾向，就是让他们笔下的图景明暗分明。在无关大局的事件中表现的英勇是光彩照人的，在轻微逆境中的恐惧却过分夸张。这种记述习惯是否夸大了这件事情值得怀疑。各个时代训练有素、身经百战的部队都没什么区别。恺撒的手下有时确实会以一种不光彩的方式丧失信心，但恺撒总能将他们牢牢掌控住，让他们为失败而羞耻，进而鼓励他们在未来夺回荣誉。军队在荣誉方面的损失，恺撒用勇气和才智夺了回来。

　　恺撒早就应该意识到这不是轻而易举就能完成的任务，他却冒冒失失地试图完成，因而在这个地方失去了三个月的大好时光和所有的进攻力量。他回到了起点，与意大利的联系也被切断了。从任何意义上说，他在战略和战术上都失败了，庞培撒出大批骑兵之后，他的后勤会受到威胁。对手毋庸置疑的深谋远虑已经得到了胜利的证实。时间对庞培不像对恺撒那样不利。庞培的军队表现不错，庞培有充分理由相信他们还会再接再厉，现在庞培可以相信拉频弩斯的断言，恺

◎ 鹰帜手

撒的高卢老兵已经消耗殆尽。如果庞培再次奋力一搏，就能打回老家去，而恺撒将遭到致命打击。但是庞培没有这样做。命运女神本不眷顾任何人，却始终如一地站在恺撒那一边，同时两位统帅的性格现在展现无遗。

撤离迪拉基乌姆
（公元前 48 年 5 月）

　　一日两胜令庞培及其党羽欢欣鼓舞，他认为战争已经结束了。他被部下欢呼为"胜利将军"。他没有考虑部队或高参们的情况。恺撒则正相反，这位伟大的军人随机应变、能屈能伸，绝不灰心丧气，决心立即更改计划。他很快就意识到他的原计划已经破产，不敢在原地再冒一次险，唯恐将士们回忆起先前的失败之后变得意志消沉。即使他手下久经沙场的坚强老兵也无法摆脱心理上的心慌意乱。恺撒最终决定放弃这个事实上不可能完成的任务——用少得多的兵力将庞培围困在封锁线之中——离开这里，将对手引出营盘，到平坦的旷野上，在那里他可以像在沟壑纵横的山中那样用机动战胜对手。在开阔战场上，他感到有一种他在迪拉基乌姆无法显现的优势，在迪拉基乌姆，漫长的战线、众多的堡垒制约了他的行动，也限制了他施展谋略的能力。

　　恺撒不能忽视所有因为迪拉基乌姆之败的怯懦行为。他拣选了那些他一贯信赖的人，但是在这场战役中，他们没有恪尽职守，他通过降职惩罚了几名旗手，此举足以惩一儆百。随后，他明智地向部下讲话，将他们从失败的痛苦中解脱出来，鼓励他们重拾信心。事实上，恺撒的军团将士们一从最初的低落士气中恢复过来就像往常一样渴望战斗了。他们乞求恺撒率领他们攻打敌人，而不是离开迪拉基乌姆，保证好好证明自己。但是恺撒不信任的并非他们的好意，而是他们的韧性。他认为自己的计划更为明智，并坚持己见，向部下保证，下次打击敌人定能获胜。此外，补给问题日益严峻，是时候拔营离去了。

　　只花了几个小时收拢和照顾伤员，随后恺撒悄悄将他的所有部下和物资都集中在左翼，战斗当天夜幕降临之际，他将所有辎重和伤病员打发上路，由一个军团负责照管，前往阿波洛尼亚，命令他们在前面保持一天的行军距离。然后，按照他自己的命令，将2个军团作为后卫驻守营盘，次日天亮之前，他的其他7个军团悄无声息地沿着几条道路向同一方向启程了。当他们都安然上路时，他发出了通常的拔营信号，他与2个留守军团离开营盘，迅速跟上前方纵队。这种涉及荣誉的敏感十分有趣：恺撒不愿意偷偷溜走，但是他差点就这样做了，最终还是出于荣誉感发出了拔营启程的号声。这是眼下唯一明智之举。

恺撒面临着一项危险的任务：从两条没有桥梁的河流——水急岸陡的格努苏斯河和阿普苏斯河——在获胜的敌人面前撤退。经过大约5个小时的行军，他抵达了格努苏斯河河畔，庞培派出骑兵紧随不舍。庞培骑兵在格努苏斯河附近追上了恺撒的后卫，但是一无所获。恺撒派出自己的骑兵，与大约400名军团士卒混编，对付庞培的骑兵，他们没费什么力气就令敌人损兵折将，狼狈而归。随后他让军团轻而易举地渡过了河。这些都是按照他的计划，在一天内完成的工作，现在他已经摆脱了庞培的直接追击，从而摆脱了危局，由于恺撒已经卷走了全部渡船，加上河岸陡峭，庞培的骑兵无法渡河。恺撒占据了阿斯帕拉吉姆对岸的老营盘，它的壁垒和壕沟还在，他又采取了一些非同寻常的预防措施。如果他想躲避庞培，就必须再来一次隐秘行军。为了让庞培相信他会在原地停留一两天，他放出骑兵筹集粮草，但很快就悄悄将他们收拢回营。步兵一直待在营中，随时准备出发。庞培追着恺撒渡河，也驻扎在阿斯帕拉吉姆的旧营中，实际上他上当了。大约在中午，庞培的部下休息的时候，他们中的许多人已经返回旧营去取因匆忙出行而留在那里的财物，由于军纪涣散，他们七零八落、行伍不整，恺撒就这样在敌人面前偷偷溜走了，在天黑以前大约走了12千米。经过短暂的休整之后，夜幕刚刚降临，恺撒就让他的辎重队先走一步，次日天明他与其军团跟进。第三天又如法炮制，"尽管一路河流很深，道路很艰险，他却没受到什么损失"。到了第四天，庞培放弃了追击，恺撒稳步摆脱了他，返回阿斯帕拉吉姆。

战斗结束后，庞培立即拥有了几个可供选择的计划来利用他的胜利。他可以渡海去意大利，鉴于恺撒已经战败，他可以指望在那里受到更热烈的欢迎；他可以迅猛追杀恺撒的军队，或许能在恺撒招兵买马之前将其歼灭；如果追不上恺撒，他也可以紧追恺撒军向内陆进发，在恺撒恢复元气之前与之会战。从追杀恺撒开始，尽管一无所获，庞培却依然坚持在希腊作战的计划。他认为追击部队已经分散到各地了，重新集结人马才是明智的。

恺撒在阿波洛尼亚停下脚步，只是为了将伤员留在一个合适的驻扎地，同时为自己无限期离去之后做相应的安排。6月1日，他离开军队，决心与多米提乌斯会合，后者率领第11、12军团成功收复了马其顿，恺撒不希望失去这场征服的成果，因为拥有马其顿会使他能够在一个友好的国度集中兵力。

当时，多米提乌斯正在阿利亚克蒙河河畔，直到4月末，他一直在那里等待西庇阿，后者会从叙利亚带来2个军团和骑兵，后来西庇阿确实为庞培带来了这些兵力。大约在5月1日，西庇阿抵达多米提乌斯的驻地附近，随即转向南方，突袭正在色萨利的朗基努斯，后者手中只有1个新兵军团。他将辎重留在阿利亚克蒙河河畔塞尔维亚（Servia）附近，由法沃尼乌斯（Favonius）看管。朗基努斯得到警报，穿过品都斯山（Pindus Mountains）退往安布拉基亚。西庇阿认定能歼灭他的猎物，准备启程追赶的时候，法沃尼乌斯要他回去抵挡正在虎视眈眈的多米提乌斯。回到那里之后，西庇阿和多米提乌斯都沉迷于零星战斗，在这些战斗中多米提乌斯的准备更加充分，但是双方的交战不分胜负。大约在这个时候，恺撒抵达了阿波洛尼亚。

就总体战略计划而言，恺撒的意图十分明确。如果庞培追赶他就会失去与舰队和在迪拉基乌姆的补给站的联系，从而失去粮食和战争物资，届时双方将处于同一起跑线上。如果庞培渡海去意大利，无论遇到多大困难，恺撒和多米提乌斯都将被迫尾随他穿过以利哩古去保卫意大利。如果庞培企图夺取阿波洛尼亚和奥里库姆，恺撒就会进攻西庇阿，从而迫使庞培前来援救。没有能令问题复杂化的其他选项。

恺撒在阿波洛尼亚留下4个大队，在利苏斯留下1个大队，在奥里库姆留下3个大队，这还不算伤兵。这样他手中还有7个老军团，其中1个军团已经抽调走了3个大队，总共还有1.8万人。他预计从意大利还会来2个军团，但它们会在科尼菲基乌斯（Cornuficius）的指挥下监控以利哩古。

6月2日，庞培判明了恺撒的动向之后选择与西庇阿会师。他担心恺撒正谋划打击他的部将，还打算赶在恺撒之前截断其与多米提乌斯的联系。他的许多部将强烈建议他渡过亚得里亚海夺回意大利，他们说此举将是对恺撒的致命打击，但庞培认为，绝不能放弃西庇阿与众多依然在色萨利和马其顿支持他的事业的显赫人物。

庞培留下加图和 15 个大队、300 艘船只来守卫海岸和迪拉基乌姆。6 月 3 日，庞培从阿斯帕拉吉姆前往马其顿。恺撒的迅速行动迫使庞培追赶他。正是恺撒，尽管吃了败仗，依然将未来机动的时间和地点强加给对手，而庞培的意志较为薄弱。

6 月 6 日的形势波诡云谲。庞培正沿着厄纳齐雅大道行军，去与西庇阿会师。恺撒正沿着一条艰险的道路向奥苏河（Aous）挺进，要与多米提乌斯会师。

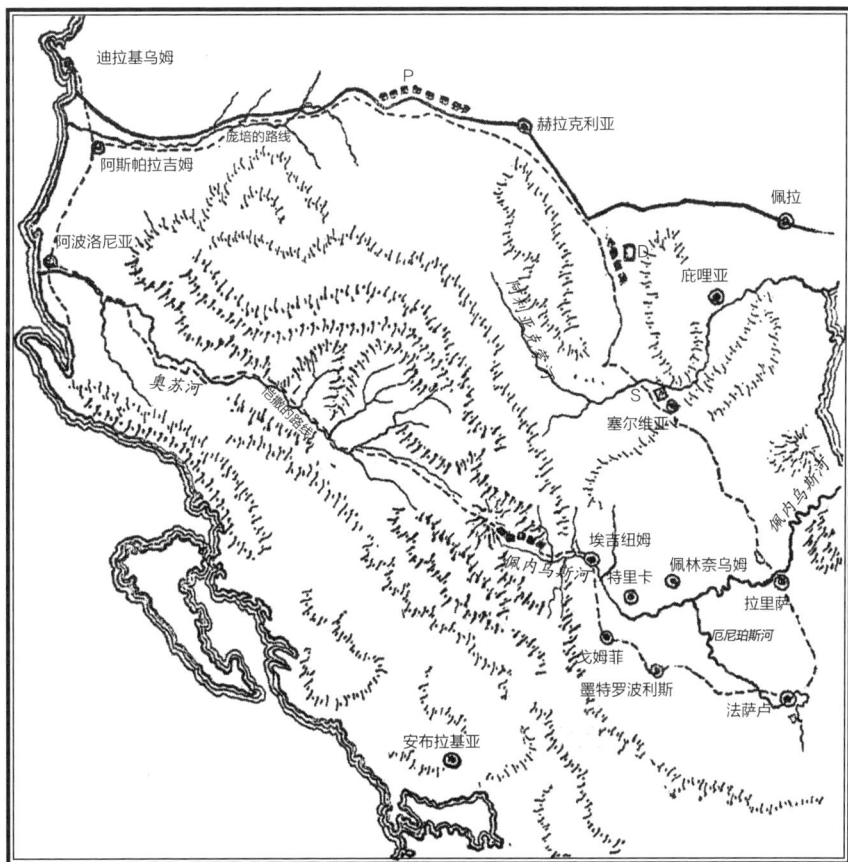

◎ 6月6日的战局

至于多米提乌斯，由于在搜罗粮秣而对最近发生在迪拉基乌姆的事情一无所知，正在向赫拉克利亚（Heraclea）进军，即将落入庞培的掌心。

关于恺撒战败的夸大谣言，削弱了许多希腊城邦对恺撒的忠诚度。他的信使被捕，令他无法与多米提乌斯互通消息。庞培正在阳关大道上行军，6月8日到达赫拉克利亚。如上文所述，多米提乌斯正在阿利亚克蒙河与西庇阿对峙。当西庇阿拒绝会战时，多米提乌斯因缺乏粮饷而向赫拉克利亚进发，他认为可以在那里取得补给。6月9日，他到了目的地附近。就在他跌跌撞撞地即将撞上庞培的纵队时，一些最近投奔了庞培的阿罗布洛及斯人和与之同行的侦察队被多米提乌斯的前锋部队擒获，向他吐露了所有实情。多米提乌斯赶忙更改行军路线，向南奔向色萨利。

目标明确的恺撒进军神速。他的路线与亚历山大向底比斯进军的路线大致相同。6月7日，他到达了奥苏河和佩内乌斯河（Peneus）之间的分水岭，继而下山到了色萨利境内的埃吉纽姆（Aeginium）。6月13日，他在此地与多米提乌斯会师。庞培以不同寻常的速度尾随。命运女神对双方都不错。两人手下遭受威胁的部将都没有被歼灭，现在形势已经清晰明朗了。

与其部将会师之后，恺撒手握9个军团，其中1个军团少了3个大队，共有2.4万人，还有少量轻装部队和1000名骑兵。他决定留在色萨利恢复军队的体力和士气。在需要的时候，他可以将副将们集中到手握15个大队的卡伦纳斯手下。

色萨利的冲积平原幅员辽阔，得到了佩内乌斯河及其支流的充分灌溉，土地肥沃，适合军队采取行动。当地城镇内支持庞培或恺撒的党派斗争十分活跃，西庇阿获悉敌方将军的动向后向拉里萨（Larissa）进军，而恺撒在新败之余，几乎得不到像样的支持。当他走出山区时，他面对着四个坚固的城市——佩林奈乌姆（Pelinaeum）、特里卡（Trieca）、戈姆菲（Gomphi）和墨特罗波利斯（Metropolis），它们都坐落在山麓丘陵之上，拦住了前往色萨利的去路，而且构成了一个重要的四方形，但它们的重要性比我们今天想象的要小。

6月15日，恺撒离开埃吉纽姆前往30千米外的戈姆菲。在这里，他发现城门向他紧闭，来自迪拉基乌姆的消息改变了许多色萨利人的想法，从前他们曾是他的盟友。市民们向西庇阿和庞培求援，但是西庇阿已经去了拉里萨，而庞培还没抵达色萨利的边界。

恺撒扎下营盘。那一天他的人马比平时走了更长的路,开始了营盘的修建,他决心刻不容缓地进攻戈姆菲。将士们展示了强烈的斗志。他们急于证明新近的失败不是因为缺乏勇气。他们准备了盾车、云梯和栅栏,在 4 时之前准备妥当。恺撒劝说他的部队恢复荣誉,赢得同时急需的荣誉和给养,尽管该城由很高的城墙保护着,恺撒还是发动了进攻,在下午剩下的 3 个小时内恺撒占领了它。为了杀一儆百和提振手下的斗志,他任由将士们洗劫它。

次日,他向墨特罗波利斯进发。这里的百姓起初也紧闭城门,但听到了戈姆菲的命运之后,就明智地改弦更张了。恺撒慎重地饶恕了该城,随后,除了西庇阿驻扎的拉里萨附近地区之外,所有色萨利城镇都被戈姆菲和墨特罗波利斯的榜样力量吓住了,同意向他的大军敞开城门。

恺撒为部下的所作所为感到欢欣鼓舞,他觉得可以再次相信他们一以贯之的勇敢。他决定等待庞培的到来,同时休整他的队伍。他向东进发,在皮尔戈(Pyrgo)渡过了阿皮达尼斯河(Apidanus),继续深入这片平坦的原野,继而在法萨卢以北、厄尼珀斯河(Enipeus)左岸的平原安营扎寨。在我们看来,营盘的位置选择不当,但恺撒没有出具在此地扎营的原因。

当发现多米提乌斯从眼前逃之夭夭,而且西庇阿安然无恙时,庞培便缓缓向东南方向的拉里萨挺进。他不大可能像人们想象的那样取道佩拉前进。他至少知道西庇阿已经到了阿利亚克蒙河,可能也听说了西庇阿正在向拉里萨挺进。

这件事证明,如果庞培前往意大利会更好些,但他想当然地认为,再打一场胜仗是刚刚取得的胜利的必然结果,我们只能称道他追踪敌人的目的,他的一举一动都证明,他坚信自己能够战胜敌人。

我们再次看到,战役的计划和顺序是由恺撒的行动决定的。也许庞培会把注意力转移到意大利,但他过于松懈大意和狐疑不定了。即使现在,他也给了对手过多时间去招兵买马。

6 月 21 日,庞培在拉里萨与西庇阿会师,接管了两支军队的指挥权。为什么恺撒没有在庞培赶来之前进攻西庇阿呢?这种行为不符合古代的惯例。拉里萨的城防因过于坚固而无法攻取,在速度至关重要的时刻,发动围攻是不可能的。可能还有一些我们不知道的政治背景。据我们所知，攻击分散之敌，与其说是恺撒时代的习惯，不如说是现代战争艺术的一种手段。汉尼拔和亚历山大正是这么做的，但这种机会往往被忽视而非抓住。此外，恺撒不愿意攻打一

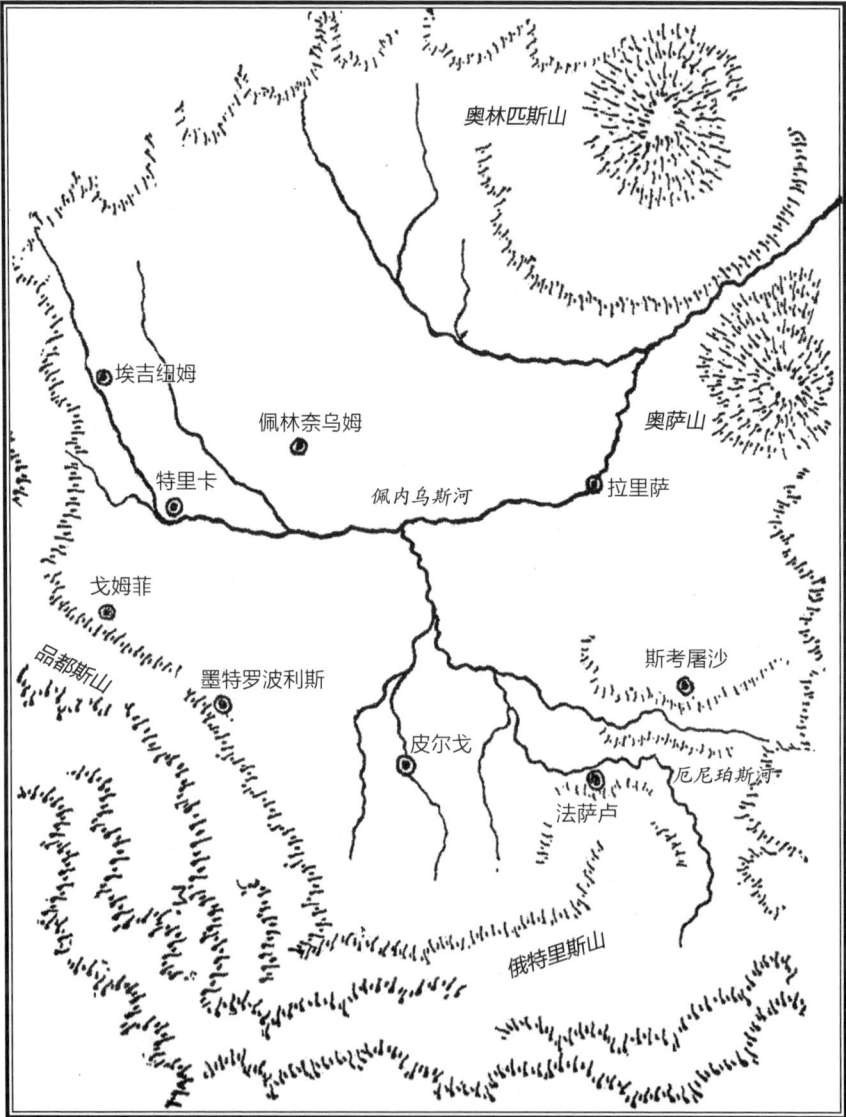

◎ 色萨利平原

个防御完善的城市。拉里萨驻扎着西庇阿的 2 个军团，与戈姆菲这样只有当地居民防守的地方不可同日而语。

无论如何，恺撒都留在原地坐等敌人上门。拉里萨只在 30 千米外。收获时节近在眼前，他的补给可保无虞，还能在开阔原野上纵横驰骋。另一方面，庞培手握 5 万名军团士卒，7000 名骑兵和众多轻装部队，兵力之庞大足以让他确信恺撒已经落入他的手掌心。获胜的庞培阵营中的每个人都对此坚信不疑，以至于他们已经视自己的统帅为罗马国家元首，并为荣誉、官职和战利品的处置而争吵不休。恺撒阵营中的富翁的财产至少在纸面上都被瓜分完毕了。分赃的结果引发了许多争执，士兵、政客和廷臣们日益强烈地要求打倒恺撒。

拉频弩斯大概是庞培手下最糟糕的幕僚。无论现在他对于恺撒的仇恨是出于什么动机，这种感觉都显而易见。他难以让自己受到别人信任，但他确实使庞培相信恺撒的军队不是最棒的，军中的高卢老兵寥寥无几，而且迪拉基乌姆战役证明，他手下的年轻士兵无法承受战火的考验。他总说，庞培的骑兵无疑优于恺撒的，声称由于数量更多，一旦恺撒遭到攻击，胜利是毋庸置疑的。可以肯定的是，庞培坚信自己胜券在握。他的判定有着充分理由，但是他的想法只有一个薄弱的前提。他忘记了面前的敌人是恺撒，忘记了在战争中个人因素总是最强有力的。他们采取措施来消除恺撒的人格在即将到来的战斗中所具有的分量。庞培军的缺点是缺少头脑，没有控制和指导局势发展的目的性。

另一方面，恺撒人军合一，整支军队都本能地执行他的意图。从基层到高官都按照他的方式令行禁止，他控制了军队的一切情绪和行动。他就是发条和摆轮，现在他觉得可以再次依赖自己的军队了，也许比新败之前的状态更好，他打算将庞培引上战场，尽管他的兵力只有对手的一半。

两军都同意互相靠近，驻扎在法萨卢附近。如我们所见，恺撒先期抵达这里，几天后庞培也到了。

两军的兵力都可以公正地估算出来。一些史学权威声称，在这片土地上有三四十万人针锋相对。这个说法十分荒唐。几乎所有古代史学家都同意庞培拥有 110 个大队，恺撒拥有 82 个大队，双方都有若干辅助部队。庞培的大队人数比恺撒的更接近正常编制，军团士卒将近 5 万人（《内战记》说有 4.5 万人），还有大约 4000 名弓箭手、7000 名骑兵和一大批辅助部队，总数肯定超过 6 万人。

恺撒的大队人数较少，每个大队不大可能超过 300 人。他们的人数大减，恺撒也没能将大队补充到正常人数。他的军团士卒总共不超过 2.5 万人（《内战记》说是 2.2 万人），骑兵只有 1000 人，加上远少于庞培的辅助部队，总兵力拥有 3 万人。所有权威都同意庞培的兵力远远超过恺撒的，大致上是以二敌一。

这种事情在古代战争中频繁重演，关于法萨卢战役发生在哪一侧河岸也颇多争议。对这片原野地形的研究，彻底搞清了情况。庞培从法萨卢北方的拉里萨过来，而恺撒来自西面的墨特罗波利斯。这些事实必须铭记于心，按照斯特拉波的说法，厄尼珀斯河源于俄特里斯山（Mount Othrys），流经法萨卢；据阿庇安的说法，战场在法萨卢与厄尼珀斯河之间；《内战记》则说，庞培的右翼和恺撒的左翼都倚靠在河岸上。我们必须找到一个地方，让庞培恰好能为其大军安营扎寨和构筑我们所知的堡垒，敌对阵营双方还得有一片战场，符合我们认知的交战关系。除非我们能对这些要点和军事可能性感到心满意足，否则我们将如堕五里雾中。下面的战斗理论与所有这些事实都是一致的，而其他说法不符。人们习惯于摒弃这些说法中的某一个或另一个，认为它与其余的说法南辕北辙，与这些说法一致的理论当然是最好的，尤其是当它与地形一致的时候。与坎尼战役的事例一样，没有必要摒弃可靠的史学权威出具的任何事实。

厄尼珀斯河流出源头后，流经深邃的峡谷，随后注入法萨卢平原。在这里，它折向西，将高出河岸 180 米、今天叫卡拉哲·艾哈迈德（Karadja Ahmet）的高地包围起来。除了西面面向平原之外，该高地的所有方向都耸立着浓密的山脉网。在卡拉哲·艾哈迈德高地以西，有一座从这个网络延伸出来的克林迪尔山（Krindir），两山之间是一片更小的平原，它长 6 千米、宽 3 千米，小平原南侧是群山，北侧是厄尼珀斯河。

颜色灰暗、峰峦寥落的西诺塞法拉山脉（Cynocephalae Mountains）位于它的北面。庞培离开拉里萨的路上穿过了这片高原，西诺塞法拉山脉在行程的左侧。他不可能像蒙森所说的那样，为了战斗而在这里扎营，此地地形过于崎岖，不适合用兵。庞培需要一个能动用他的庞大骑兵的战场。他找到了一个有斜坡的地方，这样他可以引诱恺撒进攻他，而恺撒在西诺塞法拉山的崎岖不平的高地上肯定无法取胜。他的敌人已经在厄尼珀斯河与克林迪尔山之间的狭窄地带扎下了营盘，法萨卢城堡可能就是荷马（Homer）笔下阿喀琉斯（Achilles）

的家乡弗提亚（Phthia），这座满怀英雄回忆的城堡就建在高出他的营盘150米的双峰山冈上。庞培做了他应该做的事情，他下山渡过厄尼珀斯河，在卡拉哲·艾哈迈德高地扎营，他的正面有个合适的山坡，两翼分别得到河流和山冈的掩护，背后有个能渡过厄尼珀斯河的优良渡口。在营盘左侧的侧翼山冈上，他修建了几座堡垒。

恺撒面向东，庞培面向西，两军的营盘相距7.5千米。恺撒打算将庞培引上战场。他一直在掌控着全军的脉搏，发现它的脉动又一次强劲而有规律。这种测试军队的系统性节奏的能力的确证明了这位统帅的伟大。尽管恺撒刚刚战败，但他对于自己的士卒们的评估没有受到失利的误导；至于庞培，却因对于部队的信心而误入歧途。

为了引诱庞培出击，恺撒每天都要率领他的人马出营列阵，起初在距离庞培营寨不远的地方，在接下来的几天，他们一直迫近到他那强大对手所在的山坡脚下。恺撒的骑兵与庞培相比少得可怜，所以他将骑兵与最活跃的轻装部队混编起来，通过每天都发生的零星冲突使他们适应这种战斗。尽管人少势弱，恺撒的骑兵依然对行动充满信心，并且在一场前哨战中击败了敌人，干掉了一

◎ **法萨卢平原**

421

个投敌的阿罗布洛及斯酋长。就这样，恺撒的将士们的自信与日俱增。

庞培没有离开他扎营的山冈，而是在下方山坡上整整齐齐地列阵，希望恺撒在不利情况下攻打他，由于他的兵力雄厚得多，恺撒过于慎重而不敢这样做。在这里，尽管所有因素都对庞培有利，但没有什么比他的优柔寡断更能表现他的委顿斗志了。我们不能说庞培还在按照他那不战而屈人之兵的老套方略行事。因为

◎ 带有公民橡叶冠的钱币

无论是出于他自己的意志，还是屈从于他的朋友们的恳请，他都是专门到这里给恺撒致命一击的。

试图让庞培在平等条件下开战却未遂之后，恺撒打算修改战术，决心每天都更换阵地，努力在行军过程中改变局面来制伏庞培。由于庞培所部不像恺撒的人马那样习惯于艰难行军因而受到一系列强行军的困扰。此外，恺撒通过保持移动，更容易地获得粮秣，不必每天都派出大股分遣队去筹粮。在恺撒执行他的新计划的当天早晨，他注意到庞培已经从营地走向山下，比平时走得更远，仿佛他终于愿意碰碰运气似的。事实的确如此，因为庞培的朋友们一致要求进行会战。

尽管屈从于同党的压力，但是庞培的内心意识依然坚持着他的防御策略。此举部分缘于缺乏主观能动性，部分缘于他是个足够优秀的军人，心里明白迪拉基乌姆的胜利有侥幸成分，恺撒的军队的确比他的优秀，因此奉行费边战略是安全的，而且更容易获得最终胜利，即使在主动性方面不值得赞许。这是一种不错的想法，但是他的部将们大加反对，庞培的虚荣心终于在他们的坚持下屈服了。

看到庞培的前进，恺撒放缓了自己的前进步伐以试探敌人的意图，继而排兵布阵准备一战。此时是公元前48年6月29日。

法萨卢
(公元前 48 年 6 月 29 日)

第三十五章

庞培得意扬扬地向部下宣布，要在步兵接战之前就把恺撒的军团打得抱头鼠窜，他很不明智地向他们解释了自己的计划。他的计划是将骑兵主力编成一个纵队，放在自己的左翼，让他们出击和包抄恺撒的右翼和后方，然后进攻恺撒的罗马人一贯担心的裸露侧翼，在恺撒的军团与本方步兵接战之前就奠定胜局。他对他的骑兵尤其得意，这似乎不纯然是自吹自擂，因为两军骑兵比例是 7：1，而且大部分庞培骑兵确实是精锐部队。如果他是亚历山大，像那位马其顿人在海达斯佩斯所做的那样，他的计划也许会得到落实。拉频弩斯也对士兵们说，他们不仅在迪拉基乌姆的战斗中歼灭了恺撒的全部精锐，而且他手下的老兵也都没有从高卢回到他的身边。庞培、拉频弩斯和所有军团都宣誓不成功则成仁。庞培党欣喜若狂、信心十足。

恺撒仔细侦察了庞培的阵地。庞培没有留在攻不可破的高地上，而是下到平原上，距离其身后的营盘约 1500 米。恺撒看到庞培的右翼倚靠在陡峭的河岸上，那里有来自本都的 600 名骑兵，足以保护右翼顶端的安全。伦图卢斯指挥的右翼由奇里乞亚和西班牙大队组成，后者是由在瓦鲁斯河畔解散的残兵败将组成的，庞培认为他们是手下最坚定的部队。他的左翼由多米提乌斯·阿赫诺巴布斯指挥，包括去年恺撒交给他的 2 个军团，即第 1、3 军团，庞培本人就在他们中间。左翼抵近高地。西庇阿与两个叙利亚军团坐镇中路。7 个大队留守营盘，如前文所述，营盘侧翼有几个堡垒。许多辅助和志愿部队，包括2000 名留用老兵分散安插在战线上。拉频弩斯指挥庞培的骑兵，加上他的弓箭手和投石手都在左翼，由于这一带的山冈很容易防守，所以没派别的部队保

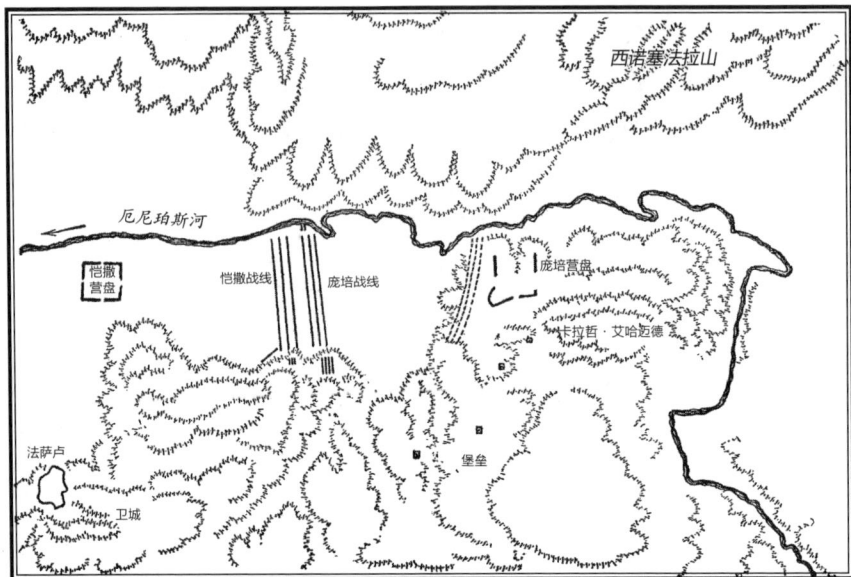

◎ 法萨卢战役

护他们。按照恺撒的说法，庞培全军共有 110 个大队，共有 4.5 万人。骑兵、轻装和辅助部队让这个数字又增加了一半。全军口令是"战无不胜的赫丘力士"（Hercules Invictus）。

恺撒按照他的习惯将军团摆成由大队组成的三条战线，每个军团的第一线有 4 个大队，第二线 3 个大队，第三线 3 个大队。每个大队的士兵们可能列成纵深八行[①]。无论如何，恺撒都必须将他的大队战线展开，与庞培的战线等宽。如果他不这样做，《内战记》可能会有所提及，因为这样会对会战采用的战术产生显著影响。令人遗憾的是，鉴于两军都倾巢而出，我们不知道恺撒是如何覆盖了这么长的战线，而庞培的战线为什么这样短。不顾第 10 军团伤亡惨重，恺撒依然将其部署在右翼，第 9 军团在左翼。第 9 军团消耗得非常严重，

---

①译注：按照第二十四章的说法和插图，每个满编大队有 360 名士兵，排成 36×10 的长方形战阵。眼下恺撒的兵力不足，为了保证战线宽度与庞培的相等，不得不减少每个大队的纵深，从十行纵深减少到八行。

424

以至于他将第8军团部署在它旁边以便支援它，可以说它们组成了一个军团。2个大队留守营盘，有人认为守军有2000人，即六七个大队。安东尼指挥左翼，苏拉指挥右翼，多米提乌斯指挥中路。恺撒本人与第10军团就在庞培对面的位置上。他拥有82个大队，包括营盘的留守部队。列阵出战的有2.2万人。加上骑兵、轻装和辅助部队，他可能有3万人出战。战线相距90米。恺撒处于1∶2的兵力劣势。他的处境和作战目的令人联想起腓特烈的钢铁意志，后者总是面对更险恶的困难，还能以无与伦比的决心从灾难的深渊中夺取胜利。

恺撒预见到，由于他的左翼抵在陡峭的河岸上而不必担心，所以主要危险来自庞培的骑兵对其右翼的打击。无论如何，庞培不会发动出其不意的进攻。一意识到右翼的危险，他迅速从第8、9军团之外的每个军团的第三线，各抽调出一个大队组成第四条战线，再将这六个大队组成的第四战线布置在右翼的少量骑兵身后，作为骑兵的后盾，"让他们面向着敌人的骑兵，并向他们说明自己的打算"。他让这支精锐部队明白，他们的坚定、勇气和迅猛行动将决定战局走向。他还明确要求主力部队在命令下达之前不得冲锋，尤其是第三战线，他计划将其牢牢掌握住，充当预备队，以备需要时用它挽回一场意外的灾难。随后，他像往常一样向军队发表演讲，敦促他们展示他们曾在许多激烈战场上取得胜利的一贯勇气，并请他们作证，使罗马人流血的不是他，而是顽固拒绝他提出的和平建议的庞培。我们没有他的演讲记录，但军团将士们群情激愤有目共睹。其中有个很典型的例子，就是曾担任第10军团首席百人队长的志愿老兵克拉斯提努斯（Crastinus）走出队列，代表其他人表达了参战热情："今天，统帅，不管是死还是活，我一定要让你好好感激我！"这是用生命来践行的承诺。随后，战斗号角吹响了，战斗口号是"战无不胜的维纳斯（Venus Victrix）"。[1]

两军之间有足够空间，可以按照古代战斗中的通常模式各自前进。但是，

---

[1] 译注：尽管维纳斯是爱与美之神，但在罗马神话中，她还有别的身份。传说罗马人的祖先埃涅阿斯（Aeneas）是维纳斯与凡人的私生子，因此维纳斯是罗马人的始祖和战神，包括庞培、恺撒在内的许多罗马将军，喜欢使用"战无不胜的维纳斯"作为战斗口号。恺撒尤其喜欢用"战无不胜的维纳斯"和"母亲维纳斯（Venus Genetrix）"做口号，因为维纳斯是他的尤里乌斯家族的祖先。

庞培命令他的军团静候恺撒的进攻，并在敌人因迅速冲锋而阵型散乱的队伍疲惫不堪时发动进攻。庞培认为：

> 他还希望，如果军队坚持在一起不动，敌方掷过来的轻矛落下来时，会比落在这面也在一边投掷轻矛一边跑的人身上的力量要轻些。同时，由于恺撒的部队这样一来就有双倍的距离要跑，势必跑得气急败坏，疲乏不堪。

但是，恺撒深知气势的价值，无论是精神还是物质上的气势：

> 所有的人心胸中天生都有一股因渴望战斗而炽热起来的精神上的锐气和冲劲，这种激情，做统帅的人只有责任加以发扬鼓励，切不可反加以遏止。因而，从古传下来的做法，即军号要四面齐鸣，全军要一气猛喊，绝不是没有道理的，为的是这样做可以使敌人惊惧，

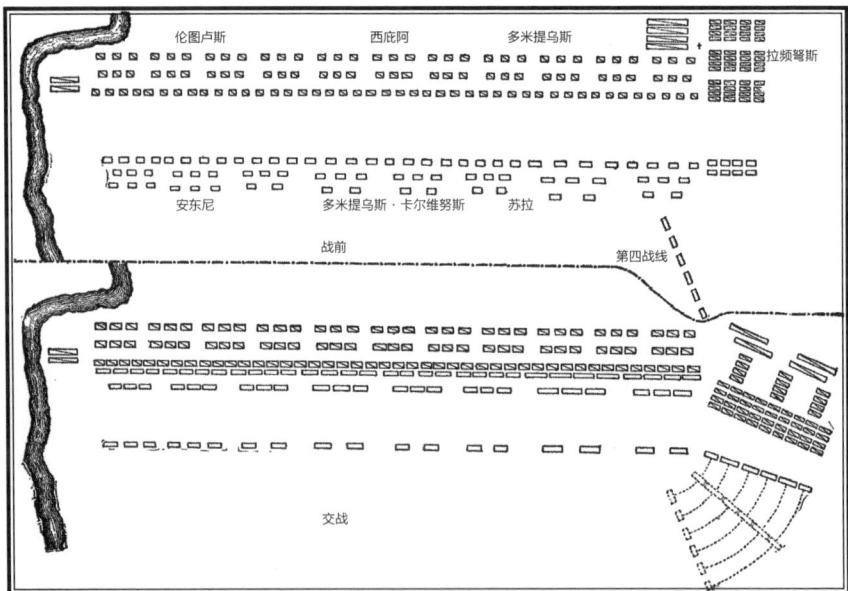

◎ 法萨卢的军队

使自己的部下得到鼓舞。

每一位伟大的将军都明白这一点。恺撒知道他的部下可以忍受这种疲劳，他们受到庞培似乎出于恐惧而采取的列队、坐等进攻的决定的鼓舞。

恺撒军英勇无畏地冲杀出去。在右翼，克拉斯提乌斯与120名精选志愿兵率先发动进攻。右翼是一个充满荣誉的地方，授予那些已经为国家履行了所有军事义务，而仍愿意从事军事生涯的人。恺撒军意识到，庞培军并不愿意前进。根据从多次战斗汲取的经验，恺撒军在冲锋半路上会自动停了下来，以免在与敌人接战之前气喘吁吁。"等略许停息了片刻之后"，他们才再次前进。进入标枪射程之后，他们停下来让前面的士兵投掷标枪，"又依恺撒的指示，迅速抽出剑来"，再次让战吼响彻云霄，手持冰冷的钢铁器械扑向敌人。庞培的军队摆开连续的战线，像个男人一样迎接敌人的到来，他们投掷标枪，继而迅速拔剑出鞘。战斗双方打得十分顽强，两条战线融为一条，双方都想打垮对方，战线在拼死搏杀的战斗中来回往复，谁也不能从对方身上夺取预示着胜利的优势。

双方的军团进入迎面肉搏的瞬间，庞培的骑兵从本方左翼出发，后面跟着全部弓箭手和投石手，进攻恺撒手下的弱小骑兵。进攻的成效立竿见影。人数压倒了勇气。恺撒的骑兵被缓慢而真切地打退了。他们打得不错，因为他们记得自己曾在许多战场上居功至伟，但是他们逐渐旗靡辙乱，破碎成了一个杂乱无章的群体，最终被击溃了。敌人相信胜券在握，开始分散成小股部队，包抄恺撒军的后方。关键时刻到了，究竟鹿死谁手？

现在，恺撒的远见成了他的救星。他用6个大队组建的第四战线至今依然在其他三条战线的后方，开始发挥作用。我们必须假定他们要么已经被部署，要么打算被放到随时可以部署的位置上，以面对庞培骑兵可能的进攻方向。这些大队并不畏惧骑兵，无论敌人骑兵有多少。当庞培的骑兵迫近时，这群不知道害怕也不怀疑会获胜的优秀军人按照恺撒的命令，向庞培的骑兵线发动了决死冲锋，而庞培骑兵毫无戒备，阵型松散破碎，正在迂回第10军团的侧翼，仿佛确信胜券在握了。一看到这个从容坚定的步兵方阵，庞培的骑兵大吃一惊，立即勒紧了马缰绳。他们是由来自许多国家的队伍组成的，几乎不知道彼此的名字，尽管作为独立分队颇具威力，但没有足以将他们联系在一起的共同目标。

一旦失去速度，他们就丧失了冲击力。没有人再要他们向敌人发动冲锋。每个骑兵中队都眼睁睁地看着恺撒的部下英勇前进，他们停下脚步，意志动摇。犹豫的一方输了。恺撒手下英勇的大队继续前进，直到骑兵线面前，他们没有投掷标枪，而是迫近敌人，用标枪充当长矛，刺击战马的前胸和骑手的腿和脸。7000名庞培骑兵魂飞魄散、士气崩溃，转身向山上跑去。庞培的右臂被斩断了。此情此景与海达斯佩斯战场上的骑兵形成了多么鲜明的对比啊！在亚历山大的强烈冲动的驱使下，马其顿骑兵不断冲锋、冲锋、再冲锋，直到粉碎了波鲁斯（Porus）大军的侧翼。

干掉骑兵之后，这六个大队立即猛扑骑兵身后的弓箭手和投石手，这帮人失去了主力的支持无力抵抗，在原地遭到血腥的屠戮，被撕成碎片。接着，他们迂回到庞培的左翼，在双方的主阵线依然打作一团的同时，这支英勇的部队猛烈打击敌人的左翼和后方。战局彻底逆转了。

命运女神向恺撒的计划绽放出了微笑。庞培军对骑兵的失败大惊失色，在恺撒军的侧翼打击之下开始动摇。恺撒的第二线大队已经顶上了前线。到了该发动致命一击的时候了。此前一直指挥着精锐部队的恺撒，现在飞奔前往充当预备队的第三线，命令它采取行动，以坚毅的步伐和完美的战线向敌人挺进，而第一、二战线从大队之间的间隙中撤下来，在后方维持战线，这些生力军是无所畏惧的百战老兵，以战斗队形展开，以一种只有老兵才能做到的冲锋一举突破了庞培的防线，好像面对的是蕾丝花边，继而将其撕成碎片。据说恺撒下达给第三战线的命令是在庞培军的脸上割出口子，而庞培军中多是时髦的罗马小伙子，他们害怕在脸上留下醒目的伤疤，甚于受到致命伤。此说不切实际，但无论真伪，庞培军都没有进行进一步抵抗。每个人都向营盘方向逃窜，也许并非人人如此。当庞培"看到自己的骑兵被逐回，自己最为信赖的那一部分军队陷入一片混乱时，对其余的就更失去了信心，立刻离开战场，径自策马奔回营寨"。命令关闭营门，在冷漠和绝望之中返回他的大帐。

仗打赢了，庞培被击败了，无力采取进一步行动。但是恺撒还必须占领敌人的营盘。恺撒告诫他的部下不要半途而废，率领他们攻打营盘的壁垒。尽管军团将士们从早晨一直打到中午，饱受酷暑的煎熬，还是以其一如既往的欢欣之情服从了命令。留守庞培营盘的几个大队打得不错，但是最出彩的防御战是色雷斯人和辅助部队打出来的，因为逃到那里避难的庞培军大多抛弃了武器和旗帜，打算继续逃命。恺撒军占领了营盘，残敌逃到卡拉哲·艾哈迈德高地以外的群山之中。

营地里都是大意和奢华的景象。桌上堆满了盘子和美食，帐篷上覆盖着常青藤，地面上铺满鲜嫩的青草，一切都证明庞培军对恺撒军判断有误，恺撒军并非"极为艰苦、咬紧牙关忍受的军队"，也并非"一切必须用的东西都很缺乏"。庞培一看到恺撒党猛攻战壕，就脱掉了他的将军装束，骑马逃往拉里萨，又从那里逃到海边，他到那里的时候身边只剩下 30 个骑兵，而后登船起航。他觉得部下都背叛了他。

恺撒再一次督促自己的军团不要停下来掠夺战利品，而是要通过追捕那些逃到山上的人来结束整场战争。恺撒像亚历山大那样坚持不懈地追索这片地域，尽管追杀不是他的长项。恺撒的士兵们最容易服从军纪，他们对庞培的营盘秋毫无犯，紧随恺撒追杀，恺撒开始在逃亡的敌军藏身的山脚下构筑一道工事。鉴于恺撒的人马威胁要围困他们，并从三面推进，加上山中无水，庞培军眼看大难临头，便设法通过一条通往河流转弯的羊肠小道撤退。他们希望在这里渡河，然后踏上通往拉里萨的道路，继而或许能在拉里萨的某位将领的指挥下继续抵抗，即使不能得逞也能争取更好的投降条件。恺撒在自己和庞培的营盘中都留下了驻军，自己率领四个军团沿着平原溯河而上，巧妙地前进到距离他的营盘 9 千米的地方，截住了逃敌的去路。这帮人依然躲在同一座山的另一个地方。尽管恺撒的部下行军打仗了一整天，人困马乏，但他还是鼓励他们在河流与山冈之间唯一能通过的地方构筑一道工事，以防敌人在夜间出去汲水。此举立即让庞培军屈服了。他们派人去洽谈投降事宜，只有几名元老级别的头面人物溜之大吉了。

次日早晨，所有残兵都按照命令下山，将武器堆积起来。他们以为会遭到清算，却发现得到宽大处理。恺撒赦免了所有人，禁止士兵伤害任何人或抢掠其任何财物。此后，他将疲惫的部队打发回营盘，接着带上比较新锐的部队杀向拉里萨。

在这场天下闻名的战役中，恺撒损失了 30 名百夫长和 200 名士兵，军官的损失比例相当可观，而庞培军中 1.5 万人阵亡、2.4 万人被俘，180 具标帜和

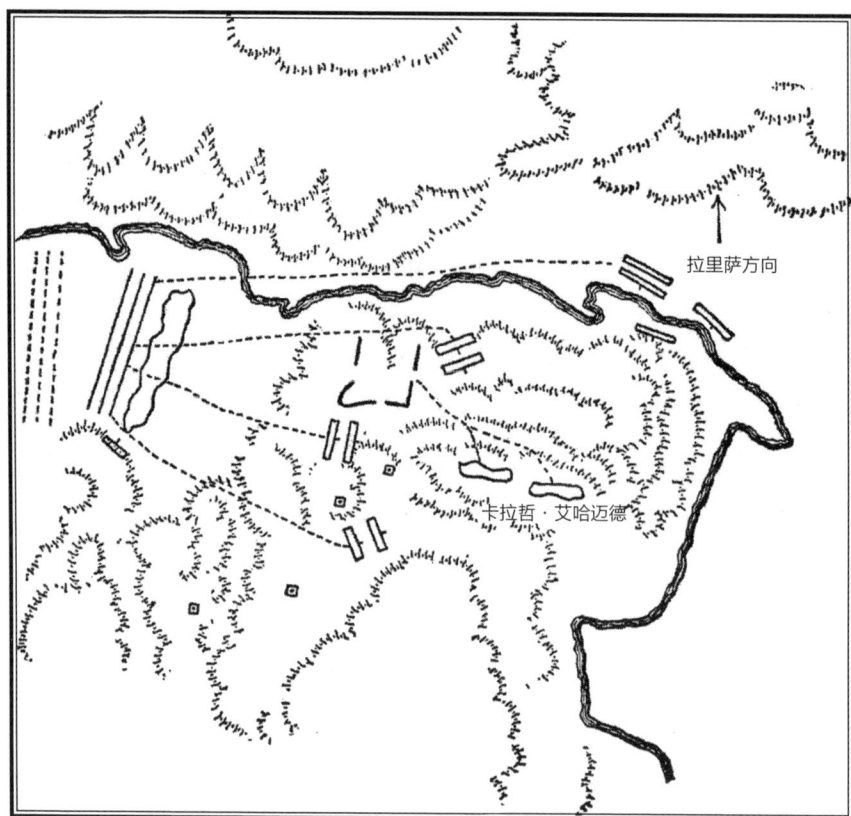

拉里萨方向

卡拉哲·艾哈迈德

◎ 法萨卢战役之后

9具鹰帜被缴获。多米提乌斯·阿赫诺巴布斯在逃跑途中被杀。俘虏们被送到亚洲，继而编入多米提乌斯·卡维努斯组建的新军团。

这场辉煌的胜利归功于恺撒高妙的部署，庞培的士卒缺乏活力、骑兵缺乏韧劲。如果庞培的骑兵能够恪尽职守，恺撒获胜的代价会高得多。恺撒很快就发现了自己战线的弱点，部署了6个精选大队来抵抗敌军骑兵，当他们打垮对手时，恺撒让他们推进到庞培的左翼，展示了杰出的战术能力。此举完全出乎相信自己的左翼是胜利者的庞培的意料，继而打乱了他的所有计划。它显示了一小群坚定不移的人，在关键时刻被精准地运用和打击敌人是如何改变战斗走向的。

此时的海上局势是，布隆狄西乌姆被庞培手下的一位舰队司令德基穆斯·莱利乌斯封锁了，已经占领了西西里岛上的墨西拿的另一位司令卡西乌斯用火攻歼灭了蓬波尼乌斯（Pomponius）的舰队，后来又占领了意大利的维波（Vibo），又用同样方式歼灭了苏尔皮基乌斯的舰队。要不是恺撒在法萨卢获胜的消息传来，莱利乌斯和卡西乌斯都急忙率领各自的舰队拔锚离去，所有这些地方都会落入庞培的党羽之手。

与此同时，卡伦纳斯平定了福基斯（Phocis）和玻奥提亚大部分地区，法萨卢战役之后，卡伦纳斯和科尼菲基乌斯依然留在原地来完成对希腊和伊利里亚的征服。

恺撒率领骑兵追杀庞培，从拉里萨一直追到安菲波利斯（Amphipolis）。在这里，他眼看着庞培逃脱了他的追踪。第6军团跟了上来，他继续沿着色雷斯海岸前进，7月24日抵达赫勒斯滂（Hellespont）[1]停下来搜罗渡海工具，最后用单薄的树皮筏子渡过海峡，结束了这个最为鲁莽的行动。追赶途中，由 L. 卡西乌斯率领的 10 艘战舰的小舰队制造了一些麻烦。按常理说，恺撒应该缴械投降，但是法萨卢的败报令庞培党人大吃一惊，恺撒以其无与伦比的大胆俘虏了整个舰队。这笔意外之财在一定程度上加速了他的前进步伐。

庞培逃到爱琴海（Aegean）和小亚细亚，希望能在各地遇到党羽和获得援助。在可耻地逃离法萨卢战场之后，他害怕遇到加图和其他部将。恺撒认为，无论庞培逃到天涯海角他都必须进行追捕，不给对手招募生力军的喘息之机，从而彻底结束战争。他沿着自己的路线尽快前进，但是由于身边的部队多是步兵而进展缓慢。他让马可·安东尼留下来指挥步兵，命令安东尼只要敌人的舰队允许就立即返回意大利控制亚平宁半岛。恺撒随身带了第6军团，命令卡伦纳斯在途中派给他另一个新兵军团。他手中还有数百名骑兵。

7月2日，逃亡途中的庞培在安菲波利斯停留了一天，他发布了一份公告号召所有人拿起武器，并从当地的包税人那里搜罗了大笔钱财，随后起航前往

米推利尼（Mytilenae），继而前往旁非利亚（Pamphylia）、奇里乞亚和塞浦路斯（Cyprus）。安条克（Antioch）拒绝接纳庞培，于是他放弃了本就不成熟的前往叙利亚再投奔帕提亚人（Parthians）的计划，但他在塞浦路斯筹集到更多钱财和军用黄铜，又招募了 2000 人的部队，随后扬帆起航前往埃及境内的佩卢西翁（Pelusium），并于 9 月末抵达。在这里，他发现托勒密·奥勒特斯（Ptolemy Auletes）① 的 10 岁儿子托勒密正在与其 17 岁的姐姐克利奥帕特拉（Cleopatra）② 为独占埃及王位而火并。克利奥帕特拉已经逃到叙利亚避难，而托勒密正在佩卢西翁控制着克利奥帕特拉进入埃及的必经之路。现在，姐弟俩各自的军队都部署在沙漠附近。庞培向托勒密申请前往亚历山大城避难。托勒密接受了他的申请，公开表示了善意，但是他，或者说是他的宦官老师波提努斯（Photinus）担心庞培会为埃及招灾惹祸，便派国王的禁卫军统领阿基拉斯（Achillas）杀害了庞培，路求·伦图卢斯以类似的方式遇害。

就这样，年仅 26 岁就享有"伟大的"头衔的庞培不幸去世了，享年 59 岁。他曾是罗马人中广受欢迎的英雄。他曾进行了 17 场成功的战役，3 次以凯旋式进入罗马城，3 次当选执政官。他本可以与恺撒瓜分世界，却落到了这步田地！

"优秀的军官，"蒙森如是说，"尽管心、智方面都天赋平平，但是出乎人力之外的命运在 30 年内，持之以恒地让他完成了所有辉煌和艰巨的任务，让他摘下别人种植和培育的所有桂冠，为他提供了获得最高权力所必需的一切条件——一切只是为了在他个人身上彰显出一个历史上无法比拟的虚假的伟大的榜样。"

庞培与恺撒之间的统治权之争，展示了他俩自身的显著性格特征。无论孰是孰非，恺撒都在不遗余力地为自己维持正义的形象，并成功做到了。从立场出发，他一再呼吁庞培进行个人会晤。在第一次建议遭到拒绝后不久，

---

① 译注：史称托勒密十二世，奥勒特斯（Auletes）意为长笛手，因为他喜欢在酒神狄俄尼索斯（Dionysus）的庆典上演奏酒神的专用乐器长笛。

② 译注：分别是托勒密十三世和克利奥帕特拉七世。

他可能发现他的呼吁无济于事，但他仍然坚持面晤协商，毫无疑问，他的坚持不懈加上战争的成功，在许多从前反对过他的人眼中，为他的权力合法性加了不少分数。出于同样的目的，恺撒对所有在他控制之下的罗马公民都很慷慨，无论此人是作为阶下囚还是以其他什么身份，即使他们曾经是他的死敌。恺撒不比其他罗马人更不人道，但他的行动却很有策略，他知道审时度势、怎样慷慨。

两位将军的好战品质大相径庭。恺撒的远见卓识和规划行动方针的能力同他的坚毅、指挥和力量一样突出。在其高卢战役的大部分时间里，他就预见到了庞培将与自己进行最后斗争，并一直在为此未雨绸缪。他没有白白建立卓越的军团，也没有白白建立高卢基地，正是高卢为他在意大利采取行动提供了基地。甚至恺撒鲁莽的开战，总体而言也没有超出其最初计划的智谋范围。相反，尽管庞培同样有把握预见到即将到来的斗争，却没有针对恺撒采取任何行动。他显然没有意识到，他必须掌控意大利，否则就会输掉决赛的第一局，也是最重要的一局。他曾经在别的地方做过抵抗的准备，但在帝国中央却没有这样做。他没有利用它搜集到资源，没有与恺撒对垒，并迫使后者为胜利付出高昂的代价，而是放任恺撒从自己的部将手中夺取西班牙，却没有试图阻止。人们很难想象还有比这更孱弱无能的举措了。人们几乎认不出来那个曾经指挥过剿灭海盗的战争的庞培了。

与此相反，恺撒的目的性直截了当、令人赞叹。渡过卢比孔河的六十天后他就征服了意大利。随后，他利用亚得里亚海上的兵力掩护自己转向西班牙，确保自己的后方和基地不受伊比利亚半岛上的庞培军团的袭扰。抵达西班牙后的六周内，这一艰巨任务也大功告成了。此后的一段时间内，庞培掌握的制海权令他放不开手脚，过了好几个月他的两支部队来到伊庇鲁斯，两军会师之后，与敌人对垒的他才能指挥一支足以使他打一仗的部队。

恺撒了解他的敌人。尽管他有理由指望对手的惰性，但毫无疑问，他只率领一半兵力就行动还是轻率之举，他就这样渡海给了敌人各个击破的机会。如果庞培以一种合理的方式施展拳脚，就可以粉碎恺撒及其一切希望。恺撒在迪拉基乌姆处境不妙，缘于他行为冒进而不明智，尽管它的后果是在法萨卢大获全胜，但必须明确指出它并非周到的军事策略。此举不能被称为名将的指挥艺术，因为名将的职责就是扮演一个大胆而不鲁莽的角色。恺撒急急忙忙地在伊庇鲁斯寻找庞培的行踪，也没有取得任何实质性成绩。在意大利滞留的这段时间，本可以令他筹备好船只，一次性将全军运往希腊，从而规避他所冒的严重风险。或许更好的办法是在更短的时间内经以利哩古行军。他所需要的军团都来自西班牙和高卢，它们集中在波河流域，从那里到伊庇鲁斯的距离并不比到布隆狄西乌姆远多少。如果他从波河流域出发，走陆路取道以利哩古，确实可以节约时间。这是不错的道路，因为当庞培控制着亚得里亚海时，以利哩古效忠于他。当庞培知道恺撒正在向希腊进军并准备与之交战时，庞培渡海重返意大利就不存在风险了，但这不是他的行事方式。恺撒冒失渡海前往希腊，险些酿成大祸，只是好运才挽救了他。

恺撒以他那微弱的兵力，企图大胆封锁迪拉基乌姆附近的庞培，尽管此举使我们不得不钦佩他那异乎寻常的大胆，但毕竟是一种鲁莽行为，迟早会失败而且确实失败了。这使他的军队损失了一大批精兵强将，更不要说造成士气低落了，只是靠恺撒的雄辩口才和严明军纪才有所改善。搞这样一次行动，与其说出于周全的精神力量，倒不如说是一种过度的动物本能，或者说是一种在判断他的目标方面的不专业，而我们知道恺撒并不受这种不专业的支配。在这个行动中，恺撒更多地是利用力量而非谋略指挥战争。他并不是迫不得已才采取这种孤注一掷的行动，因为后来他又成功地采取了另一种更好的办法，那就是引诱庞培到开阔的原野上去。他放任自己的英勇凌驾于自己的谨慎之上，结果受到了应有的惩罚。只是他的好运气才将他从致命的灾难中拯救了出来。还好，他摆脱了困境，使之未能造成最终失败。

恺撒的战役中有一个有趣的情况，恺撒军团在使用锹、镐的过程中展现出来的纯熟精妙，会令每个美国士兵印象深刻。每名罗马士兵都通晓如何使用铁锹，但是恺撒的部下更为专业。这些挖掘工具，除了用于日常的筑营掘壕之外，似乎与军团的武器、盾牌同等重要。他们不止一次地挖掘出通向胜利的道路。

在与庞培打的战役中最能体现恺撒的性格的事例是他决心与对手在法萨卢会战。不是每位将军都会愿意或准备与兵力是其两倍的敌人打一场决定其事业成败的决战。在这种战役的决心中，人们必须承认由第一流的才智维持的性格，正所谓"艺高人胆大"。恺撒曾在墨特罗波利斯建立了前哨阵地，期望能用机动与庞培周旋，直到将其置于不利地位。然而庞培向他迫近，恺撒毫不犹豫地决定采取行动。他大胆地做到了，他的部下以其英勇气概力挺他的魄力，最终领袖与军团赢得了胜利。与之相反，尽管庞培的作战计划盘算得不错，但在执行过程中他的部下却表现出缺乏韧性，也不具备与伟大统帅接触而产生的团队精神。起初，他的骑兵缺乏坚韧和纪律。没有一个合适的指挥官，骑兵就没有统一行动，这是庞培的错。东方人的表现糟糕透顶，而且似乎没有相互信任，而这种信任可能被用于阻止战场

◎ 古代头盔

上的灾难。当第一个不利事件发生时，既没有首脑也没有核心去阻遏失败的狂澜。庞培的失利表明，他在精神或心理上都不能再一搏了，他的党徒像一群惊恐万状的绵羊四散奔逃。恺撒军中的阵亡数字，可以衡量庞培军的战斗状况，也可以衡量那位伟大将军的士气损失。

卢比孔河起兵以来的 18 个月内，恺撒战胜了唯一站出来与他争夺最高统治权的人，使自己成为世界的主人。登陆伊庇鲁斯仅仅 7 个月后，他就发动了法萨卢战役。

必须以恺撒的名誉指出，在古代世界的征服者中很少有人像他那样，在胜利后慷慨仁厚。毫无疑问，他知道大度的价值，我们必须相信随着胜利的取得一切敌意都消失殆尽了。他性格中的这一方面与令他在一天内以不必要和背信弃义的手段屠杀 43 万名手无寸铁的日耳曼人的一面形成了奇特的对比。

法萨卢大捷的最显著后果是各行省的效忠从战败者那里转交给了胜利者。各地都召回了他们的海陆部队，并拒绝接纳战败的流亡者。尤巴是唯一敢于对抗他的锋镝的重要人物。大部分从法萨卢出逃的大人物，或走海路，或走山路，千辛万苦地投奔了驻扎在科库拉的加图。在这里，西庇阿、拉频弩斯、阿弗拉

尼乌斯、格涅乌斯·庞培 ① 和其他要人举行了一场会议。显然希腊已经丢了。庞培的下落不明，大部分舰队被各自的所属省份召回。另一方面，西班牙很大程度上还支持庞培。在非洲，尤巴是个强大的中心人物，庞培的舰队依然比恺撒的强大。不存在投降的机会了，因为在内战中的投降机会只有一次。庞培党已经不复存在，现在是贵族派在继续战争。

①译注：此人是庞培的同名长子。

亚历山大城
(公元前48年8月至前47年3月)

第三十六章

恺撒以为能在以弗所（Ephesus）找到庞培，便尾随猎物横穿了小亚细亚。在这里，恺撒听说庞培已经到了塞浦路斯，于是猜测庞培会前往埃及，便率领第6军团和卡伦努斯在8月8日派来会合的一个军团前往罗得岛。恺撒与这些人和800名骑兵起航前往亚历山大。他手握10艘来自罗得岛的和几艘来自亚洲的战舰，大约有3200名步兵，其余的军团士卒"或因战斗中受了伤，或因艰苦劳动和长途跋涉，没跟上队伍"，加上800名骑兵，他号称只有4000人。"自信他战胜的威名足以先声夺人，毫不犹豫地带着这支力量单薄的援军赶去，认为对他来说，到处都会同样安全。"

8月20日前后，抵达亚历山大的恺撒获悉了庞培的死讯，此时距离法萨卢战役还不到两个月。他在城市东港（大港）下锚，占据了半宫半堡的皇家宫殿，它位于洛基亚斯角（Cape Lochias）附近，分隔新旧港口的人工防波堤的东侧，又占领了附近的武库。恺撒曾认为自己身为庞培的征服者，不需要大量军队，但他的想法很快就被粗暴地击碎了。这片土地上的动荡引发的民众骚动，甚至令恺撒都觉得有性命之虞。事实上，在他进城时，队列前面的执政官法西斯（fasces）就几近引发了一场骚乱，市民们认为这种行为侵犯了国王的特权 ①。

---

①译注：法西斯（fasces），意译为"斧棒""束棒"，是从王政时代传下来的仪仗。拥有它的官吏持有军政大权，可以对公民随意生杀予夺。埃及这时是个独立的王国，不是罗马的行省，恺撒的校尉高擎法西斯，自然会引起当地群众的愤慨。由于法西斯与权力，尤其是独裁统治有关，二十世纪上半叶成为独裁统治的代名词。

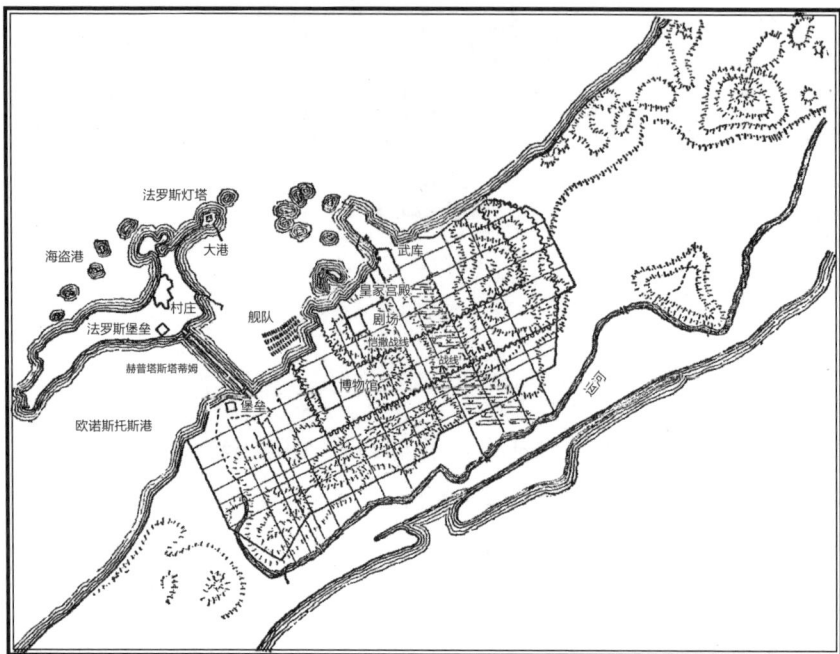

◎ 亚历山大城

恺撒立即派人去小亚细亚召集更多军团来埃及，此前他已经命令多米提乌斯从一些已经被遣散的庞培的士兵中招兵组建军团。

　　与此同时，恺撒发现自己陷入了最尴尬的境地。他招来的军队可能要花很长时间才能到亚历山大，他自己也被一阵阵刮起的海风滞留下来。但是，他不是那种腔刀出鞘时还瞻前顾后的人。由于兵力捉襟见肘，他决定固守待援。他本可以在战端开启之前立即撤走，可就像对待军事问题一样，恺撒总会解决眼下的一切民事问题。他曾经受托裁断年幼的托勒密和克利奥帕特拉之间的纠纷。已故的埃及国王让托勒密和克利奥帕特拉作为国王和王后携手治国①，并由罗马人民来执行他的遗嘱。以此为依据，恺撒作为代表罗马人民的

---

　　①译注：埃及历代王室都盛行族内婚，国王往往娶姐妹为王后，保证王位不外流。托勒密家族是希腊化的马其顿人，但是入主埃及之后入乡随俗，也施行族内婚，以国王、王后的身份联合治国的制度。

438

执政官①，认为自己有权命令两位王位争议者来到他面前，为自己辩护，直到他在二者之间做出裁断。亚历山大是一个庞大、动荡、独立的城市，遍地能人。市民们立即警觉起来。如果恺撒想逃走的话，有可能无法脱身，他登陆的时候，就受到了来自市民的人身威胁，亚历山大拥有一支庞大的舰队，而他却没有。除了托勒密和克利奥帕特拉都想得到他的支持，其他动机也可能占据了主导地位。

克利奥帕特拉很快就从叙利亚回来了，起初恺撒的授权得到了争议双方的认可，但是托勒密与在其年幼期间摄政的宦官教师波提努斯很快就采取了一种不那么和平的策略，他们秘密任命禁卫军统领、国王的亲信阿基拉斯为佩卢西翁的驻军司令，并命令军队向亚历山大进军。正当恺撒在裁决继承权归属时，国王的军队和全部骑兵向都城进军的消息传来。

阿基拉斯的军队鱼龙混杂，由1.8万到2万名步兵和2000名骑兵组成，其中多数人是强盗、奴隶和逃亡者，但也有不少人是已经被遣散的庞培军团士卒。当地的罗马驻军大部分原属庞培，轻易就投入了反恺撒阵营②。"阿基拉斯信赖他这些部队，轻视恺撒的兵力单薄，他占领了除恺撒用兵力守住的那部分地区以外的全部亚历山大。"一听说阿基拉斯进京，恺撒就让国王派遣使者去见他。阿基拉斯甚至连使者们要说什么都没听，就处决了他们，恺撒看穿了这个阴谋，将还没离开亚历山大的托勒密和波提努斯抓了起来，扣为人质。"双方都估计国王的名字能对他的臣民产生巨大的影响，这使得战争的面貌看起来是少数绝望之人的挣扎，而不是遵循国王的指挥而发动的。"后来波提努斯被恺撒处决了。

阿基拉斯的兵力是恺撒的5倍，但是他的军队物资匮乏。原来驻扎于此

---

① 译注：尽管恺撒实际上是独裁者，却也是这一年的执政官，是罗马共和国的代表。

② 译注：公元前58年，罗马人占据了埃及的藩属国塞浦路斯，埃及国王托勒密十二世无动于衷，因此激怒了饱受罗马人压榨凌辱的埃及人民，托勒密十二世被百姓推翻，流亡罗马。为了复辟，托勒密向庞培、恺撒等人大肆行贿。公元前55年，在庞培等人的支持下，罗马军护送托勒密回国复辟，并在亚历山大城留下一支罗马军队保护他。这支罗马的埃及驻屯军总体上亲庞培，在内战中为恺撒制造了不少麻烦。

439

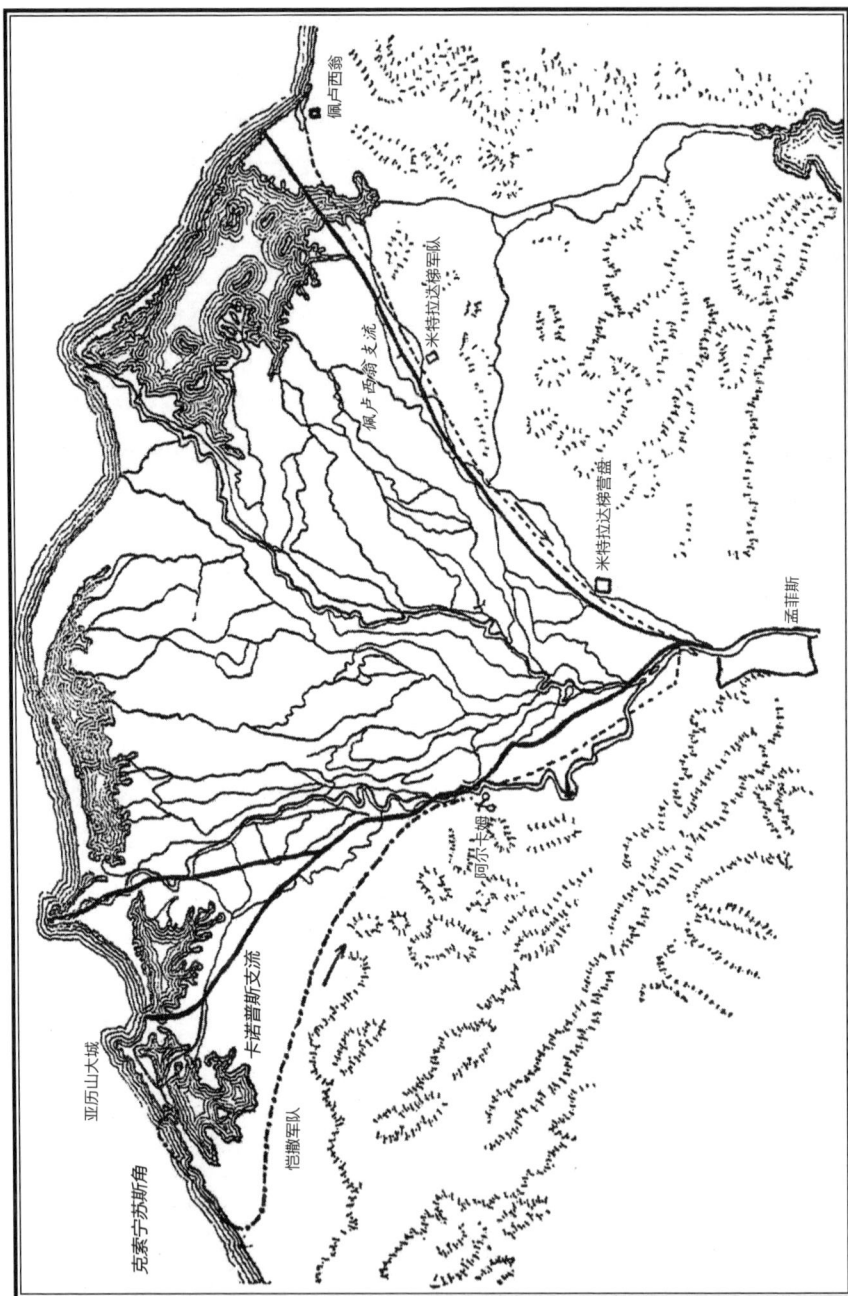

佩卢西翁

米特拉达塔军队

佩卢西翁支流

米特拉达塔营盘

孟菲斯

阿尔卡霭卡

亚历山大城

克索宁苏斯角

卡诺普斯支流

恺撒军队

◎ 埃及

的军团老兵们由于长期驻留埃及，许多人与当地妇女通婚，完全丧失了罗马的纪律观念。阿基拉斯依然占据着亚历山大城的大部分城区，只有恺撒进城时占据的那一小块例外，那是恺撒为数不多的军队能保卫的。在自己的占领区，恺撒立即着手部署防御，他看出自己的处境不妙。尽管埃及军队纪律败坏，但是在公众情绪的支持下，它在许多方面还是令人生畏的。

阿基拉斯的第一次努力尝试是强攻宫殿，但未能得逞。恺撒占据和封锁了通往宫殿的所有街道。与此同时，在城市港口发生了一场断断续续、顽强不屈的战斗，街巷和码头沿线也同时在打仗，而且难以控制。阿基拉斯企图夺取亚历山大港内的 72 艘战舰，但他还是没能得逞。由于恺撒无法有效保护这些战舰，担心战舰落入敌人之手，因而将其付之一炬。正是在这场大火中，亚历山大图书馆连同其他许多公共建筑和珍宝一齐葬身火海，如果阿基拉斯能成功控制船只就可以封锁港口，截断恺撒与外界的联系，令王宫无法得到外来的兵员和粮秣。无论恺撒的行为造成了多大灾难，都是保护驻地的必要手段。

此时的行动危机四伏，"从而，这场战斗进行的残酷程度，正是双方中一方认为自己的迅速胜利、另一方认为自己的安全，都得由这场胜负来决定时必然会有的。"恺撒守住了自己的阵地，及早占领了法罗斯（Pharos）灯塔 ①。当时，法罗斯是"岛上的一座灯塔，高度惊人"，后来一位历史学家说它高约 400 肘（ells）②，即将近 180 米高：

> 这个岛上有一座极高大的灯塔叫作法罗斯，是一座很令人惊叹的建筑，它的名字就是从这个岛得来的。这个岛正处在亚历山大城对面，形成一个港湾，但和它之间却有一条像桥那样的狭路相连，这是以前的国王们造起的一条伸向海里的 900 尺长 ③ 的防波堤。岛上有一些埃及人的住宅和一个和市镇差不多大小的村落，任何船只如

---

① 译注：古代世界七大奇观之一，由埃及托勒密王朝的建立者托勒密一世建造，公元前 290 年竣工。

② 译注：肘，以君主的胳膊肘到伸直的中指距离为准，具体长度因时因地不同，通常在 45 厘米左右。

③ 译注：原文为 800 尺，按洛布英文版《内战记》改为 900 尺。

果因为粗心，或因为暴风雨，航线稍稍偏了一些，他们就习惯于像海盗那样劫掠这些船只。再则由于这里航道狭窄，如果居于法罗斯岛的这些人不同意，任何船只都不能进入港湾去。恺撒很担心这一点，就趁敌人正在忙于战斗时，派军队在那边登陆，占领了法罗斯，在它上面派了守军。由于这些措施，粮食和援军可以用船只安全地运送到他这里来了。因为他已派遣使者到所有邻近各行省去，向他们征索援军。

控制了法罗斯灯塔，恺撒就控制了港口的进出通道，确保了他的后方和退路。

尽管恺撒在港区站稳了脚跟，却在城里一无所获。在城内，阿基拉斯控制的地盘要大得多，恺撒仅能守住他手里的城区，加强了必要阵地的防务。阿基拉斯通过市民控制了灯塔之外的整个法罗斯岛，还有赫普塔斯塔蒂姆（Heptastadium）——防波堤，并且动用能想出的一切手段继续进攻恺撒。而恺撒为了控制通往港口和码头的道路，加强了剧场与王宫毗连部分的工事，使之成为坚固的城堡。

与此同时，托勒密十二世的小女儿阿尔西诺（Arsinoë）逃入阿基拉斯的营寨，希望自己能继承王位。但是，很快阿基拉斯就与她发生了争执，从而引发了当地军队内部的纷争，令恺撒坐收渔翁之利。

恺撒看到自己身处危机四伏的碌碌无为之中，必须尽快集结更多人马，否则就无法保命了。由于他极端不谨慎，他再度陷入一种类似于他在迪拉基乌姆几乎无法摆脱的困局。恺撒拥有一种检验是否是伟大统帅的独特的品质，他的莽撞是最应该受到批评的，但当莽撞行为的后果使他几近丧失一切成功机会时，他总能以一种力量，一种掌控全局的智慧来应对危局。当我们对恺撒的粗心大意几乎丧失耐心时，他的精力、勇气和谋略总能令人叹为观止。他不屈不挠、永不服输。当别人会考虑投降问题时，恺撒却开始大显神威，他完全依靠自己，对最终成功的怀疑，永远不会出现在他的灵魂深处。

眼下正是如此，作为罗马国家元首，恺撒拥有支配世界的力量，然而他和4000人马被围困在罗马的一个附庸国。恺撒毫不怀疑自己对付埃及人的本事。无论他的处境多么危险，都没有向他的军队表达出来。他始终泰然自若，从他的表情和行动上，谁都看不出他对时局的丝毫不安。他派人去罗得岛、叙利亚、奇里乞亚召集舰队，去克里特岛招募弓箭手，去佩特拉·阿拉伯（Arabia Petraea）^①，向奈伯特国王马勒古斯（Malchus）寻求骑兵。恺撒指望多米提乌斯从小亚细亚派来两个军团的援兵，同时送来给养、战争物资和投射器械。恺撒号召别迦摩（Pergamos）国王米特拉达梯率领一支军队，经叙利亚援助自己。他自己也开始建造投射器械，从各地搜罗物资和兵员。在亚历山大，他采取一切手段固守待援。他将许多房屋夷为平地，以便获得活动空间，在通往武库和宫殿的街巷上，或者在他的防线上看起来薄弱的地方用护墙和盾车给予加固，从而将他所占领的一小部分城市包围起来。他在墙上打洞，以便冲城锤和投射武器穿过。这座城市的房屋棚顶都是拱形的，根本不用木料，特别适合构筑一个健全的防御体系。

　　恺撒占据的一小块城区"南面本来就已经有一片沼泽紧紧围着它"。那是一片低洼又狭窄的草地，位于亚历山大城主体所在的那几座低矮山丘之间，从大海向南、北延伸到马瑞奥提斯湖（Lake Mareotis）。如果能加以控制，这片低地就可以为军队提供饮水和饲料。通过从自己的阵地向南延展两侧的工事，恺撒逐渐占据了这片低地的一部分。如果完全占据它，他会处于敌人两翼之间的中心位置。

　　由于年轻的国王被捕，亚历山大人怒火中烧，他们同样积极召集部队和搜罗军用物资，从他们能控制的埃及每个角落招兵买马。他们在自己占据的那部分都城里囤积和制造了大量矢石和器械，增加了包括农民和奴隶在内的大批兵力。他们将这帮新兵部署在封锁线内最安全的地方，老兵们在广场上列队待命。所有大街小巷都用方石块筑起12米高的三重壁垒隔绝，城里地势比较低平的地方，他们用几座十层高的塔楼作为防御工事。有些同样高的塔楼被安装在轮子上面，以便用马拉着，沿城中的平坦街道推进。

---

　　①译注：佩特拉（Petra）是一座阿拉伯城市，位于今天约旦王国境内，佩特拉周边地区就叫佩特拉·阿拉伯。奈伯特是当地的一支阿拉伯人，以佩特拉为首都建立了奈伯特王国。106年，罗马皇帝图拉真（Trajan）吞并了奈伯特王国。

亚历山大人心灵手巧，不仅模仿罗马人的所作所为，还设计了许多新奇玩意。阿基米德（Archimedes）曾在这里研习的古老工程艺术远未消亡。他们决心彻底消灭罗马人，他们认为罗马人会像对待其他土地一样将埃及降为一个罗马行省。他们的首领使他们相信，由于暴风雨季节令敌人无法从海上获得补给，恺撒很快就会因缺粮挨饿而束手就擒。恺撒试图通过小国王的调停来安抚亚历山大人，但是亚历山大人相信托勒密所言都出自恺撒的授意而拒不接受。

现在，在总管宦官伽尼墨德斯（Ganymed）的协助下，阿尔西诺用诡计害死了阿基拉斯，旋即提拔伽尼墨德斯为军队司令。作为一个诡计多端的家伙，伽尼墨德斯决定切断恺撒的供水。一条相当大的运河或支流，从尼罗河三角洲流入亚历山大人控制的那部分城区，为他们带来了丰沛的供水，尽管这水浓稠、浑浊如泥汤一般。恺撒手中的城区的供水，贮存在用高架桥引尼罗河水进来的水槽里面，水在水槽中沉淀、澄清。恺撒的狭小防御系统，将他与运河分隔开，使他只能使用水槽内的存水。伽尼墨德斯开始大兴土木，将为高架桥和水槽供水的河道分流，此举也切断了他自己的蓄水池的供水，只得依靠运河中的水。这个工程并不艰巨。随后，他用水轮和其他器械将大量海水提出来，源源不断地倾倒进通往恺撒的水槽的高架桥中。利用这般巧妙的手段，上城区的所有蓄水池都逐渐被海水污染而不适合饮用了。海水灌入恺撒占据的下城，存水也变咸了，卫生状况堪忧。

迫在眉睫的水荒几乎引起了部队的恐慌，恺撒费了好大力气才将其平息下来。他无法安然撤离，因为一旦他的小部队离开工事，就将落入亚历山大人的股掌之中，为数众多的市民会轻而易举地粉碎撤军途中的恺撒军：

> 恺撒用安慰和说理的办法，减轻他部下的恐惧，他肯定地说，挖掘水井一定能找到甜水，凡是沿海的地方天生都有甜水的泉脉，就算埃及的海岸和所有别的地方的海岸性质有所不同，那也不要紧，因为海岸正在由他自由地控制着，敌人没有舰队，不能阻止他每天用船只出去取水，左面可以到帕拉托尼乌姆（Paratonium）去取，右面可以到岛上去取，这两处地方航行的方向相反，不会同时受到逆

风阻拦。逃跑确乎不是上策，不仅对那些首先考虑的是自己的尊严的人来说，就对于那些除了自己的性命以外不考虑别的人来说，也是一样。他们费尽心机才能在防御工事后面挡住敌人的攻击，一旦离开防御工事，就无论地形、无论人数，都不足以和敌人相抗了。上船既要拖拖拉拉费很多时间，又要经过许多困难，特别是在要用小艇的地方。而亚历山大人则正好相反，他们的行动很迅速，地势和建筑又极熟悉，特别在当他们一得胜，趾高气扬的时候，他们会抢先赶来占据比较高的地方和建筑物，以阻止我们逃走，并截住我们的船只。因而，他们心里千万不可再存有这种念头，必须想尽一切办法取得胜利。

军队对他们的统帅满怀的信心消除了他们的恐惧。恺撒的诺言得到了兑现，他动用了一切可用的人手去挖井。他知道这是一种行之有效的方法，事实上就在挖井的第一个夜里，水井就产出了大量淡水。"这样一来，亚历山大人的苦心策划和辛勤劳动，我军没花多少时间工作就把它抵消了。"

曾经是庞培军队的一部分，后来向恺撒投降的第 37 军团，现在由多米提乌斯指派从罗得岛出发，携带全套给养、武器和器械登船起航，但逆向的东风令其无法入港，而是向西远离港口。尽管如此，舰队还是在一个安全的地方抛锚停泊，指挥官派出一艘划桨的船去城里通知恺撒他们已经到了，只是缺水。风对用桨驱动的船只影响不大，而靠风帆驱动的船只就得任凭海风摆布了。恺撒决定去舰队那里采取适当措施将其引入港口。他不愿削弱守军，让所有地面部队各就各位。他上了船，带上已经到手的战船起航，搜寻他的运输船。

恺撒在亚历山大以西约 40 千米处的克索宁苏斯角（Point Chersonesus）附近的海岸巡视时，派了一些人上岸找水，这些人被敌人俘获了，亚历山大人知道了身在船上的恺撒身边没有军团士卒。机不可失，时不再来。伽尼墨德斯带上所有能出动的船只，从亚历山大人一直掌握的西港欧诺斯托斯港（Eunostos）起航，企图进攻他，最好能抓活的。因为恺撒一心要干别的，所以不愿意打仗。当他和舰队航向亚历山大时与敌人遭遇，起初他拒绝开战，因为天色将晚，敌人比他更熟悉海岸。不仅如此，他觉得部下在白天会打得更出色，况且船上也没有军团士卒。第37军团还在运输船上，于是他向岸边驶去。

但是，眼下的局势迫使他打一仗。一艘罗得岛战舰冒冒失失地脱离了舰队，遭到几艘敌舰的攻击。恺撒被迫前去解救它，"以免它受到敌人的伤害，当众出丑，虽然他认为如果有什么厄运落到它头上，也是它咎由自取的事情"。一向以海军骁勇剽悍著称的罗得岛人，在这里互相比着逞强斗狠。亚历山大人无力抵挡他们。这场胜利很大程度上归功于罗得岛舰队司令幼发拉诺尔（Euphranor）的出色指挥，从而大获全胜。敌人损失惨重，要不是夜幕降临恺撒本可以全歼敌人的舰队。令人开心的是，逆风停歇，运输船在恺撒战舰的护送下安然抵达亚历山大的大港，下锚停泊。现在，恺撒海陆兵力都几乎翻了一番。

起初，这场灾难对亚力山大人来说似乎是不可挽回的。自从恺撒来到亚历山大，他们已经损失了110艘船。鉴于他们对自己的航海技术颇为自豪，而海战失败缘于水手而非陆军，他们对此尤其垂头丧气。他们"再也不敢相信在那些建筑物里能够自卫——这本来也和那些高地一样是他们所倚恃的。他们把

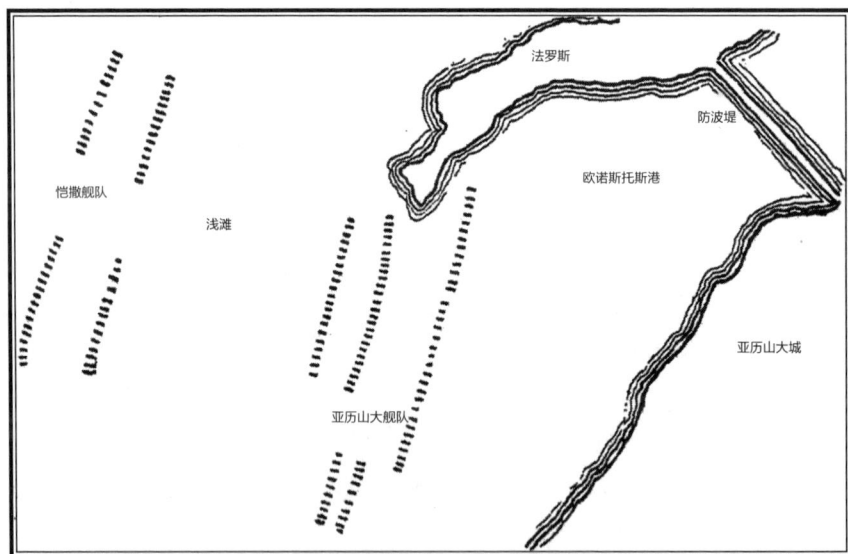

◎ 第二场海战

446

自己所有的木材都用来制造栅栏，好像就怕我们的舰队甚至会攻到陆地上来似的"。但是这个民族是天生的航海民族，他们满怀巨大的热情，在伽尼墨德斯的激昂言辞的鼓励下开始组建一支新海军。

他们明白海上封锁是消灭恺撒的唯一可靠措施。他们找来所有可以改装和能航行的旧船，所有在尼罗河口充当流动关税站的船只加上他们能搞到的所有器材，尽可能完善装备他们不遗余力地投入使用的一切可以漂浮在港内的东西。为了搜寻制造船桨的材料，他们将廊柱、院校和公共建筑的屋顶拆下来，利用从中获得的板材。他们期待在港内作战，在海上没用的船只在港内却用得上。几天之内，他们就装备好了22艘四列桨战舰、5艘五列桨战舰和大量小船。船上有优秀水手和适当补充的陆战队。恺撒有10艘四列桨战舰、5艘五列桨战舰，加上没有甲板的小船，共计34艘船，其中有9艘来自罗得岛（还有1艘在途中沉没了）、8艘来自本都、5艘来自吕西亚（Lycia）[①]、12艘来自亚细亚。

恺撒小心翼翼地为下一场海战做准备，他已经看出，只要亚历山大人不分散舰队就能将他封锁在港口里面。他向全军阐明了征服敌人的必要性，向部下们表示，万一战败了每个人都肯定亡命沙场。做好了充分准备之后，他拔锚起航，绕过法罗斯岛，面向欧诺斯托斯港内的敌人摆开了战阵。罗得岛战舰在右翼，本都战舰在左翼。恺撒在两翼之间留下了约300米宽的距离，以便回旋机动，其余的战舰编组起来充当预备队，为战线上的每艘战舰都指定了1艘预备队中的战舰作为后援。信心十足的亚历山大人将比罗马战舰多得多的舰队拉上战场。22艘四列桨战舰摆成第一战线，其余的放在第二线。大量小船协同舰队出战。他们在小船上准备了一些燃烧的矢石和可燃物，准备将恺撒的船只付之一炬。

双方舰队之间是几处浅滩，几条曲曲折折的水道从中穿过，今天也是如此。由于双方都认为背对海滩作战十分危险，因此都坐等对方穿过这些浅滩。恺撒的舰队司令是罗得岛人幼发拉诺尔，此君在刚刚打完的海战中居功至伟，是个

---

① 译注：也有著作译作"吕家"。

才干、勇气兼备的人。略为犹豫之后，恺撒听取了幼发拉诺尔的建议决定发动进攻，让罗得岛战舰先行穿过浅滩前进，其余的舰队紧随其后。战线启动之后，就几乎没有回旋余地了，只剩下狭路相逢勇者胜的问题了。罗马人的优势正在于此。罗马人和埃及人，百姓和军卒们都在亚历山大城的屋顶上亲眼见证这场海战。罗马人为生死存亡而战。如果他们输掉了海战，就会被大海阻断退路。这种认知刺激他们迸发出超过一贯水平的勇气。在一场漫长又不正规的战斗之后，埃及人还是被打败了，尽管他们在海上骁勇无畏的声名远扬，船只数量也多得多。1艘五列桨战舰和1艘双列桨战舰连同所有船员被俘，3艘战舰被击沉，而罗马舰船无一损失。从损失来衡量的话，这场战斗似乎没有《亚历山大战记》的言辞所指出的那样惨烈。其余的埃及舰船被赶进他们的港口，在港内，它们在防波堤和城墙上的弓箭手的掩护下躲藏了起来。

为了使敌人将来丧失海军，恺撒决心让自己成为整个法罗斯岛、连接该岛与大陆的赫普塔斯塔蒂姆防波堤的主人。他已经掌握了灯塔。到目前为止，他已经完成了在城里的工作，认为自己能够在那里站稳脚跟了，防波堤和岛屿也是如此。他派10个大队登船，还有一支精选的轻装部队和特别适合这项工作的高卢骑兵去攻打岛屿的南侧，舰队中的几艘船只袭击了岛北侧，他承诺给予先登者重赏。大部分舰船不得不用于监控亚历山大舰队，并将其封锁在西港内。法罗斯村的防御工事十分坚固，沿岸的房屋顶上有投石手和弓箭手，军团士卒们难以登陆。海岸岩石嶙峋，每块石头和入口都有船只和人手把守，同时有5艘战舰在巡视海岸。在岛屿的海港一侧，他们也成功抵挡住了登陆部队，但恺撒最终还是取得了立足点，法罗斯人被赶进了城。尽管城墙坚固，两侧还有不少塔楼，恺撒军团的士卒们没有云梯或柴捆，市民们还是惊慌失措，放弃了城市，伤亡也不小，600人被俘。恺撒纵兵洗劫，随后将其夷为平地。

岛上靠近防波堤的地方有座堡垒，恺撒占领了它并驻军留守。位于防波堤南端的大陆上的堡垒还在亚历山大人手里。它比位于防波堤另一端的堡垒更加坚固，坐落在城区外一大片开阔地上。恺撒认为必须要控制它，因为只要掌控防波堤的两端，他就能控制东、西两港。次日，他向它发动了进攻。起初，他用猛烈的远程火力将守军赶往城内，他派3个大队登陆占领防波堤和堡垒，其余的兵力留在船上等待时机。防波堤上没有足够的空间让更大的部队施展拳脚。防波堤在靠近两端的地方，各有一座建在拱顶上的桥，船只可以从桥下穿过，往返于两个港口之间，这样一来，亚历山大人就能让大港永无宁日。恺撒在南侧拱桥下面构筑了工事，继而派人将拱洞填死，以便切断两个港口之间的往来交通。

在开展塞桥工作时，亚历山大人跑出来在桥头对面的空地上发动袭击，攻击施工队和驻扎在桥头堡上保护他们的罗马军队。与此同时，他们派出西港内的船只沿着防波堤打击堤上的罗马人，还试图点燃堤另一侧的舰队。恺

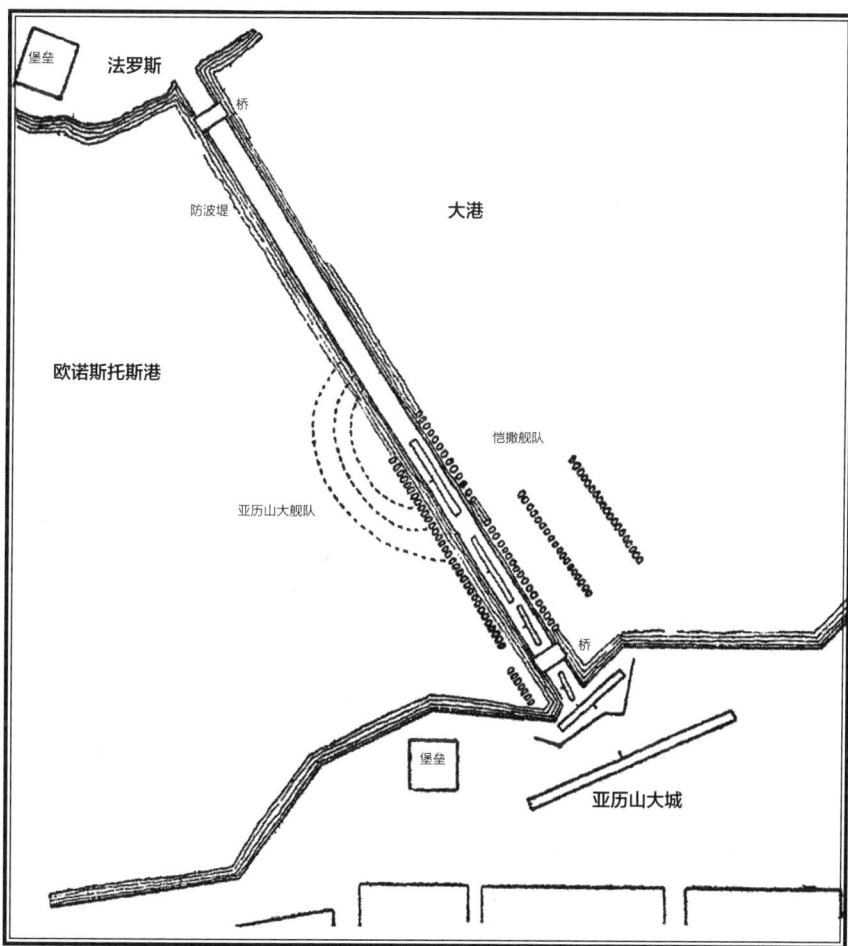

◎ 防波堤上的战斗

撒军控制着防波堤和拱桥，亚历山大人就从面向桥头堡和船只的开阔地发起进攻。

正当恺撒的工作进展逐渐令他获益时，另一些从罗马战舰登上防波堤的桨手和舰载步兵违反命令，自行其是。起初，这支分队有效帮助了工程进展，因为他们赶走了敌人的船只，但是过了一会儿，一些有胆量的亚历山大人从侧翼乘坐小艇登上防波堤，占据了一个立足点，这队无人指挥的罗马人心急火燎地逃到船上。看到侧翼获胜，更多亚历山大人登上防波堤，从后方打击在拱桥上工作的恺撒的三个大队。战舰上的士兵们眼看亚历山大人在防波堤上高歌猛进，担心对方会登舰，便撤走了岸上的舷梯，离开了堤岸。桥上的三个大队因后方出现的骚动而惊慌失措，亚历山大人迅速加以利用，奋勇前进，打得恺撒的部下溃不成军。

现在，恺撒及其小部队腹背受敌，尽管恺撒本人就在军中，古老的恐慌情绪还是滋生蔓延了。眼看舰船远离堤岸，这三个大队担心自己被战友抛弃不管就开始后撤。撤退很快就变成了逃窜，每个人都试图上船。有些人奔向还停靠在防波堤岸上的战舰，蜂拥而入，人数多得令船只沉没；有些人趴在盾牌上，游向系泊的舰船；有些人抛弃了武器，游向远处的舰队。恺撒使尽浑身解数控制溃兵，但是他们的士气像在迪拉基乌姆一样低落。他无法压制恐慌情绪，眼前又是一场四散奔逃。回到自己的战舰后，他发现船上挤满了人，简直无法离开堤岸，后来该船开始满载着乘客下沉。恺撒本人被迫跳下船，为了活命游向港内的另一艘船。据说就在此时，他一只手划水，另一只手高举一份手稿，唯恐弄丢了。登上另一艘战舰之后，他派出小艇去营救那些漂浮在水面上的人。许多人在防波堤上被剁成肉泥，更多人溺水而亡，总共损失了 400 名军团士卒，是法萨卢大捷中阵亡人数的 2 倍，丧生的水手更多。在古代，无论在小规模战斗还是激烈的会战中，战败方的命运往往如此。此战的胜利使亚历山大人重新夺回并从此占据了防波堤南端的堡垒，他们利用器械和工事将堡垒修得固若金汤，让恺撒无法再攻取。随后，他们重新疏通了桥下通道，打通了通往东港的航道。

罗马士兵们似乎对这场并不丧气的失败感到羞愧，而非沮丧，他们急于洗刷自己的耻辱，一心要与亚历山大人打一仗，只要遇上亚历山大人冲出来突围，有机会交手的话就截断他们的退路，恺撒不得不制止他们，而非鼓励他们。这种能从失败的沮丧情绪中迅速恢复斗志的品质，让恺撒的军团将士们总是出类拔萃。他们在迪拉基乌姆战役前就清楚展示了这种品质。他们早已具备了恺撒身上百折不挠的精神。

在部队受挫之后恢复斗志的特殊韧性方面，没有谁能与美国志愿兵媲美。我们的所有内战老兵都会记得被敌人逐出阵地或遭到打击，在一片近乎致命的混乱之中到达隐蔽所之后，战线会自动恢复，几分钟内就会准备妥当，以比被击退前更饱满的精神重新冲锋或者收复阵地。与其说这是军官们的努力，不如说出自士兵们的天性，恺撒的军团士兵也是如此，只是程度略低而已。他们的士气的确受挫了，但很快就恢复如初。

看到失利也不能削弱敌人，胜利也不能令敌人懈怠，亚历山大人向恺撒派出一名密使，请求恺撒将年幼的国王还给他们，因为他们已经厌倦了由一个女人①和暴虐的伽尼墨德斯掌权的政府，还承诺如果他们迎回托勒密，就会很快与恺撒媾和。他们郑重承诺会恪守诺言。

对于密使许下的诺言，恺撒没什么信心，但是他认为，如果将国王还给亚历山大人，他们还要继续战争，届时领导他们的国王大概不如现在的伽尼墨德斯难缠。他知道不扣留托勒密对自己有什么好处。此外，他完全拥护克利奥帕特拉的事业，小国王脱离自己掌控的话，当他使埃及人恢复理智——他毫不怀疑自己能做到——的时候，他可以更方便地让她掌权。许多人认为恺撒在谈判中胃口太大，但是他可能早已洞若观火，知道自己的目标是什么。他给了托勒密自由，小国王热泪盈眶，发誓要感恩戴德、和睦相处，可当他一回到他的百姓之中，他就比任何一位亚历山大人的首领更加恶毒。亚历山大人的胆色没有因国王获释而增加，罗马人的斗志也没有减弱，因此释放国王与随后发生的事件没有关联。

大约在这时，亚历山大人听到确切的风声，一支援军正在从陆上赶来帮助恺撒，又有虚构的传闻说，一支满载部队、补给的船队正在赶来支援恺撒的

---

① 译注：指小公主阿尔西诺。

海路上。他们采取措施去拦截后者，命令舰队起航，巡视尼罗河的卡诺普斯支流（Canopic）外侧的海面，他们认为那里是监控罗马舰队动向的最佳地点。听说敌人出征，恺撒派遣提比略·尼禄（Tiberius Nero）[①] 率领他的舰队去袭击埃及舰队。幼发拉诺尔也在随舰队出征的罗得岛战舰上，他在上一场海战中做出了杰出贡献，但是命运无情，在两军相互靠近的过程中，幼发拉诺尔以其过人的骁勇一舰当先，由于某种不明原因，他没有得到舰队其他成员的有效帮助。他被亚历山大人的舰船团团围住，最终与自己的战舰葬身大海。他的行动对战争没有产生特别影响。

由于自己的莽撞大意，恺撒被迫进行了这场违反其意愿的不幸的埃及战争四个月后，别迦摩国王米特拉达梯在公元前 47 年 1 月率领增援罗马人的部队，从叙利亚越过沙漠抵达埃及。此君的名字来自本国国王米特拉达梯，他也自称后者的儿子，他在罗马内战中诚挚地支持恺撒的事业，并得到了这位罗马执政官的信任。他在叙利亚和奇里乞亚组建了军队，其中有一支由安提帕特（Antipater）[②] 指挥的犹太人部队。米特拉达梯以进攻和占领守军不多的佩卢西翁开启了他的埃及战役，留下驻军之后，他沿着尼罗河的佩卢西翁支流（Pelusian Branch）上行，抵达了孟菲斯（Memphis），此地是他前往亚历山大途中能用于渡过尼罗河的最近点。他抚慰沿途各地，"利用通常都属于胜利者的声威"，赢得了他们对恺撒的效忠。很快他就到了尼罗河三角洲的顶点。一听说大敌当前，国王托勒密就从亚历山大派出一支人马，其中部分乘船沿河而来，部分溯左岸而上，迎击米特拉达梯，后者的到来有让实力的天平倒向恺撒一边的危险。这支人马渡过尼罗河来到右岸，向正在营中的米特拉达梯猛扑过来。米特拉达

---

① 译注：提比略·尼禄（公元前 85—前 33 年）是恺撒忠心耿耿的部下，此时正担任恺撒军中的财务官。恺撒死后，他成为安东尼的支持者，最后得到了奥古斯都的宽恕，但是奥古斯都爱上了他的妻子莉维娅·土西拉（Livia Drusilla）。前 39 年，他与妻子离婚，莉维娅带着与提比略·尼禄生的小提比略·尼禄改嫁奥古斯都，小提比略做了奥古斯都的继子，改名为提比略·尤里乌斯·恺撒。14 年，奥古斯都驾崩，小提比略成为罗马帝国的第二任皇帝。

② 译注：他是以东人（Idumaean），原是庞培手下的将军。庞培败亡之后投靠了恺撒，成为犹太地（Judea）的主管官员，由此在犹太地创建了半独立的希律王朝，他的儿子大希律（Herod the Great）在某些著作中被称为希律王，以"残暴好杀"著称。

梯的营盘是按照罗马人的式样建造的，在孟菲斯下游约 45 千米处。击退来犯之敌之后，米特拉达梯出营反击，打得对手大败。要不是埃及人熟悉周围情况，还拥有船只，恐怕将片甲无归。战后，米特拉达梯向恺撒禀告了发生的事情。此时大约是 1 月底。

得到此役的战报之后，恺撒和托勒密都出发了，恺撒去接应，托勒密去歼灭新来者。与此同时，米特拉达梯向三角洲上游进发，渡过了尼罗河。国王派他的舰队和大部分陆军逆流而上。恺撒不可能走同一条路。在亚历山大的工事里留下适量守军之后，舰队护送他沿着海岸西行，在海岸上的合适地点弃舟登岸，绕道马瑞奥提斯湖南岸，穿过沙漠迂回前进，在出发的四天后赶在国王发动进攻，或者在国王确

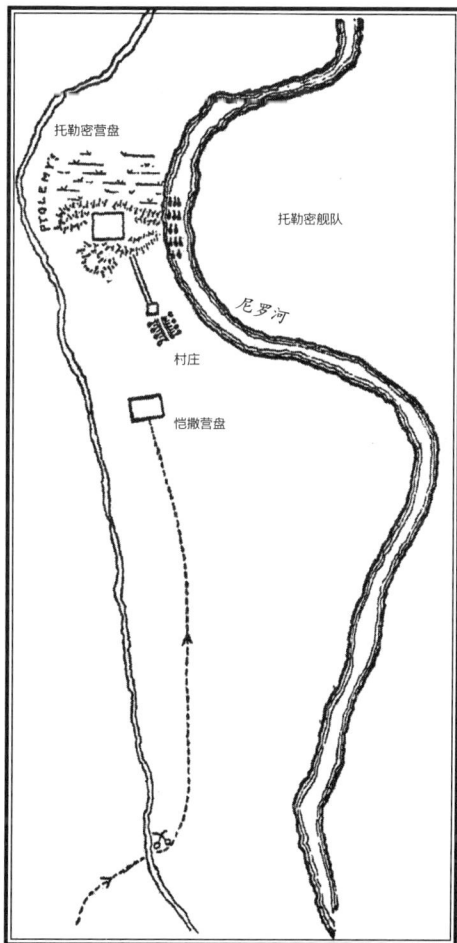

◎ 尼罗河战役（周边地区）

知恺撒的动向之前与米特拉达梯会师。至于他此时手中有多少军队，我们一无所知。

托勒密在一座山冈上安营扎寨，山冈的一侧是尼罗河，另一侧是一片泥沼，第三侧是一条陡峭的路径。在今天的阿尔卡姆（Alcam）附近，还能找到这样的地方。营盘与恺撒正在行军的道路之间是"一条注入尼罗河的小河，两岸非常高峻"，这条河可能是尼罗河流域不断泛滥的众多分支之一。托勒密派遣他的骑兵和若干精锐轻装步兵到距离其营盘 10 千米处的这条河的河岸上，阻止

恺撒渡河，并从对岸骚扰他。"在河流的两岸发生了远距离的，而且是不见是非的战斗，因为这地方既不允许勇敢的人有一显身手的机会，胆怯的人也用不着冒着危险。"恺撒发现，在这支敌军面前渡河是一件令人恼火的工作，他迅速派遣一些日耳曼骑兵溯河而上，想办法游到彼岸，从后方打击敌人。与此同时，军团士卒们砍伐了一些能横跨河道的树木，利用它们强行过河。敌军骑兵抱头鼠窜，被追上后几乎被斩尽杀绝，轻装部队则被砍杀殆尽。

恺撒紧随其后，鉴于敌军似乎士气低落，不会坚决保卫营盘，所以他最初想攻打敌营，但是当他抵达时，发现它深沟高垒，十分坚固，而且守军戒备森严，因此暂时决定不冒险采取行动。他安营扎寨。附近有个村庄和堡垒，通过一线工事与托勒密的营盘相连。次日，恺撒在这里炫耀军威，并强攻进村庄。由于这一出人意料的行动，亚历山大人的军营陷入混乱，恺撒下令对其发动全面进攻。前往营盘有两条路可走：一条在平原前面；另一条较窄，面对着尼罗河。前一条路由大军驻守，因为在这里发动进攻在敌人的意料之中，后者会暴

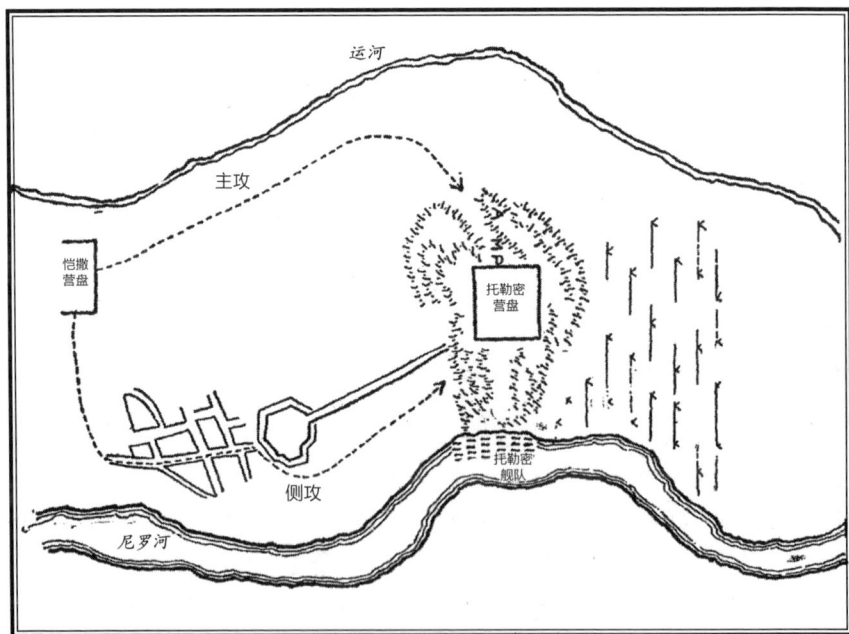

◎ 尼罗河战役

露在山冈和河中船只上的矢石打击之下，而且亚历山大人确实在船上部署了大量弓箭手和投石手。

尽管罗马军队斗志昂扬，却没有取得什么进展，恺撒注意到敌营南侧崎岖难行，故而敌军防御薄弱，"那些守卫者都已经兴致勃勃地赶到正在战斗的那些地方去，有的是去参加战斗，有的是去看热闹，"恺撒命令才干出众、经验丰富的老战士卡孚勒努斯（Carfulenus）率领一队精选壮士，从此处攀岩而上，从这个地方发动的进攻很容易令守军措手不及。他们付出了最大努力，终于登上了山顶，还是在敌人一无所知的情况下做到的。

他们从亚历山大营寨的侧后发动的奇袭制造了一种恐慌，令在正面发动进攻的军团士卒们取得了意想不到的成功。敌人溃不成军、抱头鼠窜，他们越过寨墙冲向河边，想在那里逃到船上，壕沟被落入其中和被踩踏致死的人填平。溃兵们在跑到河边之前遭到可怕的杀戮，在试图逃上船的过程中，更多人溺水而亡。死难者中就有国王托勒密十三世，他的船挤满了失魂落魄的溃兵，超载沉没了。

战斗一结束，恺撒就率领他的骑兵走陆路直奔亚历山大。城中的守军和市民听到国王战败的消息，打开了他们占领的那部分城市的大门，卑躬屈膝地请求饶恕。按照已故国王托勒密十二世的遗愿，恺撒将其小儿子与克利奥帕特拉推上王位，驱逐了阿尔西诺。根据许多古代作家的说法，恺撒在克利奥帕特拉的甜言蜜语的蛊惑下，在城里多待了两个月才率领第 6 军团乘船前往叙利亚。由于两位年轻的君主不受埃及人民欢迎，恺撒将两个曾跟着他的军团，加上来自叙利亚的一个军团留在埃及，在卢菲奥（Rufio）的指挥下，协助维持埃及新政府。

围绕亚历山大城的战争持续了 6 个月。在前 5 个月内，恺撒被迫采取守势。由于他在海上采取的行动，他的作战方式转变为攻守兼备。到了第 6 个月，援军一到，他就发动进攻，以尼罗河战役结束了战争。他动身前往埃及的时候没有想到会卷入一场战乱，但是从一开始，他就预见到自己手下兵微将寡，可能会遭到围困直到援军到来。他制定了相应计划，首先是自保，然后才发动反攻阻止亚历山大人的进攻。他一直是交战双方的动力源泉。

由于恺撒的疏忽大意，在埃及耗费了 6 个月的光阴，大概由于迷恋克利奥帕特拉，又多待了 2 个月 [1]，或许此举是出于我们不知详情的政治需要，这毕竟给了庞培党人喘息的机会，也给了他们在非洲落地生根的机会。于是有必要再发动两场战役剿灭他们，一场在非洲、一场在西班牙。如果在法萨卢战役之后，恺撒立即转头剿灭庞培的党羽；抑或像他无论如何都该做的那样，率领四五个军团前往亚历山大；再或者采取权宜之计，暂时将埃及的统治权问题搁置一边，转而处理眼前的更重要的问题，那么他就会避免许多未来的麻烦。

他随身率领的兵力太少，不足以挽回他莽撞冒进引发的恶果。纯粹凭借好运气，他就占领了卫城、武库和法罗斯岛上的灯塔，使自己免于全军覆灭。他抵达那一个月后，埃及军队才从佩卢西翁姗姗来迟。不久之后，他自己的第一批援兵也赶到了。拿破仑说："这场战役似乎没什么了不起的。"考虑到历时两个月的毫无价值的拉锯战，在这场漫长和毫无价值的战役结束后，其他战争已经迫在眉睫，若非恺撒的绝好运道，埃及很可能会埋葬他的一世英名。

---

[1] 译注：苏维托尼乌斯说恺撒陪陪着克利奥帕特拉，坐游艇上溯尼罗河至埃塞俄比亚边境。狄奥说他把埃及送给了克利奥帕特拉，还说他本来就是为了她才发动这次战争的。

我来，我见，我征服
(公元前 47 年 5 月至 6 月)

第三十七章

法尔那西斯（Pharnaces）是伟大的本都国王米特拉达梯的儿子，他几年前曾起兵反对他的父亲，投靠庞培后被立为博斯普鲁斯（Bosphorus）国王。罗马内战爆发之后，法尔那西斯认为取得更大地盘的天赐良机来了，他开始威逼亚美尼亚和加帕多家。他的征战取得了相当大的进展，当庞培在法萨卢兵败之时，他已经变得更加强大，胃口随之也更大、手伸得更长。恺撒在法萨卢大捷之后已经派多米提乌斯·卡维努斯从伊庇鲁斯启程前往亚洲，亚美尼亚兼加拉太四分领（tetrarch）[1]领主德奥塔鲁斯（Deiotarus）、加帕多家国王阿里奥巴扎涅斯（Ariobarzanes）都向他求助。

多米提乌斯已经将手下的 3 个军团中的 2 个调派给了恺撒，实力大为削弱，他便派遣一个使团去见法尔那西斯，命令法尔那西斯退出亚美尼亚和加帕多家，他也很清楚单凭命令无济于事，于是立即用武力增加使节的说服力。公元前 48 年 10 月底，他与第 36 军团和其他 2 个德奥塔鲁斯按照罗马人模式训练出来的军团在本都境内的科马那（Comana）会师，他派部百流·塞斯提乌斯（Publius Sestius）去财务官盖乌斯·普莱托里乌斯（Caius Plaetorius）那里索取其在本都招募的 1 个军团，又派奎因都斯·帕提西乌斯（Quintus Patisius）

---

①译注："四分领"一词最初产生在希腊的色萨利，指在它统一以前的四个分立的政治单位，在色萨利统一后，它们又各自成为国家下面的一个行政区划，后来在希腊化东方的许多地方都有了这种四分领。叙利亚和巴勒斯坦也有许多小君主把他们自己的领地称为四分领，虽然并不总是四个。许多地位较低，够不上国王称号的地方统治者自称为四分领领主。

457

◎ 小亚细亚

去奇里乞亚索取辅助部队。多米提乌斯只有 200 名骑兵。法尔那西斯让多米提乌斯的使节带回答复，说他已经撤出了加帕多家，但他声称亚美尼亚是自己的遗产，如果恺撒亲自到来，他会服从恺撒的决定。多米提乌斯根本不相信他的说辞。他知道法尔那西斯只是离开了加帕多家，以便将部队更好集中在更易于防守的亚美尼亚战场。他向国王带话，只有一切回归原状，他才会按兵不动，同时他立即向亚美尼亚进军。此时是公元前 48 年到前 47 年的冬季。

多米提乌斯走的路线是沿着从科马那出发、与吕库斯河（Lycus）南岸平行的山脉，这道崎岖异常的山脉也是前托罗斯山（Anti-Taurus）的一道支脉。多米提乌斯选择这条路，是因为路上不大容易遭到突袭，也更容易从加帕多家得到给养。法尔那西斯不断用各种卑辞厚币安抚他，但多米提乌斯不为所动继续挺进，并在某个时间到达了小亚美尼亚境内的尼哥波立（Nicopolis）城西，随后在距离该城约 10 千米处安营扎寨。尼哥波立坐落在两侧都是群山的一片平原上。

罗马军营与尼哥波立之间有道险峻的峡谷。法尔那西斯将骑兵和最好的步兵布置在此地设伏，但把牛羊群放在罗马人的视野之内，如果多米提乌斯"是带着友好的态度进入那峡谷的，当他看到那些人和牲口在田野里来来去去走动，只当来的人是自己的朋友时，就不会怀疑到有埋伏；反之，如果他不是怀着友好的态度前来，而是来进入敌人的领土的，那些士兵为了抢夺战利品，一定会离开行列，到处乱窜，从而在散乱中被歼灭"。这是近乎汉尼拔风格的巧计。与此同时，他多次派使者去找多米提乌斯，消除对方的疑虑。多米提乌斯待在营盘里面，认为谈判会取得好处，法尔那西斯围猎他的巧计因而失算。几天之后，多米提乌斯向尼哥波立进军，在城市附近扎营。法尔那西斯在营盘面前展开他的军队，排开战阵，"在正面，布下一横列单行，它的两侧翼各有三列接应部队在后面加强它"，这是当时相当罕见的战斗阵型。随后没有发生战斗。

这时候，从亚历山大城传来谣言说恺撒陷入了困境，召回了多米提乌斯前去支援，命令他经叙利亚前往埃及。法尔那西斯从被俘的信使那里获得了消息，打算通过推迟战斗来为难对手，因为迁延下去不仅会危及多米提乌斯，也会危及恺撒。他在自己位于城市附近的阵地周围挖掘了两道 1.2 米深的壕沟，每天都在这两道壕沟之间将步兵摆成一条漫长的重步兵战线，由三支部队做预备队，骑兵放在壕沟外侧，以便他们发动冲锋。这是一个巧妙的防御方案，颇具匠心。

多米提乌斯关心恺撒的安危胜于关心自己，他认为，如果不能强迫法尔那西斯与自己会战，并且战而胜之，他就无法安然脱身，而且这同样是获得荣誉和安全的手段。于是，他在法尔那西斯的营地前摆开了战阵。他将第 36 军团放在右翼，本都部队放在左翼，德奥塔鲁斯所部以纵深队形放在中路。他

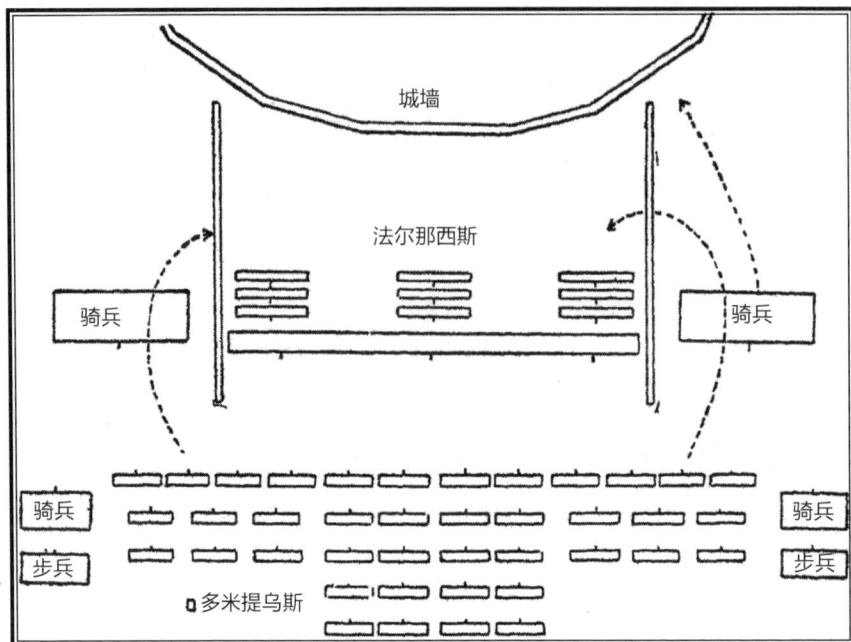

城墙

法尔那西斯

骑兵

骑兵

骑兵

步兵

骑兵

步兵

多米提乌斯

◎ 尼哥波立战役

的正面狭窄，两翼由骑兵和不属于某个军团的步兵大队掩护。战斗打响了，第 36 军团似乎是一支精锐部队，他们向敌人猛扑过去，全歼了法尔那西斯的骑兵，就像恺撒的第四线部队在法萨卢打垮庞培的骑兵一样，将敌人赶到城墙下，然后调转矛头，从后方打击敌人的步兵。位于左翼的本都军团没有这样的本事。它的第一线很快就被击溃了，第二线顶上前去提供支持，并迂回到敌人的侧翼，起初他们以为自己赢了，但最后被密集的标枪打垮了。德奥塔鲁斯的军团几乎没有做出任何值得一提的抵抗。法尔那西斯获胜的右翼随即向第 36 军团的侧翼卷击。这支被战友抛弃的部队毫不气馁，围成一个圆圈且战且退，尽管损失惨重，却成功从战场上撤到邻近的一个山坡上，法尔那西斯认为山坡的地形险固，不适合进行追击。罗马人有 250 名士兵和许多骑士阵亡。本都军团被分割包围，大部被歼灭，德奥塔鲁斯的大部分人马也是如此。克服了巨大困难之后，多米提乌斯撤退到了罗马统治的亚洲领土上。

在这场会战中，顽强和薄弱的部队的差异显而易见。以为恺撒会在埃及全军覆没的法尔那西斯正在向本都进军，对当地罗马人和本都上流公民实施了最残酷的迫害，并以自己的名义重新确立了其父王国的古老疆界 ①。

庞培在法萨卢的失败并没有令庞培党人（贵族派）土崩瓦解。恺撒还在亚历山大处理埃及问题的时候，罗马军队在以利哩古收到了一张要命的支票。奎因都斯·科尼菲基乌斯（Quintus Cornuficius）及其两个军团已经在这个地区牢牢站稳了脚跟，但是成群结队从法萨卢战场逃出的溃兵正威胁着要发动骚乱。恺撒派遣伽比尼乌斯率领刚刚组建的两个军团从意大利出发，与他会师。但是，伽比尼乌斯很不明智地发动了一场冬季战役，他在庞培手下的伊利里亚辅助部队发动的零星战斗的骚扰下痛苦不堪，他打了一场失败的会战，损失了2000 名士兵和许多军官，好在他率领残兵败将撤退到萨洛纳（Salona）。在这里，他被庞培余党团团围住，同时庞培的部将屋大维征服了半个以利哩古。然而，当时驻扎在布隆狄西乌姆的瓦提尼乌斯以其充沛的精力挽回了颓势。这位军官不顾屋大维的舰队去搜罗船只，率领由伤愈老兵组成的小股部队渡海到了以利哩古，迫使屋大维解除了对厄皮达鲁斯（Epidaurus）的围攻。尽管兵力和舰船都不如对手，他还是在陶里斯岛（Isle of Tauris）附近令对手吃了海上败仗，这是一个值得注意的举动，因为只有几艘匆忙武装起来的商船对付屋大维的战舰。海岸就这样被肃清了，屋大维率领几艘船只退往希腊，继而退往非洲，瓦提尼乌斯将这个省份交给科尼菲基乌斯，自己返回布隆狄西乌姆，他为恺撒保住了以利哩古。

如前文所述，恺撒已经从亚历山大乘船前往叙利亚。5 月 23 日，他抵达安条克，除了解决形形色色的政治纷争和鼓励各藩属国效忠民主派——也就是他自己——并没有什么事情可做。他只是在必须停留时停下脚步，因为他不仅迫切需要在本都出现，罗马城的事务也需要他亲自来解决，他必须在返回首都之前解决本都问题。他留下塞克斯图斯·恺撒指挥驻叙利亚的各军团，率领从埃及带来的舰队航行到奇里乞亚。在大数（Tarsus），恺撒召集藩属国的君主

①译注：法尔那西斯的家族本来拥有本都王国，但其父米特拉达梯败在罗马名将卢库卢斯之手，丧失了本都，法尔那西斯站在罗马人一方反对其父，战后被罗马人封为博斯普鲁斯国王，却没能继承祖先的本都领地。

们来迎候自己，处理了这个省份的必要事务之后，立即途经加帕多家的马扎卡（Mazaca）前往本都。他转向加帕多家的科马那，为当地的柏洛娜（Bellona）神庙指定了一位新祭司，饶恕了曾经受到蛊惑而投身庞培事业的德奥塔鲁斯，并对他恩宠有加。恺撒要求他率领所有骑兵和按照罗马模式训练的2个军团加入自己的军队，尽管这些人马在尼哥波立战役中没表现出多少勇气。这些残兵败将被纠合起来，再次集中在军旗之下，加上第6、36军团，形成了一支由4个军团组成的军队，其中的三分之二并不可靠。

在恺撒手中为数不多的士兵们中，只有第6军团身经百战，他们由于不

◎ 以利哩古

断战斗的损耗而减少到了 1000 人。法尔那西斯仍然担心遭到可怕的报复，立即遣使称臣、苦苦哀求。恺撒准许了，条件是对方好好表现和归还侵吞的土地。但是，法尔那西斯预感恺撒必须马上动身去罗马，觉得自己不能放松军备，他不想恪守自己的任何承诺。恺撒深知他的背信弃义，决定立即惩罚他，尽管他那由各色人等组成的小军队中只有来自第 6 军团的 1000 名可靠士兵可以作为中坚力量对抗法尔纳西斯的庞大军队。这与恺撒大胆的行事风范完全相符。当他有事情要做时，只要觉得手头有办法就能办到，这正是伟大统帅的显著特征。当这位能干的领袖能很容易集中更多兵力时，他反而会谨慎小心起来。当他手中只能用有限的兵力完成必需的工作时，就凭借自己的足智多谋和精神力量来弥补人数上的劣势，而不是等待远水来解近渴。但是，恺撒在投身这场战役时，战备居然如此单薄，实在是荒唐透顶。他没必要让兵力薄弱到如此程度，他应该受到批评。在他的生平经历之中，没有什么比这种准备不充分的习惯更奇特了。

法尔那西斯在泽拉城以北几千米的一个有利位置扎下营盘。此地正是他的父亲米特拉达梯歼灭卢库卢斯的部将特里阿里乌斯的战场①。泽拉位于科马那以西 75 千米处，是一座拥有坚固的天然和人工工事的城市，坐落在群山环绕的一片平原上，它的城墙建在天然高地上。6 月 11 日，恺撒来了，在泽拉以南距离法尔那西斯 7.5 千米处安营扎寨，并派人侦察战场。他确定在法尔那西斯构筑工事的高地附近，有一座与之隔着一道陡峭溪涧的山冈非常适合防御。这个天然战术优势让他印象深刻，同时他也觉得，如果占据了它就会拥有比法尔那西斯更大的心理优势，因为对手的父亲米特拉达梯曾在战胜特里阿里乌斯的战役中占领了这座山，法尔那西斯却忽视了它，没有派兵占领。

恺撒一声不响地将一切准备妥当，迅速掘壕筑营，随后在夜间行军穿过泽拉平原，抵近对面的溪涧，占领了法尔那西斯忽略而恺撒想占领的那个高地。随营军奴迅速将建筑材料运送到新阵地上去，同时军团士卒们开始构筑工事。

---

① 译注：盖乌斯·特里阿里乌斯，第三次米特拉达梯战争时罗马统帅卢库卢斯手下的副将，在公元前 67 年的泽拉战役中，他想抢在卢库卢斯之前击败米特拉达梯，结果大败，损失 7000 名士兵、150 名百人队长和 24 名军团指挥官。

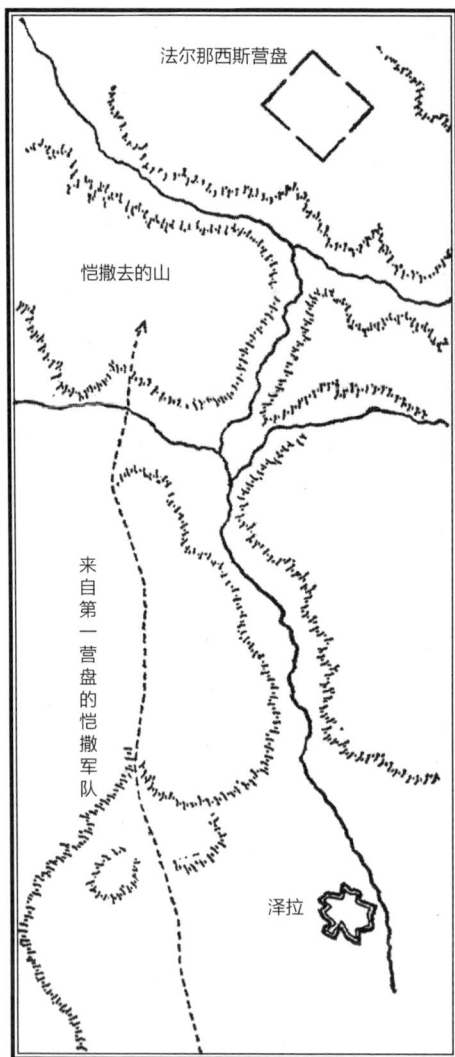

法尔那西斯营盘

恺撒去的山

来自第一营盘的恺撒军队

泽拉

◎ 泽拉战场

恺撒的想法可能是准备建筑一个坚固的营盘，与往常一样，他可以在那里制定计划，并设法从敌人手中夺取优势。法尔那西斯看到非战斗人员在运送建材，以为他们是军人，觉得这是向敌人发动突袭的好机会。

法尔那西斯因手头人多势众而信心十足，急于在恺撒完成工事之前发动进攻，他摆开四条战线，沿着山坡下山，继而登上恺撒在修工事的山冈，期望打垮对手，尽管对手的阵地十分坚固（6月12日）。他认为父亲的好运会助自己一臂之力，他也回想了自己的新近胜利，以及献祭牺牲过程中展现的好兆头。尽管如此，他的行动也是鲁莽轻率的。

起初，恺撒不相信这场进攻是有意而为，认为对手只是要做出姿态，阻挠工程进展而已，于是犯下了一个非常自然的错误——只派他的第一战线出去迎敌。就在敌人的雷霆一击降临之际，罗马人几乎毫无准备，让他们遭到突袭的正是他们自己。

敌人的镰刀战车发动冲锋，拉开了战斗的序幕，战车的前进遭到了标枪的猛烈打击，在一定程度上受到了阻碍。恺撒的新编部队对敌人的突袭感到惊慌失措，有失去控制的危险。法尔那西斯的步兵战线迅速逼近。士兵们高喊着战斗口号，以巨大的冲劲猛扑过去，仿佛胜券在握了。战局十分吃紧。右翼的第 6 军团像一堵石墙毫不动摇，敌人在它面前退却了。在中路，战车的冲锋立即突破了第一道战线，步兵紧随其后，猛烈的冲锋将罗马人置于最严重的危险之中，要让左翼部队继续作战，并填补中路的缺口，恺撒必须保持镇定和发挥才智。经过长时间的顽强奋战，仅有千余人的第 6 军团的纪律战胜了一切困难，这些勇士在战位上坚忍不拔，令人叹为观止。他们以身作则，用榜样力量令战线的其余部分重整旗鼓，恢复了斗志。尽管法尔那西斯的步兵大队精神抖擞，他依然无法稳住阵脚，终于被罗马人赶下山坡，惨遭屠戮。这个需要接受道歉的军团的坚韧不拔表明，少数优秀人士在行将发生的灾难面前能取得什么样的成就。罗马军队将敌人追到营盘，虽然敌营的位置不错，但还是被占领了。法尔那西斯率领一小股骑兵逃之夭夭了。他全军覆没。恺撒洗劫了敌营，士兵们从中搜掠出了相当多的财物。国王彻底被打垮了，军队土崩瓦解。几个月后，法尔那西斯在与举兵反对其统治的妹夫阿桑德（Asander）的战斗中丧生。

就这样，在罕见的好运气的帮助下，恺撒结束了可能会引发混乱的局面，留下两个由凯利乌斯（Caelius）指挥的军团来镇守本都；派送第 6 军团去罗马，作为其杰出表现的奖励；解散了德奥塔鲁斯的部队，并在战后的次日就在一队骑兵的护送下前往罗马。他在路上停留了很长时间，这对于处置他所路过的几个藩属国的事务来说至关重要。在其他行政措施之中，他任命曾在埃及为他出色效劳的米特拉达梯为博斯普鲁斯和加拉太四分领领主，实际上给了他与法尔那西斯相同的尊贵地位。

正是在写给在罗马的朋友阿曼提乌斯（Amantius）的信中，恺撒提到了在本都战役中使用的"我来，我见，我征服！"（Veni, Vidi, Vici）。他声称："庞培真是幸福，战胜了这些敌人就被称为'伟大的'。"

旅途中的恺撒总是急如星火。他有乘坐马车或轿子的习惯，在匆匆从意大利前往高卢并再返回时，有时会改为骑马或步行，日夜兼程，平均速度为每小时 6 千米，或者每天走 150 千米。也许他在其他地方也做过相同的事情。在东方，他依然可以走更多的路。毫无疑问，当时与今朝一样，轿夫都是优秀的旅人。他的路线是：6 月 20 日，尼西亚（Nicea）；7 月 18 日，雅典；7 月 30 日，他林敦；8 月 2 日，布隆狄西乌姆；8 月 11 日，他就到了罗马，比预期的要早得多。

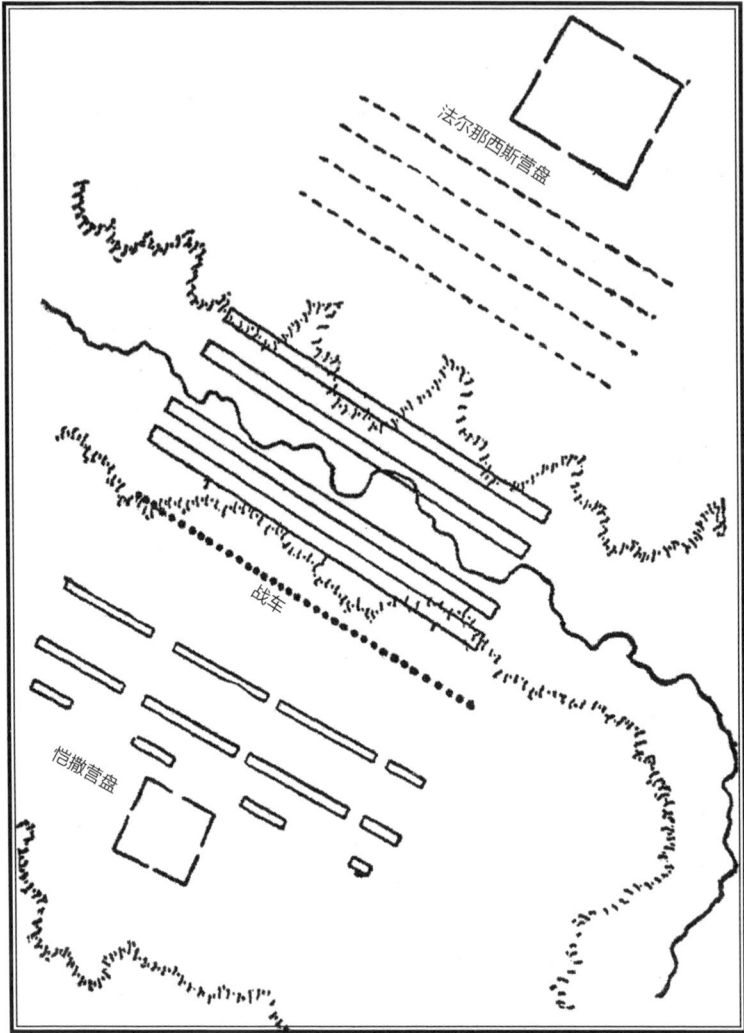

◎ 泽拉战役

　　恺撒再次踏上这片神圣的土地，已经是将近两年后。他该回来了。元老院是他的工具，他被任命为独裁官，安东尼是他的副手，因此他不在罗马期间依然完全掌控着局面。尽管安东尼在官场上是个称职的仆人，但却因在法律、社会和政治上的许多失礼行为而受到千夫所指，引发了广泛的不满。在高卢和

466

希腊打过仗的军团没有得到报酬。当然，他们相信会在战争结束之后得到恺撒的慷慨奖赏，但是他们毫无疑问有理由抱怨。第2军团拒绝前往西西里岛，其他军团如法炮制。恺撒是在这种混乱局面下返回的。他立即采取措施来解决问题。

有一段时间，他的出现足以令局势恢复平静，但不久后就发生了更严重的问题。驻扎在罗马附近的军团发生了叛乱，杀害了许多试图安抚他们的军官，还夺取了鹰帜并且向罗马进军。他们认为，如果没有他们，恺撒就无法继续掌权。他们确实就是恺撒的权力基础，也许他们自以为是地认为可以通过威胁手段获得更丰厚的奖赏和更快的兑现。那些将恺撒推上名望和权力巅峰的老军团在某种意义上自认为是大地的主人。在恺撒一人的指挥下，他们都温顺驯服，枕戈待旦；在恺撒的部将们手下，他们就变得自以为是、专横跋扈。军官越来越畏惧他们，甚至针对军官们的暴力行为也司空见惯起来。坎帕尼亚的奢靡生活给他们带来的伤害比他们打过的所有战役都要大，更甚于李维所说的金迷纸醉的卡普亚（Capua）对汉尼拔手下老兵们的伤害。严重的危险迫在眉睫，星星之火就可能点燃这帮沾火就着的士兵的躯体，从而引发一场血雨腥风。

获悉他们到来，恺撒下令关闭城门，由安东尼手中的几个大队把守。当这帮军团士卒们被要求离开并在马尔斯（Mars）操场上集合时，他们被允许佩戴各自的短剑入内，但不许佩戴头盔、胸甲或盾牌。恺撒不顾朋友们的劝告，不顾个人安危，立即走到乱兵面前，面对骚动的人群，严厉质问他们的头领想要得到什么。"我们遍体鳞伤，"他们高喊，"我们受够了常年在全世界颠沛流离，血洒疆场。我们请求卸甲归田。""我给你们！"冷静思考后恺撒答道。然后他补充道，几周之后他还会发动新战役，他将与新建军团出征击败敌人，此外，当他率领新军团凯旋时，他们这些老军团，会在"他的凯旋式"上得到他承诺授予的一切，还有未曾承诺的意外赏赐。士兵们没想到居然会真的被解散，失去了参加恺撒的凯旋式的荣耀，而这是每个罗马士兵都梦寐以求的事情，同时也对伟大统帅的冷漠态度感到敬畏。恺撒准备离去的时候，副将们央求他再对那些曾与他同甘共苦的老兵们说几句好话。恺撒再次转向他们，平静地称他们为"老百姓！"，而非像往常那样称之为"同志！"他们喊道："我们不是老百姓，"打断了恺撒的发言，"我们是士兵！"他们对率领他们从胜利走向胜利的杰出统帅怀有的古老献身精神喷薄而出,对他们而言"老百姓"是尖酸刻薄的称呼,这立即改变了他们的心理,他们首先是士兵,早已丧失了作为罗马共和国的公民的一切骄傲。恺撒区区一个字眼就征

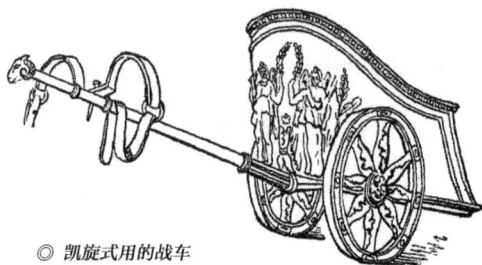

◎ 凯旋式用的战车

服了连刀兵都不能征服的他们,恺撒的冷漠就是对他们的惩罚。他们不能容忍恺撒与其他部队作战。他们蜂拥而上围住他,乞求宽恕,要他允许他们继续服役,无论他去那里,他们都赴汤蹈火在所不辞。据说,恺撒饶恕了除了第 10 军团的所有人。第 10 军团是他的老宠儿,他不能纵容他们的哗变。元凶中有三分之一没有得到宽恕,他还威胁要解散第 10 军团。但是,后来第 10 军团跟随他去了非洲,在那里像从前一样效力。几天之后,我们就可以看到,它已经不再是高卢战争期间的那个第 10 军团了。

在人们的印象中,关于平定这场哗变的叙述,不如阿里安关于亚历山大平定马其顿人兵变的故事那样令人侧目,后者可能造成的危害性更大。由于两场兵变的说辞都是对事实的美化,所以很难用它们来衡量两位统帅本人。每个事例都各具特色。对于一个仅凭睥睨一顾和钢铁意志就能出现在千军万马面前,并控制住他们的人而言,此人肯定是一位伟大的人物。

鲁斯皮那
（公元前47年10月至11月）

　　当时，罗马人了解的非洲大陆北部被划分为毛里塔尼亚（今摩洛哥）、努米底亚（今阿尔及利亚）、盖图利亚（Gaetulia）① 和所谓阿非利加（Africa）② 。有时利比亚（Libya）用于泛指整个阿非利加、埃及和埃塞俄比亚（Ethiopia）。现在，"阿非利加"是一个罗马行省，由驻乌提卡（Utica）的一位行政官管辖。庞培的党徒控制了这片土地。努米底亚君主尤巴国王投身于庞培党的事业，在庞培党决策层拥有很大发言权。

　　庞培已死，他的党徒们也必须维护他所代表的权利。无论他们之间有什么纠纷，都要同心协力反对恺撒。这个党派的头领们已经纷纷逃往阿非利加，现在他们是一个由贵族而非庞培党徒组成的联盟。他们曾经失去的力量在狂热的气氛中复原了。他们不可能与恺撒妥协。在法萨卢战役后，梅特卢斯·西庇阿搜罗庞培的残兵败将们，将他们运往阿非利加，而加图、拉频弩斯、格涅乌斯·庞培、塞克斯图斯·庞培、阿弗拉尼乌斯、佩特雷尤斯、屋大维等人也纷纷在那里入伙。经历了极度的贫乏困顿之后，这帮庞培党人来到勒普提斯（Leptis）息冬。加图当上了行政官，驻节于乌提卡。他不明智地谢绝了总司令的职务，对恺撒而言却是幸运的，尽管加图不是军人，却是一位有着非凡力量的人。西庇阿当上了总司令。选举产生了一个"三百人"的元老院。尤巴自行其是，但提供了

---

　　① 译注：撒哈拉大沙漠。

　　② 译注：简称非洲，今突尼斯。

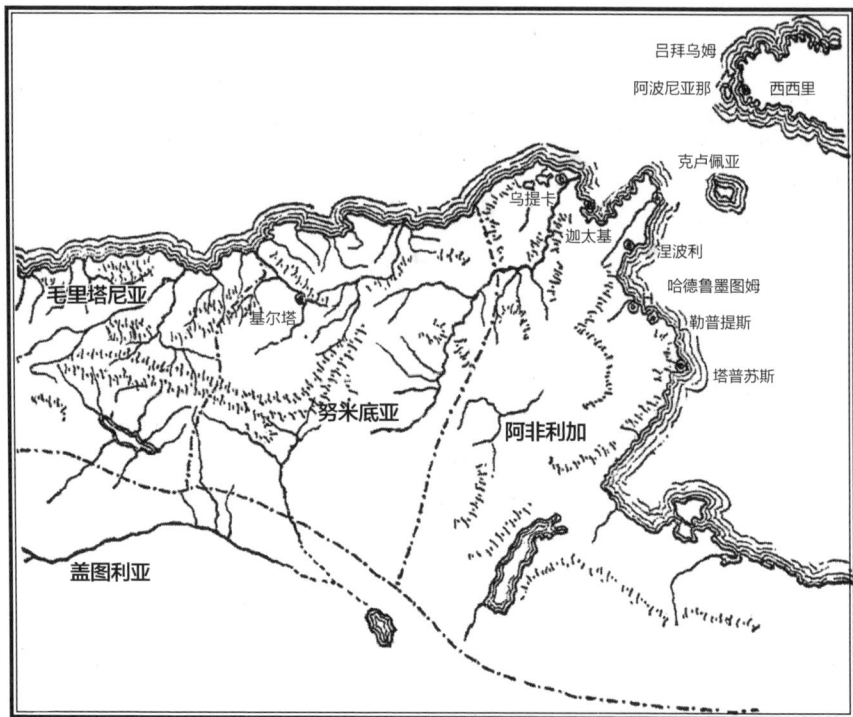

◎ 北非

友好的援助。这个贵族联盟立即引起了恺撒的注意，于是他登陆了阿非利加。

正如恺撒所了解的那样，庞培军编为一支庞大的骑兵；尤巴手下按照罗马模式训练、武装 4 个军团，以及一支人数众多的轻装部队；西庇阿指挥 10 个军团，其中 8 个军团由难民和应征士兵组成；120 头战象；由屋大维、瓦鲁斯和那西狄乌斯指挥的有 55 艘战舰的庞大舰队控制着阿非利加和西西里海岸。无论在陆地还是海洋上，这支军队都能造成巨大破坏。到目前为止，恺撒几乎没有意识到危险与日俱增，以至于他在罗马城的敌人都担心西庇阿会入侵意大利。如果西庇阿有祖先的本事，如果他的对手不是恺撒，那么这一切都可能实现。恺撒还在亚历山大和小亚细亚的时候，这些组织良好的军队为什么没能在意大利和西西里岛取得成就呢？登陆西西里和控制其周边海域，实际上可以令恺撒渡海前往阿非利加的企图化为泡影。

不过，大胆不是西庇阿计划的组成部分。他仅仅满足于控制阿非利加行省。为了实现这个目的，他计划在他的城市搜集一切可以弄到手的粮食，令恺撒无法供养其军队，同时加强所有沿海城市的防御工事。然而，他无力执行计划。许多城镇明显倾向恺撒，而西庇阿的措施既缺乏魄力，也缺少成效。

西庇阿及其主力部队驻扎在乌提卡附近，保护他的仓库。阿弗拉尼乌斯、佩特雷尤斯和其他庞培的老将军们驻扎在海岸附近，保持在随时能集中起来的距离内。骑兵在几十千米范围内侦察敌情。一部分舰队在阿非利加，一部分在西西里海岸巡航。显然，这些预防措施实施得不错，但是舰队和骑兵都没有警惕恺撒的进攻。他们不是缺少人马，而是纪律涣散、指挥无方。他们没有来自司令部的推动力，而只有这种压力才能令下属继续工作。

离开罗马之前，恺撒划分了行省的管辖权。阿利努斯（Allienus）负责西西里，苏尔皮基乌斯负责亚该亚，塞克斯图斯·恺撒和德基穆斯·布鲁图斯负责叙利亚和山北高卢，马可·布鲁图斯管理山南高卢。集中所有运输工具之后，他可以动手了。大约在公元前47年10月底，恺撒与其军队在吕拜乌姆（Lilybaeum）会合。当时，他在这个港口只有1个新兵军团和600名骑兵。他还期待会有4个军团从西班牙来到阿非利加与西毛里塔尼亚国王博古德携手参战。海上起了逆风，但是他极其渴望前往阿非利加，于是将所有人马都留在船上，随时准备起航，他自己在海边搭起的帐篷里注视着一切。经过几天心急火燎的等待，他的兵员和船只相继到达港口。很快他就集中了6个军团和2000名骑兵，其中只有第5军团是老兵军团。他留下行政官阿利乌斯看家，严令各地立即派出更多军队，并在阿波尼亚那岛（Aponiana）集中了他的舰船之后，于10月30日起航前往墨丘利角（promontory of Mercury）[1]。他知道西庇阿正在乌提卡，所以打算在距西庇阿南方较远的地方登陆。士兵们轻装登船，没带奴仆和扎营设备，骑兵乘坐运输船。

当时与今天一样，这个季节风向不定的海风将他的舰队吹散了。在这种情况下，他没有明确命令船长们在何处集中，这是一个应该受到批评的疏失。《战

---

① 译注：今邦角（Cape Bon）。

记》系列中的《阿非利加战记》的作者说恺撒不清楚敌军的位置，所以没有指定集结点：

> 有些人责怪恺撒疏忽，没事先向舵手和船长说明船只该航行到什么地方去，也没像过去一向习惯的那样，先发给他们一道签封好的指示，让他们到一定的时间拆阅，以便大家向一个地方集中，但这绝不是恺撒没想到这一点。因为他估计到在阿非利加土地上，可能没有一个海港没有敌人的守军，能让他的舰队保证安全地在那边靠岸，因而他只能等候运气偶然带给他的登陆机会。

这是站不住脚的托词，恺撒本人绝不会这样做。或许他无法明确指定一个集结点，但他知道敌人的大部分兵力在何处，因此，他知道应该避开哪些港口，在任何情况下，他都可以下达指示，至少比没有指示强。至于他自己，在变幻莫测的地中海上经过 4 天的颠簸，眼前出现了一片陆地，他与几艘战舰会合，继而向南沿着海岸航行，途经克卢佩亚（Clupea）时他看到了庞培的骑兵和大约 3000 名摩尔人在侦巡海岸，又向南路过涅波利斯（Neapolis），11 月 3 日，在哈德鲁墨图姆（Hadrumetum）[①] 附近抛锚。哈德鲁墨图姆是庞培党的据点，驻扎着 2 个军团和 700 名骑兵，守将是盖乌斯·孔西第乌斯（Caius Considius）。侦察了海岸之后，他没有发现敌军，尽管身边只有大约 3000 人和 150 名骑兵，其余的人马都被海风吹得不知去向，他还是决定弃舟登陆。

正是在这里，恺撒跃上海岸却意外跌倒，为了避免这个不祥之兆影响全军士气，他高喊："阿非利加，我已经抱你入怀了。"他就在登陆的地方安营扎寨。随后他亲自勘察哈德鲁墨图姆，市民立即上墙准备防御。为了防止扰民，他禁止手下抢劫百姓。他的副将路求·普兰库斯（Lucius Plancus）试图用信函与孔西第乌斯谈判，但是他的提议被顽固的庞培党人拒绝了：

---

① 译注：今突尼斯苏塞（Sousa）。

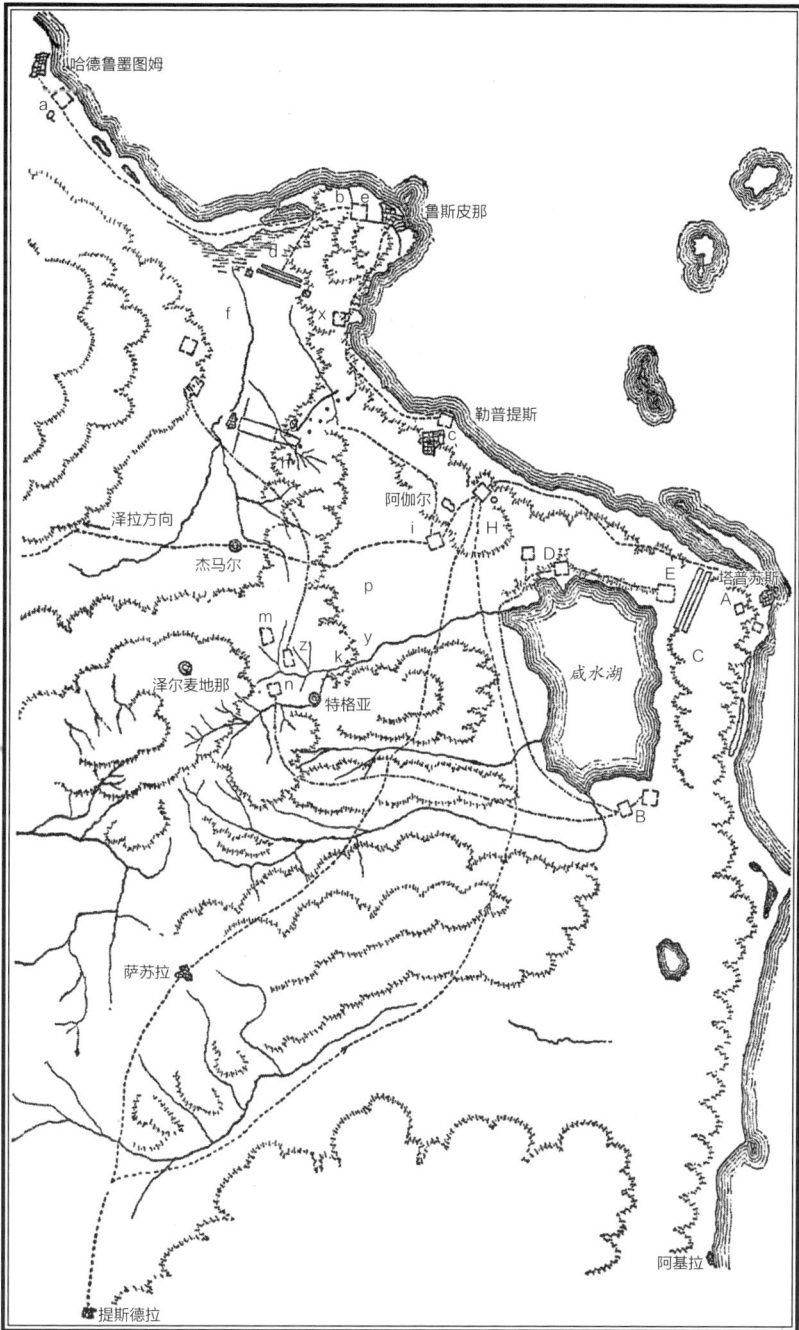

◎ 阿非利加战场

哈德鲁墨图姆

鲁斯皮那

勒普提斯

阿伽尔

泽拉方向

杰马尔

咸水湖

塔普苏斯

泽尔麦地那

特格亚

萨苏拉

阿基拉

提斯德拉

恺撒其余的部队还没能赶来增援他，他也没有充足的骑兵和足以用来进攻这座市镇的兵力，他所有的都是新兵，而且他极不愿意刚刚一到就让自己的部队受到严重挫折。再则，这座城市的防卫工事非常坚固，它的地势又很高峻，使人很难上去攻打它，同时还有消息传来说，正有大批骑兵援军赶来帮助城里的人。由此看来，为了攻城而在这里多事耽搁，似乎不是上策，很有可能正当在一心攻城时，背后被敌人的骑兵包围起来，弄得非常狼狈。

在城下停留了一天一夜之后，恺撒沿着海岸退兵前往一个更合适的地方去集中他那分散的舰队，也许他想着可能会找到一个已经效忠于他，或者会被说服加入他的事业的城市。

事实上，他的处境比在亚历山大更加险恶。孔西第乌斯的军团有一万多人，他的兵力很快就会因格涅乌斯·皮索率领3000名骑兵的到来而有所增强。幸运的是，敌人没有进攻恺撒，而是采取了一些防御措施。他首次登陆就遇到了如此消极的对手，甚至在亚历山大他都没有这么好的运气。

恺撒撤走的时候，孔西第乌斯从城里出来发动了突袭，占领了他留下的营寨，继而在前来领军饷的尤巴的骑兵的掩护下，紧追恺撒不舍。恺撒停下了脚步，将他的小股骑兵派出去，猛烈打击摩尔人，将敌人赶回城里。"接着便出现了令人难以置信的事情，不到30名高卢骑兵，却把2000名摩尔人骑兵杀退，使他们逃进城里。"确实不可思议！将几个大队的步兵与骑兵混编来充当后卫之后，恺撒退入鲁斯皮那（Ruspina）①，并安营扎寨。这是一个坐落在海岬之上，位置优良、繁荣兴旺的城镇。此时是11月5日。

次日，恺撒应勒普提斯居民的邀请迁往该城。"这是一个按照自己的法律管理的自由城市"，向恺撒敞开了大门，但是由于它坐落在一片沿海平原上，不是一个适合防御的地方。恺撒抽出人马作为警戒部队保护该城，并在它与海岸之间扎下营盘。他让骑兵留在运输船上，以防他们东游西荡和劫掠他希望争

---

① 译注：今突尼斯莫纳斯提尔（Monastir）。

取的当地百姓，此事说明骑兵军纪败坏，只能用这种办法控制他们。许多城镇派人为他提供给养，并向他保证他们的忠诚。恺撒侥幸躲过了最严重的危险。不久之后，一部分舰队遇到了一点意外，据报告，舰队的其他部分以为恺撒在乌提卡附近，所以此时大概正在前往乌提卡的路上。自从迦太基被夷为平地以来，乌提卡就是阿非利加首要沿海城市。当罗马军队从西西里过来入侵阿非利加时，乌提卡就是罗马军团常用的登陆地点。恺撒没有为他的船只安排会合地点，令他们落入了敌人的陷阱。

这些摩尔骑兵似乎还在逼近，他们有一次伏击了一支为恺撒的船只汲水的队伍。除此之外，没有发生别的武装冲突。

恺撒被迫留在海岸附近收拢分散的船只，此举大大妨碍了他在内地搜集粮秣，使他有断粮的危险。但是，他一直在积极行动。他派出 10 艘船只去搜索迷航的舰队。他派人到撒丁岛和其他地方去搜罗人手、粮食和物资，严格执行他的征用令。他将来程乘坐的船只清空之后，又派它们返回西西里岛运载部队。他向部下下达严令，绝不许离开营寨，并派遣一支海军去占领克尔基那岛（Cercina）上物资充盈的仓库。他进行了侦察，从当地人和逃兵口中了解到了西庇阿军队的状况。

11 月 7 日，恺撒发现勒普提斯并不像他想象的那样有用，于是留下萨塞那（Saserna）指挥的 6 个大队镇守此地，自己率领大约 9000 人返回"前天离开那边"的鲁斯皮那。他采取措施，让这个地方成为粮食仓库，他在这里动用士兵和居民与他们的车辆和驮畜筹集了大量给养。他急于准备充足的给养，以供舰队所需。鲁斯皮那更符合他的需要。它距离西西里更近，位于突出海岸深入大海的海岬上，拥有能看很远的良好视野。与今天一样，锚地在南侧，保护船只免受最可怕的北风和西风之苦。

恺撒逐渐意识到他的船只无法到达而引发的麻烦。他决定将大部分人马留在鲁斯皮那和勒普提斯驻防，自己去搜索迷航的船只，如果找不到，他就乘船前往西西里带来更多的军团。在同一天（11 月 7 日），他的舰队还没返回的时候，恺撒率领他挑选出的 7 个大队登上了 10 艘战舰准备起程，这几个大队曾经在苏尔皮基乌斯（Sulpicius）和瓦提尼乌斯的指挥下，在海上行动中有过出色表现。他完全清楚自己身处的险境，他对军队只字未提他的目的地，因此部下对于这次出航坐立不安。因为：

> 他们看到他带到阿非利加来登陆的军队人数如此之少，又都是新兵，并且还没有全部都登陆，对抗的却是一个人数众多、奸诈百出的民族，光只骑兵就不计其数，在目前的困境中，他们看不出有什么可以使自己得到安慰的东西，盘算起来，也不见有什么得救的希望。要说有，那就是统帅面容上的表情、充沛的精力和不同寻常的欢欣，因为他暴露出一副神采奕奕、一往无前的神情。正是在他身上，人们找到了安慰，他们都希望依靠他的知识、技术和智谋，能够使样样事情化险为夷。

次日清晨，就在恺撒要出航的节骨眼上，舰队出人意料地出现在眼前。此事很好地体现了恺撒一生都要感谢的好运气。别人身上曾发生过这样的事情吗？部队下了船，在紧挨着鲁斯皮那的城西海岸上扎下营寨。现在，他手握 2 万名步兵和 2000 名骑兵，处境大为改善，但还远远谈不上满意。他不再处于严峻的险境之中，但实际上已经是全世界统治者的他由于自己的过失，兵力远远低于他的对手，这大概是不可原谅的。恺撒知道，西庇阿正在将近 150 千米外的乌提卡。

这里的海岸平坦开阔，从后面的海滩向前，照例有一排十几米高的山冈，山冈后面是一片起伏稍大的平坦原野。这片平原的起伏并不比草原的平均起伏大。鲁斯皮那比海岸上的多数地方高一些。11 月 8 日，营盘刚刚竣工，恺撒就率领 30 个大队、150 名弓箭手和 400 名骑兵，在上午 9 时轻装出发，发动了一场以筹粮为目的的远征，进入这片原野。他不能出动小股人马，以免被敌人分割歼灭。从鲁斯皮那向南有一排沿海山丘，这些山丘的西面是一片平原，曾经是一片海湾的海床，它今天的样子与恺撒所描述的并无二致。沿着它很容易就走到一个肥沃的地段，他选择这片平原作为前进基地。在距离营地约 4.5 千米的地方尘头大起，预示着一支大军正在逼近。庞培军已经推进到他的近旁安营扎寨，在拉频弩斯、佩特雷尤斯、西庇阿和西庇阿的其他部将的指挥下，出营迎接他的到来。

恺撒的侦察兵和前锋骑兵直到此时才报告了敌情。侦察工作显然远远谈不上出色。对恺撒而言，这是一件好事，因为西庇阿未能在两天前他刚刚登陆的时候集结人马抵达此地。西庇阿的军团占据了一大片地盘，需要时间来集中兵力。他从孔西第乌斯那里得知恺撒的到来，而且兵力短缺。他认为捕杀眼前的猎物轻而易举。他大概以为恺撒会在乌提卡附近登陆，因此仅仅监控着迦太基湾。

撤退为时已晚，也不是恺撒的行为方式。恺撒命令与大军一同出征的少量骑兵在弓箭手的掩护下前进，恺撒亲自策马侦察敌情，命令军团以战斗队形跟在后面。不久后，他发现自己不得不应对敌人的大部分兵力，便命令将士们做好战斗准备。他带上战场的全部兵力可能只有 1.2 万人。庞培军在行进中采取了一些避免被敌人发现的预防措施，这支拥有压倒性优势的大军令恺撒大吃一惊，按照《阿非利加战记》的说法，庞培军拥有 1.05 万名骑兵、4.4 万名步兵和一大批混编了骑兵，摆开战阵的轻装部队。拉频弩斯担任指挥官，以其出众的能力主持了这次行军。尽管在法萨卢吃了败仗，拉频弩斯依然斗志昂扬，坚信他可以用人数优势打垮恺撒。他计划通过手下的努米底亚骑兵的祖传战斗方式，在恺撒的步兵周围发动散兵战，甚至不用战斗就让敌人筋疲力尽，如果他获胜了，战斗才是军团将士们必须去做的事情。拉频弩斯将恺撒困在了平原上，在这里他的任务简单明了。

恺撒召回了其余骑兵，总计 1600 骑。这里是一片平坦开阔的平原，大约 2.2 千米宽，在恺撒的战线前方逐渐变宽。恺撒的左侧是鲁斯皮那的小山冈，右侧是古代海床的遗迹形成的沼泽地带。敌人的阵型纵深更大，多数骑兵放在两翼，努米底亚骑兵与轻装努米底亚步兵混编在一起，弓箭手居中。拉频弩斯打算动用骑兵而非步兵。他的战线比恺撒的长得多，两翼都超过了恺撒。恺撒原以为敌人的主战线上只有步兵在作战，但敌人巧妙地将骑兵和步兵混编在一起，从远处看就像一条步兵战线。为了获得更大空间，兵力较少的恺撒被迫将全军排成一线。为此，他将第二线的 15 个大队向前推，塞进第一线大队之间的空隙，或者拉开大队之间的缝隙，再或者命令士兵们排成松散阵型。他的战线由前出充当散兵的弓箭手负责掩护，两翼部署为数不多的骑兵。他们受命必须格外小心，不要冲得太远而令自己遭到敌军的包围。他的战线可能有 1.5 千米长。他的左翼和拉频弩斯的右翼都抵在鲁斯皮那的那串山冈下，但是这些山冈的海拔太低，几乎无法提供掩护。恺撒没有派人回大营召集剩余兵力参战的原因不得而知，这可能与他一贯的过度自信有关。他也可能认为大敌当前，最好是在营盘里驻扎一支朝气蓬勃、斗志昂扬的强大部队，以便退回营盘固守。无论如何，他决定与面前的强敌一决雌雄。

由于兵力有限，恺撒无法发动进攻，只能坐等敌人进攻。他知道自己必须更依靠战术和计谋，而非蛮力。不久后，庞培军开始向左、右两侧延展战线，包抄恺撒的侧翼和骑兵，恺撒的骑兵很快就稳不住阵脚了。与此同时，拉频弩斯的中路与步兵混编的骑兵采取了一种崭新的战术，骑兵们向前冲锋投掷标枪，一旦遭遇抵抗就在步兵的接应下，穿过步兵中间的缝隙撤下去。当恺撒军团的士卒们跨出战线去追赶敌军骑兵时，他们会遭到努米底亚步兵的侧翼包抄，许多人因而受伤，同时骑兵会轻松摆脱他们的标枪打击。这种战术与汉尼拔的努米底亚人在第二次布匿战争中经常用于迷惑和击败罗马军团的战术十分相似。拉频弩斯吹嘘这种战术的新奇之处，相信自己必定会制伏恺撒的军团。恺撒被

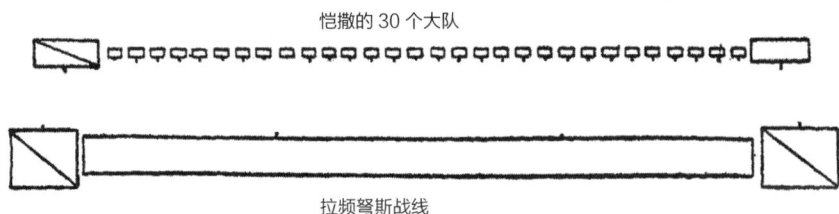

恺撒的 30 个大队

拉频弩斯战线

◎ **鲁斯皮那战役（第一阶段）**

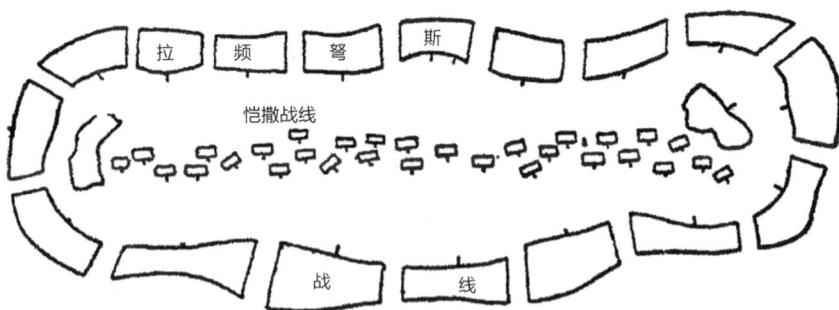

拉　频　弩　斯

恺撒战线

战　　　线

◎ **鲁斯皮那战役（第二阶段）**

迫禁止士卒们越过军旗的 1.2 米以外，由此我们可以推测这些人是第一行步兵。

很快，拉频弩斯的军队就远远延展到了恺撒的两翼以外，骑兵蜂拥攻打步兵，甚至许多骑兵因拥挤而受了伤。这一机动一直持续到恺撒全军都被庞培的混编骑兵中队团团围住为止。恺撒的部队"被压缩得成为一个圆圈，大家好像是被圈在一重围栏里进行战斗似的"。他们迅速而有条不紊地做着这件事。尽管如此，战斗还没发展到肉搏的程度，因为这些行动只是伴随着小规模接触，而恺撒的部下渴望用剑来攻击敌人。这种攻击方式令他们身处极为不利的境地。

恺撒的处境岌岌可危。年轻的士兵们看起来士气低落，只能可怜巴巴地望着他。毫无疑问，许多人联想到了库里奥所部遭到的屠杀。但是，他们却看到恺撒给予自己信心的神情。他无所不在、振奋人心、积极活跃、充满斗志。受到他和散布在队伍中的老兵的鼓舞，新兵们振作起来，像男人一样挺起了腰杆。

拉频弩斯跃马而出，对恺撒的部下冷嘲热讽，引人注目。他以为自己会在对手身上取得一场彻底和辉煌的胜利。在这番自吹自擂中，他几乎遭到第10 军团的一名士兵的致命一击，士兵走上前来向他抛出一支标枪，刺伤了他的战马。拉频弩斯在攻击老长官时行动过于迟缓，他可能在等待突破恺撒军的战线，以便将胜利转变为屠杀。恺撒意识到，他必须采取什么办法将部队从困境中解救出来，否则他很快就会葬身于某种意想不到的事故。事实上，他还能控制新兵们多久才是最大问题。

恺撒足智多谋、灵光迭现。他采取的行动在《阿非利加战记》中得到了详尽的解释，但他采取的手段却有多种多样的解读。事实上，许多战术机动都被用于解释恺撒的行动。吕斯托和戈勒都做出了各自的深入解析，也许他们所做的解析过于钻牛角尖了。只有一件事情可以假定是切实的：依靠这些新兵蛋子，恺撒不大可能采取非常困难的战术机动，只会做最简单的事情，这样才最可能在令人沮丧的情况下奏效。

部队被敌人紧紧挤作一团，无法施展武器。恺撒知道他必须打破敌人的包围圈，他很清楚自己身陷重围，但只要部队还能保持镇定，他就是更强有力的一方。他命令各大队背靠背排布，每个大队都背靠旁边的大队，于是形成了两条战线。据推测，侧翼部队像往常一样向左右两翼推进，以便给中央大队更

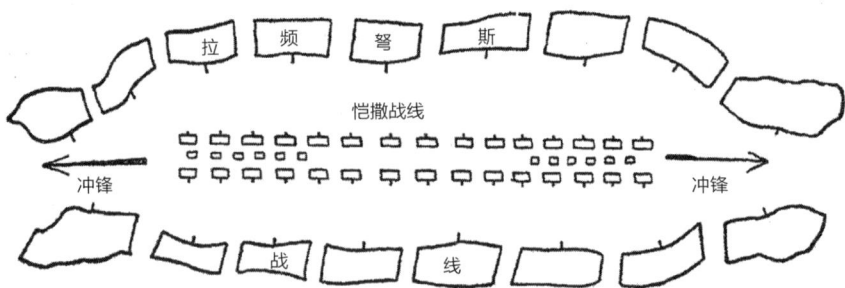

◎ 鲁斯皮那战役（第3阶段）

大的间隔。在步兵和骑兵协同一致的猛烈冲锋之下，敌人的包围圈的两个最远点被撕开了口子。被砍成两段而形成的两股敌人现在无法协同作战，恺撒看出来，眼下轮到敌人不淡定了，而他的部下却因成功而欢欣鼓舞，逐渐缓过劲来。恺撒抓住适当的时机，命令两条战线以坚定的意志向敌人发起冲锋。结果证明他的命令是正确的。庞培军转过身去，四散奔逃。然后，恺撒面向原来他亲自指挥的战线正面，步伐坚定地向后退往营盘。

这一机动令战局暂时平静下来，恺撒似乎可以脱身了。正在此时，马可·佩特雷尤斯和格涅乌斯·皮索率领着一支由大量步兵和1100名精锐骑兵组成的生力军出现了，敌军恢复了秩序。利用这段暂时的平静，恺撒已经开始以战斗队形向他的营盘撤退，队形有条不紊。新来乍到的敌军骑兵竭力阻挠恺撒撤退，骚扰他的战线，但是恺撒的部下具有了对他们的统帅和自己的作战能力的信心。在困境的压力下非但不紧张，反而迅速、愉快地服从了每一道命令，毫无畏惧之色。在恺撒的指挥下，他们突然向敌军猛扑过来，在这片平原中继续英勇战斗。拉频弩斯也采取了与之前相同的行动，不进行近距离搏杀，而是继续进行犀利的小规模进攻。尽管他口气很大，但行动上似乎小心翼翼，不让老上级碰到自己。他的出现在一定程度上就是骚扰。

恺撒认为，如果他想将军队抓在手里，使他们能够撤进营寨，就必须倾尽全力。他的骑兵已经筋疲力尽。恺撒以只有真正的统帅才具备的活力，发出了进攻信号，全军停下来面向敌人，像一个人一样行动，以冲锋步伐猛扑拉频弩斯的战线，正在心不在焉追杀的敌军顿时惊溃四散。庞培军被敌人大胆的反攻打得惊惶失措，他们原以为敌人已经被击败了，正等着敌人土崩瓦解，现在轮到庞培军彻底崩溃了，他们损失惨重，退过平原西侧的那些山冈。恺撒军紧追不舍，占据了一个高地，在以战斗队形撤退之前一直牢牢占据着它。随后他们以良好的状态返回营盘。"他们的敌人也同样在挨了这一顿揍之后回到自己的驻地"，即他们的营盘。战斗从 11 时打到日落。

恺撒的战术机动被吕斯托考证成大致这个样子：

> 恺撒从三十个大队排成的一条战线中，将偶数战位的大队后撤，临时组成第二战线，因此他的战斗队形更加松散、开放，提供了更大机动空间。随后，后撤的大队再分为两个纵队，左翼的纵队面向左侧，右翼纵队面向右侧；他们一做好冲锋准备，那些迂回到他们侧翼的骑兵就后撤了。现在单独组成第一战线的位于奇数战位的大队也分为左、右两个纵队，分别面向外面、两翼。恺撒一声令下，这些大队就分别向左、右两侧杀向拉频弩斯的已经包抄了恺撒所部的两翼，将敌人击退，但没有继续向前推进太远。与此同时，恺撒将已经退到纵队后面的骑兵集结起来，分为两队放在中路，然后向拉频弩斯的中路冲杀过去，在那里制造混乱，转移对手的注意力。整个机动造成的突然性，尤其是拉频弩斯认定必败无疑的步兵达成的突然性，使会战取得了成功。敌人一旦被击退，各个大队又各回原位，形成两道战线，接着恺撒开始撤退。

我们不能说这个说法是精准的，但却是对这场战术机动的合理解读，符合《阿非利加战记》的描述，也确实不止一个人会这么做。实施这样的机动的可能性更大，因为它更加简单。

许多逃兵来到恺撒的营盘。这些人说，拉频弩斯原以为恺撒的新建军队会因他采用的不同寻常的战术而大吃一惊和士气低落，继而像对待库里奥一样将他们斩尽杀绝。他仰赖的是人数，而非纪律和自己的本事，他错误评估了恺撒在压力之下迸发出的才智和勇气，而且对他的老上司的了解并不充分。

恺撒没有取得胜利，但是他在遭到突袭之后，将队伍从可能被一支优势极大的军队歼灭的险境中拯救了出来。蒙森说："如果鲁斯皮那不是就在附近，摩尔人的标枪也许会在这里取得与卡莱战场上的帕提亚人的弓箭一样的战果。"① 然而，恺撒不是克拉苏。

眼下，恺撒小心翼翼地加强营盘的工事，用壕沟将其包围起来，营盘的侧翼构筑的塔楼一直绵延到鲁斯皮那的外墙，再延伸到海边，将城镇与营盘连接了起来（图上位置 e）。因此，他可以安全获得给养和战争器械，还拥有了与其舰队进行联系的安全通道。无论他将工事修筑得多么坚固，他的力量都源于自身。军团认识到了他的信心，而且也分享了他的信心。在敌人的阵营中，我们可以想见，贵族们同样感受到对面站着一位伟大统帅。

恺撒的步兵认为现在冒险在野外向敌人进攻是有利的。他现在需要轻装部队，他将许多高卢人、罗得岛人和其他舰载水兵武装成了投石手和弓箭手，并从舰上调来了许多充当水兵的叙利亚和伊提雷亚（Iturean）弓箭手。尽管他们并不是很有战斗力，但为军队增加了一定价值。他建造了作坊来制造器械、标枪和铅弹，派人到西西里岛寻求粮食、栅栏、用于制造冲城羊头锤的木材和其他战争物资。他坚持严格执行警戒任务，亲自督查每个细节，经常视察岗哨，鼓动他的部属，不遗余力地了解他们的需要。

恺撒在筹备粮秣方面运气不佳。阿非利加地区粮食短缺，因为所有劳动人口都武装起来了。他无法在附近筹集粮秣，敌人没留下一粒粮食。他的许多运输船被西庇阿劫走了，由于这些船不知道恺撒的行踪，不确定该在哪里靠岸。恺撒不得不让他的一部分舰队沿着海岸盘桓引导他的来船。生存问题令他不堪重负。整场阿非利加战役的主题，可以说是恺撒营地中的缺粮短草。

据说，西庇阿率领八个军团和 3000 名骑兵正在去增援拉频弩斯的路上。加上后来的人马，恺撒手头不到 3 万人。西庇阿和拉频弩斯的总兵力两倍于此。在刚刚结束的会战之后，拉频弩斯将他手中的许多伤病员送到哈德鲁墨图姆，准备与西庇阿会师。他在鲁斯皮那周围的所有山冈上都布置了骑兵岗哨，以阻止恺撒获得给养。西庇阿的意图是在恺撒在鲁斯皮那附近构筑完工事之前发动

---

①译注：如前文的注释，在公元前 53 年夏季进行的卡莱战役中，罗马军团在帕提亚人的弓箭的打击下，几乎全军覆没，主将克拉苏被俘遇害。这里说的摩尔人指惯用标枪的努米底亚轻骑兵，他们的标枪比帕提亚人的弓箭杀伤力更大，缺点是射程近得多，骑手本身不够安全。

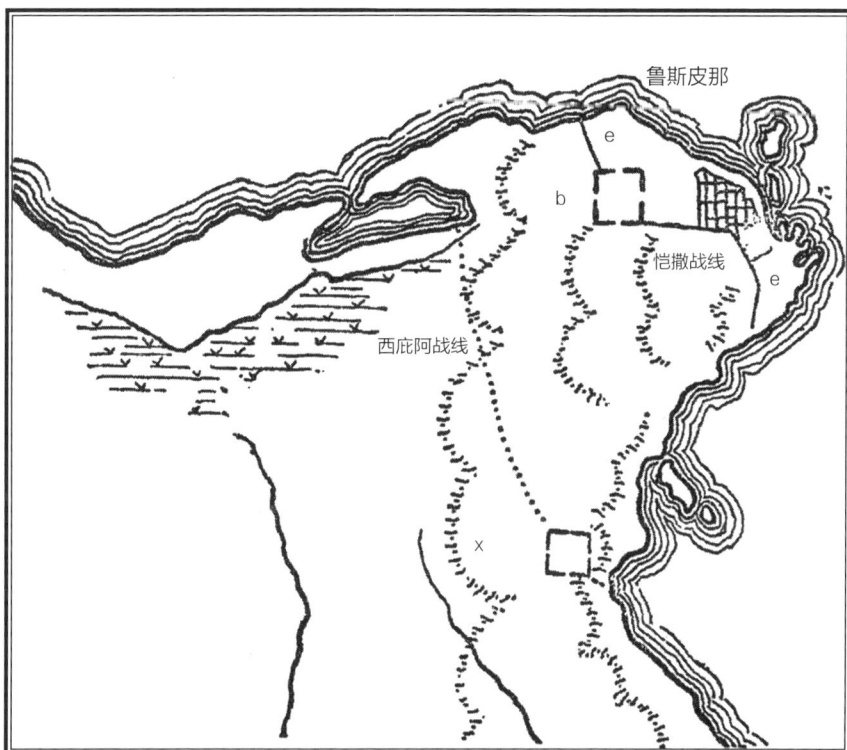

◎ 鲁斯皮那营盘

进攻，但他行动迟缓。恺撒的远征规模太大，不允许西庇阿在路上耽搁太久。

　　西庇阿在乌提卡留下了一支强大的驻军后向哈德鲁墨图姆进军，于 11 月 13 日抵达。在那里待了几天之后，他与拉频弩斯和佩特雷尤斯会师，这三位在鲁斯皮那城下恺撒营盘以南大约 4.5 千米处，构筑了一座设防营盘（图上位置 x）。毫无疑问，西庇阿侦察过敌情，他显然不想进攻恺撒的营盘，它们令人望而生畏。他打算用恺撒曾经在迪拉基乌姆对付庞培的办法——封锁，来对付恺撒。在这方面，由于拥有压倒性优势的胜算，他有相当大的成功机会。但是，他既没有利用才智，也没有利用充沛的兵力来实现他的目标。他的警卫工作搞得很涣散，没有利用阵地显著的地形优势的眼光，虽然他已经建立了针对恺撒防线的封锁线。尽管如此，他所采取的手段很快就妨碍了恺撒的筹粮活动，由于来自西西里和撒丁岛的补给品还没有抵达，粮秣成了严重问题，而且恺撒"所占有的这块阿非利加的土地，长阔四至，最多不过 6 罗里（9 千米）"，他只能从这里获得粮食。他占据着这么大地盘，说明西庇阿的行动成效不大。"6 罗里"究竟是什么意思还有待商榷。恺撒的包围圈大约 6 罗里见方，但是考虑到西庇阿的庞大骑兵部队，他不大可能在太远的地方筹集粮草。马和牲口主要以用淡水清洗过的海藻为食，这一事实证明了恺撒所面临的困难不小——恺撒遭到了严密封锁。

与此同时，身处乌提卡的小庞培在加图的敦促下，做了一件对得起他的姓氏的事情，他集合了 30 艘帆船，率领 2000 人乘船入侵毛里塔尼亚国王博古德（Bogud）的地盘。在阿斯库鲁姆（Ascurum）附近登陆之后，守军放他们靠近，然后杀出城去，将他打得溃不成军，狼狈逃回。心惊肉跳的他航往巴利阿里群岛。被彻底激怒的博古德给了恺撒更热诚的支持，而恺撒充分利用了能抓到手的每一根救命稻草。部百流·西提乌斯（Publius Sitius）是一位因惨败于加泰罗尼亚而流亡海外的老兵油子①，他纠集了一支由形形色色的军团士卒组成的部队，为非洲各国的君主们卖命。恺撒开始煽动国王博古德入侵努米底亚，而努米底亚国王尤巴正在率军前去与西庇阿会师的路上。他如愿以偿了。西提乌斯和博古德进入努米底亚占领了基尔塔（Cirta）②，屠杀市民，夺占尤巴的要塞，那里囤积着大量给养和战争物资。尤巴立即回去保卫自己的领土。这次叛变是对于西庇阿的沉重打击。尤巴只给庞培军留下 30 头战象，这是他带来的大量战象中的一小部分。尤巴的逼近有成为压倒恺撒的最后一根稻草的危险，他的改弦更张明显缓解了危局。

---

①译注：部百流·西提乌斯，本是罗马的一个骑士，曾经参与过喀提林阴谋案，后来在投机买卖中破家荡产，遂离开意大利，到西班牙、阿非利加等地，过冒险家的生活。他忽而经商，忽而当雇佣兵头子，插手毛里塔尼亚等地的内讧，因之和那一带的各国君长都有交情。在恺撒进军阿非利加时，他已经成为一支相当可观的独立武装队伍的首领。作为曾经的喀提林派，他当然倒向恺撒的一方，阿非利加战争结束后，恺撒把原属努米底亚王国的领土划给他很大一块，包括尤巴的首都在内，作为他的独立领地。

②译注：今阿尔及利亚君士坦丁（Constantine）。

为营步步嗟何及
（公元前 47 年 12 月）

第三十九章

由于敌人断言只有恺撒的一位副将指挥阿非利加战事，所以直到恺撒亲自与当地重要城市通信之前，当地人都不相信恺撒会亲自到来。一旦阿非利加行省的人们确定恺撒亲自到来，许多人就纷纷向恺撒输诚，抱怨庞培联盟的残酷暴政正在掠夺他们的土地、敲骨吸髓地盘剥他们。恺撒决定只要季节允许就立即采取积极行动，他还向西西里的执政官阿利努斯下令，如果他想使阿非利加免于彻底毁灭，那么无论天气如何都必须把部队派过来。"恺撒真是心急如焚，望眼欲穿，在刚刚派人送信到西西里去的第二天，就抱怨舰队和军队拖延时间，日夜眼睛盯着海、心里想着海。"与此同时，敌人继续蹂躏这片原野，恺撒只能监视敌人的行动，由于兵微将寡而无力阻止。他用堡垒和工事巩固了营盘，令其几乎坚不可摧，并将防线彻底延伸到了海边。

由于兵力不足，又过于急切用进攻行动来解决阿非利加问题，恺撒的处境非常不妙。无论我们多么公正地将恺撒视为古代最伟大的人物，世界上无可争议的最伟大的统帅之一，我们也不能对他犯下的错误视而不见，恺撒必须受到同行们的批判。他在兵力不足的情况下作战的习惯显而易见，要不是在许多情况下"恺撒的好运"拯救了他，后果将不堪设想。他的军事生涯中的这个特点必须受到谴责。毋庸置疑的是，自从他在吕拜乌姆拔锚起航以来，他遇到的一切危险和耽搁都源于他的粗心大意，这个缺点不仅有悖于他作为统帅的品格，也与他后来为拯救自己、战胜敌人而做出的卓越努力背道而驰。他把自己从自我强加的险境中拯救出来的活力和才干同样令人击节叫好。

一位伟大统帅必须在必要的时候面对数量和条件的差距。良好的战备是其声誉的基础之一。勇猛可以展现勇气，但也同样说明缺乏周到细致。操之过急就更糟糕了。在统帅的谨慎与大胆兼备方面，汉尼拔远比恺撒高明。汉尼拔不像亚历山大和恺撒那样总是吉星高照。

情况似乎清楚了，西庇阿的最佳策略是加图敦促他采取的那一个——深入内陆，尽可能地引诱恺撒离开海岸，前往更难筹集粮秣，难以维持战斗技能水平的地方。但是，不具备军事天分的西庇阿没有采纳这个策略，而是驻扎在哈德鲁墨图姆和塔普苏斯，试图将恺撒封锁起来。他花费了许多时间在模拟战斗中训练战象击破敌人。他知道在通常情况下，战象在战斗中对敌人与对本方造成的危险一样大，可西庇阿没有放弃将这些巨兽派上战场的意愿。

双方的骑兵前哨依然不断发生冲突，日耳曼和高卢骑兵偶尔在事先安排好的停战期间互致问候。拉频弩斯几次尝试奇袭勒普提斯，但都被当时由萨塞那指挥的守军击退。该城的防御工事坚固，配备了投石机和弩炮，弥补了它位于平坦的海岸上而没有天险的不足。

有一次，一支强大的骑兵部队出现在城门前，他们的头目被一根投射器械发射的长矛连人带盾钉死在地面上。整支骑兵惊恐万状、抱头鼠窜，"从此以后不敢再来尝试进攻这个市镇"。这件事表明，拉频弩斯手下的骑兵浮躁鲁莽，也是古代游牧骑兵的价值的一个古怪注解。当它由汉尼拔这样的人领导时，单独作战都是高效的，在当时这是效能反复无常的武装力量。

西庇阿完成了准备工作，自以为强大到可以与恺撒一战了。他在 11 月 20 日左右开始，连续几天走出距自己的营盘约 220 米的地方排兵布阵，准备会战。他的挑战遭到花样百出的拒绝。恺撒在等待老兵和补给，他不能被西庇阿的嘲笑所激怒，他的营盘也坚不可摧。"他（西庇阿）就对恺撒和恺撒的军队所表现的忍耐轻视起来"，以至于有一次，西庇阿率领他的全部军队和背负箭塔的战象，昂首阔步地向恺撒的壁垒走去。恺撒只是在敌军推进到标枪投射距离时，命令他的骑兵返回岗位，召集他的疲惫的部队，部署守军，命令他的后备骑兵武装起来，静候敌军发动进攻，如果敌人足够愚蠢的话：

> 这些命令并不是他在壁垒上看过形势之后亲自到场发下去的，
> 由于他掌握有非凡的作战知识和技能，他只是坐在帅帐里，通过侦

察人员和传令员们，把要别人做的事情传达下去。

这是在古代军事典籍中，第一次把指挥作战的将军描绘成像今天这样在司令部中运筹帷幄的样子。此前，这位罗马统帅总会亲临前线。恺撒知道敌人不敢袭击他的工事，因为他不仅拥有弩、投射器械和其他矢石投射装置，还有大量鹿砦、路障，如果对手真的敢发动强攻的话，他已经准备好迎战敌人。在他有把握将敌人彻底打垮之前，他并不愿意进行会战。为了确保一战定乾坤，他在静等老兵们乘坐下一班渡船到来。对于恺撒的谨小慎微，西庇阿十分恼火，加大嗓门鼓噪恺撒怯懦无能，鼓动自己的军队，向他们许诺胜利就在眼前。恺撒则继续加强他的工事，"借口修筑工事，命令他的士兵重新回到工事里去，他总是要使他的新兵们劳动到筋疲力尽为止"。

与此同时，许多努米底亚和盖图利亚逃兵投奔了恺撒，因为在朱古达战争期间"他们的先辈曾经受过盖乌斯·马略的恩惠，听说恺撒是马略的亲戚，就都逃到恺撒的营里来，一批一批不断"[1]。他们中间的许多人返回了家乡，鼓动他们的亲友支持恺撒的事业。恺撒在西庇阿的阵营中有许多间谍，为他的事业出力报效。许多部落向恺撒效忠。位于塔普苏斯以南约30千米的阿基拉（Acilla）——可能就是今天的阿利亚（El Alia）——与其他城镇派来的使团要求恺撒向它们派驻军队，并承诺提供给养。恺撒派曾担任过营造官（aedile）的盖乌斯·默西乌斯（Caius Messius）率领少量人马前往阿基拉驻防。这支队伍几乎在途中被孔西第乌斯截住，当时孔西第乌斯离开设在哈德鲁墨图姆的司令部，率领着八个大队，显然在执行常规的侦察任务，但是恺撒的人马抢在他前面到了阿基拉。孔西第乌斯返回哈德鲁墨图姆，在那里纠集了若干骑兵，再次前往阿基拉着手攻城。

大约在11月26日，恺撒派到克尔基那岛的运输船队满载大量粮食返回了，一同前来的还有恺撒同样苦盼的第13军团、第14军团、800名高卢骑兵、

---

① 译注：盖乌斯·马略曾在公元前109至前106年在非洲与努米底亚国王朱古达作战，但盖图利亚人什么时候和他发生过关系，史籍不见记录，可能盖图利亚人当时曾以同盟军的身份在马略手下作战过。马略是恺撒的姑父，因此盖图利亚人认为他们和恺撒有上一代的旧交。

1000 名弓箭手和投石手、吕拜乌姆行政官阿利努斯搞来的大批战争物资。装载着这些人马的舰队乘顺风航行，仅仅四天就走过了略少于 300 千米的航程。双喜临门，让"他的部下都很高兴，粮食的紧张情况得到了缓和，他的忧虑也解除了"。略经休整之后，恺撒将新来的大队分派到工事之中。他还查明，那些未到达的船只是被逆风耽搁了，无一被敌人夺取。

行动失败令西庇阿大为懊恼，而恺撒的反常举动让他更加困惑。他向两个盖图利亚人许以重赏，让他们充当间谍，假扮逃兵进入恺撒的营盘，看看恺撒在搞什么阴谋诡计，会采取什么措施来对付战象，以及何种作战部署。此举只会让留在恺撒手下的真正逃兵与日俱增，每一天都会有大量这样的人。但是，驻扎在乌提卡的加图向前线送来了新兵，从而弥补了逃兵造成的缺额。这些人大多是获释奴隶、非洲人和奴隶。邻近城镇倾其所有帮助恺撒，告诉他南边 45 千米处的提斯德拉（Tysdra）① 有属于一位意大利商人的 30 万蒲式耳的粮食储备，然而他无法去取。部百流·西提乌斯依然活跃，他入侵努米底亚占领了国王尤巴的一座重要城堡，里面有许多粮秣和战争物资。

现在，恺撒派遣 6 艘运输船去西西里接剩余的人马。尽管他的兵力依然远比敌人少，但已经足够与敌人对垒，他决心实施一个机动将敌人引出营盘，与自己一决高下。

恺撒建在鲁斯皮那的工事的南面，是"平原，异乎寻常地平坦，大约有 12 罗里② 阔。从海边开始，就有一系列不很高的丘陵环绕着它，使它在外形上看起来像是一座剧场"，今天的状况与恺撒描述的一模一样（图上位置 f）。山谷的宽度为 3—7.5 千米。它周围山冈高度不一，从 90—180 米不等。北面的出口通往一片近海沼泽地。乌兹塔（Ucita）距离海岸 9 千米，位于这片平原的中央，西庇阿的一支强大军队把守着它。最高的山冈上有瞭望塔，山谷各个地点都有步兵和骑兵哨所。恺撒不打算让西庇阿将自己围困在封锁线里面，必须突破这个越来越大的圈子，这不是用武的良地。如果恺撒能占据这片平原，

---

① 译注：今突尼斯杰姆（El Djem）。

② 译注：原文是 15 罗里，这里按洛布英文版《阿非利加战记》改之。

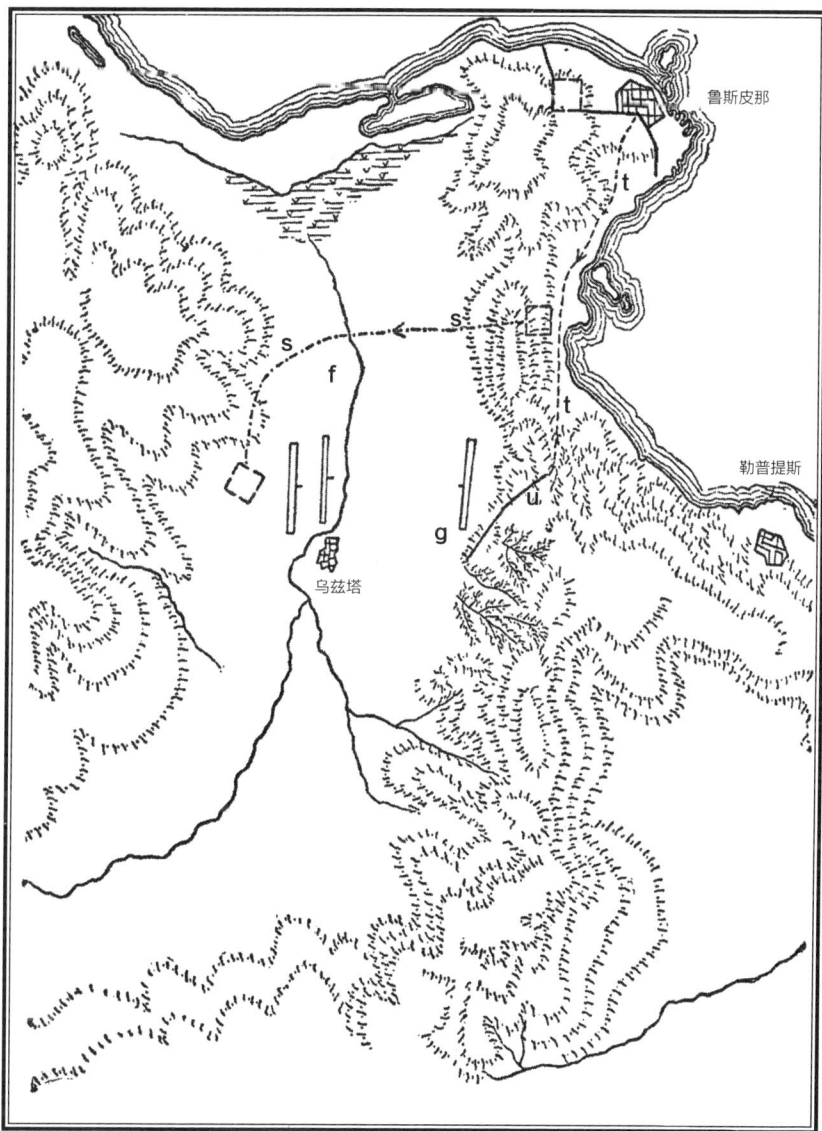

◎ 乌兹塔平原

就可以更进一步切断西庇阿与勒普提斯之间的联系，届时西庇阿只得绕一大段
远路才能前往勒普提斯，掌控这片平原就会变得更容易，还能让自己牢牢掌握
两个良港——鲁斯皮那和勒普提斯。

由于恺撒红运当头，西庇阿设在鲁斯皮那城南的营盘内缺水，决定搬到一个水源更加充足的地方。11月27日，西庇阿放弃了营盘，向乌兹塔平原西侧的山冈（图上位置 s—s）进发。恺撒当然不会错过这个天赐良机。

恺撒的主要目的可能是摸索敌人的动态，继而通过一系列动作，谋求将敌人置于不利境地，从而将敌人引导到有利于自己的战斗中去。因此，在11月的最后一天，他留下一支适量军队保卫鲁斯皮那防线，自己在午夜时分出营，率领其余步兵和全部骑兵在平原的左侧沿着海岸行军（图上位置 t—t），远离鲁斯皮那，攻取了平原东侧的山丘之后，他沿着它们向南走，直到他的纵队前锋抵近了西庇阿的骑兵岗哨（图上位置 g）。他小心翼翼避开平原，生怕碰上努米底亚骑兵，上次与之遭遇时，他吃了不小苦头。恺撒在这里开始"沿着那一系列山丘的山腰，建筑一道工事，从他当时到达的地方起，一直伸展到他从那边出发的地方为止"。就是说，他的工事（图上位置 u）建在山坡上，大体上面向西。他在这里构筑工事，是为了防止敌人截断他与鲁斯皮那的联系。

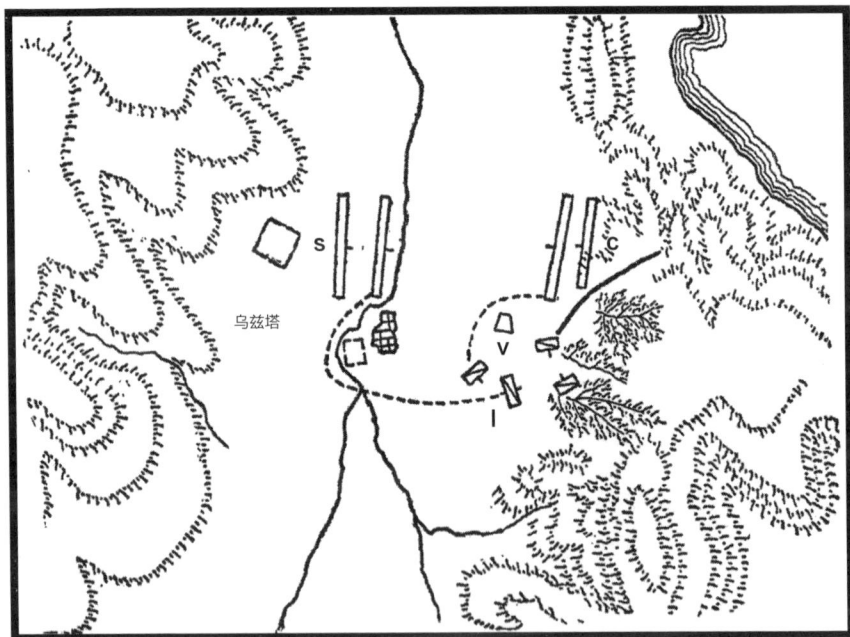

◎ 乌兹塔战斗

恺撒说起在三角战区（哈德鲁墨图姆、提斯德拉和塔普苏斯城组成）的这些行动时，都会提到"群山"，这些"山"今天已经不存在了，甚至地质条件明确表明这些"山"从来没有存在过。自恺撒时代以来，这里的地形没有发生过改变。这片区域的最高点有180米高，相关行动的最高点的高度只有这个高度的一半。恺撒占领的山脊高于乌兹塔山谷不到45米。恺撒构筑工事线的地方在山脊的半山腰，山脊在这里被峡谷分割得支离破碎、岩石嶙峋。在不了解地形的情况下阅读《阿非利加战记》很容易产生误解。

破晓时分，西庇阿和拉频弩斯察觉了恺撒的行动。西庇阿的新营盘位于山谷西侧，拉频弩斯似乎在乌兹塔附近有个与之呈犄角之势的营寨，位于乌兹塔城与群山之间。庞培党人立即决定阻止这一工程。他们将部队分为两条战线，骑兵在前，距离他们设在鲁斯皮那的营盘约1500米，步兵在其后750米。西庇阿认为恺撒军会因夜间施工而筋疲力尽，在进攻之下可以成为轻易得手的猎物。恺撒看到他们抵近到300罗步或1.5罗里（2.2千米）处——无法继续安然进行掘壕工作的过小距离——便命令他的部分西班牙骑兵和弓箭手去进攻敌军的一支努米底亚骑兵，后者正在他的左翼、敌人右翼附近的一座山冈上的一个据点据守。这件事做得很棒，他们很快就把努米底亚人赶走了。见此情景，拉频弩斯率领全部骑兵从他的前线右翼出击，协助那些撤退的骑兵。这支刚刚出动的骑兵一离开西庇阿的主战线，恺撒就立即派出自己的左翼去拦截他们，同时派一支骑兵向右推进。

乌兹塔东面的平原上是一片住宅区和平地（图上位置v），坐落在刚刚发生骑兵战斗的山冈以西。这些地方恰好挡住了拉频弩斯的视线，使他看不到恺撒骑兵的动向。在这片障碍物的隐蔽下，恺撒的骑兵向前冲去，当拉频弩斯走过这片住宅时，他的左翼正好暴露在恺撒骑兵的打击之下，他们包抄了他的侧翼和后方，热情高涨地向本阵方向猛打猛冲。大吃一惊的努米底亚骑兵立即土崩瓦解、抱头鼠窜，但是拉频弩斯从高卢招诱来的高卢和日耳曼骑兵却坚守不退，恺撒的人马猛扑过去，将这支高卢和日耳曼骑兵包围起来，斩尽杀绝。眼睁睁地看着这场失败，西庇阿的军团大为沮丧，他们失去了控制，只能乱糟糟地从平原乃至山冈上撤下来。西庇阿的损失很大。恺撒没有追击，而是退回战线，再次动工以完成他的防御工事。

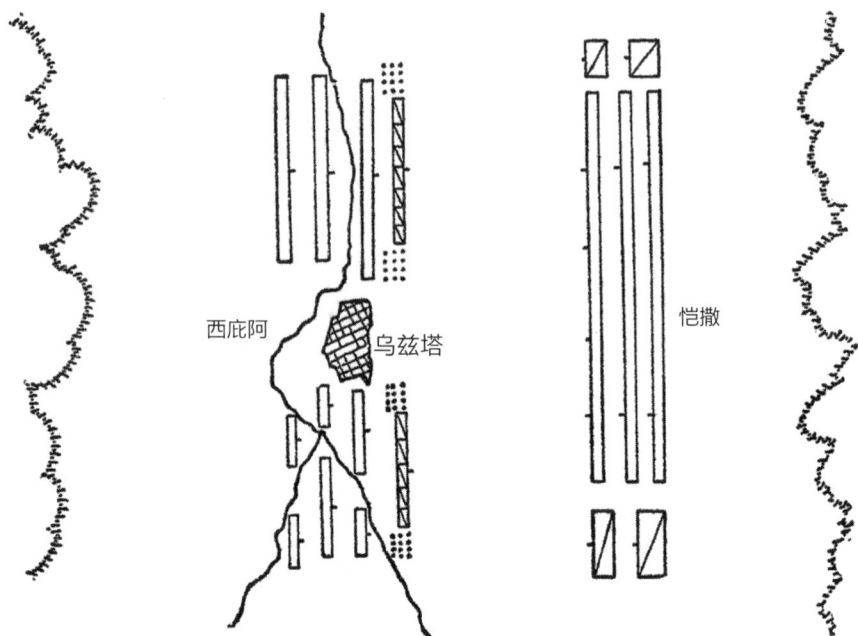

◎ 乌兹塔城下的战阵

恺撒开门大吉，在平原上获得了立足点，取得了对西庇阿的明显优势。大约在 12 月 4 日，他将鲁斯皮那守军之外的全军都投入到新工事里面，这道工事已经完全囊括了鲁斯皮那，实际上也涵盖了勒普提斯。

次日，恺撒率军走出新工事排兵布阵，提出挑战。他急于知道西庇阿会采取什么行动。前一天，他已经取得了优势，还想对他的新建部队强化胜利的影响。但是，庞培军因失败而泄气，拒绝会战。恺撒沿着山脚前进到距离乌兹塔不到 1.5 千米的地方，准备发动一场突袭夺取它。因为西庇阿在城里囤积了大量物资，而且这里还有许多水井，为他提供了大部分饮水，海岸上优质淡水稀缺，西庇阿也是因为缺水才离开了原来的营盘。

看到恺撒的行动，西庇阿担心失去乌兹塔，便立即率领全军去组织防守，继而排开四条大纵深战线，"第一行用排好的一大队一大队骑兵组成，背着射塔带着武装人员的战象就穿插在他们中间"。由于战线纵深太大，使他不可能包抄恺撒的侧翼。恺撒停下脚步，等待西庇阿前进。然而，西庇阿好像将乌兹

492

塔当作野战工事的核心，只让该城两侧的两翼部队前进，主战线原地不动。他对自己的部队没有太大信心。恺撒不大可能同时进攻城镇和城两侧的敌军，因为现在是日落时分，他的人马自从清晨以来就没吃过饭，他率车退回工事。但是，恺撒在近日采取的行动结出了硕果，孔西第乌斯被迫放弃了对由墨西乌斯巧妙固守的阿基拉的围攻，他蒙受了不少损失，从阿基拉撤围下来，"引军经过尤巴的王国"走了许多路才返回哈德鲁墨图姆。

大约同时，恺撒的 1 艘运输船和 1 艘装载着若干军团士卒的战舰被敌人俘获了，没有什么能比这个事件更能显示恺撒的士卒们的忠诚了。这些人被押送到西庇阿面前，西庇阿向他们承诺，只要他们愿意投身他的旗下，就给予他们自由和奖赏。俘虏中有位第 14 军团的百人队长，他给西庇阿的答复是坚决拒绝为他效力与恺撒作对。他告诉眼前的庞培党人，他们低估了恺撒的士兵们，为了证明这一点，他向西庇阿提出挑战：西庇阿挑出其军中最出色的大队，而给他 10 名战友，他会在公平战斗中打垮那个大队。对这种忠贞无畏精神的惩罚，就是这些老兵统统被处决。这艘船的被俘激怒了恺撒，他将负责巡航海岸，掩护船只登陆的军官开除军籍。

如前文所述，这场战役中的恺撒部队没有携带行李。恺撒的规定非常严格，连军官都被禁止携带奴隶和扎营设备。此外，他每隔几天都要换个地方驻扎向敌军迫近，将士们完全无法躲避恶劣天气，而在平时他们早已入驻冬令营了。他们现在只能用灌木搭建棚屋，用衣服、席子或茅草充当帐幕。《阿非利加战记》提到，12 月初发生了一场严重的冰雹，摧毁了全部棚屋，扑灭了营火，浸透了口粮，淹没了整个营地，迫使士兵们头顶盾牌东奔西走，以免被冰雹击中。这场天灾令人联想到兴都库什山（Hindoo Koosh）中的一场大风暴，它几乎粉碎了亚历山大方阵兵的士气。

尽管人多势众，西庇阿依然觉得底气不足，他恳求国王尤巴与他并肩作战。尤巴清楚地意识到，恺撒在阿非利加坐大造成的危险远大于西提乌斯造成的，于是他留下萨布拉和部分人马保卫自己的领土，对付亲恺撒的游击队头领西提乌斯和国王博古德，自己率领 3 个军团、30 头战象、众多轻装部队、800 名有马鞍的正规骑兵和许多无马鞍的努米底亚骑兵加入了庞培的阵营。尤巴还没到，他吹得震天响的牛皮就传来了，在恺撒的阵营内造成了不小的震动，每天都有传播关于西庇阿的谣言的逃兵。但是大约在 12 月 20 日，国王尤巴真正到达时，军团将士们一看到他那乌合之众就瞧不上他们了。为了庆祝援军到来，西庇阿将全军都拉出营，排成战斗队形向恺撒挑战。恺撒的唯一反应是沿着山脊悄悄南下。尤巴在西庇阿的北面安营扎寨。

西庇阿已经得到了他所期待的所有援军，而恺撒相信他会将对手引上战场。他在乌兹塔的对面，两条能掩护两翼的峡谷之间扎营。"他开始带着自己的部队沿山脊前进，把他的工事支线一直延伸向前，并修筑有防御工事的碉堡，还竭力争取先下手抢占靠近西庇阿营寨的一处山头。"此时西庇阿在恺撒南面的山谷东坡上还有许多岗哨。恺撒可以通过占据整条山脉而取得明显优势。他将肃清干扰他的汲水分队的敌人骑兵岗哨，还要确保左翼安全，以免在想进攻敌人的时候还有侧翼之忧，可以严重阻碍敌人的进攻行动，也许还可以将一些小规模遭遇战在有利条件下发展成为全面会战。拉频弩斯试图通过加强恺撒左翼前方的一座山冈的工事来阻止恺撒的前进。要到达这座山冈，恺撒必须途经一个岩石嶙峋的山谷，谷底有一片浓密的古老橄榄林。拉频弩斯预计恺撒会在此地实施机动，12 月 24 日前后，他亲率若干骑兵和步兵，在恰好位于山谷后方的一片小树林的掩护下设伏，然后派遣一队骑兵躲在那座构筑了工事的山冈南面，如果恺撒深入山谷，就攻击恺撒的后方。对于两股伏兵都一无所知的恺撒派遣骑兵前出，但是拉频弩斯的步兵害怕在平原上与骑兵对垒，为了在拥有高度优势的峡谷南侧袭击骑兵，他们过早从橄榄林中现身。此举完全破坏了拉频弩斯的妙计。

恺撒的骑兵轻松打垮了这股步兵，令其溃不成军，设伏的骑兵也出了乱子，拉频弩斯仅以身免。拉频弩斯的撤离暴露了全部伏兵，恺撒军占领了那座早想拿下的山冈，随后立即在山上构筑工事，留兵固守。现在，他的营盘固若金汤了。

恺撒决心拿下乌兹塔。乌兹塔"坐落在一片平地上，处在西庇阿的营寨和他自己的营寨之间，在西庇阿的控制之下"。但是，西庇阿利用人数优势，经过全线战斗保住了这个城镇，以至于恺撒在向乌兹塔推进的过程中侧翼暴露无遗。这又让他完成了另一项耀眼的壮举，就是他在所有战役中都特别出众的防御工事。令人好奇的是，如果以质量来衡量的话，当恺撒的力量比敌人更强大时，他是如何运用如此高妙的手段来完成任务的。他确实能够做到这么危险的事情，以至于只率领少量人马就来到了阿非利加。我们无法衡量他的全部现有条件，因为我们不了解实情。但是，以《阿非利加战记》作为我们的信息基础，我们对恺撒在这里的谨慎持重惊诧不已，正如我们对他在迪拉基乌姆行动中的大胆感到惊讶一样。不过，我们对战局还是相当了解的，地形和事实摆在

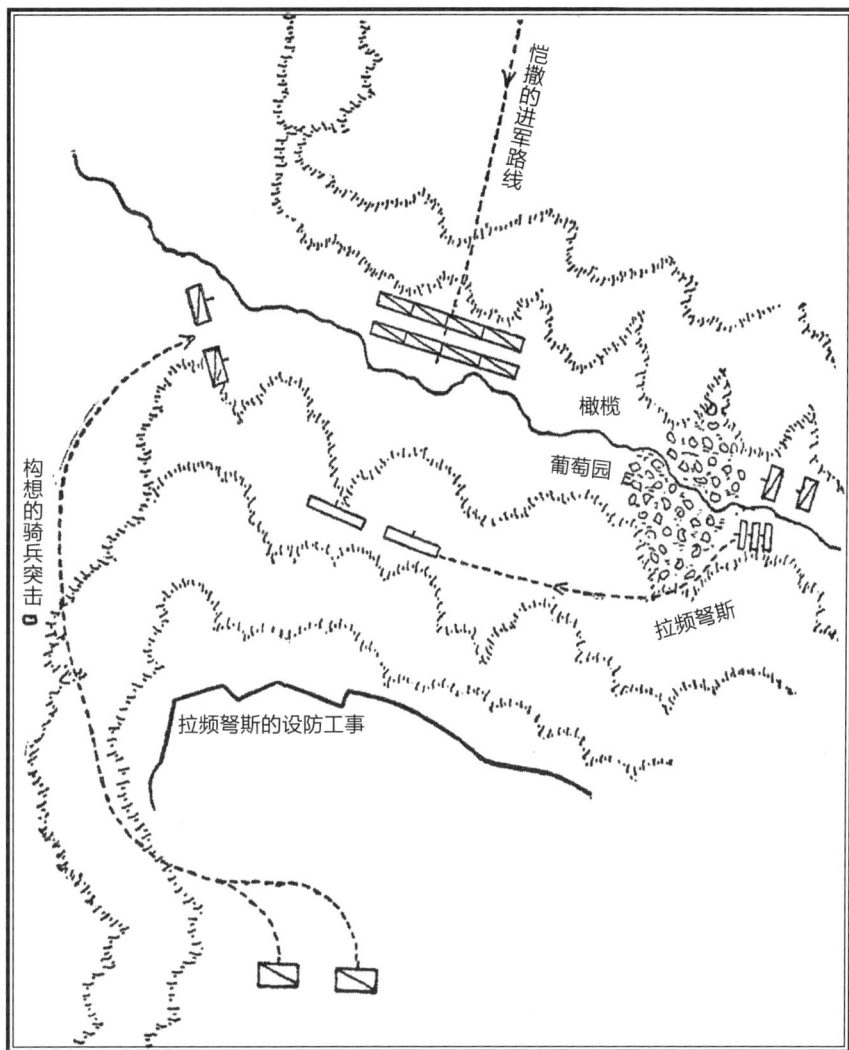

◎ 峡谷之战

我们面前，我们只能将恺撒的谨慎归因于情绪或对新建军团的不信任。指挥一场战斗，往往出于灵感，也是缘于筹划和准备。恺撒在这里的任务比在法萨卢的容易得多，引诱西庇阿在乌兹塔平原上会战，而且西庇阿的人马并不比他自己的强。我们经常用恺撒的谨慎来解释一切。也许恺撒的目标不是夺取乌兹塔，而是以某种方式使西庇阿处于不利地位，从而导致他在一场决定性会战中失败，而且不冒太大风险。

大约在 12 月 26 日，恺撒为了执行他的计划，从山坡脚下的营垒开始横贯平原向西构筑了两道平行的工事线，一条面向北，一条面向南，分别指向乌兹塔城墙的两个外角。据《阿非利加战记》所说，他这样做是为了让侧翼得到充分保护，在他围困或攻乌兹塔时，免受敌人庞大骑兵部队的打击，事实上，这也是为了免遭拉频弩斯的侧翼迂回。工事兵临城下，加剧了敌军的逃亡。在两道工事线内，他可以挖掘水井，平原地势低，而他山上的营盘缺水，

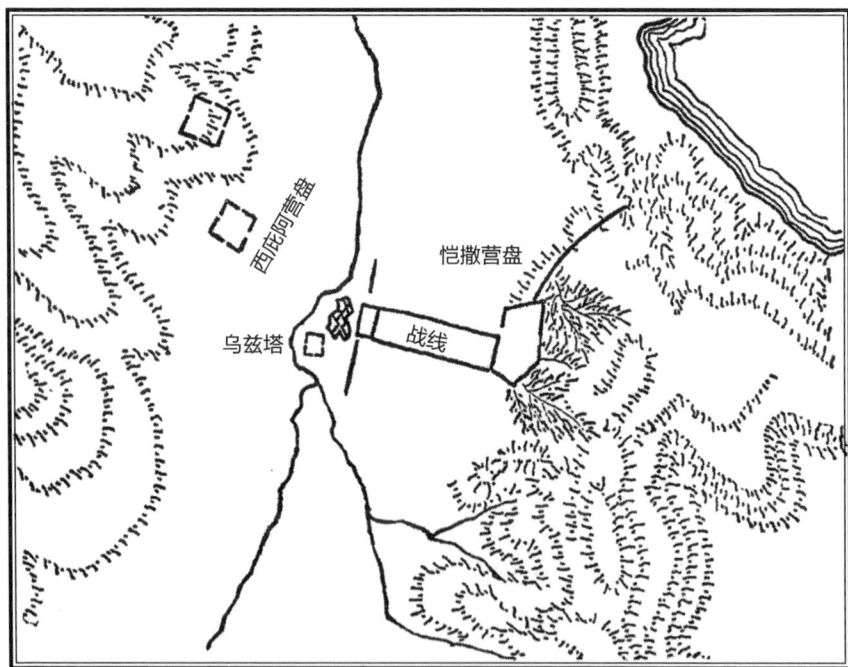

◎ 乌兹塔战线

他不得不从远处取水。

这项工作得到了由几个大队接应的一支骑兵的掩护，他们击退了努米底亚骑兵和弓箭手。天黑之后，他们开始挖掘堑壕，在两夜内竣工，之后的天明之前派部队入驻。工程进展期间，双方的士卒频繁交锋，事实上，在任何时候，一方的人马都能安全接近对方，结果几乎总是庞培军士卒投奔恺撒，从恺撒阵营投奔过去的人可以说没有。至少《阿非利加战记》没有承认恺撒这边有逃兵，即使有也一定很少。同时发生了一些骑兵交锋，其中大部分是恺撒的人马占了上风。西庇阿的骑兵远多于恺撒，但是训练状况和坚韧程度却远远不如。他们也不具备使骑兵在一位天生领袖手下有时能创造奇迹的本能。

大约是 12 月 29 日傍晚，恺撒在召回疲惫的部下时，尤巴、拉频弩斯和西庇阿率领麾下全部骑兵和轻装部队突袭恺撒的骑兵前哨，将他们赶了进去。恺撒迅速召集了一直在披坚执锐备战的几个大队的军团士兵，率领他们赶去支援骑兵，整兵再战。看到自己得到了接应，刚才吃了亏的骑兵转过身来，向努米底亚人发动了一场漂亮的冲锋，后者由于刚刚实施的追击而分散在整片平原上，现在却惨遭屠戮死伤惨重，剩下的残兵抱头鼠窜。尤巴和拉频弩斯在尘土的掩护下侥幸逃生。这场精彩的交战的结果是，更多第 4、6 军团的逃兵以及原属库里奥的一大批骑兵投奔了恺撒。

此前，恺撒派了一些盖图利上流人士返回家乡煽动盖图利亚人，现在他们背叛了国王尤巴。这位君主同时面临着三场战争，为了保卫自己的边境，他被迫将相当一部分人马分派出去。但是，他自己和其余的军队还留在庞培的营地里面，他的傲慢无礼、多管闲事和虚荣浮夸令人生厌。

这一年的最后一天，第 9、10 军团从西西里赶来，他们差点因为自己的莽撞而被俘。促使他们过去发动哗变的叛逆精神

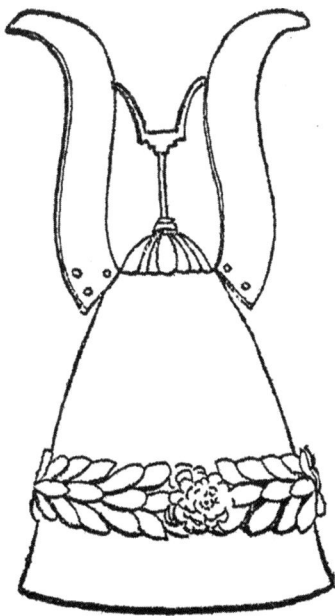

◎ 古代头盔（罗浮宫藏品）

的残余，在他们无法无天的行为中暴露无遗。军团指挥官盖乌斯·阿维努斯（Caius Avienus）太过分了，居然用他自己的奴隶和宿营装备装了满满一艘运输船。这俩军团在罗马城附近舒服日子过得太久了。为了勒紧这帮人的嚼子，恺撒以阿维努斯为借口，断然采取了铁血手段。他将此人与另一位军团指挥官和几名百人队长开除军籍，将他们逐出阿非利加，派人监管起来。在罗马人中，开除军籍几乎是所能受到的最严厉惩罚。这是对于所有公民权利、荣誉和地位的剥夺。第9、10军团的各个大队都被打发去把守战壕，装备和粮饷都不比别的部队多。

算上新来的部队，恺撒手中的重步兵有5个老兵军团和5个新兵军团，即使不如西庇阿的多，也相差无几。西庇阿的轻装部队更多，但他们在战斗中几乎一文不值。恺撒还在西西里岛又搜罗了2个军团，至于尤巴，他已经把手下的部分人马分派出去，削弱了西庇阿的兵力。新年伊始，恺撒的胜机已经与敌人不相上下了。

乌兹塔
（公元前 46 年 1 月）

第四十章

公元前 46 年 1 月初，恺撒的工事竣工了，它的位置正好在乌兹塔的标枪射程内，恺撒在工事顶端修筑了一线工事，在护墙和塔楼上架设了若干军事器械，不断用它们轰击城墙。他从工事东端的营盘调来 5 个军团，摆在工事线的西端。工事线约有 3 千米长。这充分表现了恺撒的活力、技巧和周密，他能够建筑如此漫长的工事并派人把守，却没有给西庇阿在施工期间突破它的机会。恺撒是他那个时代，甚至几乎任何时代最能干的工程师。

工事线竣工之后，他就安稳了。人们普遍认为，夺取人手充足的工事是不可能的任务，西庇阿也不是那种愿意尝试的人。我们已经看到，恺撒是多么不愿意尝试这样的进攻，即使守军是蛮族。工事线大功告成，促成了其他一些重要人物决定叛逃到恺撒的阵营，同时还有1000 多名骑兵投奔了他。在此期间，西庇阿也没有闲着，他在自己战线上加强所有可用和有用的据点，准备在恺撒进攻乌兹塔的时候进行顽强的防守。

现在，第 7、8 军团从西西里起航了，驻扎在乌提卡的瓦鲁斯认为眼下有个很不错的拦截他们的机会。为此，他率领 55 艘战舰驶向哈德鲁墨图姆。恺撒派遣路求·基斯皮乌斯（Lucius Cispius）率领 27 艘战舰驶向塔普苏斯，又派奎因都斯·阿奎拉（Quintus Aquila）率领 13 艘战舰驶向哈德鲁墨图姆抛锚停泊，监视和保护那支护航舰队。由于阿奎拉所部无法绕过海角，就在附近的海湾里面避风。密史脱拉风（mistral）——地中海上的西风——一直是烦恼的根源。今天，大型蒸汽船也往往无法在苏塞（哈德鲁墨图姆）或莫纳斯提尔（塔普苏斯）靠岸卸客。留在勒普提斯的剩余舰队继续锚泊在那，但是多数舰载步兵上了岸，有些人在采购给养，有些人东游西逛，这件事说明军纪废弛。一名逃兵将这些事实告诉了瓦鲁斯。他在夜间离开哈德鲁墨图姆——密史脱拉风对他有利。次日（1月9日）清晨，他突然杀向那支毫无防备的恺撒舰队，焚毁了所有运输船，掠走了2艘五列桨战舰，"没人守卫"它们。

恺撒获悉噩耗时正忙于视察他在乌兹塔的工事。受到失去人马和粮秣的悲惨前景的刺激，他立即率领骑兵驰往勒普提斯，好在只有9千米远。他随即登上距离最近的战舰起锚，命令他的舰队跟上来，他与阿奎拉会师时，发现阿奎拉正在撤退路上垂头丧气。将帅兵合一处后开始追杀瓦鲁斯，后者震惊之余，逆风前往哈德鲁墨图姆，恺撒夺回了1艘战舰和船上的130名敌人，俘虏了敌人掉队的1艘三列桨战舰，将瓦鲁斯赶进哈德鲁墨图姆。恺撒同样无法乘同一股风绕过海角，因为风向突然变了，他在一个锚地过了一夜，次日天明刮起东风时，他航向哈德鲁墨图姆港附近，烧毁了港口外面的几艘敌军运输船。被俘战舰上有个罗马骑士部百流·维斯特里乌斯（Publius Vestrius）曾在西班牙为阿弗拉尼乌斯效力，获释之后又在希腊投奔了庞培，之后又投奔了瓦鲁斯。由于此人违背誓言，恺撒没有用他交换战俘，也没索要赎金，而是下令处决了。这一事实表明，释放战俘是易于理解的事情，至少战俘有一些权利和义务。

恺撒发动的这场短暂的远征显示了他的惊人胆识、决断和才智。他亲自做的每件事情，都以积极的情报工作为基础，因而保证了他的胜利。无论他进攻谁都有把握获胜。如果他不这样做，不亲力亲为，也许他的运输船、舰队、粮食、器械、军团都很可能会遭到拦截。恺撒发动的这些小规模远征表明，如果他不是一位伟大的将军，也会成为游击队军官的榜样。更令人称奇的是，恺撒偶尔会像现在乌兹塔城下发生的那样，由于缺乏敏锐的洞察力，几乎成了麦克莱伦（McClellan）①。

现在，两军主帅都想在对自己有利的情况下与对方会战。1月7日，恺撒的防线竣工之后不久的一天，西庇阿将他的军队部署在一个略高的高地上，沿

---

① 译注：乔治·布林顿·麦克莱伦（1826—1885年），美国军事家，在南北战争第一年整编军队，成绩卓著，被誉为"小拿破仑"，但因屡屡不能取得对南部邦联军的优势而广受批评，最终被解除军职。

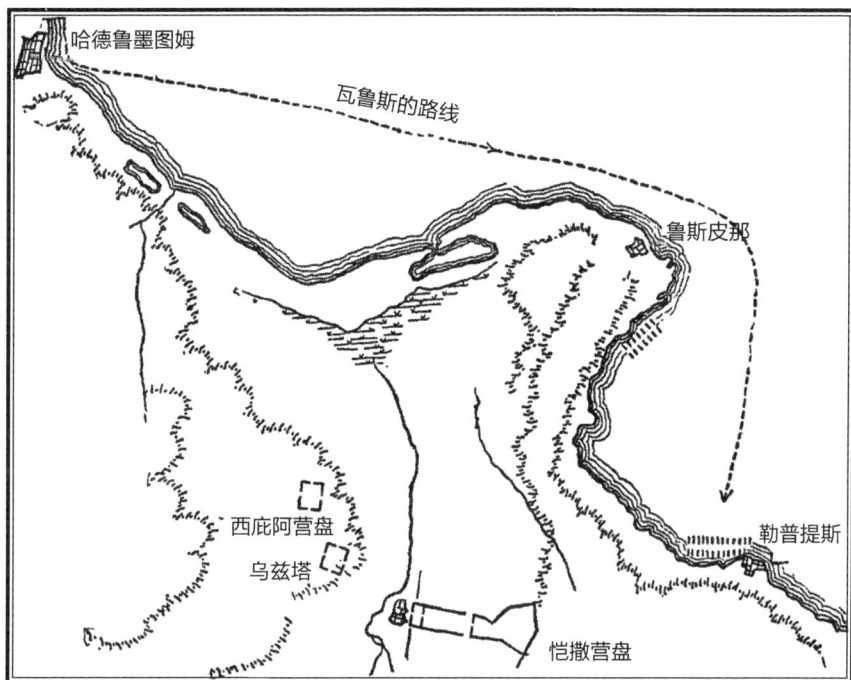

哈德鲁墨图姆

瓦鲁斯的路线

鲁斯皮那

西庇阿营盘

乌兹塔

勒普提斯

恺撒营盘

◎ 恺撒与瓦鲁斯的海战

着将平原一分为二的溪流的西岸延展开来。恺撒也在战场上做了同样的举动，战线与对手平行，等待敌人发动进攻。现在在山谷的谷底只能看到这些高地的少许残余，几乎就是平地。对于罗马士兵来说，谷底非常平缓的坡度十分有利，《阿非利加战记》经常提到我几乎不会注意的山冈。

　　敌军的数量超过恺撒，他们在恺撒右翼的乌兹塔城里也有强大的守军，如果恺撒击败敌人，并因追击敌人越过乌兹塔城，可能会遭到城中守军发动的侧翼打击而吃亏，西庇阿前方的地面崎岖不平，对于发动冲锋来说简直糟糕透顶。山谷内的有些地方岩石嶙峋，溪流流经的地方更是如此，如果恺撒发动进攻，就必须渡过溪流。两军相距不到90米。除了地面上的这些略浅洼地，没有什么能将两军分开。西庇阿的左翼倚靠着作为前进堡垒的乌兹塔城，它为西庇阿提供了充分的侧翼掩护。他和尤巴的军团顶在前面，努米底亚人放在第二线充当预备队，但阵型延展得很长，导致纵深浅薄。"他们的阵列拉得非常稀

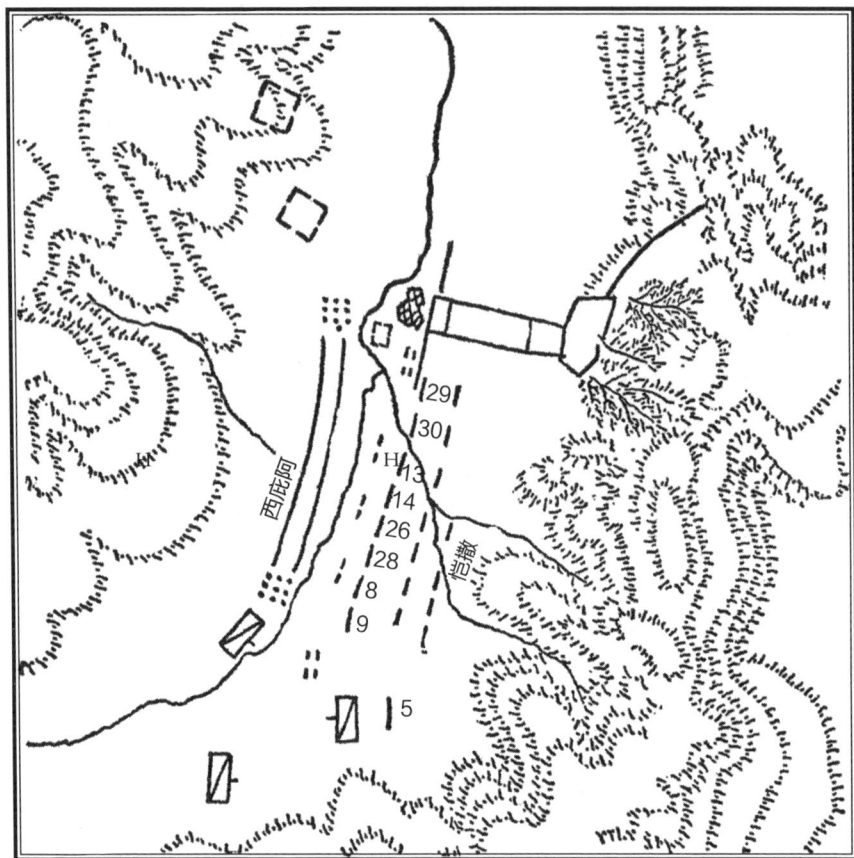

◎ 乌兹塔城下的战阵

疏，但却伸得很长，以至从远处看上去它的中央部分似乎只是由一列军团士兵构成的。"西庇阿将得到轻装部队和努米底亚辅助部队支撑的战象放在左右两翼，战象分散开来，其间保持相等距离。全部备有马鞍的正规骑兵作为一个整体被部署在右翼，不需要也得不到位于左翼的乌兹塔城的支持。努米底亚和盖图利非正规骑兵（无鞍骑兵）被部署在距离右翼约 1.5 千米处，面向群山展开，构成一个游动的右翼。西庇阿的意图是利用全部骑兵包抄恺撒的左翼，在行动开始时，"矢石交加之下，让恺撒军乱成一片"。

在恺撒的第一战线上，第 8、9 军团的老兵位于此役形势最严峻的左翼位置上；第13、14、26、28军团在中央；第29、30军团在右翼，倚靠着乌兹塔城下的工事。第二线由新兵组成，与上述军团的二线大队混编。第三线由右侧各军团的第三线大队组成，为了抵御敌军骑兵的冲击略微后撤，并且编入了几个新建大队，鉴于右翼得到了直抵乌兹塔城下的工事的强大保护，无须再布置预备队，故而第三线只从战线中央延展到左翼。因此，他的右翼只有两条战线，而左翼有三条战线。他的全部骑兵都部署在左翼与轻步兵混编，面向敌人的骑兵列阵。由于他对左翼信心不足，又把第5军团部署在他们的后方。弓箭手多在两翼，但他们都在第一线。

就这样，两军相距90米，以战斗阵型对峙了一整天，谁都不愿意越过低洼地带一步，构成了一幅吊诡的景象。的确，此情此景十分古怪，令人想起恺撒在法萨卢发动的进攻，他在那里只有庞培的一半兵力，与他对垒的罗马军团由一位能干的统帅指挥；在此时此地，他的兵力与对手旗鼓相当，大部分敌军的素质和纪律都远不如他的，恺撒却迟迟不发起会战。尤其是在法萨卢战役前，庞培刚刚在迪拉基乌姆战胜过他，而无论如何，他的能力都远远超过西庇阿。对于任何一位有指挥能力的将军而言，打一场会战往往只是出于一时的精力充沛或精力不足，而恺撒在眼前局势下的优柔寡断，可能缘于他的健康状况。对地形的勘察表明，没有什么比法萨卢的山冈对恺撒更加不利的了。我们似乎了解了一切细节。

一个简单的事实是，恺撒在战术进攻方面的主动性远远不如亚历山大或汉尼拔，只要汉尼拔的作战条件与罗马人接近就一定会发动攻势。在恺撒的所有战役中，他除非迫不得已，总是不急于进攻；相反，在战略主动性方面，恺撒令人称道，他永不停息、澎湃向前。

当天夜里，恺撒准备收兵回营时，敌人的游动骑兵向山上的工事进发。拉频弩斯手下的重骑兵留在正对军团的阵地上。看到这一切，恺撒的部分骑兵和轻装部队擅自出动进攻这帮盖图利亚人，继而穿过了一片可能由那条小溪造成、今已不存的沼泽地，却被西庇阿的人马击退，损失了一些人马。西庇阿对这一小胜颇为喜悦，撤兵回营了。次日，恺撒弥补了这场失利，当时恺撒的一队骑兵在前往勒普提斯取粮的途中，歼灭、俘虏了100名散落在营外的敌军。

现在，两军都忙于推进战线，在对方面前构筑新阵地。西庇阿试图加强对乌兹塔背后的群山的控制，恺撒则忙于切断敌军右翼与自己的左翼山冈的联系。因此，"把他的壁垒和壕堑一直延伸开去，横贯这片平原的中部，以阻止敌人的突然出击"。这句话已经被解读为"几乎穿过了平原"，但这不能用可能性或后来向我们表明已经完成的事件来解释。没有证据表明，存在一道从东到西横贯乌兹塔平原的壕沟或壁垒，也没有必要这样做。这段话的意思可能是，恺撒面向乌兹塔向南、北两方延展的工事顶端，构成了一条漫长的壁垒线，"横贯这片平原的中部"。西庇阿试图阻止恺撒先下手为强，双方的骑兵每天都在发生零星冲突。

与今天一样，当时的阿非利加居民习惯于在战争时期将他们粮食储存在小仓库或地下贮藏室里面，以确保不挨饿。一天晚上，一直饱受缺粮之苦的恺撒派出一支由两个军团和一些骑兵组成的队伍，在阿伽尔（Agar）以南半径为15千米的富饶土地上的隐秘仓库中搞到了大量粮食。拉频弩斯以为恺撒会出于同样目的再次沿着同一条路外出，便于 1 月 12 日在距离采取筹粮行动的平原约 10 千米的地方埋下伏兵。此地大致在特格亚（Tegea）附近，是一片位于两排山冈之间的狭窄平原（图上位置 k）。

恺撒通过逃兵得知了敌人的计划。他等了几天，直到拉频弩斯的人马开始麻痹大意。他派出部分骑兵，率领八个军团和其余的骑兵跟在后面。骑兵出其不意地袭击了拉频弩斯的轻装部队驻守的岗哨，后者轻松惬意地躲在设伏地点，毫不在意自己的职责，于是遭到突袭之后溃不成军，损失了 500 人。正在附近的拉频弩斯率领自己的骑兵匆匆赶来援助，依靠人多势众击溃了恺撒的骑兵，这时恺撒军团突然向他猛扑过来，迫使他立即向西撤退。他的伏击计划化为了泡影。恼羞成怒的尤巴将所有逃跑的努米底亚人都钉上十字架，以儆效尤。

尽管已经使尽了浑身解数，恺撒还是无法筹集到足够供养部下的粮食。他要么转移阵地，要么攻打西庇阿的防御工事。在评估胜算的时候，恺撒认为进攻的风险高于因改换基地和放弃付出经过如此多的努力、牺牲才获得的阵地而可能折损的士气的风险。此外，他知道说服他的军队光荣撤军是多么容易的事情，而且他们的劳作确实对于加强军团的战斗力大有裨益。

整个事情都颇为令人费解。恺撒一定早已预见到他的后勤供应会是不稳定的。他付出了令人难以置信的努力来构筑工事，由此他可以在有利条件下与西庇阿一决雌雄。与他对垒的军队根本不如他的出色,甚至人数也不比他的多。他曾经在伊莱尔达实施过机动,曾经在法萨卢大胆进攻庞培,更别提庞培在法萨卢拥有巨大的优势,然而他在乌兹塔却拒绝会战。眼下的恺撒似乎不是我们愿意相信的那个恺撒,但他与真正的恺撒并没有什么不同。最好的解释在于,他构筑工事是希望将西庇阿引诱到开阔战场上,然后在那里击败对手,还在于

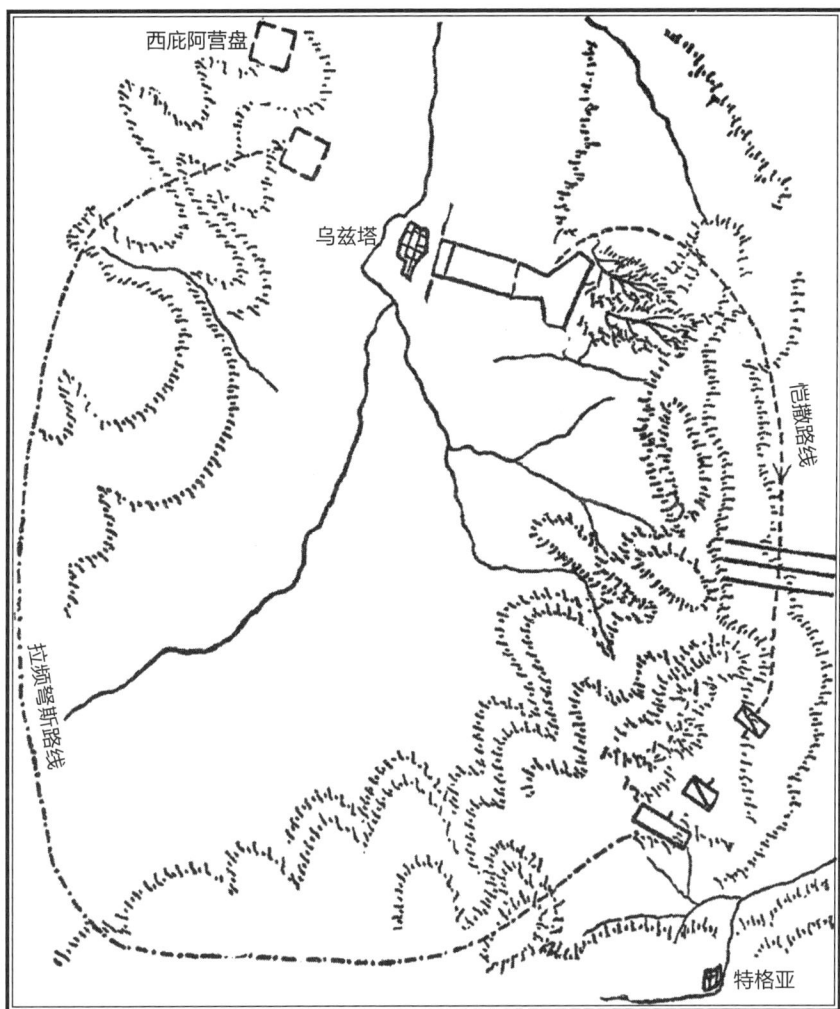

西庇阿营盘

乌兹塔

恺撒路线

拉频弩斯路线

特格亚

◎ 拉频弩斯的策略

西庇阿构筑了坚固的工事，而恺撒不愿意攻坚。我们必须记住，恺撒手中没有他在高卢战争中训练出来的那支军队，也没有他在法萨卢指挥过的军队，尽管相对而言，他现在的处境比那时候好一些。缺乏主动性很像拿破仑晚年的景象，是恺撒厌倦了战争，还是战争削弱了恺撒的活力呢？

　　在得到坚固工事强化的勒普提斯、鲁斯皮那和阿基拉留下驻军之后，恺撒命令基斯皮乌斯和阿奎拉指挥他的舰队去封锁哈德鲁墨图姆和塔普苏斯，严密监视海岸来防止敌人在他采取行动期间，袭击他正在路上的运输船队。1月14日天亮之前，他放火烧掉乌兹塔城下的营盘出发了，他摆开向左警戒的纵队，辎重车辆放在纵队与海岸之间，沿着群山与海岸之间山坡前往阿伽尔，这是一个位于勒普提斯附近，贴近海岸的第一排山冈南坡上的城镇。因此，他的基地设在了勒普提斯而非鲁斯皮那。他在阿伽尔城下的平原上安营扎寨。在这附近发现了大量大麦、橄榄油、葡萄酒和无花果，还有一些小麦。西庇阿没有试图阻挠这次撤退，甚至没有派遣骑兵追赶，但是很快他就沿着山岭赶来，抵达恺撒营盘附近，在数千米外，距离地中海更远的地方安营扎寨。西庇阿的意图显而易见，就是将恺撒隔离在远离内陆地区，无法筹集粮秣的地方。恺撒的营盘设在特格亚（Tegea）背后的几座高地上，西庇阿将军队驻扎在距离恺撒营盘

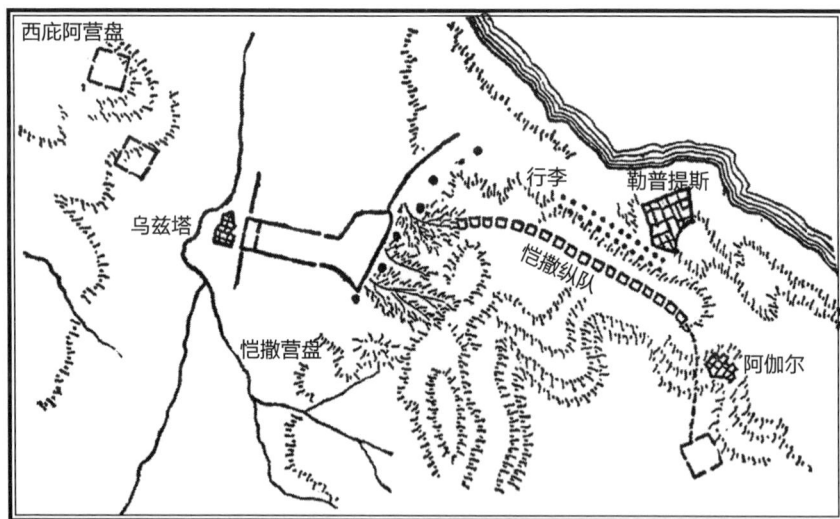

◎ 进军阿伽尔

约 9 千米的 3 个营寨中。努米底亚骑兵被部署在几座地形有利的高地上，用于拦截从恺撒营盘出来的筹粮队。尽管他们费尽心机，恺撒还是靠派出大批人马搞到了充足的给养。

显然，除了来自《阿非利加战记》的叙述，从相关背景来看，恺撒的粮秣都非常紧张，为了装满他那空虚的仓库，他马上就要实施他的全部战役中最危险的行动之一。位于敌人后方的泽塔城①，距离西庇阿的营盘有 15 千米，距离恺撒的营盘约 25 千米。西庇阿认为它坚如磐石，因此将它打造成一个巨大的粮仓，并且派遣了 2 个军团去那里筹集粮食和保护已经到手的粮食。一个逃兵将情报告诉了恺撒，恺撒决定突袭泽塔。为了实现目的，他被迫从西庇阿的营盘侧翼绕过去，再沿原路或一条同样危机四伏的道路返回。眼下，饥荒已经迫在眉睫，而在塔普苏斯以南地区无法取得足够给养，这一切是他冒险出击的原因。为了给留在那里的较少人马提供更多安全保障，恺撒在阿伽尔以东的一座山冈上建筑了一个新营盘，并让部下驻扎进去。1 月 17 日凌晨 3 时，他率领全部骑兵和一支人数庞大的步兵拔营出发，神不知鬼不觉地绕过西庇阿的营盘，抵达并一举拿下了泽塔城，在城里留下奥皮乌斯（Oppius）和一些人马，指示他们在不利局面下可以见机行事之后，带着被俘的几名高级庞培党人与装满面粉的庞大车队——其中包括 22 峰骆驼——满载而归，恺撒不满足于这种偷鸡摸狗的胜利，继续进攻敌人那 2 个正在筹粮的军团，当恺撒前进到他们附近时，发现西庇阿已经知道了自己的行动，正在率领全军来援。他明智地中止了进攻，转而满载战利品返回。

在返回营盘的路上，恺撒被迫路过西庇阿的营盘附近。在这里，拉频弩斯和阿弗拉尼乌斯指挥的一大群努米底亚骑兵和轻装部队已经被西庇阿派到今天杰马尔（Djemmal）周围的群山里布下了埋伏。恺撒刚走出埋伏圈，他们就冲了出来，袭击他的后卫。恺撒到目前为止一直红运当头，但是这种分兵奔袭的做法可能会带来麻烦。他立即率领人马向敌人猛扑过去，将辎重放在队伍的后面，他将骑兵派出去，放在前面掩护辎重，准备掩护辎重队后退。在军团的

---

① 译注：今布尔哲那（Bourdjine）。

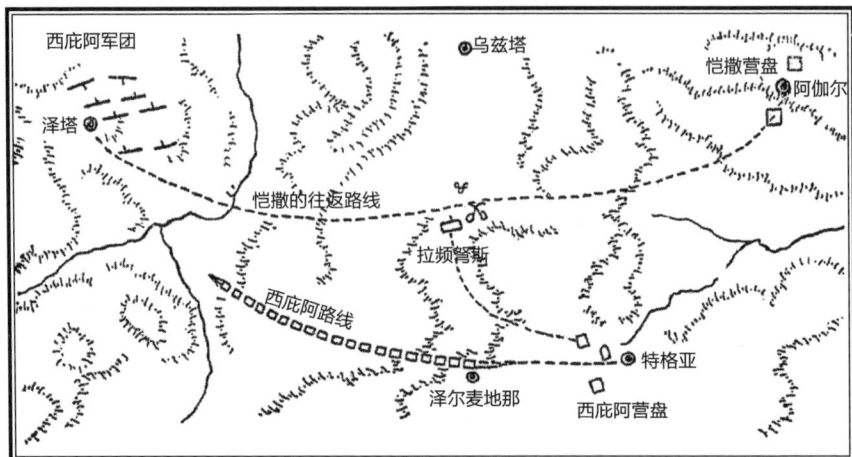

◎ 奇袭泽塔

支援下，恺撒的骑兵一英勇地向敌人发动进攻，拉频弩斯和阿弗拉尼乌斯就转头逃窜。但是当恺撒继续启程时，他们又开始进攻。这些努米底亚人极其活跃，善于用自己的方式打仗。在恺撒奋力撤退期间，他们的干扰非常有效，以至于"四个刻时里一共只走了不到一百步路"。不仅如此，恺撒还损失了许多马匹，而他救不了它们。敌人的目的是强迫他在这个没有水源的地方扎营，从凌晨 3 时开始到此时（大约下午 3 时），恺撒的部下粒米未进。终于，他的骑兵因奋战不息而筋疲力尽，他被迫将他们打发到前面，转而让步兵断后，以便更好对付努米底亚人。战场的地形虽然不是非常崎岖，但军团士卒们确实比疲惫不堪的骑兵更适合充当后卫。辎重车辆被赶到前面，这样恺撒就能龟速前进了。只要少量军团士卒转过身来投掷标枪，上千名努米底亚轻装部队和骑兵都会散开躲避，可一旦全军继续前进，这些武士就会再次靠拢，向纵队的后方投掷如雨而下的标枪、箭矢和石块。有些敌军骑兵绕过恺撒纵队的侧翼和前锋，给他制造了最大的麻烦。拉频弩斯和阿弗拉尼乌斯试图通过绕过恺撒的两翼，经路侧的山冈，跑到恺撒的前面实施拦截，但没有得逞。恺撒保持住了队形，通常在这种情况下会采用方阵，一种连绵不断的阵型。"就这样，一会儿前进，一会儿停下来抵抗，拖拖拉拉地行军，终于走完全程"，总共超过 54 千米的行程，于晚上 7 时左右结束，只有 10 人负伤。

根据《阿非利加战记》判断，我们估计真正损失是这个数字的百倍。这位历史学家给出了错误数字并非不可能。他说拉频弩斯已经令他的人马疲惫不堪，除了伤兵之外，还损失了 300 人。数量的差距与关于本次奔袭的描述不符，恺撒有可能付出了更大损失。

行军 16 个小时才走了这么远，似乎不可思议。假设占领泽塔、装载车辆、分兵抵御西庇阿的 2 个军团，共耗费了 2 个小时，再假定敌人在恺撒回营路上动用了大量兵力，不断进行骚扰，通过战斗拖延了 4 个小时，那么在剩下的 10 个小时才走了 54 千米，也许略有夸张了。除了一小段路之外，几乎没有哪支步兵部队能在一小时走 5.4 千米。不可否认的是，这次往返奔袭，是从破晓前不久开始的，到了傍晚前后才结束。

这场奔袭清晰展示了西庇阿与恺撒的性格和能力的天差地别。恺撒很可能不敢对一个与他更加对等的对手采取这样的行动。西庇阿明显表现出他缺乏利用优势的能力。恺撒翻越了一道山岭才抵达泽塔平原，必须沿原路才能回营，还有什么会比西庇阿调兵遣将，找个适合的山坡上守株待兔，通过严防死守道路，迫使恺撒在不利局面下开战更理所当然的呢？在恺撒无法回避的这样一场交锋之中，西庇阿在泽塔的两个军团可以从后方打击恺撒。但是，西庇阿没有采用这个简单的方案，他显然昏了头，居然沿着一条莫名其妙的路线向那两个军团靠拢，从而为恺撒敞开了本应封锁的撤退之路。拉频弩斯也并不更高明，他本应打击恺撒的纵队而非后卫，以此阻挠恺撒翻山越岭，而他没有这样做，反而纵容恺撒的纵队夺回了通往营盘的道路，仅仅满足于攻击恺撒的后卫。看起来，恺撒似乎确实蒙受了比《阿非利加战记》愿意承认的更大的失败。但这场败仗并不致命，恺撒有办法挽狂澜于既倒，扶大厦于将倾。

在为恺撒对泽塔的行动辩护时，可以说这片原野的特征就是为撤退提供了不止一条的路线。现在，整片原野的地表都被马车和骡子通行的道路所覆盖，据推测，当时也是如此，那时居民更多，甚至文明程度更高。他本可以取道今天的泽尔麦地那（Zermadina）返回，让西庇阿留在泽塔白忙一场，也可以向北走，沿着乌兹塔平原返回老营，再从那里前往阿伽尔，这样走的话，由本方部队固守的鲁斯皮那会位于他的左翼，发生险情时可以进城躲避。

运气和敌人的拙劣表现，再次令恺撒化险为夷。奇怪的是，面对如此低能的对手，这位大胆到冒着一切可能迫使自己与敌人决战的风险而发动远征的统帅，竟然迟迟不向敌人发动一场或许会终结战争的决定性会战。因为他目前手握12个军团，他面临的困境足以使他迫切渴望找到一条明确的出路。事实上，他在不久后就以他前所未有的方式做了这件事情。

正当拉频弩斯在恺撒的撤军路上浴血奋战之际，西庇阿在从泽塔返回之后，在自己的营前摆开了阵势，而恺撒面向侧翼列阵，辎重车队摆在前方。随着恺撒的迫近，西庇阿居然撤退了。缺乏魄力是西庇阿的一大特征。

恺撒曾经四面楚歌，但现在他的军团的口粮袋子又丰满起来了。

恺撒不得不命令部下采用新战术，来应付被迫面对的新形势。敌人的轻装部队身手敏捷，一场小小的前哨战就把重装军团士卒们惹恼了。恺撒认为，从意大利运来几头大象，使部队和马匹熟悉大象的模样，继而训练这些人马以最佳手段攻击它们是明智之举。在高卢，恺撒的部队遇到了淳朴、剽悍的敌人，后者会走上沙场，进行肉搏，而在这里，他们不得不对付依靠智谋而非勇气的狡诈敌人的阴谋诡计。《阿非利加战记》承认恺撒的骑兵不是得到轻步兵支撑的敌军骑兵的对手，坦承恺撒也不能肯定他的军团士兵们能在开阔战场上与敌人的军团士兵相匹敌。这似乎又一次令人费解。我们习惯于认为，恺撒的新兵们很快就变成了老兵，汉尼拔的新兵做到了，而且我们有证据表明西庇阿的部队统统军纪涣散。

恺撒不断让他的部队在这个地区东奔西走，不仅是为了训练他们和磨炼其意志，也是希望通过机动磨损西庇阿的斗志，并迫使对手违背意愿，进行会战。泽塔奔袭战的三天之后，恺撒在西庇阿营盘附近，阿伽尔以南开阔平原上摆开战阵，但是西庇阿拒绝出营，恺撒也不愿意强攻对手的工事。总体而言，恺撒幸运地巩固了他的战区附近城镇的安全。瓦伽（Vacca）派使者来见恺撒，恳求他派去一支驻军，但是这一次，尤巴先下手为强占领了瓦伽，并将其夷为平地。

西庇阿显而易见的消极无为并不算太大错误。这是费边式的韬晦。饥饿造就了许多胜利。但是，支配西庇阿的行动的，一半是优柔，一半是手段。

1月22日，恺撒举行了盛大的阅兵式，现在他拥有4万名军团士卒，3000名骑兵和若干辅助部队。次日，对军团心满意足的恺撒出营行军了7.5千米，在特格亚以北，距离西庇阿不到 3 千米的地方，向西庇阿发起挑战。西庇阿再次高挂免战牌。恺撒看到，仅仅用挑战的手段引诱西庇阿走上战场纯属浪费时间。作为最后的手段，恺撒计划对西庇阿的坚固堡垒和仓库，比如萨苏拉（Sarsura）、提斯德拉和塔普苏斯发动一系列进攻，以迫使对手采取行动。

塔普苏斯位于勒普提斯东南海岸上，是一个巨大的军事仓库，也是西庇阿的一个非常重要的据点。西庇阿在此地驻扎了大量部队，港口里面有大量船只，眼下遭到了恺撒的舰队的封锁。但是，进攻塔普苏斯是一场恺撒显然还没准备好的大戏。恺撒钟爱袭击较小的城镇，不仅是因为小城镇易于攻取，更重要的是，他需要这些城镇为自己提供急需的大量粮食。此时，恺撒的军队很可能在忍饥挨饿。他为了筹集粮秣才东游西逛，总体战略必须服从后勤。

1 月 23 日，恺撒离开阿伽尔，翻越特格亚下方的山冈的东坡向萨苏拉进发。在前往萨苏拉的途中，拉频弩斯尾随恺撒，骚扰恺撒的后卫。这一次，恺撒从每个军团各抽出 300 人充当后卫。这样做似乎没有阻止拉频弩斯，这位军官从纵队的尾部拦截下一部分，很可能是恺撒准备在占领萨苏拉之后用来运载物资的驮畜。在随后发生的一场后卫冲突中，努米底亚人因过度急于保住战利品，而受到恺撒部队的严厉惩罚。他们损失了不少人，此后，拉频弩斯与恺撒保持距离，沿着恺撒右侧的山顶亦步亦趋。抵达萨苏拉之后，恺撒发动猛烈进攻，在西庇阿和拉频弩斯的眼皮子底下拿下了它，将驻军斩尽杀绝，把发现的大量粮食分发给士兵们，或者装上车辆和驮畜。西庇阿在山上作壁上观，没有试图阻挠恺撒的行动。次日，恺撒从萨苏拉启程，向提斯德拉进发，恺撒没有尝试攻打它，因为孔西第乌斯已经将其打造得固若金汤，这位勇敢而固执的军官与他的一个由角斗士组成的大队守在这里。恺撒没有时间，甚至没有攻城器械来发动围攻，何况恺撒已经获得了相当充足的粮食。

恺撒开始收兵回营，在提斯德拉和萨苏拉之间流过的小溪旁宿营过夜。1 月 26 日，他拔营启程，大概绕道他来时翻越的群山脚下，前往设在阿伽尔的营盘。西庇阿如法炮制。

塔普苏斯
（公元前 47 年 2 月）

第四十一章

大致就在这段日子里，处于国王尤巴统治下的沿海城市塔贝那（Thabena）中发生了反抗并歼灭了城中驻军，然后他们派遣一个使团来找恺撒寻求保护。"由于杀掉了国王的守军，恳切要求罗马人民看在他们为罗马人出力的分上，在这生死攸关的时候，出手资助他们。"恺撒派遣军团指挥官 M. 克里斯普斯（M. Crispus）率领一个大队、若干弓箭手和几部投射器械前往那里。

1 月底，那些因患病、休假和其他原因而滞留在西西里岛的 4000 名剩余军团士卒连同 400 名骑兵、1000 名弓箭手和投石手登船，抵达了阿非利加。掌握了全部兵力之后，恺撒再也没有理由不迫使西庇阿打一场决定性会战了。恺撒早就想攻打塔普苏斯了，但是由于他必须从更易于攻取的城镇中获得粮食，才迟迟没有动手。眼下，在发动塔普苏斯攻城战之前，恺撒决定再做一次向西庇阿发起挑战的尝试。在 1 月的最后一天，恺撒离开营盘踏上了距离特格亚不远的一片平原，等待敌军出战。按照《阿非利加战记》的说法，这片平原距离他自己的营盘有 12 千米，距离西庇阿的营盘 6 千米，但是实际距离分别不到 9 千米和 3 千米。

西庇阿不愿意冒任何风险，特格亚城就在他的营盘下面。他调出城中的 400 名骑兵[①]，部署在该城的左、右两侧，将他的军团部署在距离营盘约 1.5 千米的一座山冈上充当预备队，骑兵放在两翼，这样布置也是为了接应他们前面的特格亚骑兵。西庇阿不打算离开脚下的阵地，恺撒也不愿意在这里进攻他。

---

①译注：查洛布英文版《内战记》，应为 2000 名骑兵。

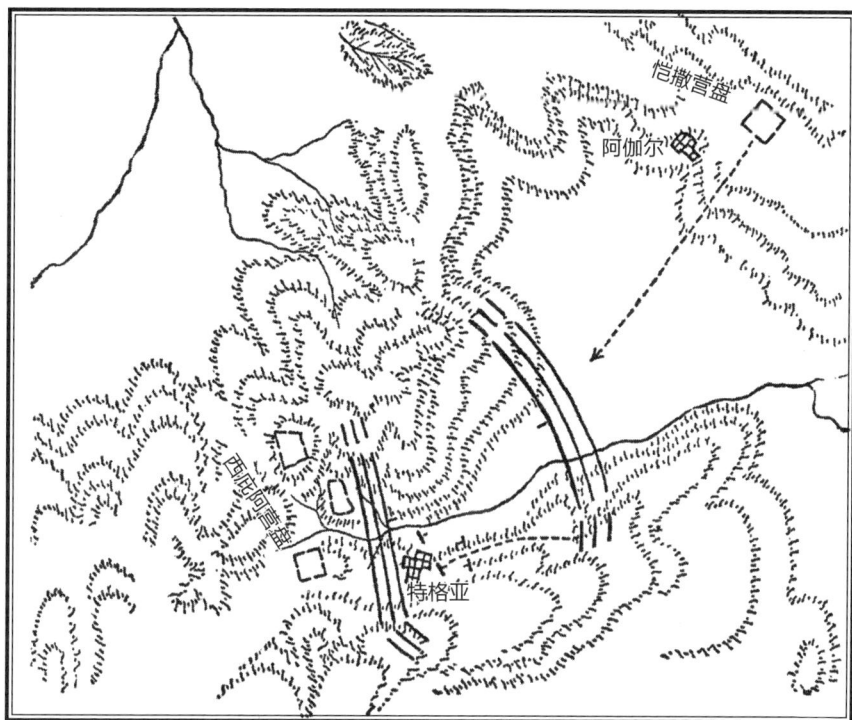

◎ 特格亚

为了引诱西庇阿出战，恺撒派出了几个骑兵中队，大约 400 人马，向特格亚骑
兵发动冲锋。按照惯例，他们得到了轻装部队的支撑。为了应对这场局部进攻，
拉频弩斯派出第二线的部分骑兵，迂回恺撒骑兵的左右两侧，再反向兜底。恺
撒命令 300 名惯于支撑骑兵的军团士卒前进。恺撒的人马不仅寡不敌众，而且
侧翼也受到了威胁，开始退却。双方都派出了援军，这场战斗似乎会演变为一
场全面会战。当恺撒的军队似乎马上就要被打垮时，一支恰到好处的步兵援军
取得了优势。经过一番顽强的战斗，西庇阿的骑兵溃散了，被追杀到 4.5 千米
外的山中，他们损失了许多军官。

　　恺撒让他的军团在阵地上待了一天，西庇阿将步兵排布在更高的位置上，
尽管局面似乎对西庇阿有利，他却绝不下到平原上接受全面会战。恺撒的一切
努力都是为了引诱西庇阿离开阵地，然而他做不到这一点，与往常一样，他不

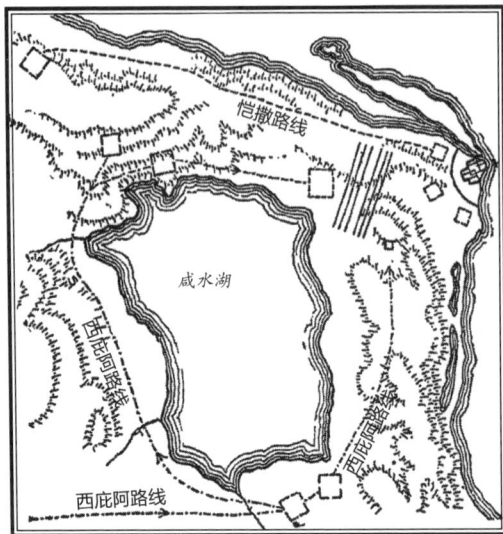

◎ 塔普苏斯和附近地区

愿意进攻地势高于自己、人数相当的敌人。尽管命运女神一贯站在他这一边,他却不愿意过多勾引她。

恺撒最终还是收兵回营"一无损失",而"敌人的一些领袖和所有他们最勇敢的人,不是被杀,就是受了伤"。相应的损失还是可以估算的。这段话说明,阿非利加战争的记述者[1]有一种缺点,就是低估本方的损失而过高估计敌人的损失,这个缺点在大多数今天叙述同时代军事事件的编年史作家身上依然可以看到。当一场战斗被相当翔实地呈现出来,而且报道了激烈战斗的时候,我们必须认定会有一些伤亡。在多数情况下,伤者不在考虑范围内。除了发生大屠杀,否则一方损失惨重而对方的损失与之差距较大的情况十分罕见。军团士兵凭借其精良的铠甲和使用盾牌的技巧,有时会战斗几个小时而不受任何伤害。只要阵型完整,他就是比较安全的。

就目前而言,围攻塔普苏斯似乎是迫使西庇阿采取行动的唯一办法,至少可以让恺撒有机会以平等条件开战。如果有什么能使西庇阿走上战场的话,那就是失去这座港口和城市的危险。而且,西庇阿的特格亚阵地附近水源稀缺,因此他不能在那作壁上观。2月3日到4日之间的夜里,恺撒拔营启程,"在夜里行军了16罗里(24千米)之后,在靠近塔普苏斯的地方扎下营",实际上走了15千米,占领了城市背后的几个高地之后,立即开始在城市周围修筑封锁线以围困它,又构筑了一道反封锁线,并在适当位置修筑堡垒强化防御,

---

① 译注:《阿非利加战记》的作者不明,但可以肯定不是恺撒。

以阻止援军进城。

海岸线从哈德鲁墨图姆开始向东南方延伸，在塔普苏斯所在的海岸位置上突然折向南方。它是一个古老的迦太基城市，城防坚固。在当今发现的该城遗址上的废墟，占地将近 0.6 平方千米。它有三层城墙，无论是天然港口还是人造港口都非常棒。城市本身地势较低，但高达 30 米的山冈沿着海岸向西和向南延伸。塔普苏斯只能从南、西方向接近，因为它附近有个咸水湖，长 10.5 千米，向内陆方向上有 4.5 千米宽。

恺撒向塔普苏斯进军，迫使西庇阿采取行动，"为了避免丧失最忠于他的塔普苏斯人和维吉利乌斯这样的奇耻大辱"。庞培阵营中召开了几次军事会议，终于决定沿着群山的走向跟随恺撒前进，除非能够占领对他们有利的地势，否则就避免发动进攻。庞培军依计而行，在距离塔普苏斯 12 千米的城南扎下两座营盘，分别属于西庇阿、尤巴。

如前文所述，塔普苏斯城西有个咸水湖，即今天的莫克宁盐沼（Sebka di Moknine），湖海之间是 1.5—3 千米宽的带状土地。恺撒已经扎下了营盘，并在城外构筑了完整的封锁线，但西庇阿认为，从他的营盘出发，沿着湖海之间的这个狭长地带，依然能通往城市，为市民送去援助。重新召开军事会议之后，将领们决定强行打通那条通往城市的道路，尤巴留在自己的营盘里面，把守庞培军的两座营盘。但是，恺撒以其出类拔萃的洞察力料敌在先，为了破坏西庇阿的计划，抢先在狭长地带的中央构筑了一座堡垒，在里面驻扎了 3 个大队，足以吓阻像西庇阿这样小心谨慎的敌人。

西庇阿拔营背向大海，直奔前面的狭长地带。他没有深入到塔普苏斯，却惊讶地发现自己居然迎面撞上了恺撒新修筑的堡垒。他完全可以采取强有力措施占领或绕过它，但新堡垒的修筑使西庇阿惊恐不安，几乎手足无措。他留在原地整整一昼夜都没有采取任何值得一提的行动，很可能返回了咸水湖南侧的营盘。现在，他决定尝试一下从湖泊的北侧绕过去。次日一早，他就绕过咸水湖，抵近了恺撒的营盘。在这里，如果他能采取积极行动，或许就切断了恺撒与勒普提斯和鲁斯皮那的联系，或者通过进攻恺撒的工事而大大加重对恺撒的压力。但是，西庇阿的磨磨蹭蹭，给了恺撒足够时间来完成工事，他也没有采取任何牵制恺撒注意力的行动。

在一两天内，恺撒就将工事修筑得妥妥帖帖，工事的两端都延伸到了海边，构成了包围全城的半圆形。敌人完全被阻隔在塔普苏斯城外。西庇阿着手在咸水湖以北构筑两座营盘，分别给尤巴和自己使用，做完这些工作之后，他于2月6日率军前往距离恺撒防线和大海都有2.25千米的一个地方，又着手构筑一个营盘。《阿非利加战记》没有记载他这样做的目的，观察当地地形也看不出个所以然来。西庇阿采取的行动动机往往模糊不清，本来他有很多事情要做，但是他却消极被动，也不愿意迫近恺撒，除非他得到了坚固工事的掩护。

恺撒绝不容许一座坚固的营盘出现在他的封锁线附近，卧榻之侧岂容他人酣睡，因此决定立即进攻西庇阿，尽管他宁愿在拿下塔普苏斯之前推迟会战。发动进攻的时间点显然在西庇阿完成其新工事之前。命令代行执政官阿斯普雷那斯（Asprenas）指挥2个军团留守塔普苏斯封锁线之后，恺撒率领其余的军队出营向西庇阿开进。他将一半舰队留在塔普苏斯城下，命令另一半舰队驶向西庇阿的营盘后方，抵近海岸后，一得到约定好的信号，就在西庇阿的后方大张旗鼓、鼓噪喧哗，并且做好登陆的准备。

西庇阿在尚未完工的堑壕前摆开了三线战阵，第三线只用于构筑工事，由轻装部队支撑的战象被部署在左、右两翼。努米底亚骑兵位于左翼，其余骑兵和轻装部队位于右翼。他的左翼几乎到了海边。恺撒同样摆开三条战线，第2、10军团位居右翼，第8、9军团居左，中路布置了5个军团。侧翼面对西庇阿的战象，他把第5军团一分为二，得到弓箭手和投石手帮助的各5个精锐大队分别置于两翼提供进一步掩护。他的骑兵与轻步兵混编在一起。他亲自从一个军团步行到下一个军团，通过提醒老兵们回忆过往胜利来鼓励他们的斗志，通过敦促新兵们赢得同样的荣誉来激发他们的争胜之心。所有人都热血沸腾地意识到，他们为之奋斗了好几个星期的决战，终于要打响了。

敌人却并不如此。西庇阿的部下因大吃一惊而惶恐不安，他们看到恺撒正要发动进攻，而他们的营盘还没有竣工。他们因修筑工事而体力不足，似乎群龙无首、秩序混乱。恺撒的部下能够看到敌人的队伍进进出出，仿佛对迫在眉睫的决战完全没有准备。恺撒的军团将士们恳请他立即发动进攻，因为他们从敌人的惊慌失措中看到了必胜的迹象。对新建部队而言，战象是一种陌生和可怕的巨兽，敌人的努米底亚骑兵数量庞大，除了在鲁斯皮那制造了灾难之

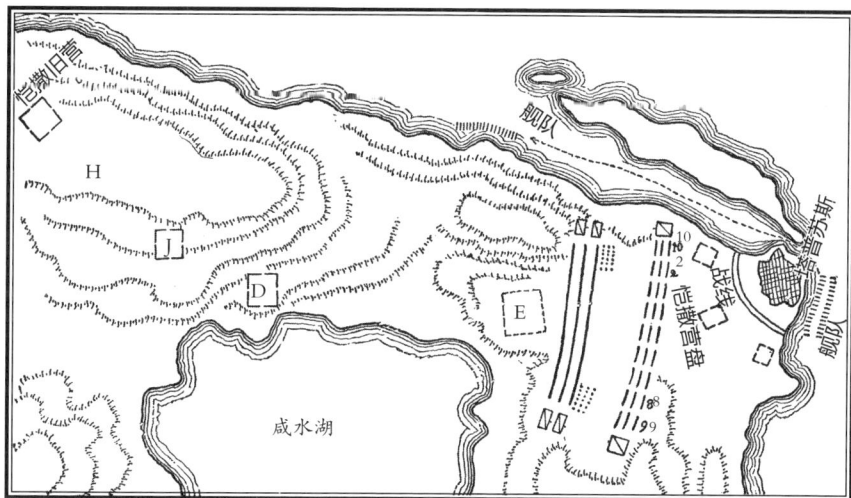

◎ 塔普苏斯战役

外，几乎所有努米底亚骑兵都是骁勇、矫健的战士，有鉴于此，恺撒决定从长
计议。就在统帅犹豫踌躇的时候，他的部下动手了。进攻实际上是由右翼的一
名号手发起的，第 10 军团的士兵们强迫他在恺撒下达命令之前吹响冲锋号。
这是人类历史上最不同寻常的军纪涣散的事例之一。这令人想起发生在任务岭
（Mission Ridge）的冲锋 ①，不过任务岭事件并没有真正违反命令，只是在执行
命令时过度亢奋而已。

　　冲锋号声按照往常的方式，沿着战线接力重复下去，各个大队冲锋向前，
无法挽回。见此情景，恺撒充分利用了部队的战斗热情，发出了"祝你胜利"
（Felicitas）的战斗口号，"摧动自己的马，急速向敌人的第一列冲去"。位于右
翼的弓箭手、投石手和各个大队，为了对付战象而接受过特别训练，现在他们
熟练地冲向战象，迅速用如雨而下的标枪、投石把这些巨兽打得受惊，它们转
身将无数自己人踩在脚下，自顾自地跑回营盘，还堵住了营门，从而完全摧垮
了左翼毛里塔尼亚骑兵的士气，令他们魂飞魄散、逃之夭夭。现在，两军的步

————————————

① 译注：美国内战时期的查塔努加战役期间的战斗。

517

兵线迎头相撞了。庞培的军团打得出人意料地出色，居然坚持了几个小时。日落时分，恺撒的军团依然没有获胜。经过一番英勇搏杀之后，西庇阿的右翼的士气逐渐垮了下去，继而中路也受到了传染。此后不久，整条战线就土崩瓦解了，向尚未完工的营盘溃退下去。恺撒的左右两翼军团很快就从两侧包抄了敌军侧翼，继而占领了庞培军几近弃守的工事。高级军官们担心被恺撒俘获之后前途未卜，面对大难临头的迹象手足无措，便从战场上溜之大吉了。看到长官们都逃跑了，全军彻底陷入恐慌，溃散成了没有阵型可言的小分队，各尽所能地逃出战场。新营盘中的战斗转瞬即逝，西庇阿的部下遭到集体屠杀，所有还在逃命的溃兵，向咸水湖以北的旧营逃窜。

与此同时，塔普苏斯守军沿着海岸发动了一次突围，涉水踏过海浪去帮助他们的战友，但是被驻扎在封锁线中的随营军奴和非战斗人员打了回去，这些人员是恺撒留下来准备攻打西庇阿的。

恺撒的军团紧追不舍。西庇阿、拉频弩斯、阿弗拉尼乌斯和其他将军已经溜之大吉，丝毫没有继续抵抗的迹象，他们的军队已经沦为一大帮逃犯。这帮人竭力在旧营中集结起来，他们在营中依然可以进行顽强抵抗，但群龙无首。看到没有军官在场，他们认为军官们已经逃进了附近的尤巴的营盘，便动身去找。结果，他们发现这座营盘也落入了恺撒之手，而且左翼被恺撒军包抄了，便立即逃到旁边的一座山冈上打算自卫。当追兵逼近时，他们惊慌失措，"按照军队中敬礼的方式，把武器低垂下来"，也就是做出了常见的投降手势。

投降无济于事。恺撒的士兵们愤怒交加，没有注意到对方的手势。罗马民族天性残忍，与古代所有从军者一样，恺撒麾下的军团士兵们也具备民族精神，长期以来他们一直指责恺撒的仁慈宽厚，他们已经打了三年内战，现在打算终结战争，结果完全失去了控制。尽管恺撒急于阻止罗马人流血，却也无法阻拦这股愤怒的狂澜。军团将士们激情澎湃、热血沸腾，不仅屠杀了武装人员，还分散开来疯狂砍翻了每个败兵，在疯狂情绪的支配下，他们杀掉了许多自己阵营内的罗马公民，有人高声疾呼说他们是战争的元凶，或者是庞培事业的秘密追随者：

　　这种事情一发生，许多罗马骑士和元老都害怕起来，纷纷退出战斗，免得也被这些士兵杀掉，这些人正因为已经得到辉煌的胜利而肆无忌惮，自以为无论犯什么罪行都会看在巨大的成功面上得到宽恕，因而，虽然所有这些西庇阿的士兵都在要求恺撒接受他们投诚，虽然恺撒自己也在一旁看着，要求士兵们宽恕他们，但他们一个人都没留下来。

军团的失控是对其军纪的最严厉批评。人们几乎无法将这种军纪废弛与几周以来恺撒麾下的军队联系起来。普鲁塔克说有几位作家声称恺撒由于癫痫发作而根本没有参加这场战役。这种说辞与其他地方的事实或可能性都不相符，如果有什么可以支持这种说法的话，那就是恺撒在会战开始和结束时，在战场上表现出的对其部下引人注目的缺乏控制。他们在法萨卢的表现与此形成了鲜明对比。

至少1万人被杀，64头战象被缴获。西庇阿的军队全军覆没。至于恺撒的军队，按照《阿非利加战记》的说法，损失是不到50人阵亡和若干人负伤。让我们想象一下，在19世纪，一支4万人的军队以如此微不足道的损失，赢得一场决定性会战！

西庇阿、尤巴、拉频弩斯、阿弗拉尼乌斯和其他首脑人物的逃亡，对他们并没有什么好处。其中的多数人无法逃脱厄运的追逐，无论走陆路还是从海上逃亡，他们要么在今天毙命，要么在几周内完蛋。拉频弩斯前往西班牙。西庇阿上了他的船，但受阻于恶劣天气被迫去了希波（Hippo），随即遭到西提乌斯的进攻，在随后的行动中毙命。一些级别较低的人物逃到了乌提卡。

塔普苏斯城并没有在这场大捷之后开门投降，尽管恺撒正式要求守军投降，向他们展示俘获的战象，恺撒留下代执政官盖乌斯·雷比卢斯（Caius Rebellius）率领3个军团继续围城，派遣格涅乌斯·多米提乌斯率领2个军团去围攻孔西第乌斯镇守的提斯德拉，同时给他的部队高度赞扬和丰厚奖励，第5军团被允许采用战象作为军团标志。恺撒率军启程，分别于2月10日和11日拿下乌兹塔和哈德鲁墨图姆，他在那里找到了西庇阿的库藏和大量军用物资。由此出发，他向乌提卡进军，墨萨拉（Messala）率领骑兵充当前锋。他急于抓住加图和躲进乌提卡的西庇阿的几名部将。

西庇阿率领骑兵全身而退，向乌提卡进发，但他的步兵却逃不掉。逃亡路上的帕拉达（Parada）拒绝他们进城，但被强行破门而入。为了报复遭到的拒绝，他们在城市广场上燃起大火，将市民的手脚都捆起来，连同所有不能带走的财物都扔进火堆。这番赤裸裸的野蛮暴行之后，他们向乌提卡前进，在这里他们也开始抢劫和屠杀，靠加图和苏拉·福斯图斯（Sylla Faustus）的赎买，他们才停手。加图试图煽动市民抗拒恺撒，但是，除了获得放这帮庞培党徒前往西班牙的准许之外，他一无所获，2月12日，加图自尽了。

加图是恺撒最有能力的对手。如果庞培党人没有将军事指挥权交给西庇阿，恺撒也许不会如此轻松结束阿非利加战役。加图死后，他的财务官路求·恺撒决定向恺撒献城投降，希望靠恺撒的仁慈大度来保全自己和全城百姓。苏拉纠集了一帮人马，退入尤巴的国土。

墨萨拉率领恺撒的骑兵先头部队很快就到了乌提卡，他在城门上设置了卫兵。恺撒紧随其后，于2月16日到达乌提卡，他轻易就被说服饶恕叛军的性命，但他惩罚这个罗马人建立的城邦缴纳20万塞斯退斯^①的巨款，因为它曾经资助过瓦鲁斯和西庇阿。

国王尤巴与佩特雷尤斯一同亡命天涯，俩人昼伏夜行，逃到了扎马（Zama），尤巴的家人和资财都在此地。他的臣民拒绝放他进城，并吁请恺撒来剿灭他，因为尤巴曾经恫吓市民们说，如果他从战争中归来却没有获胜，他就会将自己、自己的全部财产和所有扎马人都付之一炬。恺撒一得到这个消息就立即亲自赶往扎马。一路之上，尤巴的许多军官和几乎全部骑兵都跑来向恺撒投降。恺撒赦免了所有人，使他们都摇身一变成了他的坚定追随者。无奈之下，尤巴和佩特雷尤斯互相杀死了对方，双双毙命。3月6日，恺撒抵达扎马，没收了国王和那些依然武装反对他的罗马公民的全部财产，并将尤巴的王国纳为罗马共和国的一个行省，留下克里斯普斯·撒路斯提乌斯（Crispus Sallustius）担任行省总督。

与此同时，孔西第乌斯放弃萨苏拉出逃。他的部队在逃跑途中杀害了他，

---

① 译注：原文为20万（two hundred thousand），误，应为2亿（two hundred million）。

夺取了他的财物，然后一哄而散。维里吉琉斯（Virgilius）在塔普苏斯向卡尼尼乌斯（Caninius）① 投降。西提乌斯击败了萨布拉，在返回恺撒身边的路上遇到了福斯图斯和阿弗拉尼乌斯，这两位已经率领部下逃出了乌提卡，他们约有1500多人，曾经试图洗劫乌提卡，西提乌斯包围和俘虏了整支敌军。那两位将军在一两天之后发生的一场兵变中被杀。西提乌斯的效劳换得的奖赏是基尔塔城，他在这里安置了他的非正规部队。

在所有曾反对自己的城市中，恺撒都没收和拍卖了叛乱分子的财产，又罚塔普苏斯和哈德鲁墨图姆及其商人各缴纳 5 万和 8 万塞斯退斯② 。其他城镇也按照比例处以罚款。随后，他于 4 月 14 日登船前往撒丁岛，在那里用同样的手段惩罚他的敌人，再由此驶向罗马。5 月 25 日，他返回了罗马。他总共离开罗马六个月，其中有四个半月是在阿非利加度过的。

从 6 月到 11 月，恺撒在罗马举办了四场凯旋式，分别庆祝他战胜高卢人、法尔那西斯、埃及和国王尤巴的赫赫武功。根据罗马宪法，内战的胜利不配举办凯旋式。在举办凯旋式的日子里，恺撒为罗马人民带来了迄今为止前所未有的最壮观的场面，超过 400 头狮子和 50 头大象在斗兽场中生死相搏。早已承诺的慷慨赏赐被分发给了士兵们，百人队长的所得翻一番，军团指挥官和骑兵中队长的所得翻两番。除此之外，参战人员都得到了土地，尽管不是事先承诺的份额。恺撒当选为次年（公元前 45 年）的执政官，并被任命为任期十年的独裁官。他在罗马的逗留时间并不长。公元前 46 年 11 月，从阿非利加返回首都的七个月后，他被召唤到西班牙去镇压庞培余党发动的叛乱。

阿非利加战争一言难尽，令人费解。从一个角度看，此战似乎是一个最难完成的任务，耗尽了恺撒的精力。另一方面，当我们注意到与他对垒的将军和军团的低劣素质，以及他处理对手的异常谨慎的态度时，此役似乎并不是一场像其他战事一样辉煌的战役。阿非利加战争的爆发，缘于恺撒在亚历山大

---

① 译注：这个卡尼尼乌斯就是前文提到的，继续主持围攻塔普苏斯城的盖乌斯·雷比卢斯，此人的全名叫盖乌斯·卡尼尼乌斯·雷比卢斯，作者似乎很喜欢对同一人使用不同的称呼。

② 译注：两个罚款数字都错了，分别应该是 500 万和 800 万。

陷入了无谓的政治纷争和有损个人名誉的温柔陷阱。他的拖延给了庞培派阴谋分子将近一年时间来策划反抗，并使他们能够在阿非利加组织和实施一场战役，在西班牙还有另一场。如果庞培死后，恺撒立即将兵锋指向他最顽固的对手加图和西庇阿，或者，如果他从一开始就率领多个军团，而非不到一个军团去亚历山大的话，那么阿非利加和西班牙战役本来都是可以避免的。

我们不是在评价一个普通人，而是一个也许是有史以来世界上最伟大的人物——一位罕有其匹的军人的工作。在平庸将军身上不会受到关注的事情，发生在恺撒身上就会迫使我们吹毛求疵。

所有这些问题的根源，都在于恺撒那应受谴责的习惯——以不够充足的资源贸然行事。他率领一半兵力前往希腊，被迫打了几个月的防御战。他只率领4000人乘船前往亚历山大，这一鲁莽行动引发了那里漫长而艰苦的斗争。他以少得令人发指的兵力进军本都，奇迹般地在灾难中反败为胜。他来到阿非利加时面临的处境，若非恺撒自己吉星高照，一定会让他一败涂地。这不仅仅是莽撞之举，还为后续行动带来了极大复杂性，远远超过每一场战役启动时就小心谨慎所能带来的复杂性。如果把这几个月计算在内，我们就会发现恺撒打的所有战役之中，有一大半是为了把他从自己挖的坑里拽出来。

恺撒的大部分战役，本质上要么缘于不必要的拖延，要么出自莽撞的盲动。与此同时，我们不能忘记，正是这些战役体现了他作为一位军人的伟大品质，在战争艺术方面教会了我们后人许许多多。

当恺撒清醒意识到阿非利加战事的危险时，他急于稳定局面和采取措施，导致他忽略了最司空见惯的预防手段。他一定知道，或者无论如何都能确定，在阿非利加与他作对的敌军人数。但是他显然毫无顾忌，与他当年只率领一半人马就从布隆狄西乌姆启程去追杀庞培一样，现在仅仅率领六个军团和2000名骑兵，就乘着比西庇阿的舰队弱得多的舰队，从吕拜乌姆扬帆起航了，当时正处于一年中风暴多发的季节，最不同寻常的是，鉴于海风吹散舰队的可能性不小，而且确实发生了，他居然没有提前指定这种情况下的舰队集合地点。恺撒需要好运才能克服这样的粗心大意带来的困难。等到他把部队集结起来，风向更适合出航的季节再采取行动，貌似是一个更为妥当的计划。这样一来他就可以一战定乾坤，打垮反对派。阿非利加战役的大半是为了避免恺撒的人数劣势——尽管恺撒控制着罗马共和国的巨大资源——所带来的自然后果，或者是为了搜寻他本应在起航之前就筹备停当的粮秣。由于准备不够充分，恺撒的处境比与之地位相当的伟大统帅都要严峻。其他的伟大统帅没有一位像他这样毫无必要地莽撞，也都没像他这样更依赖好运道，其他人都不曾拥有能让自己摆脱危局的超好运气。

恺撒身上有一种大胆与谨慎兼备的奇特气质，我们常常忍不住会相信，我们根本不了解他所处的工作环境。《阿非利加战记》的作者以一种含糊不清的方式叙述事情，从而迫使我们通过研究地形来补充他字面下的隐含意义。一个只有敌人的一半兵力就敢于在迪拉基乌姆封锁庞培，以同样的兵力在法萨卢仰攻山坡上的庞培的人，竟然不愿意在有利得多的条件下进攻西庇阿，这的确是个难解之谜。这个敢于策划和实施泽塔奔袭战的人——这场奔袭与波斯门前的亚历山大大军采取的游击行动不相上下——应该不会情愿穿过乌兹塔的山谷，或者至少会在奋力率军回营的路上进攻西庇阿，他的所作所为我们都几乎无法理解。尽管如此，那位历史学家的说辞与实地地形还是一致的。相比于亚历山大和汉尼拔，我们更了解恺撒身处的环境。我们不得不把恺撒的犹豫不决，完全归因于他的心情。

恺撒的机动一贯精彩纷呈。他构筑工事而不打仗的原因更难理解。恺撒本质上是一位斗士，他不像亚历山大，也不像腓特烈，但仍然是一位才能出众、积极主动的战术家。但是，他常常无缘无故表现出不愿意打仗的样子，即使他的部下正虎视眈眈地准备夺取胜利。他的机动相当惊艳，以至于他渴望将机动升华为一种使敌人在他发动进攻前就陷入不利局面的艺术。他在塔普苏斯城下的犹豫，导致了这样的评价：他让会战万事俱备，而胜利是由部下赢得的。当恺撒兵力不足的时候，他的谨慎持重是情有可原的，但是当他的兵力可观的时候，他的谨慎却没减少多少。他在阿非利加的敌人绝非一个能人，西庇阿军团也不像恺撒的那样坚强。然而，过分的谨慎让恺撒给人留下的明显印象是，他在制伏西庇阿方面比解决伟大的庞培更加困难。他遇到的困难主要是由他自己造成的，正因为他是恺撒，我们才对他的犹豫不决感到困惑。

这只是问题的一个方面。另一方面，恺撒的举措、智谋、技巧和在小规模行动中的灵光乍现、对眼前问题的战略必要性的开阔眼界，以及他对所有计划的执行都为他打上了天才的印章。如果我们考虑时间因素，恺撒更是无与伦比的。在内战期间，从他进入战场开始，意大利战役仅仅持续了60天，伊莱尔达战役历时6周，伊庇鲁斯战役历时7个月，亚历山大战役6个月，本都战役仅有1周，阿非利加战役历时3个月出头，西班牙战役耗时也一样。当我们注意到，在伊庇鲁斯和亚历山大战争期间，从战役耗时之短、战果之大的角度上说，恺撒在各位伟大统帅的军事生涯中是无与伦比的。

西班牙
（公元前 46 年 12 月至前 45 年 8 月）

第四十二章

罗马人将西班牙一分为三：位于北部的塔拉科嫩（Tarraconensis）或远西班牙，位于南部的拜提卡（Baetica）和西部的卢西塔尼亚。就在恺撒像在希腊击败庞培那样做战备工作的时候，奎因都斯·卡西乌斯·朗基努斯正在西班牙

◎ 西班牙

胡作非为。在内战的前几个月内，卡西乌斯作为人民保民官在恺撒手下出色效劳，征服西班牙之后，与原属瓦罗的几个军团被恺撒留在了西班牙。他的恶行遭到了西班牙民众的强烈反对，尽管他以其异乎寻常的慷慨维持住了老兵们的感情，但这是一种会破坏军纪的做法。一段时间以来，他通过残酷地压榨百姓来搜刮钱财，将这些钱浪费在军队并不需要的装备上面，让军人们过上了奢靡生活。他靠大把撒钱和提供装备，组建了第5军团和3000名骑兵。在法萨卢战役爆发之前，卡西乌斯接到恺撒的命令，要他取道毛里塔尼亚向努米底亚进军，努米底亚国王尤巴正在那里支持庞培的事业，而且还在为此招兵买马。如果有工作要做，卡西乌斯并不缺少活力，他正准备启程的时候，差点被他曾经伤害过的人刺杀了。好在他得救了，保住了性命，除了少数几人获许用1万到5万塞斯退斯的钱赎罪之外，其他同谋案犯都被拷打致死。这番历险之后，他变得比之前更加残暴。随后发生了一场叛乱，出现了将西班牙交给庞培党的危险，正因为恺撒一名部将犯下的暴行，帮助庞培的党徒再次死灰复燃。在西班牙的朋友们的要求下，恺撒派遣马赛的征服者德来朋纽斯去取代卡西乌斯。至于卡西乌斯，在起航离开那个对他满怀怨恨的省份时淹死在埃布罗河里了。

小格涅乌斯·庞培在惨败于毛里塔尼亚之后，乘船前往巴利阿里群岛，最后到达并占领了西班牙南部的拜提卡，在当地受到因恺撒的部将们的暴行而疏远恺撒的多数百姓的热烈欢迎，被欢呼为"胜利将军"。他将德来朋纽斯赶出了这个地区；通过掠夺许多平民的财产、广泛的横征暴敛和高压手段，设法召集了一支庞大的军队。塔普苏斯大败之后，许多庞培党流亡者，包括他的弟弟塞克斯图斯·庞培、拉频弩斯和瓦罗率领他们能保住的小股残兵败将设法投奔了小庞培。通过种种手段，以13个军团的残部为核心的军队被召集起来，置于时年24岁的小庞培①的最高指挥之下，无论如何，他都是一个缺少胆气和能力的年轻人。

拜提卡是一片被丘陵和河流分割得支离破碎的土地，有着丰富的资源、坚固的城镇和阵地，小庞培有很大机会把一场防御战拖延下去。这使得恺撒必

---

① 译注：小格涅乌斯·庞培约生于公元前75年，时年约29岁。

须立即离开罗马。他原以为内战已经结束，但他的想法被从西班牙传来的消息击得粉碎。公元前46年10月和11月间，他得到了消息。他首先派遣奎因都斯·费边和奎因都斯·彼迪乌斯（Quintus Pedius）率部前往西班牙，狄狄乌斯（Didius）率领一支舰队同往。狄狄乌斯在海上击败了瓦鲁斯，将其赶回卡尔特亚（Carteia）。公元前46年12月，恺撒离开罗马。我们不知道他走了哪条路。阿庇安、斯特拉波和欧特罗庇厄斯（Eutropius）断定，他在离开罗马的二十七天内就赶到了奥布科（Obulco）[①]。据，他出海乘船不到三周时间就到了萨贡托，再用一周时间就到了奥布科。有一件事情似乎是确信无疑的，他从罗马出发后，不到一个月就到了西班牙，肯定比他预计要早，而且比他的部队还要早。在他抵达西班牙的谣言传播开来之前，他就踏上了这片土地。

到达后，恺撒从来自科尔杜巴（今科尔多瓦）的使节那里获悉，这座由塞克斯图斯·庞培镇守的城市防御薄弱，可以轻松拿下。庞培已经派出侦察兵去打探恺撒的动向，但这些人统统被俘。小格涅乌斯·庞培正在攻打乌利亚（Ulia）[②]——拜提卡地区最后一座与他作对的城市。为了解救乌利亚，恺撒派遣熟悉这个行省而且在当地颇有名气的路求·维比乌斯·柏基埃库斯（Lucius Vibius Paciaecus）率领由11个大队和一大批骑兵组成的部队出发。在一场暴风雨中，柏基埃库斯利用恶劣天气带来的黑暗和敌人的麻痹大意设法进了城。有了这支新来的生力军，乌利亚无论如何都会继续坚守下去，除此之外，为了诱使小庞培撤围，大约在1月8日，恺撒决定围魏救赵，怀着一举拿下的希望向科尔杜巴进军。恺撒以骑兵开路，后面跟着一群精挑细选的重装步兵。当骑兵逼近科尔杜巴时，恺撒采用了一个计谋，当他们靠近城墙时，让重步兵骑上马，躲在骑兵后面，这样敌人就看不见步兵了。于是，科尔杜巴人冲出城外，攻打他们认为想要践踏他们国土的"骑兵"。随队步兵下马列阵，向敌人猛扑过去，出城的守军几乎片甲无归。但是，这场胜利没有换来恺撒想要的成果。

恺撒在科尔杜巴的出现和救援乌利亚迫使小庞培放弃了对马上就要投降

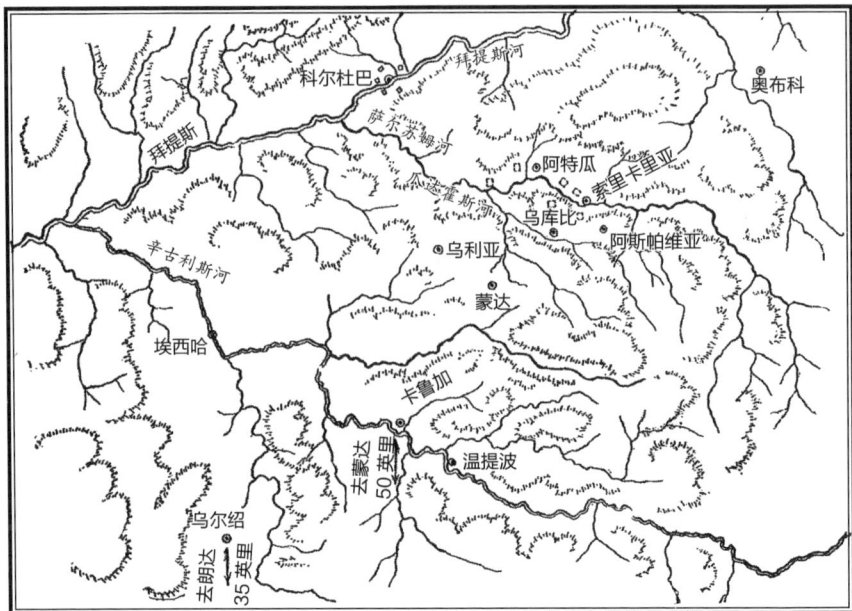

◎ 西班牙战场

的乌利亚的围攻，转而前往行省首府科尔杜巴，他的弟弟塞克斯图斯告诉他，担心自己对抗不了恺撒。很明显，小庞培对恺撒的到来准备不足，也没想到恺撒会亲自前来。

关于眼下发生的事件，《西班牙战记》的描述是以晦涩难懂的方式给出的。就像《阿非利加战记》一样，《西班牙战记》曾被认为是由希尔提乌斯·潘萨（Hirtius Pansa）编写的，但这两部《战记》肯定都不是他写的，它们的作者不详。读者必须全力解读行文。正文的大部分是非常琐碎的细节，重要的行动被一笔带过，甚至被完全省略掉了。地形是唯一可靠的指南，只要你猜测是或者可能是事发地点的地方，都已经得到了仔细研究和数据对比。发掘工作很少。有时候，有必要扭曲或修改某些段落的文意或文字，以使这些叙述与其他同样积极正面的资料一致。不过整体而言，我们对自己的总的立场有着合理适度的把握，但是关于西班牙战役的细节尚不完善，某些描述也缺乏连贯性。

1月10日前后，恺撒抵达拜提斯河（今瓜达尔基维尔河）河畔，发现庞

528

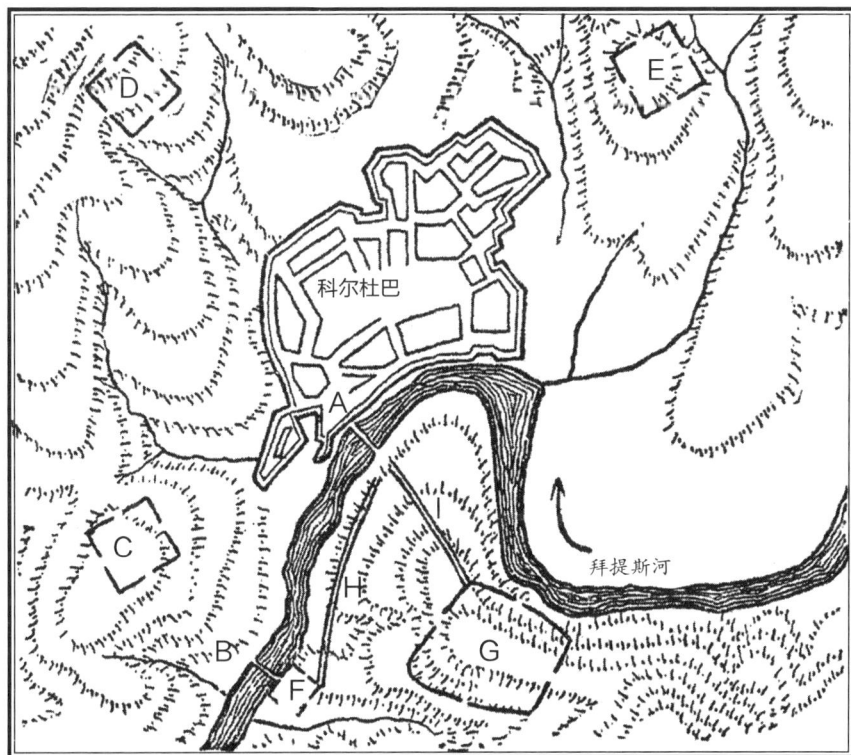

◎ 科尔杜巴

培军控制着河上的唯一桥梁（图上位置 A），河水太深不可能徒涉。因此，他在城市下游（图上位置 B）沉下成篮的石块，作为建造桥墩的基础，在桥墩上面铺设桥面，将全军分为三部分，从桥上到河右岸，每一部都在对岸的适当位置上扎下一座坚固的营盘（图上位置 C、D、E）。此后，他在河左岸建造了一座优良的桥头堡（图上位置 F）。当小庞培从乌利亚撤围赶到科尔杜巴城下时，就在正对着恺撒的桥头堡的城南高地上安营扎寨，希望能途经旧桥进入科尔杜巴。

恺撒开始行动了，试图将小庞培隔离在城外，阻止其进城。恺撒以坚决要守住桥头的态势，"开始筑一道工事，向桥梁那边伸过去"（图上位置 H），同时威胁着要截断小庞培通往城市的便捷通道，从而断绝他的给养。他可能在

529

夜间出其不意地向桥南派遣一支部队，并迅速加固了桥头堡的防御工事，恺撒一贯喜欢用土木工事来确保安全。他沿着河岸向小庞培扎营的那座山冈脚下的桥头构筑工事线。

小庞培的计划当然是控制桥头，这座河桥的另一端位于城墙上的一座塔楼附近，事实上它可以让他更安全地到达桥头。对他的弟弟塞克斯图斯而言，在河桥南端设防本来是一件轻而易举的事情，但是他却舒舒服服地待在城墙内。小庞培看到恺撒的工事之后，开始构筑一道从自己的营盘通往河桥的工事线（图上位置 I）。只要双方都不愿意为争夺河桥而战，那么构筑工事的速度就成了问题关键。

这场土木建设竞赛开始了，为了占据这座桥，双方发生了一系列激烈冲突。工地附近每天都会发生散兵冲突，双方都无法夸耀自己占了上风。大约在 1 月 20 日，小庞培终于发动了大举进攻，突破了恺撒的防线，打开了通往桥头的通道。战斗极其惨烈。军团士兵们近身肉搏，死于刀剑的加上失足落水而死的多达上百人，"双方势均力敌，不仅死者一批接一批，而且尸体枕藉，一堆又一堆"。尽管进行了激烈战斗，恺撒显然还是被打败了。小庞培占据了河桥，进入了科尔杜巴。恺撒在城下逗留了一段时间，希望迫使小庞培与自己打一场堂堂正正的会战，一举结束战争，但是他发现自己无法在有利条件下开战，于是他放弃了夺取科尔杜巴的打算。鉴于长期围困并不可取，他撤走了部队。当恺撒撤军时，小庞培用许多投射器械加强了科尔杜巴的城防。

恺撒坚信自己可以通过攻打小庞培的南侧小要塞来取得更大进展，也许还能在行动中抓住一个会战机会。此外，占据一部分敌军的补给基地，是满足军队粮饷需要的最简单办法。位于科尔多瓦东南的阿特瓜^①是个城防相当坚固的城镇，坐落在拥有天险的高地上。恺撒选择这个小城作为第一次试水的目标。1 月 20 日，他与以往一样悄悄调集自己的人马，在营盘里燃起夜间篝火来麻痹敌人之后，利用夜暗过河向阿特瓜挺进。那里有大量粮秣，而恺撒依然缺粮

---

① 译注：今西班牙特瓦（Teba）。

530

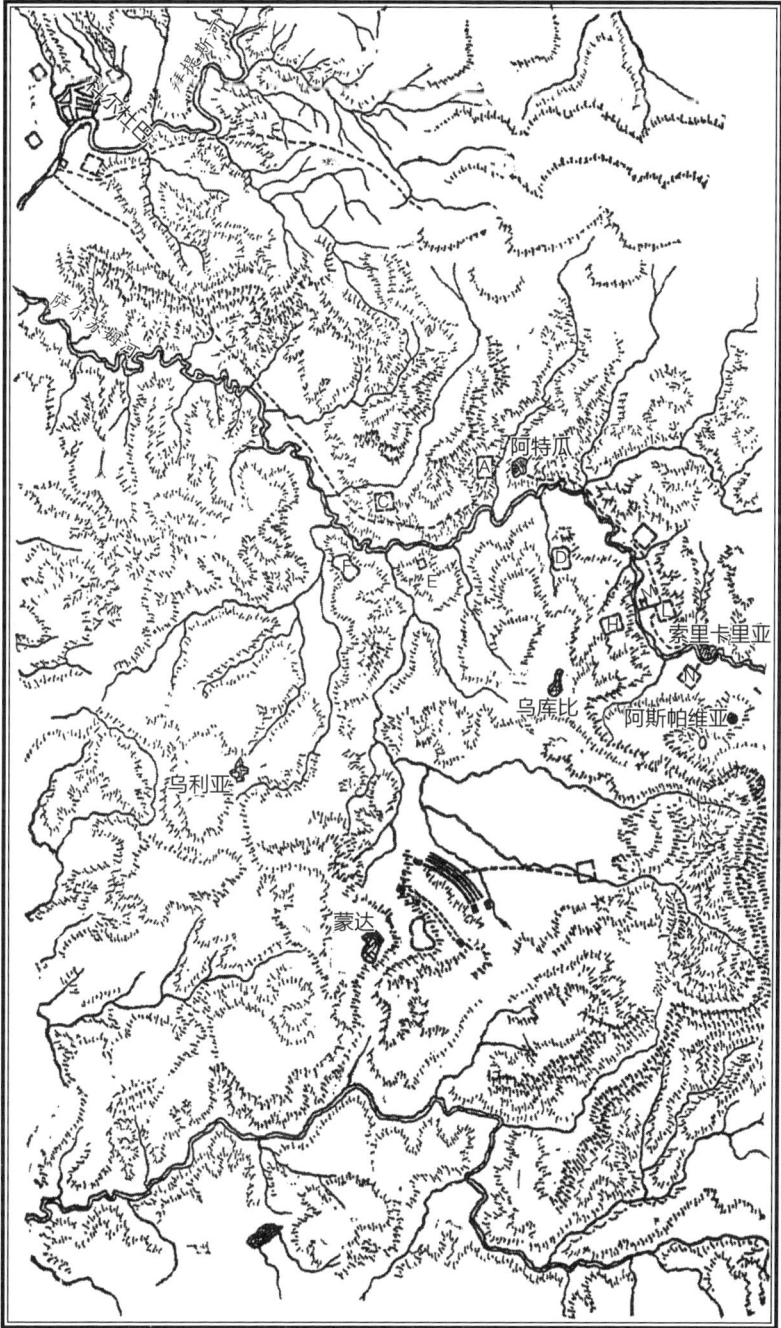

◎ 从科尔杜巴到蒙达

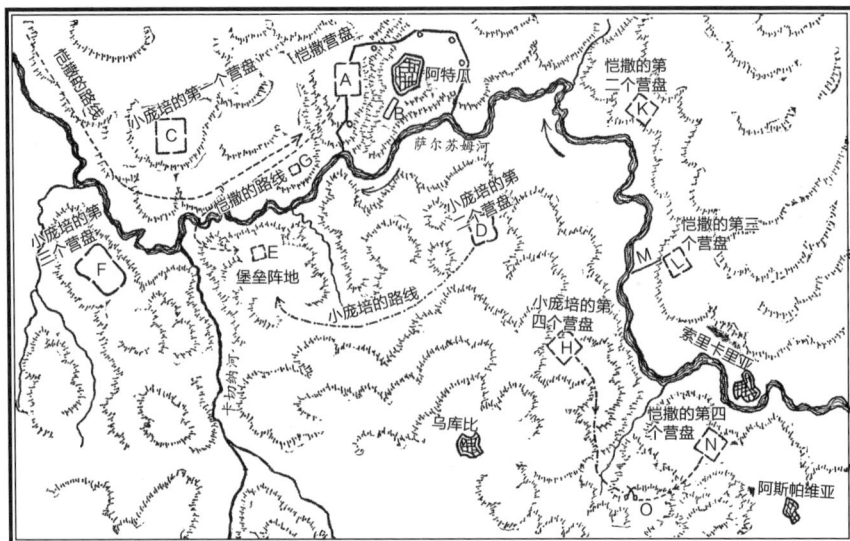

◎ 阿特瓜

少草。这个国度多山，阿特瓜坐落在距离萨尔苏姆河①大约 1500 米的一座高地上，萨尔苏姆河是一条狭浅的河流。次日清晨，恺撒到达了城下，立即对其发动围攻。他在城西的山冈上安营扎寨（图上位置 A），在城周围构筑起包括许多堡垒的坚固封锁线，为骑兵和步兵哨所提供保护，又堆砌了一座土山（图上位置 B），山上安置盾车和投射器械，做好了发动强攻的准备。古代的市民在城外几乎所有高地上都建造了瞭望塔，作为抵御蛮族的一种安全手段，它们在恺撒的工事中发挥了良好的作用。

次日早晨，小庞培得知恺撒已经拔营而去，他的第一反应是兴高采烈地进了科尔杜巴城。他觉得自己在与那位伟大军人的比赛中先下一局。此外，鉴于他掌控着当地大多数城镇，冬季会对他更有利。

小庞培猜测恺撒要去攻打阿特瓜，而它是一座坚固的城镇，足以抵挡恺撒的攻势。当他听说阿特瓜确实遭到围困时，便出兵尾随恺撒，一周之后，在

---

① 译注：今瓜达霍斯河（Guadajoz）。

攻城行动取得重大进展之前也到了阿特瓜。在浓雾的掩护下，他的突然出现使他一举包围了恺撒的几队迷路的骑兵巡逻队，将他们全部歼灭。由于不愿意失去与科尔杜巴的联系，小庞培在恺撒营盘以西的山冈上扎下了第一个营盘（图上位置 C），依然在萨尔苏姆河北岸。次日（大约是 1 月 28 日），小庞培改了主意，放火烧掉这个营盘，渡过萨尔苏姆河，在阿特瓜以南构筑了一座新营盘（图上位置 D），从阿特瓜和乌库比（Ucubis）都可以瞭望到它，乌库比就是今天的埃斯佩霍（Espejo），当时是小庞培手中另一座坚城。尽管他率领 13 个军团在阿特瓜附近出现，就算没有给恺撒及其部队带来焦虑，也带来了很多麻烦，但小庞培也未能为阿特瓜带来任何援助，在双方的前哨冲突中，恺撒军通常会占据上风。

小庞培确实"拥有 13 个军团的鹰帜和旗号"，但没有一个军团是满编的，兵员素质也不怎么样。原属瓦罗麾下，后来投奔了恺撒的两个本地军团被恺撒交给了朗基努斯和德来朋纽斯，前不久又发动叛乱投奔了小庞培，其中之一是在西班牙的罗马殖民地中招募的，另一个曾跟着阿弗拉尼乌斯在阿非利加作战。其他部队多由庞培旧军队中的逃亡者、逃兵和西班牙人组成。因此，小庞培的四个军团可以说是老兵，其余的都是新兵。他有数千名骑兵，大约 1.2 万名辅助部队。恺撒有 8 个军团，以及后来增援的 8000 名骑兵。他的轻装部队的素质很可能高于小庞培的部队，数量也更多。不算辅助部队的话，两位统帅各约有 5 万人。那些筋疲力尽的老军人的感情是非常痛苦的，战争绝不会缺少暴行。

这个地区的特征是多山，城镇建在易于防守的高地上，小庞培因此能在不同的地点扎营，实施轻易而持久的防御。西班牙一贯以其防御性战争闻名。这个重峦叠嶂的国度特别适于防御。每个远离城市的小地方也都建在高地上，拥有设防工事，哨兵们无时无刻不在警惕地守望着。任何与当地人友善的人，都会拥有强大和能干的盟友。

登上这个国度的无数瞭望塔楼中的任何一座，你都会在每个方向上看到无数圆滚滚、光秃秃的高地，"仿佛一座所有屋顶都是圆形的巨大城市"。几乎所有山冈都适于扎营，每个转折之处都是易守难攻的阵地。

为了巩固自己的阵地，保持良好的警戒视野，控制更多地盘，恺撒占据了一座合适的高地——波斯图弥乌斯营地（Castra Postumiana），在上面构筑了工事，它距离恺撒的主营约 6 千米（532 页图上位置 E）。它与恺撒的营盘之间有萨尔苏姆河相隔，对小庞培的营盘构成了威胁。小庞培还有一种想法，如果他进攻它，恺撒就会无法轻易脱身。他计划在夜间袭击这座堡垒，作为转移恺撒对阿特瓜的注意力的手段。2 月 4 日午夜，小庞培神不知鬼不觉地到了那里，但是在他动手之前守军就发出了警报，并迅速拿起武器准备战斗，从壁垒上向庞培军发射了无数矢石标枪，大大迟滞了他的行动。恺撒很快就得知了对手发动偷袭的消息，率领 3 个军团赶来，守军英勇的抵抗给庞培军造成了巨大杀伤，并且击退了敌军。

这时候，恺撒得到了一支以骑兵为主的增援部队。小庞培似乎再次担心恺撒的阵地会使他无法返回科尔杜巴，并让恺撒夺取该城。2 月 6 日，他再次烧掉营盘，制造了撤军的迹象，向科尔杜巴方向撤退，渡过卡切纳河（Carchena），在他的第一个营盘南面安营扎寨（532 页图上位置 F）。恺撒的骑兵通过拦截来自科尔杜巴的粮草令小庞培陷入缺粮之苦，小庞培似乎更愿意撤回科尔杜巴，以便为士卒提供粮饷，因为他的所有给养都得从行省首府运过来。虽然大多数辎重车队到了他这里，但是有一次恺撒的骑兵截住了一列车队，将押运辎重的卫兵赶回城里。

恺撒继续把工事向阿特瓜推进。他每天都在工事线上增加堡垒，在土山上建造了一座塔楼，不久后就能攻击城墙上的守军了。为了摧毁这些工事，守军几乎每夜都从阿特瓜城内发动突围，但总是伤亡惨重，被恺撒军赶回去。他们用尽所有手段来点燃庞培的塔楼和投射器械。小庞培从来没有真正离开阿特瓜附近地区，他做了各种尝试来干扰恺撒工程，但没有取得太大成效。攻城者继续攻城，掘开或砸倒了很长一段城墙。

小庞培继续采取行动。他在恺撒营盘附近的河畔占据了一个高地，并构筑了一个堡垒（532 页图上位置 G），希望将恺撒置于不利地位，在阿特瓜附近发生的许多散兵战中，小庞培证明了自己是一位出色能干的军人。一天，他精心挑选了一支步兵埋伏起来，突袭了恺撒的骑兵。这些骑兵下马作战，由于他们作为步兵打仗的本事不如作为骑兵的，因此几乎被压迫到恺撒的战线上，但是他们在这里得到了接应，于是重整旗鼓，击退了敌人，令对手折损了数百人。

城中的守军不仅十分活跃，而且异常顽固和残忍，恺撒的部下也毫不逊色。

守军由罗马士兵组成，考虑到塔普苏斯战后的大屠杀，他们害怕与恺撒达成任何协议，唯恐恺撒控制不住他的士兵们。守军杀害了大量倾向于恺撒的市民，将一些市民的头颅朝下掷下城墙。守军司令官弗拉库斯（Flaccus）巧妙组织了防御，将大量标枪、矢石和易燃物持续不断地投射到恺撒的工事上。

2 月 15 日，守军与小庞培按照约定发动了一次突围行动，打得十分英勇强悍。小庞培偶尔会向城内发射携带信件的矢石、标枪来保持与守军的信息沟通。守军的目标是杀出一条路来，与主力会合。向围攻者的多处工事投掷出大量燃烧物和点燃的箭矢之后，他们于午夜时分从距离庞培营盘最近的城门冲杀出来，用柴捆填平壕沟，用挠钩和火焰摧毁恺撒的工事和兵营，它们大多是由芦苇搭建的。

他们十分狡猾，随身携带了大量银器和精美的服饰，打算将这些贵重物品抛洒到某些地方，让恺撒的士兵们忙于抢掠财物而无暇抵挡他们。小庞培待在他设在萨尔苏姆河畔阿特瓜一侧的堡垒里，在战斗中扮演他该扮演的角色。他整夜都摆开战斗队形，接应阿特瓜守军的突围——如果他们能杀出重围的话。事实证明，城里的投掷器械非常有效。恺撒的一座木塔在猛烈打击下严重受损，第三层以上都垮了。恺撒军点燃了那座塔楼和它旁边的另一座，但守军的骁勇无济于事。士兵们的勇气和恺撒的指挥若定，足以将突围者赶回城里，同时也压制住了小庞培。

这时候，市民们派遣几名使节去见恺撒，探询能否获得恺撒的宽大处理，与此同时，庞培认定自己无法解救守军了。2 月 19 日，城门向恺撒的军队敞开了，而恺撒展现了他的宽宏大度。

当小庞培获悉阿特瓜投降时，他确信恺撒会向乌库比挺进。他再次将他的营盘搬到河流的上游，阿特瓜西北的某个地方，在周围的山冈上构筑了工事，他的胆气就这样又壮了起来。他屡弱的表现未能解阿特瓜之围，也让许多人对他失去了信心，导致很多人抛弃了他，转而投奔了恺撒。小庞培决定惩罚叛徒，他处死了一些他认为亲近恺撒的乌库比市民。在他控制的所有城镇和地盘上都发生了类似的暴行。他的鼠目寸光之举，却对恺撒的事业大有裨益。

占领阿特瓜之后，恺撒将其营盘迁移到了河上游，距离小庞培的营盘更近的河对岸（532 页图上位置 K）。他不知道该怎样才能将小庞培拖上战场，他极力谋求一战，小庞培却退避三舍。在拉频弩斯的指导下，小庞培明智地避免在开阔地上修筑工事，而是试图用饥饿来削弱恺撒。阿非利加和希腊的经验很能说明问题。

仅仅数日之后，恺撒于3月4日将他的营盘转移到距离小庞培更近的地方，但仍然在河对岸（532页图上位置L），他的部下向河岸方向构筑了一道工事线（532页图上位置M）。修筑它的目的并不明确，没过多久这就引发了一些激烈的前哨战。

恺撒的工事线一侧有个索里卡里亚城（Soricaria），小庞培在它南面的阿斯帕维亚（Aspavia）修筑了一个仓库。恺撒想夺取它的库存为己所用。他前进到索里卡里亚，渡过萨尔苏姆河，兴建了一座营盘（532页图上位置N），它的位置导致小庞培与阿斯帕维亚失去了联系。小庞培拔营启程，奋力向那个地方前进，却发现恺撒拦住了他的去路，正在修筑营盘。由于他谋求保住恺撒面前的更高的山冈（532页图上位置O），所以尽管作战条件不如对手，小庞培还是决定大打出手。恺撒一直保持着警惕。他向庞培的部队猛扑过来，而后者还在这座山冈的西侧爬山，恺撒的攻势相当精彩，将庞培军从山冈上赶了下去，继而追到山下的平地上，占领了山冈，然后来到山坡上，在敌人穿过山谷返回营盘之际杀了过去，击败了小庞培。有500名庞培军阵亡。

次日（3月6日），小庞培打算亲自找回场子，率军向那座山冈进军，恺撒的部下还在山上修筑营寨，小庞培派遣骑兵攻打恺撒军，抢在营寨竣工前占领了它。恺撒率部赶来，在山下较低的平地上摆开战阵，邀请小庞培进行会战。小庞培拒绝了。就这样，双方僵持了一段时间，恺撒收兵回营。小庞培派骑兵袭击了恺撒的后卫，又引发了一场非常激烈的战斗。在此战中，恺撒的轻装部队不得不冲杀上去才把骑兵战友们解救

◎ 罗马胸甲

出来。战斗到此为止了，没有进一步扩大。

这次行动后不久，小庞培撤退到乌库比驻扎下来，两军之间每天都会发生零星战斗，主要由骑兵进行。

从庞培阵营出逃的人数暴涨到令其主帅不安的程度。为了抓住这些逃兵，小庞培采用了歪曲事实的手段，他向那些依然能掌控的城镇写信，说恺撒不会下山到平原上作战，只会老老实实留在山顶，这样才能避免在同等条件下遭到自己的攻击。小庞培精力充沛，喜欢打仗，但是他畏惧恺撒。他决定从一个城镇搬到另一个城镇，为一些人鼓劲，惩办另一些人，希望依靠拖延战争进程来取得一些优势。

蒙达
（公元前 45 年 3 月）

第四十三章

大约在 3 月 10 日，按照行文至此缺少细节、难以令人满意的《西班牙战记》的说法，小庞培拔营向希斯帕利斯进发，尽管此地叫这个名字，却肯定不是今天的塞维利亚。恺撒毁掉了设在乌库比的营盘，拿下了温提波（Ventisponte）之后尾随小庞培前往卡鲁加（Carruca），继续寻找与对手进行会战的机会。小庞培到了蒙达。恺撒跟在后面，面对他扎营。非常遗憾的是，那位历史学家没有为我们提供这些机动的细节。恺撒显然在竭力将小庞培压迫到一个他可以令对手陷入不利地位的地方。恺撒终于称心如意了，这一点可以从小庞培在蒙达的战斗中看出来。这些行军和反行军的原因，我们无法确切知晓。我们唯一可以断定的是，恺撒终于成功迫使小庞培处在这样一种境地。小庞培明白，诡计和撤退都已经无济于事，但是，为了让他的盟友继续支持他的事业，他必须为此而战。我们只能通过地形和可能性来研判双方的行动。

看看我们能否填补《西班牙战记》作者留下的空白，重新构建这些机动的原貌。这场战役的有趣之处使我们有理由偏离《西班牙战记》的原文。首先，我们必须驳斥一些已经提出的关于蒙达地点的理论。

整场西班牙战役都疑窦丛生。一旦我们着手研究蒙达战役，这些困难就会无穷无尽。汉尼拔是在什么地方翻越阿尔卑斯山的问题，已经足够令人费解了，不过小圣伯纳德山口（Little St. Bernard）的路线似乎已经相当确凿了。无论如何，他能走的路线屈指可数。从阿特瓜到乌库比的半径为 150 千米的范围内，几乎没有一座头上有废墟、脚下有溪涧的山冈，没有能被宣布成恺撒取得西班牙辉煌胜利的地方。西班牙境内的山顶有罗马时代遗迹的山冈数量与意大利一样多。

蒙达战役的地点成了上百篇论文和书籍的讨论对象，其中有些文章是由西班牙科学院（Spanish Academy）出版的，它也是许多西班牙陆军工程师进行的许多地形勘察和研究的主题。我们有充分理由相信，该地点距离阿特瓜和乌库比周边的行动地点，并不像通常设定的那么远，肯定距离今天的芒达（Monda）、奥苏纳（Osuna）或者龙达（Ronda）不远。人们有充足理由相信这场会战发生在辛古利斯河（Singulis）[①]以北而非以南。让我们来看一看。

恺撒一直在发动进攻，而小庞培忙于招架。这是恺撒的战略习惯，或者至少说是他习惯通过某种性质的行动，积极推动着敌人，直到他能在适当条件下迫使对手与自己会战。长期以来，没有一个对手能让他长时间进行防守。我们可以公正地假设这种行为准则是在这场战役中总结出来的。正如我们从《西班牙战记》中了解到的，在索里卡里亚之战之后，"对方惊慌万分"，在随后的行动中，小庞培拔营而去。恺撒紧随其后：

> 后来恺撒赶去攻打温提波城，该城投降后，他又赶去卡鲁加，正对着庞培的营寨安下营来。庞培因为这个市镇闭门不纳他的驻军，把它（卡鲁加）烧掉了……恺撒从这个地区进入蒙达平原，他一到那边，就面对庞培筑起营寨。

现在，《西班牙战记》提到的这些地点之中，没有一个能通过发掘或其他方式来确定，所以不必太在意地名的相似性。依靠军事上的可能性，在保留给我们的非常简短和令人不满意的叙述中，对每字每句都进行权衡是比较稳妥的。

有无数价值大小不一的证据可以用来解释或支持当时敌对两军采取的行动。让我们牢记有关这场战役的主要叙述和特征，以免误入歧途。这些说法都指出，蒙达战场距离科尔杜巴并不算远。

由于在最近的行动中没有获胜，小庞培决定向海边撤退，以便与其舰队

---

① 译注：今塞尼尔河（Xenil）。

靠拢。恺撒对敌人的意图有着敏锐的洞察力，让小庞培就这样逃之夭夭是他最不希望看到的事情。恺撒很有可能对他的对手虎视眈眈，企图在小庞培渡过辛古利斯河之前，通过实施机动拦住对手的去路。辛古利斯河是小庞培与大海之间的一道醒目的屏障。恺撒将基地设在了奥布科，如果能把小庞培封闭在辛古利斯河与拜提斯河形成的三角地带内，他就有希望取得更彻底的胜利。

一个合理的假设是，一旦小庞培明确表现出要撤离这个显而易见的死地，恺撒就向辛古利斯河进军，在对手动身之前抢占渡口，迫使敌人与自己进行会战。

如果两军都渡过了辛古利斯河，那位历史学家很可能会像提及拜提斯河那样提到渡过辛古利斯河的事情。他没有提到渡过萨尔苏姆河，原因在于有许多地方可以徒涉它。辛古利斯河的渡口寥寥无几，毫无疑问的是，当时桥梁也很少，渡河的困难不小。

蒙达战役之后，我们又一次获知战败的庞培党人逃进蒙达和科尔杜巴避难。那么蒙达位于庞培军的背后就顺理成章了，如果我们假定蒙达在更远处的辛古利斯河彼岸，小庞培撤离科尔杜巴而恺撒紧追不舍，如此众多的庞培军是如何途经一片恺撒军控制的山川纵横的原野而抵达科尔杜巴的呢？他们不愿意逃入距离战场最近的城镇避难吗？何况许多距离战场较近的城镇还在支持小庞培。从我们所知道的战后科尔杜巴遭到围攻一事来看，确实有数量可观的残兵败将逃进了科尔杜巴。我们通常知道，有些逃离战场的残兵，即使穿越敌人的战线也会逃到非常偏僻的地方，但能做到这一点的人数不会多。

《西班牙战记》的文本容易让人认为包括瓦勒里乌斯在内的一些残兵败将，在战役当晚就逃到了科尔杜巴。仅此一点就足以证明，蒙达在科尔杜巴附近。这段文字可能也在暗示恺撒的一部分人马从战场出发，在战役次日傍晚和第三天中午之间就从战场赶到了科尔杜巴，说明两地之间距离不远。这段文字还可以解读为，瓦勒里乌斯逃到了科尔杜巴，而小庞培向另一个方向逃跑，来到了距离科尔杜巴 250 千米的卡尔特亚（今天的直布罗陀附近），似乎蒙达距离科尔杜巴和卡尔特亚都很遥远。我们不能粗暴地解读这段文字，还得考虑一下其他章节。

输掉会战之后，小庞培"由少数骑兵和一些步兵陪着，急急赶向他的海军要塞、距科尔杜巴170罗里（约250千米）的一个市镇卡尔特亚"。他疲惫不堪地到了那里，说明他走了很长的路，身边只有一小队人马，说明这段路道阻且长，比今天的芒达到卡尔特亚的道路要艰难得多。现在，如果说战场不在科尔杜巴附近，或者在以科尔杜巴为首府的行省境内，而是在辛古利斯河以南的远方，为什么那位历史学家要给出卡尔特亚与科尔杜巴的距离，而不给出距离战场更近的某个著名城市的距离呢？

小庞培要去卡尔特亚的作战意图毫无疑问得到了军队高层的理解，如果他在去卡尔特亚的路上要渡过辛古利斯河，那么残兵败将们肯定应该去卡尔特亚，而不是遥远的科尔杜巴。但是，那位历史学家说，除了小庞培本人，没有任何人去往蒙达和科尔杜巴之外的地方。

那位历史学家没有提供任何关于从乌库比到蒙达的行军细节，只说恺撒去了温提波和卡鲁加。如果这段距离太远，尤其是路上还有率军渡过辛古利斯河这样的行动，而且河对岸的原野重峦叠嶂，他不该对此说点什么吗？他描述了阿特瓜附近的原野，而且当他提到蒙达时说："正像我们前面指出的那样，这是一片平原地带，有连亘不断的山岭环绕着，只间或插有几片平原。"好像蒙达依然在同一个地段。

关于会战的消息传来之后，科尔杜巴就轻易开门投降了，好像是缘于恺撒的军队在附近出现而引起的恐慌。位于被许多人认为就是蒙达的地方附近的乌尔绍（Orsao）①却遭到了围攻。是否可以认为，它因距离战场太远而没有立即受到恐慌的传染？

至于今天的芒达，无论当地的地形还是《西班牙战记》的叙述，都不能证明它就是会战的发生地。在这一点上，蒙森显然是错的。

出于上述两个原因，龙达或龙达·拉·别哈（Ronda la Vieja）都更加不可靠。只有少数人支持这俩地方。

有人认为战场在罗莎·阿尔塔山（Rosa Alta mountains）附近。此说不通，因为如果这里是战场，那么乌尔绍城肯定会成为败兵的避难所。那里任何一处

---

① 译注：今奥苏纳。

的地形都不符合我们所了解的战场情况。

又有许多人声称，蒙达肯定在乌尔绍附近，因为在蒙达使用的军事器械被运到了乌尔绍：

> 被留下来攻打蒙达的守军的费边·马克西姆斯，用一系列围困工事昼夜不息地围攻，被围困在里面的人开始动武，杀死了许多人之后，又再突围出来。我军没有错过收复该镇的机会，还把其余的人都活捉过来，达13000人之多。我军出发向乌尔绍赶去。这个市镇有巨大的防御工事捍卫，不论是人工建造的工事，还是自身的天然地形，都足以使它迎击敌人。加之，这个市镇除了在它城里有一处水源之外，在城周围大约8罗里之内，到处找不到水，这也是一件对镇上居民极有利的事情。再则还有，构筑防御工事所需用的材料，如通常习惯用来筑造塔楼和盾车的木材，在附近6罗里之内就无法找到。庞培为了市镇受到围攻时可以安全些，已经把该镇周围的所有木材都砍伐下来，集中到市镇里去。这样，我军出于不得已，只能到新近攻克的蒙达去运木材到这里来。

罗马人的军用器械并不难运输。亚历山大总是随军携带他的器械，就像我们携带野战炮一样。军团用的小型弩炮也随军行动。乌尔绍周围9千米之内，还有许多用于制造大型构件的树木，所以将大型器械的零件从蒙达运到乌尔绍是个可行方案，而可操作零件几乎可以轻松运送到任何地方，无论远近。此外，乌尔绍并不在从科尔杜巴到卡尔特亚的小庞培撤退的路上，而是位于从塞维利亚到马拉加的道路上，所以蒙达几乎不可能在它附近。《西班牙战记》说乌尔绍是"他们（围攻蒙达的军队）攻克的距离最近的城镇"。但这并不一定就说明蒙达在乌尔绍附近。它们俩似乎是抵抗恺撒最为顽强的城镇。如果它们距离很近，恺撒很可能会将围攻蒙达和乌尔绍的工作都交给费边去完成，以免一个城镇出兵干扰恺撒军围攻另一个城镇的工作。

对于自称这场伟大会战的战场的几个最重要地方，笔者就说这么多。我们充其量只能列举出否定的证据来反驳它们的主张。军事可能性提供了更有利的证据。

恺撒的战役中有一个明显的相似之处，那就是展示了一种或一类工作方法；在对存世文本的某些叙述感到不确定时，我们可以把这种方法作为向导。例如，在伊莱尔达战役中，恺撒通过不断实施机动，从而将阿弗拉尼乌斯和佩特雷尤斯压制在一个狭小空间内。在阿非利加，他的所有机动都是在一个相对较小的区域内进行的。如果没有确凿证据证明蒙达战役是在辛古利斯河以南进行的，难道我们不能通过类比来宣称，将其对手压制在拜提斯河与辛古利斯河限定的范围内，更像恺撒会使用的手段吗？

如果小庞培渡过辛古利斯河前往卡尔特亚，恺撒尾随其后，强迫小庞培与自己会战，他怎么还会有时间围攻路上的温提波呢？如果他这样做，小庞培一定会溜之大吉。恺撒抢先拦住小庞培渡过辛古利斯河前往卡尔特亚的去路，从而为围城争取更多时间，不是更具可能性的方案吗？按照恺撒的作战模式，来想象这位伟大统帅通过实施机动将小庞培逼迫到必须决一死战的地方，而不是认为他会穷追不舍，难道不是更有可能的吗？

这样的考虑使蒙达战役完全有可能发生在辛古利斯河以北。我们认为蒙蒂利亚镇（Montilla）是一个可能的地点。鉴于那位历史学家的描述并不十分明确，我们所需要的地形证据还是令人满意的，它的战略特征与我们可以想象的恺撒所做的十分契合。为了从历史陈述的碎片中，重构出一个大致的整体模样，我们不得不假设一些东西。

出于这一考虑，为了规划一场既符合可能性，又符合我们所获悉的情况的战役，让我们假定三个未经确认的地点：温提波是今天的普恩特·别哈（Puente Vieja）；卡鲁加是今天的普恩特·塞尼尔；蒙达是今天的蒙蒂利亚。前两个地方是这一地区仅有的渡过辛古利斯河的渡口，都有罗马时代的桥梁遗迹，而蒙蒂利亚拥有一个与《西班牙战记》的叙述非常吻合的战场。

索里卡里亚之战后，小庞培踏上前往卡尔特亚的道路，向辛古利斯河上的桥梁或渡口进发。他选择了卡鲁加作为渡口，但在这里被守军拦住了去路。与此同时，恺撒继续向温提波挺进，占领了它之后向卡鲁加进发，迎战小庞培。就这样，恺撒拦住了小庞培退往卡尔特亚的去路，小庞培选择了唯一一条路，向左返回他的老巢科尔杜巴。恺撒向右机动，一举截住了小庞培返回老巢的去路。恺撒可能希望将小庞培驱赶到今天的埃西哈（Ecija）周围的一片平原上。小庞培曾多次告诉他的同盟城市，恺撒以平等条件向自己挑战时，他一定高挂免战牌，因此他现在觉得有必要履行承诺。他也不是不能摆脱恺撒的追捕，就这样两军到了蒙达。

恺撒对小庞培与自己大战一场并不抱有太大的希望，但他看到敌人居然决定会战时大吃一惊——会战是他最欢迎的事情。

这样的假设具有一定准确性，因为契合那位历史学家的叙述，而且更接近于军事上的可能性，其他假设则不然。

3月15日，小庞培在蒙达城下安营扎寨。次日，恺撒也到了，在东面一条今天叫卡切纳河的小河上扎营。小庞培的背后是自己的设防营寨和蒙达城，如果会战失利还可以退入其中坚守。他并不认为自己的形势不妙。

恺撒于次日抵达（3月17日），他之前不相信小庞培会开战，当他正在打点行装准备上路的时候，从间谍那里得知小庞培自午夜起就枕戈待旦，等待他前去会战，恺撒立刻"升起作为战斗记号的帅旗"准备开战。小庞培长期以来一直宣称，恺撒不愿意前来会战，是因为他的部队都是新兵，所以对他们半信半疑；这种说法加上小庞培处于绝佳的战术位置，使他更易于在一场全面交锋中取得更大胜机。

蒙达城坐落在一座向东倾斜的山冈上。两军营盘之间有一片大约7.5千米宽的起伏平原，平原上有一条小河，今天叫克里斯托瓦尔河（Cristobal）。恺撒本想用其他办法来智取小庞培，但一听说对手已经做好战斗准备，他就亲自上场排兵布阵，等待敌人从山上下到平原上开战，他相信小庞培会这样做，因为小庞培拥有一些骑兵，在平原上作战比在山坡上更利于骑兵驰骋。但是，小庞培一直让他的军团紧靠着那座山冈和蒙达城。他的阵地特别稳固，他也不打算放弃有利地势。他将全部13个军团都推上前线。骑兵与6000名轻装步兵和6000名辅助部队都放在两翼。他可能弥补了先前的损失，或许还有5万人马。庞培军所处的山坡崎岖不平、易守难攻。在山坡的脚下，恺撒的右侧是一片溪流灌注而形成的低洼沼泽地。恺撒有80个重装步兵大队和8000名骑兵，无论如何恺撒的总兵力都不会超过4万人。他的轻装部队可能有8000多人。

由于小庞培没有前进的迹象，恺撒一方就跨过那片平原，来到面对小庞

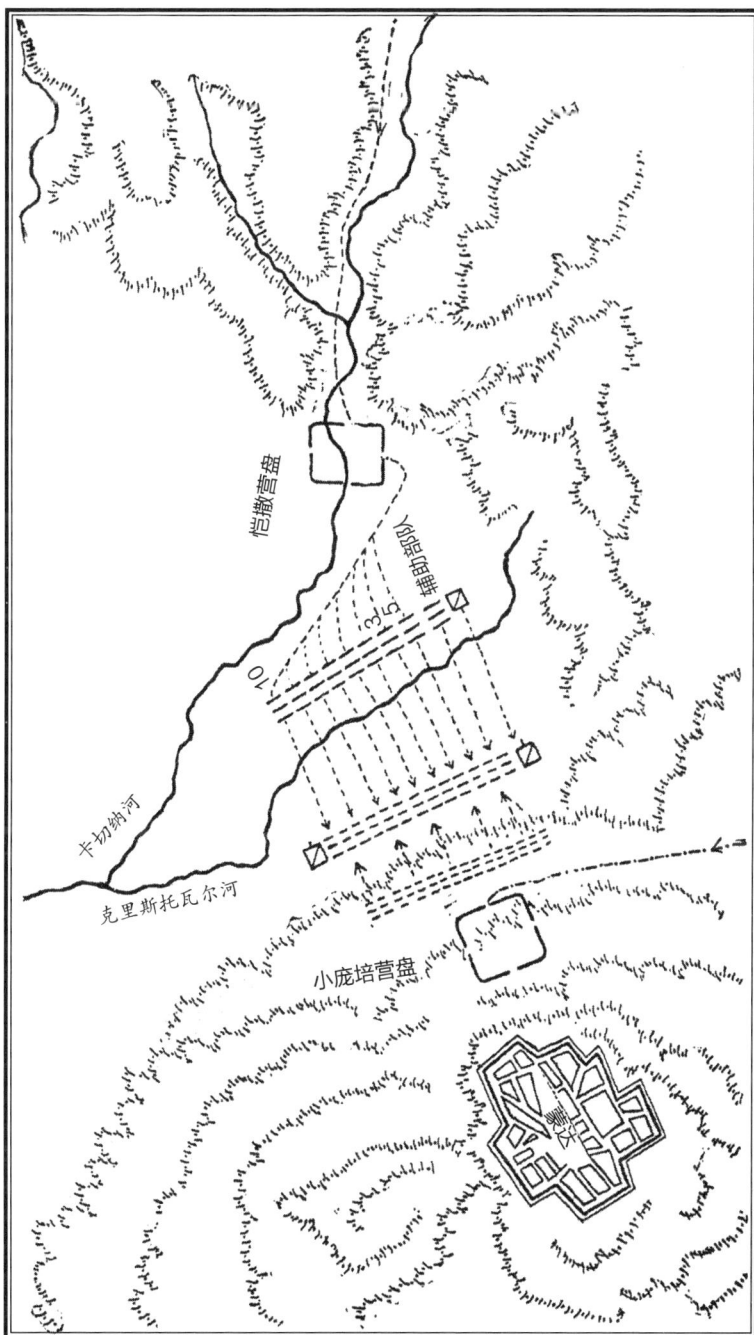

◎ 蒙达战役

培的一个地方，作为引诱对手前进的手段。当军团已经抵达那片低地和小河，如果再往前走要向上攀登小庞培驻军的那座山冈的时候,恺撒命令全军停下，召集军官们召开战前会议并指出，如果现在全军继续前进就会陷入不利局面。正如我们所看到的，恺撒从来不喜欢充当进攻方，也不情愿在这里发动进攻。在某些偶然情况下，他与汉尼拔一样谨慎持重，但他与汉尼拔不同的是，他时而过于谨慎，时而极其鲁莽。

但这一指示传到人们耳朵里时，他们都认为一决胜负的机会又被耽搁了，感到十分不耐烦和愤懑。

将士们斗志昂扬，除了战斗机会别无所求。于是恺撒下达了前进命令，整条战线仿佛一个意志坚定的人一样向前移动，渡过了那条小河。恺撒军前进途中发生的短暂停步，让敌人更加相信恺撒的军团是因为畏战而踌躇不前，继而诱使小庞培下令全线下山前进了一小段距离。尽管他们因此放弃了部分地势优势，局面依然大好，他们也没有远离位于他们背后不到 1500 米的蒙达城墙的掩护。小庞培把这个城市当成自己的避风港。

恺撒的第 10 军团位于右翼，第 3、5 军团在左翼，骑兵和轻装部队位于左翼的顶端，其他军团位居中央。战斗异常激烈，双方的吼叫声都来自那些决心打垮对方的人，他们毫不留情，生死相搏。恺撒的军团以无比的勇猛杀向山上。庞培的士兵们用一阵猛烈的标枪雨迎头痛击，随后发动反冲锋。恺撒的部下军纪严明，打起仗来余勇可贾，庞培的军队咬紧牙关奋力厮杀，他们相信只有赢得这场会战才能拯救自己。他们还记得塔普苏斯战后的大屠杀。

就在猛烈的标枪雨从山上落下来之前的一刹那，年轻的恺撒军士兵们动摇了，恺撒的战线还没有完全与敌军真正交锋，就面临着被突破的严重危险。接着，庞培军从高处冲杀下来，就像愤怒的公羊猛冲直撞。庞培军的冲击力令恺撒的战线摇摇欲坠,完全遏制住了恺撒的进攻势头。两军战线像两名摔跤手，紧紧抓住对方，在激烈对抗中你来我往。战斗进行期间，双方的行列不断轮转往复，用长矛、短剑格斗拼杀。庞培军的处境有利得多，他们紧紧压制着恺撒的队伍。

经过几小时的近身肉搏战，恺撒战线开始流露出筋疲力尽的迹象，有证据表明全线崩溃的迹象让这位最铁石心肠的统帅都心惊胆寒。当时的危险是如此严峻，以至于恺撒后来说，尽管他以前经常为胜利而战，而此战，或者说他的最后一战，是他第一次为保住自己的性命而战。他已经忘记了萨比斯河战役了。灾难的迫近把他身上的神奇魅力彻底激发了出来。也许除了阿来西亚战役之外，自从纳尔维人几乎歼灭了他的军团，他还从来没有像现在这样被激发出全部能量，无论是肉体上还是精神上的。他冲出队伍，令一些人羞愧不安，令一些人欢欣鼓舞，他责备落后的人，赞扬勇敢的人，用每一声呼唤来鼓舞部下的勇气。就像在萨比斯河畔那样，他像一个普通士兵一样仗剑执盾，站在军旗之前。在他的亲自鼓舞之下，将士们才得以继续打下去。

毫无疑问，打了几个小时的战斗的成败悬于一线之间。是恺撒，而且只是恺撒，阻止了全军的溃败。一些历史学家声称，在战斗的最危急阶段，陷入绝望的恺撒准备结束自己的生命。但是，此举与那个伟人的一贯性格完全不符，我们不能把它当真。恺撒有能力在他的军团中冲锋陷阵，除非他被俘虏，否则不会在战场上自寻短见。

夜幕逐渐降下，双方都将最后一个人投入了战斗，没留一个大队当预备队。鹿死谁手犹未可知，没人能预料结果。恺撒的人马已经集结起来向山上仰攻，而小庞培的军队也由于坚持了这么久而备受鼓舞。双方的辅助部队都逃出了战场。双方都没有实施机动的机会了。胜负完全取决于纪律和勇气。一个意外事故都会打破某一方的战线，而这样的破坏一定是致命的。恺撒依然无处不在，他的努力从未松懈。他着了魔似的死守阵地，绝不愿意面对失败，向他一直宠爱的第10军团发出了最后一次呼吁："对于把你们的将军交到敌军那帮黄毛孩子的手里，你们不觉得羞耻吗？"他向老兵们咆哮，老兵们曾多次为统帅从绝境中夺取胜利，现在这些遍体鳞伤的战士们在统帅的刺激下迅速恢复了往日的热情，向敌人施加了巨大压力。战线上的其余部队也抖擞精神加倍努力。小庞培被迫从他的右翼调来一个军团，来支援被第10军团的猛攻打垮的左翼。恺撒的骑兵自作主张地猛扑已经岌岌可危的敌军左翼，给予敌军沉重打击。这场战斗"脚尖踩着脚尖，刀枪擦着刀枪，盾牌碰撞盾牌"。胜利女神会落在谁的战旗之上呢？

机缘巧合决定了战局的走向。国王博古德与努米底亚骑兵在发动了一场骑兵冲锋之后，迂回绕过小庞培的右翼，杀向小庞培的营盘。见此情景，正在指挥这一翼的拉频弩斯派出 5 个大队去拦截他们。一看到这些敌军在向后移动，身处战斗最激烈的地方的恺撒明白敌人实施这一机动的用意，断定这是他取胜的良机，他向部下高喊："同志们，你们看啊，敌人在溃逃！"

这时候，庞培军也看到了这个向后的移动，认为他们的战线在什么地方被击穿了，便开始动摇。就像某件小事经常在战场上造成的影响一样，这一切在他们的队伍中制造了混乱，而恺撒的军中却胆气倍增。在恺撒的强大气场的感召下，整条战线又一次被激发起斗志，迸发出了超人一般的能量。这是获胜所需要的一切，这次努力成功了，恺撒军突破了庞培的战线，将敌人逐往蒙达城。

胜利到手了，但战斗还没有结束。到目前为止，恺撒的 8000 名骑兵只做了一点微不足道的工作，现在他们发动了最猛烈的攻势，很快就粉碎了贵族派的队伍。随后就是大屠杀了，3 万名庞培军阵亡，其中包括拉频弩斯和瓦鲁斯，还有 3000 名罗马骑士。按照《西班牙战记》的说法，恺撒只有 1000 人阵亡、500 人负伤。后面的数字反映了罗马人伤亡之间的吊诡差异，它使我们很难将罗马人的损失与今天的损失进行比较。在某些战役中，我们可以从他们独特的战术中了解到，为什么负伤的人比阵亡的人少，但是在蒙达，相关原因却并不明显。这可能缘于肉搏战，负伤者返回后方的机会很小。

恺撒缴获了小庞培的 13 具鹰帜、大量标帜和 17 名高级将领。胜利是压倒性的，大屠杀决定了战争走向。大多数庞培军残兵败将都跑到蒙达，于是围攻它就成了当务之急。恺撒军的热情是如此高涨，以至于把死者的遗体都堆积起来充当矮墙，插上标枪充当护栏，上面再挂上盾牌充当胸墙。许多人头被插在长矛上，沿着封锁线摆上一圈，用恐惧震慑城内的守军。

按照几部《战记》的记载，恺撒在法萨卢的损失为 200 人阵亡；在塔普苏斯 50 人阵亡；在蒙达阵亡 1000 人。在每次战役中，敌军都几乎全军覆没。尽管这些数字可能不准确，但在古代战争中，战败者的损失是可以达到今天不可能达到的程度的。失败总是意味着屠杀，恺撒是少有的例外。很少有将军会尝试约束胜利的部队。杀戮是古代战争的主要目的之一，今天，杀戮是战争造成的一个不幸的意外事件，一旦敌军被安置在对战局毫无用处的地方，战争就算结束了。尽管发生了这样可怕的屠杀，但是古代的一场战役的损失往往比今天少得多，因为当时每天都在发生双方都有伤亡的致命战斗。

小庞培逃出了战场，驰往他停泊在卡尔特亚的舰队。卡尔特亚是"距科尔杜巴170罗里的一个市镇"，距离蒙达约210千米。该城被攻克血洗了。恺撒留下费边·马克西姆斯围攻蒙达，自己向科尔杜巴挺进。小庞培的弟弟塞克斯图斯·庞培早已拔营而去了。在这里，第13军团英勇抵抗了恺撒一段时间。我们没有关于这场战斗的任何细节史料。恺撒的党徒在城墙里面纵火，恺撒杀入城中，杀掉了2.2万人，其中许多人是从蒙达战场逃到城里的。这场屠杀毫无必要，白白为恺撒应当负责的大屠杀名单中增加了一笔记录而已。

蒙达战役绝没有彻底粉碎反对派。庞培的党徒为自己的生存血战到底。希斯帕利斯是下一个被攻克的城市。攻克它耗费了一些时日。阿斯塔（Asta）和蒙达随后陷落。每个攻城任务都颇费了一些周章。卡尔特亚曾在小庞培手里，城内的一个党派打算抛弃小庞培，另一个党派要支持小庞培。他的追随者占据了上风，向所有敌人痛下杀手，残忍屠杀了他们。小庞培经海路逃跑，狄狄乌斯率领恺撒的舰队紧追不舍，经过一番罗曼蒂克式的冒险和为生存而英勇奋战之后，他被捉住、处决了。然而，狄狄乌斯的胜利是短暂的，其后不久，他就遭到了伏击，他的舰队被卢西塔尼亚人歼灭了。

经过长时间的围攻，费边夺取了蒙达，后来乌尔绍也落入了恺撒之手。忠于庞培的城镇继续顽强防守，恺撒及其部将们耗费了几个月才攻克了它们。

西班牙战争是恺撒参与的最后一场战争。平定了整个西班牙之后，现在世界上没有任何地方还在有组织地对抗他的统治[1]。7月底，他动身前往罗马。但是，恺撒的荣耀是昙花一现的，次年（公元前44年）3月15日，他遇刺身亡了。

---

[1] 译注：庞培的小儿子塞克斯图斯·庞培，在父兄相继败亡，恺撒离开西班牙之后，又在远西班牙继续活动，重新凑起一支军队。恺撒死后，他曾一度通过雷必达和安东尼谈判，达成谅解，由元老院任命他担任舰队指挥。当安东尼和屋大维在意大利颁布"大抄斩令"，大规模清洗政敌时，他又起兵反对后三头统治，封锁意大利。后来屋大维和安东尼在弥塞努姆会谈划分势力范围时，他也参加了，分到了西西里、撒丁岛和亚该亚。但不久屋大维对他发动进攻，经过多次互有胜负的战事后，他终于失败逃到小亚细亚，公元前35年，被安东尼擒获杀死。

在西班牙战役初期，庞培的两个儿子有许多有利条件，但他们未能充分利用。他们犯下一个在当时并不算稀奇的主要错误，他们蹂躏了那片对恺撒三心二意的土地，洗劫当地百姓。这种行为同时激怒了他的朋友和敌人，使恺撒得以争取小庞培的党徒，这些人本来因为曾在老庞培的手下共患难过而更愿意听从他。身为庞培党精神领袖的小庞培，制定的计划远非完美无缺，还以更蹩脚的方式执行。当需要执行一个作战计划，小格涅乌斯或塞克斯图斯需要出现在恺撒面前的时候，恺撒似乎是更没有能力来采取明智行动的一方。能在与像亚历山大、汉尼拔或恺撒这样的人对垒时大放异彩的将军屈指可数。除了维钦及托列克斯，恺撒的对手中几乎没有谁的军事声誉能在战后毫发无损。庞培曾经是个伟人，但在恺撒面前，他再也不是了。

恺撒从未被迫面对过马塞卢斯、尼禄和西庇阿这样的名将。即使与古代最伟大的统帅，也许是有史以来最伟大的统帅相比，这些罗马将军也赢得了历久弥新的声望。恺撒从未被迫面对这样的将军，事实上，他也没有与第二次布匿战争中由公民组成的军团对垒过。

恺撒与亚历山大很相似，遇到了许多半野蛮民族，但他的兵力劣势没那么大，他从未像汉尼拔那样，在如此不平等的条件下与文明军队临兵对阵。

在古代，伟大与平庸的统帅之间的显著差别在于，前者在遭遇失利时能够将自己从灾难中拯救出来，把部下的低落士气控制在一定范围内，使他们免遭获胜之敌的屠戮。亚历山大似乎不知失败为何物。汉尼拔经常面对失败，但从未陷入灾难，直到扎马战役爆发。恺撒总能把自己从失败的泥潭中拽出来，灾难从未降临到他的头上。

如果在蒙达战役之后，小庞培没有失魂落魄，他或许可以保住部分人马，如果退入还忠于他的行省或城市，或许还能招兵买马继续斗争下去。也许他无法改变战争的结果，但可以无限期地拖延战争，这对当时的恺撒来说是非常难受的局面，因为罗马需要他回去解决严重的政治问题，而且恺撒也无力承担军事上的困难。无论如何，小格涅乌斯和塞克斯图斯·庞培都不是恺撒的真正对手。我们绝不能低估小庞培。他颇有一些优点，如果条件更好一些，他可能会表现得更好。塞克斯图斯·庞培的本事肯定更差一些。他们都不能与恺撒相提并论，但是他们可以让恺撒的任务更艰巨一些。

蒙达战役之后，恺撒从 3 月到 8 月花费了小半年时间来彻底平定西班牙，这一事实展示了庞培党人对伊比利亚半岛的强大影响力，还证明了一个优秀军人即使吃了败仗，也很有可能无限期地继续坚持下去。然而恺撒的好运气总能让他在内战期间与平庸之辈对垒，他的天纵英才既体现在利用他们的缺点，同时也表现在他把战役的耗时缩短到短得出奇的程度。

其人其战

普鲁塔克说："恺撒生来就是要成就伟业的。"首先，恺撒是一位政治家，对于他来说，武器和军队是执行其政治计划的一种手段，而不是辅助其军事策略的治国方略。这位伟人的历史肖像是由强有力的手用多种色彩绘制而成的。我只是想为这幅肖像增添与其军事生涯有关的几笔而已。

恺撒身体修长、高大且体格结实。不断的体育运动和栉风沐雨让他身强力壮，他的肉体和精神力量之强大，怎么评价都不为过。除了偶尔发作的"癫痫病"之外，他的一生中仅仅罹患过四日疟，此外再无患病记录。他的击剑技术高超，在许多战斗中都展现了舞刀弄剑的本事，只是他身为统帅很少有机会施展个人的勇武和魅力。他在游泳方面的大胆，在埃及救过他的性命①。他也是个优秀骑手，就像亚历山大有宝马良驹布西发拉斯（Bucephalus）一样，恺撒在高卢战争期间也有一匹自己的骏马，恺撒决不允许别人骑它，据说它的蹄子是分瓣的，像人类的脚掌，这也让恺撒独一无二，尽管这种事对于为他增光添彩没有任何价值。恺撒拥有很强的耐力，这从他非凡的旅行速度就可见一斑。他经常夜以继日地奔波，与他稳坐中军帐并无二致。

恺撒的面部特征是典雅和刚健，而非俊朗。他的半身胸像表现出高度发达的智慧和雄厚的意志力，在某些胸像中，他的嘴角流露出一种特别甜美的表情，却又丝毫无损于他的力量感。在生命的最后几年，他脸上浮现的皱纹显示

---

① 译注：恺撒在埃及曾经靠游泳逃命。

出他长期以来承受的巨大压力，他的鼻梁不像许多同龄人那么挺拔，步态也不如一般人灵活。令人遗憾的是，中年时他的头发日益稀疏，他从来没有完全丧失过花花公子的天性，总把头发梳理得一丝不苟，为了掩饰充顶，他很乐于戴着元老院投票赠予他的金桂冠。他目光犀利，人们对他的眼睛颜色有各式各样的说法，如深灰色、黑色。他的脸没有被风吹日晒成古铜色，反而有些苍白。终其一生，他的穿着都有一种高雅气息。他是一个经常泡澡的人，从未失去对梳洗打扮的兴趣。

恺撒或许没有亚历山大的王者之风，但具备汉尼拔那样的力量，他身上有一种令所有接近他的人都能感到的刻骨铭心的劲头，那位马其顿人和迦太基人无法与之相提并论。他的率真耿直，在适合的时机一语中的的说服力，深厚的文化底蕴，博大的思想和精彩的言辞，使每一个与他接触的人倾倒，无论此人是高卢的蛮族国王，还是罗马交际圈中的名媛。作为一位演说家，他仅逊色于西塞罗，他调门很高，风格灵动。在私下交谈中，他也许是那个时代的第一人。他一生都彬彬有礼，平易近人。他天生具备非凡的记忆力和专注力，经常同时向两位甚至更多秘书口授指令。我们可以想象，这样强大的记忆力，加上深厚的文化积累和广泛的旅行赋予他的一切，以及雄辩的言辞，一定会产生一种无可匹敌的吸引力。他就是万能的，不费吹灰之力就取得了他所从事的一切事业的最高成就。

恺撒因与女性的关系而饱受责难，他的嗜好在当时很大众化。汉尼拔对于伊米尔恰（Imilcea）的忠诚值得赞赏，亚历山大对于亡命天涯的大流士（Darius）的王后斯塔蒂拉（Statira）礼敬有加。但是，当我们所说的道德不被认为是一种美德，而节制欲望或谨守男女大防是陈腐过时的东西时，恺撒作为一个饱经世故的上流人士几乎没有什么过错。恺撒的社会关系广。他被指控与许多朋友的妻子有染，无论真相如何，他的朋友们没有为此而与他争执。毫无疑问，他的风流韵事并不算下作，当苏拉要他与原配妻子离婚时，他断然拒绝，而当时许多更大的人物却这样做了。他敢于承担后果，此举为他赢得了高人气。对恺撒的指责中，有多少是出自罗马沙龙中的风言碎语，我们不可能说得清楚。

恺撒的日常生活习惯并不矫情做作。当他被奴颜婢膝的元老院称为"神圣的"，几乎就是罗马国王时，据说他依然生活简朴，尽管普鲁塔克说他的生活总体上豪奢阔绰，他在购置雕像、绘画、珠宝和其他艺术品方面出手豪爽。他有一张巨大的桌子，上面摆的都是好东西，但他并不浮夸卖弄。作为卫道士（custosmorum），他严格执行了反奢侈法。他的一张桌子是为政界朋友准备的，另一张是为军界朋友准备的。他在饮食方面很有节制，但也很享受在餐桌上谈笑风生而引发的头脑风暴。不可否认，他年轻时曾纵情享受，但同样肯定的是，早年的放纵没有在他的精神和肉体上留下任何痕迹。他的体魄没有被任何罪恶所削弱，他的肉体和精神构造使他能够对抗它们的影响。

恺撒的成长很大程度上要归功于他的母亲奥莱莉娅，他以与腓特烈对"王太后"付出的同样热诚回馈了她。奥莱莉娅一直住在他家里，直到寿终正寝。恺撒对姐姐也表现出了同样的关爱[1]。

古代史学权威们对恺撒的评价各不相同，有些人指责他拥有一切罪恶，另一些人则认为他拥有一切美德，还有些人将所有罪恶和美德都扣在他头上。直到最近几年，人们还习惯于将恺撒看作"怪物"，罗马的许多大人物也都这样称呼过他。现在，评价的钟摆又摆回来了，我们有忘记罗马作家们告诉我们的话的危险。苏维托尼乌斯告诉我们，恺撒作为一位法官表现出了恶贯满盈，他采用贿赂手段，脾气急躁而暴烈；他被怀疑用毒药除掉了一个敌人；为了迎合他的朋友，他借款不计利息；他用屠杀手段洗劫卢西塔尼亚，抢掠高卢神庙；他秉性贪婪，言语夸张；他还被怀疑策划了一场阴谋，企图谋杀元老院中的一个政敌，发动政变。其他作家为我们出具了许多类似的罪状。目前还没有可靠的手段来评估这些指控。我们必须将它们一一记载下来，放在我们给予恺撒的评价中的适当位置上。这么做之后，我们获得的所有信息，除了让我们看到恺撒超群的智慧和精神力量之外，还构成了一个周全的人格。

从年轻时代开始，恺撒就避免与人争吵，他有其他解决争议的手段，既可以妥善地坚持自己的观点，也可以说服对手。他的本事高人一筹。他生气的时候，也很容易平静下来。即使气急败坏时，也不抱恶意。

---

①译注：恺撒有两个姐姐，都叫尤利娅，小尤利娅的名气更大，是未来的罗马皇帝屋大维·奥古斯都的外祖母。

恺撒的友谊真挚持久，诚恳磊落。他慷慨友善，为了生病的奥皮乌斯（Oppius）[①] 放弃了自己的沙发，睡在地上。除了少数例外，他的友谊一直很稳定。在他的宽宏大度的情感中，没有狐疑猜忌的空间。他不相信拉频弩斯会抛弃他。当拉频弩斯这样做的时候，恺撒向庞培的朋友们提出，如果他们愿意，都能自由加入庞培的阵营。他忠于朋友们，这不是出于算计，而是出于感情，尽管恺撒也利用他们，但对于他们来说恺撒也是有用的。当他宽恕了一个敌人之后，就不再怀恨在心了。他为在元老院重立苏拉和庞培的塑像而产生的自豪感，与在卡皮托山上更换马略的战利品而表现出的勇气不相上下。

就算恺撒仅仅是一名军人，他也可以与其他伟大统帅相媲美。他是在共和国废墟上奠定帝国基础的政治家，也是在大城市建立图书馆的学问赞助人；他让罗马充满了科学、文化和文学学者；作为立法者，他起草的法律依然主宰着全世界的法律体系；作为学养渊博的学者，他下令修订了历法；作为一位思想家，他的思想中没有什么是过于复杂而理解不了的，没有什么是过于宽泛而无法涉猎的。恺撒确实是"全世界第一人"。

在恺撒那一代人中，没有人像他那样实事求是。他符合卡莱尔（Carlyle）对拿破仑的评价："这个人对现实拥有某种本能的、根深蒂固的感觉。"他绝不是理想主义者，但拥有丰富的想象力，这是每个具有创造力的人都必须具备的。他能够冷静地看穿事物的本来面目。恺撒根据一系列事实，很少得不出正确结论。传统对他很有价值，因为它们能影响弱者的思想。作为大祭司，他既不固执也不过于天马行空。他的思想不受罗马诸神崇拜的影响。诸神崇拜对罗马国家有独特价值，对个人而言却无足轻重。

恺撒在才略和品格方面是独一无二的，他的判断很少出错。他的思想之理智，生活之和谐，都是显而易见的。在政治生活中，他从善如流而非刚愎武断。他也有一种表达自己观点的方式。他的直觉、对他人的判断力和对他人的行动的猜测能力，都是敏锐犀利的。

---

① 译注：盖乌斯·奥皮乌斯，骑士等级出身，恺撒的亲信，曾写过许多传记，而且还写过一篇为恺撒辩护，否认克利奥帕特拉的儿子恺撒里翁是恺撒所生的文章。

虽然承认恺撒拥有上述品格，但绝不能假定恺撒是完美无缺的。他被指控很可能犯下了一系列显著的错误。当他下定决心要做一件事的时候，常常不择手段，这个缺点是无法掩饰的，可以说这是他那个时代的过错。他决不允许任何事物妨碍他实现自己的目的。当他认为某件事情值得动手时，他就会不择手段，比如他借了一笔巨款，除了用从一个行省政府那里榨取来的钱偿还外，没有其他偿还手段。作为一个宽宏大度、和蔼可亲的人，他被指控犯下了大屠杀的罪行，亚历山大的暴行在他面前都不值一提。据说，他从未杀害一个克利图斯（Clitus）[1]，也没有野蛮地残害过一个巴提斯（Batis）[2]，更没有火焚波斯波利斯（Persepolis）。但是，他用法外酷刑处死过阿克果，处决了文内几人的全部元老，因为他们以爱国之心奋起抗敌。他一而再再而三地为了安皮奥列克斯的罪孽而向厄勃隆尼斯人实施可怕的报复，在短短一个下午，就残忍屠杀了43万手无寸铁的男女老幼。他在高卢屠杀的人超过了100万，对那些命运比死于刀锋还要悲惨的人毫不在意。尽管我们从理性的眼光来看待这些事情，但我们依然无法收回对恺撒个人品格的尊敬和景仰。

　　直到中年，恺撒依然是一位纯粹的政治家。这时，他又有了希望：只要自己能掌握政敌们引以为傲的军事资源，就可以取得自己所追求的成功。那些把恺撒放在纯粹爱国主义层面上，声称罗马和希腊的复兴是其主要目标的人也必须承认，他主要是通过飞黄腾达来实现目标的。他赢得了他所追求的一切。他是一位天生的统治者，后来成为披着共和外衣的国王。堆砌在他身上的荣誉和头衔简直荒唐至极。在此之前，军事头衔"胜利将军"（皇帝）成了他名字的前缀，并在他的家族中世袭。他被称为"祖国之父"（Pater Patriae），被欢呼为神圣的尤里乌斯（Divus Julius），被任命为任期十年的执政官，他的塑像树立在每个城镇，并为了纪念他而铸造了奖章。人们把金质的座椅和鎏金的战

---

　　[1]译注：也叫克雷塔斯（Cleitus），亚历山大手下的一名高级军官，曾救过亚历山大的命。公元前328年，在一场酒醉之后，亚历山大亲手杀死了他。

　　[2]译注：巴提斯是波斯帝国的加沙（Gaza）守将，因拒绝臣服于马其顿人而遭到长期围困。被亚历山大俘虏之后，巴提斯被拖到一辆战车后面，亚历山大驾驶战车围着加沙城墙飞奔，就像亚历山大的偶像阿喀琉斯用战车拖着赫克托耳一样，只是那时赫克托耳已经死了，而巴提斯还活着，被生生拖死。

车送给他。为他建造了凯旋门，还有一座和谐（Concord）或仁慈（Clemency）神庙。他被授予人民保民官的荣誉，让他的人身和人格都神圣不可侵犯[①]。

很难说这一切中的哪一些是出于元老院的感激，哪一部分缘于虚伪的奉承，哪一部分是敌人的行动，目的是试图削弱这位独裁者在民众中间的声望。很难说恺撒有多喜欢这种个人崇拜，抑或多么嗤之以鼻。他谢绝了一些荣誉，却接受了另一些。他在罗马七位国王的塑像旁边加上了自己的塑像，他穿着阿尔巴旧国的服装出现在公众面前。他所做的一切几乎都是某种仪式，尽管他天性朴实。恺撒是唯一统治者，元老院成了一个纯粹的顾问团。他承担了元老院的职责，一个新的贵族阶层出现了。奥古斯都在作为皇帝方面还不如恺撒。

也许恺撒在内心深处并不在意这些华丽的金装，但可以肯定的是，他在这个城市感到不自在，也很不安全。然而他贪求名誉，他赢得了群众的掌声。不可否认的是，他有某种简朴的习惯。虽然他很清楚敌人不计其数，但他还是形单影只，不携带武器。他拒绝接受别人献给他的王冠，也许是因为他在王冠上看到了陷阱。毫无疑问，如果他继续活着，肯定会公然成为奥古斯都的样子，但他一直在等待属于自己的机会，而机会从未降临。

他有充分的理由对自己的成就感到满意。他的工作浩大艰巨，却结出了丰硕果实。尽管人口减少了，高卢还是再次繁荣昌盛起来，商业和农业蓬勃发展。他在法律方面的修改影响深远："各国的政治生活在两千年中一次又一次回到恺撒划定的轨道上。"作为卫道士和法官，他实施的惩罚严厉而明断，尽管苏维托尼乌斯对他颇有微词，我们也得公正地采信。可以肯定的是，罗马由于他的治理而变得更好，至少他为此奠定了良好基础。

恺撒最后一次返回罗马时，由于精神紧张，体力明显下降了，但依然精力充沛。他为将来制定了宏大的计划。他打算排干蓬蒂内沼泽（Pontine），为

---

① 译注：人民保民官是神圣不可侵犯的，任何人都不能损害或干扰他的活动。拒绝和藐视保民官的否决权，都会被判处死刑，他可以下令对侵犯其神圣的人处以死刑。当他要被逮捕时，可以用保民官的身份提供保护。这种神圣性也使保民官独立于所有地方法官，任何地方法官都不能否决他的行动。如果地方法官、元老院或任何各级议会无视他的命令，他能够以"干预保民官的神圣性"来阻止这种行为。只有独裁官才在保民官的否决权范围之外。

台伯河（Tiber）开凿一条新水渠，改善道路，打通科林斯地峡（Isthmus of Corinth）。他计划对帕提亚人发动一场远征，打算不久后就开战，以便像他打的其他战争一样巩固国家的边疆，这时他的末日到了。

冒着连篇累牍地重复评价的风险，总结一下这位军人的所作所为还是不错的。恺撒具有伟大统帅与生俱来的品质。当接受高卢为他的行省时，除了在卢西塔尼亚战役中获得的训练之外，他没有接受过任何将军职务方面的培训。他对古人应该了解的大规模行动一无所知。战役的指挥运筹完全取决于领导人的能力，对于军事问题的了解完全来自他的个人学识。今天，军事院校的学生会得到更广泛的教育，伟大统帅们的战例是他们学习的榜样，我们没听说过古人接受过这种系统军事教育，古人顶多接受过大致的指导，而且没有超出军队战术和后勤需要的范围。。战略作为一门可以教学的科学，依然不为人知。我们不能想当然认为精通书本上的战略知识就能成为一位伟大统帅。个性是成功的一大半，个人天赋最有决定性。但是，个性加上受过良好训练的智力，是产生最丰硕成果的必要条件。今天，只有训练有素的军官才管用，而在古代就没有那么严格了，当时就像现在和将来一样，将军的才智会赢得胜利。

恺撒就是自己的战争导师。他在高卢自学成才，靠犯下许多错误完成了自我培训。在内战中，恺撒所犯的错误较少，而这些错误通常是由于他过度急于完成自己的工作。从各方面看来，他的行动几乎没有失误。

我们已经考量了高卢战争的计划，顺便概括一下内战的战略计划。在这场战争中，恺撒明智选择了他要争夺的帝国中心——意大利，作为首要目标。这符合他选择进攻重点的一贯习惯。他从不采用间接手段，总是直奔要害。由于他的直截了当和积极主动所带来的心理优势，在渡过卢比孔河后的六十天内就占领了整个亚平宁半岛。

恺撒占据意大利后，发现自己三面受敌——西班牙、希腊、阿非利加。他掌握了一个中央阵地，可以三面出击。如果他能守住罗马，就可以将三大块敌人逐一击破。要掌控罗马和发动进攻，需要两大条件：军团和速度。对于前者，算上必不可少的分遣队，他的兵力弱于对手；至于后者，他证明自己远比庞培强。

我们认为，恺撒的上策是立即进攻希腊，庞培及其主力就在那里。这符合恺撒向敌军长驱直入的习惯。我们不得不猜测恺撒没有这样做的原因，而《内战记》没有明确给出解释。这本书告诉我们，庞培控制着大海，恺撒担心集结一支舰队会耗费很多时间，期间他不仅会被迫无所作为，庞培的老兵军团会"为了他的利益而巩固西班牙"，征集更多新兵，更危险的是他们会从西班牙出兵入侵高卢，令他腹背受敌。恺撒了解庞培，正确判断了他的秉性。相比于断定庞培会老老实实待在伊庇鲁斯，恺撒对于庞培的部将们在伊比利亚半岛做同样的事更不放心。这样的推理不能说服我们，但推理指导下的行动却获得了成功，因此，我们认为这已经足够了，无须再质疑。

西班牙战役和马赛攻城战，无论多么迅速，都耗费了足够长的时间，才迫使恺撒在一个不合时宜的季节返回意大利。恺撒从不坐等。在永不枯竭的精力的驱使下，他率领半数军队渡过亚得里亚海到了伊庇鲁斯，因为他没有可供运载全部兵力的运输船。显然，途经以利哩古行军会是更加明智之举。以利哩古是他自己的行省。从波河途经以利哩古到伊庇鲁斯，几乎与波河到布隆狄西乌姆的距离相当，而且他的大部分兵力正是在波河流域集结起来的。恺撒率领有限的兵力抵达伊庇鲁斯之后，以无与伦比的精力和好运气固守阵地，直到五个月后与马可·安东尼会师。

面对一个更加能干的对手时，恺撒的表现如何是个值得揣摩的问题。他将自己的生死存亡寄托在庞培的懒散被动之上。为什么安东尼在伊庇鲁斯的出现对于战局至关重要时，他没有奉恺撒之命经以利哩古行军呢？只有一种解释：恺撒和他一天比一天更加热盼渡过亚得里亚海的机会。

在迪拉基乌姆采取的行动导致了显而易见的失败，直接原因是他的行动只能依靠奇迹或意外才能成功。他能够在灾难之中拯救自己，是因为他是恺撒，而对手是庞培。他将军队从千钧一发的险境中拯救了出来，与多米提乌斯巧妙会师，以一种堪比腓特烈的无畏精神，在法萨卢进攻并击败了庞培。这一切都是如此辉煌灿烂，他犯下的错误被理所当然的成功掩盖了，所有批评都惨遭否定。

这场决战决胜之后，恺撒率领一小队人马，急如星火却又粗心大意地踏上了追杀庞培之路，一直杀到亚历山大城。他在政治上犯了一个错误，当罗马世界还在动荡不安的时候，他却让自己陷入了埃及的琐碎事务之中，他在亚历山大被一群蛮子封锁起来，尽管他用3个高卢老军团就足以将他们打垮，他却完全固执己见，直到被米特拉达梯解救出来，他与克利奥帕特拉在温柔乡中厮混了两个月，而他的敌人却日益壮大。再加上至关重要的本都战役造成的拖延，恺撒浪费了一年的大好时光，使庞培党人控制了阿非利加。然而，我们可以欣赏他在亚历山大战役的细节中展现出来的文韬武略，以及通过成功解决埃及问题所展现的大智大勇。很明显，恺撒一度忘记了他那以全世界为表演舞台的宏图壮志。他犯下的错误是艰苦斗争的根源，在后来的时日中，庞培党人令他为此付出了巨大代价。

当恺撒被迫再次拿起武器让阿非利加臣服时，他的过分大胆驱使他在一年中天气最恶劣的季节乘船前往非洲大陆，却没有为他的舰队指定一个会合地点，而这种不幸的事故偏偏在阿非利加海岸发生了，就在一年前，同样的意外也在伊庇鲁斯海岸发生过一次。这个掌握着整个罗马国家的丰富资源的人，在几个月的时间内只有招架之功，沦为一个连担任副将都不称职的家伙，直到他能够集结足够的兵力去发动进攻为止。在这段时间内，他陷入了随便一个能干的对手就能置他于死地的险恶局势之中。正是恺撒的好运气才让西庇阿取代加图成了贵族党的总司令。我们必须从他的行动局限性来追溯这种危局和筹集粮秣的困难。与此同时，他身处的险境与他手中的资源的丰富程度形成了鲜明对比。在把他的部队重新招募到适当的规模之后，我们就开始寻找他立即发动强有力攻势的迹象。但是我们大失所望了。尽管面前是一支不怎样的军队和一群蹩脚的将军，恺撒却没有冒险。他的胆大妄为暂时不见了。他在玩弄汉尼拔被迫才使用的把戏，当时汉尼拔面对着由优秀将军指挥的数量3倍于他的军队，与那位迦太基人相比，恺撒看起来优势不大。但是，当他用漫长的机动寻求的战机到来，在有利条件下迫使西庇阿走上战场时，恺撒，或者说恺撒的军队，很快就使他在塔普苏斯取得了辉煌胜利。

随后是为了剿灭庞培党残部的西班牙战役。在拜提斯河上的巧妙机动，以及来之不易的蒙达战役和随后的攻城战又花了半年多时间。我们对这些行动的了解比我们希望的少。我们所知道的一切让恺撒更加光彩照人。

显然，如果恺撒更加理智一些，内战可能只用一半时间就结束了。但是，战争一开始，他就在一个天气恶劣的季节，只率领一小部分军队远征伊庇鲁斯，他在发动阿非利加战争时也犯下了同样的错误，亚历山大和本都战役介于其他和更重要战役之间，从而使恺撒未能在天气适宜的季节发动更重要的战役。这些事件都源于恺撒自己的决策。如果他在公元前49年秋季之前，经陆路向伊庇鲁斯进军，如果他在公元前48年春季率领一支规模适当的军队前往阿非利加，那么庞培派联军可能在同年就灰飞烟灭了。虽然犯下了这些错误，他还是在较短时间内赢下了每一场战役，这要归功于他那非凡的才略、惊人的好运和对手的孱弱。也许，在一段罕有其匹的历史记录中指出疏失算是吹毛求疵，然而疏失还是显而易见的，汉尼拔从来没犯过这样的错误，亚历山大也没有。

从更宏大的角度来说，内战是一场类似高卢战争的征服战争。恺撒对于完全控制罗马还是心满意足的。在实现这一目标时，他的政治和军事举措还是那么令人钦佩。他一直在进攻，除了一场过于急切的行动造成的被动局面，他从未陷入防御局面。他不断在奋进，就像在高卢战争中一样，为了在对手准备妥当之前打他们一个措手不及。我们可以说，庞培作为海洋的主宰，会确信他从陆上采取行动，并且为之做好了准备，这是恺撒没有从陆上向庞培进军的合理理由。据称，恺撒在冬季向身处伊庇鲁斯的庞培进军，是为了出其不意，智取敌人。可以说，出其不意突袭贵族派就是恺撒在冬季发动阿非利加行动的目的。因为恺撒一贯会将部队安置在冬令营中，但是，这些说法不能掩盖他的准备不足、行动仓促。

恺撒的侦察系统一贯不错。他在内战期间，比在高卢更易于收集关于敌人计划的信息。他身处许多他的追随者的国度中，有时候支持他的人还占据人口的大多数。从敌人阵营投奔他的逃兵就更多了。庞培也有类似的优势，只是优势较小。逃亡浪潮对恺撒有利。恺撒利用他的轻骑兵进行侦察以获得更大优势，而且在搜集情报方面总体上比对手更加积极。

尽管恺撒的兵力一直较为薄弱，但他的军队在军纪和士气方面高于对手。他没有多少辅助部队。他觉得如果没有他们，军团士卒们会更加强悍。他保留了足够的辅助部队用于散兵战，但并不像当时通常的那样在意他们。

在内战期间，恺撒使他的军队高度集中。他很少分兵行动，除非为了筹集粮草不得不如此。在第一次西班牙战役中，他在马赛留下了3个军团，自己率领6个军团去了西班牙，4个留在西西里，1个留守撒丁岛，其他兵力镇守意大利。如果兵力更少，他就保不住已经征服的领土。当恺撒集中了自己的兵力时，他会不断想方设法使对手分散兵力，或者使对手们无法集中兵力，这样就能各个击破了。

恺撒的打击目标都是经过精挑细选的，目标往往是敌人的军队。公元前49年，恺撒的目标是布隆狄西乌姆，当时庞培的军队正试图从那里离开意大利。作为主要海港，如果他将庞培赶到海峡对面的伊庇鲁斯，掌控它就获得了保卫罗马的优势。他后来的目标是比利牛斯山的隘口，用于打开前往西班牙的通道；伊莱尔达，阿弗拉尼乌斯和佩特雷尤斯驻扎于此；迪拉基乌姆，是为了夺走庞培的补给基地；法萨卢，换句话说就是敌人的军队；亚历山大城，他认为那里是庞培的藏身之地；尼罗河三角洲上游，托勒密在那驻军；小亚细亚的泽拉，他可以在那毫不迟疑地打击法尔那西斯；鲁斯皮那，敌军附近的一个次要基地；乌兹塔和塔普苏斯，敌人的仓库；乌利亚、科尔杜巴和阿特瓜，都是敌军驻守的重要城市；还有蒙达，在那里他可以与小格涅乌斯·庞培决一死战；他选择的每一个目标，都是他给予对手心脏的沉重打击。恺撒对他的工作从不游移不定。他的眼光、思想和行动都直指要害。"我来，我见，我征服"很可能就是他的座右铭，而不是仅仅用于一场战役。

恺撒多次因粮食短缺而陷入困境。他在筹集给养方面不如亚历山大稳妥，也不如汉尼拔谨慎。他过度急于进入战场是问题的根源。尽管经常遇到困难和风险，恺撒总能想方设法让部下有饭吃。在进攻战役中，敌人容易控制补给。恺撒在给养方面相当谨慎，他采取的行动往往不受粮秣问题的局限，除非饥荒迫在眉睫。他已经准备好"取用于国，因粮于敌"。在粮秣方面他经常犯错误，但总体而言，他是一个不错的后勤补给官。

就像在高卢战争中那样，恺撒在内战期间青睐在开阔战场上作战，但有时候他不得不在防御工事面前停下脚步，耗时费力地围攻它们。根据当时的习惯，他在几乎所有战役中，都在开阔地上迫近敌人。他不像腓特烈或亚历山大那样一身都是胆，他小心翼翼，不让自己受到诱惑而去进攻堑壕或坚固的阵地，但对于接受平等的会战，他会毫不迟疑。

恺撒实施的机动和封锁都规模宏大。他实施机动的目的是为了会战、规避敌人或前往仓库。在内战中，这种情况比在高卢更为频繁，恺撒已经获得了自信。最早的机动战例是在伊莱尔达。在泽塔实施的行动是个优秀范例。

在逆境之中,恺撒顽强而坚韧。他从未灰心丧气过,也从来没有惨败过。在迪拉基乌姆之战后,他像一个胜利者那样撤军,而非一个惨遭失败的将军。他没有流露出丧失自信的迹象,他为军团开脱了失败的责任,从而振奋了士气,他采用花样百出的小行动来激发军队的勇气,例如夺取戈姆菲,直到他们再次感觉到,即使庞培军的人数是他们的两倍,他们也能战而胜之。这种应付逆境的能力比其他任何能力都更能体现恺撒的天才。从来没有人像汉尼拔那样展示过这种能力,但它却是恺撒的鲜明特征。

恺撒在内战中采用的战术与在高卢时的大致相同,只在一定程度上有所改变,以适应对手也是罗马军人的事实。他的攻势不如对高卢蛮族那样简单明了。在伊莱尔达,双方用长矛格斗了 5 个小时才拔出短剑。

在战斗中,侧翼移动颇为常见。两军统帅的主要任务都是突破敌军的战线,或者击溃敌军的一个侧翼。恺撒的战术很简单。在他的战役中,罕有像伊巴密浓达在留克特拉(Leuctra)或曼丁尼亚(Mantinaea)采用的斜线阵型[1],亚历山大在阿贝拉(Arbela)[2]的楔形阵型,或者汉尼拔在坎尼的收缩新月阵型等耀眼夺目的战术阵型。恺撒实施战场机动的一个战例是在鲁斯皮那。这是个优良的例证,但规模不大。还不清楚为什么他没有从其他统帅的战术经验中汲取营养,他似乎并不认为会战中的宏大战术适用于他。他发动的几乎所有交锋都是按照简单的平行阵型进行的,并且对于意外的危险都做了谨慎的预先准备,例如在法萨卢组建了第四条战线。在恺撒的战例中,人们景仰的其他统帅所具备的独创性宏大战术组合是不存在的,我们发现的都是更常见的组合。我们在泽塔看到了环形或方形战阵,而且效果非常好。在伊莱尔达,我们看到恺撒以战斗阵型行军,比平时走得远得多,展现了阵型和纪律方面的格外稳健。在采用

---

①译注:公元前371年,底比斯名将伊巴密浓达在留克特拉会战中,依靠斜线战术击败了斯巴达。公元前362年,伊巴密浓达率领的底比斯军队,在曼丁尼亚战役再次用斜线战术战胜斯巴达、雅典联军,但是底比斯军队伤亡惨重,主将伊巴密浓达阵亡。两场战役都是斜线战术的典范。

②译注:阿贝拉就是今天伊拉克北部城市埃尔比勒(Erbil),著名的高加米拉战役就发生在阿贝拉境内的高加米拉村附近,因此这场大战也叫阿贝拉战役。

两线或三线行军过程中，对于面向敌人的一侧给予了特别关注，全军的阵型井井有条，随时都可以在突袭面前展开战阵。

恺撒常用阵型是三线横队，但是在法萨卢完成的第四战线值得特别注意。以如此少的人马，在恰到好处的时刻以恰到好处的方式投入战斗，产生了如此巨大的影响，这在其他战例中极其罕见。在乌兹塔，第 5 军团相当于第四战线；在塔普苏斯，同一军团也以同样方式对付战象。在乌兹塔我们注意到，恺撒在左翼有两条战线，而在右翼有三条，加上第 5 军团则有四条。这是对于左翼的一种加强，尽管不是为了通常的目的而加强侧翼 ①。

恺撒用 10—12 个军团组成的战斗阵型，往往会分为中坚和两翼，每一部分都由一位副将指挥。他没有足够的副将来各指挥一个军团。战斗由一个或另一个侧翼发起。开战职责通常由第 10 军团来承担，它的位置一般在右翼。恺撒总在发起战斗的那个侧翼，并发出开战信号。由此，全军有时会形成某种斜线阵型，原因在于开启战斗的那个侧翼会比战线上的其他部分前进更快一些，这与亚历山大发动的战斗颇为相似，但这不是与曼丁尼亚或鲁滕战役中具有相同意义的斜线阵型。

罗马人从来不擅长使用骑兵。在法萨卢，庞培的骑兵在一个侧翼聚集为一支庞大的队伍，本应取得胜利，但是他们的组织和指挥都糟糕透顶。恺撒的小股部队却得到了充分使用。恺撒的高卢和日耳曼骑兵，有时会数量庞大，按照他们自己的方式战斗会很有威力。有时候，会有多达 4000 名骑兵组成一个纵队。自从布匿战争以来，罗马骑兵有了长足进步，主要是因为使用了由盛产骑兵的地区的当地人组建的骑兵部队。但是，总体而言，恺撒的骑兵颇有瑕疵。它没有扮演骑兵的应有角色，经常与步兵混编在一起。在恺撒的战役中，没有哪一场能与亚历山大或汉尼拔对骑兵的炉火纯青的使用相比。

一位将军的才干往往是由他的对手来衡量的。长期以来庞培一直被认为是一位伟大的军人，但是他早已脱离了战争，他站在荣誉簿上止步不前。他从来不以积极主动著称，多年来的政治阴谋早已使他不适合沙场搏杀。恺撒刚结

---

① 译注：原文如此，怀疑作者说的是加强右翼。

束了历时八年的战争，从中得到了最好的历练。他的政治权谋与战争密切相关，而且没有削弱他的军人习性。两人的素质加上各自的独特品质，如果恺撒拥有与对手相当的资源，就一定会赢得这场斗争。已经无须证明恺撒应付眼前的困难的能力了；而庞培对于恺撒征服西班牙作壁上观，充分证明了他的迟钝消极。恺撒受过最好的历练，在这种情况下，实际上恺撒是战争的主宰。他的经验是由自己所犯下的错误培养出来的，并从中获益良多。不能说他现在不会再犯错误了，迪拉基乌姆之战是他首次试水时犯下的错误。恺撒需要一个挫折来教会他谨慎持重。他在迪拉基乌姆得到了教训，于是立即采用了一个更加合理的方案取得了胜利。

从一开始，恺撒在战争艺术的各个领域都大有进步。他在战略、战术、防御、攻城、后勤方面的能力，在他的军政生涯的最后阶段比任何时候都更加突出。问题在于，在他的战役行将结束时，他的攻击性是否没有削弱。如果没有如此，那就奇怪了。士兵们将这一切都归咎于恺撒的人格。他们知道，自己有时候缺乏纪律精神，但他们的韧性、力量、适应能力、在困难面前的耐心、自我克制、战斗中的坚忍和勇气、对他们将军的依恋和信心，都是出类拔萃的。恺撒的军团对于恺撒和罗马来说，都是同样的荣誉。他们是对于罗马的腐朽堕落的活生生的谴责。庞培的部下在任何意义上都无法与之相提并论，庞培造就了他的士兵，而恺撒也造就了自己的士兵。

庞培从未表现出自己能力的最高水平，但是也不能低估他。他没费什么劲就被欢呼为"胜利将军"，轻松获得了"伟大的"头衔。庞培的一些早期成就还是很出彩的，当他真正开始工作时，好运就眷顾了他。我所说的一切，并不是要证明庞培不是一个好军人，他也许是一位伟大的军人，尽管他没有成为一位出类拔萃的军人。只有与恺撒相比，他才显得黯淡无光。如果是与一位能力较弱的对手对垒，庞培也许能在更高层次上表现出他所具有的品质，这一点是完全可以相信的。但恺撒在某种程度上使他黯然失色，使他显得比自己实际上还要渺小。相反，恺撒过去是恺撒，将来也永远只是恺撒，作为一位统帅和统治者，他象征着一切最伟大的事物。

西庇阿在任何程度上都明显缺乏足够的精力和才干。他只是一个军事庸才。完全因为他是庞培的岳父才得到了指挥权。

在所有庞培党人中鹤立鸡群的加图拒绝接受最高指挥权，将其让给了西庇阿，没有使用他无可争议的权利，最后通过自杀逃避了兵败被俘之辱。

拉频弩斯表现出了巨大活力，但是他的才干却由于对恺撒的仇恨而被削弱了。他是一个典型的优秀部将，也是典型的蹩脚主帅。他在恺撒的麾下效力时，曾是一位杰出和能干的军人，但在与恺撒较量的过程中，他成了二流角色。每次遇到他的老上司，他都会失去理智。

庞培的两个儿子一开始都表现得令人期许。当大敌当前时，塞克斯图斯·庞培的才干又跌回了较低档次。小格涅乌斯·庞培展现了很多并不突出的能力。兄弟俩都对付不了危险。

与恺撒对垒的其他将军就更加等而下之了。

恺撒的能力与所有对手都形成了鲜明对比。通过对手来品评他的能力，既不是一个公平的考核，也绝非成果丰硕的课题，恺撒的排名低于亚历山大，远低于汉尼拔。但是，利用才具不够高的对手的错误是作为伟大统帅的标志之一。这是他一贯需要做的事情，军人恺撒不能被放在一个与他们不同的水平线上。他思想和意志的神奇力量，对他所接触到的一切都产生了显著影响。每个人都仰赖他，所有人都把他视为动力中心。如前文所述，对一场战役是否伟大的检验标准，可以通过找寻战役的动力源泉——能够驱策其他人战斗的将军——来确定。在恺撒的所有战役中，起到这一作用的都是他自己。不是他的敌人做了什么，而是恺撒做了什么，决定了战役进程的基调。

对士兵们，恺撒会慷慨大方地给予奖励、赞扬和赏赐。他总是乐于将勇敢者与其他人区别对待，从而鼓励他人效仿勇者。他有一种罕见的能力——作为个人和军人，他都能让士兵们赴汤蹈火在所不辞。这样他既不会失去权力，也不会有损地位。他让军团打扮得光鲜亮丽、器械装备精良，给了许多人镶金嵌银的武器，让他们与众不同，让人们看到他们鲜衣怒马，豪情万丈。尽管他的士兵们被讥讽为"满身香气的花花公子"，但是他们却知道如何打仗。在这一点上，就像他们的领袖一样。不要低估花花公子们，有些最坚强的心灵和最清醒的头脑，就潜藏在一件浮华纨绔的外衣之下。

恺撒对部下从来不吝赞美之词，他记得每个曾做出过英勇事迹的人的面孔，大敌没有当前的时候，他会鼓励部下举办娱乐活动，他亲自下场与部下同乐也不鲜见。在萨宾努斯和科塔的灾难发生之后，他任由胡须和头发生长，发誓在士兵们为他们的同袍报仇雪恨之前绝不剃须理发。对我们来说微不足道的举动，对恺撒的军团而言却事关重大。这样的事情激发起了士兵们近乎狂热的崇拜之情。

无论在远离危险时多么放松，在抵近敌人时，恺撒都会要求执行最严厉的军纪。他要求部下做出前所未有的努力和牺牲，他永不歇息，夜以继日，全然不顾季节和天气。每个人都必须随时准备履行职责。恺撒愿意以士兵的名义去做，去忍受这一切。正是他使用"老百姓"而非"士兵"的称呼，才粉碎了第10军团的哗变，他宽宏大度地忽略了许多细微错误，但在惩办较大的错误时却严厉得出人意料。他对一个人的要求越高，就会让他身居更高的职位。他给予的最严厉惩罚是开除军籍，就像第10军团前往阿非利加时惩办几个军团指挥官和百人队长的案例那样。在罗马，这等于革除一切政治和社会权利。恺撒的军团们在他的指挥下比在任何其他条件下都能干。看看高卢战争中的拉频弩斯与后来的拉频弩斯的区别就一目了然了。这不仅仅在于他的强大个性，还因为他随时准备做3倍于其他人所做的工作。军队中没有人比恺撒更加辛勤。恺撒的部下以一种显示出他们的纪律严明程度有限的方式，不止一次地摆脱了他的掌控，所有这一切都使人更觉诡异。其中，塔普苏斯是最著名的事例。同样的问题偶尔也会让他们像在迪拉基乌姆那样意志消沉。

恺撒作为军人的生涯表明，个人的性格因素对战争的影响有多么巨大。恺撒的指挥艺术不是他学来的，也不是他能够传授给别的人，而是他的智慧的结晶，并带有他的辉煌灿烂的精神力量的印记。

◎ 身为大祭司的恺撒（藏于梵蒂冈博物馆）

亚历山大、汉尼拔与恺撒

　　在长相的英俊和仪态的威严方面，马其顿国王比迦太基将军和罗马统帅都突出得多。历史上的英雄们很少有谁像亚历山大那样，在体魄方面如此出众，吸引我们的眼球，年少有为加上辉煌业绩和王者之风，使波斯大王的征服者成为肉体凡胎的人类中最出类拔萃的人物。在体力和耐力方面，汉尼拔与之不相上下；至于恺撒，尽管拥有过人的精神力量和肌体素质，却没有像亚历山大那样穿上荷马史诗中的英雄的装束。他没有哈米尔卡（Hamilcar）之子那样好战的光荣童年 ①。当我们的思绪想到恺撒或汉尼拔时，很容易在脑海中浮现出一个成熟男人，他在智力和性格方面都高人一筹，亚历山大站在我们面前的形象，则是身上闪耀着神圣的力量和青春的激情。亚历山大的所有胸像都是英雄的模样，他征服了世界，在青春逝去之前就去世了，恺撒的众多形象和汉尼拔的唯一可信形象都向我们展现了一位中年男性，两人都比亚历山大更加强有力，但也许腓力的儿子更像半人半神的传说人物。

　　如果我们从政治家、法学家、作家、思想家和军人的角度考量，恺撒在古代是无与伦比的。如果我们仅仅从军人的角度权衡，他与另两位并驾齐驱。有些东西完全无法衡量。在智力和精神方面，三大统帅的区别就像他们的性格一样迥异。在目标的正直和生活的纯洁方面，亚历山大和恺撒远不如汉尼拔，

---

　　①译注：哈米尔卡是汉尼拔的父亲，在汉尼拔的小时候，哈米尔卡让汉尼拔及其弟弟们发誓，终身以罗马为敌，不死不休，所以汉尼拔从小就立下了灭亡罗马的雄心壮志。

后者是一位无私、模范的爱国者，他的雄心壮志完全是为了他的祖国，他的欲望总是受节制的，他的生命就是一个漫长和认真的奋斗旅程，任何欢愉、高位都不能诱惑他，阿谀奉承也不能改变他。

亚历山大性格急躁，常常沉溺于醇酒。他的雄心壮志是出于个人伟大的梦想，再加上实现世界希腊化的希望，围绕着这一点，他身上散发出一种无所不在的智慧光辉，实现伟大计划的无穷能力，变不可能为可能的神奇力量。恺撒天生冷静，精于算计。他既不抗拒诱惑，也不屈从于诱惑。对他来说，根本没有诱惑可言，他想要什么就拿什么。正是这种无限自负让他成为恺撒。他的野心就是罗马，但没有恺撒作为指明星（guiding star）①的罗马不是罗马。恺撒具有许多高尚的个人品质，在他的每一次行动中都得到了体现，但他身上没有一丝一毫的爱国主义光辉。他所做的或渴望做的一切都与自己有关。他不能像汉尼拔服务于迦太基那样为罗马服务，尽管他自己被罗马共和国吞没了。他天生慷慨善良，但他不得不进行令人心碎的血腥大屠杀。身为征服者的恺撒与常人的恺撒判若云泥。我们也只能猜测他会对于在几小时内对近百万人进行背信弃义的大屠杀感到不安。亚历山大热情似火、急躁冒失，时而慷慨，时而暴戾。汉尼拔具有一种温柔的性格，他对于战败之敌的恻隐之心战胜了他对于其种族的仇恨。恺撒待人宽厚，对待人民却冷酷无情到了麻木不仁的程度。

仅凭才智和道德力量不足以使一个人成为伟人，成就才是一个人所做的和将做的一切事情的根源。亚历山大的所作所为，依靠不知疲倦的身体和心灵。如果说亚历山大在某个方面都接近了他喜欢被人认为的半神英雄，就是他超乎常人的劳作能力。没有一位职业运动员能在武力和运动方面超过他；没有哪个哲学家对于任何崭新或棘手的问题比他有更清晰的理解；没有一个军人能像他那样对于"战斗的愉悦"（gaudiumcertaminis）具有如此真切的本能；没有人在这么短的时间内取得这么大的成就。汉尼拔在年轻时代很像亚历山大，但汉尼拔早早就成熟了；亚历山大的面庞上永远闪耀着青春的光辉。至于恺撒，我们只知道他在年轻时是个花花公子，以大胆的政治活动闻名；成年后成了一位

---

①译注：古代对北极星的称呼。北极星常用于指明方向，故而得名。

伟大的演说家，又作为政治家凌驾于与他接触过的所有人之上；中年时成长为一位英勇的军人，但他的大胆不是亚历山大式的，他的谨慎也不是汉尼拔式的；到了暮年，他是立法者、管理者，是我们今天认定为文明基础的奠基者。

　　亚历山大的意志力是属于一个天马行空的人的意志力，他那炽热的意志力既不在意推心置腹的朋友，也不尊重老臣仆，在追逐自己所选择的目标时，他甚至会毁灭自己。汉尼拔的胜利从来没有超出他天生的判断力，甚至汉尼拔自己也要听命于他的判断力。我们不知道亚历山大在汉尼拔达到权力巅峰的年龄时会变成什么样子，但我们知道汉尼拔在亚历山大达到人生巅峰时是什么样子的。20 多岁的时候，亚历山大完成了他的辉煌事业，汉尼拔在 30—40 岁时达到顶峰。恺撒在穿上紫色披风时，也已经人到中年。当恺撒在法萨卢战场上赢下最辉煌的战役时已经 50 岁，他的更大成就还在后面。他的意志力是另一种类型。他以亚历山大的英勇无畏、汉尼拔的坚忍不拔开始了他的事业。他可以在这里退让，在那里寸步不让，靠欺诈、直接、迂回向敌人前进，或者将敌人撕成碎片，时时刻刻都紧盯着他曾经设想过的、永志不忘的目标。

　　他们的勇气都是无与伦比的，战斗只要一打响，亚历山大就被一种神明般的愤怒所控制，很难被他的神明般的智慧所唤醒。在军团与方阵的殊死博斗之中，汉尼拔从未丧失平静的观察力和行动力，他从不放过对手最细微的失误，也不在关键时刻强行出战。在执行计划时，他一贯大胆，形势可疑时深思熟虑，当需要发动雷霆一击时他会动如脱兔、侵掠如火。恺撒的勇气是士兵式的，与其说他渴望与敌人交战并歼灭敌人，不如说他具有推进战略优势的力量。亚历山大和汉尼拔都像腓特烈那样从不考虑兵力劣势，除非被迫采取行动。恺撒在开战前会想办法让机会站在自己一边。

　　作为个人，亚历山大对部下的影响显而易见。作为国王，他是至高无上的，如果他不是国王，也会是各种集会的主持人，帝王性格增加了他的男子气概。汉尼拔对于部下的掌控力无人能及，他能把形形色色的部落团结在一起，利用他们的好斗本能，将他们捏合成一支军队。尽管多次遭遇素质、数量远胜于己的敌军，但他能够在半个世纪内牢牢扼住罗马的咽喉，这些能力是无人能及的。我们不知道他是用什么方法做到的，但事实已经足矣。恺撒与拿破仑一样赢得了各自的影响力。他的强大掌控力、雄辩的口才、圆滑的手腕、睿智的想法、对他想控制的人合理让步的姿态,是其成功的各个要素。他是真正的恺撒皇帝,是所有想成为沙皇(czar)和皇帝的人的榜样,像他这样的人凤毛麟角。

恺撒具有演说家天分,并受过专业训练。他的风格直截了当,令人信服;他的举止活泼,能够左右听众。亚历山大和汉尼拔都是知识分子和文化人,两人都没有把修辞学当作艺术来学习,但他俩都有在适当的时刻说适当的话的能力,以一种能左右听众、达到目的的方式恰如其分地发言。这些伟大统帅都绝非光说不练,他们的发言来自内心炽热的思想,想得明白、说得清楚。这些人没有一位言而无果,所有听众都会听而有闻,闻而有信,或者哑口无言。亚历山大以君主的身份讲话,汉尼拔以外交官的身份发言,和平、战争都要准备;至于恺撒,无论他多么权势熏天,也从未失去他的可信性。从来没有一个人比他更能正确地召唤正义站在他的一边,甚至使更糟的情况变成更好的理由。

亚历山大的政治家式的计划,在他统治过的每一个国家都留下了希腊化的永久痕迹,这一点值得赞许。汉尼拔颇有远见卓识。如果他没有被赋予塔列朗的圆滑和华盛顿的纯洁,他永远不会如此接近于动摇罗马共和国的根基。但是,作为一位政治家,恺撒的业绩影响更为长久,因为它们有更坚实的基础。他在坚实的罗马品格的基础上建功立业,他奠定的基础很扎实,在上面构筑的上层建筑维系了几代人,他的成就的内在意义改变了从他到我们这个时代人类对文明所做的一切努力。亚历山大像一位巨人那样大刀阔斧,但他的业绩建立在错误的基础之上。他的作品就像埃及的吉萨金字塔一样痕迹犹存。汉尼拔的成就并不持久,迦太基人受限于历史进步的规则,从世界舞台上湮没无踪。巴力(Baal)①也不能幸免,布匿人的建筑物无一幸免。通过二十代理想、诚实的思想家为他奠定的基础,恺撒的地位甚至比他们所知道的还要崇高。在这一点上,他的洞察力和聪明才智确立了治国之道的发展模式。罗马帝国的衰落是缘于其他原因。政治家恺撒兴建的架构永远不会消失。

抛开其他工作,仅以身为一名军人而言,没有谁的表现能与汉尼拔相提

---

① 译注:迦太基人崇拜的主神,大致相当于太阳神。汉尼拔就意为"巴力是仁慈之主。"

并论。亚历山大开局的处境比汉尼拔更糟糕，但环境对他有利，一旦解决了他的问题，物质资源就随着他深入敌人的腹地而增多。汉尼拔的资源却从开局就在减少，他被迫创造他所需要的一切。他必须做无米之炊，得来的每件武器都来自被歼灭的罗马人——我们再也看不到这样的军事艺术了。恺撒拥有充足的资源。他本可以调来比实际使用更多的资源。他作为一位军人取得的成就是巨大的，但他的成就中没有哪一部分能与汉尼拔创造的纪录相提并论，获胜并非军事技能的考验。

亚历山大拥有一种讨好命运女神的手腕，所以女神总是向他报以微笑。人们很容易将她的忠诚归因于他的迷人魅力，事实上，他从来没有错过这位水性杨花的女神所提供的每个机会。女神的最小帮忙他都立即充分利用起来。他从来不祈求赫丘力士的恩宠，直到他自己需要全力以赴的时候。命运女神怎么会对这样一个热情的求婚者朝三暮四呢？对于青年汉尼拔，女神和颜悦色；一旦汉尼拔青春不再，她就转过身去，再也不给好脸色了。然而，这位高贵的军人始终如一地奋斗着，仿佛从早到晚都在享受她的垂青。没有人像恺撒这样勾引命运女神。他对于女性的挚爱无比成功，还没求爱就得手了，与命运女神的相处也是如此。她抛弃了热切警觉的汉尼拔，却从来没有离开粗心大意的恺撒。恺撒对她的示好越是爱答不理，她就越急于更亲热地帮助他。当他的计划注定要失败的时候，她却救了他千次。历史上没有哪个伟人应该如此对她感恩戴德，而他却很少向她求爱。鲁莽出现在别人身上的话，女神会施加惩罚，到了恺撒身上，她反而会青眼有加。他对她的耐心不能要求更高了。我们知道恺撒在征服女性方面是快乐的，因此我们必须承认，他的最大成就就是轻而易举地征服了这位得之不易的女神。

尽管亚历山大在人数劣势上无人能比，但他是与野蛮和半文明的军队作战，攻打的对象是一个衰弱无力、缺乏凝聚力的君主制国家，它的构架已经摇摇欲坠。恺撒先与蛮族交战，随后是他的同族军队，对手的装备和指挥谈不上有多好。对于蛮族的处置，恺撒不如亚历山大或汉尼拔那样手腕灵活；在内战中，他面临的敌军比亚历山大面临的更加强大。汉尼拔在西班牙与蛮族作战，在意大利，敌军比他自己的军队强太多了，汉尼拔的对手从他身上学到了很多东西，越来越难对付，就像卡尔大公（Archduke Charles）、布吕歇尔（Blucher）

和威灵顿（Wellington）①掌握了拿破仑的指挥艺术那样，马塞卢斯、尼禄和西庇阿将汉尼拔的教诲烂熟于心。作为战争史上前所未有，占据了一席之地的统帅，汉尼拔肩负了过于沉重的负担。我们越是把汉尼拔与其他军人做比较，他的天才光辉就越灿烂夺目。

这几位统帅的指挥艺术都是建立在才智和精神力量的罕见结合之上的，在每一种情况下，他们都并不缺少第三个要素——机会。每一位都有自己的手段，他都对自己需要瞄准的靶标一目了然，将箭矢笔直无误地射向目标，一贯而入。每个人都对自己的基地小心翼翼，每个人都在寻找敌人的弱点，每个人都把自己的军队控制得稳妥可靠。亚历山大和汉尼拔是比恺撒更好的后勤供应者，由于恺撒一贯过度急于解决面临的问题，因此他的军队经常在饿肚子的边缘徘徊。亚历山大以彪悍的大刀阔斧取胜，由此而来的辉煌杰作是其他任何历史篇章都无法比拟的。汉尼拔会通过仔细研究在何时何地出击而获胜，永远一出手就足以将对手打残。恺撒不如亚历山大大胆，在某种程度上比汉尼拔更加慎重，但他的慎重中夹杂着一种急躁，在许多情况下，他的急躁冒进本应该破坏他的计划。亚历山大第一眼就能看出该往哪里打，随后是兼具速度与力量的雷霆一击。汉尼拔则会深思熟虑，把敌人诱骗到一个错误的位置，再予以歼灭。恺撒虽然从来没有忘记把握全局，采取完全与问题契合的措施来采取行动，但他在许多方面过于托大，因此要取得成功就得需要好运的介入，而好运往往就像解围之神（deus ex machinâ）②一样恰到好处地从天而降。亚历山大不会用突袭取胜，汉尼拔则是战略大师，恺撒时而有堂吉诃德式的大胆，又会因为缺乏战术进取心而成为费边式的人物。然而，恺撒的"克始克终"（iniscoronat opus）让他获胜，令他跻身亚历山大和汉尼拔的行列。

完成一项任务的速度是检验统帅的不容忽视的要素。恺撒花费了八年时

---

①译注：三人分别属于奥地利、普鲁士和英国，都是拿破仑的主要对手。

②译注：来源于希腊语的拉丁词汇，本意是从机关里面跑出来的神。在古希腊戏剧中，当剧情陷入胶着，困境难以解决时，突然会出现拥有强大力量的神，令问题得以圆满解决。舞台会利用起重机或提升机的机关，将扮演神的演员输送至舞台上。这种表演手法是人为的，制造出意料之外的剧情大逆转。

间征服了高卢，亚历山大在八年内征服了邻近的广大蛮族领土，将希腊人踩在脚下，恢复了爱琴海城邦的独立，征服了远及药杀水（Jaxertes）①的亚洲和远及希发西斯河（Hyphasis）②的印度（India）。在内战期间，恺撒在征服的范围和速度方面仅次于亚历山大。对于汉尼拔必须采用另一种标准来评判，他在五年内征服了半个西班牙，旋即翻越阿尔卑斯山挺进意大利，尽管到达波河时只有 2.6 万人马，却扼住了强大的罗马的咽喉，那是一个能招募 75 万军队的城市。这种克服不利条件的速度纪录超过了亚历山大和恺撒。当我们着手探讨耐力韧性的问题时，这个被自己的人民抛弃，依靠唯一资源能够在 15 年内将罗马逼迫到困难和崩溃边缘的人，根本无人能及。

亚历山大只有赫淮斯提翁这一个知己朋友，汉尼拔一个知己都没有，恺撒有许多朋友。恺撒把部分计划告诉了他们，至于整体计划则守口如瓶。恺撒尽可能用人不疑，疑人不用。但是，尽管恺撒表面上信赖别人，但真正能让他坦露心迹的人却根本没有，无人知道恺撒的不可告人的目的。他所做的一切的结果是什么，谁都无从猜测。他善于在坦率的面纱之下隐瞒自己的意图。拥有赫淮斯提翁这样的知己，符合亚历山大阳光爽朗的性格；没有知己符合汉尼拔的艰巨任务，他必须独自掌握实现目标的钥匙，为此他必须耐心地孤立于别人。恺撒的模式符合他的多才多艺、我行我素，他应该利用他的众多朋友来帮助他实现其五彩缤纷的宏图壮志。在一位足智多谋的军师的辅佐下，他成功的机会更多。据说，汉尼拔会佩戴面具来掩饰自己，当恺撒需要掩饰自己的内心想法时也会戴上面具。

亚历山大的战略构思气势恢宏，他的战争舞台就是整个世界。汉尼拔的策略与亚历山大的迥然不同，因为他俩面临的问题并不一样，但汉尼拔的策略同样巧妙和大胆，从某种意义上说，即使没亚历山大的宏大，却更加强烈。恺撒的战略推进总是值得注意的。他对高卢问题采取的策略，与他站在卢比孔河

①译注：古名药杀水，今天叫锡尔河（Syr Darya），中亚两大河流之一，另一条是阿姆河。

②译注：今名贝亚斯河（Beas River），是印度河流域的一条河流，位于今天的印度北部。亚历山大的军队在河畔发生了哗变，拒绝继续东征，迫使亚历山大回师西返。

畔时面临的形势所要求做出的判断一样精准，都好得不能再好了。

作为骑兵总指挥，亚历山大是无与伦比的。从来没有人像他在海达斯佩斯河畔那样，在敌军战线上的同一个地点，率领同一支骑兵发动反复冲锋。从来没有人训练过这样的骑兵中队，伙友骑兵在历史上无出其右。紧随其后的是汉尼拔和他的努米底亚骑兵。亚历山大的伙友骑兵用白刃冲锋赢得胜利，努米底亚骑兵采用巧妙的战术制胜沙场。恺撒从来不知道骑兵在这种意义上的用途。他的高卢和日耳曼骑兵都很优异，但不能与他们的同行相提并论。

亚历山大的战术大胆无畏、直截了当。他再三穷追猛打，直到将敌人打得一败涂地。汉尼拔深思熟虑地研究战术问题，在发动巧妙的佯攻来发现敌人的防御漏洞之前，他不会发动真正的进攻。当他全力以赴时，他的锋刃总能找到突破口。恺撒的战术并不强硬，他既没有亚历山大那样的大胆气魄和坚持不懈，也没有汉尼拔的创造性。他获得战役的胜利，不是缘于自己的完美计划，而是缘于敌人的软弱行为。作为一位战术家，恺撒远不如亚历山大，与汉尼拔相比差距就更大了。亚历山大是骁勇的化身，汉尼拔计划周密，执行力强悍，恺撒则都不如人。当恺撒被迫战斗时，例如在萨比斯河或蒙达，他会英勇搏杀，但是他从未像喜欢战斗那样去战斗。法萨卢是唯一一场经过大胆策划、实施的战役，对获胜而言，庞培的懒散被动与恺撒的勇气和正确的判断一样重要。

就个人气度而言，亚历山大就像他一直努力要成为的阿喀琉斯（Achilles），汉尼拔年轻时的英勇行为得到了李维的证实，但是我们忘记了这一点。我们把他看作一位深思熟虑的军人，他不冒任何毫不必要的风险，他精心盘算自己的胜机，给予敌人华丽的制胜一击。恺撒从来没有使我们将其与出色的骑兵指挥官联系在一起，他是一位足智多谋的统帅。在少数情况下，他的个人行为是为了自卫保命。他从来没有像亚历山大在马利（Malli）城下那样，完全出于英勇而率部出战。恺撒的获胜是依靠强大精神力量支持的精细谋划。在个人英雄主义方面，他绝非荷马式英雄。

在攻城战历史上，推罗与阿来西亚之围并驾齐驱。汉尼拔从未搞过这样的攻城战，尽管他的萨贡托之围打得不错，但是水平较低。

亚历山大的对手在能力方面远不如他，恺撒的对手更强一些。维钦及托列克斯颇有能力，庞培曾经伟大，但能力早已江河日下。亚历山大和恺撒从未面对马塞卢斯和尼禄，费边和西庇阿这样的对手，更没有面对过公民组成的军团。按照这样的标准来评判，汉尼拔是榜样中的榜样。

在行军方面，亚历山大保持着长距离行军的纪录，他对大流士的追杀罕有其匹。汉尼拔规避、摆脱敌人的技巧和智谋都无人能及。恺撒的某些行军搞得非常出色：从及尔哥维亚到爱杜依军队那里再返回，在 24 小时内走了 75 千米，只有斯巴达人奔向马拉松（Marathon）的行军才能与之媲美。亚历山大翻越兴都库什山（Hindu-Koosh）与汉尼拔翻越阿尔卑斯山不相上下。恺撒并不需要这样做。亚历山大在行军时很谨慎，汉尼拔更是如此。罗马人就是从汉尼拔身上学会行军的。恺撒在军事生涯开始时行军粗心大意，但是敌人的突袭教会了他谨慎小心，最后他以最完善的方式指挥行军。

亚历山大要求部下全力以赴，不考虑季节和环境。无论在行军打仗还是驻足休息时，亚历山大都把部下照顾得妥妥帖帖。尽管汉尼拔的大部分时光是在敌人的国土上度过的，但他从来没有短缺过给养。有时就像翻越阿尔卑斯山或阿尔诺沼泽（Arnus）时那样，他会让士兵们从事无尽的劳作。恺撒并非一直是个良好的后勤补给官，阿非利加战役大体上是为了筹集粮秣而东奔西走。他比亚历山大和汉尼拔更倾向于将部下安置在冬令营里面。

在对部下施加影响方面，三大统帅都表现出了最高能力。每位显然都是各自军队中工作最勤奋的人，每位都能以其指挥的人无法企及的方式完成每一项士兵的职责。公正、慷慨和高尚的品格使其部下都努力去模仿。每位统帅都向部下灌输一种模仿他的精神，每位都得到了他们应得的英勇的和良好的服务。

作为一个单纯的人，汉尼拔在生活简朴和崇高的爱国主义精神方面远远超过其他两位。亚历山大具有两面性——可爱、可钦的一面和缺乏自制力的可悲一面。恺撒很少流露出人类的真情实感。人们可以诚挚地说出他身上千个可钦可佩的东西。除了他的伟大之外，他的理智、热情的友谊、慷慨大方、思想的优良品质、许多高尚性格，所有这些都证明他值得我们钦佩和尊敬。然而，恺撒与拿破仑一样具有一种人们永远忘不了的矫揉造作。他们穿着我们永远无法穿透的铠甲。我们对他说了很多赞美之词，但这些修饰语都缺乏内在的意义。亚历山大对赫费斯提翁的爱恋，对克利图斯的暴力，都体现了他的为人。汉尼拔的为人体现在对罗马的仇恨，在于他在迦太基祭坛上的自我牺牲。在吕岑战役中，国王古斯塔夫倒在了骑兵中队的前面，铁血国王腓特烈写了几句蹩脚的法文诗来安慰自己的失败，这两个人都充满了人性。恺撒和拿破仑都在历史上为我们留下了深刻印象。每一位都让人钦佩得浑身战栗，但两人都没有唤起属于人类的同情之心。

以这些不相伯仲的伟大统帅的军人标准来考量的话，如果必须在他们中间做出评判，那么汉尼拔是无可匹敌的统帅，亚历山大是荷马式的英雄，恺撒是不可战胜的伟人。

就所有性格特点而言，恺撒是古代最伟大的人物。

罗马帝国战争艺术

从尤里乌斯·恺撒的军队发展史中，我们可以看到正是统帅的天才而非普通士卒的个人素质赢得了辉煌胜利。当恺撒·奥古斯都成为罗马唯一统治者时，军事事务不久后就有了新的基础。共和国的古老军队中曾经是公民民兵，现在只能通过回忆第二次布匿战争中的事件才能表明，正是元老院和人民组成的军队的坚忍不拔，而非任何一位统帅的个人能力，才让罗马免遭汉尼拔的毁灭。

罗马内战期间，职业士兵和雇佣军逐渐进入军队，直到他们构成了军队的主力，这一切都为常备军的建立铺平了道路，常备军成了帝国军备的组成部分，无论是战争还是和平时期。

奥古斯都系统性地开展工作。从内战遗留下来的 45 个军团和 1.5 万名骑兵中，奴隶、获释奴隶等都被遣散了。大约 12 万名志愿兵和退伍老兵定居在意大利捐赠给他们的 28 个殖民地中。其余军队的大部分兵员是罗马公民，被合并为 25 个军团和一些辅助部队。这些新建军团和附属于他们的骑兵，驻扎在永久营地里面，主要分布在莱茵河、多瑙河和幼发拉底河沿岸，抵御外来部落的入侵。因此，这些部队被排除在因距离首都和大城市太近而产生的诱惑之外。大量组建的辅助部队在各自行省中执勤。

为了保卫意大利组建了 10 个禁卫军大队，每个大队有 1000 人。这就是直属于皇帝的著名的禁卫军。其中 3 个大队驻扎在罗马，其他 7 个大队驻屯在附近的主要城市中。

据估计，这支常备军的总额为 30 万人。

早年的军人向共和国宣誓效忠，从马略时代开始，军队就被交给将军个人了，将军自己招募军团来保卫他的行省，或者向邻国开战。现在，皇帝就是国家，誓词是："我以皇帝的名义宣誓，无条件服从他，永远不抛弃军旗，为了皇帝和国家赴汤蹈火在所不辞。"

服役期限从 12 年到 20 年不等，每隔 3 年就会谨慎地招募一批新兵，以弥补退伍军人留下的空缺。士兵们在内战期间享有的，并逐渐被认为是军事生活条件的过分特权受到了限制。在皇帝的单独控制下，建立了一个特殊基金，用于支付薪饷、服装和口粮。

因此，罗马皇帝的权力是建立在以军队为坚实基础之上的，正如共和国的权力是以公民士兵为基础一样。虽然奥古斯都卓越的个人品质使这番军队重组对罗马有利，但在后来那些不够优秀的统治者的统治下军队却成了祸根。10 个禁卫军大队都被他的继承人调进了罗马城，从此他们一直留在京城，由于他们的腐朽和暴虐，罗马成了恐怖之地。人民与军队的对立，使整个公元 1 世纪都动荡不安。

在公元 2 世纪，从涅尔瓦（Nerva）到马可·奥勒留（Marcus Aurelius）时代 ①，军队都得到了更好的控制。但是奢侈和松懈的政治道德已经在人民和军队中发挥了作用，两者都在退化。公民们为了逃避兵役，以至于自残习惯变得司空见惯。在接下来的一段时间，日耳曼和帕提亚人入侵的危险加剧，迫使皇帝们再次寄望于从蛮族中间招募雇佣军，这是一种必须但危险的做法。

公元 3 世纪见证了罗马帝国的权力实际上落入了禁卫军之手，他们随心所欲地废立皇帝。尽管塞普提米乌斯·塞维鲁（Septimius Severus）② 在一定程度上减轻了他们的暴虐，但人民与军队之间的鸿沟却在迅速扩大。军队主要由日耳曼人组成，罗马共和国 ③ 正迅速滑向灭亡的边缘。

尽管短剑的使用逐渐减少，长矛的使用逐渐增加，但是直到公元 2 世纪，

①译注：从涅尔瓦到马可·奥勒留，相继有五位罗马皇帝执政，他们被称为"五贤帝"（Five Good Emperors）。将近百年的五贤帝时代是罗马帝国的鼎盛时期。

②译注：塞普提米乌斯·塞维鲁（193—211 年在位），罗马帝国塞维鲁王朝的建立者，生于145年。199 年入侵帕提亚帝国，占领帕提亚首都泰西封。

③译注：奥古斯都创建的罗马帝国名义上还叫罗马共和国，即"罗马元老院与人民"，早期皇帝们是披着共和外衣的独裁者。

罗马军团士兵的古老武器和装备才有所改变。随着士卒阶级的兵源日益减少，武器越来越轻；随着普通士兵的纪律和品格日益堕落，大队之间的各种间距都在减少。到了 3 世纪，在卡拉卡拉（Caracalla）和亚历山大·塞维鲁（Alexander Severus）①在位期间，采用了类似希腊方阵的军事组织，尽管只是暂时的。总体趋势是所有武器都越来越轻，士兵已经不再是受过良好训练、身强力壮、精悍能干的古老公民了。不再能指望军团与敌人近身肉搏了，士兵们携带更多的投掷武器，而非肉搏武器。

骑兵依然是老式的重骑兵，人、马甲骑具装。还有轻骑兵，只使用标枪作为武器。

远程投射武器开始伴随军团行动，这不是什么新鲜事。亚历山大在其事业巅峰时期曾使用投石兵，在它们衰落的时期，希腊人将它们部署在战线之中保护步兵。同样的事情也发生在罗马人身上。起初，传说它们只部署在永久性营寨的墙壁上，后来在 3 世纪，小型弩炮由双牛运输车运载，手操弩炮用单马车辆运输。每一种都由 11 人操纵。它们能够投掷石块和长矛，射程为 220—300 米。它们被安置在军团之间的战线上，避免与敌人过于突然和近距离地陷入近战。

战象再次出现，训练有素的猛兽和军犬偶尔被用于对付敌人。这些辅助性手段的出现，说明军团的价值在江河日下。

军团的兵力有所增加，平时拥有六七千人。一支军队的军团数量很少超过 8—10 个。

旗帜取代了标帜，有时旗帜会剪裁成龙形；皇帝们的胸像或类似的东西取代了鹰帜。古老的军号增加了特别的曲调。

许多变化是由于遇到了新的敌人和军团兵源变差而潜移默化的。为了加强第一战线的兵力，第三战线遭到了废止，每条战线上各有 5 个大队。军团的第一大队人数增加了一倍，往往多达 1200 多人，由最优秀的士兵组成。它被一分为二，放在第一战线的左、右两翼的情况并不鲜见。第五大队的兵力也同

---

①译注：卡拉卡拉（211—217 年在位）、亚历山大·塞维鲁（222—235 年在位）都是塞维鲁王朝的皇帝，后者死后，罗马帝国陷入 3 世纪危机，天下大乱。

样强，这样第一战线的两个顶端都有一个强大的大队。只要第一战线还在，第二线大队就站在一线大队的间隔后面，有时第二战线兵力并不固定，似乎兵力减少了一半。这就是"哈德良阵型"（Hadrian formation）①。关于士兵之间的间隔和单个士兵占据的空间，是个令人费解的问题。现在，军团指挥官指挥大队，副将指挥军团，禁卫军由禁卫军统领（praetorian praefect）来指挥，军队由代表皇帝或执政官的副将来指挥。参谋人员是财务官和检察官。

图拉真（Trajan）②引入了另一个系统。军团的 10 个大队排成一线。第一大队拥有 960 名精选士兵和 240 名骑兵。其余的大队有 6 个百人队，480 人。阿里安说，这些人站成八行，维吉提乌斯说是六行。第一行都是装备更重、年龄更大的军团士兵，较为年轻和轻装的士兵站在后面。每个士兵占据的空间宽度为 0.9 米，前一行士兵的后背距离后一行士兵前胸 1.8 米。轻装部队站在军团士兵们的后面。大队按从 1—10 的序号排布，间隔很小，聊胜其无，大队的间隔由水平弹道的投射机械填满。战线后面是抛射弹道的投射机械，抛射出的投掷物可以越过前方战线的头顶。两翼的后面是特种部队，例如禁卫军，骑兵和弓箭手部署在两翼顶端。

针对蛮族国家，如达西亚人（Dacians）、帕提亚人和日耳曼人，这种阵型具有优势。它能攻可守，适用于各种战场，还能用于对付步兵或骑兵。它具有军团的古老阶级序列的某些特点。哈德良和图拉真特别善于利用这种阵型的军团。它似乎是一种尝试，将旧公民时代的阶级组织的有用方面与必定日益增长的方阵观念调和起来。

军队似乎像从前一样训练、机动和行军。这种操场上的战术经常威力无穷。但是，使罗马执政官能够召集他的公民军队，并在一天之内就离开罗马的老式战争本能早已不复存在。

在开阔的平原上，用来行军和抵御突然袭击的空心方阵依然常见。这是

---

① 译注：哈德良是罗马五贤帝的第三位皇帝（117—138 年在位），在位期间是罗马帝国的极盛时期，他也往往被评为最贤明的罗马皇帝。

② 译注：图拉真是罗马五贤帝的第二位（98—117 年在位），他将罗马帝国的版图扩张到最大，是武功最盛的罗马皇帝。

一种安全的防御阵型。楔形或空心楔形阵势被成功投入应用。公元 70 年，德来维里人见识了这种打法 ①。

约瑟夫斯（Josephus）② 讲述了韦帕芗（Vespasian）和提多 ③ 是如何排兵布阵的。公元 67 年，在韦帕芗率军从叙利亚前往加利利（Galilee）的途中，行军纵队是这样部署的：由小股重步兵和一些骑兵支撑的轻装部队（弓箭手和投石手）充当前锋；随后是各种器械（fabri），就像我们时代的开路先锋一样负责修桥筑路；其后是军官们的行李、骑兵、皇帝、参谋人员、军事机械；再往后是军队主力，各军团排成六路纵队；再后面是军队的辎重车辆；最后面是雇佣军，军团士卒和骑兵与他们混编来震慑他们。

一直到 3 世纪，罗马军队的行军速度还是挺快的，随后行军速度和距离明显下降，部分原因是兵员素质较差，部分缘于辎重和器械的数量增多。

一支军队的指挥方式与军团的基本一样。有时候，军团的位置由抽签来决定。当全军排成一线时，由轻装部队和投射器械来拉开战幕。重装步兵随后跟进，轻装部队从他们的间隙中撤下去，如果没有间隙的话，则偶数战位的重步兵暂时后退到奇数战位的士兵后面，以此敞开通道。军团士兵们的前线会封闭空隙，举起长矛，尽管这些士兵并不令人望而生畏，但后方的士兵会越过他们的头顶攻击。后方的轻装部队和器械用远程火力支援前线。弓骑兵不断游移不定，骑兵在两翼采取行动。

罗马军队与古老的自力更生传统渐行渐远，于是就越需要各种无用的器械和防御战术来弥补短板。现在，用肉搏武器发动的进攻成了稀罕物，远程武器成了首选。罗马士兵们不再是蛮族的对手，一旦双方近身肉搏，战局就完全反转了。身高体壮的日耳曼人可以对罗马军团士兵报以轻蔑一笑。在能干的皇

---

① 译注：公元 68 年，暴君尼禄死去，罗马帝国陷入内战。公元 70 年，德来维里人利用罗马内乱发动的叛乱被罗马帝国粉碎。

② 译注：约瑟夫斯（37—100 年），著名犹太文学家和史学家，还是韦帕芗皇帝的军师、智囊，帮助韦帕芗结束了尼禄死后的罗马乱局，夺取皇位。

③ 译注：韦帕芗是罗马帝国第二个王朝弗拉维王朝的建立者和首任皇帝，提多是韦帕芗之子、王朝的第二任皇帝，父子俩分别于 69—79 年、79—81 年在位。

帝统治下，这一点还不那么明显，但是在 3 世纪末之前，老式的罗马组织、英勇和可靠都已经荡然无存了，就像五百年前在希腊发生的那样。

正如古罗马人在战争中表现出来的英勇一样，罗马军队中的纪律、秩序和良好表现的意识也都无影无踪了。恺撒·奥古斯都多少恢复了古罗马的军事美德，但只是昙花一现而已。部队的薪饷却随着他们的价值下降而增长，恩赏金额却越来越大。据说在图密善（Domitian）^①的统治下，步兵每月能拿到 4 枚金币，百人队长月薪 8 枚，骑兵或禁卫军 12 枚，武器、装备和口粮的折扣也都取消了。考虑到黄金的价值，这似乎有些过分了。津贴增加到了奢侈的程度，辎重兵和非战斗人员的薪饷也相应增加了，直到他们达到东方军队的比例，于是，罗马军队的轻便快捷沦为一去不返的传统。有时，一位精力充沛的皇帝或活力四射的将军会改善这种情况，但只能在他的掌权期间如此，人去则政息。总体趋势是江河日下。

奥古斯都恢复了军事体操和训练，在韦帕芗、提多和安东尼^②的统治下，这些措施得到了鼓励，但是到了 3 世纪，它们却又消失了。奥古斯都曾强迫罗马军团在每个月都进行三次行军，有时还要携带双倍的行李，走遍全国各地。当时在像今天德国或法国那么大的范围内举行的军事演习，变得十分繁重，后来全部取消了。辉煌壮丽的公共工程，特别是军用道路，也不再修筑了。部队发动哗变，反对这种劳作。

就军事科学和研究而言，它们不那么实用，显得更加陈腐。尽管罗马帝国出产了无数关于军事问题的作家，但无人能与波力比阿、恺撒比肩。他们笔下的细节写得很精彩，令人赞叹，但都没能触及问题的实质。

就军队的道德基调而言，已经糟糕得无以复加了。如果从军事角度来看，第二次布匿战争中的古老公民军团是最优秀的，后来的帝国军队则代表了一切邪恶的东西。它是一头怪兽，它的工作就是摧毁帝国的结构，即使它的前身是罗马权力和伟大的缔造者。可以说，军队完全是一个由可怕的惩罚和毫无理性的奖赏捏合而成的系统。

直到格拉提安（Gratian）[1]时代，即 4 世纪末期，每天筑营还是一条规则，将士们用许多技巧使之与现场相适应，堑壕更深、壁垒更高。永久性的营盘就像正规的堡垒，壁垒上布置的远程器械却多得多。这种永久性营寨体系，有时会作为军事边界来建造，例如从泰恩河（Tyne）到索尔韦湾（Solway）的哈德良长城（Hadrian's wall），或者从多瑙河到黑海的图拉真长城（Trajan's wall）。总体而言，尽管没有任何一座工事比恺撒的更棒，但随着军队日益堕落，构筑工事的技巧却提高了。土山和冲城羊头锤的个头增加了。面对耶路撒冷，提多堆砌了四个巨大土山，[2]韦帕芗制造了一个重达 100 吨的冲城羊头锤，它需要 1500人来驱动，用 150 对公牛或 300 对骡子来运输。地道的设计和使用都很巧妙。公元 70 年的地下往来交锋颇为出彩。用来攻击城墙的双龟甲阵和用器械投掷可燃物都值得注意。伴随军队行动的机械数量巨大。约瑟夫斯说，在耶路撒冷城下，提多拥有 300 架投石机和 40 具弩炮。在今天，这也会被视为一支非常强大的炮兵。

从某种意义上说，在这一时期，战争艺术并没有衰败，而是有所进步。理论越发达，实践却越简单。古罗马人依靠猛冲猛打获胜的习惯已经被一种保护士兵的体制取代，士兵们不愿再为公共福利牺牲生命、断送肢体。理论知识的增长，不过是掩盖军事美德沦丧的一块遮羞布。

没过多久，常备陆军中就催生了正规舰队。奥古斯都在亚得里亚海和第勒尼安海各有一支舰队，分别驻扎在拉文纳和米塞纳（Misenum）。后来在高卢海岸组建了第三支舰队。莱茵河、多瑙河和其他河流上有分舰队执勤。采用伊利里亚式船型，拥有一到五列桨手。许多轻型舰艇用于侦察、搜索和运载分遣队。舰队使用的兵员最糟糕，水手由奴隶和罪犯组成。就其还能使用的战术而言，都还是老一套的。

罗马帝国的最后两个世纪中发生的组织结构的变化，没有任何意义。它

---

① 译注：西罗马帝国皇帝，375—383 年在位。

② 译注：66 年，犹太地的犹太人发动反罗马起义，占据了耶路撒冷。尼禄皇帝派韦帕芗率军镇压，韦帕芗当上皇帝之后，派儿子提多继续镇压起义。70 年，耶路撒冷陷落。73 年，罗马军队攻克了最后一个犹太人的堡垒马塞达。这场战争史称犹太战争。

们都有一个共同目标，就是通过战术、远程武器和防御工事方面的一些无足挂齿的防御性发明，来维持日益沦丧的军人精神。罗马过去那种咄咄逼人的进攻态势已经不复存在。罗马士兵不再认为，只要他能用利剑和盾牌来攻击敌人，他就会无往而不胜。一切都倾向于坐等敌人进攻，并企图在对手推进到自己的战线之前就干掉对手。

按照时间顺序概括一下，从前由英勇的公民组成的梅花阵军团变成了毫无军人气质的雇佣军组成的单线方阵。基督纪元前一个世纪的马略将公民士兵的阶级划分，改变为完全根据体能划分，并且开始缩小士兵之间的间隔。恺撒彻底完善了马略的阵型，将其部下部署为改良版战斗阵型：第一线——可能也包括第二线，大队之间没有间隔；原来分为三条战线、有附属轻装部队和骑兵的大队，被改进为 8 或 10 人纵深的一线重步兵。他的军团习惯性地分为三条战线。公元 1 世纪，每个军团的 10 个大队站成两条战线，每线 5 个大队，无论大队的间隔有多大，都由远程投射器械填满。公元 2、3 世纪，大队逐渐排成一线，彼此之间没有间隔，长矛更长。公元 4、5 世纪，军团完全变成了一个方阵，一个非常单薄的方阵。我们还记得共和国初期英勇进取的罗马公民，已经采用了古老的多利安（Dorian）方阵，按照自己的理念改进为梅花布局。由于相反的原因，帝国军队逐渐没落，采用的并非是米太亚德（Miltiades）[1]、伊巴密浓达和亚历山大的改良版方阵，而是公元前 2 世纪的已经没落的希腊方阵。

我们绝不能忘记，在基督纪元的前五个世纪，罗马人与他们的蛮族对手中涌现了许多能干的将军，都曾精湛地采用各种手段来实现目的。但是，在提高战争艺术方面，却没有什么值得我们注意的东西。奥古斯都、阿米尼乌斯（Arminius）[2]、巴达维亚人西维利斯（Civilis the Batavian）[3]、提比略、德鲁苏

---

①译注：古希腊的雅典统帅，以在马拉松战胜波斯大军而闻名。

②译注：阿米尼乌斯，或称阿尔米尼乌斯，于公元前 18 年左右生于日耳曼尼亚，日耳曼切鲁西人（Cherusci）的首领。小时被送往罗马当人质。长大后，他成为罗马辅助部队一队骑兵的首领。公元 9 年，他大败罗马人，在条顿堡森林（Teutoburg Forest）歼灭罗马将军瓦鲁斯率领的三个军团，成为日耳曼人的民族英雄。

③译注：日耳曼巴达维亚人首领，于 69 年发动了反罗马起义，击败了两个罗马军团。

斯（Drusus）①、日耳曼尼库斯（Germanicus）②、韦帕芗、提多、图拉真、马可·奥勒留、戴克里先（Diocletian）③、君士坦丁（Constantine）④、尤里安（Julian）⑤、狄奥多西（Theodosius）⑥、斯提里科（Stilicho）⑦、埃提乌斯（Aetius）⑧、李希梅尔（Ricimer）⑨、奥多阿克（Odoaker）⑩、阿拉里克（Alaric）⑪、阿提拉（Attila）⑫、贝利撒留（Belisarius）⑬，

---

① 译注：尼禄·克劳狄·德鲁苏斯（公元前38—前9年），罗马帝国第二任皇帝提比略的弟弟，公元前14年进攻和战胜了日耳曼人，获得"日耳曼尼库斯"头衔，意为日耳曼人的征服者。

② 译注：日耳曼尼库斯（公元前15—19年），德鲁苏斯之子，提比略的侄子，继承了其父的"日耳曼尼库斯"的称号，自己也曾作为日耳曼方面军总司令讨伐过日耳曼人，取得了许多胜利。他还是第三任罗马皇帝卡里古拉（Caligula）的父亲。

③ 译注：戴克里先，罗马帝国的中兴之主。284年继位为帝，结束了3世纪危机，使罗马帝国实现了中兴，305年退位，312年去世。

④ 译注：也称君士坦丁一世或君士坦丁大帝，生于272年，306—337年在位，修建、迁都君士坦丁堡，颁布了米兰敕令。

⑤ 译注：君士坦丁大帝的侄子，生于331年，355年成为罗马西部的恺撒（相当于副帝），361年成为整个罗马帝国的唯一皇帝，在东征萨珊波斯帝国期间，伤重身亡。

⑥ 译注：也称狄奥多西一世或狄奥多西大帝。生于346年，379年成为罗马帝国的东部皇帝，稳定了东部的局势，395年去世。临终前将帝国分为东、西两半，分别由他的两个儿子执掌，因此从395年开始，罗马帝国彻底分裂。

⑦ 译注：弗拉维·斯提里科（约359—408年），狄奥多西大帝的女婿，具有一半日耳曼血统。狄奥多西大帝死后，留在西罗马帝国辅佐其小儿子，罗马西帝霍诺留，多次击败日耳曼人的入侵。408年，被霍诺留处死。

⑧ 译注：弗拉维斯·埃提乌斯（391—454年），西罗马帝国的晚期名将，451年，在沙隆战役战胜匈王阿提拉为首的蛮族大军。454年，被怀疑他谋反的皇帝处死。

⑨ 译注：弗拉维·李希梅尔（约405—472年），罗马化的日耳曼人，西罗马帝国晚期将军和事实上的皇帝。

⑩ 译注：弗拉维·奥多阿克（约433—493年），原为效力于西罗马帝国的日耳曼雇佣兵头子，476年废黜末代西罗马皇帝，成为意大利国王。

⑪ 译注：阿拉里克（约370—410年），日耳曼西哥特人的国王，410年占领、洗劫罗马，离开后不久即死去。

⑫ 译注：阿提拉（406—453年），古代亚欧大陆匈人（Huns）的领袖和皇帝，欧洲人称之为"上帝之鞭"。他曾率领军队两次入侵巴尔干半岛，包围君士坦丁堡；亦曾远征至高卢（今法国）的奥尔良地区，最后终于在沙隆之战被埃提乌斯击败，停止向西进军。453年，娶了一房小妾，洞房花烛夜离奇死亡，他的匈帝国随之分崩离析。

⑬ 译注：贝利撒留（约505—565年），东罗马帝国名将，曾任东罗马皇帝查士丁尼的卫队长，相继灭亡了阿非利加的汪达尔王国、意大利的东哥特王国。因功勋彪炳、指挥艺术高超，被认为是东罗马帝国历史上的首席名将。

都曾经统率过万马千军，指挥过影响深远的战役，展现了很高水平的军事天才，但这些人、事与我们无关。

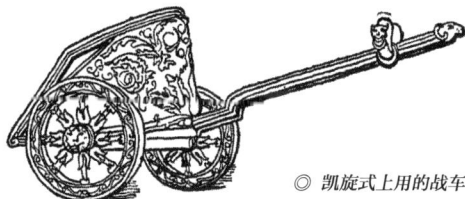

◎ 凯旋式上用的战车

在本书的战争故事开始时，许多不那么起眼的小事具有更重要的意义，因为在它们的作用中，我们首先发现了一些与后续事件有关的原则。我们追溯的不是战争史，而是战争艺术发展史。如果在随后的书卷中，我们对从罗马帝国灭亡到火药发明的整个时期进行简短的介绍，那么我们不应打断这些事件的先后次序，介绍战争艺术要从居鲁士（Cyrus）时代粗陋的开端发展到我们辉煌的 19 世纪。

部分古典时代会战伤亡记录

会战	年代	参战人数	国家	阵亡数	阵亡比（约数）	南北战争中正常的阵亡比 [1]	伤亡数	伤亡比（约数）	南北战争中正常的伤亡比	敌人损失	备注
马拉松会战	公元前490年	11000人	希腊	192人	1.75%	5%	2100人	19.25%	13%	6400人	
普拉蒂亚会战	公元前479年	*38700人	希腊	1360人	3.5%	4%	15000人	13.5%	13%	257000人	* 只计算方阵重步兵
喀罗尼亚会战	公元前338年	50000人	希腊	2000人	4%	4%	18000人	36%	13%		
攻克底比斯	公元前335年	33000人	马其顿	500人	1.75%	4%	5500人	17%	13%	6000人	
格拉尼卡斯会战	公元前334年	3000人	马其顿骑兵	85人	3%	2%	935人	31%	16%	*19000人	* 大多来自希腊重步兵的屠杀；1000名波斯骑兵阵亡
伊苏斯会战	公元前333年	30000人	马其顿	450人	1.5%	4.5%	5000人	16.5%	13%	*100000人	* 一般意义上的屠杀

---

[1] 译注：作者在这里以南北战争中的大小战役的伤亡、阵亡数字来对比，显示古代战争中的伤亡、阵亡比例并不比近代小太多，证明古代史料中的伤亡、阵亡数字并非不可信。

会战	年代	兵力	一方	损失	%	%	数	%	%	数	备注
阿贝拉会战	公元前331年	47000人	马其顿	500人	1%	4%	5500人	12%	13%	*40000人	*一般意义上的屠杀。狄奥多罗斯说90000人，阿里安说30000人
梅格洛玻利斯会战	公元前330年	40000人	马其顿	3500人	8.75%	4.5%					
		20000人	斯巴达	5300人	26.5%	5%					
查可萨提河之战	公元前329年	6000人	马其顿	160人	2.75%	7%	1160人	19.33%	20%	1000人	
海达斯佩河会战	公元前326年	14000人	马其顿	930人	6.75%	5%	10200人	73%	13%	*12000人	*阿里安说是23000人
赫拉克利亚会战	公元前280年	25000人	伊庇鲁斯	*4000人	16%	5%					*狄奥多罗斯说13000人
		20000人	罗马	*7600人	35%	5%					*狄奥多罗斯说15000人
阿斯库卢姆会战	公元前279年	70000人	希腊和意大利	*3550人	5%	4%					*狄奥多罗斯说15000人
		70000人	罗马和意大利	*6000人	8.5%	4%					*狄奥多罗斯说15000人
罗讷河口会战	公元前218年	500人	努米底亚骑兵	200人	40%	2%					
		500人	罗马骑兵	140人	46.5%	2%					
戈洛尼亚会战	公元前217年	50000人	迦太基	6000人	12%	4%					
		50000人	罗马	5000人	10%	4%					
坎尼会战	公元前216年	42000人	迦太基和高卢	6000人	14.25%	4.33%				*40000人	*有些作者说是70000人
坎尼会战（营寨）	公元前216年	11000人	罗马	2000人	18%	5%					
第二次诺拉会战	公元前215年	20000人	罗马	1000人	5%	5%				5000人	

会战	年份	兵力	一方	伤亡	比例	比例				数字	备注
贝内文托会战	公元前214年	20000人	罗马	2000人	10%	5%				15000人	常规屠杀
第三次诺拉会战	公元前214年	20000人	罗马	400人	2%	5%				2000人	
第二次阿斯库卢姆会战	公元前209年	20000人	罗马	2700人	13.5%	5%					
第二次阿斯库卢姆会战（次日）	公元前209年	17000人	罗马	3000人	17.5%	5%				8000人	
格鲁门坦会战	公元前207年	40000人	罗马	500人	1.25%	4.5%				8000人	
梅陶罗河会战	公元前207年	40000人	罗马	8000人	20%	4.5%				35000人	常规屠杀
克罗多尼会战	公元前204年	20000人	罗马	1200人	6%	5%					
马戈的战役	公元前203年	20000人	迦太基	5000人	25%	5%					
马戈的战役	公元前203年	40000人	罗马	2300人	5.75%	4.5%					
扎马会战	公元前202年	43000人	罗马	*2000人	4.5%	4.5%				20000人	*显然被低估
阿杜亚都卡会战	公元前53年	5000人	罗马	350人	7%	7.5%	4450人	89%	13%		
及尔哥维亚会战	公元前52年	16000人	罗马	746人	4.66%	5%					
伊莱尔达会战	公元前49年	5000人	罗马	71人	1.5%	7%	671人	1.33%	20%	200人	
法萨卢会战	公元前48年	22000人	罗马	230人	1.5%	5%				15000人	常规屠杀
塔普苏斯会战	公元前47年	40000人	罗马	50人	0.125%	4.5%				10000人	常规屠杀
蒙达会战	公元前45年	58000人	罗马	1000人	1.75%	4%	1500人	2.5%	13%	30000人	常规屠杀

部分古典时代行军记录

进行者	地点	年代	人数和兵种	全程	花费时间	平均每日行程	备注
斯巴达人	斯巴达至马拉松	公元前490年	2000名步兵	150英里	3天	50英里	
希腊佣兵	迈利昂得鲁斯至塔普沙卡斯	公元前401年	10000名步兵	230英里	12天	19英里	
	回程	公元前400年	6600名步兵	4000英里	215天	18.3英里	
马其顿人	行军训练	约公元前350年	步兵			30英里	
	佩利乌姆至底比斯	公元前335年	全兵种33000人	300英里	14天	21.5英里	山路
	佩拉至塞斯托斯	公元前334年	全兵种35000人	350英里	20天	17.5英里	
	腓尼基至塔普沙卡斯	公元前331年	全兵种50000人	200英里以上	11天	19英里以上	
	阿贝拉追击战	公元前331年	全兵种5000人	70英里	1昼夜	70英里	
	乌克西亚至波斯门	公元前331年	全兵种15000人	113英里	5天	22.5英里	破碎山路
	波斯门至阿拉克塞斯河	公元前331年	4000名骑兵	40英里	1夜	40英里	
	埃克巴塔纳至拉吉	公元前330年	全兵种30000人	220英里以上	11天	20英里	炎热仲夏，热带天气
	追击大流士	公元前330年	3000多名骑兵	400英里	11天	36.5英里	炎热沙地、部分地区为沙漠
			3000名骑兵	175英里	4天	44英里	
			500名骑兵	47英里	1夜	47英里	沙漠。历时11天、每天都走约40英里，最后36小时是日夜兼程的连续行军
	赫卡东比鲁至阿里亚	公元前330年	全兵种23000人	500英里以上	20天	25英里	

马其顿人	前往阿塔柯亚纳	公元前330年	全兵种6000人以上	75英里	2天	37.5英里	
	·抓获贝苏斯	公元前329年	全兵种6000人	150英里	4天	37.5英里	托勒密的部队
	查可萨提河至马拉堪达	公元前329年	全兵种15000人	170英里	3天半	48.5英里	
	穿越桑达尔沙漠	公元前325年	全兵种20000人以上	57英里	1天	57英里	沙漠
罗马人	吕拜乌姆至阿里弥努姆	公元前218年	全兵种20000人	650英里	40天	16英里	
	往返卡流苏门至塞纳	公元前207年	全兵种7000人	500英里	14天	38.5英里	行军13天，打仗1天
	维松几阿至阿克松奈河	公元前57年	全兵种60000人	145英里	15天	9.7英里	
	从萨马洛布里瓦启程解救西塞罗	公元前54年	全兵种8000人	110英里	5天	22英里	冬季行军
	及尔哥维亚至爱杜依军再返回	公元前52年	全兵种16000人	50英里	24小时	50英里	
	科菲尼乌姆至布隆狄西乌姆	公元前49年	全兵种25000人	290英里	17天	17英里	
	阿斯帕拉吉姆至迪拉基乌姆	公元前48年	全兵种21000人	45英里	26小时	41英里以上	
	奔袭泽塔	公元前46年	全兵种15000人	36英里	16小时	48英里	

大事年表

公元前 110 年	马略开始军事改革
公元前 102 年	色克蒂留斯泉战役
公元前 101 年	维尔塞莱战役
公元前 100 年	恺撒诞生
公元前 86 年	喀罗尼亚战役
公元前 85 年	奥科美那斯战役
公元前 84 年	恺撒担任朱庇特神的祭司
公元前 83 年	庞培在皮克努姆
公元前 82 年	庞培在西西里和阿非利加
公元前 81 年	恺撒在庞推尼
公元前 78 年	恺撒在奇里乞亚
公元前 77 年	庞培在西班牙
公元前 74 至 公元前 66 年	卢库卢斯在东方
公元前 69 年	提格拉诺塞塔战役
公元前 67 年	庞培荡平海盗
公元前 67 年	恺撒在西班牙担任财务官
公元前 66 至 公元前 61 年	庞培在东方
公元前 66 年	吕库斯河战役
公元前 65 年	恺撒担任营造官
公元前 64 年	恺撒担任民选法官

公元前 60 年	前三巨头组成
公元前 59 年	恺撒担任执政官
公元前 58 年	打击海尔维第人的战役
公元前 58 年 3 月	日内瓦行动
公元前 58 年 6 月	阿拉河和毕布拉克德战役
公元前 58 年 8 月至 9 月	打击阿里奥维斯塔斯的战役
公元前 57 年春季	阿克松奈河战役
公元前 57 年 8 月	萨比斯河战役
公元前 57 年至公元前 56 年冬季	盖尔巴的阿尔卑斯山战役
公元前 57 年至公元前 56 年冬季	文内几人劫走人质
公元前 56 年春夏	打击文内几人的战役
公元前 56 年春季	萨宾努斯在诺曼底
公元前 56 年夏季	克拉苏在阿奎丹的战役
公元前 56 年	三巨头在卢卡会晤
公元前 56 年秋季	打击文内几人的战役
公元前 56 年暮秋	打击莫里尼人和门奈比人的战役
公元前 55 年春季	乌西彼得斯人和登克德里人入侵高卢
公元前 55 年 4 月	恺撒向他们挺进
公元前 55 年 6 月	屠杀乌西彼得斯人和登克德里人
公元前 55 年 6 月中旬	在莱茵河上架桥并渡河
公元前 55 年 8 月至 9 月	第一次远征不列颠
公元前 54 年 6 月	讨伐德来维里人
公元前 54 年 7 月 20 日	第二次渡海远征不列颠
公元前 54 年 8 月末	渡海返回大陆
公元前 54 年 11 月	安皮奥列克斯进攻萨宾努斯和科塔
公元前 54 年 11 月	安皮奥列克斯进攻西塞罗
公元前 54 年 11 月	打击安皮奥列克斯的战役
公元前 54 年至公元前 53 年冬季	英度鞠马勒斯进攻拉频弩斯
公元前 53 年 3 月	打击纳尔维联盟的战役

公元前 53 年 3 月	德来维里人进攻拉频弩斯
公元前 53 年春季	恺撒再度渡过莱茵河
公元前 53 年夏秋	打击安皮奥列克斯的战役
公元前 53 年秋季	日耳曼人进攻阿杜亚都卡
公元前 53 年	卡莱战役
公元前 53 年至公元前 52 年暮冬	维钦及托列克斯开启战端
公元前 53 年至公元前 52 年暮冬	恺撒与他的军团会师
公元前 52 年初春	诺维奥洞纳姆、阿凡历古姆
公元前 52 年春季	奔向、围攻和撤离及尔哥维亚
公元前 52 年春季	恺撒与庞培之间出现裂痕
公元前 52 年	庞培成为拥有独裁权力的执政官
公元前 52 年春季	拉频弩斯打击巴里西人的战役
公元前 52 年暮春	恺撒与拉频弩斯会师
公元前 52 年初夏	万雅讷河战役
公元前 52 年夏秋	阿来西亚之围
公元前 51 年 1 月至 4 月	打击俾洛瓦契联盟的战役
公元前 51 年 4 月	打击俾洛瓦契人的战役
公元前 51 年春季	乌克萨洛登纳姆攻城战
公元前 51 年夏季	恺撒巡视高卢
公元前 51 年至公元前 50 年	恺撒与庞培之间的裂痕加深
公元前 50 年	恺撒被宣布为人民公敌
公元前 50 年 12 月 12 日	人民保民官们逃出罗马 *
公元前 50 年 12 月 17 日	渡过卢比孔河
公元前 50 年 12 月 20 日	安东尼占领阿雷提乌姆
公元前 50 年 12 月 23 日	执政官们离开罗马 *
公元前 50 年 12 月 30 日	庞培在拉文尼姆
公元前 49 年 1 月 5 日	恺撒在安科纳 *
公元前 49 年 1 月 8 日	占领奥克西穆姆
公元前 49 年 1 月 11 日	占领阿斯库卢姆

公元前 49 年 1 月 18 日	在科菲尼乌姆扎营 *
公元前 49 年 1 月 24 日	占领菲尼乌姆 *
公元前 49 年 1 月 28 日	庞培抵达布隆狄西乌姆 *
公元前 49 年 2 月 9 日	恺撒抵达布隆狄西乌姆 *
公元前 49 年 2 月 17 日	庞培离开布隆狄西乌姆
公元前 49 年 2 月 25 日	恺撒抵达卡普亚 *
公元前 49 年 3 月 2 日	恺撒抵达罗马
公元前 49 年 3 月 9 日	恺撒前往高卢 *
公元前 49 年 3 月 25 日	加图放弃西西里 *
公元前 49 年 4 月 4 日	马赛攻城战开始 *
公元前 49 年 4 月 20 日	费边在伊莱尔达扎营
公元前 49 年 5 月 6 日	恺撒离开马赛
公元前 49 年 5 月 23 日	恺撒抵达伊莱尔达 *
公元前 49 年 5 月 27 日	伊莱尔达战斗
公元前 49 年 5 月 28 日	马赛海战
公元前 49 年 5 月 29 日	西班牙洪水泛滥
公元前 49 年 6 月 10 日至 11 日	在圣洛朗架桥
公元前 49 年 6 月 17 日	开凿运河
公元前 49 年 6 月 25 日	阿弗拉尼乌斯向伊比卢斯河进军
公元前 49 年 6 月 27 日	恺撒拦在阿弗拉尼乌斯与伊比卢斯河之间
公元前 49 年 6 月 30 日	第二次马赛海战
公元前 49 年 7 月 2 日	阿弗拉尼乌斯投降
公元前 49 年 7 月 20 日	库里奥在巴格拉达斯战败
公元前 49 年 8 月 5 日	恺撒抵达科尔杜巴
公元前 49 年 8 月 15 日	恺撒抵达加的斯
公元前 49 年 8 月 23 日	恺撒离开加的斯
公元前 49 年 8 月 28 日	恺撒抵达塔拉科
公元前 49 年 9 月 6 日	马赛开门投降
公元前 49 年 9 月 21 日	恺撒抵达马赛

公元前 49 年 10 月 11 日	恺撒抵达普拉肯提亚
公元前 49 年 10 月 28 日	恺撒抵达罗马
公元前 49 年 11 月 17 日	恺撒抵达布隆狄西乌姆
公元前 49 年 11 月 28 日	恺撒从布隆狄西乌姆起航渡海 *
公元前 49 年 11 月 30 日	恺撒抵达迪拉基乌姆
公元前 49 年 12 月 1 日	恺撒抵达阿波洛尼亚
公元前 49 年 12 月 3 日	恺撒抵达迪拉基乌姆
公元前 49 年 12 月 5 日至 25 日	恺撒率领一个军团经伊庇鲁斯进军
公元前 49 年 12 月 5 日	恺撒在阿普苏斯河扎营
公元前 48 年 1 月	恺撒留在阿普苏斯河畔
公元前 48 年 2 月 14 日	恺撒与庞培都留在阿普苏斯河畔
公元前 48 年 2 月 15 日	安东尼驶离布隆狄西乌姆
公元前 48 年 2 月 16 日	安东尼在宁费乌姆登陆
公元前 48 年 2 月 18 日至 23 日	恺撒、庞培和安东尼实施机动
公元前 48 年 2 月 25 日至 3 月 2 日	庞培与恺撒在阿斯帕拉吉姆
公元前 48 年 3 月 4 日	恺撒截断了庞培与迪拉基乌姆之间的联系
公元前 48 年 3 月 4 日至 5 月 15 日	恺撒在迪拉基乌姆附近包围庞培
公元前 48 年 5 月 17 日至 21 日	恺撒包围迪拉基乌姆
公元前 48 年 5 月 26 日	庞培攻击恺撒的防线
公元前 48 年 5 月 27 日	恺撒撤离迪拉基乌姆
公元前 48 年 5 月 29 日至 30 日	恺撒在阿波洛尼亚
公元前 48 年 6 月 1 日	恺撒离开阿波洛尼亚
公元前 48 年 6 月 7 日	恺撒抵达埃吉纽姆
公元前 48 年 6 月 13 日	恺撒与多米提乌斯会师
公元前 48 年 6 月 15 日	恺撒占领戈姆菲
公元前 48 年 6 月 16 日	恺撒占领墨特罗波利斯
公元前 48 年 6 月 18 日	恺撒在法萨卢扎营
公元前 48 年 6 月 21 日	庞培抵达拉里萨
公元前 48 年 6 月 25 日	庞培在厄尼珀斯河河畔扎营

公元前 48 年 6 月 26 日至 28 日	恺撒挑战
公元前 48 年 6 月 29 日	法萨卢战役
公元前 48 年 7 月 2 日	庞培在安菲洛基亚
公元前 48 年 7 月 6 日	庞培在米推利尼
公元前 48 年 7 月 8 日	恺撒在安菲洛基亚
公元前 48 年 7 月 18 日	庞培在阿塔利亚
公元前 48 年 7 月 28 日	恺撒抵达赫勒斯滂海峡
公元前 48 年 8 月 6 日	恺撒渡过赫勒斯滂海峡
公元前 48 年 8 月 11 日	庞培在塞浦路斯
公元前 48 年 8 月 14 日	恺撒从小亚细亚起航前往埃及
公元前 48 年 8 月 16 日	庞培死于佩卢西翁 *
公元前 48 年 8 月 17 日	恺撒离开罗得岛
公元前 48 年 8 月 21 日	恺撒抵达亚历山大城
公元前 48 年 8 月 22 日至 24 日	亚历山大城发生暴乱
公元前 48 年 8 月 29 日	托勒密十三世抵达亚历山大城
公元前 48 年 9 月 1 日	"埃及艳后"克利奥帕特拉抵达亚历山大城
公元前 48 年 9 月 11 日	阿基拉斯向亚历山大城进军
公元前 48 年 9 月 23 日	恺撒逮捕托勒密
公元前 48 年 9 月 26 日	阿基拉斯抵达亚历山大城
公元前 48 年 9 月 27 日	阿基拉斯进攻亚历山大城
公元前 48 年 9 月 27 日至 28 日	恺撒焚毁埃及舰队
公元前 48 年 10 月 3 日	恺撒处决宦官太师波提努斯
公元前 48 年 10 月 16 日	伽尼墨德斯担任埃及军队总司令
公元前 48 年 10 月 24 日	恺撒挖井汲水
公元前 48 年 10 月 26 日	第 37 军团抵达
公元前 48 年 10 月 27 日	为解救第 37 军团而爆发的海战
公元前 48 年 11 月 1 日	加图抵达阿非利加
公元前 48 年 11 月 13 日	尼哥波立战役——多米提乌斯战败
公元前 48 年 11 月 20 日	夺取欧诺斯托斯港的战斗，占领法罗斯岛

公元前 48 年 12 月 1 日	恺撒释放托勒密十三世
公元前 48 年 12 月 19 日	卡诺普斯支流战役
公元前 48 年 12 月 29 日	加图抵达勒普提斯
公元前 47 年 1 月 16 日	米特拉达梯抵达佩卢西翁
公元前 47 年 1 月 28 日	犹太营地之战
公元前 47 年 1 月 29 日	恺撒离开亚历山大城接应米特拉达梯
公元前 47 年 2 月 3 日	尼罗河战役，托勒密十三世阵亡
公元前 47 年 2 月 6 日	亚历山大城投降
公元前 47 年 4 月 4 日	加图抵达乌提卡
公元前 47 年 5 月 9 日	恺撒离开亚历山大城
公元前 47 年 5 月 23 日至 25 日	恺撒在安条克
公元前 47 年 5 月 27 日至 29 日	恺撒在大数
公元前 47 年 6 月 1 日	恺撒抵达马扎卡
公元前 47 年 6 月 3 日	恺撒抵达科马那
公元前 47 年 6 月 11 日	恺撒抵达泽拉
公元前 47 年 6 月 12 日	泽拉战役 *
公元前 47 年 6 月 30 日	恺撒抵达尼西亚
公元前 47 年 7 月 18 日	恺撒抵达雅典
公元前 47 年 7 月 30 日	恺撒抵达他伦敦
公元前 47 年 8 月 2 日	恺撒抵达布隆狄西乌姆
公元前 47 年 8 月 11 日	恺撒抵达首都罗马
公元前 47 年 8 月 29 日	恺撒平定军队哗变
公元前 47 年 10 月 10 日	恺撒离开罗马
公元前 47 年 10 月 23 日	恺撒抵达吕拜乌姆 *
公元前 47 年 10 月 30 日	恺撒驶离吕拜乌姆前往阿非利加
公元前 47 年 11 月 3 日	恺撒抵达哈德鲁墨图姆
公元前 47 年 11 月 5 日	恺撒抵达鲁斯皮那 *
公元前 47 年 11 月 6 日	恺撒抵达勒普提斯 *
公元前 47 年 11 月 7 日	恺撒抵达鲁斯皮那

公元前 47 年 11 月 8 日	恺撒的辎重车队赶来
公元前 47 年 11 月 8 日	鲁斯皮那战役
公元前 47 年 11 月 13 日	西庇阿抵达哈德鲁墨图姆
公元前 47 年 11 月 18 日至 22 日	西庇阿挑战
公元前 47 年 11 月 23 日	默西乌斯占领阿基拉
公元前 47 年 11 月 26 日	第 13、14 军团抵达
公元前 47 年 11 月 27 日	西庇阿前往乌兹塔
公元前 47 年 11 月 30 日	恺撒夺取了乌兹塔对面的山岗 *
公元前 47 年 12 月 1 日至 4 日	恺撒挖掘壕沟
公元前 47 年 12 月 4 日	暴风雨
公元前 47 年 12 月 20 日	努米底亚国王尤巴抵达
公元前 47 年 12 月 21 日	西庇阿挑战
公元前 47 年 12 月 24 日	拉频弩斯设伏
公元前 47 年 12 月 26 日	恺撒面向乌兹塔排兵布阵
公元前 47 年 12 月 29 日	西庇阿发动进攻
公元前 47 年 12 月 31 日	第 9、10 军团抵达
公元前 46 年 1 月 3 日	恺撒开始围攻乌兹塔
公元前 46 年 1 月 7 日	恺撒和西庇阿排兵布阵
公元前 46 年 1 月 9 日	恺撒袭击瓦鲁斯
公元前 46 年 1 月 11 日	第 7、8 军团抵达
公元前 46 年 1 月 12 日	拉频弩斯第二次设伏
公元前 46 年 1 月 14 日	恺撒向阿伽尔转进；西庇阿前往特格亚
公元前 46 年 1 月 17 日	奔袭泽塔
公元前 46 年 1 月 19 日	恺撒挑战
公元前 46 年 1 月 22 日	恺撒挑战 *
公元前 46 年 1 月 23 日	恺撒占领萨苏拉 *
公元前 46 年 1 月 24 日	恺撒占领提斯德拉 *
公元前 46 年 1 月 26 日	恺撒抵达阿伽尔 *
公元前 46 年 1 月 27 日	4000 名援军抵达

公元前 46 年 1 月 31 日	恺撒挑战
公元前 46 年 2 月 3 日至 4 日	恺撒向塔普苏斯进军并包围了它 *
公元前 46 年 2 月 4 日至 5 日	西庇阿前往塔普苏斯
公元前 46 年 2 月 6 日	塔普苏斯战役
公元前 46 年 2 月 10 日	恺撒占领乌兹塔
公元前 46 年 2 月 11 日	恺撒占领哈德鲁墨图姆
公元前 46 年 2 月 12 日	加图自杀
公元前 46 年 2 月 16 日	恺撒抵达乌提卡
公元前 46 年 3 月 6 日	恺撒抵达扎马
公元前 46 年 3 月 14 日	恺撒抵达乌提卡
公元前 46 年 4 月 14 日	恺撒离开乌提卡
公元前 46 年 4 月 16 日	恺撒抵达撒丁岛
公元前 46 年 5 月 25 日	恺撒抵达首都罗马
公元前 46 年 6 月至 11 月	恺撒在罗马举办凯旋式，组建政府
公元前 46 年 10 月至 11 月	小格涅乌斯·庞培征服拜提卡
公元前 46 年 12 月 3 日	恺撒离开罗马前往西班牙
公元前 46 年 12 月 29 日	恺撒抵达奥布科
公元前 45 年 1 月 1 日	颁行儒略历
公元前 45 年 1 月 4 日	恺撒解救乌利亚
公元前 45 年 1 月 10 日	恺撒抵达科尔杜巴
公元前 45 年 1 月 12 日	小庞培抵达科尔杜巴
公元前 45 年 1 月 13 日至 20 日	在科尔杜巴周围构筑工事和进行战斗
公元前 45 年 1 月 21 日	恺撒抵达阿特瓜
公元前 45 年 1 月 28 日	小庞培抵达阿特瓜
公元前 45 年 1 月 29 日	小庞培改换营地
公元前 45 年 2 月 4 日	小庞培进攻波斯图弥乌斯营地
公元前 45 年 2 月 5 日	恺撒的骑兵抵达
公元前 45 年 2 月 6 日	小庞培在科尔杜巴附近扎营
公元前 45 年 2 月 19 日	占领阿特瓜

公元前 45 年 2 月 20 日	小庞培迫近乌库比
公元前 45 年 3 月 4 日	渡过萨尔苏姆河发生的战斗 *
公元前 45 年 3 月 5 日至 6 日	索里卡里亚战斗 *
公元前 45 年 3 月 10 日	小庞培前往希斯帕利斯
公元前 45 年 3 月 12 日	恺撒占领温提波
公元前 45 年 3 月 14 日	小庞培在卡鲁加
公元前 45 年 3 月 15 日	小庞培在蒙达 *
公元前 45 年 3 月 16 日	恺撒在蒙达 *
公元前 45 年 3 月 17 日	蒙达战役 *
公元前 45 年 3 月 19 日	恺撒占领科尔杜巴
公元前 45 年 3 月 26 日	恺撒抵达希斯帕利斯
公元前 45 年 4 月 4 日	希斯帕利斯投降
公元前 45 年 4 月 10 日	恺撒抵达阿斯塔
公元前 45 年 4 月 12 日	恺撒抵达加的斯
公元前 45 年 4 月 22 日	在希斯帕利斯召开大会
公元前 45 年 8 月	恺撒离开西班牙返回罗马
公元前 45 年 9 月初	恺撒抵达罗马
公元前 45 年 10 月初	恺撒举办凯旋式
公元前 44 年 3 月 15 日	恺撒遇刺身亡

* 表示日期明确，其他的都是估算出来的时间。

从公元前 700 多年罗马建城，
到公元 1453 年君士坦丁堡陷落

R·O·M·E

罗马千年征战史 全三卷

一部完整讲述罗马 2000 多年战事的恢弘史诗

ROME

Vol. I

耗时 14 年，参考了国内外上百部文献资料，编著 100 余万字，
既有古史作家的一手资料，又有现代学者的研究成果，
既有严谨的数据和理论依据，又有略带小说化的叙事和描述。